Münchner Nachkriegsjahre

Münchner Nachkriegsjahre

1945 ... 1946 ... 1947 ... 1948 ... 1949 ... 1950 ...

Lesebuch zur Geschichte
des Münchner Alltags

Geschichtswettbewerb 1995/96

Herausgegeben von der
Landeshauptstadt München

1997

Buchendorfer Verlag

Abbildungsnachweis

Branddirektion München: 312, 314
Ida-Seele-Archiv: 114, 116, 117
Privatbesitz: 27, 29, 35, 36, 41, 43, 44, 45, 46, 47, 53, 54, 55, 70, 72, 74, 75, 76, 80, 81, 82, 84, 86, 88, 89, 93, 101, 105, 106, 108, 109, 110, 111, 115, 124, 126, 127, 130, 135, 137, 138, 139, 140, 154, 156, 159, 169, 170, 171, 188, 189, 191, 192, 196, 198, 199, 200, 209, 212, 214, 215, 222, 223, 224, 226, 227, 228, 229, 230, 234, 235, 238, 240, 241, 250, 253, 254, 255, 257, 259, 263, 264, 266, 269, 273, 274, 276, 277, 278, 280, 282, 285, 287, 288, 289, 290, 291, 292, 317
Reitmeir, Karl: 132
Stadtarchiv München: 16, 19, 23, 37, 38, 59, 62, 69, 73, 100, 113, 149, 150, 163, 165, 168, 179, 180, 183, 202, 203, 208, 211, 243, 244, 249, 258, 261, 279, 291, 295, 299
Süddeutscher Verlag, Bildarchiv: 29, 58, 142, 143, 145, 147, 176, 194, 197, 265, 270
Wieninger, Karl; In München erlebte Geschichte, München 1985, S. 332: 250
Umschlagfoto: Stadtarchiv München

Redaktion und Bearbeitung:
Dr. Angelika Baumann, Kulturreferat der LH München

Die Deutsche Bibliothek – CIP-Einheitsaufnahme
München:
Münchner Nachkriegsjahre : 1945 ... 1946 ...1947 ... 1948 ... 1949 ... 1950 ... ; Geschichtswettbewerb 1995/96 / hrsg. von der Landeshauptstadt München. [Red. und Bearb.: Angelika Baumann]. – 2. Auflage – München : Buchendorfer Verl., 1998
(Lesebuch zur Geschichte des Münchner Alltags)
ISBN 3-927984-68-X

2. Auflage 1998

Produktion: Tillmann Roeder
Satz und Reproduktion: SatzTeam Berger, Ellenberg
Druck und Bindung: Huber, Dießen
Printed in Germany

ISBN 3-927984-68-X

Inhalt

Vorwort

Das vorliegende achte Lesebuch zur Geschichte des Münchner Alltags, das auf den Beiträgen zum Geschichtswettbewerb 1995/96 basiert, rückt eine relativ kurze Phase in der Geschichte der Stadt in den Mittelpunkt des Interesses: die Münchner Nachkriegsjahre. Ihr Anfang ist eindeutig durch den Einmarsch der amerikanischen Truppen am 30. April 1945 in München markiert, ihr Ende ist sowohl in der Geschichtsschreibung als auch in der persönlichen Erinnerung der Menschen, die diese Jahre erlebten, nicht eindeutig festsetzbar. Für viele stellten die ersten drei Jahre nach dem Zusammenbruch der NS-Diktatur die eigentliche Nachkriegszeit dar, die mit der Währungsreform als einschneidender Zäsur endete. Für andere ging die Nachkriegszeit erst mit ihrer Rückkehr aus der Kriegsgefangenschaft oder der Heimkehr des Gatten, Vaters oder Bruders zu Ende. Eine Autorin stellt sogar die Frage, ob wir in gewisser Weise nicht auch heute noch in der Nachkriegszeit leben würden.

Die Jahre nach dem Zweiten Weltkrieg wurden von den einzelnen Teilnehmerinnen und Teilnehmern des Wettbewerbs auf unterschiedlichste Weise erlebt, an verschiedenen Orten, unter verschiedenen Bedingungen. Doch eine Gemeinsamkeit durchzieht die Beiträge wie ein roter Faden: Die Nachkriegsjahre prägten die Menschen tief, sie gruben sich unauslöschlich in die Erinnerung ein. Insofern wirkt die Nachkriegszeit durch die Menschen, die sie erlebten, bis heute nach. Dies mag auch der Grund dafür sein, daß die Thematik auf ein in den vorangegangenen Geschichtswettbewerben nicht erreichtes Interesse stieß: 229 Personen fühlten sich von der Ausschreibung angesprochen. Manuskripte wurden nicht nur aus dem Münchner Raum, sondern aus ganz Deutschland und sogar aus den USA und England zugesandt. In ihren Beiträgen schildern die Autoren und die zahlenmäßig weitaus stärker vertretenen Autorinnen vor allem selbst erlebte Geschichte. Sie rücken persönliche Erinnerungen und Erfahrungen in den Vordergrund oder schildern die Schicksale von Familienangehörigen. Nur in Ausnahmefällen wurde Fachliteratur konsultiert, jedoch dienten Tagebuchaufzeichnungen, Briefe, Zeichnungen und Photographien als Impulse bei der Spurensuche in der eigenen Geschichte. Für manche Beiträge wurden Zeitzeuginnen und Zeitzeugen ausführlich befragt, die sehr viel Wissenswertes und bislang Unentdecktes über das Nachkriegsleben zu berichten hatten.

Diese Schwerpunktsetzung der Beiträge ermöglicht es, im vorliegenden Band des Lesebuchs zur Geschichte des Münchner Alltags ein sehr authentisches Bild der Nachkriegsjahre zu zeichnen. Die erlebnisnah erzählte Geschichte aus der ganz subjektiven Sicht einzelner Zeitzeuginnen und Zeitzeugen läßt die oft so abstrakte Historie nachvollziehbar, manchmal sogar nachfühlbar werden. Nicht die »offizielle Geschichte«, die bereits vielfach untersucht wurde, interessiert hier, sondern der Blick wird auf die eher kleinen Geschehnisse im Alltag der Menschen gerichtet. Diese Perspektive eröffnet gleichzeitig die Chance, diejenigen zu Wort kommen zu lassen, die Opfer der NS-Diktatur und des grausamen und menschenverachtenden Krieges waren. Zudem kann die Niederschrift des persönlich Erlebten dazu beitragen, womöglich Nichtbewältigtes gefühlsmäßig zu erinnern und bewußt zu reflektieren. Sie kann zu der Erkenntnis verhelfen, wie sehr kollektives Geschehen in das Leben der Einzelnen hineinzugreifen vermag, wie sehr das Politische das ganz Persönliche prägt.

Ohne Zweifel kann kein Lebensschicksal, das in den Beiträgen geschildert wird, mit einem anderen verglichen werden, aber dennoch durchziehen kollektive Erfahrungsschätze die Erinnerung.

Eine gesamtgesellschaftliche Erfahrung, die die Erinnerung vieler Teilnehmerinnen und Teilnehmer dominiert, war die Notsituation nach dem Krieg, der Mangel an allem Lebensnotwendigen: Wohnraum, Nahrungsmittel, Heizmaterial, Kleidung. Es gab kaum jemanden, der viel besaß.

Manche hatten durch Flucht und Vertreibung oder durch Bombenangriffe ihr ganzes Hab und Gut verloren. Nach mehr als 70 Luftangriffen glich München nicht mehr der Stadt, die sie vor dem Krieg gewesen war. Ein Großteil der Wohnungen war entweder völlig ausgebombt oder erheblich beschädigt. Familien wurden oft gegen den Willen der Besitzer in noch intakte Wohnungen einquartiert; man lebte mit Fremden auf engstem Raum zusammen, war gezwungen, Küche, Bad und Toilette gemeinsam zu benützen. Animositäten der Wohnungseigentümer gegenüber den »Eindringlingen« waren in einer Situation des beengten Wohnens, des Teilen-Müssens nicht selten.

Für den Großteil der Menschen galt es – den Alltag so gut es eben ging – zu meistern. Es schien fast unmöglich, über den Tag hinaus zu planen. Nahezu das gesamte Denken und Handeln kreiste um die Bewältigung der Anforderungen des Tages, um die Versorgung mit dem Notwendigsten. In einer Gesellschaft, in der die Dinge der Grundbedarfsdeckung rationiert und oftmals selbst gegen die zugeteilten Marken nicht erhältlich waren, gestaltete sich allein die Beschaffung von Nahrungsmitteln und Heizmaterial als ein schwieriges Unterfangen. Stundenlanges Anstehen vor Bäckereien, Milchgeschäften oder Kartoffelhandlungen gehörte zur Alltagserfahrung der Menschen nach dem Krieg, und nicht selten mußte man mit leerer Tasche wieder nach Hause gehen.

Diese Notsituation macht es verständlich, daß in der ersten Phase der Nachkriegszeit Münchnerinnen und Münchner in Scharen die Vorratskeller plünderten aus Sorge davor, was die kommenden Monate bringen würden. Hunger und Kälte, vor allem im Winter 1946/47, gehören zur gemeinsamen Erinnerung vieler Autorinnen und Autoren. Daß der Schul- und Universitätsbetrieb wegen »Kohlenferien« ausfallen mußte oder daß ein Brikett als Eintrittskarte ins Kino diente, spricht für sich. Erschwert wurde die Normalisierung des Lebens zusätzlich durch häufige Stromsperren, die Privatleute wie Gewerbetreibende zur Untätigkeit zwangen.

Die alle Lebensbereiche umfassende Versorgungskrise brachte aber auch Positives hervor. Sie setzte in den Menschen eine enorme Improvisationsgabe frei. Der karge Speisezettel wurde durch Hamsterfahrten auf's Land, durch das »Organisieren« auf dem Schwarzmarkt bereichert, auch der Erfindungsreichtum in der Zubereitung der knappen Nahrungsmittel überrascht noch heute. Das Kochen mit Surrogaten gehörte ebenso zum Alltag wie das Wäschewaschen ohne Waschmittel oder der hauseigene Tabakanbau. Keine Mühe wurde gescheut, um das Verlangen nach dem »Rauch« zu stillen, auch wenn die Selbstgedrehten aus den weggeworfenen Kippen der amerikanischen Soldaten zusammengesammelt waren. Vor allem Frauen trugen unter den Bedingungen der enorm erschwerten Haushaltsführung eine große Last, oblag ihnen doch oftmals neben der elementaren Daseinsfürsorge die Aufrechterhaltung des Familienlebens und die Erziehung der Kinder. In der Nachkriegsgesellschaft fielen ihnen als berufliche und familiäre Statthalterinnen der Männer mannigfache Aufgaben zu. Auch der rasche Wiederaufbau Münchens wäre ohne den Beitrag Hunderter Schutträumerinnen und Ziegelputzerinnen nicht möglich gewesen.

Aus heutiger Perspektive überrascht es, wenn an vielen Stellen der Beiträge eine echte Solidarität unter den Menschen beschrieben wird. Sicherlich herrschte auch Aggressivität in den zwischenmenschlichen Beziehungen, aber vielfach weisen die Autorinnen und Autoren auf eine damals selbstverständliche – und heute vermißte – Hilfsbereitschaft hin. Trotz aller Not- und Mangelerfahrungen und trotz der ungeheuren psychischen, sozialen und wirtschaftlichen Belastungen dokumentieren die Beiträge eine Lebenszuversicht, ein »Trotzdem ja zum Leben«: Der Krieg war vorbei, die Luftangriffe heil überstanden. Nun konnte man aufatmen, man hoffte auf einen Neubeginn, auf eine friedliche Zukunft, in der es doch nur besser werden konnte. Vielleicht lag es gerade an diesem Optimismus, daß es nach Jahren der Entbehrungen tatsächlich besser wurde. Die Währungsreform trug wesentlich zur

Normalisierung des Lebens bei und markierte den Beginn der – auch subjektiv empfundenen – wirtschaftlichen Genesung.

Doch selbst in der unmittelbaren Nachkriegszeit sehnten sich die Menschen nach Zerstreuung, nach einer Abwechslung von ihrem tristen Alltag. Viele suchten auch nach einer geistigen Herausforderung, die die Banalitäten der Daseinsbewältigung zu kompensieren vermochte. Die baldige Eröffnung oder Wiedereröffnung von Theatern, z.B. dem Theater am Brunnenhof, den Kammerspielen oder Kabaretts wie der »Schaubude« oder »Der bunte Würfel« geben ein beredtes Zeugnis von dem kulturellen Aufbruch, der im Nachkriegs-München stattfand. Die Kunst ermöglichte den Menschen auf verschiedene Weise, ihren Alltag zu bewältigen und emotional zu verarbeiten: Die Musik spendete vielen Trost, entführte die Zuhörer oder Musizierenden für einige Stunden in eine andere, heile Welt. Andere suchten ihre eigenen Eindrücke durch Bilder oder Photographien festzuhalten. Aber auch eine kritische Hinterfragung der eigenen jüngsten Vergangenheit wurde in der Konfrontation mit Theaterstücken wie »Nathan der Weise« oder modernen Dramen möglich. Nach Jahren der allumfassenden Zensur und Gleichschaltung der Meinungen während des »Dritten Reichs« erwachte die Sehnsucht in den Menschen, neue, moderne Formen in Kunst und Kultur kennenzulernen, neue Denkanstöße zu erlangen. Auch die entstehende Presselandschaft in München, anfangs noch von der amerikanischen Besatzungsmacht kontrolliert, leistete ihren Beitrag dazu, den Wissensdurst der Menschen zu stillen.

Natürlich stand auch »Lustiges« hoch im Kurs: Operetten, Eisrevuen, Fußballspiele. Das »Oktoberfest« wurde in den Nachkriegsjahren noch als »Herbstfest« mit Dünnbierausschank gefeiert. Man nahm Tanzstunden in der Tanzschule »Valenci«. Das sportliche Leben erwachte. Mit selbstgestrickten Badeanzügen, mit Holzbrettern als Skier ging man den Freuden des Sommer- wie des Wintersports nach. Diese neu keimende Lust am Leben zeigte sich auch in der Mode. Hier galt die Devise »aus alt mach neu« und »aus zwei mach eins«. Da an Textilien großer Mangel herrschte, wurde von alten Uniformjacken über Zuckersäckchen bis zu Armeedecken alles Verwendbare verarbeitet – wenn möglich im amerikanischen »New Look«, den Zeitschriften ins Nachkriegsdeutschland brachten.

Doch die Entbehrungen und Nöte der Nachkriegszeit bezogen sich nicht allein auf physische Bedürfnisse. Der Schmerz und die Trauer um Verlorenes begleitete die Menschen ebenso wie Hunger und Kälte. In vielen Familien waren Angehörige und Freunde nicht mehr aus dem Krieg nach Hause gekommen, man hatte den Verlust der eigenen Wohnung, des eigenen Zuhauses zu beklagen. In den Beiträgen wird das Bangen spürbar, das zwangsevakuierte Familien oder Kriegsheimkehrer empfanden, als sie wieder in ihre Heimatstadt zurückkehrten: Stand das Haus noch oder war es einem der vielen Luftangriffe zum Opfer gefallen? Lebten die Familienangehörigen, die Freunde noch? Selbst im positiven Fall stellte sich für die einheimische Bevölkerung eine Art von Heimatlosigkeit ein. Kriegsheimkehrer fanden sich nach Jahren der Gefangenschaft nicht mehr in der Gesellschaft zurecht, sie hatten sich durch ihre Erlebnisse, die sie in der Heimat mit niemandem teilen konnten, von ihrer Familie entfremdet. Durch den Zusammenbruch des »Dritten Reichs« war ein Vakuum entstanden: Das alte Wertesystem hatte seine Gültigkeit verloren – was zuvor als gültiger Orientierungs- und Handlungsmaßstab gegolten hatte, war nun verpönt und verboten. In einigen Beiträgen spürt man etwas von dieser weltanschaulichen Desorientierung, von dem Gefühl, nun plötzlich nicht mehr auf sein Vaterland stolz sein zu können, ja im Gegenteil Scham über die im Namen Deutschlands begangenen Verbrechen zu verspüren. Schwierig gestaltete sich auch die Erziehung der Kinder, denn nach welchen Wertmaßstäben sollten sie erzogen werden? Was sollte man auf Fragen der Kinder antworten? Schweigen über das Vergangene und ein Verdrängen des Geschehenen waren oftmals die einzigen Reaktionen. Diese Haltung spiegelt sich auch in den Beiträgen wider, von denen sich nur ein Bruchteil

– häufig nur andeutungsweise – damit auseinandersetzt, wie die Menschen nach der »Stunde Null« mit den zwölf Jahren der NS-Diktatur umgingen. Fast alle subjektiven Erinnerungsbilder blenden die vorangegangenen Jahre vollständig aus.

Die überlebenden Opfer des Nazi-Regimes wußten um den unwiderruflichen Verlust ihrer Heimat, um die Ermordung ihrer Familienangehörigen, Freunde und Bekannten in den Konzentrationslagern des »Dritten Reichs«. Sie, die wirklichen Opfer der NS-Diktatur und des Weltkriegs, hatten alles verloren, was ihr Leben zuvor ausgemacht hatte. Auch wenn sie die Verfolgungen physisch überlebt hatten, litt ein Großteil von ihnen unter schweren psychischen Belastungen. Mit Worten kaum zu beschreiben sind die Erinnerungen dieser Menschen an das durchlittene Leid in den Ghettos, den Arbeits- und Konzentrationslagern, den menschenunwürdigen Transporten in Viehwaggons oder an den »Todesmarsch« während der letzten Tage des Kriegs. Diese Menschen fanden sich nach ihrer Befreiung durch die alliierten Truppen in einer Gesellschaft wieder, die nichts von dem Geschehenen gewußt haben wollte, die die Verbrechen an Juden, Sintis u.a. bis zur Negation hin verdrängte. Man fühlte sich angesichts der schweren Kriegsfolgen selbst als Opfer des Kriegs, des Hungers, der Bombenschäden, der Vertreibung. Die konkreten Nachkriegsnöte überdeckten jegliche echte Solidarität mit den Opfern des Nationalsozialismus, sogar ein bloßes Verstehen-Wollen gab es unter den gegebenen Bedingungen oftmals nicht. Daß es einigen der ehemals Verfolgten trotzdem gelang, sich im Land ihrer Folterer ohne Rachegefühle und Anklage eine Art neuer Heimat aufzubauen, ist Zeugnis eines immensen Willens zur Lebensbewältigung und großer Humanität.

Tausende von Displaced Persons (DPs), Heimatvertriebenen und Flüchtlingen mußten ebenfalls für immer Abschied von ihrer Heimat nehmen. Ihr Leben in einer völlig neuen Umgebung, die ihnen oftmals nur Unverständnis und Ablehnung entgegenbrachte, war anfangs von enormen Entbehrungen gezeichnet. Eindrucksvoll beschreiben einige Beiträge die Lebensbedingungen in den Flüchtlingslagern und Barackensiedlungen, aber auch das Streben der Menschen, sich baldmöglichst wirtschaftlich und sozial zu integrieren.

Neben der Erinnerung an die durchlebten schweren Zeiten berichten viele Beiträge über die Beziehung der Münchner Bevölkerung zur amerikanischen Besatzungsmacht. Die Demonstration von militärischer Stärke beim Einmarsch der US-Truppen schreckte zunächst viele Münchnerinnen und Münchner ab, waren sie sich doch der Niederlage und der eigenen Ohnmacht gegenüber dieser Streitkraft um so bewußter. Niemand wußte, was die neue Herrschaft bringen würde, was von den neuen Machthabern zu erwarten war. Doch schon bald wich die anfängliche Furcht der Neugierde, vor allem bei den Kindern. Das Bild der lächelnden, Kaugummis und Süßigkeiten verteilenden GIs, vor allem der schwarzen Soldaten, prägte sich tief in das Gedächtnis der Bevölkerung ein. Für viele Münchner war es das erste Mal, daß sie einen dunkelhäutigen Menschen sahen, was sich in der Unsicherheit widerspiegelt, wie diese Menschen überhaupt zu bezeichnen seien: »Mohren«, »Neger« oder Schwarze? Man war froh und erleichtert, unter amerikanischer und nicht unter französischer oder gar russischer Besatzung zu leben. Es waren »freundliche Feinde«, die in München einmarschiert waren.

Die amerikanische Militärregierung prägte die Zukunft des Landes auf politischer Ebene nachhaltig, doch griff das Politische auch in das ganz persönliche Leben der Menschen ein. Die Auswertung des berühmten und teils gefürchteten Fragebogens mit den 131 Fragen zur NS-Vergangenheit, den jeder Deutsche ausfüllen mußte, entschied über die weitere Zukunft des Einzelnen. Von der Einstufung in eine der fünf Belastungsgruppen, die in den Spruchkammern vorgenommen wurde, hing es ab, ob der Betroffene mit einem Arbeitsverbot belegt wurde, mit einer Geldstrafe davonkam oder entlastet wurde. Sicherlich wurde nicht jeder nach gerechtem Maß beurteilt, manchmal entstand sogar der Eindruck: »Die Kleinen fängt man, die Großen läßt man laufen«, wie sich ein Mitglied der Münchner Spruchkammern erinnert. Ob das Ziel der Entnazifizierung erreicht wurde, bleibt in der Forschung wie auch in der Meinung der Betroffenen und der Ausführenden sehr umstritten.

Ähnlich schwierig gestaltet sich die Beurteilung des Umerziehungsprogrammes der Amerikaner, der »re-education«, da es auf das Innerste der Menschen, auf ihr Denken und ihre Weltanschauung abzielte. Veränderte Lehrinhalte an den Schulen und Universitäten legten jedoch einen wichtigen Grundstein dafür, daß die Nachkriegsgeneration, die in großen Teilen die Erziehung unter dem Nationalsozialismus erfahren hatte, in einer veränderten politischen und gesellschaftlichen Kultur aufwuchs. Die Bemühungen der Besatzungsmacht trugen dazu bei, ein vertieftes Demokratieverständnis in der Bevölkerung zu verankern, selbst wenn einige Ewig-Gestrige dem Nationalsozialismus nachtrauerten. Nicht nur das politische System veränderte sich, sondern auch pädagogische Leitbilder und Erziehungsmaßnahmen. Wie schwer es war, nach Jahren der Diktatur, des militärischen Drills und der Autoritätsgläubigkeit einen demokratischen, reformpädagogischen Erziehungsstil in den Schulen zu vermitteln, schildert ein Beitrag dieses Bandes eindrucksvoll. Die amerikanische Besatzungsmacht unterstützte die Aufbruchstimmung im pädagogischen Bereich im Rahmen der »German Youth Activities«, in denen der Nachkriegsgeneration in fast spielerischem Umgang miteinander Demokratie »beigebracht« werden sollte. Auch die Institution des Amerika-Hauses leistete bei der »re-education« einen wichtigen Beitrag. In Vorträgen und Filmen wurde das politische und gesellschaftliche System Amerikas wie sein Erziehungssystem erläutert, es bot aber auch nach Jahren der Isolierung Deutschlands eine Möglichkeit für die Münchner Bürgerinnen und Bürger, die USA geographisch und kulturell näher kennenzulernen.

Für einige deutsche »Fräuleins« wurde es bald zur Realität, ihre Heimatstadt zu verlassen und in die USA auszuwandern. Trotz des Fraternisierungsverbots für die amerikanischen Soldaten kamen schnell nähere Kontakte mit der deutschen Bevölkerung, vor allem mit ihrem weiblichen Teil, zustande. Die Münchner hatten bald abschätzige Bezeichnungen für die Frauen aus ihren Reihen parat, die sich mit dem ehemaligen Feind einließen: »Amiflitscherl« oder »Amiliebchen«. Daß diese Ressentiments oft auch mit einer gehörigen Portion Neid verbunden waren, da es den »Amiflitscherln« und ihren Familien in der Lebens- und Genußmittelversorgung oft an nichts mehr mangelte, liegt auf der Hand. Diese Art der »Fraternisierung« war jedoch nur eine Variante in der breiten Palette der Beziehungen zur Besatzungsmacht. Viele Soldaten suchten während der Zeit ihrer Stationierung in Deutschland familiären Anschluß, eine Art zweites Zuhause. Es ist bestimmt nicht übertrieben zu sagen, daß nicht wenige Familien in Zeiten der extremen Versorgungskrise von amerikanischen Soldaten mitversorgt wurden. Ihre Gaben, vor allem die berühmten amerikanischen Zigaretten, waren als begehrte Tauschobjekte der Schlüssel zu den Freuden des Lebens. Auch die Care-Pakete bedeuteten für manche deutsche Familie den Gipfel des Glücks, garantierte ein solches Paket doch für einige Zeit einen vollen Magen.

Die Sichtweise, aus der das Gros der Beiträge verfaßt wurde, ist die Sicht junger Menschen, die in den Nachkriegsjahren ihre Schulzeit beendeten, eine Lehre oder ein Studium begannen. Einige Autorinnen und Autoren schildern die Arbeitsbedingungen in Münchner Handwerksbetrieben, Firmen und Fabriken und geben dadurch einen lebendigen Eindruck des wirtschaftlichen Wiedererwachens der Landeshauptstadt nach dem Krieg. Der Neubeginn gestaltete sich äußerst schwierig, da die Produktionsstätten unter dem Bombenhagel gelitten hatten und sich die Versorgungsschwierigkeiten auch auf arbeitswichtige Materialien bezogen. Vom Bleistift über Malerfarbe und Blech bis hin zu funktionsfähigen Werkzeugen und Transportmitteln fehlte es an allen Ecken und Enden. Auch hier galt es – wie im privaten Bereich – zu improvisieren. Mancher Mangel wurde aber ausschließlich durch harte körperliche Arbeit und die enorme Einsatzbereitschaft der jungen Menschen ausgeglichen. Überstunden, die selten entlohnt wurden, gehörten zum beruflichen Alltag. Die Lehrjahre der Nachkriegszeit waren den Beiträgen zufolge fürwahr keine Herrenjahre.

Auch für die Münchner Studenten galt es vor jeglicher geistigen Beschäftigung zuallererst, körperlich tätig zu werden. 100 Stunden Aufräumarbeit an der von Bomben schwer getroffenen Universität waren die Voraussetzung für die Immatrikulation an der Alma mater. Nach dieser ersten Hürde erwarteten dann überfüllte Hörsäle die Studenten. Durch die Kriegseinwirkung waren Bibliotheksbestände stark gelichtet, aus eigenen Mitteln konnte niemand Lehrbücher finanzieren. Professoren der Vorkriegs- und Kriegszeit wurden der Entnazifizierung unterzogen – viele mußten daraufhin ihre Lehrtätigkeit aufgeben. Ein trauriges Kapitel der Münchner Wissenschaftsgeschichte ging hiermit zu Ende und machte dem Neubeginn im universitären Leben Platz. Trotz aller Schwierigkeiten konnten sich die Studierenden damals sicher sein, daß sie nach ihrem Abschluß in der Gesellschaft gebraucht wurden, daß sie einen wichtigen Beitrag zum Wiederaufbau des Landes und der Stadt leisten konnten. Und diese Gewißheit, ein Mosaiksteinchen zum Projekt »Zukunft« beitragen zu können, überdeckte so manche Mangelsituation.

Die Nachkriegsjahre waren enorm prägende Jahre in der jüngeren Vergangenheit unseres Landes. Ohne genauere Kenntnis dieser Zeit läßt sich das Entstehen des heutigen politischen und sozialen Systems nur schwer verstehen. Ohne das aufmerksame Zuhören und Aufnehmen der Erfahrungen der Nachkriegsgeneration werden Menschen der heutigen Generation auch nur bedingt den Zeitgeist verstehen, der die damaligen Jahre bestimmte. Dennoch darf es nicht verwehrt sein, nach den Erfahrungen und Erinnerungen zu fragen, die nicht reflektiert und dokumentiert wurden: das Verdrängen der eigenen NS-Vergangenheit, das Mitwissen um die Verbrechen an Ausgegrenzten und Verfolgten, die Erlebnisse im Krieg und in der Kriegsgefangenschaft, die feindselige Haltung der einheimischen Bevölkerung gegenüber DPs, Flüchtlingen und Heimatvertriebenen. Die konkreten Nachkriegsnöte überdeckten das, was man heute Vergangenheitsbewältigung nennt. Die Bewältigung des Alltags, so notwendig und unausweichlich sie war, ermöglichte es gleichzeitig, vor der eigenen Vergangenheit zu fliehen.

Das kritische Hinterfragen der Geschehnisse und Verhaltensweisen tut Not. Die Beiträge des vorliegenden Lesebuchs zur Geschichte des Münchner Alltags möchten hierzu einen Beitrag leisten.

Wir danken allen Teilnehmerinnen und Teilnehmern des Geschichtswettbewerbs 1995/96 »Münchner Nachkriegsjahre«, die auf **ihre** Art einige Aspekte des Nachkriegslebens in ganz individuellen und oft ganz besonderen Beiträgen beleuchtet haben und damit dem Vergessen entzogen haben.

Dank gebührt auch folgenden Personen, die direkt oder indirekt an der Entstehung des Buches mitgewirkt haben:

Elisabeth Angermair/Stadtarchiv, Nicol Matzner (für Mithilfe bei der Bearbeitung), Annegret Meyer, Hannelore Sahin-Möller, Antje Schuster, Karen Siebert, Karin Sommer, Dr. Vera Sprau-Kuhlen und Ilse Queißer.

Wir wünschen dem Buch viele interessierte Leserinnen und Leser!

Christian Ude
Oberbürgermeister

Siegfried Hummel
Kulturreferent

Die amerikanischen Truppen in der Stadt

INGE RITTER

Die Befreier

Als der 30. April 1945 heraufdämmerte, hatten meine Eltern und ich eine kurze, aber ruhige Nacht hinter uns. Wir hatten uns in der Hoffnung niedergelegt, daß der nächste Tag für uns eine schicksalhafte Veränderung unseres Lebens bringen möge, und nun war dieser Tag, dem wir so lange entgegengefiebert hatten, da.

Draußen auf den Straßen war es ruhig. Nur noch wenige deutsche Soldaten waren zu sehen. Gefechtslärm war ganz entfernt zu hören. Und plötzlich waren sie da, die Amerikaner. Noch unsicher, ob der kampflose Einmarsch in die »Hauptstadt der Bewegung« nicht durch Hinterhalte behindert werden könnte, saßen sie auf Panzern und in Jeeps. Wohlgenährt, sportlich, in sauberen Uniformen – welch ein Gegensatz zu unseren abgerissenen, besiegten Soldaten, die in den letzten Tagen das Stadtbild beherrscht hatten.

Meine Eltern und ich sahen die fremden Soldaten und waren ganz still – unsere Befreier waren da. Wir konnten es noch nicht fassen, obwohl wir seit langem davon geträumt hatten. Zwölf Jahre Terror waren vorbei, und vor uns lag ein Leben ohne Angst, Schikanen und Erniedrigungen, ohne Erschrecken bei jeden schweren, die Treppe heraufkommenden Schritten und jedem Klingeln an der Wohnungstür. Zwölf Jahre, die die Familie zusammenrücken ließen – um meinen Vater und mich, die beiden »Nichtarier«, und um meine Mutter, die Frau eines Juden, die noch vor wenigen Wochen wegen »staatsgefährdender Äußerungen« im Gefängnis saß, denunziert von einem Hausmeister.

Es war ein unbeschreibliches Gefühl des Glücks, verbunden mit dem Bewußtsein, nun nicht mehr als »minderwertig« zu gelten. Ein Bewußtsein, das ich in den vergangenen Jahren nur noch in der Geborgenheit der Familie und meiner Freundinnen in der Katholischen Jugend und der Schule haben konnte. Langsam wurde mir bewußt, daß für mich als 17jähriges Mädchen ein Lebensabschnitt zu Ende gegangen war, der mich durch seine Härte und Zwänge weit über mein Alter hatte reifen lassen.

Mit den einrückenden Befreiern und dem damit verbundenen Ende des NS-Staates entstand plötzlich in mir ein tiefer Graben zu der Verzweiflung der letzten Zeit. Gestern war ich noch Zwangsarbeiterin im Rathaus am Marienplatz gewesen. Gerade die vergangenen Wochen waren dort voller Dramatik abgelaufen. Mit meinen ebenfalls »nichtarischen« Schicksalsgenossinnen mußte ich immer häufiger die Reste der sich in den Schutzräumen abspielenden »Weltuntergangsgelage« der hohen NS-Funktionäre beseitigen.

All das lag für mich nun weit zurück, und wir machten uns daran, unser Leben zu normalisieren, wobei die Sorge um das tägliche Brot an erster Stelle stand. Ich war glücklich, meinen Beruf,

---

INGE RITTER
Als Tochter eines jüdischen Vaters 1928 in München geboren, 1938 aus »rassischen« Gründen Verbot der Höheren Schule, 1941 Besuch der Mittelschule für angewandtes Zeichnen, 1944 Zwangsarbeit als Putzfrau. Nach Kriegsende Tätigkeit in einem Ingenieurbüro bis zur Eheschließung 1947, ab 1952 Arbeit als Technische Zeichnerin, dann als Sachbearbeiterin. Seit 1988 in Rente; zwei Söhne, drei Enkel.

Die Befreier auf dem Marienplatz, 5. Mai 1945

aus dem ich nach kurzer Tätigkeit durch Zwangsarbeit herausgerissen worden war, bei meinem alten Arbeitgeber wieder aufnehmen zu können.

Unvergeßlich ist mir die Fronleichnamsprozession am 3. Juni 1945, die die Militärregierung in München genehmigt hatte. Zehntausende beteiligten sich an der Prozession durch die zerstörte Innenstadt. Wir zogen voll Dankbarkeit, singend und betend hinter Kardinal Faulhaber durch eine gespenstische Trümmerlandschaft.

Sehr bald wurde ich mit Sorgen von Menschen konfrontiert, die noch vor wenigen Wochen unvorstellbar gewesen wären. Während ich meine wiedergewonnene Freiheit bewußt erlebte, bangten viele Menschen wegen der notwendigen, zunächst aber übertriebenen und vielfach sinnlosen Entnazifizierungsmaßnahmen der Militärregierung um ihre Existenz. Und es dauerte nicht lange, bis Mitarbeiter meiner Firma und Beamte des Rathauses, die mich kannten, von mir einen »Persilschein« erbaten. Das war eine Erklärung, daß sie, obwohl ehemals Mitglied der NSDAP, doch anständige Menschen geblieben waren. Wo es gerechtfertigt war, half ich gern, denn ich kannte keinen pauschalen Haß, ebensowenig wie mein Vater, dessen Bruder mit Familie in einem Vernichtungslager den Tod gefunden hatte. Wir waren Münchner in guten wie in schlechten Zeiten, und das wollten wir bleiben, auch wenn die zugefügten Wunden noch schmerzten.

IRMTRAUD BOHN

Wolfgang Robinow

Der erste Amerikaner auf dem Marienplatz

Im Wehrmachtsbericht vom 30. April 1945 heißt es: »Überlegene feindliche Kräfte sind von Nordwesten und Westen in München eingedrungen, wo im Stadtinneren erbittert gekämpft wird…«.

Was es mit diesem »Kampf« auf sich hatte, daran erinnert sich Wolfgang Robinow noch heute so lebhaft, als wäre es gestern gewesen.

Im Juli 1944 war Wolfgang Robinow als amerikanischer Soldat des 242. US-Infanterie-Regiments, der »Rainbow-Division«, nach Europa gekommen, und seit Jahresanfang 1945 in Richtung Deutschland vorgedrungen. Als Führer eines Aufklärungszuges hatte er die Aufgabe, unerobertes Gebiet zu erkunden. Der Befehl seines Kommandeurs lautete für das vierköpfige Vorauskommando jeden Tag gleich: »Go forward, until you meet resistance!«[1] Am 29. April war seine Division bis Dachau vorgedrungen und befreite die Überlebenden des Konzentrationslagers.

Dann näherten sich die Amerikaner der »Hauptstadt der Bewegung«. Etwa um sieben Uhr am Morgen des 30. April erreichte Wolfgang Robinow mit seinem Kommando Obermenzing. Beim ehemaligen Eichamt in der Franz-Schrank-Straße nahm Robinow mit einem Verantwortlichen im Münchner Rathaus telefonisch Verbindung auf. Er forderte eine offizielle Abordnung zum Eichamt an, in deren Begleitung er mit seinem Kommando kampflos in die Innenstadt vordringen wollte. Da jedoch kein Vertreter der Stadt erschien, entschloß sich Robinow, mit seinen drei Begleitern allein die Fahrt fortzusetzen. Was sie unterwegs erwarten würde, lag völlig im Ungewissen. Gab es wirklich noch ein »letztes Aufgebot«, das München verteidigen wollte?

Sie kamen nur langsam auf ihrem Weg voran. Die Angst war groß, daß in diesem zerbombten München, das einer Geisterstadt ähnelte, doch noch irgendwo Waffen auf sie gerichtet waren. Zudem war die Überlebenschance sehr gering, wenn ihr Jeep auf Minen geraten sollte, auch wenn der Boden mit Sandsäcken ausgelegt war. Vorsichtig tasteten sie sich Straße für Straße in Richtung Innenstadt vor. Sie konnten es überhaupt nicht fassen, wie ruhig es war. Im Rückblick erzählt Robinow: »Ich habe bei unserem Vorrücken in die Stadt keine Menschenseele gesehen.«

Etwa um 14 Uhr erreichten sie, ohne auf Widerstand gestoßen zu sein, den Münchner Marienplatz. Eine große Menschenmenge war hier versammelt. Nach einer Fahrt durch völlig leere Straßen trafen sie hier nun auf mehrere Hundert amerikanische, englische und französische Kriegsgefangene in Uniformen, die zur Schutträumung eingesetzt worden waren. Aber auch viele Münchner, meist Frauen, Kinder und alte Männer, hielten sich dort auf. Die Menschen waren zunächst überrascht und erstaunt, als sie die ersten amerikanischen Soldaten sahen. Doch nach kurzer Zeit wurde aus dem Staunen eine jubelnde Begrüßung; einige warfen sogar Blumen in den Jeep. Langsam begriffen die Menschen, daß nach mehr als fünfeinhalb Jahren der schreckliche Krieg auch in München endlich zu Ende war. Ein »Kampf« hatte im Stadtinnern von München – entgegen den Propagandameldungen – überhaupt nicht stattgefunden.

Robinow erinnert sich:

»Nach etwa zehn bis fünfzehn Minuten auf dem Marienplatz fuhren wir weiter zu einem

---

IRMTRAUD BOHN
Geboren 1947 in Stuttgart; lebt seit 1970 in München, verheiratet, zwei Kinder. Beruf: Verlagsbuchhändlerin, tätig als freiberufliche Journalistin.

[1] »Rücken Sie vor, bis Sie auf Widerstand stoßen!«

nahegelegenen Polizeirevier. Dort sammelten wir die Pistolen ein. Der Verantwortliche ließ sich mit deutscher Gründlichkeit von uns noch eine Quittung dafür ausstellen.«

Von dort ging es weiter in Richtung Maximilianeum, wo plötzlich noch einmal Schüsse fielen; doch zum Glück kam niemand zu Schaden. Den Abend des 30. April verbrachten die amerikanischen Soldaten in einer beschlagnahmten Villa in Nymphenburg. Wie erleichtert waren sie, diesen wahrlich aufregenden Tag unbeschadet überstanden zu haben – Grund genug, erst einmal ausgiebig zu feiern. Ehemalige Gefangene zeigten ihnen ganz in der Nähe ein Lager mit Alkohol. Bereits an diesem Abend waren junge deutsche Frauen gerne bereit, die Siegesfreude mit den Amerikanern, die noch wenige Stunden zuvor als Feinde gegolten hatten, zu teilen.

Lange Zeit galt Ernst Langendorf, der später für den demokratischen Neuaufbau der bayerischen Presse verantwortlich war, als »erster Amerikaner« in München. Heute jedoch gilt als sicher, daß Wolfgang Robinow ihm auf dem Marienplatz um etwa zwei Stunden zuvorkam.

Am 1. Mai verließ Robinow mit seinem Kommando München in Richtung Waging. Auf dem Weg dorthin holte sie die brutale Wirklichkeit ein. Immer wieder sahen sie erhängte Menschen, von der SS buchstäblich in der letzten Minute ermordet, weil sie zu früh weiße Fahnen gehißt hatten. Auch Soldaten, die sich voreilig von ihrer Truppe entfernt hatten, waren gnadenlos als Deserteure erschossen oder erhängt worden, wenn sie der SS in die Hände gefallen waren.

Von Waging aus wurde Robinow im Mai 1945 ins amerikanische Divisions-Hauptquartier nach Kitzbühel geschickt, wo er für den CIC Verhöre durchführte. Er verhörte unter anderem die im »Dritten Reich« überaus erfolgreiche Filmregisseurin Leni Riefenstahl, die sich gegenüber den Amerikanern überhaupt nicht als Nazi-Künstlerin verstand und daher ihre Vernehmung als Zumutung empfand. Robinow erinnert sich noch gut, daß er damals eine sehr kritische Einstellung gegenüber Deutschland und den Deutschen hatte. Schuld daran waren jedoch nicht allein die Erlebnisse während seiner Zeit als amerikanischer Soldat in Deutschland, sondern die Erfahrungen seiner Jugendjahre.

Wolfgang Robinow wurde 1918 in Hamburg als jüngstes von sechs Kindern geboren. Später zog die Familie nach Berlin, wo er auch seine Kindheit verbrachte. In Dahlem wurde er von Pastor Niemöller konfirmiert. Doch dann kam das Jahr 1933 und 1935 die »Nürnberger Gesetze«. Sie bestimmten die Familie Robinow zu »Volljuden«, da alle vier Großeltern jüdischen Glaubens waren. Niemals hatte sich die Familie vorstellen können, daß so etwas passieren würde. Beide Eltern waren bereits nach der Geburt getauft worden, die meisten Verwandten waren Protestanten. In Hamburg hatte die Familie einen renommierten Namen, der Vater und zwei Onkel hatten im Ersten Weltkrieg als Offiziere in der bayerischen Armee gedient. Doch plötzlich waren sie »Volksfeinde«, die man diskriminierte und verfolgte.

Für Wolfgang Robinow bedeuteten die Bestimmungen der »Nürnberger Gesetze«, daß er mit 17 das Gymnasium verlassen mußte. Der Vater schickte ihn nach Dänemark, wo er in der Landwirtschaft arbeitete. Doch bald erkannte die Familie, daß die Führung Deutschlands einen Krieg anstrebte und Juden, zu denen sie nach der herrschenden Ideologie ebenfalls zählten, ihres Lebens nun nicht mehr sicher sein konnten. Nur dieser Weitsicht verdanken Wolfgang Robinow und der größte Teil seiner engeren Verwandtschaft das Überleben. 1938 wanderte er nach Amerika aus und arbeitete zunächst bei den Quäkern als Hausmeister für fünf Dollar in der Woche. Im Februar 1941 meldete er sich freiwillig zur US-Armee und kam im Juli 1944 als Sergeant mit den amerikanischen Truppen nach Europa. Hier erlebte er die letzten zehn Monate des Zweiten Weltkriegs, bevor er Ende 1945 in die USA zurückkehrte und heiratete.

Im Februar 1947 kam Wolfgang Robinow als Untersuchungsoffizier für Kriegsverbrechen wieder nach Deutschland. In Dachau und einem Internierungslager in Regensburg verhörte er Hunderte von Gefangenen, die während des »Dritten Reichs« höhere Posten im NS-Macht-

Amerikanische Jeeps auf dem Marienplatz, Mai 1945

apparat bekleidet hatten. Unter ihnen befanden sich Dr. Hans Fritzsche, ehemals Leiter der Abteilung Funk in Goebbels Propagandaministerium und Franz von Papen, Vizekanzler Hitlers bis 1935. Was Wolfgang Robinow bei seinen Verhören, aber auch bei ganz gewöhnlichen Gesprächen mit Deutschen erlebte, bestätigte seine Vorbehalte und seine Skepsis. Wieder und wieder bekam er zu hören: »Ich habe nichts Schlimmes getan« – »Ich habe nur Befehle ausgeführt« – »Man konnte sich nicht dagegen wehren« – »Ich war nur eine unbedeutende Nummer« – »Das haben wir nicht gewußt«. Die Reihe ließe sich lange fortsetzen. Manchmal überkam ihn das Gefühl: »Ich muß mich schämen, einmal Deutscher gewesen zu sein.« Trotzdem begann Robinow in dieser Zeit, wieder Freundschaften mit Deutschen zu schließen. Er bemühte sich, nicht alle unterschiedslos als Nazis oder Kriegsverbrecher anzusehen, sondern bei seinen Gesprächen mit ihnen genau zuzuhören und zu differenzieren.

Auch mit dem Umerziehungsprogramm der Amerikaner setzte sich Wolfgang Robinow sehr kritisch auseinander. Die dafür ausgewählten US-Offiziere wurden zwar für die »re-education« der Deutschen zur Demokratie ausgebildet, waren jedoch seiner Meinung nach nicht qualifiziert. In den ersten Monaten des Jahres 1946 wurden dann in der amerikanischen Zone die sogenannten Spruchkammern eingeführt, die ab Mai ihre Tätigkeit aufnahmen. In ihnen überließen die Amerikaner den Deutschen selbst die Anhörung und Verurteilung der Belasteten. Problematisch erachtete Robinow die Besetzung dieser Kammern: Es handelte sich um eine Art Laiengericht mit schöffengerichtlicher Verfassung, anfangs dem Parteien-Proporz entsprechend zusammengesetzt. Immer wieder wurden Fälle von Korruption bekannt. Robinows Eindruck war: »Die Großen kamen besser weg, weil sie intelligenter waren und über Beziehungen verfügten; die Kleinen stellte man vor Gericht.«

Der »Kalte Krieg« trug ebenfalls dazu bei, daß man mit der Verfolgung und Verurteilung der Verantwortlichen immer nachlässiger verfuhr.

Robinow erinnert sich, daß viele Deutsche in den Nachkriegsjahren mit Politik überhaupt nichts mehr zu tun haben wollten. Die Menschen hatten nur drei Interessen: ein Dach über dem Kopf, etwas zu essen und Heizmaterial für den Winter. Hinzu kam bei vielen die Sorge um ihre Ehemänner, Söhne oder Väter, die sich noch in Kriegsgefangenschaft befanden oder als vermißt galten. Die Deutschen fühlten sich häufig durch ihre schwierige Lebenssituation selbst als Opfer des Kriegs. Die Bereitschaft, sich mit der Vergangenheit auseinanderzusetzen und dafür Verantwortung zu übernehmen, war daher sehr gering.

Bis Dezember 1955 war Robinow bei der amerikanischen Besatzungsarmee in Deutschland stationiert, um dann für fünf Jahre nach Amerika zurückzukehren. Seit 1961 lebt er wieder in Deutschland, seit 1969 in München. Noch immer treffen sich die Veteranen der »Rainbow-Division«. Zum 50. Jahrestag des Kriegsendes organisierte Wolfgang Robinow ein Treffen in München, bei dem 91 ehemalige amerikanische Soldaten mit ihren Angehörigen zusammentrafen. Doch Robinow wollte mehr bewirken als einen bloßen Austausch von Erinnerungen. Er veranlaßte, daß jeweils drei Veteranen, von denen einer bei der Befreiung des KZ Dachaus dabeigewesen war, verschiedene Schulen besuchten. Sie sprachen mit Schülerinnen und Schülern höherer Jahrgangsstufen darüber, was sie Ende April 1945 an Schrecklichem und Unfaßbarem gesehen und erlebt hatten.

Auch Wolfgang Robinow geht seit einiger Zeit in Schulen, um mit Schülerinnen und Schülern zu sprechen. Die Gespräche sind ihm sehr wichtig geworden, denn er will vor allem jungen Leuten die Kriegs- und Nachkriegszeit aus eigenem Erleben näher bringen und verständlicher machen. Es geht ihm besonders darum, daß die junge Generation die nach dem Krieg erreichte Demokratie in Deutschland nicht nur als Privileg, sondern auch als Verantwortung begreift. Die Freiheit und Unabhängigkeit in Deutschland, zu der er seinen Teil beigetragen hat, sind ihm ein besonders kostbares und schützenswertes Gut.

Olga Schätz

»Freundliche Feinde«

Nun standen die Amerikaner an der Stadtgrenze. All die Lügen, dieses Spitzeltum und die permanente Angst würden zu Ende sein. Wir hofften es. Wir sahen die Amerikaner als Befreier und als Friedensbringer an – vielleicht nur für einige Zeit, denn es ging die Rede, sie würden zusammen mit den Resten der deutschen Wehrmacht nach Osten ziehen, um den Bolschewismus für immer zu zerschlagen.

Jetzt jedenfalls sollte Friede sein. Das bedeutete: Keine Verdunkelung mehr, keine Alarme, keine Bombenangriffe, keine Tiefflieger mehr.

Ein Aufatmen war sicher die erste Reaktion, aber sehr bald kam ein anderer Gedanke hoch: Das schmerzliche Bewußtsein, daß Deutschland nun am Boden lag, entmachtet, rechtlos, hilflos den Siegern ausgeliefert. Wir waren ja zu Patrioten erzogen worden.

Gottlob war mein Mann seit Februar 1945 wieder bei uns. Er war aus der Wehrmacht entlassen worden, und wir konnten nun alle Sorgen gemeinsam tragen. Von unseren sechs Kindern waren zwei der Älteren noch nicht aus der Kinderlandverschickung heimgekommen. Wir wußten nicht einmal, ob sie das Kriegsende überlebt hatten. Post, Telefon und Eisenbahn waren lahmgelegt, eine Verbindung nicht möglich.

Diese Zeit empfanden wir als äußerst schwere Krise, jedoch nicht als Stunde Null, nicht als absolutes Ende. Denn wo Kinder sind, da geht das Leben weiter.

Schon am 2. Mai stand der Quartiermacher vor unserer Haustüre: ein netter Sergeant in der für uns noch neuen amerikanischen Uniform. Er sprach gut Deutsch. Auch wir begrüßten ihn freundlich. Er müsse in unserem Haus zwölf Soldaten einquartieren, meinte er höflich. Der Pater familias führte ihn durchs Haus und konnte sogar erreichen, daß unsere Familie in Erdgeschoß und Keller wohnen bleiben durfte; letzterer war noch mit Notbetten »luftschutzwohnlich« eingerichtet. Vielleicht hatten die kleinen Kinder den Amerikaner zu seiner Entscheidung bewogen, vielleicht die Gegenwart unserer 80jährigen Großmutter, denn vor alten Leuten zeigten die Amerikaner immer großen Respekt. Oder wir hatten dem Verhandlungsgeschick meines Mannes dieses Ergebnis zu verdanken, das unser großes Glück war! Wohin hätten wir uns auch mit den vier Kindern zwischen einem und 16 Jahren und der gehbehinderten alten Dame wenden sollen?

Die uns zugewiesenen Soldaten kamen: lauter junge Kerle. Aber wie sie aussahen! Schmutzig und sehr, sehr müde. Es waren Leute von der Kampftruppe. Mit ernsten Gesichtern würdigten sie uns keines Blickes. Man hätte dies mißverstehen können, bis wir erfuhren, daß sie die Anweisung hatten: »No fraternization!« Unsere Angst war erst dann verflogen, als wir sie am selben Abend vor dem Haus Ballspielen sahen. Sollten zu uns wirklich »freundliche Feinde« gekommen sein, wie sie damals vielfach genannt wurden?

Später einmal hörten wir unsere Soldaten singen. An einem warmen Frühlingsabend saßen sie draußen an der Hauswand und sangen hingebungsvoll: »Stille Nacht, Heilige Nacht«. Es klang wie eine Erleichterung darüber, daß der Krieg zu Ende war. Auch in ihren Reihen hatte es viele Verwundete und Tote gegeben.

Die erste Truppe durfte bald in ihre Heimat zurückkehren und wurde durch neue Soldaten abgelöst. Diese sprachen nun gerne mit uns, wobei unsere älteste Tochter mit ihrem Schulenglisch eine große Hilfe für uns war. Wer hatte

---

Olga Schätz
Geboren 1907, Ausbildung an der Bayerischen Lehrerinnenbildungsanstalt. 1928 Heirat, zwischen 1929 und 1944 sechs Kinder, Witwe seit 1974.

schon Englisch gelernt im alten Bayern? Man faßte gegenseitig Zutrauen. Die »Amis« kamen, wenn sie etwas brauchten, z. B. einen Besen, um ihre Räume sauberzuhalten.

Die »Amis« halfen uns sogar; sie brachten uns aus eigenem Antrieb gelegentlich aus ihrer Küche Eßbares mit: Rührei, Risotto und manchmal auch ein Kotelett, das aber die Kinder nicht vertragen konnten; sie waren kein Fett mehr gewöhnt. Von den Konservendöschen, die wir geschenkt bekamen, konnten wir sogar einen kleinen Vorrat anlegen.

Seife und das schlechte Waschpulver waren Mangelware. Wir erfüllten daher gern die Bitte unserer Soldatengäste, ihre Uniformhemden zu waschen. Sie gaben uns so reichlich gute Kernseife, daß auch für uns etwas übrig blieb. Unsere Tochter entwickelte zudem eine wahre Meisterschaft im Bügeln der »creases«, der vorgeschriebenen Bügelfalten.

Einen Freudentag erlebten wir, als unsere zweite Tochter, die bis jetzt im KLV-Lager Bad Tölz gewesen war, Ende Juli wohlbehalten in München ankam. Welch ein Glück! Wir hatten auch unser letztes Kind zu Hause, und die ganze Familie war wieder vereint.

Gruppe um Gruppe unserer Einquartierten hatte sich abgelöst, und wir lebten in gutem Einvernehmen mit unseren »Amis«. Wir fühlten uns durch sie beschützt gegen umherziehende Plünderer, die immer zahlreicher auftauchten. Es machte uns auch nichts aus, daß Haus- und Gartentüre stets offen bleiben mußten, damit die Soldaten aus- und eingehen konnten. Einer paßte immer auf; so kam kein Fremder herein.

Nette junge Leute kamen im Juli 1945 zu uns. Es waren vorwiegend Studenten. Ich kann mich sogar noch an manche Namen erinnern. Da war Larry Harris, der Diplomat werden wollte und brennend daran interessiert war, Deutsch zu lernen. Da kamen Jack Forster, der so gern klassische Musik hörte und Schach spielte, und der besonders sympathische Vincent Nacarlo. Er war italienischer Abstammung, und mein Mann, der gut Spanisch sprach, konnte sich mit ihm in einem italienisch-spanischen Kauderwelsch unterhalten. Nacarlo sagte einmal: *»Ihr Deutschen lebt ganz anders als wir; ihr arbeitet um der Arbeit willen. Wir hingegen arbeiten, um zu leben! Ich z. B. arbeite gerade so viel, daß ich den gewünschten Lebensstandard halten kann, und nicht mehr! Ich will auch noch ein bißchen Zeit haben, das Leben zu genießen.«* Nacarlo erzählte uns vieles aus dem amerikanischen Alltagsleben, auch über das Rollenverständnis von Mann und Frau. Fürwahr eine »Neue Welt«!

Wir saßen an schönen Nachmittagen häufig mit unseren »Amis« im Garten, blätterten in Büchern und Bildbänden, plauderten und lernten. Es war ein vergnügter Kreis. Nur einmal kamen sie verstört und finster blickend nach Hause. Sie waren ins ehemalige KZ Dachau gebracht worden, hatten die Baracken, das Krematorium und alles andere gesehen. Sie schalten uns Lügner, als wir beteuerten, nichts davon gewußt zu haben. Das sei unmöglich, meinten sie, Dachau läge doch ganz nahe bei München. Als einziger von uns hatte mein Mann eine Ahnung von diesen schrecklichen Dingen gehabt; ein Arzt hatte ihm einiges angedeutet. Aber welcher Familienvater hätte die Seinen in Gefahr bringen wollen? Darüber hat er nie ein Wort verlauten lassen.

Fast naiv mutete daneben die Frage eines jungen Soldaten an: »Where was the press?« Wie hätte denn während der Nazizeit eine systemkritische Äußerung in der Presse erscheinen können? Ein Land ohne Pressefreiheit – für Amerikaner unvorstellbar!

Im Herbst 1945 verließ die letzte amerikanische Truppe unser Haus. Aber die guten Beziehungen zu einigen unserer Soldaten dauerten an. Larry war später als Offizier in Triest stationiert; unser ältester Sohn besuchte ihn dort 1952 und nochmals 1960 in Washington.

Nacarlo schrieb uns öfter und schickte das eine oder andere Paket, einmal sogar einen guten Herrenanzug; auch der Kaffee für die Großmutter war nicht vergessen worden. 1955 kam Nacarlo selbst nach München, um uns wiederzusehen.

So hatten alle dazu beigetragen, daß sich zwischen den »freundlichen Feinden« und uns durchaus freundschaftliche Beziehungen entwickelten.

Amerikanischer Soldat auf dem Bahnhofsplatz, ca. 1947

Rudolf Woerl

Die Teestunde

Der Krieg ging seinem Ende entgegen, aus der Ferne hörte man das Donnern der Geschütze, das wie ein nahendes Gewitter klang. Langsam schoben sich die Befreier mit Getöse in die Vororte unseres geliebten München. Abziehende deutsche Einheiten schossen auf die Leute, die es wagten, weiße Fahnen aus den Fenstern der Häuser zu hängen. Nach einiger Zeit hörte man das Geräusch von Kettenfahrzeugen, ein sicheres Zeichen dafür, daß die Amerikaner da waren.

Wir waren die letzten Stunden im Luftschutzkeller gesessen, doch an diesem Tag war es merkwürdig still geworden. Es war die Ruhe vor dem Sturm. Die Zeit des Wartens war erfüllt mit Angst davor, was kommen würde. Unglaubliche Greuelgeschichten hatte die NS-Propaganda verbreiten lassen, und die Bombenangriffe der Amerikaner, bei denen die Hölle vom Himmel fiel und der Glaube an das Gute im Menschen in den Trümmern versank, konnten wir auch nicht so schnell vergessen. Wir selbst waren sehr froh darüber, daß wir den Krieg lebend überstanden hatten, mußten doch viele Menschen noch in den letzten Augenblicken dieses Wahnsinns ihr Leben lassen.

Nach geraumer Zeit versuchten einige unerschrockene Mütter zu erkunden, was da auf der Straße vor sich ging. Immer mehr Menschen trauten sich nach Stunden der Ungewißheit in ihre Wohnungen zurück. Aus unseren Zimmern heraus konnten wir, von den Vorhängen verdeckt, die US-Soldaten beobachten. Ein Strom aus Menschen und Material ergoß sich in unseren Wohnort. Langsam nahmen die Sieger ihre Beute in Besitz, und wir als Besiegte mußten das so hinnehmen. Beim Anblick von so viel Macht und Stärke war uns klar, was wir von nun an zu erwarten hatten. In den folgenden Tagen fuhren Jeeps durch unsere Siedlungen, und die Soldaten forderten die Bevölkerung auf, Ruhe zu bewahren. Wir mußten den Anordnungen der Militärs strikt Folge leisten.

Wir Kinder konnten unsere Neugierde nur schwer bändigen, gab es doch so viel Neues für uns zu erkunden. So kam, was kommen mußte: Wir machten uns heimlich auf, um Kontakt zu den amerikanischen Soldaten zu knüpfen. Als ich mich eines Tages verbotenerweise vom Elternhaus entfernte, stand ich plötzlich vor einem riesigen Panzer, auf dem weiße und schwarze Soldaten saßen.

Nun gab es kein Zurück mehr. Aus Verlegenheit und Angst lächelte ich ihnen zu. Einer winkte mich zu sich her. Und dann geschah etwas Merkwürdiges: Aus einem Karton holte der Soldat ein paar Dinge heraus und reichte sie mir. Er war gut gelaunt und redete auf mich ein, doch ich verstand nichts. Ich bedankte mich mit mehrmaligem Kopfnicken und verschwand eiligst um die Häuserecke.

Schnell begriffen wir Kinder, daß es bei den amerikanischen Soldaten alles in Hülle und Fülle gab. Was wir von ihnen geschenkt bekamen, waren für uns herrliche Köstlichkeiten. Immer öfter unternahm ich mit meinen Brüdern und Schulkameraden Streifzüge in die nähere Umgebung. Für uns war die Zeit nach dem Krieg herrlich, keine Schule, Freizeit pur, da lachte so manches Kinderherz vor Freude! Im Sturm eroberten wir die Herzen der Soldaten und nutzten unseren Bonus reichlich aus. Aber noch mehr Chancen besaßen die größeren Mädels, hinter deren Geheimnis wir sehr bald kamen.

Rudolf Woerl
In einer kinderreichen Familie 1932 in München geboren, Lehre als Textilgroßhandelskaufmann. Seit 1951 im Berufsleben, davon 20 Jahre bei der Bundeswehrverwaltung. 1967 Heirat, 1990 in Rente; »frönt« seither mit Leidenschaft seinem Hobby, dem »Erzählen«.

An einem Tag, als es fast »Spitzbuben« regnete, hatte sich die ganze Familie in der warmen Wohnküche versammelt. Mein Bruder, der aus dem Fenster schaute, sprang plötzlich auf und sagte, daß ein Amerikaner direkt auf unser Haus zukäme. Meine Mutter schimpfte ihn, weil er dauernd aus dem Fenster schaute; sie hatte Angst. Wir warteten im Flur und lauschten auf die Schritte draußen. Es klingelte kurz und heftig, so daß wir alle erschraken. Ich hatte eine Gänsehaut vor Angst bekommen. Es klopfte nochmals an der Tür, und eine Stimme sagte in gutem Deutsch:

»Sie brauchen keine Angst vor mir haben. Ich bin Amerikaner und möchte mich gerne mit Ihnen unterhalten.« Wir nickten einander zu, und meine Mutter öffnete vorsichtig die Wohnungstür. Ein schwarzgelockter junger Soldat stand vor uns. Er hatte seine Mütze auf einen großen, braunen Karton gelegt und bat uns, eintreten zu dürfen.

»Mein Name ist Larry«, sagte er, *»ich bin Offizier bei der US-Army und möchte gerne mit Ihnen zusammen Tee trinken. Alles, was wir dazu benötigen, habe ich hier in diesem Karton mitgebracht. In der Kaserne ist es so kalt und trostlos, daher habe ich nun einfach versucht, Kontakt zu einer deutschen Familie aufzunehmen. Meine Großeltern stammen aus Schwaben, und bei mir zu Hause wird genauso deutsch wie englisch gesprochen.«*

Meine Mutter setzte Teewasser auf, und wir machten es uns in der Wohnküche gemütlich. Larry stellte den Karton auf den Tisch und begann ihn auszuleeren. Es war atemberaubend, was da alles zum Vorschein kam. Wir trauten uns gar nicht, richtig zuzugreifen, aber Larry forderte uns immer wieder auf, doch zu essen.

Als er gehen mußte, bat Larry meine Mutter, wiederkommen zu dürfen, worauf Mama nur »ja« sagte. Wir wußten nicht so recht, was wir von diesem Besuch halten sollten. Es war sehr außergewöhnlich. Die Besuche von Larry wurden immer häufiger, außerdem brachte er einige seiner Kameraden mit. Es entwickelte sich langsam aber stetig eine richtige Freundschaft. Die Amerikaner brachten immer viele Lebensmittel mit, die wir redlich mit den anderen Hausbewohnern teilten.

Oft durfte ich mit Larry im Jeep in die Kaserne fahren. Die Wache mußte ich in einem Seesack versteckt passieren. Ich räumte seine Bude auf und durfte dafür so viele Lebensmittel mitnehmen, wie ich wollte. Larry bereitete es Freude, andere Menschen glücklich zu machen.

Wochen und Monate vergingen, und es hätte für uns noch ewig weitergehen können, doch der Abschied kam ohne Vorwarnung. Ich war mit meiner Mutter in unserer Wohnküche, als ein Jeep vorfuhr und hupte. Larry stürmte mit einem großen Seesack die Treppen zu unserer Wohnung hinauf. Etwas außer Atem sagte er: *»Hallo Mum, wie geht es Dir?« – »Gut, wie immer«*, sagte Mutter, *»willst Du etwas essen, oder trinken wir eine Tasse Tee zusammen?« – »Mum, ich habe wenig Zeit, ich werde in einer Stunde mit meiner Einheit in die Staaten verlegt. Mum, es war eine wundervolle Zeit mit Euch zusammen, Du warst wie eine Mutter zu mir. Ich werde Dich nicht vergessen.«*

Da nahm er meine Mutter fest in seine Arme. Ich brachte vor Schreck kein Wort über die Lippen. Der Fahrer hupte wieder und wieder, dann ging alles sehr schnell. Uns standen die Tränen in den Augen, ein letztes Good-bye, dann stolperte er die Stiegen unseres Hauses hinunter. Mutter und ich eilten in die Wohnküche, und wir sahen Larry noch winkend in den Jeep steigen. Dann schoß das Fahrzeug davon.

Wir verabschiedeten den Jeep mit Larry so lange, bis sie nach einer langen Kurve aus unserem Blick verschwanden.

Als unser Schreck langsam wich, begannen wir hemmungslos zu weinen. Was uns blieb, war ein Seesack voll gewaschener, von Mutter gebügelter Wäsche und die Erinnerung an einen großartigen Menschen, der Larry hieß.

EDUARD KÄSER

»Dr. Baker«

An einem Werktag im Juni 1946 wollte ich am Sendlinger-Tor-Platz in die Straßenbahn-Linie Nr. 7 einsteigen. Der Beiwagen war brechend voll, auch auf dem Trittbrett standen schon mehrere Personen. Das Ein- und Aussteigen war daher nur mit Gewalt möglich.

Unmittelbar an der offenen Tür stand ein farbiger amerikanischer Soldat. Als ein Rucksack tragender Münchner aussteigen wollte, wegen des Soldatens aber kaum von der Plattform herunterkam, sagte er im bayerischen Dialekt: »Geh' auf d'Seiten, Du schwarzer Kater!«

Der amerikanische Soldat antwortete: »Nix schwarzer Kater, Doktor Baker aus Chicago!«

Bei allen Beteiligten große Erheiterung.

EDUARD KÄSER
In München 1923 geboren, in Obergiesing aufgewachsen. Ab1937 Berufsausbildung bei der AOK München, 1941 Einberufung zur Wehrmacht, als Soldat in Frankreich und Rußland. Nach Kriegsende Rückkehr zur AOK, von 1973 bis zur Pensionierung 1983 als Verwaltungsdirektor und stellvertretender Geschäftsführer tätig.

Annemarie Larsen

Eine »Amibraut«

Bis Mitte April 1945 war ich als Straßenbahnschaffnerin im Kriegshilfsdienst in Augsburg stationiert. Plötzlich wurden wir entlassen – ohne weitere Erklärungen. Ich hatte den Befehl, mich am 23. April in Füssen als freiwillige Krankenpflegerin zu melden. Also reiste ich mit einem Militärfahrzeug nach München. Um mich herum saßen kampfmüde, verwundete deutsche Soldaten. Wir waren alle apathisch und mit den Nerven fertig. In München angekommen, suchte ich meinen Weg über Trümmer und brennende Überreste von Häusern, die dem letzten Bombenangriff zum Opfer gefallen waren.

Zu Hause antwortete niemand auf mein Klingeln und Klopfen. Da sagte mir ein Hausbewohner: »Sie sind alle im Keller, der Feind steht vor dem Tor.« Das war also das Ende. Meine Mutter war froh, mich zu sehen. Ich erklärte ihr, daß ich nur auf der Durchreise sei, da ich den Befehl hätte, mich in Füssen zu melden. Sie schüttelte nur den Kopf und meinte: »Das kannst Du vergessen, der Krieg ist aus, der Befehl ungültig.«

Mein Magen knurrte, ich hatte seit 24 Stunden nichts mehr gegessen. Meine Mutter hörte es und gab mir einen Keks. Fast entschuldigend bemerkte sie, daß sie nicht mehr hätte. Als ich die Augen meiner kleinen Schwester sah, gab ich ihr den Keks und versicherte ihr, daß ich keinen Hunger hätte. Ich schlief für eine Weile, bis irgendetwas auf der Straße los war. Da sagte meine Mutter: »Laß' uns den Leuten nachgehen, sie holen 'was zu essen im Zollamt.« Wir folgten den Menschen, die mir wie ein Ameisenvolk vorkamen. Sie kamen von rechts und von links, schleppten Kisten und Säcke. Auch wir hatten von zu Hause einen leeren Eimer mitgenommen. Nun wurde die Menschenmenge dichter, es wurde gedrängt und geschoben. Auf einmal ging es durch eine Tür die Treppen abwärts in den Keller. Es wurde naß, und bald standen wir bis zu den Knien im Wein. Der Alkoholdunst war fast betäubend. Es war düster, doch konnten wir in der Ecke drei Franzosen erkennen, die Wein aus Bechern tranken und »Vive la France« sangen. Dorthin gingen wir und hielten den Eimer an das

Die Autorin als Straßenbahnschaffnerin während des Kriegshilfsdienstes in Augsburg

Annemarie Larsen
1927 in München geboren. 1940 Pflichtjahr in der Reichszeugmeisterei, anschließend Ausbildung zur Anwaltsgehilfin. 1943–1945 Arbeits- und Kriegshilfsdienst. Nach Kriegsende Eheschließung mit einem US-Besatzungssoldaten, 1949 Auswanderung nach New York, drei Kinder.

Loch, füllten ihn, und drängten uns wieder nach draußen.

Unterwegs sah ich die ersten Amerikaner an der Landsberger Straße, auch Schwarze mit blitzenden weißen Zähnen. Das kam mir sehr fremdartig vor. Zu Hause angekommen, tranken wir auf leeren Magen den Wein aus Bierkrügen – und der Hunger war wie weggeblasen. Sogar meine kleine Schwester trank mit. Bis zu dem Zeitpunkt, als mich mein Vater rüttelte und fragte, ob wir noch am Leben seien, hatte ich keine Erinnerung mehr. Wir waren total besoffen am Boden liegend eingeschlafen.

Wir hatten wie viele andere nichts zu essen. Ich schlief auf dem Boden, meine Mutter und Schwester in dem einzigen Bett, das wir noch hatten. Ich war 19 Jahre alt, und mein Gewissen sagte mir, daß ich mich auf meine eigenen Füße zu stellen hatte. Ich traf meine Freundin wieder, die auch vom Kriegshilfsdienst zurück war. Wir gingen zum Justizpalast, um unsere Personalien für eine Beschäftigung anzugeben. Man prophezeite uns eine lange Wartezeit, obwohl wir im Gericht gearbeitet hatten, bevor wir eingezogen worden waren. Unser nächster Weg führte uns zum Arbeitsamt; doch dort teilte man uns mit, daß die Stellen für Büroangestellte erst in Monaten, wenn alles andere wieder zum Laufen gebracht sei, besetzt werden würden.

Weil ich als Bürokraft in München keine Stelle finden konnte, radelte ich zu meinen Großeltern auf's Land. Dort arbeitete ich die nächsten Monate ohne Bezahlung in der Bäckerei, die die Eltern meiner Freundin von meinem Großvater gepachtet hatten. So hatte ich wenigstens zu essen, und meine Mutter ein Maul weniger zu füttern. Ich versuchte meinen Verlobten zu finden, aber wir durften nicht mehr als 20 Kilometer ohne Ausweis fahren. Kurz darauf erfuhr ich aber ohnehin, daß mein Martin längst zu Hause war und keine Anstalten gemacht hatte, mich zu finden. Wieder eine Niederlage.

Mein Cousin, der in München beschäftigt war, kam über's Wochenende zu uns auf's Dorf, denn seine Mutter war dort evakuiert. Auf dem Rückweg in die Stadt mußte er Autos anhalten, denn der Zug ging noch immer nicht regelmäßig. Es war Sonntag Abend, und ich begleitete ihn zur Landstraße, wo ein amerikanischer Soldat stand, der die Autos kontrollierte. Ich fragte, ob wir uns dazustellen könnten, denn nur so hatte mein Cousin eine Chance, mitgenommen zu werden. Kurz darauf hielt auch schon ein Auto und nahm ihn mit.

Der amerikanische Soldat war nun mit seiner Dienstzeit fertig. Er fragte, wohin ich ginge, und ich erwiderte: »Richtung Bahnhof.« Zum Bahnhof wolle er auch, meinte er, denn er sei dort einquartiert. Er stellte sich vor, machte mir unterwegs Komplimente und sagte mir, ich wäre *die* Frau für ihn. Darüber konnte ich nur lachen, und wir verabschiedeten uns bald. Aber schon am nächsten Tag sahen wir uns wieder und jeden Tag danach, denn so ein Dorf hat wenige Straßen. Er war einer von fünf Soldaten am Ort. Er stellte mich seinen Kameraden als seine zukünftige Frau vor. Wir lachten viel und sangen die neuesten englischen Lieder, die damals Radio AFN spielte. Ich hatte nur ein Jahr Englisch gelernt, aber mit den Liedern und täglichen Plaudereien lernte ich täglich mehr. Eines lauen Abends nahm er mich in die Arme und küßte mich. Dabei wiederholte er seinen Antrag. Ich wußte nicht, was ich sagen sollte, denn mir war recht eigen zumute. Ich dachte, das Beste für mich wäre, so schnell wie möglich zu verschwinden. Und das tat ich dann auch, ohne mich zu verabschieden.

Ich ging zurück nach München, denn ich mußte Arbeit finden. Als ich eines Tages nach Hause kam, stand im Hausgang vor meiner Tür mein amerikanischer Verehrer, mit Wein und Blumen im Arm. Ein Freund war bei ihm, er hatte wohl doch ein bißchen Angst vor Unvorhergesehenem. Ich traute meinen Augen nicht, denn schließlich ist München kein Dorf. Ich hatte keine Adresse hinterlassen, doch vergaß ich dabei meinen Cousin, der am Wochenende wieder im Dorf gewesen war. Der Soldat hatte ihn abgepaßt, und für eine Stange Zigaretten wurde ich zur »verkauften Braut«. Mit der Anschrift in der Hand hatte sich der Soldat bei den Leuten durchgefragt. Meine Mutter, die nichts von unse-

US-Soldat mit deutscher Freundin

rer Bekanntschaft wußte, fürchtete, daß man mich beim Hamstern erwischt hatte. Aus diesem Grund verleugnete sie mich, als er nach mir fragte. Aber er kam am nächsten Tag wieder, wo er mich dann zufällig im Treppenhaus traf. Nun war es um mich geschehen. Ich dachte, dies kann kein Zufall mehr sein, sondern mein Schicksal. Er hielt um meine Hand an, sprach mit meinem Vater und wollte sogar auf die Bibel schwören, daß er es ehrlich meinte. Aber wir hatten nicht einmal mehr die Bibel. Alle unsere Bücher waren einem Bombenangriff zum Opfer gefallen. Jetzt verlobten wir uns. Er kam, so oft er konnte, am Abend zu uns. Manchmal brachte er amerikanische Freunde mit, die sich bei uns zu Hause fühlten. Für mich und meine Familie war nun die Hungersnot vorbei, dafür sorgte mein Verlobter. Viele Amerikaner haben damals ganze deutsche Familien ernährt, sie trugen dazu bei, daß es einigen von uns besser ging. Sonntags kochten wir Kaffee, und mit den Zigaretten tauschte Mutter Mehl und Eier ein. Wir hatten die herrlichsten Rohrnudeln und Brot, worum uns die Leute im Haus schon etwas beneideten.

1946 kam unser erster Sohn zur Welt. Alle Hausbewohner wollten das Kind sehen. Eine alte Frau bemerkte: »Er sieht eigentlich ganz wie wir aus.« Wenn das Kind schrie, meinte sie: »Hört, hört, die Stimme Amerikas!« Mit meinem Mann waren die Hausbewohner recht freundlich, aber mit mir und meiner Familie nicht. Bevor wir dann unsere Reise in die USA antraten, verschenkten wir unsere kleine Habe an Verwandte und Freunde. Meine Ersparnisse, die sowieso entwertet worden waren, konnte ich nicht einmal abheben.

Der Anfang in der neuen Heimat war schwer, aber über die Jahre wuchsen unsere drei Söhne auf. Seit mein Mann in Rente ist, können wir jedes Jahr im Sommer nach München kommen. Dieses Jahr sind wir 50 Jahre verheiratet, und das feiern wir in dem kleinen Dorf Otterfing, wo wir uns damals kennenlernten.

Die Autorin mit Familie, 1963

Emmeran Kugler

Pfingstrosen für den Colonel

Nach dem Krieg, im Januar des Jahres 1946, kamen wir als Gastschüler unter dem Dach des zu einem großen Teil benutzbar gebliebenen Wilhelmsgymnasiums wieder zusammen. Wir, die Ausgebombten, aus Krieg und Evakuierung zurückgekehrten Schüler der Luitpold-Oberschule, die ja total zerstört worden war, hatten ab Anfang des Jahres alternierend mit den Schülern des »Willi-Pennals« an drei Tagen vormittags und an drei Tagen nachmittags Schicht-Unterricht, der damals als sogenannter Versuchs- oder Pilot-Unterricht deklariert wurde. Lehrmittel standen kaum oder nur in sehr mangelhaftem Zustand zur Verfügung. Aber unsere Lehrer, die teilweise aus der Pensionierung zurückgeholt worden waren, weil die jungen Lehrer entweder im Krieg geblieben oder aus politischen Gründen nicht mehr zum Unterricht zugelassen waren, konnten sehr gut improvisieren. Ob Regierungsrat oder Studienrat, sie wurden erst wieder zugelassen, wenn sie entnazifiziert worden waren.

Es war die Zeit der Verbote und der oft sinnlosen Erlasse, die Zeit der »Non-Fraternization«. Überall waren die Plakate der Militärregierung angeschlagen. Hinweise wie »Off limits« oder »No Loitering« waren uns ebenso ein Begriff wie »curfew« oder die an allen Straßenbahnen angebrachten Warnungen »Caution! Riding on steps is forbidden«. Fast alles war verboten, und doch war es damals für uns Sechzehnjährige die Zeit der großen Freiheit. Wir hatten den Krieg überlebt, es gab keine Luftangriffe mehr, und auch die Zeit der Appelle war endgültig vorbei. Einzig der Hunger machte uns sehr zu schaffen. Die per Lebensmittelkarten zugeteilten Kalorien waren für uns Heranwachsende in keinster Weise ausreichend. Wenn nicht bald nach Schulbeginn die von den Amerikanern gesponserte Schulspeisung eingeführt worden wäre, hätte es mit Sicherheit eine Hungerkatastrophe gegeben. Wer damals keine Möglichkeit zum Hamstern, »Kompensieren« oder »Organisieren« hatte, konnte kaum überleben. Dazu kam noch der durch den Bombenkrieg bedingte Wohnraummangel.

Aus diesen nicht gerade menschenwürdigen Bedingungen heraus entstand bei uns Jugendlichen ein unbändiger Drang, dem Trümmerchaos, das München damals war, wenigstens für kurze Zeit zu entrinnen. Im Frühjahr 1946 wurde der Wunsch, eine Klassenfahrt zu veranstalten, so übermächtig, daß jeder von uns alles nur Mögliche versuchte, um an ein Fahrrad zu kommen. Aber es war unmöglich in einer Zeit, in der ein Radl ein unbezahlbares Wertobjekt war, für alle in der Klasse einen brauchbaren »Drahtesel« aufzutreiben. Es ging bereits auf Pfingsten zu, und noch immer hatten wir keine Lösung für unser Problem. Da meinte eines Tages ein Schulkamerad, dessen Vater beruflich mit dem Aufbau der Münchner Polizei zu tun hatte, daß uns eventuell eine Verbindung zur »Constabulary«, einer Einheit der amerikanischen Armee, weiterhelfen könnte. Für uns waren die »Amis« damals beinahe Leute von einem anderen Stern, und so erklärten wir diesen Plan für nicht durchführbar. Glaubten wir doch, als ehemalige Pimpfe für alle amerikanischen Armeeangehörigen »werwolfverdächtige Subjekte« zu sein.

Trotz aller Bedenken machten wir uns aber dann doch auf den Weg. Als dreiköpfige Klassenabordnung marschierten wir zu der am Rande des Oberwiesenfelds gelegenen Kaserne der »Consta-

---

Emmeran Kugler
1929 in München geboren. Nach dem Besuch der Oberschule Eintritt in die elterliche Firma für Raumausstattung, die er seit 1952 bis zum Ruhestand 1987 führte. 1956 Heirat, vier Töchter. Als Rentner weiterhin aktiv für seine Hobbies (Gartenarbeit, Malen, Literatur, Modellieren) und für das Kulturleben des Stadtteils Berg am Laim.

bulary« und meldeten uns bei dem vor dem Tor patrouillierenden Doppelposten. Unser mit großer Festigkeit, ja Bestimmtheit vorgetragener Wunsch, den »chief« sprechen zu wollen, wurde mit erstaunter Ratlosigkeit entgegengenommen und an eine Ordonnanz weitergeleitet. Der herbeigeholte Wachoffizier wollte dann genau wissen, in welcher Angelegenheit wir seinen Colonel zu sprechen wünschten. Als wir ihm mit vielen Worten und, wo uns die Worte fehlten, auch mit Gesten unseren Wunsch nach Wiese, Wald und Gebirge klarzumachen versuchten, machte er zuerst ein etwas verblüfftes Gesicht, das sich dann zu einem breiten Grinsen verzog. »Aus«, dachten wir, »alles aus. Der wird uns jetzt laut lachend rauswerfen.« Immer noch schmunzelnd griff er zum Telefon. Zu unserer Erleichterung konnten wir dem kurzen Gespräch entnehmen, daß er nicht die Wache rief, sondern nach einem abschließenden »yes, Sir« mit uns eine Treppe hochging und uns mit einem auffordernden »come on, boys« in das Büro des Colonels führte. Hinter einem Schreibtisch saß ein großgewachsener, schlanker Offizier mit glattrasiertem Asketengesicht und graumeliertem Stiftenkopf. Graue Augen hinter einer randlosen Brille blickten uns fragend an und obwohl er offensichtlich bereits informiert war, ließ er sich unser jetzt beinahe unmöglich erscheinendes Anliegen nochmals vortragen. Als sich sein schmallippiger Mund lächelnd in die Breite zog und in seinen Augenwinkeln unzählige Lachfältchen entstanden, erkannten wir, daß wir eine Chance hatten. Tatsächlich erklärte er uns in fast perfektem Deutsch, daß er volles Verständnis für den Wunsch habe, aus dem zerbombten München herauszukommen. In seiner Jugend sei er bei den »scouts« gewesen und könne unsere Beweggründe sehr gut nachempfinden. Dann, ganz plötzlich, war das freundliche Gesicht wie weggewischt. Wie ein Befehl klang es, als er sagte; »Freitag, sieben Uhr früh, im Hof versammeln! Ein Truck wird für Euch bereitgestellt. Wo wollt Ihr hin?« Kaum wagten wir, unser Wunschziel anzugeben, aber dann kam es doch etwas gepreßt heraus: »Zum Königssee würden wir gerne fahren, da waren wir noch nie!« Der Colonel, nun ganz Befehlshaber, sagte: »Also gut, drei Tage Königssee, Übernachtung in Zwei-Mann-Zelten, Verpflegung wird gestellt!«

Wir waren wie in Trance, bis wir wieder vor dem Tor der Kaserne standen. Dann aber brach der Jubel los.

Am Freitag vor Pfingsten, pünktlich um sieben Uhr, trafen wir uns dann vor dem Tor der Kaserne und warteten auf den uns zugesagten Truck. Der aber kam nicht. Als wir eine halbe Stunde später wagten, in der Wachstube nachzufragen, wußte niemand Bescheid. Gerade als wir enttäuscht abzogen, kam das Auto des Colonels vor der Kaserne an. Als es am Schlagbaum anhalten mußte, und er offensichtlich an unseren enttäuschten Mienen sah, was los war, ging er in die Wachstube und gab dort einige telefonische Anweisungen. Erst als er den Hörer auflegt, war ein ziemlich lautes »damned« zu hören. Dieses »Verdammt« bescherte uns dann herrliche Pfingsttage am Königssee.

Wir fuhren mit einem offenen Truck über die Autobahn in Richtung Salzburg durch eine Landschaft, die scheinbar vom Krieg völlig unberührt geblieben war. Das einzige Bauwerk, das uns an die vergangenen schrecklichen Jahre erinnerte, war die zerstörte Mangfallbrücke. Wir mußten mit unserem Lastwagen eine steile Behelfsstraße runter und am anderen Ufer wieder steil nach oben, wobei dem Fahrer der Motor abstarb und er fürchterlich auf das schlechte Benzin schimpfte. Von diesem einzigen kleinen Zwischenfall abgesehen, kamen wir wohlbehalten in Berchtesgaden an und wurden von der dortigen »Constabulary«-Abteilung mit Hallo empfangen. Ausgerüstet mit amerikanischen Zwei-Mann-Zelten und den für drei Tage notwendigen Utensilien wurden wir dann zum Königssee gebracht, wo wir auf einer Uferwiese die Zelte aufstellten. Es waren herrliche, völlig unbeschwerte Tage, die wir dort verbrachten. Schwimmen im noch eiskalten Wasser, kleine Bergwanderungen bei herrlichstem Frühlingswetter, gutes Essen, das wir uns auf offenem Feuer zubereiteten – wir fühlten uns wie im Paradies. Außerdem hatten wir dazu noch in Wachskarton verpackte amerikanische

Notrationen bekommen, in denen von Corned Beef über Kaugummi, Kekse und Zigaretten alles tropenfest eingepackt war, was die amerikanischen Soldaten im Falle von Nachschubschwierigkeiten oder sonstigen Notfällen brauchen konnten. Es war eine andere Welt für uns, in der wir drei Tage lang lebten. Von unserem Fahrer und dem seit Berchtesgaden zugeordneten Corporal sahen und hörten wir nichts mehr bis zu unserer Rückfahrt, und auch von den Einheimischen haben wir niemanden zu Gesicht bekommen. Wir lebten da wirklich wie auf einer Insel der Seligen, diskutierten halbe Nächte lang am Lagerfeuer über Gott und die Welt oder ließen ganz ohne Worte die ruhige, unberührte und für uns Stadtkinder unendlich beeindruckende Bergwelt auf uns wirken. Es waren im wahrsten Sinne des Wortes heilsame Tage, die wir unserem Colonel zu verdanken hatten.

Wieder zurück in München überlegten wir hin und her, wie wir uns bei ihm bedanken könnten. Es konnte nur etwas Symbolisches sein, denn wir hatten ja nichts, um ihn zu beschenken. Und so kam ich auf die Idee, ihm, zusammen mit einem von uns unterschriebenen Dankesbrief, einen großen Strauß Pfingstrosen zu überbringen, die in jenen Tagen im elterlichen Garten in schönster Blüte standen. Der Colonel hat sich auch sehr über die »peonies« gefreut. Unsere Freundschaft zu ihm blieb erhalten bis zu seiner leider schon bald erfolgenden Versetzung. Die »Constabulary« wurde später aufgelöst, deren Aufgaben von der Military Police übernommen.

1947, im Rahmen der GYA, wurden wir mit anderen Schülern der Luitpold-Oberrealschule Mitglieder eines vom »508th Military Police Batailon Munich« gesponserten GYA-Clubs. Die »meetings« fanden in der Villa eines früher führenden Nationalsozialisten in der Possartstraße statt, die beschlagnahmt worden war und zuvor amerikanischen Offizieren als Wohnung gedient hatte. Als dann noch die etwa gleichaltrigen jungen Damen des St.-Anna-Lyzeums zu uns kamen, begann eine für uns außergewöhnlich schöne Zeit. Bald bildete sich eine Jugendband – mit Saxophon, Klarinette, Trompete, Klavier und Schlagzeug –, eine Juke-Box mit den modernsten amerikanischen Schlagern war im Hause, und unsere Tischtennisgruppe veranstaltete gegen andere Clubs gewaltige Ping-Pong-Turniere. Politisch blieben wir völlig unbeeinflußt. Ein einziges Mal kamen zwei Offiziere, die die von uns in eigener Regie geführte Bibliothek durchsahen, ob nicht etwa jugendgefährdende politische oder pornographische Bücher in den Regalen standen.

Es war nicht nur eine schöne, es war auch eine verrückte Zeit. Wir waren ja wie ausgetrocknete Schwämme, die alles aufsaugten. Oft waren wir im Theater der Jugend in der Aula des St.-Anna-Lyzeums. Den damals noch sehr jungen Wolfgang Büttner oder den hervorragenden Hans-Reinhard Müller im »Urfaust« zu erleben, war für uns ein zu stundenlangen Diskussionen anregendes Ereignis. Der »Freischütz« im »Prinze« oder Thornton Wilders »Wir sind noch einmal davongekommen« im provisorischen Theater im Brunnenhof wurden von uns mit knurrendem Magen, aber mit weit offenen Augen und Ohren eingesogen. Unvergeßlich auch der Tanzunterricht im »Club« oder der vom Musiklehrer des St.-Anna-Lyzeums geleitete Chor – wir machten alles mit, was nur möglich war. Wir haben alles ausprobiert: Von der Katholischen Jugend über die neugegründete Wasserwacht bis zur Freien Deutschen Jugend, die damals in einem Lokal am St.-Anna-Platz ihre Versammlungen abhielt, und zu der wir einmal hingingen, weil wir auch »frei« sein wollten. Nur die FDJ wurde sofort abgelehnt – die waren uns zu radikal und zu sehr auf Stalin eingeschworen. Viele unserer Väter und Brüder waren ja noch in russischer Gefangenschaft.

Zurückschauend kann ich heute mit Bestimmtheit sagen, daß nicht GYA, nicht die turbulente Zeit mit ihren prägenden kulturellen Erlebnissen und auch nicht die Wissensvermittlung der Schule einen so einschneidenden Eindruck auf uns machten wie das Verhalten und Entgegenkommen jenes ersten amerikanischen Offiziers, den wir damals kennenlernten. Ich wollte, ich könnte ihm heute nochmals einen Strauß Pfingstrosen auf sein Grab legen, denn er hat damals in unseren jungen Köpfen viel bewegt.

Alltag in den ersten Jahren nach dem Krieg

Ingeborg Schluckebier

Zurück nach München

Es war ein feuchter, bedeckter Morgen im August 1945. Nach einem Gewitter am Abend hatte es die ganze Nacht geregnet. Mutter und ich waren beide aufgeregt und konnten kaum schlafen. Beim ersten Hahnenschrei weckte mich Mama. Auf der Landstraße waren Pfützen, und die Wiesen waren naß, aber es hatte aufgehört zu regnen. Nun hockten wir am Straßenrand mit unserem Gepäck und warteten.

Was war das für eine Lauferei in den letzten drei Wochen gewesen. Landratsamt Endorf: Antrag auf Zuzugsgenehmigung für München. Bei der Gemeinde Krottenmühl die Einweisung der Gauleitung München auf Evakuierung besorgen, aus der hervorging, daß wir bis März 1943 in München gewohnt hatten. Aufschreiben, daß die Wohnung in München noch bewohnbar war und dies amtlich beglaubigen lassen. Und an allen Schaltern endlose Menschenschlangen, drei bis vier Stunden Wartezeit. Vor einigen Tagen dann kam endlich die Bescheinigung der Militärregierung, daß wir am heutigen Tag zwischen 05.00 Uhr und 20.00 Uhr von Söchtenau nach München reisen durften.

Was heißt hier reisen? Die wenigen Züge verkehrten nur bis Rosenheim. Zu Fuß mit Kind, Bettzeug, Koffer, Rucksack und dem Fahrrad die circa 60 km nach München, unmöglich. Da kam uns der Zufall zu Hilfe. Meine Mutter erfuhr von einem beschlagnahmten Lastwagen, der zum Schuttfahren nach München gebracht werden sollte. Eine Garnitur Bettwäsche, ein Leintuch und zwei Handtücher hat es sie gekostet, daß er uns mitnahm. Ihr war es das wert. Endlich sollte unser »Zigeunerleben« nach drei Jahren ein Ende finden.

Wir hörten beide gleichzeitig das schleifende Motorengeräusch von Endorf her: Ein offener Lastwagen, ohne Plane. Beim Näherkommen erkannten wir die Köpfe der darauf stehenden Menschen. Mit einem knirschenden Laut hielt er neben uns. Der Fahrer stieg aus, entriegelte die hintere Klappe und warf wahllos hinauf, was auf der Straße stand, den Rupfensack mit Bettzeug, den Koffer und das Radl. Hilfreiche Hände streckten sich mir entgegen, als mich meine Mutter samt Rucksack hochschob, um dann selber unter Geschiebe und Gezerre den Laster zu erklimmen.

Rumpelnd setzte sich das Gefährt in Bewegung. Aus dem Holzvergaser neben dem Fahrerhaus zischte und rauchte es. Gestank hüllte uns ein. In der Ecke Holz, unser Sprit bis München.

»Daß mir da ja keiner ein Scheitl verschwinden läßt«, drohte der Fahrer bei einer der häufigen Pausen zum Nachfeuern, »sonst komma nie da hie, wo ma hie wolln.« Die Ladefläche des Lasters war rauh, bedeckt mit schmierig feuchter Erde und Steinen. Auf dem Holzstoß hatte es sich ein etwa siebenjähriger Junge mit Kissen und Decken bequem gemacht. Er gehörte zu der Flüchtlingsfamilie, neben der meine Mutter auf ihrem Koffer saß. Der Mann, der sich an den be-

---

Ingeborg Schluckebier
1935 in München geboren, in Neuhausen aufgewachsen. Schulbesuch an verschiedenen Evakuierungsorten, kaufmännische Lehre, ab 1961 Sachbearbeiterin bei einer Bundesbehörde. Heirat 1964, zwei Söhne. Beschäftigt sich seit der Pensionierung 1993 vorwiegend mit Familienforschung.

packten Kinderwagen lehnte, hatte Krücken, sein linkes Hosenbein war schlapp, leer, zur Hälfte hochgeklappt, von einer Sicherheitsnadel gehalten. Die Frau hockte auf einer Holzkiste und hatte ein greinendes Kleinkind auf dem Arm, das sie mit einer Decke vor Zugluft schützte. Aus Ostpreußen kämen sie und seit Oktober 1944 seien sie auf der Flucht, erzählte die Frau meiner Mutter, während sie das Kind hutschte. Sie hofften, bei einer Verwandten, die in einem Dorf bei Dachau lebte, Unterschlupf zu finden.

Mit unserem Bettzeug im Rücken kauerte ich mich auf den Boden. Vor mir lange, nackte, verdreckte Beine, in Stiefeln, die Spitzen aufgebogen, mit mehrfach geknoteten Schuhbändern zusammengehalten, zu groß, zu weit für die schmalen Füße. Mein Blick ging weiter: ein Rock undefinierbarer Farbe, die Strickjacke – buntes Norwegermuster – darüber ein ängstliches Gesicht, sonnengebräunt, rauh, grindig, zerzaustes Strohhaar. Wie alt mochte das Mädchen sein, vierzehn, oder schon älter?

»Wo willst Du hin?« fragte ich sie. Schulterzucken, und dann: »Nach Hause.«

Meine Mutter mischte sich ein; »Wo bist Du denn zu Hause?«

»In Bremen«, kam mürrisch die Antwort.

»Mein Gott, wie willst Du denn bis nach Bremen kommen?«, fragte meine Mutter. Sie verschränkte die Arme über der Brust und legte den Kopf drauf.

»Laß sie stehen, Mama, wenn sie nichts sagen will.«

Aus dem Rucksack holte meine Mutter Brot, teilte es in drei Stücke und gab eines davon ihr. Gierig griff sie danach. In einer braunen Bierflasche hatten wir Milch mitgenommen. Mit einem satten »plop« öffnete meine Mutter den Keramikverschluß der Flasche, stülpte die rote Gummidichtung wieder über das Nüppchen, wischte mit dem Handballen die Flaschenöffnung ab und reichte diese Karola, die uns kauend ihren Namen gesagt hatte.

Karola fuhr mit dem Jackenärmel über den Mund, nahm einen kräftigen Schluck, und reinigte den Rand der Flasche ebenfalls mit dem Handballen. Nach zwei Runden war die Flasche leer und Karola fing an zu erzählen: Sie war in einem KdF-Kinderlandheim (»KdF« – Kraft durch Freude) bei Salzburg gewesen. Die Betreuer, zwei BDM-Führerinnen und SS-Leute, hatten, bevor die Amerikaner einmarschierten, das Weite gesucht. Das Heim wurde von den Besatzern als Unterkunft beschlagnahmt, und die Kinder – Buben und Mädchen zwischen 12 und 16 Jahren – verbrachten die nächsten Tage und Nächte in einer Scheune. Mit einer Freundin, die nach Lübeck wollte, hatte sie sich später zu Fuß aufgemacht. Sie hatten weder Geld noch Ausweise, schliefen nachts in Scheunen oder Ställen, bettelten bei Bauern um Essen und gingen allen Militärkontrollen aus dem Weg. Die Freundin blieb in Traunstein bei einer Verwandten, die sie dort traf, und Karola gelang es durch Zähigkeit, einen Platz auf dem Laster zu ergattern. Der Fahrer sagte bei einer der Pausen zu meiner Mutter, das dürre, armselige Wesen hätte ihn »derbarmt«.

Wir näherten uns der Stadtgrenze, zwei Militärkontrollen hatten wir bereits hinter uns. Karola versteckte sich jedesmal hinter Kisten und Säcken auf dem Wagen. Die kontrollierenden MPler schauten nur flüchtig auf die Papiere, ließen einige Koffer und Kisten nach Waffen durchwühlen und winkten dann zum Weiterfahren.

Kommentarlos hatte die Flüchtlingsfrau den Bericht des Mädchens angehört. Nach den Kontrollen meinte sie, es wäre besser, Karola würde sich bei den Amerikanern wegen des fehlenden Ausweises melden. *»Man wird Dich zwar in ein Lager bringen, aber Du bekommst Papiere, und wenn erst die Züge wieder gehen, setzen sie Dich rein und schieben Dich ab nach Bremen. Bei den Amis ist es nicht so schlecht, Du kriegst zu essen und hast ein Dach über dem Kopf. So ein halbes Kind wie Du gehört nicht allein auf die Straße, nicht in der heutigen Zeit«*, setzte sie noch hinzu.

»Ich werde 17«, sagte Karola trotzig, »und ins Lager geh' ich nie mehr, ich will nach Hause.«

Unsere rumpelnde Fahrt wurde langsamer, auf beiden Seiten der Straße standen olivfarbige Armeefahrzeuge, wir hielten. Der Bus vor uns war mit Einschußlöchern übersät und voll besetzt mit

Der Marienplatz, als wir 1945 nach München zurückkamen

grauen, ausgemergelten Gestalten, deutschen Kriegsgefangenen. »Die haben es heil und gesund überstanden«, sagte der Verwundete mit dem leeren Hosenbein bitter.

Davor ein weiterer Laster, wie unserer voll mit Menschen, Kisten, Säcken. Und dann die Grenze, mit Schlagbaum über die Straße, Baracken auf beiden Seiten und MP-Kontrollen. Es dauerte zwei Stunden, bis wir an der Reihe waren. Wir mußten vor dem Wagen stehen und warten. Alles wurde geöffnet, durchsucht, bei den Flüchtlingen beschlagnahmten sie ein großes Küchenmesser. Nur Karola war immer noch auf dem Laster. Sie schob Koffer nach vorne, öffnete Kisten, war freundlich, hilfsbereit. Nach dem letzten Sack sprang sie herunter, ging zur Seite und verschwand hinter der wartenden Gruppe. Nicht unauffällig genug; einer der freundlichen MPler hatte es gesehen, kam hinter ihr her, redete auf sie ein. Sie setzte sich zu mir auf einen Koffer, war liebenswürdig und verstand nichts.

Der Amerikaner winkte einen weiteren Mann herbei. Karola mußte ihren Rucksack ausleeren. Außer Schulheften, einem Füller, dem Brief von zu Hause und etwas Wäsche hatte sie nichts. Der Soldat faßte sie am Arm und wollte sie mitnehmen, sie aber wehrte sich und weinte. Da kam meine Mutter, fuchtelte mit ihrem Ausweis herum und redete aufgebracht französisch auf die verdutzten Amerikaner ein. Sie war früher bei der »Mitropa« beschäftigt gewesen und war häufig nach Frankreich gefahren. Aus dieser Zeit hatte sie ein französisches Visum, gültig bis 1943, im Reisepaß. Die Zahl drei von 1943 war undeutlich, verwischt und konnte auch als acht gedeutet werden. Kritisch wurde es für sie erst, als ein französisch sprechender amerikanischer Offizier auftauchte. Aber schnell stellte sie fest, daß dessen Französisch noch schlechter war als das ihre. Sie spielte so überzeugend die Französin, unterwegs mit zwei Töchtern, daß man uns mit Karola abziehen ließ. Mit den verbündeten Franzosen wollten es sich die Amerikaner nicht verderben.

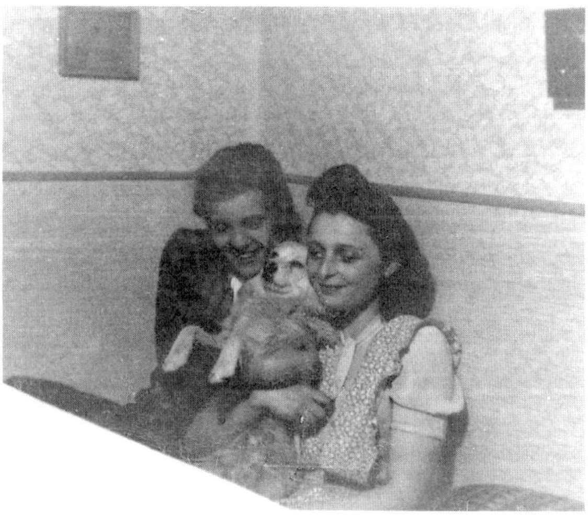

Die Autorin und Karola (rechts), 1945

Für Karola war das beherzte Eingreifen meiner Mutter die Aufforderung, mit uns zu kommen. Mama aber war das gar nicht recht. »Wovon sollen wir denn leben, wenn Du keine Marken hast«, sagte sie zu ihr, »und überhaupt, in unserer Wohnung ist nur ein Zimmer bewohnbar. Das Dach über unseren Köpfen ist halb abgerissen, durchlöchert, und es regnet herein.« Aber alles Schimpfen und Jammern nützte nichts. »Laß sie bei uns, Mama, wo soll sie denn sonst hin«, bat ich. Und Karola ließ sich nicht abschütteln, sie trabte einfach hinter uns her, nahm meiner Mutter den Rupfensack mit den Betten ab und half das Rad zu schieben. Wenn eine Straße plötzlich vor Schuttbergen endete und nur als schmaler Pfad über Geröll weiter ging, schleppte sie auch noch den Koffer.

Zu Mama sagte sie: »Ich schlafe auf dem Boden und Essen brauch' ich nicht viel.« Karola blieb bis November 1945 bei uns. Auf der Suche nach Eßbarem hat sie sich schnell mit einem Amerikaner angefreundet. Für ihn und andere GIs wusch und bügelte sie Hemden und trug so, mit Nescafé, Zigaretten oder Milchpulver – der Lohn für ihre Arbeit – zu unserem kargen Lebensunterhalt bei. Mama war zufrieden. Ich mochte Karola sehr gern und war traurig, als sie uns verließ, um endlich nach Hause zu fahren.

Später erzählte meine Mutter noch oft und gern die Geschichte von Karola und wie sie damals die »Amis« reingelegt hat.

TRAUDL MARTINI

»Es war eine harte Zeit«

Rückkehr nach München

Im März 1946, ich war gerade 16 geworden, hatten wir es geschafft: Da wir eine Wohnung nachweisen konnten, erhielten wir die Rückkehrgenehmigung nach München. Bis dahin hatte meine Familie an verschiedenen Orten gelebt: Vater war in Lindau kriegsdienstverpflichtet, Mutter in Wasserburg am Bodensee, ich selbst lebte bei einer Tante im Schwäbischen. Mein Bruder war in den letzten Kriegstagen bei Berlin gefallen. Unsere Wohnung und unser Geschäft in Schwabing waren völlig ausgebombt.

Im Dachgeschoß einer alten Villa versuchten wir, uns notdürftig einzurichten. Wir bezogen zwei winzige Zimmer ohne Wasser und ohne Kochgelegenheit. Nur ein winziger Kanonenofen war vorhanden. Während der ersten Zeit aßen wir in der Gemeinschaftsküche der Inneren Mission, erst später verlegte uns ein Ausländer gegen Bezahlung von Zigaretten und Kaffee eine Wasser- und Gasleitung. Von da an konnten wir selbst kochen.

Wohnen inmitten von Ruinen, Lothstraße

Frieren und Hungern

Der Winter 1946/47 bleibt in meiner Erinnerung als einer der strengsten, den ich je erlebte. Das Thermometer sank lange Zeit bis auf –20° C. Der Wind blies durch die Ritzen unseres Speicherzimmers. Morgens war mein dünnes Federbett an der Wand fest gefroren, und im Schrank klebten die wenigen Teller, die wir noch besaßen, mit einer Eisschicht zusammen. Meine Mutter brachte das Wunder fertig, mit einem einzigen Blättchen Papier der amerikanischen »Neuen Zeitung« und zwei kostbaren Streichhölzern ein dünnes Feuer zu entfachen. Viel Wärme brachte es aber nicht.

Strom und Gas gab es nur stundenweise. Während der Wintermonate war es meist schon dunkel, als es angeschaltet wurde. Meine Mutter und ich überbrückten diese Zeit im Bett, eng umschlungen, um uns gegenseitig zu wärmen. Oft klagte Mutter: »Hungern ist schlimm und frieren ist schlimm, aber hungern und frieren ist fürchterlich.«

Hunger hatten wir immer. Wir hatten keine Beziehungen und keine Möglichkeit, auf dem Schwarzmarkt etwas zu kaufen. Im Kreise der

---

TRAUDL MARTINI
In München 1930 geboren, 1949 Abitur, Buchhändlerlehre. 1951 Ausbildung als Volksschullehrerin, bis zur Verheiratung 1961 als Lehrerin tätig; zwei Söhne. 1972 Wiedereintritt in den Schuldienst, ab 1973 Kurse für Legastheniker, ab 1981–1994 Hausaufgabenbetreuung bei der Katholischen Jugendfürsorge.

Hamsterfahrt im überfüllten Zug, 1947

Nachbarn wurden Rezepte ausgetauscht, wie man mit möglichst wenig Zutaten möglichst viel sattmachende Mahlzeiten zaubern konnte. Man kochte Hefe- und Brennsuppe ohne Fett, Hirn, Kutteln, Euter, aber der Gipfel aller Scheußlichkeiten waren Kartoffelküchlein mit Karamelsoße, in Lebertran gebacken.

Ein Care-Paket wäre für uns damals der Gipfel allen Glücks gewesen. Wir hatten sogar eine Verwandte in Amerika. Eines Tages schrieb die Tante, die einen amerikanischen Hotelier geheiratet hatte, daß sie gerne nach München käme und die Familie ihrer Nichte kennenlernen möchte. Wir jubelten. Diese Tante würden wir willkommen heißen, und gewiß schickte sie uns dann einmal ein Care-Paket. Die Tante erschien, fand das zerstörte München schrecklich, unseren Ersatzkaffee und das Marmeladebrot »very good«, unsere Gastfreundschaft »very nice«, bedauerte unsere Armut und versprach, ein Care-Paket zu schicken. Wochenlang fieberten wir täglich dem Postboten entgegen, überlegten andauernd, welchen Inhalt das Paket wohl haben würde. Umsonst – es kam kein Paket. Von der Tante hörten wir nie mehr wieder.

Wie viele Münchner versuchten wir, im Dachauer Hinterland zu hamstern, wofür ich Schule schwänzen mußte. Der Zug nach Dachau war stets gefüllt mit Leuten mit leeren Rucksäcken. Man tauschte zwar Erfahrungen aus, aber über die erfolgreichsten Gebiete schwieg man sich aus. Von der Endstation der Lokalbahn hinter Dachau ging es zu Fuß weiter in die Dörfer. Noch heute denke ich oft daran, wie wir im November bei Schneeregen und Nebel hungrig und mit nassen Füßen von Dorf zu Dorf wanderten und versuchten, billigsten Flitterweihnachtsschmuck anzupreisen. Voll Dankbarkeit erinnere ich mich an den Müller von Weichs und die Bäckerin von Indersdorf. Sie ließen keinen Städter mit leeren Händen ziehen.

1946 wurde mit der Verteilung der Schulspeisung begonnen. Statt Schulbücher, die es sowieso nicht gab, steckten wir nun einen Speisungstopf mit Löffel in die Schultasche. In der Pause erhielten wir dann abwechselnd Brei, Suppe, köstliche Eiscreme, Bonbons, Kakao oder Hershey-Schokolade. Doch nach einiger Zeit übernahmen deutsche Küchen die Zubereitung und Verteilung. Der Brei wurde immer dünner mit immer weniger Zucker, die Suppe wurde zur Brühe, und immer öfter waren die Speisen angebrannt. Dennoch waren wir glücklich über die tägliche kleine Mahlzeit.

Schulverhältnisse

Meine Schule, die ich während der ersten Kriegsjahre besucht hatte, nannte sich jetzt Oberrealschule München-Nord und befand sich in der Wilhelmstraße. Es gab Schichtunterricht, abwechselnd vormittags und nachmittags, und wir teilten unser Klassenzimmer mit der Berufsoberschule. Schulbücher gab es keine, nur manchmal bekamen wir einen abgezogenen Text. Wir lasen aus »Readers Digest«, übersetzten »Richard III.« von Skakespeare und Prosa von Victor Hugo. Meistens wurde der Unterrichtsstoff diktiert, oder wir bekamen ihn vorgelesen – eine sehr günstige Gelegenheit, um dabei heimlich Socken aus Wollresten zu stricken.

Trotz enormer Schwierigkeiten bemühten sich unsere Lehrer redlich, uns vieles beizubringen. Wir Mädchen hatten in dieser Zeit eine sehr positive Haltung zur Schule. Viele Jahre später erzählte unsere ehemalige Mathematiklehrerin bei einem Schultreffen, sie habe nie mehr so aufgeschlossene Klassen erlebt, wie in den ersten Jahren nach dem Krieg.

In den strengen Nachkriegswintern wurden die Weihnachtsferien als sogenannte Kohlenferien verlängert. Danach hatten wir zur Zeit der größten Kälte nur zwei Mal wöchentlich Unterricht, um Hausaufgaben abzugeben und neue abzuholen. Wir saßen in Mänteln im ungeheizten Klassenzimmer und schrieben mit klammen Fingern die diktierten Texte oder besprachen neue Aufgaben. Unsere Französischlehrerin bot uns sogar an, bei den Antworten nicht aufstehen zu müssen: »Der Sitz wird sonst so kalt.« Nach der Währungsreform wurde vieles besser. Es gab wieder Schulmaterial, und ab und an erschienen Schulbücher, die von der Militärregierung genehmigt worden waren.

Meine Reifeprüfung im Jahr 1949 dauerte eine Woche und bestand aus acht Fächern: Deutsch, Religion, Mathematik, Physik, Chemie, Latein, Englisch und Französisch. Auf unserem Dachstockwerk wohnte damals ein älteres Fräulein in einem richtigen Zimmer. Sie bot mir an, daß sie für die Zeit meiner Abiturprüfungen zu ihrem Bruder ziehen würde, damit ich in Ruhe lernen und in einem richtigen Bett schlafen konnte. Ein richtiges Bett statt meinem wackligen Küchensofa – das war herrlich!

Natürlich hatten alle Abiturientinnen tolle Zukunftspläne. Für ein Studium standen theoretisch Tür und Tor offen, doch die Mehrzahl von uns konnte es sich in dieser Zeit einfach nicht leisten. Einige wollten erst Geld verdienen, um dann zu studieren, doch daraus wurde oft nichts: Sie heirateten früh und bekamen Kinder.

Kultur

München lag in Trümmern, und doch erwachte ganz langsam wieder das kulturelle Leben in der Stadt. Wir hungerten, wir froren, und dennoch nahmen wir voll jugendlicher Begeisterung alles auf, was an Theaterstücken und Konzerten geboten wurde. 1946 hatten wir zwei Mal nachmittags in der St.-Anna-Schule Unterricht, wo in der Aula das Theater der Jugend einen Anfang wagte.

Oft schlichen wir schon nach dem Unterricht in die Aula und diskutierten bis zur Aufführung über das Theaterstück und die Schauspieler. Nachdem das Bayerische Staatsschauspiel sein eigenes Haus im neu aufgebauten Brunnenhofsaal der Residenz eröffnet hatte, waren wir auch dort ständige Gäste. Die Kammerspiele boten erstklassige, vorwiegend moderne Stücke. Die Kleine Komödie wurde im ehemaligen Café »Viktoria« eröffnet, wo die letzte Reihe für unseren Schülergeldbeutel gerade noch erschwinglich war.

In der Aula der Universität spielten die Philharmoniker unter Hans Rosbaud einen Bruckner-Zyklus. Viele damalige Konzerte blieben mir unvergessen, so das erste Weihnachtssingen nach dem Krieg in der zerstörten Hofkapelle der Residenz – eine bitterkalte Dezembernacht. Die Zuhörer standen vermummt auf dem Schuttboden, die Musiker spielten bei schwacher Beleuchtung in Loden und mit warmer Kopfbedeckung. Atemlose Stille erfüllte den Raum, als am Ende der Kiem Pauli mit seinen Sängern niederkniete, alle nahmen ihre Hüte ab, dann sangen sie den Andachtsjodler. Schweigend und nachdenklich verließen die Zuhörer die Kapelle.

Es wurde aber auch wieder viel Heiteres geboten, z. B. kleine Opern im Postsaal Pasing oder so manche Eisrevue im Prinzregentenstadion. Obwohl wir mit allem uns Verfügbaren angezogen waren, froren wir dennoch entsetzlich.

Mit zwei Freundinnen meldete ich mich 1947 in der Tanzschule »Valenci« zu einem Kurs an. Mein Vater erklärte, daß angesichts der nackten Not der Besuch einer Tanzschule völlig unangebracht sei, und er für diesen Unsinn kein Geld gäbe. Doch meine Tante zahlte 50 RM für den Kurs, den Herr Valenci höchstpersönlich leitete. Am Abschlußabend tanzte er einen Walzer mit mir, bewunderte das von meiner Cousine geerbte blaue Taftkleid und gab mir sogar ein kleines Küßchen auf die Wange.

Sportliche Aktivitäten

Als ich im März 1946 nach München zurückkam, meldete ich mich sofort wieder bei meinem Schwimmverein an, denn ich begeisterte mich für Kunstschwimmen.[1] Wie ich das harte Training, vor allem die Tauchübungen zwei Mal wöchentlich, und den langen Weg ins Müllersche Volksbad mit hungrigem Magen überstand, weiß ich heute nicht mehr. Mein erster Auftritt war 1946 im Dante-Bad, bei 16° C kaltem Wasser, denn beheizte Becken standen damals natürlich nicht zur Verfügung. Da ich wegen der Kälte von meinen Eltern striktes Badeverbot hatte, mußte ich in einem geliehenen Badeanzug schwimmen. Mein eigener war mir von ihnen abgenommen worden. Leider berichtete am nächsten Tag ein Bekannter, der die Vorführung gesehen hatte, meinem Vater von der tollen Leistung seiner Tochter. Das Donnerwetter blieb nicht aus.

1947 durften wir zu den ersten Deutschen Meisterschaften nach dem Krieg in Frankfurt, 1948 waren wir in Rheydt und ein Jahr später in Peine. Einheitliche weiße Bademützen nähten wir selbst, schwarze Badeanzüge aus kratzender Wolle bekamen wir von irgendwoher. Ein gewisser Mr. Summer, Amerikaner, begeisterte sich für unseren Sport. Er beschaffte uns aus Amerika blaue Gummi-Bademützen. Zudem vermittelte er uns Einladungen für Vorführungen bei den Amerikanern am Rießersee, Eibsee und in Bad Tölz. Wir zitterten gern im Wasser bei der Aussicht auf eine warme Mahlzeit nach der Vorführung.

Die Zukunft

Nach der Währungsreform gab es bekanntlich wieder fast alles zu kaufen, doch es mangelte an Geld. Welches Glück bedeutete es, neue Strümpfe zu besitzen, sich Unterwäsche kaufen zu können oder gar ein neues Kleid oder Schuhe. Doch alles mußte eisern erspart werden.

1946 hatte mein Vater einen kleinen Fachbuchladen in einer ehemaligen Metzgerei eröffnet, doch zu verkaufen gab es so gut wie nichts. Erst 1955 wurde das völlig zerstörte Haus, in dem sich das Geschäft bis 1944 befunden hatte, wieder aufgebaut, und Vater konnte unter großen finanziellen Opfern wieder einziehen. Von da an ging es zwar geschäftlich wieder aufwärts, aber wir mußten noch einige Jahre knapp haushalten.

Mein Bruder war im Krieg gefallen, so steckte mich mein Vater, ohne nach meinen Berufswün-

[1] Heute nennt sich diese Sportart Synchronschwimmen und die Gruppe, in der ich Mitglied war, die »Isarnixen«.

Vorführung in Bad Tölz, 1. August 1948

schen zu fragen, in eine ungeliebte Verlagslehre. Ich brach sie 1951 ab und nahm an einem Lehrgang für Volksschullehrer teil. Während meiner ersten Berufsjahre als Lehrerin bekam ich einen Einblick in die zum Teil zerrütteten Familienverhältnisse, die eine Folge des Kriegs waren. Viele Väter waren Spätheimkehrer und konnten sich zu Hause kaum noch zurechtfinden. Es gab die sogenannten Onkelehen, die die Frauen teilweise nur eingingen, um zu überleben. Alleinerziehende Mütter mußten ihre Kinder mit einem Schlüssel am Halsband tagsüber allein lassen. Es gab kaum Kindergärten oder Horte.

Die Nachkriegsjahre in München waren, wie überall in Deutschland, eine harte Zeit. Der Kampf um die elementaren Dinge des Lebens ließ aber die Menschen zusammenwachsen. Fast alle waren gleich arm. Nicht daß ich diese Zeit noch einmal erleben möchte, obgleich sie für mich auch viel Lebenswertes bot, aber ich bin sicher, daß sie unsere Generation dazu erzog, sich in jeder Lebenslage zurecht zu finden.

GABI GRÄFIN VON ARNIM

»Mutlos durfte immer nur einer sein«

Am 13. April 1946 kam Dankwart Graf von Arnim mit einem Seesack über der Schulter aus der Gefangenschaft in München an. Das war der Nullpunkt. Aufgewachsen als Grafenkind in der Mark Brandenburg, mußte er im Kriegsgefangenenlager in Amerika erfahren, daß seine Heimat, der große alte Familienbesitz, in die Hände der Russen gefallen war. Seine Mutter, Teta Gräfin von Arnim, hatte ihr Uckermärkisches Gut Groß-Sperrenwalde bei Prenzlau nicht rechtzeitig verlassen können. Die Russen kamen im April 1945 dorthin. Erst nach einem qualvollen Jahr, gezeichnet von Hunger und willkürlicher Gefängnishaft, gelang es ihr, mit ihrer Hausdame und der Köchin auch am 13. April 1946 in die amerikanische Zone zu gelangen. Nach zwei schicksalsvollen Jahren sahen sich Mutter und Sohn wieder. Dankwart hatte während dieser Zeit keine Nachricht von zu Hause bekommen.

Seine Heimat war verloren. Dankwart versuchte, sich von seinem früheren Leben innerlich zu trennen, er wollte ganz neu zu denken anfangen und in München Medizin studieren. Er war in Neubeuern zur Schule gegangen, war viel in München gewesen und hoffte nun, daß ihn sein Freund Stefan von der Trenck aufnehmen würde.

Die Studierenden mußten vor ihrer Immatrikulation 100 Stunden Schutt aufräumen, wofür es weder Bezahlung noch Lebensmittelkarten gab. Die Vorlesungen waren überfüllt, aber alles wurde geschafft. Das Leben fing wieder an.

GABI GRÄFIN VON ARMIN
1917 in Flensburg geboren, 1937-39 Ausbildung als Fotografin in Berlin, Arbeit in einem Porträt-Atelier, 1943 Meisterprüfung. 1944 Heirat, ein Sohn. 1946 Umzug nach München, zweite Heirat, zwei weitere Kinder. Ab 1948 Aufbau eines Fotoateliers, 1961 Umzug nach Nürnberg. 1981 Tod des Mannes, 1983 Rückkehr nach München.

Im Juni 1946 schrieb Dankwart einen Brief an meinen Vater in Flensburg und fragte ihn, wie es mir, seiner Tochter Gabi, ginge. Ich kannte Dankwart seit 1941. Damals war ich als Photographin von dem Photoatelier in Berlin, in dem ich arbeitete, nach Groß-Sperrenwalde geschickt worden, um den jungen Grafen zu photographieren. Es entspann sich eine kurze Freundschaft, später verloren wir uns jedoch aus den Augen.

Am 1. April 1944 hatte ich in Flensburg den Hauptmann Peter Zabel geheiratet. Er starb am 12. April 1945 an einer schweren Verwundung, die er bei den Kämpfen in Ostpreußen erlitten hatte, in einem Lazarett in Kopenhagen. Er ließ mich mit unserem gerade drei Monate alten Sohn Peter zurück, den er nie gesehen hat.

Ich lebte mit dem Baby in meinem von Flüchtlingen überfüllten Elternhaus in Flensburg. Da hörte ich, daß Dankwart Graf von Arnim noch lebte. In den letzten Kriegsjahren kamen immer wieder Nachrichten vom Tod der Freunde oder von schweren Schicksalsschlägen durch Verwundung. Ich schrieb Dankwart über mein Leben, worauf ich sofort einen Eilbrief erhielt, in dem er mir schrieb: »Um Dich wiederzusehen, ist mir ein Weg zum Nordpol nicht zu weit!« Wir sahen uns in Flensburg und beschlossen, uns nie mehr zu trennen.

Ich kam zum ersten Mal im September 1946 nach München. Dankwart glaubte, daß in der Lipowskystraße nahe der Theresienwiese eine Wohnung frei wäre, die wir vielleicht bekommen könnten. Aber da sahen wir erst die Hoffnungslosigkeit solcher Vorhaben in dieser Trümmerstadt. Ohne Trauschein, als Student und beide aus Norddeutschland stammend, gab es keine Möglichkeit, irgendwie Fuß zu fassen. Also beschlossen wir, am 30. Dezember 1946 zum Standesamt zu gehen. Danach bekamen wir ein kleines Hochzeitsmahl bei einem Freund, zusammen

Blick vom Rathausturm mit Weihnachtsmarkt, Dezember 1948 (Foto: Gabi Gräfin von Arnim)

mit unseren Trauzeugen. Wir setzten uns dann in die überfüllte Straßenbahn und fuhren mit der Isartalbahn nach Hohenschäftlarn. Dort hatte sich Dankwart mit Hilfe eines Paars Nylonstrümpfen bei der Wirtin, Frau Buchberger, beliebt gemacht und in der Klostergaststätte für uns ein Quartier gefunden. Nun waren wir verheiratet, aber wie sich unser weiteres Leben gestalten würde, ahnten wir nicht.

Von Schäftlarn aus versuchten wir, in München eine Bleibe zu finden, vielleicht ein möbliertes Zimmer. Wir fanden nichts. Frau Buchberger bedeutete uns, daß wir in ihrem Gastzimmer keine Dauermieter sein könnten. Wo sollten wir bloß

Unsere Behausung in der Klostergaststätte Schäftlarn

Dankwart Graf von Arnim mit Stiefsohn und Sohn, 1948

hin? Da meinte sie, sie hätte ein Zimmer, das vom Wohnungsamt nicht beschlagnahmt worden sei, weil es hineinregnete. Sie zeigte es uns und auch das Loch in der Decke. Es standen zwei verschiedene Betten darin, eine Waschkommode mit einer Waschschüssel, ein Schrank ohne Kleiderstange, ein Tisch und zwei Stühle. Eine elektrische Birne baumelte von der Decke, aber eine Steckdose oder eine Möglichkeit zum Heizen gab es nicht.

Diese Unterkunft würde uns sicherlich keiner neiden. Wir fielen Frau Buchberger fast um den Hals. Sie bot mir sogar die Möglichkeit, in ihren Kellergewölben eine kleine Dunkelkammer für Photoarbeiten einzurichten. Daß darin die Ratten pfiffen, durfte mich nicht stören.

Im Juli 1947 bekam ich den Auftrag vom Abt des Klosters Schäftlarn, Siegesbert Mitterer, die Feier zum 1400jährigen Todestag des Heiligen Benedikt zu photographieren. Kardinal Faulhaber zog mit den Benediktineräbten der umliegenden Klöster in die Kirche ein. Bei dem großen Pontifikalamt und den anschließenden Feierlichkeiten konnte ich als Photographin überall dabei sein. Für mich als Norddeutsche war dies ein großes Erlebnis.

Der Sommer 1947 war herrlich. Wir waren berauscht davon, daß wir zusammen waren und kein Krieg mehr tobte. Auf meinen beinahe täglichen Fahrten nach München zum Wohnungs- und Zuzugsamt versuchte ich immer wieder vergeblich, die Zuzugsgenehmigung zu bekommen. Ich erwartete wieder ein Kind, also mußte eine Wohnung her! Wir kannten eine Stadträtin, die uns helfen wollte. Sie schickte uns mit einem Brief zu einem anderen Stadtrat im Rathaus, in dem stand: »Hier schicke ich Dir Graf und Gräfin Arnim, keine Angst, es sind anständige Leute.« Auch das blieb ohne Erfolg.

Dann erbot sich ein ehemaliger Militärfreund, über eine Baufirma eine Wohnung zu besorgen, doch sollten wir eine bestimmte Menge Zinkblech und Holz liefern. Da wir beides nicht hatten, sagte er: »Gebt mir 10 000 RM, dann besorge ich Euch die Wohnung.« Das taten wir, und weg war er mit dem Geld. Schließlich ging ich selbst

Die Autorin, 1950

zu der Baufirma und schilderte unsere Situation. »Wenn Sie mir noch einmal 19000 RM geben, kriegen Sie die Wohnung.« Wir verkauften einen Brillanten aus dem geretteten Schmuck meiner Schwiegermutter, um an das Geld zu kommen. Nun hatten wir Anrecht auf eine primitive kleine Wohnung.

Das Physikum machte Dankwart im Dezember 1947. Ich brachte in einem kleinen Entbindungsheim in Nymphenburg am 30. Januar 1948 unseren Sohn Thomas zur Welt. Am selben Tag erhielten wir die Zuzugsgenehmigung. Unser Glück war unbeschreiblich!

Die Wohnung in der Schleißheimer Straße lag im Parterre, ein Waschbecken mit kaltem Wasser war im Badezimmer, in der Küche ein Ausguß mit einem Hahn. Anstatt der Badewanne stellte ich meinen Vergrößerungsapparat auf. Wenn wir duschen oder baden wollten, mußten wir für 25 oder 75 Pfennige ins Nordbad gehen. Rund um das Haus lagen noch Trümmer und Bauschutt. Die Windeln und die Wäsche wurden in einem alten Wecktopf auf einem kleinen Kohlenherd gekocht, ein Gestell mit ein paar Leinen vor dem Fenster diente zum Wäschetrocknen. Das Baby stellten wir im Wäschekorb auf die Fensterbank.

Da wir nun Besitzer einer eigenen Wohnung waren, konnten wir meinen Sohn Peter zu uns holen, der bisher bei seinen Großeltern in Neuss gewesen war.

Nach vier Monaten, am 20. Juni 1948, erlebten wir wie viele einen Schock: die Währungsreform. Bis dahin hatten wir immer noch etwas Geld, nun bekamen wir für vier Personen 160 DM, und dann war Schluß. Als Student erhielt man von keiner Seite Hilfe. Die Studiengebühren mußten bezahlt werden. Nur wenn man Hörgeldprüfungen mit gutem Erfolg ablegte, konnten die Gebühren erlassen werden, was Dankwart erreichte. Nach einigen Bemühungen fand er auch über den Sozialistischen Studentenbund eine Stelle als Hilfsarbeiter bei BMW.

In einem Brief, den er am 17. Juli 1948 an seine frühere Erzieherin schrieb, heißt es:

»Wir sind uns durch die Währungsreform noch näher gerückt, sind noch mehr aufeinander angewiesen. Gabi und ich sind gesund und munter, und wir lassen Euch nicht im Stich!

Schnell will ich Dich über unseren Tagesverlauf ins Bild setzen: Ich stehe um 1/2 6 Uhr auf, frühstücke und fahre dann mit dem Rad etwa 12 km Richtung Dachau. Dort muß ich um 1/2 8 Uhr sein. Ich muß neun Stunden am Tag ein und denselben Handgriff tun. Das ist wahnsinnig langweilig, aber was hilft das? Es ist eine sehr schmutzige, nicht allzu schwere Arbeit. Ich nehme Vergaser auseinander, von Montag bis Freitag, Samstag und Sonntag sind frei. Ich verdiene 96 Pfennige die Stunde. Damit bringe ich im Monat etwa 130 DM nach Hause. Das ist nicht allzuviel, aber es hält uns doch über Wasser. Ich bekomme bei BMW ein ganz gutes Mittagessen für 70 Pfennige.«

Inzwischen besann ich mich wieder auf meinen Beruf. Ich hatte kurz vor der Währungsreform

Blick auf den Max-Joseph-Platz, Februar 1951 (Foto: Gabi Gräfin von Arnim)

Porträt-Aufnahmen vom Abt des Klosters Schäftlarn gemacht. Dankwart sagte, er fahre zu ihm und zeige ihm die Bilder, vielleicht würde er für 20 DM etwas bestellen. Der Abt bestellte für 200 DM! Das war unser erstes Erfolgserlebnis, das uns Mut machte.

Ich beantragte die Arbeitserlaubnis für ein Photoatelier. Die Meisterprüfung hatte ich ja bereits in Berlin gemacht. Es hieß: Kein Bedarf. Ohne Erlaubnis hing ich nun in die Fenster unserer Parterre-Wohnung große Photos und brachte ein Schild mit ausdrucksvollen Buchstaben »Foto Gabi Arnim« an. Sofort kam Kundschaft von der Straße, neben Russenkindern auch die Herzogin von Sachsen-Meiningen und einige Professoren von der Universität. Am Ende des Jahres erhielt ich dann die Genehmigung.

Ende 1948 kam die schwerste Zeit für uns. Dankwart hatte bei einem Unfall eine Gehirnerschütterung erlitten, von der er sich nicht erholen konnte. Das Leben mit dem Studium, meinen Photoarbeiten und zwei kleinen Kindern von einem und vier Jahren in der kleinen Wohnung war einfach zu anstrengend. Meine Schwester kam und sagte: »Gebt mir Thomas mit nach Flensburg, Peter kommt nach Neuss, dann könnt ihr in Ruhe arbeiten.« So kam es dann auch, für heutige Begriffe unvorstellbar, aber wir waren am Ende unserer Kräfte angelangt. Die Kinder wurden von den Großeltern freudig und liebevoll aufgenommen, und wir konnten wieder arbeiten.

Ich machte Aufnahmen vom Wiederaufbau des Residenztheaters. Mit der Linhof-Großbildkamera und einem Stativ stand ich in schwindelnder

Heimkehrer im Winter 1948, Ecke Kaufinger-/Weinstraße (Foto: Gabi Gräfin von Arnim)

Höhe, um den Bühnenraum zu photographieren. Als ich einmal den Bauplatz des Theaters verließ, machte ich ohne Auftrag eine Aufnahme vom verschneiten Max-Joseph-Platz. Durch Zufall sah Herr Zechbauer, der bekannte Münchner Zigarrenhändler, dieses Bild, auf dem sein Haus im Hintergrund zu erkennen war. Er gab mir gleich den Auftrag, den soeben begonnenen Bau vom »Kaufhof« am Stachus laufend zu photographieren. Er wollte ein Album mit diesen Aufnahmen dem »Kaufhof« zur Eröffnung schenken; er war der Besitzer des Grundstücks. Die Arbeit war sehr spannend, denn zum gleichen Termin wie die Eröffnung sollte unser drittes Kind zur Welt kommen. Unsere zwei Söhne waren inzwischen wieder zu Hause. Als ich in der Uniklinik in der Lindwurmstraße unsere Tochter Caroline bekam, machte mein (weiblicher) Lehrling allein die letzten Aufnahmen von der Einweihung des Kaufhofs. Sie führte den großen Auftrag selbstständig zu Ende. Später, als wir im November 1951 nach Nymphenburg zogen, hatte ich zwei Lehrlinge. Besonders in der Zeit vor Weihnachten war die Arbeitsbelastung sehr groß, aber kein Lehrling enttäuschte mich, keine zählte die Überstunden. Sie machten die besten Prüfungen, und ich bekam die Silberne Ehrennadel des Handwerks für gute Lehrlingsausbildung.

Die Zugewandtheit der Menschen in diesen Jahren war ein besonderes Glück. Wir erfuhren, wenn wir abends mit Freunden zusammen waren, daß die Zeit nicht allein für uns so schwierig war. An Bewirtung gab es fast nichts, aber die Gespräche waren lebhaft; ein kulturelles Leben fing wieder an, jeder war interessiert. Unser Bedürfnis nach Theater und Konzerten war groß. Es gab damals schon ab und zu Vorträge und Dichterlesungen, auch Bachkonzerte, zu denen wir mit dem Fahrrad die weitesten Entfernungen zurücklegten. Wir waren aufgeschlossen, und soweit unsere Kräfte reichten, genossen wir die Vergnügungen. Unsere Freundin Ursula von Kardorff, Redakteurin der »Süddeutschen Zeitung«, war voll neuer Geschichten. Der Schriftsteller Jürgen Rausch berichtete von der letzten Kriegszeit in Italien, aber hauptsächlich ging es um die Zukunft. Man glaubte, nach diesem entsetzlichen Krieg würden die Menschen ganz neu denken, es würde ein ganz anderes geistiges Leben geben.

Oft wurden uns die Schwierigkeiten zu viel, aber einer war immer für den anderen da. Mutlos durfte immer nur einer sein, dem anderen wuchsen gleich die Kräfte, um klar zu machen: Wir leben, es ist kein Krieg, wir haben uns wieder gefunden und wir haben entzückende Kinder!

Bis zum Herbst 1953 arbeitete Dankwart in der Klinik links der Isar als Assistenzarzt ohne jede Bezahlung, wie es damals üblich war. Aber es ging aufwärts!

Konrad Vitalowitz

Mein München gibt es nicht mehr

München. Wie oft ist es vorne dran. Damals als »Hauptstadt der Bewegung«, lange danach als »heimliche Hauptstadt«. Mein München. Aber mein München gibt es nicht mehr. Als ich damals im Sommer 1945 nach unserer Evakuierung wieder nach München hineinfuhr, hatte es seinen Geist aufgegeben, lag am Boden, war ruiniert. Man hat alles wieder aufgebaut, sogar mehr als das. Doch wie sähe München heute ohne Krieg aus?

Ich wurde 1931 im Rottal geboren und zog noch im gleichen Jahr nach München. Im Herbst 1943 flohen wir vor den Fliegerangriffen zurück ins Rottal, dann im Januar 1944 nach Burghausen an der Salzach. Als der Krieg aus war, ich war fast 14 Jahre alt, hieß der Stadtplatz nicht mehr Adolf-Hitler-Platz. Er wurde nun von lässigen »Amis« beherrscht. Die amerikanischen Soldaten, auf deren Zigarettenkippen wir uns mit Hechtsprüngen stürzten, bereiteten mir eine herbe Enttäuschung. Ich fragte sie mit meinem Schulenglisch nach Charly May, nach Winnetou und Old Shatterhand, aber so nett die jungen Männer in ihren gut sitzenden Uniformen auch waren, sie hatten nie von diesen Leuten gehört. Was war da los, fragte ich mich, das gibt's doch gar nicht!

An einem strahlenden Juli-Sommertag 1945 standen wir oben auf der Burghauser Burg neben einem kleinen Lastwagen-Konvoi, der ausgelagerte Akten zurück nach München brachte. Unsere Bestechungswurst schaute noch aus der Kitteltasche des Fahrers, die Käseschachtel voller aufgedröselter »Ami-Kippen« hatte er sofort verschwinden lassen. Im letzten Moment ließ er uns Fünf mit unseren Siebensachen aufsteigen. »Einen Passierschein habt Ihr? Vielleicht klappt's. Aber sicher ist nichts.«, warnte er uns. Wir waren während der ganzen Fahrt ängstlich; zwar passierten wir die Kontrollen bei Altötting und Mühldorf, aber was würde in München sein? Nachrichten hatten wir keine. Stand unser Haus noch? War der Papa da?

Am Stadtrand mußten wir raus und stiegen in eine Trambahn um. Es waren kaum Menschen zu sehen, die Straßen waren wie leergefegt. Wir fuhren stumm durch die Stadt. Hinter leeren Fensterhöhlen standen nur noch die schlanken Kamine, ragten in den strahlend blauen Himmel: Das gibt's doch nicht! War das wirklich unser München?

Am Stachus mußten wir raus, Endstation. Die Mutter blieb beim Gepäck, ich zog mit meiner älteren Schwester los. Wir liefen die Dachauer Straße entlang zum Maßmannbergl hinauf und bogen um die Ecke Sand-/Kreittmayrstraße. So viele Häuser waren kaputt, aber die Nr. 19, unser Haus, stand noch. In unserer Wohnung war Frau Huber mit ihrem Sohn, denn ihre eigene Wohnung in Nr. 17 war ausgebrannt. Unser Glück wurde vollständig, als der Papa kam. Am selben Abend – eigentlich war es ein Wunder – kehrte unser Bruder Pepi zurück, von den Amerikanern aus dem Lager bei Rosenheim entlassen.

Den ganzen Krieg über, während all der Angriffe, waren in unserem Haus der Ernstl und die Hermine geblieben, Kinder wie wir. Alles hatten sie mitgemacht. Wie die Nachbarhäuser brannten. Wie die Mine in das Haus Nr. 13 einschlug und die Lungen aller im Keller Versteckten zerriß. Sie redeten kaum darüber. Sie waren nervöser als wir. Worüber mehr erzählt wurde, waren die Tage des Umbruchs, als die Münchner die Wehr-

Konrad Vitalowitz
Im niederbayerischen Rottal 1931 geboren, im selben Jahr nach München verzogen, 1943 mit Mutter und drei Geschwistern evakuiert in Niederbayern. Nach Kriegsende Oberrealschule, ab 1950 Lehre bei einer Bank, bei der er bis zu seiner Pensionierung 1992 blieb.

machtsmagazine plünderten. Man organisierte. Da gab es die Fixen, die Ellbogenstarken, die schnell und gezielt rafften und danach tauschten. Und da gab es die Ungeschickten, die Zauderer und Ängstlichen, die sich erst zum Schluß, als fast nichts mehr da war, ein wenig zu nehmen getrauten. Jeder hatte, was er konnte, heimgeschleppt.

Mein Freund Hanse, der im selben Haus im dritten Stock gewohnt hatte, war noch nicht wieder aus der Evakuierung in Straubing zurück. Auch »hintn«, wie wir Ministranten zur Benno-Kirche sagten, herrschte noch Totenstille. Das Mittelschiff war zerbombt, die Seitenschiffe stark beschädigt. Der Stadtpfarrer hatte unter Einsatz seines Lebens alles getan, um von der Kirche zu retten, was zu retten war.

Allein und mir selbst überlassen begann ich wieder mit meiner Burghauser Leidenschaft, dem Holzheimholen. Ich schätze, daß etwa 70% der Häuser in der Kreittmayrstraße kaputt waren. Auf wackligen Ziegelsteinen durchkämmte ich diese Wüstenei. Da gab es noch ein Treppenteil, auf das ich mich hinauf wagte, hier und dort staken halbverkohlte Balken. Auf einem Podest stand unversehrt eine Porzellan-Kloschüssel. Am meisten befremdete mich immer wieder der Blick auf die Tünchrechtecke, die von den Wohnungen und den Menschen übriggeblieben waren. Die schweren Balken, die die Stockwerke getragen hatten, besser gesagt, das, was von ihnen übrig war, auf sie ging ich los. Eichenparkett-Fußböden plattelte ich ab. Eine gewisse Gefahr gab's, wenn ich Balken aus ihren Verankerungen herausziehen mußte, ohne daß sich Mauerwerk löste. Manchmal mußte ich wegspringen. Lag das Stück dann unten, schlug ich mit dem Beil die verbrannte Holzkohle ab, bis das unverbrannte Holz durchschimmerte.

Später, als ich unseren Keller schon mit reichlich »schwarzem« Holz gefüllt hatte, wurde ich wählerisch und war auf besonders gutes Holz aus, vor allem Parkettriemen oder Türstöcke, die bei abgebrannten Häusern seltsamerweise oft unversehrt erhalten geblieben waren. Sie jedoch erst mühsam freizuschaufeln und dann rauszubrechen, das war für mich Halbverhungerten oft eine große Anstrengung.

Fassadengiebel waren oft sehr einsturzgefährdet, sie schwankten bei starkem Wind. Solche Mauerstücke oder ganze Fassaden wurden später nur von Hand mit angelegten Seilen oder Seilwinden niedergerissen. Erst im Laufe des Jahres 1946 rückten bei uns die Bagger an, die den Sprengbombenschutt von der Straße räumten. Endlich hatten wir wieder ein durchgehendes Trottoir. Die Sand- und Dachauer Straße entlang lief eine Schmalspurbahn, die den Abraum auf den Schuttberg transportierte.

Welche Gefühle hatte ich damals als 14jähriger? Ich hatte ja nichts verbrochen, hatte mich in unsere jeweilige Lage dreingefunden, in die Fremde ohne Freunde zunächst in Burghausen; ich hatte mich an das Holzsammeln und die Hamstergänge im Herbst gewöhnt. Ich hätte es gerne wieder getan, aber in München gab es keine Äcker und Bauern, es gab nur Ruinen. Vielleicht begann es in dieser Zeit, daß ich mich absonderte, daß ich später dann, als die Freunde wieder auftauchten, zwei Leben führte: Mein »normales« Leben im Alltag und das andere, in dem ich mit mir und den Büchern allein war.

Plötzlich war der Hanse, unser Oberministrant, wieder da. Da stand er bei der Benno-Kirche, kahlgeschoren, ausgehungert. Er meinte lakonisch zu seiner Glatze: »I muaß ma hoit an Taubnmist nauftoa, dann wachsn's schnej wieda nach.« Er war einer der 16jährigen, die man noch in den letzten Monaten zur Wehrmacht gepreßt hatte.

Die ersten Anfänge des Schulbetriebs gab es im Herbst 1945. Wiederholt mußten wir in die Rupprecht-Oberrealschule, deren obere Stockwerke kaputt waren, um uns registrieren zu lassen und um zu erfahren, in welcher Klasse man weitermachen durfte. Pauschal war es geboten, das Schuljahr 1944/45 einfach zu wiederholen, weil fast keiner in diesem Jahrgang einen normalen Unterricht erlebt hatte.

Im Herbst 1945 haben wir die KZ-Filme gesehen. Wir wankten danach wie betäubt heraus, das war zu schaurig gewesen. Hohläugige Hungergerippe hatten uns angestarrt, Schaufellader hatten Leichenhaufen wie Schutt zusammengeschoben. Diese Bilder mußten wieder aus den Augen raus, das mußte vergessen werden. Das war ja nur auf der Leinwand gewesen, schwarz-weiß, und die Leinwand war ja wieder weg. War das wirklich wahr? Ja, doch, alle Leute redeten davon. Aber wir waren ja nicht dabeigewesen, uns ging das ja nichts an, das war doch die SS gewesen, und mit der hatten wir ja nichts zu tun gehabt. Man konnte ja nix mehr machen, es war ja jetzt alles vorbei.

Wir waren damals alle Hungerleider. Man hungerte Tag für Tag, es gab Hungertote. Was wir Deutsche in den KZs und in den Gefangenenlagern angerichtet hatten, fiel ganz auf uns zurück.

Wer nie lange Zeit gehungert hat, weiß nicht, wie es ist, jahrelang immer nur halb satt zu werden. Er weiß nicht, welche Gefühle und Folgen das hat. Bekannte hatten durch Zufall von einer Sämereihandlung Hundehaferflocken ergattert. Die Flocken wurden im Sieb von Spelzen und Schmutz befreit, und ein Essen war wieder mal gerettet. Und wie hatte uns Bayern die Fata Morgana eines halben Pfunds warmen Leberkäses beherrscht, das man »auf oan Sitz vadruckt«, wenn Friede ist. Ich erinnere mich, daß ich einmal zwei Tage gar nichts zu essen hatte. Es war einfach nichts mehr da, bis auf Semmelbrösel und Staubzucker. Ich vermischte beides auf einem Teller, saugte das staubfeine Zeug ein, bekam es in die Luftröhre, hustete furchtbar und verschüttete dabei die Hälfte.

Einmal aber feierte ich eine Orgie. Wir hatten eine Sonderzuteilung amerikanischen Trockeneies bekommen in einer großen, olivgrünen Dose. Ich war allein zu Hause und saß mit einem Buch auf dem Balkon. Immer wieder rührte ich wie in Trance zwei Löffel vom Trockenei mit Wasser an und briet mir daraus Eierpfannkuchen, bestimmt ein halbes Dutzend.

Ab Herbst 1946 hatte sich der Schulbetrieb wieder normalisiert. Irgendetwas Aktuelles aus der jüngsten Vergangenheit oder etwas über den Krieg kam kaum zur Sprache. Einzig Prof. R., bei dem wir Latein hatten, ließ sich darauf ein. Mit den beiden lateinischen Sentenzen »cum tacent clamant« und »cum tacent consentire videntur« demonstrierte er, wie die Kollektivschuld der Deutschen zu untermauern sei. Wie einfach diese Sätze auf dem Papier stehen! Sie überzeugen ja auch. Wenn man zum Unrecht schweigt, macht man sich mitschuldig. Aber wenn das Mundaufmachen lebensgefährlich ist?

THILDE GRUBER

Fragen stellen – unerwünscht

Wir wohnten am Beethoven-Platz in einer großen Atelierwohnung im 5. Stock. Als 1943 die Fliegerangriffe auf München immer heftiger wurden, brachte man uns Schulkinder nach Bad Tölz. Kinderlandverschickung hieß das. Ich war erst elf Jahre alt, und die Sehnsucht nach meinen Eltern war grenzenlos.

Mutter wurde auch evakuiert, sie kam nach Lenggries. Von dort aus fuhr sie auf immer abenteuerlicheren Wegen nach jedem Fliegerangriff nach München, um nachzusehen, ob Vater noch lebte.

Vater war als Diplom-Ingenieur leitender Beamter bei den Städtischen Elektrizitätswerken und maßgeblich dafür verantwortlich, daß es in der Stadt nach jedem Angriff so schnell wie möglich wieder elektrischen Strom gab. Er war also »unabkömmlich« und mußte nicht an die Front.

Zu Beginn des Kriegs legte man ihm nahe, in die Partei einzutreten, was er ohne Widerspruch tat. Seine Meinung war eindeutig: »Ich bin Beamter und habe dem Staat zu gehorchen.« Er war sicher kein Gegner des NS-Regimes, aber er war auch nicht besonders politisch interessiert.

Vater hat in München alle Fliegerangriffe erlebt – und überlebt. Eine Mine zerstörte das Rückgebäude unseres Wohnblocks total. Das Vordergebäude, in dem unsere Wohnung lag, blieb schwer beschädigt erhalten. Vater konnte sich selbst aus den Trümmern befreien.

Nach Kriegsende kamen Mutter und ich wieder zurück nach München. Wir konnten zufrieden sein, denn alle hatten wir den Krieg glimpflich überstanden.

Nun galt es, die täglichen Probleme zu bewältigen. Die Gespräche drehten sich um Holz und Kohlen, um Brot und Milch, und man beriet, wie man die Wohnung wieder aufbauen könnte. Man sprach über die neuen Gebote und Verbote und man richtete sich danach. Wie immer.

Über die Verbrechen in den KZs wurde nicht geredet, nicht über Schuld oder Irrtum. Wurde alles verdrängt oder totgeschwiegen? Haben meine Eltern darüber diskutiert? Ich weiß es nicht, und ich habe mich nie getraut, sie danach zu fragen.

Um den Alltag zu meistern, blieb uns gar nichts anderes übrig, als sofort anzupacken. Die Sommermonate mußten genützt werden, damit wenigstens ein Teil der Wohnung regendicht und bewohnbar wurde. Wir sammelten noch verwendbare Dachziegel. Vater stieg auf's Hausdach, wohlgemerkt im 5. Stock, und besserte die vielen Lücken aus, so gut er eben konnte. Mutter hielt ihn ängstlich mit einem Seil fest.

Wir putzten Ziegelsteine, und ich marschierte zusammen mit Mutter mit einem wackeligen, selbstgebauten Wagerl zum Flaucher. Jeden Tag brachten wir eine Portion Sand heim. Vater fuhr mit dem Rad und zwei Marmeladen-Eimern nach Englschalking, dort gab es Kalk. Mit all dem Material bauten wir eingefallene Zwischenwände wieder auf, so krumm und schief, wie sie auch heute noch dastehen.

1945 feierte ich meinen 14. Geburtstag. Als Geschenk bekam ich zwei Scheite Holz und ein Brikett. Mit dieser »Währung« durfte ich dann zum Friseur gehen und meine Zöpfe abschneiden lassen. Ohne das Brennmaterial hat in diesen Notzeiten kein Friseur Kunden angenommen.

Der Hunger war groß. Schwarzhandel blühte überall, aber auch hier war der Gehorsam meiner Eltern gegenüber staatlichen Verboten konsequent: Kein Schwarzhandel! Kein Hamstern! Die Vorstellung, mit der Polizei in Konflikt zu geraten oder gar verhaftet zu werden, war für sie voller Schrecken.

THILDE GRUBER
1931 in München geboren; Hausfrau, zwei Kinder.

Theatinerkirche und Feldherrnhalle – eine Zeichnung des Vaters

Recht ungewöhnliche Zustände herrschten in unserem Haus. Im Erdgeschoß wohnte eine Familie, die den Schwarzhandel gleich en gros betrieb. Als bei ihnen wieder einmal eine Razzia ins Haus stand, brachten sie ein frisch geschlachtetes Schwein zu uns herauf, legten die Sau in unsere Badewanne und holten sie nach der Razzia wieder ab.

Ich war dabei und sah, wie meine sprachlose Mutter alles geschehen ließ. Danach hat sie sich nicht getraut, das als Dank angebotene Stück Fleisch anzunehmen. Sie mußte legale Wege finden, um uns über Wasser zu halten.

Jeden Morgen hieß es: Anstellen beim Milchladen. Dort bekamen wir Buttermilch ohne Lebensmittelmarken. Wenn wir dann ein paar Liter hatten, machte Mutter Topfen daraus. Immer stand in der Küche der umgedrehte Hocker, an dessen vier Beinen ein Leintuch festgebunden war – zum Abtropfen der Molke.

Bald fuhren wieder Eisenbahnen, aber sie waren derart überfüllt, daß die Menschen auch auf den Trittbrettern und sogar auf den Puffern der Waggons reisten.

Einmal fuhren auch wir mit dem Zug auf's Land; eingeklemmt in einer Menschentraube standen wir halb in der Waggontür, halb auf dem Trittbrett. Mutter hatte erfahren, daß es im Gasthof von Grafing ohne die sonst erforderlichen Brotmarken ein Stammgericht gab, manchmal auch zwei. Das waren Dampfkartoffeln mit Blutwurst oder Knödel aus Schwarzbrot und eine Art

Peterskirche und Altes Rathaus – eine Zeichnung des Vaters

Die Frauenkirche, vorne die Ruine des Optikergeschäfts Buchner – eine Zeichnung des Vaters

Soße dazu. Wir fanden es herrlich und waren wieder einmal satt.

Meine Schule, das Lyzeum an der Luisenstraße, war nur noch eine Ruine. Man quartierte uns in die noch einigermaßen erhaltene Deroy-Schule ein. Aber auch dort gab es nur wenige Fensterscheiben, die leeren Rahmen hatte man mit Pappe oder Holz zugenagelt.

Schlimm wurde es im Winter. Außer einem viel zu kleinen Kanonenöfchen gab es in den Unterrichtsräumen keine Heizung, wir hatten keine warmen Kleider und Schuhe für die Wintermonate. Im Rundfunk wurden immer wieder neue Kältewellen verkündet.

Die Tintenfässer froren ein. Das einzige Anschauungsobjekt im Biologie-Unterricht, eine winzige Wasserschnecke, war mitsamt dem Wasser im kleinen Aquarium zu einem Eisblock gefroren. Aber der Unterricht fiel nicht aus.

Mit der Zeit hatten viele meiner Klassenkameradinnen wieder Pausenbrote dabei, richtige, mit was drauf. Ich hatte immer Hunger und war froh, daß es die Schulspeisung gab. Wenn meine von daheim besser versorgten Mitschülerinnen davon nichts wollten, hieß es nur: »Gib's dem Flöhchen, die ißt alles.«

Die Lebensmittelzuteilungen wurden immer knapper. Die Sorgen um das tägliche Brot belasteten den Alltag schwer. Vielleicht wurde deshalb auch bei uns daheim nicht über Politik gesprochen, nicht einmal über die Entnazifizierungs-Verhandlung meines Vaters, bei der er als Mitläufer eingestuft wurde. Mit diesem Urteil war die Entlassung aus dem Beamtendienst verbunden.

Ohne Zögern bewarb sich Vater als Elektriker bei der Firma Deckel in Sendling. Er arbeitete dort fast zwei Jahre lang, und sein einziger Kommentar dazu war: »Wir haben alle den Krieg überlebt und einen Großteil unserer Habe gerettet. Da bin ich was schuldig.«

Als einfacher Elektriker verdiente er wenig Geld. Um die Finanzen aufzubessern, begann er bei uns daheim, Kurse zur Vorbereitung auf die Meisterprüfung im Elektro-Handwerk zu halten. Da saßen dann am Abend vier oder fünf junge Männer um unseren Eßtisch im einzig beheizbaren Zimmer, und Vater lehrte sie, mit dem Ohmschen Gesetz und dergleichen umzugehen. Zu unserer großen Erleichterung war ein Schüler dabei, der aus Ungarn stammte und sein Unterrichtsgeld in Naturalien bezahlte: jeden Monat ein kleines Paket mit Lebensmitteln!

Wann immer Vater Zeit hatte, widmete er sich seinem Hobby: Er malte und zeichnete. Mit Pinsel, Feder und seinem geretteten Dreibein-Hocker ging er in die zerbombte Innenstadt und hielt fest, was er sah.

Vater hatte immer viele Zuschauer. Als er die Theatinerkirche zeichnete, schenkte ihm ein Amerikaner, der Mitleid mit dem »armen Maler« hatte, eine Tafel Schokolade.

In den ersten Jahren nach dem Krieg entstand in München ein kulturelles Leben in unglaublicher Fülle und Qualität. Wir gingen in alle Theater und in alle Konzerte. So warm wie möglich angezogen saßen wir in den ungeheizten Zuschauerräumen oder dem, was davon übriggeblieben war.

Wir sahen alle Aufführungen in den Kammerspielen, wobei mir besonders »Der Trojanische Krieg wird nicht stattfinden« mit Axel von Ambesser in Erinnerung blieb. Wir hörten in der Aula der Universität die »Neunte« von Beethoven. Im Theater am Brunnenhof gab es die ergreifende Aufführung von »Nathan der Weise« mit Hellmuth Renar in der Titelrolle. Wie sehr hat uns der hochaktuelle Text berührt. Bedrückt gingen wir nach Hause, aber das Thema aufzugreifen und darüber zu reden, das war meinen Eltern nicht möglich.

Wir waren in der legendären »Fidelio«-Aufführung mit Helena Braun im Prinzregenten-Theater. Der Chor der Gefangenen – wer konnte sich den Gedanken an die jüngste Vergangenheit entziehen?

Wir gingen in alle Programme der »Schaubude«, dem wohl besten Kabarett dieser Zeit. Packend waren die Texte von Erich Kästner, seine Gedichte gegen den Krieg und die Unterdrückung, die von Ursula Herking so eindringlich vorgetragen wurden.

Impulse gab es genug, um die Ereignisse im »Dritten Reich« zu verarbeiten. Nichts wurde aufgearbeitet in unserer Familie. Wie im Krieg, so wurde auch in der Nachkriegszeit nicht über unangenehme Dinge gesprochen. Vater nahm Rücksicht auf uns, Mutter nahm Rücksicht auf Vater, und ich nahm Rücksicht auf meine Eltern. Nie habe ich mich getraut, Fragen zu stellen.

Ein einziges Mal sprach Vater darüber, daß er nie wieder willens sei, irgendeiner Partei beizutreten. »Einmal betrogen reicht«, meinte er. Darüber hinaus blieben alle politischen Themen in meinem Elternhaus tabu.

Daniel Beckh

»Mohren«, Zigarren und Kinderspiele

Geboren im Jahre 1938 habe ich von der Zeit an, wo man Erinnerung speichern kann, meine Heimat im Krieg erlebt. Der Krieg war der Alltag. Der Frieden war etwas, wovon die Erwachsenen redeten. Frieden war für uns Kinder damals ein Bild, vielleicht so etwas wie das Paradies. Meine frühesten Erinnerungen hängen mit dem abendlichen Verdunkeln der Fenster, mit dem Luftschutzkeller, der Sirenenwarnung vor Fliegerangriffen und Bombeneinschlägen zusammen.

Nach einem furchtbaren Fliegerangriff, bei dem auch unser Wohnhaus stark beschädigt wurde, beschlossen meine Eltern, daß Mutter und wir Kinder die Stadt verlassen sollten. Wir wurden evakuiert und auf einen Bauernhof bei Wasserburg am Inn eingewiesen. Wir lebten jetzt auf dem Land, und Vater kam, soweit es die Bombenangriffe zuließen, mit der Bahn am Wochenende zu uns. Allerdings wurden seine Besuche zusehends weniger, da die Gleise ein beliebtes Angriffsziel der Feinde darstellten.

Die Bäuerin war nach einigen Anfangsschwierigkeiten eine umgängliche Frau. Ihre drei Brüder waren damals »im Feld«, wie man die Front nannte. Mutters Hilfe kam ihr nicht ungelegen, als sie merkte, daß Mutter im Unterschied zu vielen »Stadterern« auf dem Bauernhof mithalf. Wir hatten genug zu essen und führten ein schönes Leben. Die Bombengeschwader, die gegen München zum Angriff flogen, griffen nicht an, da sie ihre Bombenladung für die Stadt aufsparen mußten.

Mit der Zeit, es muß wohl Ende 1944 oder Anfang 1945 gewesen sein, kamen immer mehr zerlumpte Soldaten in Kolonnen an der Landstraße vorbei. Sie erzählten, daß der Krieg verloren sei und baten um Zivilkleider. Viele waren verwundet, amputiert, verbunden. Nach den Soldaten kamen in Scharen die Flüchtlinge. Sie waren uns etwas ungeheuer, erzählten sie doch von den Greueltaten der Russen und Tschechen. Wir hatten von dem Flüchtlingselend kaum eine Ahnung und wollten den Fremden nicht so recht glauben. Unsere einzige Informationsquelle war damals der Volksempfänger mit seinen Nachrichten. Den Bauern waren die Flüchtlinge ein Ärgernis, baten sie doch ständig um irgendwelche Lebensmittel, ohne zu arbeiten.

Dann, eines Tages, kamen die Amerikaner mit Panzerwagen, Lastwagen mit angehängten Kanonen und Jeeps. Alle Soldaten waren bis an die Zähne bewaffnet. Auf jedem Haus mußte eine weiße Fahne gehißt werden. Nach einem kleinen Disput zwischen Mutter und der Bäuerin hängte diese ein altes Bettuch an einem Besenstiel zum Dachbodenfenster hinaus.

Zu uns Kindern waren die »Amis«, wie sie bald genannt wurden, nett und freundlich. Sie schenkten uns Schokolade und allerlei zu essen. Am meisten waren bei uns die kleinen Verpflegungspakete begehrt: Sie waren olivgrün und enthielten neben Trockenmilch und Kaffeepulver auch eine runde Dose mit Schmelzkäse und ein kleines Paket Schokolade. Diese Pakete wurden zwischen uns Kindern bald zur Handelsware. Gegen drei dieser Pakete tauschte ich mir einen Märklin-Baukasten ein. Mutter sagte uns, wir dürften von den Siegern nichts annehmen, da es unschicklich sei, erst unsere Städte zu bombardieren und dann den Kindern Schokolade zu schenken. Außerdem sagte sie, daß wahrscheinlich die ganzen Lebensmittel vergiftet seien.

Unter den Amerikanern waren auch viele Schwarze. Wir sagten immer »Mohren« zu ihnen,

---

Daniel Beckh
Geboren 1938 in München-Ramersdorf, 1942 Evakuierung auf's Land bei Wasserburg, 1945 Rückkehr nach München. 1957-60 Hochbaustudium, danach in verschiedenen Büros tätig, u.a. in Tel Aviv. Seit 1972 eigenes Ingenieurbüro mit Partnern in München.

US-Soldat mit deutschem Kind

weil wir das Wort »Neger« gar nicht kannten. Sie wirkten auf uns Kinder besonders anziehend wegen ihrer Fremdartigkeit. Sie waren außerordentlich fröhlich und schenkten uns Kaugummi, mit dem wir zunächst gar nichts anzufangen wußten. Dann schossen sie zum Spaß mit dem Maschinengewehr auf die Hühner, was wir Kinder sehr lustig fanden – die Bauern allerdings weniger. Mutter sagte uns, wir sollten uns vor allem von den Schwarzen fernhalten, da sie alle geschlechtskrank seien. Sie sagte uns zwar nicht, welcher Art diese Krankheit sei, aber aus ihrer strengen Miene und ihren Andeutungen konnten wir entnehmen, daß es etwas sehr Schlimmes und Ansteckendes sein mußte.

Rückkehr nach München

Meine Eltern beschlossen, nachdem der Bombenterror zu Ende und der Krieg endgültig verloren war, nach München zurückzuziehen. Eines Tages stand vor dem Bauernhof ein Lastwagen mit Anhänger. Wir luden alle unsere Habseligkeiten auf den Anhänger, denn am Maschinenwagen lagen die Säcke mit dem Kleinholz für den Holzgaser. Nachdem der Kessel kräftig beheizt war und Mutter einige Abschiedstränen vergossen hatte, fuhren wir los gen München. Da nicht ausreichend Platz für uns in der Fahrerkabine war, saßen Vater und ich hinten auf den Säcken mit dem Brennholz. Es war die kälteste Autofahrt, an die ich mich erinnern kann. Vor jedem Berg wurde angehalten und der Kessel nachgeheizt, damit genügend Holzgas für die Steigung vorhanden war.

Irgendwie kamen wir dann nach einer furchtbar langen Fahrt in München vor unserem Haus an. Die ganze Umgebung war verändert, überall standen Häuserruinen, und die Straßen waren von den Bomben aufgerissen. Auf den Seiten lag Ruinenschutt, vermischt mit Glasscherben. Viele Blindgänger steckten in den Straßen oder lagen auf den Fußwegen herum. Das Dach unseres Hauses war immer noch beschädigt, aber unsere Wohnung war unversehrt. Sie war allerdings bereits teilweise belegt. Meine Tante, deren Wohnung zerstört worden war, wohnte hier schon mit ihren beiden Töchtern, so daß für uns vier nur noch die Wohnküche und ein Zimmer übrigblieben.

Meine ältere Cousine war ein »Ami-Flitscherl«. Sie hatte sehr schnell erkannt, daß der Mensch etwas zu essen braucht, daß Moral nicht satt macht und das Leben auf der Seite der Sieger viel angenehmer war. »Ami-Flitscherl« zu sein, war etwas anrüchig, aber nahrhaft. Durch ihre Freundschaften mit den Soldaten – es waren abwechselnd mehrere – kamen Vater und Mutter gelegentlich zu einer Zigarette. Eines Abends besuchte uns Marianne und stellte uns ihren neuen amerikanischen Galan vor. Er hieß Harry und sprach den ganzen Abend kein Wort. Als sie je-

Ein gewohntes Bild: Schlange vor einem Geschäft, Hauptbahnhof, 1946

doch gegangen waren, fanden wir auf unserem Küchenkasten eine ganze Schachtel Zigaretten, die damals der Schlüssel zu den Köstlichkeiten des Lebens waren. Harry hatte sie unbemerkt für uns dorthin gelegt.

Doch trotz der Zigaretten machte meine Mutter gehörig Druck, daß Tante Käthe und ihre Töchter nach einiger Zeit auszogen. Ihr war es unangenehm, die Wohnung mit der Familie eines »Ami-Flitscherls« zu teilen.

Hunger und Kälte

Überhaupt die schlimmste Geißel der Nachkriegszeit war der Hunger. Es gab einfach nichts zu essen. Alle Leute waren unterernährt, klapperdürr und furchtbar reizbar. Wir lebten von einem Tag auf den anderen. Die Regale in den Lebensmittelläden waren leer, das Geld hatte seinen Wert verloren. Wir hatten zwar noch Lebensmittelmarken, aber die halfen uns nicht weiter, da die aufgedruckten Güter nicht erhältlich waren. Wir lebten von Ersatzstoffen, die gelegentlich in den Läden angeboten wurden. Wenn man vor einem Laden eine lange Menschenschlange anstehen sah, hieß das, daß hier etwas Besonderes erhältlich war, und wir stellten uns sofort an. Einmal bekam ich nach langem Anstehen ein paar Heringe. Diese röstete Mutter dann in einer Pfanne, wo sie ziemlich anbrannten, weil wir ja kein Fett hatten, aber sie schmeckten trotzdem vorzüglich.

Sonst standen zum Kochen im wesentlichen Surrogate zur Verfügung: »Sowei« war beispielsweise ein Ersatzstoff für Trockenei oder konnte als Mehl verwendet werden. Mutter machte daraus mit Wasser und Milch-Ersatzpulver einen Pfannkuchen, den wir als Brotersatz aßen. Er schmeckte fürchterlich, aber er nahm für einige Zeit das bohrende Hungergefühl im Magen. Was uns die Hungersnot einigermaßen erträglich machte, war der Umstand, daß alle Leute darunter litten. Die Hilfsbereitschaft unter den Menschen war groß. Es gab nur wenige, die die schlechte Gesamtlage ausnutzten.

In den Nachkriegsjahren waren alle Leute mager und ausgezehrt. Man sah viele Bein- und Armamputierte, Kriegsverletzte und Bombengeschädigte, Menschen mit Nervenleiden, die immer irgendwelche Verrenkungen anstellten. Alle Leute, die man nicht kannte, waren furchtbar streitsüchtig oder sogar bösartig.

Der Winter war schrecklich kalt. Vielleicht habe ich ihn nur so in Erinnerung, weil wir kaum Heizmaterial hatten. Nur unsere Wohnküche wurde schwach erwärmt, die anderen Räume blieben kalt. Am Abend wurden Ziegelsteine ins Bratrohr des Küchenherds gelegt. Diese wurden, nachdem sie heiß geworden waren, in Lappen gehüllt und in unsere Betten gelegt. Wenn wir dann schlafen gingen, war das Bett schon vorgewärmt. Selbst in der Schule war es furchtbar kalt. Im Klassenzimmer war ein riesiger Kanonenofen aufgestellt worden. Jedes Kind sollte ein Brikett mitbringen, damit die Temperatur erträglicher wurde.

Zum Baden hatten wir einen mit Holz feuerbaren Kessel, der warmes Wasser lieferte. Aber mit Brennholz wurde überall gespart, so daß wir wenig zum Baden kamen. Ich mußte immer nach meiner Schwester im gleichen Wasser baden. So wurden Wasser und Seife gespart. Die wenigen Kleider, die wir noch hatten, waren schlecht gewaschen. Es gab kein Waschpulver, nur Kernseife, und selbst die war spärlich vorhanden.

Unsere Kleider waren alle angestückelt und aus allen möglichen Stoffresten zusammengeflickt. Socken wurden im zerrissenen Bereich angestrickt oder gestopft. Hosengummi gab es überhaupt nicht. Statt des Gummibandes zogen wir Schnüre in die Unterhosen ein und knoteten sie dann zusammen. Aber das fiel alles nicht so sehr ins Gewicht, da alle Leute zusammengeflickte Kleider hatten. Im Winter trugen wir alle verfügbaren Kleidungsstücke übereinander. Die Kälte biß dann nicht so grimmig zu.

Das war auch die Zeit, in der ich begann, an dem nahe unserer Wohnung gelegenen Bahnkörper Kohlen zu stehlen. Dort waren Dampfloks abgestellt, herrliche Steinkohlen waren dort zu finden. Ich brachte in allen Hosentaschen Kohlen mit nach Hause und wurde nicht einmal wegen der schmutzigen Kleider geschimpft. Nach diesem Erfolg nähte mir Mutter ein kleines Säckchen, das gerade so groß war, daß ich es gefüllt mit Kohlen tragen konnte. Während der Kriegszeit wurde auf Plakaten ein furchtbarer Gnom mit einem Kohlensack auf dem Rücken abgebildet, der »Kohlenklau«. Mit meinem kleinen Säckchen war ich also zum echten »Kohlenklau« geworden. Aber seit dieser Zeit war Dank meiner Besuche am Bahndamm die Wohnküche immer ganz gut geheizt.

Vater war aus der Firma entlassen worden, da er Parteigenosse gewesen war. Allerdings hatte er als ehemaliger Mitarbeiter der »Reichsmonopol für Branntwein« noch Anspruch auf monatlich einen Liter Branntwein, von dem wir einigermaßen leben konnten. In unserer Wohnung fanden sich von Zeit zu Zeit Schwarzhändler ein, die den Alkohol gegen Butter oder Eier eintauschten.

Nach seiner Entlassung arbeitete Vater als Hilfsarbeiter in einem amerikanischen Verpflegungslager in der Dachauer Straße. Dieses Lebensmittellager muß nach Vaters Erzählungen das reinste Schlaraffenland gewesen sein. Es war von einem hohen Zaun mit Stacheldraht umgeben. Zugang hatten nur die Amerikaner und Arbeiter, alles ehemalige Parteigenossen, die sich dort ihr Brot verdienten. Schon am Morgen ließen sie meistens eine Kiste mit Dörrobst oder etwas Ähnliches auf den Boden fallen. Den »Havarieschaden« aßen sie dann im Lager auf. So konnte Vater sein Kantinenessen im Kochgeschirr nach Hause schmuggeln, wo Mutter, meine Schwester und ich schon mit riesigem Hunger warteten. Das Mitnehmen des Essens war natürlich nicht erlaubt. Die Arbeiter mußten am Abend alle durch eine Kontrolle gehen und sich gelegentlich auch einer Leibesvisitation unterziehen. Auf Diebstahl stand eine Gefängnisstrafe, die keiner riskieren konnte, da die Ernährung der ganzen Familie auf dem Spiel stand. Einmal wurde Vater erwischt, als er versuchte, seine Erbsensuppe mit Würstchen herauszuschmuggeln. Unter der Suppe hatte er noch zwei luftdicht verpackte Beutel mit Kakaopulver verborgen. Als der Diebstahl entdeckt wurde, konnte er zwischen Gefängnis und dem Aufessen der ganzen Suppe samt Kakaopulver wählen. Vater wählte natürlich letzteres. Einen Spuckeimer stellten die Amerikaner gleich bereit und lachten, als er sein Gebräu hinunterschlucken mußte.

Als wir wieder einmal überhaupt nichts zu essen hatten, beschlossen die Eltern, daß Vater und ich zum Hamstern auf's Land fahren sollten. Wir hatten ja noch unsere Kontakte zu den Bauern, wo wir damals evakuiert waren. Der Zug brachte uns nach Halfing, und von dort aus gingen wir zu Fuß. Vater hatte einen Rucksack dabei, der anfangs ganz schlaff auf seinem Rücken hing. Ich mußte immer in die Bauernhöfe hineingehen und fragen: »Bäuerin, hast Du nicht 'was zum Essen für einen hungrigen Stadterer?« Das Bitten war für mich äußerst unangenehm, aber Vater meinte, wenn ein Kind den Spruch vortrüge, müsse selbst ein hartes Bauernherz Mitleid haben. So brachten wir mit der Zeit doch einige Eier, etwas Brot und Butter zusammen. Bei einem der letzten Bauernhöfe ging die Bäuerin, deren Herz wir erweicht hatten, in die Speisekammer. Vater sah auf dem Küchentisch einen halben Laib Brot liegen und packte ihn kurzerhand in seinen Rucksack. Als die Bäuerin zurückkam, merkte sie, daß sie bestohlen worden war. Sie sagte nichts, und nachdem eine Rückgabe des Brots noch schändlicher gewesen wäre, packte Vater auch noch die Gabe aus der Speisekammer ein, und wir gingen schnell davon. Ich glaube, das war das erste und einzige Mal, daß ich mich für meinen Vater furchtbar schämte.

Einmal gingen Vater und ich in eine Apotheke. Ein Amerikaner in Uniform trat hinter uns ein. Vater starrte ihn an, da der Soldat eine brennende Zigarre im Mund hatte. Er verstand den Blick sofort und zog eine Zigarre aus seiner Brusttasche, gab sie Vater und klopfte ihm auf die Schulter. So glücklich wie in diesem Moment habe ich Vater selten gesehen.

Einer meiner Freunde und ich fingen irgendwann an, die Stummel der von den Amerikanern weggeworfenen Zigaretten zu sammeln. Die Kippen, die »Hugos« genannt wurden, befreiten wir vom Papier, nahmen den Tabak heraus und drehten neue »Hugo-Zigaretten«. Vater rauchte sie nicht gerne, weil sie ein Abfallprodukt der Siegermächte waren, aber meist war seine Nikotinsucht stärker als ethische Prinzipien.

Schule und Kinderspiele

Als wir wieder nach München zurückkamen, waren viele Schulen zerstört. Sie wurden nur langsam wieder repariert. Ich mußte ständig von ei-

Spielende Kinder in Münchens Ruinen

ner Schule zur anderen wechseln, zwischen der Berg-am-Laim-Schule, der Flurschule und der Kirchsteinschule. Auch hatten wir kein festes Klassenzimmer und keine fest zugewiesenen Lehrkräfte. Es gab nur Lehrerinnen, die Lehrer waren größtenteils im Krieg geblieben. Ständig fiel der Unterricht aus, Schichtunterricht war sowieso die Regel. Wenn man in der Schule aufmuckte, wurde diese Disziplinlosigkeit mit »Tatzen« bestraft. Das waren Schläge mit einem spanischen Rohrstock auf die Handinnenfläche. Zog man aus Angst oder zum Selbstschutz die Hand weg, wurde die Zahl verdoppelt. Viele weinten, aber einige schauten verbissen die Lehrerin an und verzogen keine Miene.

Die stärkste Erinnerung habe ich an die Schulspeisung. Sie wurde während des Unterrichts in großen, blauen Thermokübeln mit Bügelverschluß hereingebracht. Jeder Schüler hatte von zu Hause ein Kochgeschirr und einen Löffel mitzubringen. Mit einer großen Kelle wurde das Essen in die einzelnen Töpfe der Schüler verteilt. Ich erinnere mich im wesentlichen an Haferbrei mit Rosinen, Nudelsuppe und Erbsensuppe mit Corned-Beef-Einlage. Manchmal an den Festtagen gab es etwas Besonderes, einmal zum Beispiel ein Paket mit zusammengepreßtem, braunem, süßem Inhalt. Einer sagte, das wären gepreßte Käfer. Mit einem Beil zerkleinerten wir die Masse und verteilten die Brocken – es waren Datteln.

Das Leben außerhalb der Schule bot jedoch viel interessantere Dinge als die Schule. Einmal fanden wir bei unseren Streifzügen auf dem Tender einer Lok mehrere Pakete mit Gewehrmunition. Man konnte damit wunderschöne »Spiele« veranstalten:

Erstes Spiel: Wir entfachten ein Feuer mit brennbaren Gegenständen und gossen altes Maschinenöl darüber. Wenn es richtig brannte, mußte sich jeder ein Stück Blech suchen, dieses als Schild benutzen und sich ans Feuer setzen. Dann wurden ein paar Hände voll Gewehrmunition ins Feuer geworfen. Wenn die Geschosse an das Riffelblech prallten, fanden wir das sehr lustig. Allerdings bemerkten wir erst nachträglich, daß es sich empfahl, die Anzahl der hineingeworfenen Patronen zu zählen. Dies wurde uns aber erst nach der Beinverletzung des »Huber-Burle« bewußt.

Zweites Spiel: Wir knickten die Geschoßspitzen mit einem Locheisen von den Patronenhülsen ab. In der Hülse blieb das Pulver zurück. Dieses sammelten wir in einem alten Stahlhelm. Wenn genügend Pulver zusammengekommen war, legten wir damit kreis- und schlangenlinienförmige Spuren aus. Dann zündeten wir das Pulver an einem Ende vorsichtig an. Die entstehende Stichflamme beschrieb genau die Spur des Pulvers.

Drittes Spiel: Die leeren Patronenhülsen vom zweiten Spiel hatten ja noch die Zündkapsel am hinteren Hülsenende. Wir nahmen einen etwas längeren Nagel, den wir vorsichtig in die Patronenhülse steckten. War der Nagel zu dünn, mußte man die Patronenhülse seitlich zubeißen, damit der Nagel einen mäßigen Halt bekam. Dann warfen wir die Patronenhülse senkrecht auf die Straße, so daß der Nagel den Zünder auslöste. Es krachte, und der Nagel wurde durch die Luft geschleudert. Beim Zusammenbeißen war Vorsicht geboten – einmal explodierte eine Hülse in Walters Mund, was nur wir anderen lustig fanden.

Viertes Spiel: In den Ruinen nach Blindgängern suchen. Fanden wir welche, gruben wir sie vorsichtig aus dem Schutt aus und trugen sie auf die höchste Stelle der Ruine. Anschließend warfen wir die Blindgänger auf die Straße.

Zum Glück explodierte nie eine solche Bombe, denn sonst könnte ich heute meine Erinnerungen an die Nachkriegsjahre in München wahrscheinlich nicht mehr aufschreiben.

Johann Greif

Von Kartoffeln und Malerpinseln

Das Kriegsende

Die letzten Monate des Kriegs erlebte ich in Rottersdorf auf dem Einödhof »Zur Aigen«, wo ich als Hütebub tätig war. Ende April 1945 kamen dann die »Amis«. Vorher sind noch unsere Soldaten mit ihrem alten G'lump vorbeigezogen. Und dann waren sie da, unsere Befreier. Nun war also der verfluchte Krieg endlich vorbei. Das Erste, was passierte: Wir wurden alle aus dem Bauernhof hinausgeworfen. Ich nehme an wegen der strategischen Lage, denn der Hof lag auf einem kleinen Berg. Wir zogen dann zum Nachbarn: der Bauer, die Bäuerin, der Sohn Sepp, drei Madeln und ich. Am nächsten Tag sind wir wieder auf den Hof zurückgegangen. Da habe ich über die Kriegsgeräte der Amerikaner gestaunt und festgestellt, daß mit dem alten Zeug, das unsere Wehrmacht hatte, kein Krieg zu gewinnen war.

Ein »Ami«, es war ein weißer, hatte eine Kiste Orangen ins Haus getragen. Orangen kannten wir nur vom Hörensagen. Er sah meine gierigen Augen, nahm eine Orange aus der Kiste und warf sie ungefähr zehn Meter weit weg. Ich habe sie mir nicht geholt, man hat ja auch seinen Stolz. Erst später, als er mich nicht mehr sah, habe ich sie mir geschnappt.

Meine erste Begegnung mit einem Schwarzen war sehr lustig. Ich hatte ein dringendes Bedürfnis und sauste zu unserem »Donnerbalken«, wie wir es nannten. Ich riß die Türe auf, und da hockte ein »Neger« drauf, das Gewehr im Anschlag. Vor lauter Schreck habe ich in die Hose gemacht.

Gegen Ende Mai kam ich nach München zurück. Das war gar nicht so einfach, denn eine Eisenbahn gab es noch nicht, so hat mich jemand auf einem Holzgaser-Wagen mitgenommen. Nun war ich also wieder in München. Es sah schrecklich aus. Es war finster, denn Straßenbeleuchtung gab es nicht. Ich mußte mich zur Schwanthalerstraße durchfragen, wo wir früher gewohnt haben. Mein Vater hatte dort eine Kartoffel-Großhandlung. Das Haus mit dem Laden stand noch, aber die meisten anderen Häuser waren ziemlich kaputt. Meine Familie hatte Unterschlupf in einer Genossenschaftswohnung in der Gollierstraße/Ecke Ganghoferstraße im 1. Stock gefunden. Der Zustand der Wohnung war nicht einmal so schlecht für die damalige Zeit. Da gab es ein Wohnzimmer, ein Schlafzimmer, eine Küche und eine Kammer, einen kleinen Gang mit einem Eisenbrunnen und ein »stilles Örtchen«.

Nun stand ich in der Gollierstraße vor dem Hauseingang 41 und hatte ein etwas ungutes Gefühl, denn jetzt kam ich wieder unter die Fuchtel meiner Stiefmutter. Aber ich hatte eine »Eintrittskarte« in Form eines Stücks Geräuchertem dabei, das mir der Bauer mitgegeben hatte, und ein paar Reichsmark, die ich mir verdient hatte. Ich klopfte an die Tür, und als sie aufging, hörte ich die altbekannte Stimme sagen: »So, bist Du a do.« Ich schaute natürlich schlimm aus mit der alten, zerrissenen Hose, Lumpen um die Füße und der alten Joppe. Das Stück Geräucherte, das ich dabei hatte, nahm sie mir gleich ab. Der Vater war auch da. Er sah ziemlich ramponiert aus, denn die Tschechen hatten ihn fast totgeschlagen. Wegen seiner schwarzen Chauffeur-Uniform dachten sie, er wäre von der SS.

Ich konnte mir schon vorstellen, daß sie nicht erbaut waren, als sie mich sahen, denn es war ja nun ein »Fresser« mehr da.

Johann Greif
Geboren 1931 in München, Malerlehre, 1956 Meisterprüfung; 1956–1958 Aufenthalt in der Schweiz; ab 1958 als selbständiger Malermeister in München tätig. Seit 1962 verheiratet, zwei Kinder.

Der Alltag spielte sich eigentlich schnell ein. Mein Vater und meine Stiefmutter fingen wieder mit der Kartoffelhandlung an. Die Zufuhr von Kartoffeln klappte noch ziemlich gut. So ging die Arbeit ungestört weiter. Der Kare, mein Stiefbruder, die Traudel, meine leibliche Schwester, und ich wurden auch gleich wieder zum Kartoffelabwurzeln eingesetzt. Die Kartoffeln wurden teils per Bahn oder von den Bauern mit Pferdewagen angeliefert, vor dem Kartoffelladen auf die Straße gekippt und samt Dreck und Erde verkauft. Einmal beschwerte sich eine Frau, weil noch so viel Erde an den Kartoffeln war. Da hat meine Stiefmutter geplärrt: »Du bläde Sau, meinst, ich kann den Dreck selber fressen«, und hat ihr die Kartoffeln wieder abgenommen.

Es war schon Wahnsinn damals. Ich kann mich erinnern, daß die Leute oft in Dreierreihen 50 Meter lang vor unserem Laden angestanden sind, nur um zehn Pfund Kartoffeln zu kriegen, und davon waren bestimmt zwei Pfund Dreck und Erde dabei. Beim Bäcker war es nicht anders. Da sind die Traudel und ich stundenlang abwechselnd angestanden. Wir haben für fünf Personen fünf Wecken Brot bekommen. Das war die Zuteilung für eine Woche.

Die Schule

Im Juni 1945 mußte ich mich dann in der Schwanthaler Schule melden. Nach der Anmeldung wurden wir als erstes desinfiziert: Wir standen hintereinander, und jemand blies uns mit einem Gerät ein weißes Pulver unter unsere alten Hosen und Hemden. Da waren wir schon froh, daß wir unsere Wanzen und Flöhe loskriegten.

Ich war damals knapp 14 Jahre alt, und da wir nicht allzuviel gelernt hatten, mußten wir noch drei Monate nachholen. Ich kann mich erinnern, wie unser Lehrer zu uns sagte: *»Buam, ihr seids arme Hund, mit so was wia eich kann man doch Deutschland nicht aufbauen. Ihr kennts ned rechnen, ihr kennts ned schreib'n, das Lesen geht und an Hitler sein Geburtstag wißt's auswendig. Aber bei der Grammatik ist Hopfen und Malz verloren.«*

Leuchten konnten wir ja auch gar nicht sein, denn wenn ich alles zusammenrechne, dann komme ich im besten Fall auf fünf Jahre Volksschule. Wir wurden nun zu einem Kurzlehrgang eingeschult und fingen noch einmal mit dem Einmaleins an. Das kapierten wir relativ schnell, aber die Teilungen und Prozentrechnungen machten uns zu schaffen. Nach dem Motto: »Steter Tropfen höhlt den Stein« schlossen wir den Lehrgang Dank unseres Lehrers einigermaßen gut ab. Ich hatte eine Vier in der Gesamtnote, womit ich zufrieden war.

Als die Schule im August vorbei war, wußte eigentlich keiner von uns so recht, was er werden wollte. Ich sollte Werkzeugbauer werden und hatte schon den Lehrvertrag unterschrieben, doch ich wurde Maler – wie sich herausstellte, war es richtig so. Mein Vater war natürlich sauer, und ich wurde anfangs als »Malerpatzer« beschimpft. Sogar meine richtige Schwester fing damit an. Da drohte ich, daß ich dem Nächsten, der das noch einmal zu mir sagt, einen Teller Sauerkraut ins Gesicht haue. Ich hätte es auch getan, ganz gleich, wer es gewesen wäre.

Lehrzeit

Ich fing also Anfang August, mit noch nicht ganz 15 Jahren, als Malerlehrling an. Im ersten Lehrjahr bekam ich pro Monat 25 RM Erziehungsbeihilfe, im zweiten Jahr 35 RM und im dritten dann 45 RM. Eine Zigarette kostete auf dem Schwarzmarkt 20 RM. Da kann man sich ausrechnen, wieviel mein Lohn wert war. Gearbeitet wurde 48 Stunden in der Woche, meistens waren es mehr. Das war ganz normal, wir waren das Arbeiten ja gewöhnt. Ich kann mich erinnern, daß ich mit sieben Jahren schon im Kartoffelladen mitarbeiten mußte, denn nutzlose »Fresser« konnte man nicht gebrauchen.

Mein Lehrmeister, der Malermeister Großehambrinker, war am Anfang eigentlich ganz in Ordnung, bis er zu saufen anfing. Unsere Werkstatt war in der Westendstraße, in einem ehemaligen Eierlager im Keller.

Um 6.30 Uhr mußte ich in der Werkstatt anfangen, alles herzurichten. Ich zog die Kübel, die Kreide und die Trockenfarbe mit dem Aufzug nach oben. Dann wurde alles auf den Karren geladen, und mein Lehrmeister und ich fuhren los. Die Leute mußten lachen, als sie mich Spund mit dem großen Karren sahen, denn mich kannte ja jeder von der Schwanthalerhöh'. Sie sagten: »Hansl, des is g'sund, da kriagst Kraft und klare Augen.«

Meine erste Arbeit war in der Schießstättstraße bei der Firma Bromberger. Ich mußte anfangen, die Wände abzukratzen und die alten Tapeten herunterzureißen. Am Anfang war es schon schwer, zehn Stunden Wände abzuschaben. Brotzeit gab's keine und mittags auch nur ein Stück Brot, sonst nichts. Bei dieser Firma wurden die Fenster neu eingeglast, und ich erinnere mich, daß ich den frischen Fensterkitt probiert habe. Da begriff ich den Spruch: »Der frißt vor lauter Hunger den Kitt aus dem Fenster.«

Gearbeitet wurde bis 17 Uhr, dann wurden die Malerbürsten sauber ausgewaschen und das Zeug fein säuberlich zusammengestellt. Den Handkarren mußte ich abends wieder in die Westendstraße zurückfahren und im Hinterhof einsperren. Wehe, es ging etwas verloren oder wurde gestohlen, dann gab's Schläge. Gestohlen wurde jedoch alles, was nicht niet- und nagelfest war. Wir haben da 'mal im Schlachthofviertel gearbeitet. Da hat mein Lehrmeister gegenüber im Fenster Roßschwänze hängen sehen, die zum Trocknen aufgehängt waren. Die mußte ich dann nachts klauen, denn das gab schon wieder eine Malerbürste.

Das Handkarrenschieben war in der damaligen Zeit gang und gäbe. Autos gab es ja keine, außer ein paar Dreiradler und die »Amischlitten« natürlich. Einmal arbeiteten wir in Grünwald in einem Schwesternwohnheim. Da habe ich fast ein halbes Jahr lang alle Tage den Handkarren von unserer Werkstatt in der Westendstraße bis nach Grünwald geschoben. Man stelle sich einmal diese Strecke vor, und ein paar Berge sind auch noch dazwischen! Am steilsten war der Berg hinter dem Tierpark; da ließ sich der große Karren, der ja voll beladen war, schwer ziehen. Es dauerte an die 20 Minuten, bis ich endlich oben war. Und dann kam noch der Berg in Großhesselohe. Es war schon eine gemeine Quälerei! Ich fuhr schon um 5 Uhr früh los, damit ich um 7 Uhr an der Arbeitsstelle war. Abends um 18 Uhr ging es dann wieder die gleiche Strecke zurück. Da habe ich mich oft gefragt, wieso ich den Karren, ob leer oder voll, von der Schwanthalerhöh' bis nach Grünwald und dann wieder zurück schieben mußte.

Einmal hatte ich ein Faß Kalk geholt. Es war ein 200-Liter-Faß, das ungefähr zur Hälfte voll war. Ich zog den Karren etwa bis zur Mitte des Schwanthaler Berges, als von der Seite ein Schwuler kam und mit seiner Hand in meine Lederhose fuhr. Ich bin so erschrocken, daß ich den Karren losließ und dieser dann den ganzen Berg hinuntersauste. Bei der Straßenbahnschiene kippte er, und das Faß mit dem ganzen Kalk flog auf die Straße. Der Schwule war natürlich verschwunden, und ich hatte die Bescherung. Mit den Händen schaufelte ich den Kalk mitsamt dem Dreck auf der Straße wieder ins Faß hinein. Das Gespött der Leute war mir ebenso sicher wie das Geplärre meines Lehrmeisters.

In der damaligen Zeit ging dann nachmittags um 16 Uhr einfach das Licht aus. Ich war froh, denn dann konnte ich zusammenräumen, aber der Alte fluchte und gab mir die Schuld an den Problemen. Er sagte, ich sei so blöd, daß sogar die Lichter ausgehen.

Ich war dann so gegen 18.00 Uhr zu Hause. Dann ging's im Kartoffelladen weiter. Meistens kamen um die Zeit noch die Bauern mit den Pferdewagen und warfen die Kartoffeln auf die Straße. Meine Stiefmutter und ich schleppten sie dann mit Körben in den Laden, das ging dann so bis 20 oder 21 Uhr. Mein Vater tat nicht so viel, mit dem Arbeiten hatte er es nicht so.

Machte ich mich nach der Kartoffelarbeit ausgehungert über den Teller Sauerkraut her, hieß es: »Schaug' hin, wia der Depp wieder frißt.« Fleisch bekam ich sowieso nicht. Wir hatten da so eine Rangfolge: Erst kam der Vater und der Kare, die bekamen Kraut, Kartoffeln und Fleisch, dann kamen meine Schwester und ich.

Es war schon eine harte Zeit damals, besonders die Frauen mußten viel leisten. Allein das Wäschewaschen war Schwerstarbeit. In der Gollierstraße gab es eine Mietwaschküche, da mußte man das Heizmaterial selbst mitbringen. Dann wurden die Kessel eingeheizt. Es dampfte so, daß keiner den anderen sah. Bis 23 Uhr in die Nacht hinein wurde gewaschen und geschrubbt. Meine Schwester und ich mußten fest mithelfen, was auch richtig war. Mein Stiefbruder kam erst später von der Arbeit nach Hause, so kam er immer um diese Sauarbeit herum.

Meine Stiefmutter war zwar eine harte Frau, aber sie war sehr fleißig. Heute kann ich verstehen, daß sie einfach überfordert war von der vielen Kartoffelarbeit und den vier Kindern, wovon zwei gar nicht ihr gehörten. Man stelle sich vor, von 6 Uhr morgens bis 20 Uhr abends Kartoffelarbeit und einmal in der Woche bis 23 Uhr Wäsche auskochen. Sogar die Seife kochten wir uns selber, das stank fürchterlich.

Man konnte das zerstörte Deutschland nur mit solchen Frauen wieder aufbauen.

Familienverhältnisse

Mein Bruder, der Kare, fuhr alle Tage vom Bahnhof München nach Lohhof, wo er bei der Baywa lernte. Sein Zug ging um 6 Uhr früh. Er hatte es gut, denn er bekam sein regelmäßiges Essen und von zu Hause hatte er immer auch eine Brotzeit mit. Die schob ihm seine Mutter von der Schlafzimmertüre aus zu, damit meine Schwester und ich nichts merkten. Als die Winterzeit bei der Bahn eingeführt wurde, ging der Zug später, und ich verließ die Wohnung als erster. Da war ich angenehm überrascht, als auf einmal eine Hand ein Päckchen herausstreckte. Es waren saftige Schinkenbrote drin. Es dauerte ungefähr eine Woche, bis meine Stiefmutter draufkam, und dann hat sie mich abends nach dem Kartoffelschleppen fertiggemacht: Ich sei ein Dieb und ein Verbrecher, weil ich dem Kare seine Brotzeit weggefressen habe.

Einmal brachte meine Stiefmutter eine Tafel »Ami-Schokolade« mit, die sie gegen einen Sack Kartoffeln eingetauscht hatte. Sie hielt die Schokolade in die Luft; der Kare, die Traudel und ich starrten wie gebannt auf diese Kostbarkeit. Da sagte sie zum Kare: »Der ist für Dich, mein Sohn, den beiden anderen gib' ja nichts davon ab.« Das ließ er sich natürlich nicht zweimal sagen und verputzte den Riegel tatsächlich ganz allein.

Bei uns zu Hause war eigentlich alles da: Zigaretten organisierte meine Stiefmutter bei Schwarzhändlern in München, das Fleisch und andere Lebensmittel holte sie aus Niederbayern. Das Fleisch wurde dann für Kleidung und andere Sachen verschachert, denn der Vater, der Kare und die Elisabeth, meine Halbschwester, brauchten ja etwas Ordentliches zum Essen und Anziehen. Für die Traudel und mich gab's nicht viel. Einmal hat mich der Hunger mittags nach Hause getrieben, da hat mich meine Stiefmutter rausgeworfen: »Einmal essen am Tag genügt«, hat sie gekreischt. Ich hab' mich dann auch nicht mehr sehen lassen.

An der Ecke Holzapfel-/Westendstraße gab es einen Butter- und Käseladen. Da ging ich öfters hin und fragte, ob ich nicht ein wenig Butter oder Käse ohne Marken kaufen könnte, denn zu Hause bekäme ich nur einmal am Tag etwas zu essen. Sie gaben mir schon etwas, aber gingen dann natürlich zu meinen Alten und erzählten es ihnen. Da war dann was los. Mein Vater und meine Stiefmutter sind über mich hergefallen. Sie sagten, ich bringe Schande über die Familie, aber es gibt halt überall schwarze Schafe, und bei uns war ich es eben. Dagegen sagen konnte ich auch nichts, denn wenn ich es einmal versuchte, hieß es gleich: »Halt's Maul, denn Du bist nichts, Du hast nichts, Du wirst nichts, und solchen Verbrechern wie Dir muß man auf's Maul hauen.« Und das tat mein Vater dann auch kräftig. Es kam öfters vor, daß ich mit blutender Nase und blutenden Ohren am Boden lag. Einmal hat er mich durch die Füllung der Eingangstüre durchgeworfen.

Wenn ich zu Hause mit meinen Problemen ankam, hieß es: »Dein Schmarrn interessiert uns nicht«, und wenn ich dann nichts mehr sagte, hieß es: »Schaut Euch den verstockten Hund an.«

So war das halt.

Meiner Schwester, der Traudel, ging's nicht viel besser. Sie war auf einem Bauernhof in Niederbayern bis zu ihrem 15. Lebensjahr Magd für Alles. Nach dem Krieg kam sie nach München zurück, denn sie mußte ja in die Lehre gehen. Es gab nicht viele Berufsmöglichkeiten, also wurde sie Modistin. Als sie 18 Jahre alt war, hatte sie den üblichen Krach mit unserer Stiefmutter, und da schlug sie unser Alter hinter den glühenden Ofen. Am anderen Tag, als sie von der Arbeit nach Hause kam, hat die Stiefmutter der Traudel ihre paar Sachen in eine Pappschachtel getan und das Zeug vor die Tür gestellt. Mein Vater hat sie dann hinausgeworfen. Es war ihm gleich, wohin sie ging. Ich glaube, sie kam bei einem Bäcker als Dienstmädchen unter. Ich verlor sie dann aus den Augen. Es ist mir unbegreiflich, daß bis heute noch kein Kontakt zu ihr besteht, obwohl ich es oft versucht habe. Sie ist doch meine einzige richtige Verwandte.

Ich muß mich immer wieder über unsere Eltern und Großeltern wundern und frage mich, ob die Kriege entstanden, weil diese Generation so brutal war oder ob sie so brutal waren, weil sie die Kriege erlebten. Ich bin nie dahintergekommen, wo der Anfang ist. Härte und Hilfsbereitschaft lagen oft so eng nebeneinander, daß man die Trennung nicht erkennen konnte.

Marken und Mangelware

Man brauchte in der Nachkriegszeit, soweit ich mich erinnern kann, fast für alles einen Berechtigungsschein: für das Straßenbahnfahren, für die Kleidung, für Lebensmittel. Für das Geld allein bekam man nichts und das, was auf den Marken drauf war, gab es meistens auch nicht. Wenn die Leute bei uns Kartoffeln kauften, brauchten sie natürlich auch Marken. Sie wurden von einem Bogen abgeschnitten, und wir mußten sie dann abends mit Wasserglas wieder auf einen anderen Bogen aufkleben. Wir saßen zu fünft am Tisch und klebten oft bis 22 Uhr. An einem Tag wurden bis zu 200 Zentner Kartoffeln verkauft, und auf eine Marke gab es fünf Pfund. Da kann man sich ausrechnen, was das für ein Berg Marken war. Meine Stiefmutter wurde abends oft so verrückt, daß sie die Markenschachtel voller Wut in die Ecke schmiß und das ganze Zeug herumflog. Dann mußten wir es wieder einsammeln. Natürlich hatten wir dann noch mehr Arbeit, denn die Marken mußten ja stimmen.

Man kann sich heute gar nicht mehr vorstellen, wie umständlich es war, z.B. Milch zu kaufen. Man mußte sich erst anstellen, und das dauerte, wenn es gut ging, so eine halbe Stunde. Butter und Käse gab es nur in 50- und 100-Gramm-Zuteilungen. Da kam es dann oft vor, daß man, wenn man an die Reihe kam, nichts mehr bekam, weil alles schon weg war.

Man mußte sich eigentlich für alles anstellen, auch für unser Maler-Material. Am Anfang gab es aber überhaupt kein Material – woher auch? Da hatte ich einen Einfall. Wenn wir irgendwo ein Zimmer zu streichen hatten, kratzte ich die alte Farbe herunter und weichte dann den ganzen Dreck ein; dann wurde Kartoffelleim zugesetzt und Trockenfarbe angerührt. Schon hatten wir neues Material. Das ging eine ganze Weile so, und mein Lehrmeister sagte: »Hansl, Du bist ein Hundsknochen, aus Dir wird noch 'mal was.«

Im Herbst sammelten wir von den Buchen die Samenkörner, Bucheckerl heißen sie. Wenn man ein Kilo zusammen hatte, bekam man eine Flasche Speiseöl dafür. Weil die Bucheckerl aber ziemlich klein sind, brauchte man einen ganzen Tag, bis man ein Kilo gesammelt hatte; abends konnte man sich vor Rückenschmerzen kaum mehr rühren. Die Füße und Knie waren zerschunden, denn Schuhe gab es nicht, und so liefen wir barfuß im Wald herum. Noch heute tut mir automatisch der Rücken weh, wenn ich eine Buche sehe.

Auch der Kaffee war Mangelware. Wir hatten da eine Bekannte, die Frau Maierbacher, die ging immer zu den Amerikanern zum Putzen und brachte Lebensmittelreste mit, unter anderem auch Kaffeesatz. Sie sammelte den schon einmal überbrühten Bohnenkaffeesatz im Kübel und nahm ihn mit nach Hause, wo er dann unter den Bekannten verteilt wurde. Die kochten den Kaffeesatz nochmals aus, und er schmeckte immer noch ganz gut – sagten sie zumindest.

Damals wurde ich auch ein perfekter Kaffeeröster. Die rohen Bohnen wurden in eine große

Ein alltägliches Bild. Schlangestehen um Lebensmittel, 1947

Pfanne geschüttet und auf den Gasofen gestellt. Bei gleichbleibender Hitze rührte ich den Kaffee mit einem Kochlöffel, bis er schön braun war. Wenn ich dann das Fenster aufmachte, weil es in der Bude so rauchte, zog ein herrlicher Kaffeeduft die Ganghoferstraße entlang. Mich hat es damals immer gewundert, daß uns keiner angezeigt hat, denn wer Kaffee brannte, mußte ja schwarz handeln, und Schwarzhändler wurden eingesperrt. Meistens röstete ich den Kaffee dann nachts, denn da konnte man nicht erkennen, woher der Duft kam.

Aufbruchstimmung

Und dann war sie da, die Währungsreform. Für mich als Malerlehrling machte es keinen großen Unterschied, denn von den paar Reichsmark, die ich verdiente, blieb sowieso nicht viel übrig.

Die Stelle, wo wir unser sogenanntes Kopfgeld abholten, war die Schule an der Ridlerstraße. Der Kare, die Traudel und ich standen schon in aller Herrgottsfrüh' in einer ziemlich langen Warteschlange. Es waren bestimmt einige Tausend Leute, die da warteten. Jeder hatte seinen Ausweis dabei. Wir warteten fast den ganzen Tag und lösten uns immer wieder ab. Als wir dann an die Reihe kamen, holten wir meinen Vater, und der kassierte dann die ganze Summe. Es waren insgesamt 240 DM, für die damaligen Verhältnisse viel Geld. Zu Hause blätterte mein Vater alles auf den Tisch, und wir starrten ehrfürchtig den Götzen Geld an. Ein jeder fühlte, daß sich jetzt etwas verändert hatte. Es war die sogenannte Stunde Null – jetzt war Aufbruchstimmung.

Am Abend saßen der Kare, die Traudel und ich gerade in der Küche, als mein Vater feierlich hereinkam und jedem von uns 5 DM hinlegte. Dazu sagte er: »So, jetzt fangt's neu an.« Wir drei schauten uns ganz benommen an, denn an so etwas hatten wir wirklich nicht gedacht. Nachdem wir uns von unserem Schock erholt hatten, machten wir Pläne, ein jeder so nach seiner Vorstellung. Ich rechnete aus, wie viele Zimmer ich für 100 DM streichen mußte. Am nächsten Tag ging ich voller Freude in die Arbeit. Ich wollte es

Gesellenjahre in München, ca. 1949; der Autor links im Bild

meinem Meister beweisen, daß ich die neue Deutsche Mark auch wert bin, denn ich hatte ja meine Lehrzeit schon fast hinter mir, und als Gehilfe bekam ich 1,20 DM in der Stunde. Das waren dann schon 60 DM in der Woche.

Als ich meinen Meister sah, merkte ich gleich, daß er gar keine Aufbruchstimmung hatte. Er sagte, daß es gar nicht so rosig aussähe, denn er wüßte nicht, wo er das viele Geld für mich herkriegen sollte. Ich machte ihm dann den Vorschlag, daß ich in der ersten Zeit umsonst bei ihm arbeiten würde, denn das sei immer noch besser, als bei meinen Alten umsonst in dem verfluchten Kartoffelladen zu wühlen. Dieser Vorschlag setzte offensichtlich auch bei ihm die Aufbruchstimmung in Gang, denn er sagte mit schlagartig fröhlicherer Miene, daß alles wahrscheinlich gar nicht so schlimm sei. Es lief dann auch unerwartet gut an.

Eigenartig an der Währungsreform war, daß fast alles über Nacht zu haben war. Am Anfang habe ich mein ganzes Geld, wie man so sagt, verfressen. Mein Traum war immer ein großes Stück Emmentaler Käse mit Butter und frischen Semmeln. Den habe ich mir auch erfüllt.

Das Arbeiten machte mir Spaß. Von den 47 DM Wochenlohn mußte ich 20 DM für Unterkunft und Verpflegung abgeben, so daß mir noch 27 DM blieben. Ich hatte da eine genaue Einteilung: Für mich zum Leben brauchte ich pro Tag 1 DM, 15 DM legte ich zur Seite, der Rest von 5 DM blieb für Sonderausgaben übrig. Meine Wünsche waren aber ganz schön hochgeschraubt. Für's erste wollte ich ein Fahrrad und eine Armbanduhr, dann brauchte ich Schuhe, einen Anzug und einen Mantel. Die Litanei wurde immer länger. Die 15 DM, die ich auf die Seite legte, gab ich immer meiner Stiefmutter zum Aufheben, denn sie sagte, bei ihr sei mein Geld sicher verwahrt, sie würde es in ihrer Nachttischschublade aufbewahren.

Nach einigen Wochen dachte ich mir, jetzt reicht mein Erspartes für einen Anzug, denn ich führte genau Buch darüber, was jetzt in Stiefmutters Schublade liegen müßte. Ich ging also zu ihr und wollte mein sauer erspartes Geld abholen. Es waren nach meiner Rechnung genau 250 DM im Kästchen. Meine Stiefmutter sah mich ganz erstaunt an und meinte, ob ich spinne. Es seien doch nur ein paar Mark drinnen, da ich ein notorischer Verschwender sei und ein Verbrecher dazu. Es könne also gar nicht sein, daß ich mir eine so große Summe erspart hätte. Im übrigen verbitte sie sich so eine Forderung, denn das höre sich ja an, als ob sie eine Diebin sei.

Da stand ich nun wie ein begossener Pudel, und zum ersten Mal kam mir die Erkenntnis, daß es ja auch eine Sparkasse gibt, die obendrein noch Zinsen zahlt. So fing ich nun wieder von vorne an zu sparen und trug mein Geld jeden Freitag zur Städtischen Sparkasse. Es war eine wahre Freude zu sehen, wie sich die Märker vermehrten. Das paßte meinen Alten nun auch wieder nicht. Aber ich blieb, durch den Schaden klug geworden, meiner Bank treu.

Für die Berufssparten Bau und Nahrungsmittel kam immer mehr Hochkonjunktur auf. Das war auch ganz normal. Jeder wollte sich erst einmal richtig satt essen, und ein Dach über dem Kopf brauchte man ja auch. Wir Maler stillten den Sinn für Schönheit in Form und Farbe. Mir machte es Spaß, die Zimmer so bunt wie möglich anzustreichen, und ich brachte, zumindest in meinen Augen, richtige Kunstwerke zustande. Interessant war, wie schnell die zerstörten Häuser wieder aufgebaut wurden. Es erinnerte mich an einen Ameisenhaufen. Ein jeder krabbelte auf den Schuttbergen herum und schleppte und klopfte Steine.

Der Verdienst war nicht schlecht und Arbeit gab es genug. Ich arbeitete manchmal 80 Stunden die Woche, geschlafen habe ich oft auf der Baustelle am Boden. Im Sommer war's ja ganz lustig auf dem Bau, aber bei schlechtem Wetter und im Winter war es eine Sträflingsarbeit, in den Um- und Neubauten zu arbeiten. Aber es kam oft ein ganz schönes Sümmchen pro Woche zusammen, das ich für die Meisterschule sparte. Ich kann sagen, ich habe mir meine Meisterprüfung mit 50 Pfennigstücken erspart.

Wenn ich heute an die damalige Zeit zurückdenke, kommt es mir vor, als würde ich einen Film mit guten und schlechten Abschnitten sehen. Ich glaube, wir waren damals zufriedener, wir freuten uns an dem Wenigen, das wir hatten. Gerade in den Schwierigkeiten und Entbehrungen jener Zeit lagen unsere Chancen und unser Glück, denn wir gingen die Sachen ohne jedes Wenn und Aber an. Es gab auch kein Gejammer, und ich glaube, daß wir nur mit dieser Einstellung unser Land wieder aufbauen konnten. Unsere Generation hat bestimmt viele Fehler gemacht, aber dafür ist die jetzige Generation da, um diese wieder gerade zu rücken.

Ich habe nun versucht, die fünf Jahre nach dem Krieg zu beschreiben, so wie ich sie im Gedächtnis habe. Vielleicht ist es mir gelungen, einen Einblick in die damalige Zeit zu vermitteln. Für mich war es auf jeden Fall eine Möglichkeit, diese schwierige Zeit in einer Art Vergangenheitsbewältigung zu verarbeiten.

MARTHA GÖPFERT

Das doppelte »Kopfgeld«

»Wir haben neues Geld«, das war 1948 ein Aufsatzthema für die Aufnahmeprüfung an der städtischen Mittelschule für Mädchen am Salvatorplatz. Ich weiß noch, daß ich dieses Thema wählte, denn das neue Geld war der alles beherrschende Gesprächsstoff, auch schon bei uns Kindern. Man hatte uns erzählt, daß nun die Hungerzeit vorbei sei und alles besser werden würde. Die Erwartung der Erwachsenen übertrug sich auch auf uns.

Zur Zeit der Währungsreform besuchte ich noch die Volksschule in Neubiberg. Am 18. Juni machten wir noch einen Schulausflug. Wir fuhren mit der Bahn zur Kreuzstraße, die Fahrkarten bezahlten wir mit Reichsmark. Niemand hätte wenige Tage später noch Geld für eine Klassenfahrt gehabt.

Bei uns in Waldperlach gab es einige kleine Lebensmittelgeschäfte. Am Samstag, als ich Milch holte, mußte ich in einer endlosen Schlange warten. Doch wir bekamen bloß noch etwas Magermilch. Die Geschäfte hielten die Waren zurück, alles wartete auf das neue Geld.

Der 20. Juni war ein grauer, kühler Sonntag. Bei strömendem Regen mußte mein Vater zur Gaststätte »Waldeslust«, denn dort wurde das Geld ausgegeben. Er mußte stundenlang anstehen. In München gab es Wartezeiten bis zu zwölf Stunden. So lange dauerte es bei uns nicht. Meine Mutter, mein Bruder und ich saßen in der Wohnküche und warteten auf Vater. Ich weiß noch genau, daß Mutter uns – wie so oft – von früher erzählen mußte, von einer für uns unvorstellbaren, märchenhaften Zeit, wo es genug Essen und Heizmaterial zu kaufen gab. Wir konnten gar nicht genug davon hören und lauschten gespannt. An diesem Tag klang ihre Stimme anders, es fehlte der resignierte Unterton. Heute war Mutter voller Optimismus. Auch wir wurden von ihrer Zuversicht und freudigen Erwartung angesteckt und träumten von einer sorgenfreien Zukunft.

Die Autorin mit Bruder und Eltern, 1945

MARTHA GÖPFERT
1934 in München-Waldperlach geboren. Nach der Mittelschule Arbeit als Postangestellte. 1956 Heirat, zwei Kinder, seit sechs Jahren verwitwet. Beschäftigt sich in ihrer Freizeit mit Geschichte und Brauchtum der Stadt München.

Währungsreform, Auszahlung des »Kopfgeldes« in der Verteilungsstelle Schwanthaler-Schule, 21. 6. 1948

Völlig durchnäßt kam Vater zurück. Wir zogen ihm seine nassen Stiefel aus und halfen ihm in die Hausschuhe. Jetzt kam der spannende Moment: Er holte die neuen Geldscheine aus der Brieftasche. Wir standen um den Küchentisch und bewunderten sie. Plötzlich bemerkte Vater, daß er zu viel Geld bekommen hatte. Statt der uns zustehenden 160 DM lag genau doppelt so viel, nämlich 320 DM, auf dem Tisch. Augenblicklich quälte er sich wieder in seine nassen, aufgeweichten Stiefel. Sofort trug er das Geld zurück, das war für meine Eltern überhaupt keine Frage. Wir überlegten inzwischen, wie der Mann, der das Geld ausgezahlt hatte, wohl reagieren würde. Als Vater wiederkam, erzählte er, wie froh der Mann war. Er hatte in der Hektik seinen Fehler noch gar nicht bemerkt. Noch immer standen lange Schlangen an. So ersparte mein Vater dem Mann einen riesigen Schreck.

Heute bin ich noch richtig stolz auf meine Eltern, die keinen Moment daran dachten, das Geld selbst zu behalten.

Max Fuchs

Der lange Weg zur »Süßen Ecke«

Meine Eltern waren sogenannte gutbürgerliche Leute: der Vater Beamter bei der Reichsbahn, die Mutter Büroangestellte. Mein Vater war auf Grund seiner Größe von 1,87 m ab etwa 1938 immer wieder zur Bewachung der NS-Propagandazüge abgeordnet; sofort nach Kriegsbeginn wurde er eingezogen und kehrte nicht mehr zurück. Ich habe meinen Vater nie richtig gekannt.

Tante Fanny mit dem Autor im »Güterhof« des Schlosses in Pöttmes, ca. 1944

1943 wurden meine Mutter und ich evakuiert, und zwar nach Pöttmes, dem Geburtsort meines Vaters. Eine Tante väterlicherseits war dort bei den »Barons« von Gumppenberg im Schloß als Beschließerin angestellt. Wir wurden im Schloß untergebracht. Meine Mutter arbeitete in der Küche. Dank der Barone von Gumppenberg konnten wir hier bis zum Kriegsende relativ gut leben.

Max Fuchs
Geboren 1939 in München, 1943-45 in Pöttmes evakuiert, Vater gefallen. Beruf: Eisenbahner. Verheiratet, zwei Töchter.

Ich weiß nicht mehr, wer die Nachricht überbrachte. Auf einmal hieß es jedenfalls, daß der Zuzug nach München für Evakuierte gesperrt werden soll. Alle evakuierten Münchner sollten sofort zurückkehren, da sonst ihre Wohnungen wegen der vielen Ausgebombten und Flüchtlinge beschlagnahmt würden. Dank der Organisation unserer Tante gelang es uns, mit dem letzten Milchauto in Etappen nach München zu fahren. Eine Schwierigkeit bestand aber darin, daß wir uns damals nur ganz wenige Kilometer von unserem Wohnort entfernen durften. Die andere Schwierigkeit bestand in einem Teil unseres »Gepäcks«: Als Dank für unsere Arbeit im Schloß hat uns der Baron zwei Schafe geschenkt.

Es war für uns lebensnotwendig, die beiden Schafe auf unsere Fahrt nach München mitzunehmen – für mich ein Abenteuer und eine Riesengaudi zugleich: Ein Lkw-Holzgaser mit Anhänger und als Ladung viele Milchkannen, mindesten 20 Personen mit Koffern, Schachteln und Kisten und zwei Schafe. Als das »Gepäck« schließlich verladen war, bekam ich vom Fahrer den Auftrag, den Holzofen, der sich auf dem Lkw hinter dem Führerhaus befand, nach seiner Anweisung zu heizen.

Nach einer endlos scheinenden Fahrt näherten wir uns München. Nach vielen Hindernissen und Kontrollen erreichten wir unsere Wohnung – mit den beiden Schafen. Die Wohnung mußten wir mit einem Ausgebombten teilen. Ohne Probleme wurde die Situation besprochen. Der »neue Mieter« bekam mein Zimmer, ich schlief bei meiner Mutter.

Die Nacht verbrachten die Schafe im Keller des Wohnblocks. Dort fand sich ein alter Leiterwagen, der am nächsten Tag als Transportmittel für die Schafe diente und den wir von Neuhausen nach Pullach zogen, wo meine Cousine mit ihren Eltern in einem Gartenhaus wohnte. Hier in Pul-

Die 1. Klasse der Schule in der Hirschbergstraße, Autor: dritter in der 3. Reihe von rechts

lach wurden die Schafe geschlachtet, und wir fuhren mit Leiterwagen und Schaffleisch wieder zurück nach Neuhausen.

Ich wohnte also in der Schlörstraße mit meiner Mutter und einem Untermieter in einer Wohnanlage einer Genossenschaft für Eisenbahner. Einen Hof weiter wohnte meine Großmutter mütterlicherseits mit meinen zwei unverheirateten Tanten.

Wir fünf Familienmitglieder sahen uns nun gezwungen, Nahrungsmittel und Heizmaterial zu beschaffen. Leider hatten wir keine Verwandten oder Bekannte auf dem Land, die uns unterstützen konnten, lediglich Oma und Tante in Pöttmes, die aber keine Landwirte oder Bauern waren, sondern »Häuslleut«. Sie schickten uns manchmal ein Päckchen mit Obst oder Mehl, das sie selbst erbettelt oder erhamstert hatten.

Aber für's erste hatten wir ja Schaffleisch. Ganz pfundig war auch, daß eine Tante vom Hauptzollamt bei der Plünderung einen ganzen Laib Emmentaler ergattert hatte, den wir über die Donnersberger Brücke heimrollten. So gab's Emmentaler und Schaffleisch.

Nun kam unser alter Schrebergarten in Nederling zu neuen Ehren. Für mich war es jedes Mal eine Strafe, zu Fuß in den Garten gehen zu müssen, zu gießen und wieder heimzulaufen. Der Fußweg führte über den Winthirplatz, Renatastraße zum Nymphenburger Kanal. Dank des Schrebergartens hatten wir Grünzeug und frisches Obst zu essen. Das Gut Nederling war damals noch voll in Betrieb. Wenn im Hochsommer Erntezeit war, gab es für uns viel Arbeit: Es wurde nachgelesen. Vor allem der Weizen war heiß begehrt. Die eingesammelten Ähren wurden zu Hause per Hand ausgekernt, die Weizenkerne im Ofen geröstet und zu Kaffee gemahlen. Vom – vorher getrockneten, dann nochmals so fein wie möglich gemahlenen – Kaffeesatz buken wir ei-

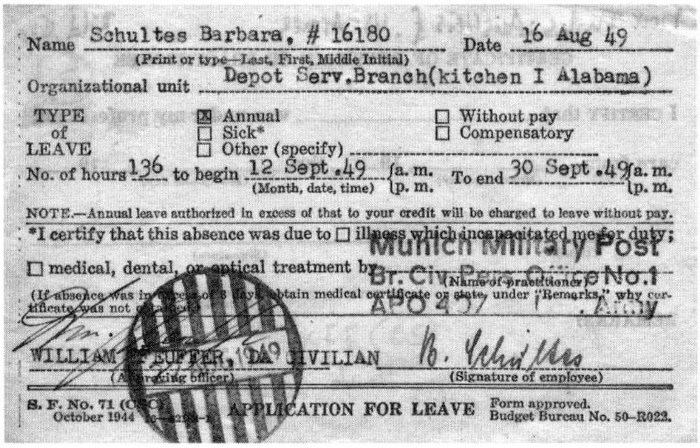
Name Schultes Barbara, # 16180 Date 16 Aug 49
(Print or type—Last, First, Middle Initial)
Organizational unit Depot Serv.Branch(kitchen I Alabama)

TYPE of LEAVE ☒ Annual ☐ Sick* ☐ Other (specify) ☐ Without pay ☐ Compensatory

No. of hours 136 to begin 12 Sept.49 (Month, date, time) a. m. p. m. To end 30 Sept.49 a. m. p. m.

NOTE.—Annual leave authorized in excess of that to your credit will be charged to leave without pay.

*I certify that this absence was due to ☐ illness which incapacitated me for duty;
☐ medical, dental, or optical treatment by (Name of practitioner)
(If absence was in excess of 3 days obtain medical certificate or state, under "Remarks," why certificate was not obtained.)

Munich Military Post
Br. Civ. Pers. Office No. 1
APO 407 . Army

WILLIAM PFEUFFER, DA CIVILIAN (Approving officer) B. Schultes (Signature of employee)

S. F. No. 71 (CSC) October 1944 APPLICATION FOR LEAVE Form approved. Budget Bureau No. 50-R022.

Tante Barbara konnte sich mit diesem Schriftstück als Zivilangestellte der US-Armee ausweisen

nen dunklen Kuchen unter Verwendung von Kunstzucker und ein wenig Margarine, den »schwarzen Kuchen«.

Als ausgesprochenes Glück betrachteten wir es, als meine beiden Tanten als Zivilangestellte bei der US-Armee Arbeit bekamen. Beim Verlassen der Kaserne wurden sie sehr streng kontrolliert, damit sie ja nichts aus dem Gebäude schmuggelten. Trotzdem gab es manchmal einige Scheiben Weißbrot, auch ein eigenartiges Fertigmehl zum Backen, es hatte einen ganz fremden Vanillegeschmack. Irgendwann gelang es meinen Tanten, Eier und Butter nach Hause zu bringen – es war wie Weihnachten, Ostern und Namenstag auf einmal. Salzburger Nockerl wurden daraus, ein Traum.

Im Herbst 1945 sollte ich eingeschult werden, ich war 5½ Jahre alt. Ich war jedoch derart unterernährt, daß ich nach einer Woche von der Schule genommen wurde, dann auf Erholung in die Allgäuer Alpen kam, zwei Jahre später nochmals nach Württemberg.

Als ich nun 1946 in der Schule an der Hirschbergstraße eingeschult wurde, waren wir 42 Kinder; fast alle Buben trugen Lederhosen und lange, beißende, selbstgestrickte Strümpfe, die mit Strapsen am Leiberl festgehalten wurden. Die Hausaufgaben konnte ich auf dem Zeitungsrand der »Süddeutschen Zeitung«, die meine Großmutter von Anfang an abonniert hatte, machen. Schön war in der Schule die Schulspeisung. Genau kann ich mich an mein Lieblingsessen erinnern. Es war Kakao und Tomatensuppe mit Reis oder Nudeln.

Ein besonderer Tag war, als uns unser Lehrer einmal ankündigte, wir bekämen ein extra Schmankerl: Jeder Schüler erhielt ein kleines Päckchen, das in dunkelgrün-graues Wachspapier eingeschlagen war, beschriftet in Englisch. Kein Schüler konnte die Aufschrift lesen. Es waren Notrationspäckchen der US-Armee. Manche Kinder öffneten das Päckchen sofort, so auch ich. Es enthielt Salzkekse, Zigaretten, Schokolade und eine Tube. Diese Tube hatte es uns besonders angetan, und ein Klassenkamerad flüsterte: »Ui, eine süße Pfefferminzcreme für Kuchen oder Plätzchen!« Alle aßen wir sofort die Pfefferminzcreme, bis irgendjemand auf die Idee kam, es könnte sich vielleicht um Zahnpasta handeln. Doch es war bereits zu spät, die Tuben waren leer. Am nächsten Tag fehlte ein Teil der Klasse wegen Magenverstimmung und Durchfall.

Für einen Lausbuben wie mich waren die Nachkriegsjahre auch eine herrliche Zeit. Wir waren eine Riesenhorde; weniger als 20 Kinder, die im Hof spielten, waren es fast nie; allen ging es gleich gut oder gleich schlecht. Die zwangsläufig entstandene Lautstärke beim Spielen bildete naturgemäß ein Problem für andere Bewohner, besonders für die Eisenbahner, die Nachtschicht hatten und am Tage schlafen mußten.

Das Rollwagerlfahren war eine aufregend schöne Freizeitbeschäftigung. In unserer Genossenschaft standen einige Ruinen. Zum Abfahren des Schutts gab es Feldbahngleise mit Weichen und sogar eine Drehscheibe. Die Loren wurden zwar nach getaner Arbeit ausgegleist, für uns Buben war es aber überhaupt kein Problem, sie wieder auf die Schienen zu bringen. Auf ging's über Straßenzüge mit den Rollwagerl! Wenn mich früher jemand fragte: »Was willst' denn einmal werden, Bub?« war meine Antwort: »Rollwagerlfahrer.«

Die Ruinen und die Straßen waren tolle Spielplätze. Einmal fand ein Spielkamerad ein Kisterl mit Munition. Wir machten uns daran, die Munition mit einem »Werkzeug« aufzubrechen, um das Pulver zu sammeln, es anschließend in einem

Hof zu einem faustgroßen Pulverberg aufzuschlichten und es dann mittels einer Zündschnur in die Luft zu jagen. Es entstand eine Stichflamme. Wir dachten, alle umliegenden Häuser flögen in die Luft. Passiert ist Gott sei Dank nichts, jedoch trauten wir uns längere Zeit nicht mehr in diesen Hof.

Mit dem Einzug des Herbstes begann das große Problem, die Wohnung zu erwärmen. Unsere Wohnung lag zwischen zwei Häusern, die Bombenschäden erlitten hatten. Dadurch waren Fenster und Türen verzogen bzw. beschädigt, und es zog an allen Ecken und Enden. Zu Bett ging man mit einem vorher im Ofenrohr aufgeheizten und dann in ein Tuch eingeschlagenen Ziegelstein, um im beinahe gefrorenen Bettzeug einschlafen zu können. Eisblumen an den Fenstern gab es von November bis Februar.

Die Beschaffung von Heizmaterial war von größter Wichtigkeit. Eine wunderbare Quelle war der Hirschgarten, denn hier wurde von der Reichsbahn die Kohlenasche auf Halde geschüttet. In aller Frühe gingen meine Mutter und ich mit vier Kübeln zu dem Schlackenberg. Mit den Händen, die durch die scharfkantige Schlacke bald wund wurden, suchten wir nach nicht verbrannter Kokskohle. Die Kohle hatten wir so sorgfältig und sparsam verwendet, daß wir nach der Währungsreform, als es wieder normale Hausbrandkohle gab, sogar einen Rest der Kokskohle in die Aschentonne geworfen haben.

An ein Geschenk zum Weihnachtsfest in jenen Jahren kann ich mich nur ein einziges Mal erinnern, es gab bei uns sonst nie Geschenke. Meine Mutter hatte von meinem im Krieg vermißten bzw. gefallenen Vater Schuhe in der Tauschzentrale gegen eine Märklin-Lok, Spur O, eingetauscht. Diese Lok war das schönste Geschenk, das ich je in meinem Leben erhalten habe. Sie bildete den Grundstock für meine Modelleisenbahn, die ich noch heute besitze.

Bald näherte sich die Zeit der Währungsreform; von dem ersten neuen Geld gab es eine Tafel Schokolade. Ich weiß noch ganz genau, daß die einzelnen Abschnitte dieser Tafel Schokolade nicht rechteckig, sondern rautenförmig waren.

Das Leben nahm allmählich einen normalen Verlauf. Es fing an, so zu werden, wie es mir meine Mutter früher immer versprochen hatte: »Maxi, wenn der Friede kommt, geh'n wir zum Rotkreuzplatz zur ›Süßen Ecke‹, und ich kauf' Dir so viel Guat's, wia D' mogst.« Die »Süße Ecke« kam, und es gibt sie heute noch am Rotkreuzplatz, nämlich den »Sarcletti«.

Erna Hartshauser

Ein Mann auf Zeit

Den Winter 1945/46 werde ich nie vergessen! Über Nacht fing es an zu schneien, und der ungewohnt viele Schnee ebnete alles ein. Straßen und Gräben wurden zu einer gleichlaufenden Linie. In Abständen hörte man immer wieder aus dem Radio den Aufruf »Schneeräumer sollen sich melden!« 24 Mark zahlte man für die Nachtarbeit – ein schönes Geld, dachte ich! Bei diesen Gedanken roch ich förmlich den Schwarzmarkt mit all seinen Verlockungen. Wie von einem Magnet angezogen stand ich plötzlich vor dem Kleiderschrank und nahm aus dem untersten Fach alte Kleidungsstücke. »Was hast Du vor?«, fragte mich mein Mann, und als ich sagte, daß ich zum Schneeräumen gehe, meinte er: »Das ist doch nichts für Dich.« Ich ließ mich aber nicht entmutigen und umhüllte mich immer mehr mit den abgetragenen Textilien. »Wenn Du unbedingt gehen willst, komme ich mit!« Seine Entscheidung war nicht nach meinem Sinn. Ich dachte an seine Verwundung und an den Krieg, den er durchgestanden hatte. Warum sollte nicht ich einmal an die Reihe kommen?

Erstaunt sah ich, daß er sich anzog – da war nichts mehr zu machen. Wie russische Holzfäller stapften wir im Schneetreiben; als wir die Meldestelle am Bahnhof erreichten, war es dunkel.

Menschen über Menschen standen vor der Baracke, wo man eingestellt wurde, und warteten, bis immer wieder zwei eintreten durften. Mit Schaufeln und Besen kamen sie dann heraus. Außer mir war noch eine Frau anwesend, die zwei Reihen vor uns stand.

Nun kam sie an die Reihe. Es dauerte nicht lange, da kam sie wieder heraus und verschwand schimpfend in der Nacht. Ein Mann trat vor die Tür und schrie laut: »Frauen werden nicht eingestellt!« Vor Schreck gelähmt hörte ich meinen Mann: – »Da, nimm' meine Mütze und stecke Dein Haar darunter.« Mechanisch griff ich danach und tat, was er mir geraten hatte. Zusätzlich zog ich sie noch tief in die Stirn. Ich war perfekt verpackt. »Die nächsten«, schrie eine Stimme, und drinnen waren wir. Zwei Männer saßen an einem Tisch, der eine schrieb. Der andere fragte: »Name?« – »Albert Wagner – Alfons Wagner«, war meine Antwort, und draußen waren wir mit Schaufel und Besen, als hätte uns der Teufel gejagt. Nach einer geraumen Zeit kam ein Kapo, der die Leute einteilte. Geordnet, in Reih und Glied, marschierten wir den nächtlichen Bahndamm hinaus. Mein Mann und ich gingen in unserem Trupp an der Spitze, neben mir der Kapo.

Es knirschte der Schnee unter den Füßen.

Nach einem guten Marsch rammte mich der Ellbogen meines Kapos hart. Als ich ihn anschaute, fixierte er mich durchdringend und flüsterte: »Der Deife soi mi hoin, wenn Du ned a Weibi bist!« Was half es da noch zu lügen, viel versöhnlicher schien mir die Wahrheit, und ich bestätigte seine Vermutung. »Ja Bluadsakrament«, schimpfte er: »I hab mas doch glei denkt, des Gschtai und ois mit rum!« Für Sekunden hatte ich einen dicken Kloß im Hals und ließ meinen festen und nun wertlosen Schritt verflachen. »Hast' Glück, daß wir schon so weit heraussen sind«, schimpfte er im Flüsterton, und so war ich dann mit von der Partie! »Dua nemand was song', das D' a Frau bist!« Dies war seine Sorge, die ich natürlich auch respektierte.

An Ort und Stelle angekommen, begann die Arbeit. Mein Mann schaufelte, ich kehrte. Es war kein Honiglecken, denn bald spürte ich die Wasserblasen, wie sie sich in der Handfläche hin und her schoben. »Du darfst den Besen nicht so

---

Erna Hartshauser
1918 in München-Perlach geboren. Nach der Schule im Haushalt und als Packerin in einer chemischen Fabrik tätig. Heirat 1936, drei Kinder; seit 1983 Witwe.

krampfhaft halten«, riet mir mein Mann; an der Sache war etwas Wahres.

Mit der Zeit setzte sich die Nässe in die Kleidung, und die Nase tropfte wie ein undichter Wasserhahn. Die Stunden wurden immer trostloser. Ein D-Zug raste vorbei und spie uns verächtlich den feinen Schnee ins Gesicht. Im Halbschlaf wackelte ein Güterzug seinem Ziel entgegen, dann hörte man nur noch das Geräusch der Schneeräumer: Schaufeln, kehren, husten, fluchen und die Arme um sich schlagen oder die eiskalten Füße aneinander klopfen. Gegen Morgen zählte man jede Minute. Ein krank aussehender Mann, der immer in meiner Nähe arbeitete und aus der Lunge hustete wie ein sibirischer Wolf, bat mich um meinen Besen: »Du bist kräftiger als ich«, sagte er. Da ich nicht ablehnen konnte, dachte ich bloß: »Die Schaufel ist doppelt so schwer. Vater, laß' diesen Kelch an mir vorüber gehen.«

Endlich kamen die Arbeiterzüge, und die baldige Erlösung tröstete mich spürbar. Unsere Kleider lagen auf unseren Körpern, die Kälte hatte gefroren, was wärmen sollte. Die ersten Frühaufsteher schlichen dem Bahnhof zu.

Auch wir waren nicht mehr weit davon entfernt. Vor dem Bahnhof selbst lag wenig Schnee, und so marschierten wir erleichtert zur Auszahlungsbaracke.

Gerädert wie ein Galeerensträfling setzte ich meine Schritte voreinander, um den sauer verdienten Lohn in Empfang zu nehmen. Die Abfertigung ging schnell vor sich. Als die Brüder Albert und Alfons Wagner aufgerufen wurden, quittierte ich nach Erhalt des Geldes auch mit diesem Namen. Der Mann am Tisch musterte mich wie einen verdruckten Fahrplan, da suchte ich schnell das Weite. Schon oft habe ich mich gefragt, ob dieser Mann mich in meiner Verkleidung erkannte.

Es ist eine wahre Geschichte aus der Nachkriegszeit, wo manche Frau ihren Mann stehen mußte.

Katharina Voegelin

»Mein Herz ist ganz tapfer geworden«

Auszüge aus Briefen

Mit den Schwiegereltern im Juli 1942 in Bayrischzell

Kati Meyer wurde am 13. Januar 1915 in München geboren. Mit ihren Schwiegereltern, die in Bünde/Westfalen wohnhaft waren, pflegte sie während der Zeit ihrer Evakuierung in Bayrischzell wie auch nach ihrer Rückkehr nach München einen regen brieflichen Kontakt. Ihre Schreiben dokumentieren die Sorgen um die tägliche Versorgung, um den Gesundheitszustand der Schwiegereltern, vor allem aber die Sorge um ihren Ehemann Paul-Gerhard, der bei Kriegsende in russische Gefangenschaft geriet. Zudem ist der mühevolle Erhalt der Zahnarztpraxis – die Existenzgrundlage der Familie – Thema vieler Briefe. Doch auch Momente der Freude über die heranwachsenden Töchter Dorrit und Gritta erhellen die Schilderung des sonst kummervollen Alltags.

Katharina Voegelin
1915 in München geboren, 1939 Heirat, 1941 und 1944 Geburt der Töchter. Bis 1949 Alleinversorgerin der Familie. Lange Jahre Mitarbeit in der Praxis des Mannes, seit 1975 im Ruhestand.

Der Ehemann kehrte am 15. Juli 1947 aus der Kriegsgefangenschaft zurück und eröffnete danach sofort seine Praxis in München.

Die folgenden Zeilen sind eine gekürzte Auswahl aus mehr als 82 Briefen.

Bayrischzell, den 1. Februar 45

Liebe Eltern!

Am letzten Freitag, den 26. Jan. schrieb ich Euch einen ausführlichen Brief, den ich Paul-Gerhard mitgab, damit er ihn per Feldpost an Euch abschicken soll. (...)

Ich will in diesem Brief nun kurz wiederholen, daß Paul-Gerhard am 15. Jan. auf Bombenurlaub gekommen ist. (...)

Wir verlebten so wundervolle Urlaubstage mit den Kindern, haben Skitouren gemacht und viel an Euch gedacht und von Euch gesprochen. Wie haben wir doch gewünscht, Ihr könntet auch zu uns kommen. (...)

Am Samstag haben wir Abschied genommen, der uns recht schwer gefallen ist. Bei der Nacht um 12 Uhr höre ich Schritte auf der Treppe, sehe durch die Türritze Licht brennen, stehe herzklopfend auf und sehe in der Küche wieder Paul-Gerhard. Ich traute meinen Augen kaum, und der Jubel war groß. Er war in München bei der Frontleitstelle und bekam den Bescheid, daß sie über den Verbleib der Lazarette noch nichts Näheres wüßten, und da bat er auch gleich um vier Tage Verlängerung des Bombenurlaubs, da er gehört hatte, wir gingen des Anrechts auf unsere Wohnung verlustig. (...)

Am Mittwoch um 11 Uhr ist Paul-Gerhard dann endgültig weggefahren, und zwar will er über Augsburg-Leipzig-Dresden bis Schweidnitz vor Breslau fahren.(...)

Ich warte nun mit Sehnsucht auf Nachricht von ihm, wie er angekommen ist und wo jetzt das Kriegslazarett ist. In Ratibor sicher nicht mehr,

Auf Heimaturlaub, 1945

da der Feind ja schon dort an der Oder kämpft. Man muß sich jetzt sehr zusammennehmen, um tapfer zu sein, der Gedanke, daß der Russe die großen Industriewerke in Oberschlesien wie Gleiwitz, Kattowitz etc. hat, ist sehr niederschlagend. Aber wir dürfen den Mut nicht sinken lassen, auch Paul-Gerhard hofft, daß wir die Russen zurücktreiben können, seine Sorge ist immer nur der Gedanke, daß es so viele sind, die gegen uns kämpfen. Aber es muß ja gut gehen, der Führer hat ja auch so viel Mut, die Soldaten und der Volkssturm leisten ja Unmenschliches. Wie froh bin ich, wenn ich erst von Paul-Gerhard Post habe, daß er sein Lazarett gefunden hat. Aber es wird wohl lange dauern, bis die Post überkommt. Hier treffen nun schon die ersten Flüchtlinge aus Schlesien und Ostpreußen ein, die Schule und Gasthöfe werden dafür geräumt. (...)

Bayrischzell, den 9. Februar 45

Liebe Eltern!
Als ich heute so recht bedrückt und in Sorgen um Paul-Gerhard war, kamen zwei liebe Grüße von Euch, eine Karte vom 21. Jan. und eine vom 28. Jan. Ich bin also verhältnismäßig schnell in deren Besitz gekommen. Ich kann Euch gar nicht sagen, wie sehr ich mich immer über Grüße von Euch freue, ich warte immer so sehnsüchtig drauf. Besonders jetzt, da ich doch recht in Sorge um unseren Vati bin, wünschte ich jetzt so sehr, ich könnte mich mal mit Euch aussprechen. Gerade die liebsten Menschen, die einem jetzt so viel geben könnten, muß man jetzt entbehren.

(...)

Ich bin nun auch recht bedrückt, wüßte so gerne, wo Paul-Gerhard steckt. Hoffentlich findet er doch bald das Lazarett. Ich mache mir nun große Sorgen, sie könnten ihn einfach in einer Stadt zur Verteidigung dortbehalten, wenn sie über das Lazarett nichts Näheres finden. Es wird doch nicht den Russen in die Hände gefallen sein? Ich wäre ja so dankbar und froh, wüßte ich Paul-Gerhard in Sicherheit. Ich bin recht unruhig, und man muß sich mit Gewalt dazu zwingen, tapfer zu sein. Die Nerven werden auch nicht besser. Paul-Gerhard sagte schon im Urlaub, er sei froh, daß er damals von Beuthen weggekommen sei, dort müssen sie ja ganz überstürzt aufgebrochen sein. Hoffentlich haben sie das Kriegslazarett nun genügend weit ins Reich verlegt. Bitte schreibt mir, wenn Ihr von Paul-Gerhard hören solltet. Wir werden uns ja wohl lange auf Nachricht gedulden müssen, und doch meint man immer, es müßte was kommen.

Bayrischzell, den 19. März 45

Liebe Eltern!
Ich bin ganz betrübt, daß ich von Euch nun gar keine Post bekomme, die letzte war vom 13. Jan. Ich schreibe Euch jede Woche ein- bis zweimal ganz regelmäßig, man meinte, es müßte was überkommen.

(...)

Bei dem letzten Angriff auf München hatten wir Glück, Wohnung und Praxis blieben verschont. Ich war vor 14 Tagen einen Tag in München und war erschüttert von dem Anblick der Stadt. Ich kannte mich stellenweise überhaupt nicht mehr aus, kam mir ganz fremd vor, es sind nur mehr Ruinen und Trümmer, man findet kein heiles Haus mehr. Erst dann, weiter zu uns hinaus, wird es besser. (...) In der Hubertusstraße sieht es auch traurig aus, seit Mitte Februar haben sie keine Heizung mehr und leben in den ungeheizten Räumen, haben kein Wasser, kochen auf einer Heizplatte, ein trauriges Leben. Ich war so erschüttert über den Anblick meines lieben,

Die Wohnung der Mutter in diesem Haus in der Maistraße ist nach einem Luftangriff am 7. Januar 1945 zerstört

schönen Münchens. Es ist so wahnsinnig, dieses Zerstören.

Wie mag es bei Euch, liebe Eltern, wohl aussehen? Hoffentlich seid Ihr beide ganz gesund und hoffentlich sind in Bünde keine Bomben gefallen. Man braucht jetzt oft ein starkes Herz, um tapfer zu bleiben. Aber ich bin immer noch der felsenfesten Überzeugung, daß wir nicht untergehen werden und daß doch noch eine Wendung kommen wird. Diese Überzeugung steckt so fest in mir, und ich gebe keine Minute die Hoffnung auf. Herr Abrell sagt auch, es wird noch zu einem guten Ende kommen. Und er behält diese Anschauung auch, allen Miesmachern zum Trotz. Kompromisse gibt es jetzt nicht mehr. Jetzt haben alle Parteien die Türen hinter sich zugeschlagen, es geht nur mehr um das Leben. Wie entsetzlich sind die Greuel im Osten und Westen, man darf nicht zuviel nachdenken. Ich bin doch oft mit banger Sorge bei Euch und hoffe so sehr, daß die Front nicht mehr zu weit nach Osten vorrückt und Ihr nicht in Gefahr kommt. Sicher werdet Ihr schon den Geschützdonner zuweilen hören, hoffentlich seid Ihr nun in Bünde in Sicherheit.

(...)

Wie freue ich mich, daß auch Ihr Euer altes Vertrauen beibehalten habt, es sind jetzt nur noch so Wenige. Und ich glaube auch, die Gerechtigkeit muß siegen, unser gutes braves Volk darf nicht untergehen, wir haben ja nur das Gute gewollt. Würde der Bolschewismus siegen, wäre es sicher das Ende jeden Lebens für Jahrzehnte und das Leben nicht mehr lebenswert. (...)

Ich habe oft solch große Sehnsucht nach Euch, bin oft so einsam, denn es sind so wenige Menschen um mich, die einig mit mir sind in meinem Glauben an ein gutes Ende und in meiner Liebe zu meinem Vaterland.

Bayrischzell, den 7. Juli 45

Meine lieben Eltern!
Kaum weiß ich, wie ich den Brief anfangen soll, ist es doch so lange her, daß ich Euch zuletzt schreiben konnte, und ich bin so benommen von all dem Furchtbaren und innerlich so zerschlagen und müde. Wir sind hier in Bayrischzell noch, alles ist beim alten, wir sind gesund, haben amerikanische Besatzung, und es geht uns gut. Hungern müssen wir nicht, im Gegenteil, die Zuteilungen sind zur Zeit reichlich, so gab es Sonderzuteilungen von 1 Pfund Butter im Monat und 7 Eiern pro Person einmalig. Gemüse gibt es natürlich nur ganz, ganz selten, aber ich habe mir einen Gemüsegarten angelegt und hoffe, davon im Herbst wenigstens Kraut zu ernten. Mangold und Salat wurden gestohlen. Am 4. Mai rollten hier die ersten amerikanischen Panzer durch, Bayrischzell wurde Lazarettstadt, so spielte sich kein Kampfgeschehen ab. Auch habe ich durch Frau Bichlmaier von München Nachricht bekommen, daß die Hubertusstraße unversehrt ist, im Haus war Einquartierung. In meiner Woh-

nung ist die jüdische Familie, die einmal beabsichtigt, wieder nach Ingolstadt zu ziehen. Vorerst besteht für mich keine Möglichkeit, heimzukommen. Von der Praxis weiß ich noch nichts, zerstört wurde nichts mehr seit den letzten Angriffen. Nächste Woche fahre ich für drei Tage nach München, habe einen Passierschein bekommen, um all die wichtigen Angelegenheiten für Mutter, wie Kriegsschädenamt, Steuerangelegenheiten etc. zu regeln. Von Paul-Gerhard fehlt jede Nachricht, letzte Nachricht hatte ich Anfang April, wovon ich Euch noch schrieb, der Brief kam mit einem Sondertransport nach Brannenburg, Paul-Gerhard war da noch in Kuttenberg. Wo mag er sein, wie mag es ihm gehen, die Ungewißheit ist so quälend, ich brauch' es Euch ja nicht zu schreiben, Ihr empfindet sie ja genau so, habt auch noch die Sorge um Gertrud.

(...)

Nach Wochen der tiefsten Verzweiflung habe ich mich nun durchgerungen und mir einen kleinen innerlichen Halt aufgebaut, wieviel gäb's zu erzählen, möge der Herrgott uns bald allen ein Wiedersehen bescheren, mein Wünschen und Trachten geht jetzt dahin, möglichst bald mit den liebsten Menschen vereint zu sein, denn nur die Gegenwart dieser liebsten Menschen läßt einen jetzt das Leben ertragen. Käme nur Paul-Gerhard zurück, gesund, und dann wäre alles viel leichter und wir würden versuchen, unser Leben wieder aufzubauen. Solange er nicht hier ist, kann ich keine Pläne machen, nicht vorausplanen, weiß nicht, wie lange ich hier bleibe, auf jeden Fall solange, bis Paul-Gerhard zurückkommt und solange ich hierbleiben darf.

München, 10. Oktober 45

Meine lieben Eltern!
Wann wird Euch dieser Brief erreichen? Ich erhielt heute eine Karte von dem Chefarzt des Lazaretts, wo Paul-Gerhard war und durch den ich damals die Karte an Euch sandte. Er gab mir in München eine Adresse an, und nun hoffe ich, daß Ihr dadurch vielleicht von mir hört. Ich erhielt auch Eure Karte, wo Ihr mir von Paul-Gerhard schreibt. Wie dankbar ist man doch für das kleinste Zeichen. Inzwischen habe ich aber – vor ca. acht Tagen – einen kleinen handgeschriebenen Zettel von unserem Paul-Gerhard bekommen. Er schreibt darauf das folgende:

»Bin in russischer Gefangenschaft. Es geht mir eigentlich gut. Meine Gedanken sind mit viel Sorgen bei Dir und den Kindern. Wie lange mag die Trennung dauern? Aber nur nicht mutlos werden und die Nerven verlieren. Wenn Du mal ratlos bist, wende Dich an Herrn Abrell. Wenn ich Dir nur helfen könnte. Wenn Du finanzielle Sorgen hast, meine Sachen verkaufen, nur die Praxis nach Möglichkeit nicht, höchstens vermieten. Meine Gedanken werden Dich und die Kinder mit viel lieben, guten Wünschen alle Tage umgeben. Möge der Herrgott weiterhin seine schützende Hand über unseren weiteren Lebensweg halten und uns bald wieder für immer zusammenführen und uns noch glückliche Jahre schenken. Viele liebe Grüße Dir und den lieben Kleinen und Dir, liebe Frau und guter Kamerad (...)«.

Der Zettel lag in einem Umschlag, den ein Kamerad außerhalb Münchens aufgegeben hatte. Ich fuhr dann sofort mit dem Rad hin und erfuhr, daß Paul-Gerhard in einem Lager in Horn bei Wien war. Er hatte dort dem Kameraden den Zettel gegeben und ihm gesagt, ich solle nicht nach Horn fahren, da er von dort voraussichtlich fort käme. Der Kamerad sagte mir, daß Paul-Gerhard einem Arbeitskommando als Arzt zugeteilt sei. Die Offiziere müßten die Uniformen mit Auszeichnungen tragen und bekämen besseres Essen als die Mannschaft. Als Arzt hätte er es nicht schlecht. Nur die Ungewißheit um uns sei das Schlimmste. Er sagte mir auch, ich müßte mich mit einer langen Trennung vertraut machen. Drei Jahre seien das Mindeste. Paul-Gerhards Zettel ist für mich ein kostbares Kleinod, darum füge ich ihn nicht bei, das könnt Ihr doch verstehen? Und nun kam die weitere Nachricht durch Euch, daß er in Szegedin ist. Ich bemühe mich ja nun durch alles Mögliche, ihm Nachricht zukommen zu lassen, bisher vergeblich. Morgen muß ich wieder zu einem Geistlichen, außerdem habe ich Serben und Bulgaren kennengelernt, ob sie mir helfen können? Mein ganzes Sinnen und Trach-

Paul-Gerhard Voegelin im Feld, ca. 1943

ten ist darauf eingestellt, ihm Nachricht zukommen zu lassen, um sein Los zu erleichtern. Vielleicht kommt das Glück zu mir. Wie wird er sich um uns sorgen, der Gedanke quält mich so, wir wissen doch wenigstens, daß er lebt, aber er weiß doch seit Februar nichts mehr von uns. Aber ich will mir seine Worte beherzigen: »Nicht mutlos werden und nicht die Nerven verlieren.«

(...)

Uns geht es gut, wir sind gesund. Dorittlein das strahlende Geschöpfchen wie immer, Grittalein wird so ganz Paul-Gerhard. Es ist nicht so laut wie Dorrit, sondern mehr still vergnügt, lieb und zärtlich, aber doch voller Lebenslust. Es hängt an mir mit solcher Zärtlichkeit, mehr noch wie Dorrit sie in diesem Alter zeigte. Und Dorrit verhätschelt das Schwesterchen. Sie sind so lieb, meine Kinder, was täte ich ohne sie. Seit 1. September bin ich in meiner Wohnung, bis ich einigermaßen in Ordnung war – es war ja der Maurer erst da – ließ ich die Kinder bei meiner Mutter in Bayrischzell. Seit 15. September sind sie nun bei mir, meine Mutter hat bei Bekannten ein schönes, großes, leeres Zimmer bekommen, wo sie ihre Habe ganz unterbringen konnte. Der Rest einer Fünf-Zimmerwohnung. Meine Wohnung bewohne ich vorerst noch allein, da das beschlagnahmte Zimmer für die Praxiseinrichtung und Wartezimmer gedacht ist. Ob ich sie vermieten darf? Manchmal denke ich mir, vielleicht ist es gut für Paul-Gerhard, daß er noch nicht da ist. Man muß in allem auch das Gute sehen, und was einem jetzt so unerträglich dünkt, ist vielleicht zum besten. Bekäme er nur Nachricht von uns.

(...)

München, den 20. Oktober 45

Meine lieben Eltern!

Endlich, endlich bietet sich mir Gelegenheit, Euch Nachricht wieder zukommen zu lassen und hoffentlich erreichen Euch recht bald diese Zeilen. (...)

Ich denke mir jetzt so oft, es ist wohl gut, daß Paul-Gerhard jetzt nicht daheim ist. So hart das klingt und so schwer das für uns beide ist, für ihn ist es wohl besser in einer Beziehung. Kommt er dann zurück, hat sich vielleicht vieles geändert und wird sich der Existenzkampf für ihn leichter gestalten wie es jetzt sein würde. Was hätte er doch für Schwierigkeiten zu überwinden, von denen ich jetzt vielleicht schon manche für ihn mindern kann.

(...)

Oft überfällt einen schon die Sehnsucht und alles Leid so mit Macht, daß man meinen möchte, das Herz zerspränge einem. Nicht das persönliche Leid, das ganze grenzenlose Elend, von dem ich ja täglich so vieles in der Stadt sehe und miterlebe. Man meint, man muß daran zugrunde gehen, man kann es einfach nicht mit ansehen, mit anhören und ist unfähig zu helfen. Ich beneide die Menschen, die so blind an allem vorübergehen können, ich kann es nicht. Und doch bleibt einem jetzt ja kein anderer Ausweg, als einfach dran zu zerbrechen oder einfach hart zu werden. Ich habe in letzter Zeit nie mehr geweint. Einmal tat ich es an einem Abend, als ich zuerst in der Stadt soviel Elend sah, die hungernden Gefangenen, dann noch von Bekannten von schrecklichem Leid hörte, dann die Einsamkeit daheim am Abend mit der Sorge und Sehnsucht nach dem liebsten Menschen; da weinte ich mich aus, aber es tat mir nicht gut, ich war den ganzen anderen Tag wie betäubt und unfähig zur Arbeit und so elend, da habe ich es mir vorgenommen, Weinen ist jetzt ein Luxus, den ich mir nicht mehr erlauben darf. Und so will ich es halten. (...)

München, den 14. November 45

Liebe Eltern!

Ich bin in solcher Sorge um Euch, daß ich am liebsten zu Euch fahren würde, wären die Kinder nicht da, die ich nicht allein lassen kann. Warum bekomme ich keine Post von Euch, jetzt, wo man überall hinschreiben kann? Hoffentlich seid Ihr gesund, und hat sich Mutter vor allem wieder erholt. Wenn ich des Abends zur Ruhe komme, stellen sich die vielen quälenden Sorgen ein, und manchmal werde ich mit allem nicht fertig. Käme nur Post von Euch. Eure Briefe sind ja jetzt das Einzige, was mich mit Euch verbindet, und ich brauche sie so notwendig, denn wir sind uns ja so einig in unserer Sorge um Paul-Gerhard. Es heißt, die russischen Gefangenen dürfen auch schreiben jetzt; käme nur wieder mal ein Brief von ihm und vor allem – wenn ich nur antworten dürfte. Ich bin immer unterwegs, um Verbindungen anzuknüpfen, durch die ich ihm Nachricht zukommen lassen kann und habe auch schon Briefe abgeschickt. Ob sie ihn erreichen? Meine Gedanken sind so fest und immer bei ihm. Sie müssen ihm doch helfen. Wann wird er wiederkommen?

(...)

Wie lernt man jetzt die Menschen kennen in ihrer Erbärmlichkeit, und dann wieder findet man Menschen, von denen man nie geglaubt hätte, wie wertvoll sie sind. Ich habe oft das Gefühl, in einen Strudel geraten zu sein. Man wird durchgerüttelt und geschüttelt und glaubt einfach nicht mehr zu können und klammert sich dann doch an einen Strohhalm, der einen über Wasser hält. Bei mir sind es die Kinder, für die ich jetzt sorgen muß und der Gedanke an Paul-Gerhard, der eine gesunde Frau vorfinden wird, wenn er zurückkommen wird.

Ich habe viel zu tun und das ist gut. Das Einholen und stundenlange Anstehen nimmt so viel Zeit weg, dann bin ich auch viel »geschäftlich« unterwegs, und mein Rad ist da unentbehrlich.

(...)

Das Elend in den Städten ist so furchtbar, daß man verzweifeln möchte. Mit der Praxis klappt es noch nicht, mein Freigabegesuch nach der Militärregierung in Passau wurde nach langem Warten nun nach München verwiesen, und es geht wieder von vorne an. Dazu besteht eine sechsmonatige Kündigungszeit bei der Lagerfirma. Es wird also noch Monate dauern, bis ich die Praxis herbekomme. Augenblicklich ist sie in Passau besser aufgehoben. Denn es könnte ja sein, daß man die Wohnung schnell räumen müßte, was so oft passiert, und dann wäre alles Mobiliar verloren. So ist die Praxis dort noch am sichersten.

(...)

München, den 2. Dezember 45

Liebe Eltern!

Es ist Sonntag Nachmittag, 4 Uhr. Ihr werdet jetzt sicher gerade gemütlich beim Kaffee sitzen und vielleicht von uns sprechen und unserem Vati. Nachher werdet Ihr einen kleinen Spaziergang machen. Wie gerne würde ich da bei Euch sein mit den Kindern. Manchmal würde ich am liebsten alles im Stich lassen und zu Euch kommen. Aber das geht nun leider nicht, ich muß an meinem Platz schon ausharren, und hoffentlich kommt doch bald die Zeit, da wir uns wiedersehen können. Wir haben heute den ersten Advent. Gestern haben Dorrit und Gritta die Schühchen vor die Türe gestellt, und wie groß war der Jubel, als dann am Morgen das Christkind etwas hineingelegt hatte. Ein paar selbstgemachte Bonbons, einen Farbstift und ein kleines Puppenkrüglein, und dem Grittalein Kekslein zum Schnabulieren. Außerdem stand dann ein Adventskränzchen auf dem Tisch und ein Adventskalender hing darüber, da war der Jubel groß.

Die beiden Töchter in der Vorweihnachtszeit

Dorrit kann sich über alles so herzhaft freuen, sie ist dann so aufgeregt und fragt und fragt, und heute Vormittag rannte sie im ganzen Haus herum, um alles herzuzeigen. Grittalein ist ganz stillvergnügt, es legt das Köpfchen auf die Seite und lacht ganz in sich hinein mit so trockenen Tönchen, man kann das nicht wiedergeben. Mir ist dann das Herz immer so unendlich schwer, weil ich weiß, wie sehr sich Paul-Gerhard danach sehnt, das alles mitzuerleben. Immer sagte und schrieb er: »Könnte ich doch einmal die Weihnachtszeit mit all ihrem Zauber mit Dir und den Kindern verleben.« Wie werden seine Gedanken bei uns sein und wie schwer mag ihm die Gefangenschaft jetzt gerade fallen. Ob er in Szegedin wohl wirklich ist?

(...)

Das Wichtigste ist jetzt vor allem, daß wir in Verbindung mitsammen kommen. Dann ist die Trennung viel leichter zu tragen. Wäre er jetzt hier, was hätte er doch für Schwierigkeiten zu überwinden. Er dürfte die Praxis ja nicht ausüben, müßte sich als Arbeiter verdingen. Aber doch wären wir beisammen. Unter welchen Verhältnissen wir einmal leben werden, das ist ja nicht wichtig, wenn wir nur zusammen unser Leben leben dürfen und wieder Freud und Sorgen mitsammen teilen könnten. (...)

München, den 12. Januar 46

Meine lieben Eltern!
An dem Tag, da Eure Briefe kamen, kam ich gerade von Nürnberg zurück und war so niedergeschlagen, da die ganzen Reisestrapazen umsonst waren und ich nichts für Paul-Gerhard ausrichten konnte. Ich hatte noch dazu ein schlimmes Erlebnis, das mich sehr niederdrückte und worüber ich nicht schreiben möchte. Ihr könnt Euch gar nicht vorstellen, wie schön es da war, wenigstens von Euch Lieben zu hören. Ehe ich nun Eure Briefe beantworte, will ich Euch noch einiges berichten. An Paul-Gerhards Geburtstag habe ich besonders viel an ihn denken müssen. Wie schwer wird dieser Tag wohl für ihn gewesen sein. 35 Jahre wurde er alt, und er wird auch wehmütig festgestellt haben, daß die Zeit verrinnt und verrinnt und man um die schönsten Jahre des Lebens betrogen wurde. Wie schön hätte ich diesen Tag doch mit den Kindern feiern können; Dorrit hätte mit Begeisterung sicher ein Gedicht aufgesagt, und wie hätte sich Paul-Gerhard darüber gefreut. Ob er nächstes Jahr bei uns sein wird? (...)

München, den 7. März 46

Liebe Eltern!
(...)
Wie sind wir arm geworden. Man sieht jetzt auch schon so viele untererernährte Kinder. Wenn es auch Frau Roosevelt anders fand, wahrscheinlich hat man ihr die bestaussehendsten vorgeführt. Aber sie sollte sie mal ansehen, die Flüchtlingskinder, die bleichen und mageren mit den tiefen Schatten unter den Augen. In der Zeitung stand ja, daß die Tuberkulose erschreckend zunähme, da jegliche Mineralsalze durch die Gemüse fehlen und der Zucker für den Knochenaufbau. Wie soll das weitergehen, sagt? Gertrud schrieb mir, sie wüßte es oft nicht mehr, ob sich der Kampf um

dieses Leben noch lohnen würde. Vielleicht, wüßte man, was die Zukunft bringt, man würde aufgeben. Jetzt gibt einem doch nur der Gedanke an die Heimkehr Paul-Gerhards und das Leben der Kinder die Kraft zu leben und zu kämpfen. (...)

München, den 16. März 46

Meine lieben Eltern!
Meine Karte, die ich von unterwegs schrieb, habt Ihr sicher erhalten. Wie werdet Ihr Euch mit mir über die Nachricht freuen, daß Paul-Gerhard schrieb. Lange waren die Zeilen unterwegs, will sie Euch nun doch beilegen und bitte Euch, sie per Einschreiben zurückzusenden, damit sie ja nicht verloren gehen. Er war im Dezember gesund, es ging ihm gut, unser Geheimwort ist auch dabei, also stimmt es, was er schreibt, und ich hoffe, daß er auch jetzt gesund ist. Wieviel Kraft geben mir diese Zeilen von ihm und ich werde mich mit neuer Zuversicht auf alle Schwierigkeiten stürzen. Doch war ich auch recht traurig über seine Zeilen, wie gerne wüßte ich doch Näheres von ihm, als was er arbeitet, doch darf er dies wohl nicht schreiben. (...)

Was ich immer anfange? Der Tag wird immer zu kurz. Die Kinder kommen meistens morgens ½ 7 Uhr, manchmal auch schon 6 Uhr, dann frühstücken wir, ich räume die Wohnung auf, dann holen wir Milch, was immer über eine Stunde dauert, dann wird gekocht. Ist Theres oder meine Mutter da, mache ich oft meine Besorgungen in der Stadt, dort gibt es oft markenfreie Blutwurst, man muß lange anstehen, oder Fisch oder auf dem Markt mal Suppengrün, alles mit langem Warten. Nachmittags gehe ich mit den Kindern weg, oder tut es Mutter, dann ist so manches zu erledigen: Wäsche, bügeln etc. Du weißt es ja selbst, Mutter. Abends bin ich immer allein, manchmal gehe ich zu Abrells, doch unruhig wegen der Kinder. (...)

München, den 8. Mai 46

Liebe Eltern!
Diese Wochen habe ich nun doch recht große Sorgen wegen Passau. Die Besatzung will nun die Sachen von Paul-Gerhard nicht herausgeben, da diese Dinge von ihnen selbst gebraucht werden. Es wäre ja gar nicht auszudenken, wenn es nicht gelänge. Diesen Montag ist nun wieder ein Transport nach Passau gefahren, und ich warte nun täglich auf ein günstiges Telegramm. Die Ungewißheit kostet mich langsam viel Nervenkraft, ich kann nicht mehr schlafen, habe keinen Appetit, hängt doch meine ganze Existenz davon ab. Aber es muß und wird ja gelingen. Dabei bräuchte ich auch die Sachen so dringend, weil mir das Wohnungsamt sonst noch Schwierigkeiten macht. (...)

München, den 15. Mai 46

Liebe Eltern!
Heute ist die Praxis vollzählig und gut angelaufen. Von den anderen Möbeln fehlen leider einige Sachen wie die Stablampe und die ganzen Bilder, Stehspiegel, die die Besatzung in Passau in Gebrauch hat. Ich hoffe aber, die Sachen auch noch zu bekommen. Näheres dann in meinem nächsten Brief. Ich bin sehr froh, daß es wieder ein Schritt weiter ist. (...)

München, den 2. Juni 46

Liebe Eltern!
Wie ich Euch schrieb, hat es mit Passau geklappt. Es war ganz schlimm, in letzter Minute wäre noch alles schief gegangen und ohne Glück oder Gottes Hilfe wäre es wohl nicht gelungen. Einen Schritt bin ich jetzt wieder weiter, aber nun sitze ich wieder fest vor neuen Schwierigkeiten. Meine Parteizugehörigkeit, wenn ich auch nur harmlose Mitläuferin war, hemmt mich so sehr, und ich kann den Laden nicht verpachten oder vermieten, zumal der Pächter, den ich in Aussicht habe, Herr Jantzen, auch Parteigenosse war. Wir haben nun schon alles in die Wege geleitet, und ich hoffe doch, daß wir bald entnazifiziert werden, wie lange das aber dauert – es ist alles nicht einfach. (...)

Inzwischen war auch die Wohnungskommission wieder da, es ging alles gut, und so lebe ich momentan in dauernder Sorge, es könnte mir irgendetwas dazwischen kommen. Man ist ja jetzt

München, den 2.Juni 46.

Liebe Eltern! Den Sonntag Abend will ich nun damit verbringen Euch zu
schreiben und Euch zu danken für Mutters liebe Briefe vom 4.Mai, 17.Mai
und die Karte vom 25.Mai. Wie freue ich mich doch immer über Eure Grüsse und
manches daraus lese ich dann auch Dorrit vor, die dann ganz Auge und Ohr
ist. Wie ich Euch schrieb hat es mit Passau geklappt. Es war ganz schlimm,
in letzter Minute wäre noch alles schief gegangen und ohne Glück oder
Gottes Hilfe wäre es wohl nicht gelungen. Einen Schritt bin ich jetzt wieder
weiter aber nun sitze ich wieder fest vor neuen Schwierigkeiten. Meine
Parteizugehörigkeit, wenn ich auch nur harmlose Mitläuferin war, hemmt mich
so sehr und kann ich den Laden nicht verpachten oder vermieten, zumal
der Pächter, den ich in Aussicht habe, ein Herr Jantzen auch Parteigenosse
37, Mitläufer ist. Wir haben nun schon alles in die Wege geleitet und
hoffe ich doch, dass wir bald entnazifiziert werden, wielange das aber
dauert- es ist alles nicht einfach. Eure Sorge ist so gut verständlich und
bin ich Euch ja nur dankbar, wenn Ihr mir Eure Bedenken schreibt, denn
oft übersieht man etwas oder denkt nicht daran. Herr Abrell hilft mir ja
rührend wo er kann, nur muss man eben leider das Meiste selbst durchfechten
Doch hat er ja die Erfahrung und ist sehr klug und abwägend, eine grosse
Stütze für mich. Er gibt mir auch seelisch viel, oft kommt er noch spät
am Abend, wenn er mich unten oben herumlaufen hört, herauf und sagt, so,
nun müssen Sie sich 10 Minuten ausruhen und dann liest er mir schnell ein
kleines Gedicht oder ein paar schöne Sätze von Nietzsche vor und solch
kleine Ausspannung tut dann auch gut. Wie gerne käme ich auch oft mal
zu ihm abends herunter, doch kann ich das nun nicht, da ich ja wegen Frau
Mührlen sehr zurückhaltend sein muss, sie ist masslos eifersüchtig und
ehrgeizig und könnte es nie vertragen dass noch jemand neben ihr wäre.
Ich sprach auch schon mit Herrn Abrell darüber, der ja ihren Zustand kennt,
es ist wohl schon Hysterie. Doch nun bin ich abgekommen. Also Ihr könnt
da ganz beruhigt sein, ich bin schon mal sehr, sehr misstrauisch xxxxxxxxx
übervorsichtig und sehe jetzt in jedem fremden Menschen einen Partner, dem
man nicht trauen darf. Ich würde ja alles nur mit dem Anwalt machen, doch
bis dahin wird es noch einige Zeit dauern. Inzwischen war nun auch die
Wohnungskommission wieder da, es ging alles gut, und so lebe ich momentan
in dauernder Sorge es könnte mir irgendetwas dazwischenkommen. Man ist ja
jetzt schon so weit, dass man bei jedem klingeln erschrickt was wohl
wieder Unangenehmes kommt. Ich müsste Euch ja so Vieles mündlich erzählen,
könnte man sich nur endlich mal aussprechen. Doch ich werde redlich weiter
kämpfen, jeder Erfolg gibt einem ja neuen Mut und einmal muss ja alles auch
gelingen und der Laden laufen. Herr Jantzen ist übrigens auch Herrn Abrell
sehr sympathisch, macht einen guten Eindruck, sehr ruhig, etwas von der Art
Paul-Gerhards. Für ihn wäre es ja nur ein vorübergehender Erwerb.
Neulich traf ich einen Kollegen von Paul-Gerhard, er ist Zahnarzt und
musste innerhalb weniger Stunden die Praxis räumen, da er P.G. war. Nun
führt sie ein polnischer jüdischer Zahnarzt. Es gibt ja noch viele der Herrn
die keine Praxis haben und auf Parteipraxen warten. Der Herr tut mir sehr
leid, er hatte sich nie politisch betätigt, war nur Mitläufer.
Ich denke garnicht daran auf die Bilder und die Lampe etc. zu verzichten.
Es sind für mich ja Werte, die ich evtl. mal in Geld umsetzen müsste.
Und es sind doch wertvolle Bilder. Ich habe die Sache schon in Angriff
genommen, es dauert das eben alles seine Zeit, aber ich werd es schon noch
schaffen. Man darf nie etwas aufgeben oder als aussichtslos ansehen, das
ist mein Grundsatz geworden, denn sonst hätte ich bei dem jetzigen Stand
der Dinge oft schon die Flinte ins Korn werfen können.
Vor Pfingsten will ich noch mal einen Tag über Land, vielleicht kann ich
Brot kriegen. Dorrit bekommt in der Woche 1 Pfund, auch Gritta, das reicht
natürlichnicht aus. Dorrit entwickelt einen unheimlichen Appetit. Sie isst
morgens gut ihre 3 dicken Scheiben, vormittag hat sie schon wieder Hunger,
nachmittag auch, das Pfund isst sie leicht in 2 Tagen. Es tut einem immer
so leid, es abschlagen zu müssen, sie bekommt dann eben einen Kartoffel mit
Salz und gibt sich dann zufrieden. Gritta ist auch sehr reichlich für ihr
Alter, von Griesbrei essen sie einen ganzen grossen Topf voll. Ob es mit der
Ernährung noch schlechter werden wird? Ich bin ja wirklich noch zufrieden,
wenn es auch so wie bei Euch geht, dass man immer essen könnte. Besonders

wenn wir vom Garten heimkommen sind wir garnicht aufzufüllen. Jetzt habe ich den ersten Salat geerntet, er ist prächtig geworden und war ich richtig stolz darauf. Wir haben an einem Abend zu dritt 5 Köpfe gegessen, die Kinder waren ganz wild darauf. In München mussten in den Gärtnerein die ganzen Kohlrabifelder umgeackert werden, da eine Fliege hineinkam, die die Herzblätter auffrass, dawird es weni Gemüse geben. Ich baue ja an was ich kann. Gestern wieder 100 rote Rüben, 50 Kohlrabi, Zuckerrüben, nun binich schon bald eine Grossgärtnerei geworden. Überall stehen Pflänzchen und es macht doch Freude. Neulich half mir auch Herr Abrell giessen, denn das Kannentragen macht mir doch viel Mühe, aber es fällt ihm doch auch recht schwer mit seinen 67 Jahren und nachher im Omnibus waren wir alle erledigt. Dorrit nimmt mir ja doch auch schon manches ab, die neugesetzten Pflänzchen gisst sie mit einem klei en Kännchen ein, zupft Unkraut aus, klaubt Steine, sie ist sehr anstellig. Das Geschirrabtrocknen besorgt sie tadellos. -

Ich weiss wie sehr Euch die Nachricht von Paul-Gerhard, dass er in Sibirien ist, erschüttert hat. Nun schreckt einem ja das Wort Sibirien so, doch ist man erst dort, ist das Land sehr schön. Und wenn sich Paul-Gerhard akklimatisiert hat, dann ist es für ihn auch erträglich dort. Das Tragische für ihn ist ja nur, dass er schon 30 km vor Passau stand und dachte, dass die Amerikaner das Lazarett nicht an die Russen ausliefern würden. So nahe der Heimat- hätte er es gewusst, er hätte damals vielleicht noch türmen können- und nun so weit weg davon.

Ich glaube, die Gefangenen werden auch etwas abstumpfen und vor allem ist es gut, wenn er viel Arbeit hat. Einer wird wohl dem anderen helfen und ihm Mut machen. Da sprach ich vor einigen Tagen einen Herrn bei Dr.Mährlens, der aus englischer Gefangenschaft kam, mit Herrn Wendler dem Mann von Maria Wendler, ~~zusammen war. Er ist Maler und hat ihn ein englischer Offizier nach Deutschland im Flugzeug gebracht mit dem Metzerken, er könnte dabei doch kulturell mehr schaffen.~~ Er erzählte mir, dass Jeder der Gefangenen einmal einen "Lagerkoller" bekäme, der sich entweder in völliger Apathie oder masslosser Gereiztheit zeigen würde, und schlimm sei es wenn sie das Heimweh überfiele. Da liefen sie oft stundenlang hin und her bis dann doch die Gegenwart der Kameraden ihnen helfen würde. Er sagte mir auch, sie warteten so auf jede Nachricht von daheim und jedes schriftliche Wort hätte eine ungeheure Bedeutung für sie, sie klammerten sich ja an jeden Satz und jedes liebe Wort. Ich habe nun heute auch wieder Paul-Gerhard eine Karte geschrieben. Alle 4 Wochen darf man schreiben, es sind die Karten mit dem russischen Halbmond. Beim roten Kreuz wurde mir gesagt, dass man auch einfache Postkarten mit 25 Worten schreiben darf.

Ich würde Euch nun bitten doch Paul-Gerhard auch zu schreiben, eine einfache Postkarte mit 25 Worten, da man die anderen Karten schwer erhält. Treibe ich noch eine auf, schicke ich Euch auch diese. Ihr braucht sie mir dann nur gleich zu schicken, ich trage sie dann ans Rote Kreuz, die sie weiterleitet. Ich weiss nicht ob in Münde solche Stelle ist. Ich werde nun aber alle 14 Tage schreiben, esist ja keine Kontrolle da, und zwar alle 4 Wochen eine Karte, die man ganz vollschreiben kann und alle 14 Tage eine Postkarte. Eine Nachricht muss ihn dann doch erreichen. Seine Adresse ist: Dr.Meyer Paul-Gerhard, U.d.S.S.R. Moskau, "Rotes Kreuz " Postfach 68/I.

Ihr macht Euch nun immer Gedanken, dass Ihr nicht für mich einspringe könnt, das müsst Ihr nicht tun, weiss ichdoch wie gerne Ihr es möchtet und tätet, wenn Ihr könntet. Ich bin ja nur froh, dass Ihr so leidlich Euer Auskommen habt, hoffentlich flunkert Ihr da auch nicht, und ich komme schon durch, Gertrud muss es ja auch, und so Viele andere auch. Ich habe ja auch Schmuck den ich verkaufen kann, ichhalte mich schon über Wasser.

Das Päckchen mit den Pulvern ist gestern auch angekommen, und noch so viele schöne Sachen drinnen. Es war ja fast wie an Weihnachten.

schon so weit, daß man bei jedem Klingeln erschrickt, daß wohl wieder Unangenehmes kommt. Ich müßte Euch ja so vieles mündlich erzählen, könnte man sich nur endlich mal aussprechen. Doch ich werde redlich weiter kämpfen, jeder Erfolg gibt einem ja neuen Mut.

(...)

Ich weiß, wie sehr Euch die Nachricht von Paul-Gerhard, daß er in Sibirien ist, erschüttert hat. (...) Das Tragische für ihn ist ja nur, daß er schon 30 km vor Passau stand und dachte, daß die Amerikaner das Lazarett nicht an die Russen ausliefern würden. So nahe der Heimat – hätte er es gewußt, er hätte damals vielleicht noch türmen können – und nun so weit weg davon.

Ich glaube, die Gefangenen werden auch etwas abstumpfen, und vor allem ist es gut, wenn er viel Arbeit hat. Einer wird wohl dem anderen helfen und ihm Mut machen. Da sprach ich vor einigen Tagen einen Herrn, der aus englischer Gefangenschaft kam. (...) Er erzählte mir, daß jeder der Gefangenen einmal einen »Lagerkoller« bekäme, der sich entweder in völliger Apathie oder maßloser Gereiztheit zeigen würde, und schlimm sei es, wenn sie das Heimweh überfiele. Da liefen sie oft stundenlang hin und her, bis dann doch die Gegenwart der Kameraden ihnen helfen würde. Er sagte mir auch, sie warteten so auf jede Nachricht von daheim, und jedes schriftliche Wort hätte eine ungeheure Bedeutung für sie, sie klammerten sich ja an jeden Satz und jedes liebe Wort. Ich habe nun heute auch wieder Paul-Gerhard eine Karte geschrieben. (...) Ich würde Euch nun bitten, doch Paul-Gerhard auch zu schreiben, eine einfache Postkarte mit 25 Worten, da man die anderen Karten schwer erhält. (...)

München, 9. Juli 46

Meine lieben Eltern!

(...)

Nach Ruhe sehne ich mich auch oft, genau so wie Du, Mutter. Man möchte einschlafen und nichts mehr wissen von allem Leid und Kampf. Aber solchen Stimmungen darf man nicht nachgeben, ich will ja auch leben und auf den Tag warten, da Paul-Gerhard zurückkommt. Dafür lohnt es sich wohl zu leben und alles Schwere auf sich zu nehmen. Ich gäbe ja wirklich gerne alles dafür hin, könnte ich damit Paul-Gerhards Rückkehr und ein gemeinsames Leben mit ihm und den Kindern bezahlen. Dieses Nichtstunkönnen ist das, was mich am meisten zermürbt. Ich muß immer handeln können und kämpfen, aber sich so einfach dreinfinden zu müssen, das ist für mich immer am schwersten.

Die Notzeit ist jetzt schlimm in Deutschland. Herr Abrell meint ja, es sei jetzt wohl der Höhepunkt. Meine Gedanken wandern oft in Sorge zu Euch, ob Ihr Euch ausreichend ernähren könnt, so, daß der Körper nicht Schaden leidet? Bekommt Ihr überhaupt Brot? Ich habe noch schwarzes Mehl und tausche es beim Bäcker gegen Brot um, denn mir der Ration kommt man nicht aus. (...)

München, den 23. Juli 46

Liebe Eltern!

Vielen Dank für Mutters liebe Zeilen vom 11.7. Inzwischen habt Ihr ja sicher meinen ausführlichen Brief erhalten. Ich nehme mir immer so fest vor, Euch jede Woche regelmäßig zu schreiben, aber dann kommt immer was dazwischen, und es ist wirklich oft so, daß ich nicht dazukomme. Jetzt war jeden Tag Herr Jantzen da, und wir haben zusammen das ganze Inventar aufgenommen, geputzt und eingeräumt, man kann so schlecht bei der Arbeit bleiben, da das Einholen immer dazwischen kommt, dann die Kinder, und der Garten durfte ja auch nicht vernachlässigt werden. (...)

München, den 15. Oktober 46

Meine lieben Eltern!

Meinen letzten Brief mit Dr. Dreschers Nachricht habt Ihr ja inzwischen sicherlich erhalten. Inzwischen bekam ich auch Mutters liebe Zielen mit der Nachricht über den Besuch des Herrn Nieder-Kleine. Und heute kann ich Euch nun eine Karte von Paul-Gerhard senden und Euch auch über das berichten, was Dr. Mährlen bei Dr. Drescher in Gießen über Paul-Gerhard erfahren hat. Dr. Drescher erzählte, daß Paul-Gerhard am

20. August aus Tscheljabinsk abtransportiert worden sei, und daß sie überglücklich gewesen wären, weil sie wußten, es ginge nach Hause. Und wie furchtbar war der Schlag für Paul-Gerhard, daß er nun – und noch ein Zahnarzt aus Brest – zurückbehalten wurden; schon weil ihr Gesundheitszustand noch der beste gewesen sei und weil auch die Intrigen gespielt hätten. Er sagte, Paul-Gerhard sei bisher nicht als Zahnarzt oder Arzt eingesetzt gewesen, sie hätten alle möglichen Arbeiten verrichtet, in Tscheljabinsk sei es schrecklich gewesen, die große Kälte, doch Paul-Gerhard sei immer beneidet worden, weil er gesundheitlich am besten drangewesen sei. Es sei ja für ihn sehr ungünstig, daß er nun als Zahnarzt in Brest tätig sei, denn da seien die Aussichten für eine Entlassung wieder sehr schlecht. Ich war ja ganz erschüttert, als ich hörte, daß er nun schon bei uns sein könnte, wenn er nicht dieses Pech gehabt hätte, nun dort zurückbehalten zu werden. Wie kann ich mich in Paul-Gerhards Lage denken, er war wie die anderen selig, überglücklich, daß er heim durfte und nun diese Enttäuschung, er muß ja ganz krank werden. Dr. Drescher sagte mir, er würde furchtbar darunter leiden, daß er immer noch keine Post von mir hätte. Viele hätten schon Nachricht von daheim, aber er nicht. (...) Dr. Drescher sagte, ich sollte so viel wie irgendmöglich schreiben, auch Ihr, mindestens jede Woche einmal und noch öfters, daß doch wenigstens eine Nachricht durchgeht. (...)

München, den 8. Dezember 46

Meine lieben Eltern!

(...)

Abends bin ich nun immer fest dabei, für Weihnachten für die Kinder zu arbeiten. Die Renate, die geliebte Puppe von Dir, Mutter, soll als Baby angezogen werden, gestern bin ich fertig geworden. Gritta bekommt den Puppenwagen, den Herr Mährlen gerichtet hat, da muß ich dann noch das Dach annähen und überziehen, und zwei kleine Zelluloidpüppchen sollen noch Kleidchen gehäkelt bekommen. (...)

München, den 6. Januar 47

Meine lieben Eltern!

Ihr werdet Euch mein Stillschweigen nicht erklären können. Bitte seid nicht böse, aber ich konnte nicht schreiben, erst seit gestern bin ich wieder auf. Ich war die ganzen Feiertage so elend beisammen. Zuletzt hatte ich vier Furunkel zu gleicher Zeit am Oberschenkel und bin noch ein paar Tage vor Weihnachten bei großer Kälte zum Hamstern gefahren, um für Weihnachten etwas für die Kinder zu bekommen. Dabei muß ich mir wohl geschadet haben. Dazu kam auf einmal ein Nervenkollaps. Der Arzt meinte, es sei ein kleiner Nervenzusammenbruch gewesen, ich weiß nur, daß ich andauernd weinen wollte und ganz apathisch im Bett gelegen bin. Die Kinder waren bei Abrells, mir war alles so vollkommen gleichgültig, ich wäre am liebsten gestorben. Jetzt kann ich diesen Zustand nicht mehr verstehen und schäme mich deswegen, aber es war schlimm. Abrells haben nun rührend für mich gesorgt. (...) Nun bin ich aber wieder auf dem Damm, nehme tüchtig die verschriebenen Präparate und schone mich, so gut ich kann. Es war wohl nur das Seelische, was dies bei mir ausgelöst hat, die Weihnachtszeit und der Gedanke an Paul-Gerhard. Es kommt eben mal ein Punkt, wo man zusammenklappt. Am Neujahrstag bekam ich den beiliegenden Brief von Paul-Gerhard, er hatte mich nun auch recht bedrückt, liest man doch so sehr seine große Sehnsucht nach daheim heraus. (...)

München, den 17. Januar 47

Liebe Eltern!

(...)

Nun, liebe Mutter, hätte ich noch eine Frage, die Du mir bitte nicht übelnehmen sollst. Ich habe es mir lange überlegt, ob ich sie stellen soll. Ich bräuchte so dringend ein Paar Strümpfe. Das letzte Paar, das einigermaßen ging, ist nun auch nicht mehr zu flicken. Stopfgarn habe ich auch keines mehr, das ging für die Kinderstrümpfchen zur Neige. Vielleicht hättest Du ein Paar alte Strümpfe, sie können ruhig geflickt sein, nur wenn ich sie wieder ein paar Wochen tragen kann, wäre ich so froh. Unter der Hose ziehe ich die Strümpfe an, die ja nur mehr Fetzen sind, da sieht man es nicht. Aber ich muß ja auch mal ein Kleid anziehen, oder wenn man zum Arzt müßte, da sollte ich doch ein Paar Strümpfe haben, die man angucken kann. Bitte sei nicht ungehalten, daß ich das schreibe. Ich hätte es bestimmt nicht getan, wenn ich da nicht Not hätte. (...)

München, den 6. Februar 47

Meine lieben Eltern!
Mit großer Freude kann ich Euch heute die Karte von Paul-Gerhard beilegen, daß er nun endlich Post von uns bekommen hat. Was wird er nun für einen Brief oder Karte erhalten haben? Soviel Post ist ja unterwegs. Wie wird er nun glücklich sein und wieviel leichter wird für ihn alles zu ertragen sein. Ich habe nun die Antwortkarte gleich ausgefüllt und beim Roten Kreuz abgegeben. Wenn er so alle vier Wochen Post von uns bekäme, wie zufrieden wäre ich da schon. Der Mann von Frau Wendler, der in englischer Gefangenschaft war, ist übrigens vor acht Tagen auch zurückgekommen. Er findet sich kaum zurecht im Zivilleben, ist ganz verändert. Frau Wendler war neulich kurz da, um zu gratulieren, da kam er auch, weil er seine Frau etwas fragen wollte. Wir sind nun doch seit Kindheit mitsammen befreundet. Doch er tat ganz fremd und verstört, wollte nicht hereingehen. Frau Wendler sagte, er würde keine Trambahn benützen, weil der das Gedränge nicht aushalten würde. Drei Jahre sei er nun so gedrängt eingesperrt gewesen, da wollte er jetzt Freiheit. Ob Paul-Gerhard seelisch auch so verändert sein wird? Ich hörte es schon öfters, daß Entlassene sich so schwer im Zivilleben wieder zurechtfinden. (...)

München, den 16. März 47

Meine lieben Eltern!
Ich habe das feste Gefühl, daß es das letzte Ostern ist, das wir alleine verbringen. Ich komme nicht los von dem Gedanken, daß Paul-Gerhard bald kommt. Ich darf gar nicht zuviel dran denken, sonst werde ich so aufgeregt, daß mir nichts mehr von der Hand geht. In zehn Tagen geht der Praxisbetrieb los, sechs Patienten haben sich schon angemeldet, ich bin so froh, daß nun alles in Ordnung ist und ich die Praxis richtig aufziehen kann. Ich glaube, sie wird gut laufen. (...)

Manchmal bin ich doch so deprimiert, wenn man über die Zukunft nachdenkt, die so grau vor einem liegt. Und man fragt sich wohl oft, ob sich der ganze Kampf lohnt. Was gehen die Kinder wohl für einem Leben entgegen? Wie wird sich wohl auch der Russe mit den westlichen Mächten vertragen? Ich bin immer bange vor einem Krieg. Nicht, weil man da sterben könnte, sondern weil Paul-Gerhard dann in Rußland wäre und wir hier; müßten wir alle zusammen sterben, ich würde es nicht bedauern. Aber noch leben wir, und da heißt es eben weiterkämpfen.

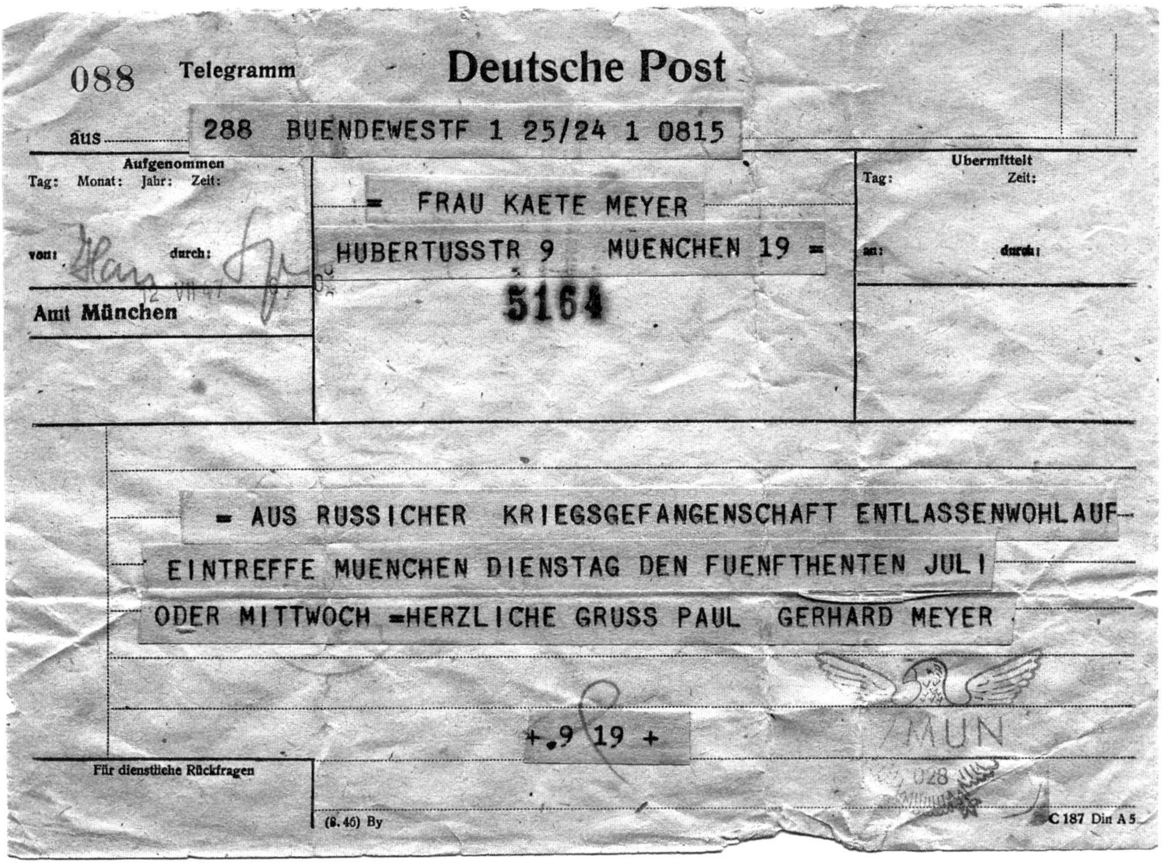

088 Telegramm **Deutsche Post**

aus 288 BUENDEWESTF 1 25/24 1 0815

Aufgenommen
Tag: Monat: Jahr: Zeit:

von: durch:

Amt München

= FRAU KAETE MEYER
HUBERTUSSTR 9 MUENCHEN 19 =
5164

Übermittelt
Tag: Zeit:
an: durch:

= AUS RUSSICHER KRIEGSGEFANGENSCHAFT ENTLASSENWOHLAUF
EINTREFFE MUENCHEN DIENSTAG DEN FUENFTHENTEN JULI
ODER MITTWOCH =HERZLICHE GRUSS PAUL GERHARD MEYER

+.9 19 +

MUN

Für dienstliche Rückfragen

(8.46) By

C 187 Din A 5

Das Telegramm vom 15. Juli 1947

Hartmut Boegner

Eine Zeit der Orientierungslosigkeit

Es war Ende Mai, als ich als einer der wenigen noch im KLV-Lager Verbliebenen im offenen Lastwagen von Garmisch nach München zurückgebracht wurde. In Obermenzing abgeladen, suchte ich meinen Weg zur Borstei, wo meine Familie wohnte. Einige aus einem amerikanischen Armee-Fahrzeug gestohlene Zigarren brachte ich meinem Vater mit, sonst hatte ich kein Gepäck. Wir wohnten in einer leerstehenden Fremdwohnung, die von ihren Mietern aus Angst vor Bombenangriffen verlassen worden war. Wir selbst waren im Januar 1945 zum zweiten Mal »ausgebombt« worden; verheerende Spreng- und Brandbombenangriffe auf Schwabing hatten zuletzt nicht mehr viel von unserer Habe übriggelassen, doch reichte es zur hinlänglichen Ausstattung der Wohnung in der Franz-Marc-Straße.

In mehreren Häusern der Borstei hatte sich amerikanisches Militär einquartiert. Das Verhalten der Besatzungsmacht uns Zivilisten gegenüber war überwiegend sehr freundlich, was den vielerorts an die Hauswand gepinselten Satz »Amy go home!« eigentlich nicht rechtfertigte. Zu Weihnachten stürmte ein Offizier mit Süßigkeiten in unsere Wohnung und rief ein ums andere Mal »Merry Christmas! Merry Christmas!«. Man durfte gelegentlich an nicht konsumierten Menüs und Getränken aus der Mannschaftsküche teilhaben, womit man die bescheidenen, auf Lebensmittelkarten zugeteilten Rationen etwas aufbessern konnte. Da standen dann Frauen und Kinder Schlange, wobei die Soldaten gelegentlich ordnend eingreifen mußten, wenn zu sehr gedrängelt wurde. Ein deutsch sprechender GI rief einmal in die Menge: »Frauen! Wenn Frauen brav sein, wir gerne geben, aber wenn Frauen nicht brav sein, wir nicht mehr geben!«

Mein Vater, Jahrgang 1889, hatte nur noch am »Volkssturm« teilnehmen müssen. Für seine Dentisten-Praxis hatte er nach der Zerstörung zuletzt Räume in einem Hause in der Herzogspitalstraße gefunden. In ihnen ging nach Kriegsende ein buntes Völkchen ein und aus: Händler aus den östlichen Ländern, die Zahngold haben wollten und dafür z.B. eine Schüssel voll Nußbutter gaben. Im Labor arbeitete neben anderen ein Jude namens Bratspiess. Er verwickelte uns gerne in Diskussionen, und ich mußte ihm einmal die Existenz von Konzentrationslagern bestätigen – gegen die Meinung der beiden anderen Techniker.

Behandelt wurden die Patienten zeitweise mit einer Fußtritt-Bohrmaschine, da es immer wieder mal Stromsperre gab.

Im Herbst 1945 traf unsere Familie ein Schicksalsschlag. Mein Vater wurde verhaftet und zu drei Jahren Gefängnis verurteilt. Der Grund: Jeder Deutsche hatte einen umfangreichen Fragebogen ausfüllen müssen, in dem man über seine politische Vergangenheit Auskunft geben mußte. Mein Vater hatte leichtsinnigerweise darin nicht angegeben, daß er nicht nur Parteigenosse, sondern auch SA-Mitglied gewesen war, was durch Unterlagen in Berlin sowie durch sogenannte Denunziation aus der Nachbarschaft entdeckt wurde. Für meine Mutter setzte jetzt eine sehr demütigende und karge Zeit ein. Sie mußte uns Kinder nunmehr alleine durchbringen, durfte jedoch monatlich nicht mehr als 300 RM vom Konto abheben. Der Besuch meines inhaftierten Vaters in Kaisheim bei Donauwörth war sehr er-

---

Hartmut Boegner
1932 als Zahnarztsohn in München geboren. 1951 Abitur, Studium der Zahnmedizin, 1956 Promotion, ab 1958 bis 1997 selbständiger Zahnarzt in München. Seit 1960 verheiratet, vier Kinder. Neben dem Beruf freischaffender Maler und Bühnenbildner, spielt leidenschaftlich gern Geige und Bratsche.

schwert. Die Züge waren übervoll, Menschen standen auf Trittbrettern und Puffern, die Fenster waren zum Teil defekt oder einfach zugenagelt. Von Donauwörth bis Kaisheim wanderte man dann zu Fuß, wenn man nicht das Glück hatte, von einem offenen Lastwagen mitgenommen zu werden. Der Informationsaustausch über den breiten Trennungstisch hinweg war schwer, da mein Vater schlecht hörte. Wenn die Aufseher gerade wegschauten, schob meine Mutter unbemerkt ein Päckchen Tabak hinüber – die großzügige Gabe eines Familienfreundes.

Anfeindungen uns gegenüber waren nunmehr an der Tagesordnung. Die Schikanen der Wohnungshauptmieter nahmen zu. Der Besuch eines Textilhändlers wurde uns alsbald angekündigt, dem das Recht zugestanden worden war, Möbel und Einrichtungsgegenstände von Wert bei uns auszusuchen und mitzunehmen. Warum er berechtigt wurde, das zu tun, wußten wir nicht. Wir hatten aber noch Zeit genug, dem entgegenzuwirken. In einer Blitzaktion tauschten wir das, was noch Wert hatte, gegen wertloses Zeug auf einem Lkw aus. Der Wagen konnte unbemerkt die Borstei an anderer Stelle verlassen. Als dann tatsächlich der angekündigte Herr kam, rümpfte er nur die Nase und gab durch eine großzügige Geste zu erkennen, daß er an unserem Besitz kein Interesse habe.

Wir mußten uns nun erneut einschränken und in einen etwa 16 qm großen Raum einer besetzten Wohnung in der Voitstraße umziehen, zunächst mit vier Personen, mein Vater kam später noch hinzu.

Für mich als nunmehr 14jährigen Schüler war es außerordentlich schwer, sich in dem Spannungsfeld dicht beieinander liegender Gegensätze zurechtzufinden. Sympathie und Antipathie für alle möglichen Personen und Ereignisse der Zeitgeschichte lagen bei mir in argem Widerstreit. Fast täglich konnte man im Radio die »Nürnberger Prozesse« mitverfolgen. Da ich inzwischen eher verschlossen und geduckt meinen Weg machte, imponierte mir aufrechte Haltung, wer auch immer sie zeigte. Es gab genug Zeitgenossen in jenen Tagen, die uns gegenüber ihre hämische Genugtuung demonstrierten oder gar gehässige Äußerungen machten, freilich auch sehr viele Menschen, die voller Anteilnahme waren. Nicht wenige unter ihnen meinten, ihrer mehr oder weniger großen Empörung über ein solches »Unrecht«, wie es meinem Vater widerfahren war, Luft machen zu müssen. So mancher von ihnen pflegte noch das alte Freund-Feindbild und konnte von alten Idealen nicht ablassen. Nazis und Nazigegner gingen bei uns ein und aus. Verwandte, nähere Bekannte, frühere Patienten beratschlagten, was in dieser Situation zu tun sei. Ein Nennonkel von mir wollte seine gute Bekanntschaft mit Wilhelm Hoegner nutzen, um Haftverkürzung für meinen Vater zu erwirken.

Mein Geigenlehrer, der immerhin zwei seiner Söhne im Feld verloren hatte, sah zwangsläufig in den Geschwistern Scholl oder dem Kreis um Stauffenberg Verräter an Heimat und Soldaten. Sein noch lebender dritter Sohn Klaus versorgte mich noch jahrelang mit deutschen »Wahrheiten« in Schriftform. In der Schule, die erst einige Monate nach dem Kriegsende ihren Betrieb wieder aufgenommen hatte und eine überalterte Lehrerschaft aufwies, wurde unserer Klasse nicht weniger als drei Mal das »Klassische Altertum« beigebracht, von neuerer Geschichte aber keine Spur. Zu den verunsicherten Lehrinhalten kam auch noch der Schichtunterricht. Im Theresiengymnasium mußten sich z.B. drei Schulen die Räume teilen.

Auch die Tagespolitik in München konnte einen nur verwirren. Sie war gekennzeichnet von einer Vielzahl von Parteien und so exotischen Figuren wie beispielsweise Alfred Loritz oder Alois Hundhammer.

In der Kirche, die wieder eine Rolle in der Gesellschaft spielte, fühlte ich mich nicht recht wohl. Immerhin war ich zwei Jahre zuvor noch Pimpf gewesen, der auf den »Endsieg« gehofft hatte und heulend in die Wälder gelaufen war, als er die abgekämpften deutschen Truppenkontingente durch Garmisch in Richtung Mittenwald ziehen sah, reif für die Kapitulation. Wie konnte man da die liebevolle Geste ertragen, wenn einem von der bejahrten Kirchenbesucherin schräg dahinter ein Gesangbuch gereicht wurde, weil ich selbst es vergessen hatte? Daß ich dann mit 15 Jahren doch noch konfirmiert wurde, geschah eigentlich nur deshalb, weil alle evangelischen Klassenkameraden dies bereits vollzogen hatten. Der obligatorisch geliehene Konfirmationsanzug war auch in meinem Fall zu groß bemessen. Immerhin gab es Kuchen.

Als mein Vater 1947 vorzeitig entlassen und alsbald im Rahmen der Entnazifizierung als »Mitläufer« eingestuft wurde, fand er seine Praxis durch einen vertretenden Kollegen völlig heruntergewirtschaftet vor. Zudem waren alle Lagerbestände aufgebraucht bzw. mitgenommen worden. Die Trennwand zwischen Bad und Küche war immer noch eingestürzt, und durch einen Riß in der Brandmauer zum Rückgebäude konnte man die Gespräche der Nachbarn verfolgen. In der Vorstellung, man müßte für die Reparatur Baumaterial zur Verfügung stellen, nahm mein Vater eine Zeit lang jeden Morgen auf dem Weg zur Praxis zwei ganz gebliebene Ziegelsteine vom Ruinengrundstück der Sonnenstraße 1 mit, die er dann im hinteren Teil der Praxis auftürmte. Drei der Zimmer waren inzwischen zwangsbelegt von Untermietern. Es war ziemlich mühsam, die Räume zu eigenen Wohnzwecken wieder freizukriegen.

Die Entlohnung der täglichen Dienstleistungen am Patienten erfolgte hauptsächlich in Naturalien. Mit den Worten »heutige Ausbeute« legte mein Vater abends ein paar Tomaten oder zwei Eier auf den Tisch, selten einmal $^1/_2$ Pfund Butter. Auch eine halbe Badewannenfüllung Moorkartoffeln wurde angeliefert, die jedoch sehr bald zu keimen anfingen. Als mein Vater wieder einmal seine »Minen auslegte«, wie er sich auszudrücken pflegte, und vielen Patienten sagte: »Zu Kirchweih eine Gans, das wäre mal wieder eine Sache!«, erhielt er drei Gänse gleichzeitig – von denen jede einzelne zu jener Zeit eine erlesene Kostbarkeit darstellte.

Horst Feiler

Spiele ohne Brot

Wenn am Sonntag um die Mittagszeit der Zug aus Herrsching einlief, war er schon ziemlich voll. Schließlich wollten Herrschinger, Hechendorfer, Steinebacher, Weßlinger, Gilchinger auch teilhaben am Ereignis, das die Nachkriegswochen ein wenig bunter erscheinen ließ, als sie waren. Für uns Germeringer blieben da oft nur noch Trittbretter und Puffer übrig, auf denen wir nach München gelangen konnten. Die Starkstromoberleitung hinderte uns daran, auch noch die Waggondächer zu besetzen. Dafür fuhren wir meistens zum Nulltarif, weil eine Fahrkartenkontrolle unter solchen Umständen kaum möglich war. Viel war damit freilich nicht gespart: Für den Gegenwert einer Fahrkarte hätte man auf dem Schwarzen Markt vielleicht eine »Ami-Zigarette« kaufen können.

Sobald der Vorortzug im schadhaften Hauptbahnhof eingefahren war, setzte sich ein Menschenstrom in Bewegung. Vorbei an Ruinen und Schutthaufen, hinüber zum Isarhochufer. Der Salvatorkeller war noch zerstört, hätte aber auch im intakten Zustand kaum etwas zu bieten gehabt, was zum Verweilen eingeladen hätte. Von Dünnbier oder Molke ließ sich keiner aufhalten. Der Menschenstrom überflutete Giesing.

Besonders Mutige und Belastbare bedienten sich einer Straßenbahn, die in erheblichen Abständen verkehrte. An den Plattformen hingen Menschentrauben, und man wunderte sich, daß nur selten jemand runterfiel und zu Schaden kam. Mit dem sonntäglichen Volksauflauf hatte sogar die Besatzungsmacht ihre liebe Not, wenn sie sich mit Jeep oder Truck den Weg in die benachbarte McGraw-Kaserne bahnen mußte.

Die allgemeine Vorfreude schien das Tempo zu beschleunigen, denn jeder trachtete danach, sich einen Tribünenplatz zu sichern. Ein Vorhaben, das freilich nur wenigen gelang.

Vor dem Stadiontor an der Grünwalder Straße ging der muntere Fluß des Menschenstroms in ein diffuses Drängeln über. Nun hatte sich jeder, mehr oder weniger geduldig, in Schlangen einzureihen, die sich vor provisorisch errichteten Kartenhäuschen bildeten. Wer dann unter Einsatz von Beharrlichkeit und Ellenbogen eine Karte ergattert hatte, suchte sich auf der Stehtribüne oder auf dem, was von ihr übriggeblieben war, die bestmögliche Position, um in der Regel festzustellen, daß andere schneller gewesen waren. Gab es doch welche, die schon am Vormittag vor den Stadiontoren auf Einlaß gewartet hatten. Wer dann auch noch zu kurz geraten war, bekam vom Spielgeschehen nur noch das mit, was besser postierte Vorder-, Neben- und Hintermänner in der Hitze des Gefechts von sich gaben.

Endlich hatten die Münchner wieder Spiele, auch wenn das Brot dazu noch eine Weile auf sich warten ließ. Im Herbst des Jahres 1945, ein paar Monate nach der totalen Niederlage, nahm die Süddeutsche Oberliga, eine Neugründung, den Spielbetrieb auf. Nun konnten die Sportfreunde den Heimspielen des FC Bayern oder des TSV 1860 beiwohnen. Zu Spannungen kam es nur, wenn beide Münchner Mannschaften sich bei einem Lokalderby gegenüberstanden.

Die Zuschauer hatten andere Sorgen, als daß sie sich allzu sehr über Spielausgänge ereifern hätten können. Der Kalorienmangel stand ihnen ins Gesicht geschrieben; Hosen, Jacken, Mäntel schlotterten um abgemagerte Gestalten. Die Frühjahrsmode 1946 wurde diktiert von abgetra-

---

Horst Feiler
Geboren 1933 in München, Gymnasium abgebrochen, anschließend in diversen Berufen tätig, u.a. als Bierbrauer, Bergarbeiter, Kranführer, Reiseleiter und 12 Jahre als Zeitsoldat. Abitur mit 36 Jahren, Studium (Germanistik, Geographie) an der Universität München; Realschullehrer; später Lehrkraft an der Bundeswehrfachschule; im Ruhestand.

genen Kleidungsstücken, die noch aus der Vorkriegszeit stammten. Auch ausgediente Uniformteile, des schmückenden Beiwerks entledigt, spielten beim Outfit eine wichtige Rolle. Mitunter machten sich einige die Mühe, feldgraue Jacken, Hosen und Mäntel in ein neutrales Schwarz oder Blau umzufärben, andere störte der ursprüngliche Farbton weniger; sie erinnerten unbefangen an die deutsche Wehrmacht. Auch die Sieger waren modemäßig vertreten: Abgelegte »Ami-Klamotten« erfreuten sich unter der deutschen Nachkriegsbevölkerung großer Beliebtheit. Feldgrau und Oliv bildeten so im Stadion an der Grünwalder Straße ein einträchtiges Miteinander. Auf Eleganz konnte man verzichten; denn schön genug war das, was sich als nützlich erwies und gegen Regen, Wind und Kälte schützte.

Schon vor dem Spiel breitete sich über den Häuptern eine Wolke aus. Ein kräftiges Aroma lag dann in der Luft, weil sich die Fußballgemeinde die Wartezeit mit blauem Dunst verkürzte. Zudem vertrieb der Rauch ein Hungergefühl, das sich prompt einzustellen begann, wenn kein Spielgeschehen ablenkte. Aber Tabak war kostbar, oft noch kostbarer als Kalorien. Wer keine Beziehungen zur Besatzungsmacht hatte und über keine Reichsmarkbeträge verfügte, die es ihm ermöglicht hätten, sich auf dem Schwarzen Markt mit Chesterfield, Camel, Lucky Strike zu versorgen, schickte gewöhnlich seine Kinder zum Kippensammeln. Es soll auch so manchen stolzen »Arier« gegeben haben, der einem schwarzen GI so lange folgte, bis der endlich den Rest seines Glimmstengels fortwarf. Und so zwang der Nikotinmangel die Raucher, das zu werden, was viele sich kaum erträumt hätten: Tabakpflanzer. Das exotische Gewächs gedieh fortan nicht nur in Schrebergärten, auch in Blumenkästen auf Balkonen und in Hinterhöfen konnte man Tabakpflänzchen sprießen sehen. Die Aufbereitungsverfahren für den selbstgezogenen Knaster waren so unterschiedlich wie die Böden, auf denen er gedieh. Diese unterschiedlichen »Marken« ließen im Stadion eine Duftnote entstehen, die mir bisweilen heute noch in die Nase steigt, wenn ich an Fußball denke.

Und dann der Schlußpfiff. Allmählich löste sich die Spannung und machte einer Leere Platz. Die Menge verteilte sich. Erst zögerlich, dann rascher, entschlossener. Jeder suchte nun seinen Weg, war wieder allein. Das Spiel war aus, der Ernst forderte sein Recht zurück. Man strebte überfüllten Verkehrsmitteln zu und fand seinen Heimweg durch eine schadhafte Stadt in Behausungen, die mit Mängeln behaftet waren. Und anderntags begann eine Wiederaufbauwoche mit ihren Mühen, Lasten und Entbehrungen. Zum Glück fand am nächsten Wochenende wieder ein Fußballspiel statt.

Die Zeichen stehen auf Neuanfang

ENGELBERT BURGER

»Permit« für die Firma Hunger

Eine kleine Weile war es ja ganz schön, nichts zu tun und nicht zur Arbeit gehen zu müssen. Aber nach und nach fanden sich doch immer mehr Arbeiter in der Firma ein mit der Frage: »Wann geht es wieder los?« Sofort nachdem die deutschen Behörden wieder eingeschaltet waren, haben wir Anträge zur Wiedereröffnung der Firma eingereicht, und es wurde uns von der zuständigen Industrieabteilung bekanntgemacht, daß Firmen, welche für Verkehrsmittel- und Landmaschinen-Instandsetzung arbeiten, ohne besondere Erlaubnis ihre Tätigkeit aufnehmen könnten.

Wenn es auch etwas zweifelhaft war, so konnte immerhin diese allgemeine Arbeitserlaubnis als für uns zutreffend ausgelegt werden. An eine produktive Tätigkeit war zwar vorerst nicht zu denken. Doch der Betrieb konnte endlich wieder in einen friedensmäßigen Zustand gebracht werden. Wir hatten während des Kriegs zum besseren Schutz vor Fliegerangriffen die wichtigsten Maschinen und Einrichtungsgegenstände in die Kellerräume verbracht, aus welchen sie nun wieder heraufgeholt und an ihre früheren Plätze gestellt wurden. Dieses Vorhaben wurde von der Belegschaft sehr beifällig aufgenommen, und so haben wir am 30. Mai – vier Wochen nach dem Einmarsch in Hadern – mit den Umzugs- und Verschönerungsarbeiten begonnen. Die Frauen und Männer traten pünktlich an, Maurer und Maler beseitigten die Kriegsschäden, die starken Männer zogen und fuhren die bis zu 40 Zentner schweren Maschinen aus den Kellerräumen herauf. Auch die im Bunker untergebrachten Waren kamen wieder an ihren Platz, und nach einiger Zeit emsiger, anstrengender, aber auch allseits gerne verrichteter Arbeit war die Firma, zumindest in ihrer äußeren Form, wieder im alten Zustand. Aber die alte Belegschaft war es nicht mehr, zu viele waren entweder gefallen, vermißt oder noch nicht daheim.

Am 14. Juni 1945 erhielt die Firma die offizielle Arbeitserlaubnis durch den zuständigen amerikanischen Sachbearbeiter Major McDonell. Der Chef und die englisch sprechende Sekretärin gingen zu Fuß in das Münchner Rathaus, wo die »Permits« ausgegeben wurden. Wir alle, vom Chef bis zum Lehrling, einschließlich unserer Familien, waren höchst glücklich. Irgendwie schien es uns, als wären nun wieder normale Zeiten angebrochen. Daß die Firma als einer der ersten Münchner Betriebe das »Permit« so schnell bekam, lag hauptsächlich an zwei Gründen: Ludwig Hunger war niemals Parteimitglied gewesen, und die Firma war kein Rüstungsbetrieb. Nun konnte es mit der Produktion unserer vertrauten Artikel, nämlich Reibahlen (Werkzeuge, mit denen Bohrungen geglättet werden können) in den verschiedensten Ausführungen, wieder weitergehen.

Ein paar Tage vor Fronleichnam ging über Hadern ein fürchterlicher Hagelschlag nieder. Nicht nur die gesamten Pflanzen, Bäume und Sträucher wurden fast vollständig zerstört, sondern auch viele Fenster und Dachziegel fielen den hühnereigroßen Hagelkörnern zum Opfer. Das war das

---

ENGELBERT BURGER
Geboren 1921 in München-Großhadern, nach Abschluß der kaufmännischen Berufsschule ab 1935 tätig für die Werkzeugfabrik Hunger. 1939 Reichsarbeitsdienst und Kriegseinsatz in Rußland, 1943 nach Verwundung entlassen; Arbeit bei der Firma Hunger bis zur Pensionierung 1986, zuletzt als Direktor. 1943 Heirat, 2 Söhne.

Antragsteller im Rathaus, dem Sitz der amerikanischen Militärregierung, Mai 1945

Letzte, was wir in dieser Zeit brauchen konnten. Auch in der Firma waren fast alle Fensterscheiben an der Westseite des Fabrikgebäudes zertrümmert. Über einige Querverbindungen zu Münchner Werkzeughändlerkunden und von dort weiter in das Saargebiet – es ist kaum zu glauben – ist es uns gelungen, eine Lkw-Ladung Fensterglas gegen Reibahlen einzutauschen. Das war unsere erste Bekanntschaft mit »Vitamin B« (B = Beziehungen), ein Schlagwort, das die nächsten Jahre hohen Stellenwert hatte.

Am 12. Juli, in den Vormittagsstunden, fuhr ein Lastwagen in den Fabrikhof. Es war uns nicht so recht klar, was der wollte. Die Lösung erfuhren wir bald: Der Fahrer wußte, wo sich unser Opel-Lieferwagen befand. Er erzählte uns, daß er aus Erding sei und mehrmals in der Woche Kartoffeln in die Stadt anliefere. Und in Landsham, einem Ort auf der Fahrstrecke, da wurde ihm der Wagen von Ausländern zum Preis von 1000 Mark angeboten. Er sagte, da er an den Wagentüren noch die ausgekratzte Firmenanschrift erkennen konnte, habe er sich gedacht, wenn er den Wagen kauft und uns dann meldet, wo er steht, dann würde er seine 1000 Mark sicher zurückbekommen. Das war eine freudige Nachricht – und das Geld wurde ihm gegeben. Franz Heitauer und ich fuhren sogleich mit seinem Lastwagen mit – und zwar versteckt unter einer Plane –, denn wir durften ja eigentlich die Stadt nicht verlassen. Aber diese Vorschrift war uns nicht so wichtig, viel wichtiger war es, das Auto wieder nach Hause zu bringen. Als das größere Problem erschien uns, wie wir mit dem Auto über eine der Isarbrücken zurück in die Stadt kommen würden. Die Brücken waren abgesperrt, und es gab dort strenge Kontrollen. – Lassen wir es halt mal darauf ankommen!

Das Auto war bei der Firma Simon Gruber – später ein großer Mercedes-Händler – im Hof abgestellt. Es war auch noch fahrbereit, Treibstoff hatten wir im »Amikanister« dabei. So fuhren wir dann halt auf München zu, immer darüber grübelnd, über welche Brücke wir am besten fahren sollten. War es günstiger, eine wenig befahrene zu wählen oder eine solche, wo die Fahrzeuge in langen Kolonnen anstanden, wo man also vielleicht nicht so auffallen würde. Nun, wir blieben einfach auf der Hauptroute und fuhren über die Ludwigsbrücke, wo es am meisten zuging. Die Autopapiere hatten wir ja vorsorglich mitgenommen, ebenso unsere Personalausweise, wir hätten also auf alle Fälle beweisen können, daß wir das Auto nicht gestohlen hatten. Aber alle Überlegungen und Gedankengänge wären nicht nötig gewesen, in der langen Schlange von Hunderten von Fahrzeugen fuhren wir unbehelligt über die Isar. Wir waren dann aber schon froh, als wir glücklich in der Fabrik angekommen waren. Dieser alte Kastenlieferwagen hat dann noch einige Jahre gute Dienste geleistet.

In der Firma normalisierten sich die Dinge bis zum Sommer 1945 immer mehr. Wir konnten unser gewohntes Herstellungsprogramm fabrizieren, und es meldeten sich auch immer mehr alte Kunden mit der Frage nach Liefermöglichkeiten. Postkarten und offene Briefe durften ab Juli/August wieder verschickt werden, und auch der Telefondienst kam langsam in Schwung. In dieser Zeit hat uns Herr Stohrer von der Firma Carl Stohrer/München (Sonnenstraße) sehr geholfen. Er hatte zu den Münchner Baufirmen sehr gute

Kontakte. Und die Baufirmen hatten erste Priorität, denn nichts war wichtiger als die Inangriffnahme der Wohnraumbeschaffung. Mit Briefen und Auftragskopien dieser von den »Amis« geförderten Baufirmen gelang es uns dann, auch die notwendigen Bezugsscheine für Stahlmaterial, Holz etc. zu bekommen. Ich weiß nicht mehr genau, wann dann die deutschen Stellen eingerichtet worden sind zur Verteilung der Bezugsscheine. Aber es war auf alle Fälle noch zu Zeiten der Ausgangssperre. Sehr oft mußte ich die Sperrzeit ignorieren und schon in aller Frühe mit dem Rad losfahren, um einen einigermaßen günstigen Platz in der Anstehschlange vor den Bezugsscheinstellen zu bekommen.

Es stellte sich bald heraus, daß die Kunden mehr Waren von uns haben wollten, als wir herstellen konnten. Es war leicht zu durchschauen, daß jeder Werkzeughändler sein schwaches Geld in gute Ware umtauschen wollte. Um die Verteilung der Ware einigermaßen steuern zu können, haben wir dann eingeführt, daß uns die Händlerkunden mit ihren Aufträgen die Namen der Verbraucherkunden angeben mußten. Wir hätten ja auch die Ware zurückhalten können, aber unser Chef stand auf dem Standpunkt, es hätte keinen Zweck, die Kundschaft nicht zu beliefern. Man weiß ja nie, wann man sie wieder braucht.

Das Verkaufen der Produkte gegen schlechtes Geld war also keine schwierige Angelegenheit. Aber wir mußten schließlich auch nicht nur Geld in die Kasse bringen, sondern auch etwas zwischen die Zähne. Es ist mein Aufgabenbereich geworden, für die Beschaffung all der Dinge zu sorgen, die es zwar gab, die man aber nur auf Umwegen bekommen konnte. Auf gut deutsch, ich mußte eben auch einen Tauschhandel aufziehen. Es gab ja schon die »Zigarettenwährung«, die war meistens auf privater Ebene angesiedelt; ich kreierte die »Reibahlenwährung«.

Das Aufspüren geeigneter »Handelspartner« war nicht sehr schwierig. Einige wichtige Sparten kamen ganz von selbst auf uns zu. Da wir Werkzeuge zur Instandsetzung von Kraftfahrzeugen herstellten – und gerade die Transportfahrzeuge für die Lebensmittelbeförderung dringend ge-

A b s c h r i f t

[redacted]

Military Government Munich

14 June 1945

The firm of LUDWIG HUNGER, (Factory of Precision Tools) Gräfelfingerstr.38, München-Großhadern, is authorized to begin the manufacture of precision tools necessary for the repair of agricultural and transportation equipment as directed by MILITARY GOVERNMENT.

By order of MILITARY GOVERNMENT.

[redacted]

ALEX B.Mc D O N E L L
Major Cavalry
Trade and Industry

Übersetzung:

Militärregierung München
14. Juni 1945

Die Firma LUDWIG HUNGER, (Werkzeugfabrik), Gräfelfingerstraße 38, München-Großhadern, ist ermächtigt, die für die Reparatur von Landwirtschafts- und Transporteinrichtungen nötige Präzisionswerkzeugherstellung, wie von der Militärregierung gelenkt, zu beginnen.

Auf Befehl der Militärregierung.

gez. Unterschrift

[redacted]

ALEX B.Mc DONELL
Major der Kavallerie
Handel und Industrie

»Permit« für die Firma Hunger

braucht wurden – ergaben sich bald Verbindungen mit drei interessanten Firmen, nämlich einer Fleischwarenfabrik in Dachau, einer Getreidemühle in Landlmühle und mit dem Postbräu in Thannhausen. Das waren erstklassige Geschäftspartner, die wir da aufgetrieben hatten, weil die Firma ihre Werksküche wieder in Betrieb nehmen konnte. Es braucht kaum besonders erwähnt zu werden, daß alle eingetauschten Lebensmittel der Werksküche zugeteilt wurden.

Nach und nach kamen auch die Landmaschinenhändler der näheren Umgebung von München auf uns zu, denn viele Schlepper und andere landwirtschaftliche Maschinen bedurften dringend einer Reparatur. Und man muß sagen, daß diese Kunden kaum einmal ohne irgendein Lebensmittelpaket angekommen wären; man wußte damals ja, was sich gehört.

Unter diesen guten Voraussetzungen erschien es uns möglich, einen Belegschaftsabend durchzuführen, bei dem etwas üppiger als gewöhnlich aufgekocht werden konnte. Am 25. August 1945 stieg bei uns der erste Tanzabend – und viele weitere folgten noch nach. Die Betriebskapelle spielte auf, die Köchin brachte ein gutes Menü auf den Tisch, und alle freuten sich über den gelungenen Abend.

Anfang September machte uns Onkel Ludwig den Vorschlag, in die Wohnung in der Fabrik einzuziehen. Es wohnte noch Frau Bochmann dort, deren Mann – der Bochmann Opa – war während des Krieges verstorben. Natürlich hat es meine Frau Irmgard und mich stark gereizt, das Angebot anzunehmen. Die Wohnung hatte Zentralheizung, es gab auch ein Bad und überall Parkettböden. Wir haben ein paar Tage überlegt und mit den Schwiegereltern – die wir dann verlassen mußten – gesprochen. Dann sind wir in die Gräfelfinger Straße umgezogen.

Mein Schwiegervater, Opa Wittl genannt, hat kräftig dazu beigetragen, den Lebensstandard zu verbessern. Bei ihm liefen Hühner, Hasen, eine Geiß und vorübergehend auch zwei Enten herum. Gemüse, Obst und Kartoffeln lieferte der Garten. Opa Wittl war auch ein guter Kenner der umliegenden Wälder. Er wußte, wo es die meisten Himbeeren oder auch Schwammerl gab, und er war ein exzellenter »Stockholzraustuer«. Mein Gott, wie mußte ich mich da manchmal plagen. Wenn es in aller Frühe mit dem Rad losging, um in die Nähe von Deisenhofen zum Himbeerbrocken zu radeln, dann wäre ich viel lieber bei Weib und Kind im warmen Bett geblieben. Kamen wir aber dann abends mit reicher Ernte heim, war ich doch froh, wenn ich die glücklichen Augen sah.

Ein andermal bin ich mit Opa Wittl mit dem Rad nach Ismaning gefahren, um einen Sack Weißkraut zu holen. Auch das war erfolgreich. Wittl kannte überall Leute, die ihm behilflich waren. Beim Heimfahren habe ich immer nach hinten in den Sack gegriffen und Blatt für Blatt herausgeholt und vor Hunger roh gegessen. Einen halben Kopf habe ich da hinuntergewürgt. Aus dem Kraut wurde Sauerkraut gemacht. Krauthobel, Fässer, Stein zum Beschweren, das hatte jeder. Und Menschen zum Einstampfen des Krautes, die waren ja zur Stelle.

In Perach, in der Nähe von Simbach, hatte mein Schwiegervater auch einen Bekannten. Es war ein Bauer, der Hutzlbirnen im Überfluß hatte. Er schrieb, wenn wir sie holen, dann würden wir sie bekommen. Kein Problem, hieß es, die holen wir und dann bauen wir im Garten einen Dörrofen. Irmgard, Wittl und ich fuhren mit der Bahn hin und haben tatsächlich einen Zentnersack Birnen nach Hadern geschleppt. Aus alten Blechtafeln schlosserte mein Schwiegervater einen Ofen zusammen, und im Verlaufe von mehreren Tagen wurden die Birnen gedörrt. Über längere Zeit war dies dann eine angenehme Abwechslung zu den Johannis- und Stachelbeeren.

In solchen Notzeiten, wie sie damals herrschten, versuchte jedermann, seinen Speisezettel so gut es geht, aufzubessern. In den Gärten mußten die Blumen dem Gemüse weichen. Wo sonst schöner Rasen stand, wuchsen Kartoffeln oder auch Rüben. Man war mehr oder weniger zum Selbstversorger geworden. Nun gab es aber auch Menschen, die »Selbstversorgung« so verstanden, daß sie Obstgärten plünderten, Hühnerställe ausraubten und sich eben auf illegale Weise versorgen wollten. Da blieb nichts anderes übrig, als daß wir Männer in den Nächten einen Selbstschutz organisierten und als Flurwächter herumgingen, um unsere Kostbarkeiten zu bewachen. Ich war meist zusammen mit meinem Schwager eingeteilt, denn einer allein traute sich nicht zu gehen. Die Ablösung war, wenn ich es noch recht sehe, alle zwei Stunden. – Auch dies ist ein Kapitel der Nachkriegszeit.

Aber nicht nur bei der Beschaffung von Speis' und Trank waren die Menschen damals Meister. Auch was die Bekleidung angeht, war man erfinderisch. Meine Schwägerin Traudl hat aus aufgetrennten Mullbinden ein schönes Kindermäntelchen gemacht – eine Heidenarbeit. Uniformen wurden umgeändert, Anzüge von gefallenen Männern und Söhnen zertrennt, angepaßt und wieder zusammengenäht, Socken und Handschuhe aufgetrennt und neu gestrickt und vieles mehr. Meine Schwiegermutter hat mir die Ausgehuniform ihres gefallenen Sohnes gegeben, und ein Onkel von Irmgard machte mir daraus einen Trachtenanzug. Mensch, war ich stolz.

Der Winter 1946/1947 war besonders streng, kalt und schneereich. Zu allem Überfluß kam noch die Kartoffelkrise hinzu, weil die Transporte nicht klappten. Da war es schon gut, daß wir aus Eigenerzeugung einen gewissen Vorrat eingekellert hatten. Auch Kraut und Rüben halfen mit, den Hunger zu stillen. Doch Brennmaterial fehlte ebenfalls. Es war nicht leicht, eine Zuteilung zu bekommen. Helfen konnte man sich durch Gewinnung von Bauholz aus den Ruinen in der Stadt. Am begehrtesten waren Parkettfußböden, denn das in richtiger Länge zu gewinnende Eichenholz brachte wohlige Wärme in die Stuben. Es war aber gefährlich, die oft auch aus den oberen Stockwerken herabhängenden Böden zu erreichen. Mancher tödliche Unfall ist bei diesen Arbeiten passiert. Andererseits war es interessant zu beobachten, wie lange sich ein sehr weit oben herabhängender Boden wohl halten würde, bis sich ein ganz mutiger Frierender dann doch in die Höhe wagte. Im Herbst 1946 hatte ein mächtiger Sturm die Wälder um München heimgesucht. Auch in der Nähe von Fürstenfeldbruck waren große Windbrüche. Ein Arbeitskommando der Firma wurde zu einer Holzaktion abgestellt. Mit einem schweren Holzgaser fuhren wir ein paar Wochen hinaus und brachten eine Menge Holz nach Hause.

Mein Schwiegervater führte für die Post ein Arbeitskommando, das im Forstenrieder Park zur Holzaktion abgestellt war. Er brachte die als Abfall deklarierten Wipfel Stück für Stück mit der Trambahn nach Hause und gewann auf diese Weise einen kompletten Gartenzaun.

Nach und nach hatten die Menschen nun auch wieder den Wunsch nach gesellschaftlichen Ereignissen. Man versuchte, an die früheren Tanzveranstaltungen anzuknüpfen. Da gab es einen Stehgeiger, ein dürres schmächtiges Bürschchen in alter Militäruniform, der hat mit seinen paar Mann eine Musik hingelegt, daß wir alle ganz entrückt waren. Die damals gängigen »Amischlager«, dazu »erlaubte« alte deutsche Ohrwürmer – wir schwebten nur so über die Tanzflächen. Und dann auch immer die Vorstellung eines anderen Kleides, ob nun geändert oder umgefärbt, das war schon was!

»Radio München«, ein Sender der Militärregierung, begann nun auch regelmäßig, ein Programm auszustrahlen. Neben den Nachrichten war eine besonders beliebte Sendung »Die Zehn der Woche«. Da wurden alle die Schlager gespielt, die am meisten gefallen hatten. Heute sagt man Hitparade. Wer erinnert sich nicht an »Coca Cola«, »Don't fence me in«, »Icecream« oder – schon mit deutschem Text – »Es hängt ein Pferdehalfter an der Wand« und vieles mehr? Als Pausenzeichen wählte der Sender die Melodie »Solang der Alte Pe…«; das »…ter« ließ man weg. Es sollte daran erinnern, daß der Alte Peter völlig zerstört war.

Ein Teil des gesellschaftlichen Lebens von Hadern spielte sich im Turnverein und auf dem Fußballplatz ab. Recht viel anderes gab es ja sowieso nicht. Das Vereinsleben entwickelte sich so rege, daß man daran denken mußte, bessere Sportmöglichkeiten zu schaffen. Nicht nur die fliegergeschädigte Turnhalle sollte in Ordnung gebracht werden, auch der Fußballplatz war wichtig und mußte spielfähig erhalten bleiben. Man überlegte sich in der Vorstandschaft, daß diese großen Aufgaben nur dann gelöst werden könnten, wenn man bekannte Haderner Bürger in den Vorstand brächte. Als wichtigsten Mann betrachtete man Ludwig Hunger, von dem man annahm, daß er wegen seiner Möglichkeiten der richtige Vorstand sein würde. Am 10. April 1948 wurde er im Gasthaus Hutter durch 81 versammelte Mitglieder einstimmig zum Vorstand gewählt. 2. Vorstand wurde Georg Anthuber, 1. Kassier meine Schwester Josefine Schneid und zum 1. Schriftführer wählte man mich. Damit begann eine Tätigkeit für mich, die ich 26 Jahre lang in dem Bestreben ausfüllte, dem Verein nach besten

Kräften auf seinem Weg zu heutiger Größe zu dienen. Von da an spielte sich ein Teil meines – ja unseres – Lebens im Turnverein ab. Viele Bekanntschaften, Freundschaften entwickelten sich, die sich bis heute erhalten haben.

Der 9. November war ein schwarzer Tag für uns. Die Firma Hunger war in die Demontage-Liste aufgenommen worden. Es kam ein Brief, der uns diese Nachricht übermittelte. Das war für unseren Chef das Schlimmste, was er erleben konnte. In seiner Ansprache zum 65. Geburtstag führte er aus: »*... wenn nach Jahren der Sorge und Aufbau des Erfolges, des Glücks, nach dem Vorübergehen des grausamen Krieges, nachdem alles sich wieder einigermaßen zu normalisieren begann, wenn es dann plötzlich heißt, du mußt deine gesamten Maschinen hergeben (...)*«.

Wer Ludwig Hunger kannte, der wußte, daß man so nicht mit ihm umgehen konnte. Die Firma hatte kein einziges Stück Rüstungsgut fabriziert, und der Chef war niemals Parteigenosse gewesen. Das betrachteten wir als gute Grundlage für einen Erfolg beim Kampf um Streichung aus der Demontage-Liste. Kurz und gut, wir haben den Kampf aufgenommen, haben monatelang nichts anderes getan, als von früh bis spät Briefe zu schreiben. Wir hatten ja die Adressen von maßgebenden Firmen aus unserem Kundenkreis, und so bekamen wir über 1000 Protestbriefe von Automobilfabriken, Baufirmen, landwirtschaftlichen Betrieben, von Großwerkstätten, Industrie- und Handelskammern und von allen möglichen Stellen, die bestätigten, daß wir ein lebenswichtiger Betrieb sind, daß die Reparatur von Landmaschinen und Fahrzeugen, um die es damals besonders ging (Ernährung und Transport, Wiederaufbau) ohne »Hunger«-Reibahlen nicht möglich sei. Alle diese Briefe mußten fotokopiert werden – mit dem damals zur Verfügung stehenden Naßverfahren eine langwierige Arbeit. Wie in einer Großwäscherei die Handtücher, so hingen im technischen Büro die nassen Kopien zum Trocknen an der Leine. Aber unser Einsatz lohnte sich: Die vielen Briefe, die Vorsprachen des Chefs bei allen befaßten Stellen in München, in Frankfurt und in Essen führten dazu, daß ein Jahr später die Glücksbotschaft mit der Streichung von der Liste eintraf. Ein Stein fiel uns vom Herzen.

Anfang Februar 1947 kam die behördliche Anordnung, den Betrieb wegen Strommangels einzustellen. Infolge der großen Kälte und des Mangels an Kohle wurde die Stromversorgung immer schlechter. Es zeigte sich kein anderer Ausweg, als die meisten Produktionsstätten vorerst zu schließen. Abgesehen von geschäftlichen Belangen, denen diese Maßnahme in keiner Weise günstig war, kam es natürlich auch zum Verdienstausfall für den einzelnen Beschäftigten. Es gab eine geringe Kurzarbeiterunterstützung, aber die reichte für die meist vielköpfigen Familien oft nicht aus. Mein Onkel setzte sich deswegen für einen Härteausgleich ein, der als Zuschuß durch die Firma geleistet wurde. Nach einem Schlüssel, der die Höhe des Verdienstausfalles und die Personenzahl der Familie berücksichtigte, wurde die Höhe der Sonderzahlung berechnet. Diese Regelung fand volle Zustimmung. Eine streng vertrauliche Umfrage über die Bedürftigkeit ergab, daß jeder ehrlich und vernünftig war und nur dann den Zuschuß erbat, wenn er ihn auch wirklich dringend brauchte.

Während dieser ungewollten Freizeit wurde viel Eisstock geschossen. Es versteht sich, daß unter den 100 Beschäftigten auch Leute waren, die es verstanden, eine Eisbahn zu machen. Schnee und Kälte gab es ja seinerzeit stets im Überfluß. Im Fabrikgarten und auch anderswo entstanden prima Eisbahnen, und stundenlang konnte man hören: »Wer hat?« Später, als der Strom wieder da war, wurde auch noch eine Beleuchtung installiert und bis spät in die Nacht gespielt.

Eines der wichtigsten Themen Anfang 1948 war noch immer die Beschaffung der lebensnotwendigen Dinge. Wer bei der Firma Hunger arbeitete, hatte da gewisse Vorteile. Ich möchte zu diesem Thema Auszüge aus einem Chronikbericht vom 11. Februar 1948 zitieren, der überschwenglich aus der damaligen Stimmung heraus verfaßt worden ist:

»›*Gemischtwaren*‹ *– Innerhalb der Firma wird ein Kaufhaus eröffnet. (...) Ganz so ist es gerade*

Feier des 25jährigen Firmenjubiläums, 11. Dezember 1947

nicht. Es handelt sich vielmehr um ein neues Verteilungssystem, das der Chef heute Mittag in einer Ansprache bekannt gab. Schon seit längerer Zeit bekommt die Firma Waren des täglichen Gebrauchs herein, was gerecht unter die Belegschaft zu verteilen immer ein gewisses Problem war. (...) Diese Wareneingänge bedeuten weder eine Schiebung noch Kompensation, sondern lediglich eine Anerkennung seitens unserer Kundschaft für unsere prompten Lieferungen. Nun hatte der Chef ein Verteilungssystem ausgearbeitet und mit dem Betriebsrat besprochen, das vor allem denjenigen belohnt, der seine Arbeitskraft in weitgehendstem Maße der Firma zur Verfügung gestellt hat. Herr Hunger führte in seinem Vortrag aus, daß er mit Genugtuung und Freude dem Zeitpunkt entgegengesehen hatte, der die Eröffnung unseres ›Kaufhauses‹ bringen sollte. Nun endlich ist es soweit. (...) Seine Ausführungen sowie das Verlesen der ersten Warenliste wurden mit großem Applaus entgegengenommen. Der Chef wies auch noch auf die in Aussicht stehenden Eingänge aufgrund des Export-Bonus[1] hin, die sich leider durch die mehr als schleppende Behandlung seitens der Behörden immer wieder verzögerten.

Nun kann jeder Arbeitskamerad darangehen, seinen Kaufantrag auszuschreiben und das Schöne dabei ist, daß es sich nur um reine Friedenspreise handelt. Man fühlt sich in normale

[1] Eine kurze Erklärung zum Export-Bonus. Wer Auslandslieferungen tätigte – und wir gehörten dazu –, bekam Bonusscheine, deren Gegenwert in Importware verrechnet werden konnte. Die Waren konnten in München besichtigt und ausgewählt werden. Zusammen mit Frau und Herrn Hunger gehörte es zu meinen Pflichten, mich um die Auswahl dessen zu kümmern, was abgenommen werden sollte.

Kinderfest auf dem Firmengelände, 1946

Zeitverhältnisse versetzt, wenn man seinen Kontostand betrachtet und dann ausrechnet, ob man sich noch ein Paar Hosenträger leisten kann. (...) So ist das neue System wirklich ein Idealzustand und vor allem ***ein Strich durch den Schwarzen Markt****. Denn bei der Firma Hunger kaufen wir einen Kamm zu 40 Pfennig und nicht mehr ›hintenrum‹ zu 10 oder 12 Mark.«*

Es war ein rechtes Abwägen, nehmen wir diesmal die Bettwäsche oder vielleicht Tischdecken, was ist den Abnehmern wichtiger. Jedenfalls waren es phantastische Dinge, die das Angebot in unserem »Kaufhaus« großartig erweiterten.

Ich weiß, meine Ausführungen über Essen und Trinken häufen sich, aber es war damals so, daß es kaum Wichtigeres gab als eben dieses. Am Josefitag, damals noch Feiertag, wurde die Belegschaft zu einem großen Essen eingeladen. Pünktlich um 12 Uhr fand sich die Betriebsfamilie im Speisesaal zusammen. Das Essen war, wie immer bei solchen Gelegenheiten, wundervoll und reichlich. Es gab sogar schon den ersten Grünen Salat und Starkbier. Unsere Musikanten würzten die Speisen mit heiteren Melodien. Damit die Namenstagskinder gebührend gefeiert werden konnten, gab es zum Nachtisch noch Kognak, die Männer erhielten Zigaretten, auch die Frauen »durften eine rauchen«.

Das zwanglose Beisammensein war sehr genußvoll, und die Tafelrunde löste sich nur langsam auf, um teils auf den Fußballplatz und teils nach Hause zu wandern.

Anni Kalb

Die Wirtin von Siebenbrunn

Die Überlebenden der vielen, vielen Fliegerangriffe der Alliierten rechneten seit Ende April damit, daß die Amerikaner jeden Tag in München einmarschieren würden. Wir verbarrikadierten schon alles im Falle eines Widerstands einiger Nazis, die bereits seit dem frühen Morgen an der Thalkirchner Isarbrücke kampfbereit standen und die Amerikaner von der Überfahrt abhalten wollten, vielleicht sogar bereit waren, die Brücke zu sprengen. Wir, die wir herüberhalb der Brücke wohnten, hatten schon unsere wenigen noch übriggebliebenen Sachen in den selbstgebastelten Bunker getragen, denn wenn die Amerikaner schießen sollten, würden sie uns treffen. Als wir angstvoll der Dinge harrten, die da kommen sollten, kam Direktor Heck vom Tierpark zu uns herüber und fragte, ob bei uns alles in Ordnung sei. Auch ihm lag viel daran, daß die Amerikaner beim Überqueren der Thalkirchner Isarbrücke nicht gehindert oder gar beschossen werden würden, denn ihm war bange um seine Tiere. Und so hofften wir halt alle, daß es ohne Gefecht abginge. Auf einmal kam ein Mann ganz außer Atem zu uns gerannt und sagte, daß beherzte Thalkirchner die Nazis von der Brücke gejagt hätten und jetzt selbst auf der Brücke stünden, um den Amerikanern eine reibungslose Überfahrt zu gewähren. Uns allen ist ein Stein vom Herzen gefallen. Im nächsten Moment fuhr schon ein Jeep durch unseren Wirtsgarten, alle schrien: »Sie kommen, sie kommen«, und dann fuhr Jeep um Jeep an meinem Gartentürl vorbei. Viele Leute und Kinder standen jetzt am Straßenrand und warteten, bis die Amerikaner Schokolade und Kaugummi aus ihren Autos warfen, den viele Kinder bis dahin noch gar nicht kannten. Erst jetzt, als es keine Fliegerangriffe mehr gab, hatte ich Zeit, noch einmal die Kriegsjahre an mir vorüberziehen zu lassen. Ich weinte um meine Stiefmutter und Stiefschwester, die beide im Bunker ums Leben gekommen waren, und um meinen Bruder. Sie haben ihn mit 18 Jahren noch kurz vor Kriegsende eingezogen, gleich nachdem er seine Lehre abgeschlossen hatte. Er wurde 1945 als Fallschirmspringer abgeschossen. Mein Onkel Schorsch ist in russischer Gefangenschaft verhungert. Auch meine beiden Schwiegereltern konnten wir nicht mehr aus der Evakuierung heim holen und den Frieden mit ihnen feiern. All diese Gedanken gingen mir in diesen Stunden durch den Kopf.

Dann kamen alle meine Nachbarn zu mir rüber, wollten sich mit mir freuen, daß der Krieg zu Ende ist, fielen mir um den Hals und weinten vor Freude. Ich selbst konnte eigentlich gar nicht so begeistert sein, daß die Amerikaner unser schönes Bayern besetzten. Ich mochte sie alle nicht leiden und mußte erst mit meinen Gedanken ins Reine kommen. Ich war seelisch gebrochen, mußte so herzerschütternd weinen und spürte, wie weh mir dieses Geschehen tat. Ich mußte mich mit Gewalt losreißen, um auf andere Gedanken zu kommen: »Anni, das Leben geht weiter!«

Als erstes ging ich rüber in die ehemalige Gaststätte Siebenbrunn, die bei den Fliegerangriffen der Alliierten viele Treffer abbekommen hat. Während des Kriegs waren dort Kriegsgefangene einquartiert gewesen, die nun von den Amerikanern befreit worden waren. Nun stand das Haus leer, und in diesem Moment faßte ich den festen Entschluß, diese ehrwürdige Waldwirtschaft mit

---

Anni Kalb
Geboren 1912, Lehre bei Hermann Tietz und Alois Dallmayr. Beschäftigung in der elterlichen Gaststätte, Kassiererin auf dem Oktoberfest. Heirat 1940, nach Kriegsende Wirtin in einer Ausflugsgaststätte, ab 1953 mit Ehemann als Schaustellerin unterwegs, Witwe seit 1969. Verfasserin von Mundart-Gedichten und Münchner Stadtgeschichten.

Das Gartenhäusl – eine Notunterkunft –, daneben die ausgebrannte Waldgaststätte

Hilfe meines Vaters wieder aufzubauen. Durch den Tod seiner Frau und seiner Tochter stand er ja auch vor dem Nichts, weil er seine Gaststätte, die »Hundskugel«, nicht mehr allein bewirtschaften konnte.

Als am nächsten Morgen Direktor Heck mit seinen Mannen mit Pickel und Schaufel anfing, im Hause Siebenbrunn Ziegelsteine zu entnehmen, ist mir mein Mut schnell vergangen. Noch dazu sagte er zu mir, daß dieses Gebäude abgerissen würde, weil es sich nicht lohne, es wieder aufzubauen. Darum hole er sich jetzt die Ziegelsteine, um die Ställe für die Tiere zu reparieren. Als er aber meine Tränen in den Augen sah, fragte er mich, warum ich so enttäuscht dreinschauen würde. Ich sagte ihm, daß ich eigentlich dieses Haus selbst wieder instandsetzen und die Gaststätte wieder in Betrieb nehmen wollte. Nun war er enttäuscht. Doch dann kam ein weiser Entschluß von ihm: Wenn mein Vater ihm beim Wiederaufbau seiner Ställe behilflich wäre – er wußte, daß mein Vater außer Gastwirt noch Zimmerer war –, dann würde er von seinem Vorhaben absehen. Darauf einigten wir uns, und nachdem das Liegenschaftsamt und die Spatenbrauerei die Genehmigung dazu gaben, konnte ich mit Volldampf daran gehen, meinen Plan zu verwirklichen.

Als erstes mußte das Dach wieder eingedeckt werden, aber woher sollte ich die Dachziegel nehmen? Mein Vater wußte, wo er welche bekommen konnte. Er kannte nämlich einen Ziegelei-Besitzer, dem er auch einmal in der Not ausgeholfen hatte. Wir hatten Glück! Doch die Ziegel konnten nur mit der Bahn bis zum nächstgelegenen Güterbahnhof Solln transportiert werden. Wie sollte ich sie nach Siebenbrunn bringen? Wiederum ging ich zu meinem Nothelfer, Herrn Heck. Er war sofort bereit, mir zu helfen und gab mir zwei Pferde, einen Wagen und einen Fahrer. Er wollte wieder eine Gegenleistung dafür, und zwar Dachziegel für zwei Ställe – eine Hand wäscht die andere. Am Sollner Bahnhof angelangt, mußten wir erst einmal allen Leuten, die unsere Dachziegel plündern wollten, erklären, daß die Ziegel uns gehörten und wir sie selbst für ein beschädigtes Dach bräuchten. Wir mußten mit dem Aufladen sehr schnell sein, denn immer wieder kamen Leute und wollten uns die Ziegel abspenstig machen, denn Dachplatten fehlten an allen Häusern und waren Mangelware.

Vor der Gaststätte warteten bereits unsere Nachbarn zum Helfen. Herr Heck schickte uns zur Freude aller einen großen Topf mit Gulasch, zu dem wir uns nicht zwei Mal einladen ließen. Nach dem Essen stellte sich heraus, daß das Fleisch von einem Wasserbüffel war, der notgeschlachtet werden mußte. Darüber mußten wir alle unbändig lachen, und mit lauter Gaudi hatten wir bald unser großes Dach eingedeckt. Wir freuten uns wie die kleinen Kinder und waren richtig stolz auf unsere Arbeit.

Mein Vater baute und reparierte dann im Tierpark die Ställe, damit auch wir unser Versprechen einlösten. Ich selbst ließ keinen Tag verstreichen. Es boten sich Helfer an. Doch wo sollte ich Lebensmittel herbekommen, um sie zu versorgen? Es blieb nichts anderes übrig, als hamstern zu gehen, bis ich einen Bauern kennenlernte, der mir Fleisch, Butter, Milch, Gemüse und Obst gegen Bezahlung überließ. Dadurch konnte ich meine Helfer mit einem kräftigen Mittag- und Abendessen versorgen, damit sie wieder zu Kräften kamen und keine Schwammerl in den Knien hatten.

Nachdem mich die Spatenbrauerei und das Liegenschaftsamt bei der Wiederherstellung der Gaststätte unterstützten, so gut sie konnten,

Die Wirtin von Siebenbrunn

holte ich mir aus den Trümmern alles, was noch verwendbar war. Ich setzte es Stück für Stück zusammen und hoffte, daß ich von der Militärregierung die Lizenz dafür bekam, Flaschenbier zu verkaufen. Leider war das anfangs nicht möglich, denn die Brauereien mußten auch erst einmal die Brauerlaubnis haben, die gab es zunächst nur für Dünnbier. Weil die Brauereien noch nicht liefern konnten, holte ich mit meinem Radl ein Tragl Dünnbier, wenigstens für meine Helfer. Ich hatte drei ehemalige Soldaten aus Berlin, die aus der Gefangenschaft entlassen worden waren und mich baten, dableiben zu dürfen, bis sie das Fahrgeld beisammen hatten.

Von der Militärregierung erhielt ich schließlich die Genehmigung, daß ich meine Gaststätte eröffnen durfte. Zuerst mußte ich zum Bezirksinspektor, denn die Militärregierung hatte neue Vorschriften bei der Eröffnung eines Geschäftes. Ich mußte folgende Ausweise vorzeigen: den Nachweis der Berufsausbildung, die Kennkarte, mein Leumundszeugnis, den Nachweis des Einwohnermeldeamtes und des Finanzamtes, erst dann bekam ich die Lizenz dafür, die Gaststätte zu führen.

Bald traf die Nachricht ein, daß die Brauereien Bier verkauften, nur noch nicht liefern konnten. Also ging ich wieder zu meinem Helfer in der Not, Herrn Heck, und bat ihn um ein Pferdefuhrwerk mit Fahrer. Wieder war er bereit, mir zu helfen. Als wir in der Spatenbrauerei ankamen, gab es nur fünf Träger mit Dünnbier. Vorerst wurde alles kontingentiert, damit jeder etwas bekam. Wenigstens hatten wir einen frischen Vorrat für unsere Arbeiter. Doch er reichte nicht lange. Eines Morgens standen sechs Männer in amerikanischer Uniform vor der Tür, die mir befahlen, den Bierkeller aufzusperren. Sie nahmen mir mein ganzes Bier und sagten, die Militärregierung würde es bezahlen. Wie sich später herausstellte, waren es gar keine Amerikaner, sondern Franzosen. Die Rechnung wurde natürlich nicht beglichen.

Als ich am nächsten Tag meinen Bierkeller wieder aufgefüllt hatte, schlichen zwei amerikanische Militärpolizisten um die Gaststätte herum. Mein erster Gedanke war: Hoffentlich wollen die nicht auch meinen Bierbestand plündern. Als ich wissen wollte, was sie zu mir führte, fragten sie mich sehr höflich, ob ich eine »bottle beer« verkaufe und ob sie es in der Gaststube trinken dürften. Ich ließ sie in meine Wirtsküche herein und gab jedem eine Flasche Bier. Als ich dafür 1,50 RM verlangte, gab mir jeder eine Schachtel Zigaretten. Ich ließ es gelten und freute mich, daß ich ein so gutes Geschäft gemacht hatte. Am nächsten Abend kamen schon vier Soldaten um Bier, das waren dann weitere vier Packerl Chesterfield. Sie waren alle sehr anständig zu mir, ich unterhielt mich mit ihnen, so gut ich eben noch englisch konnte. Meine paar Tragerl Bier reichten bald nicht mehr aus, jetzt standen schon sechs Amerikaner in meiner Küche, und ich mußte für Nachschub sorgen. Also ging ich wieder zur Spatenbrauerei und bettelte beim Inhaber um einige Hektoliter Bier, angeblich für den Wiederaufbau der Gaststätte. Ich hatte noch einige Packerl Chesterfield; die steckte ich in der Brauerei verstohlen jedem zu und bekam fünf Fässer Dünnbier. Dann fuhren wir wieder heim. Die ganze Nachbarschaft, die Arbeiter vom Tierpark, die Gärtner von der Schönstraße, alle warteten mit Krügen und Eimern in der Hand auf das erste Dünnbier vom Faß nach dem Krieg. Wir zapften das Faß an, jeder nahm gleich einen

Das erste Faß Dünnbier ist angekommen

richtigen Schluck und sagte: »Kalbin, Du bist unsere Wirtin. Du hast uns das erste Bier vom Faß im Frieden gebracht.« Somit war unsere Gaststätte eröffnet. Die zwei Pferde, die uns so tapfer von der Spatenbrauerei bis zur Wirtschaft gezogen hatten, brachte ich persönlich Herrn Heck zurück und bedankte mich mit einer frischen Maß vom Faß. Er nahm einen Schluck und sagte, daß er sich während des ganzen Kriegs auf diesen Moment gefreut hätte.

Als sich herumsprach, daß es an den Sonntagen Kartoffelknödel mit Soße gab und sich jeder einmal in der Woche damit satt essen konnte, kamen immer mehr Gäste. Ich mußte den großen Raum ausbauen. Aus allen Stadtvierteln kamen Jung und Alt zusammen, bei schönem Wetter war auch der Garten voll besetzt. Und wenn dann noch einer auf einem Musikinstrument aufspielte, war es keine Seltenheit, daß alle mitsangen. Zur Brotzeit gab es geräucherte Blutwurst mit Senf. Nach einer zweiten Vergrößerung gab es eine Speisekarte: selbstgemachte Nudelsuppe, Schweinebraten mit Kartoffelknödel und Salat, den die Gärtner lieferten. Zur Freude aller gab es auch Radieserl.

Sogar amerikanische Familien kamen von Harlaching herüber, wo sehr viele Villen von Deutschen für die Amerikaner geräumt werden mußten. Sie reihten sich unter unsere Gäste ein und fühlten sich sichtlich wohl, ja verbrüderten sich sogar mit den Deutschen.

Das Leben ging weiter.

Die Waldgaststätte in neuem Glanz nach dem Krieg

Manfred Berger

»Die Chance der Ruine nutzen«

Das Münchner Waisenhaus

Das Waisenhaus der Stadt München in Neuhausen war am 11. und 13. Juli 1944 von amerikanischen Bombern zerstört worden. Elf Schwestern des Ordens der Englischen Fräulein, der Hausgeistliche und 20 Passanten von der Straße, die im Keller Schutz gesucht hatten, lagen unter den Trümmern begraben. Heimkinder waren nicht unter den Opfern, da diese sich in Bad Wiessee aufhielten. Von dem schönen, prächtigen Neubau blieb nur der Nordflügel, der »Knabentrakt«, verschont. Alles andere war Ruine.

Eine trostlose Situation. Trotzdem mußte es weitergehen, denn viele Kriegswaisen und familienlose Kinder und Jugendliche waren auf Unterbringung und öffentliche Versorgung angewiesen. Das zerstörte Haus sollte rasch wieder aufgebaut werden. Dafür gab die amerikanische Besatzungsmacht eine großzügige Spende. Doch zunächst galt es, einen geeigneten Heimleiter zu finden, da der alte wegen seiner Zugehörigkeit zur NSDAP nicht mehr eingesetzt werden durfte. Im Sommer 1945 begegnete Andreas Mehringer auf der Suche nach einer neuen Arbeit der damaligen Leiterin des Jugendamtes, Dr. Elisabeth Bamberger (1890–1984), die ihm die Leitung des »verwaisten« Waisenhauses anbot. Rückblickend schrieb er:

»Ich kannte es schon, das Waisenhaus am Nymphenburger Kanal gegenüber dem Schloß. Als ein an solchen Aufgaben interessierter Student hatte ich die Erlaubnis für eine Besichtigung bekommen. Das war 1935. Durch den gepflegten Rosengarten war man in das riesengroße Haus gelangt; zunächst in das prächtige Vestibül mit den hohen Stiftertafeln mit der ungeschriebenen Weisung: Eingang für Kinder und Dienstboten rückwärts. Der ›Waisenhausvater‹ führte mich durch die blitzsauberen Flure an den verschiedenen Saaltüren vorbei in den Saal der großen Mädchen. Sie handarbeiteten. Beim Eintritt erhoben sie sich und begrüßten mich mit höflichem Kopfnicken.(...) Sie waren gleich gekleidet (hellgrauer Nadelstreifen mit Halskrägelchen) und gleich frisiert (mit einem kleinen Schopf). Während der Direktor mit mir sprach, blieben sie lautlos stehen. Die Szene wiederholte sich in den anderen Sälen. Da waren jeweils an die 40 Kinder, gruppiert nach Geschlecht und Größe, wie gut disziplinierte Schulklassen, wenn der Schulrat kommt. Alles furchtbar ordentlich, sauber, schön vorzeigbar – zu schön, um wahr zu sein. Das war die alte Anstalt. Kein Heim.

Das erste, was zu sehen war, als ich nun im September 1945 in der Waisenhausstraße 20 den Dienst antrat, war der alte Hausmeister Meier. Er schaufelte gerade einen der vielen Bombentrichter im großen Heimgelände zu.(...)Erst im Frühjahr 1947 war der Knabentrakt des Waisenhauses notdürftig restauriert, wir zogen mit einem Rest von Kindern ›heim‹. Aber wie sollte es weitergehen?«[1]

Ja, wie sollte es weitergehen? Wiederaufbau des alten Hauses? Oder einen Neubau wagen? Diesbezüglich entwickelte sich eine harte Diskussion. Vertreter der Stadt und die Schwestern vom Orden der Englischen Fräulein, die im Heim das Sagen hatten, plädierten für einen Wiederaufbau des alten Hauses. Demgegenüber setzten sich Andreas Mehringer und einige weltliche Mitarbeiter für einen Neubau ein. Sie wollten

Manfred Berger
Geboren 1944 in München, Lehre als Starkstromelektriker. Studium der Sozialpädagogik und Erziehungswissenschaften. Seit 1976 in Dillingen/Donau. Gründer des Ida-Seele-Archivs zur Erforschung der Geschichte der Sozialarbeit.

[1] Mehringer, Andreas; in: Pongratz, L.J. (Hg.); Pädagogik in Selbstdarstellungen, Bd. IV, Hamburg 1982, S. 130.

Im Hintergrund das zerstörte Waisenhaus, 1944

nicht mehr die Anstaltserziehung alter Prägung aufleben lassen:

»Nein, ein ganz anderes Leben mußte hier einziehen. Schon rein baulich mußten jetzt die Voraussetzungen geschaffen werden. Die Gelegenheit war günstig; es galt, die Chance der Ruine nutzen.«[2]

Der Waisenhausdirektor erläuterte seine Vorschläge ausführlich in einer Denkschrift:

»In einer Zeit, in der besonders viele Kinder in Not sind und Hilfe brauchen, hat der Krieg von unserem großen Waisenhaus der Stadt München nur noch eine Ruine übriggelassen. So schwer der Verlust dieses Hauses auch ist, die Ruine gibt uns die Chance eines Neubaues und damit einer beispielgebenden Überwindung der alten Anstalt. Die alte Waisenhausanstalt stellt die rückständigste aller pädagogischen Formen dar – in ihrer Ähnlichkeit mit der Kaserne. Auch wenn in anderen Städten und von freien Verbänden jetzt nach dem Krieg da und dort im alten Stil wiederaufgebaut wird: Die Landeshauptstadt sollte den Ehrgeiz und den Mut haben, in der Versorgung familienloser Kinder jetzt einen Schritt nach vorn zu tun, nicht neu alt zu bauen, nicht zu restaurieren, sondern wirklich neu zu bauen.«[3]

Andreas Mehringer wollte die »Reform der Anstalt« realisieren: Verkleinerung der Gruppengröße; alters- und geschlechtsgemischte Grup-

[2] Mehringer, Andreas; Heimkinder. Gesammelte Aufsätze zur Geschichte und Gegenwart der Heimerziehung, München 1976, S. 37.
[3] Ebenda.

Die Englischen Fräulein wollen die Einteilung in reine Mädchen- und Jungengruppen nicht aufgeben, ca. 1946

pen; eigenständige Gruppen; familienähnliche Strukturen; die Aufnahme von vernachlässigten, milieugestörten, unehelich geborenen Kindern, auch sog. Hilfsschülern, Bettnässern usw.; eine gute personelle Besetzung, um die individuelle Betreuung der Kinder zu gewährleisten; feste Bezugspersonen für die Kinder.[4]

Andreas Mehringer ging bei seinen Überlegungen von dem Gedanken aus, daß die Familie als Vorbild der natürlichen Erziehungsgemeinschaft zwar nicht ohne weiteres und uneingeschränkt auf die Heimerziehung übertragbar sei, jedoch einige wesentliche Wirkfaktoren von der Familie durchaus übernommen bzw. vom Heim mit seinen Mitteln und Bedingungen sozusagen »nachkonstruiert« werden können.

Die Überlegungen und Forderungen des Direktors waren damals neu, geradezu revolutionär, obwohl er u.a. auf Ansätze des großen schweizerischen Pädagogen Johann Heinrich Pestalozzi und der Diakonissenmutter Eva Tiele-Winckler zurückgriff. Diese hatten gefordert, daß die öffentliche Erziehung ebenso wie die Familienerziehung den »Gesetzen der Wohnstube« zu folgen habe.

Von vielen wurde Mehringers Vorhaben als gefährliches Experiment angesehen. Ihre Einwände bezogen sich zum einen auf die höheren Kosten, die dadurch entstünden, und zum anderen auf die Koedukation, also auf die gemeinsame Erziehung von Mädchen und Jungen, der man sehr ängstlich gegenüberstand. Mehringers reformerische Absichten wurden sogar als »extremer Radi-

[4] Mehringer, Andreas; Reform der Anstalt, in: Unsere Jugend, 1949, Heft 1; S. 12ff.

Das neue Haus wurde 1951 fertig

kalismus« bezeichnet. Ferner vertraten einige die Ansicht, daß die Anstalt neben der Familie weiterhin ihren »absoluten Eigenwert« haben müsse. Demgegenüber hob Mehringer immer wieder die deutlichen Nachteile der kasernenartigen Anstaltserziehung hervor.

In mühevolle Kleinarbeit versuchte der Waisenhausdirektor, die Verantwortlichen von seiner Reformidee zu überzeugen. Die Ordensfrauen hielten jedoch weiterhin an einem Wiederaufbau fest und drohten mit der Kündigung, falls sich die Idee des Waisenhausdirektors durchsetzen würde. Mit knapper Mehrheit entschieden sich die Stadtvertreter für einen Neubau und damit für Mehringers Konzeption.

Im September 1949 wurde mit dem Neubau des Südflügels begonnen. Und schon 1951 stand das neue Haus mit den ersten Familiengruppen. Anläßlich des 20jährigen Jubiläums des städtischen Waisenhauses erinnerte sich Andreas Mehringer an den Anfang:

»Das neue Haus wurde gebaut. Kein Speisesaal, keine Schlafsäle mehr, sondern zehn große Wohnungen. Jede hatte zwei Wohnzimmer, einige Schlafzimmer, die nötigen Nebenräume für Buben und Mädchen, sogar eine kleine Küche. Das Wichtigste fehlte nicht: Die Türe zum Zumachen und die Glocke. Jetzt mußte man läuten, wenn man vom Spielen heimkam, und auch jeder Fremde mußte jetzt schön brav läuten, bevor er

Der »Waisenhausvater« zu Besuch in einer Familiengruppe, ca. 1952

herein durfte. (…) Am 1. Oktober zogen wir ein. Die ›Mütter‹ von damals haben ihre soziale Arbeit nicht als einen Job wie jeden anderen betrachtet. Etwas von dem Geist lebte in ihnen, den eine alte italienische Kinderdorfmutter einmal so ausdrückte: ›Nun endlich einmal Schluß mit dem Wort orfano (Waisenkind)! Kinder sollen sie heißen und sein, denn sie haben jetzt eine Mutter, und diese Mutter bin ich.‹ Wenigstens etwas von einem Zuhause war den Kindern nun gegeben. Zuhause ist man dort, wo man bleiben darf, auch wenn man böse gewesen ist, und zuhause ist man da, wo man bleiben darf, auch wenn man größer wird.«[5]

Großer Wert wurde auf das Eigenleben der Gruppen gelegt. Sie waren unterschiedlich eingerichtet, jede Gruppe hatte ihren speziellen Tagesrhythmus und ihre eigene Form des Zusammenlebens.

Die Schwestern der Englischen Fräulein wollten und konnten vor allem die koedukative Erziehung nicht mittragen. Der Orden der Englischen Fräulein kündigte das Vertragsverhältnis mit der Stadt zum 31. März 1952.

Unter der Führung Mehringers avancierte das neue Heim-Modell zum Vorbild vieler Heimeinrichtungen in der Bundesrepublik, aber auch im Ausland. Eine ständig steigende Zahl von Besuchern und Nachahmern aus dem In- und Ausland waren Ausdruck des Erfolgs. Für die angehenden Erzieherinnen und Erzieher an den damaligen Fachschulen war es geradezu Pflicht, das Waisenhaus in München zu besichtigen.

Im April 1957 wurde der große Mitteltrakt fertiggestellt, der den alten Nordflügel mit dem 1951 fertiggestellten Südflügel verband. Drei weitere Familiengruppen kamen hinzu sowie ein großer Festsaal mit rund 200 Sitzplätzen, eine Bibliothek, ein Musik- und ein Besucherzimmer. Die ehemalige Ruine war zu neuem Leben erblüht, die Idee zur »Reform der Anstalt« erfolgreich in die Tat umgesetzt worden.

[5] Mehringer, Andreas; Vor 20 Jahren wurde das neue Waisenhaus eröffnet, in: Münchner Stadtanzeiger, 1971, Nr. 81, S. 4.

Andreas Mehringer, ca. 1950

Andreas Mehringer wurde am 10. März 1911 als jüngstes von vier Kindern in Bernloh/Miesbach geboren. Seine glückliche Kindheit endete mit dem frühen Tod der Mutter im Jahre 1918. Nach vier Jahren Schulbesuch wurde der intelligente Junge auf Anraten des Lehrers und Geistlichen in das von Benediktinern geleitete Knabenseminar nach Scheyern geschickt. Hier sammelte Andreas Mehringer seine ersten bitteren Anstaltserfahrungen.

1927 kam Andreas Mehringer nach Freising, wo er wieder in einem Knabenseminar lebte. Die beiden letzten Gymnasialjahre absolvierte er in Rosenheim.

Von 1929–1930 besuchte er die Lehrerbildungsanstalt in München-Pasing und war danach als Seminaranwärter auf dem Lande tätig. Ab 1931 immatrikulierte er sich an der Universität in München. Er studierte im Hauptfach Pädagogik. Parallel zum Studium arbeitete der junge Student als Präfekt in einem Kinderheim. Dort lernte er die ganze Härte der Anstaltsunterbringung kennen. Diese Erfahrung weckte in ihm den Wunsch, selbst einmal ein Heim zu leiten, um diese Art von »Erziehung« abzuschaffen. Sein Studium schloß Andreas Mehringer im Mai 1937 mit der Promotion über Pestalozzi ab.

Nach dem Universitätsstudium ging Andreas Mehringer als Lehrer nach Neuötting. Dort heiratete er. Seine ersten beiden Kinder wurden geboren. Durch für ihn günstige Bedingungen mußte er nicht in den Krieg ziehen. Aufgrund von Lehrermangel wurde er als Heimlehrer einer großen Fürsorgeanstalt in der Nähe von München »dienstverpflichtet«. Hier lernte Andreas Mehringer erneut die damaligen autoritäten Anstaltsstrukturen kennen.

1969 gab Andreas Mehringer die Leitung des weit über die Grenzen der Stadt hinaus bekannt gewordenen Waisenhauses ab. Heute lebt der »Reformer der Heimerziehung« in Solln, sich noch immer für die Rechte der Kinder einsetzend.

Erich Rupprecht

Die zweite Internationale Jugendkundgebung in München

(12.–18. Juni 1948)

»Ruf an die deutsche Jugend« – unter diesem Motto lud der Bayerische Jugendring in Verbindung mit vier Münchner Zeitungen: »Echo der Woche«, »Neue Zeitung«, »Münchner Merkur« und »Süddeutsche Zeitung« die Jugend der Welt zur zweiten Internationalen Jugendkundgebung ein. Harry Schulze-Wilde, der Chefredakteur des »Echo der Woche«, rief uns zu Beginn der Tagung zu: »Aber kein Kampf der Waffen gegen den Geist, sondern ein Kampf des Geistes gegen die Waffen!«

Da dieses Mal nicht nur die akademische und studentische Jugend, sondern Jugendliche aus allen Schichten und Ständen zusammenkamen, war für mich, der ich im Vorjahr nur Zaungast sein konnte, meine Teilname das wohl größte Nachkriegserlebnis. Acht Tage durfte ich mit Jugendlichen aus der ganzen Welt als Vertreter der Naturfreundejugend in der Zeltstadt hinter der Bavaria verbringen.

Bei dem Wort »Zeltstadt« muß ich an die vielen jungen Helfer denken, die es fertig gebracht hatten, innerhalb von drei Tagen 125 Zelte aufzuschlagen, und somit annähernd 1200 Jugendlichen aus aller Herren Länder eine Heimstätte für acht Tage zu schaffen. Diese Zeltstadt war in neun »Dörfer« eingeteilt, und jedes trug den Namen eines Mannes oder einer Frau, die für die friedliebende Menschheit längst ein Begriff waren. Hieß das eine »Dorf« »Mahatma Gandhi«, so war ein anderes den Geschwistern Scholl gewidmet.

Es war ein erhebendes Gefühl, zu erleben, mit welcher Selbstverständlichkeit und Toleranz die Freunde aus dem Ausland – selbst aus dem ehemals »feindlichen« Ausland – die dargebotene deutsche Hand ergriffen. Bald waren alle sprachlichen Hindernisse überwunden, und wenn einmal die Verständigung gar nicht klappen wollte, zeigte man mit Zeichensprache an, was man wollte. Aber wir verstanden uns ja alle, waren wir doch zusammengekommen, um Brücken zu schlagen von Mensch zu Mensch. Dieses Ziel begleitete alle Diskussionen und Zusammenkünfte.

Es war geradezu verwunderlich, mit welcher Offenheit die Jugend zu Problemen Stellung nahm, die von den Politikern nur mit größter Skepsis aufgegriffen wurden. Ich denke z.B. an eine Gruppe, die sich mit dem Thema »Antisemitismus« beschäftigte. Es wurde kein Blatt vor den Mund genommen; jeder gab seine Meinung kund.

Waren dann die einzelnen Arbeitsgruppen beendet, ging in den »Dörfern« das Debattieren erst so richtig an. Da saßen nun die holländischen und schweizerischen »Naturfreunde« mit den deutschen zusammen und tauschten Erfahrungen und Anregungen aus. Während im nächsten »Dorf« österreichische mit schwedischen Pfadfindern über ihre organisatorischen Sorgen und Nöte sprachen, diskutierten im »Dorf Mahatma Gandhi« indische Studenten mit italienischen über die Verordnung irgendeiner Universität.

Kaum etwas konnte diese Treffen stören, nur wenn die Stimme des »Dorfbürgermeisters« ertönte: »Essen fassen!«, schwirrten alle auseinander, und bald erfüllte ein freudiges Kochgeschirrklappern den alten, ehrwürdigen Park. Dank der großzügigen Spenden der ausländischen Freunde, vor allem der Schweden und Schweizer, konnte uns ein Verpflegungssatz verabreicht werden, um den uns so mancher außerhalb des

Erich Rupprecht
1926 in München geboren, 1940–43 Bäckerlehre, Arbeitsdienst bis Kriegsende, danach wieder als Bäcker tätig. Ab 1957 Landschaftsfotograf und seit 1965 bis zur Pensionierung 1988 im Bayerischen Nationalmuseum als Beamter. Von 1964–1994 ehrenamtlicher Heimatpfleger des Landkreises Fürstenfeldbruck.

Ausstellungsparks beneidet hatte. Ganz zu schweigen von den vielen kleinen Leckerbissen, die irgendwie den Weg über die Grenzen gefunden hatten.

Aber nicht nur für das leibliche Wohl hatten die Veranstalter gesorgt. Auch an das geistige und kulturelle Bedürfnis hatte man gedacht. Wenn abends in der Zeltstadt nicht gerade ein internationaler Singwettstreit stattfand, so konnte man Scharen junger Menschen, zum Teil in uns fremden, bunten Gewändern in die Stadt strömen sehen. Sie wollten an den noch existierenden Kulturstätten Zeugen deutschen geistigen Schaffens sein, das langsam wieder erwachte. Nur einige Veranstaltungen seien hier genannt: Die Oper »Die Kluge« von Carl Orff oder Carl Zuckmayers »Des Teufels General«. Aber nicht nur ernste Sachen wurden geboten. In der Aula der Universität konnten die ausländischen Freunde echten bayerischen Humor kennenlernen.

Als wir uns am Freitagabend noch einmal alle trafen, um in der neuen Ausstellungshalle des bayerischen Messegeländes Zeugen einer Aufführung von Beethovens Neunter Symphonie zu sein, saßen wir da und lauschten der herrlichen Musik. In unseren Gedanken zog noch einmal das Geschehen der letzten acht Tage vorüber. Hatten sie ihren Zweck erfüllt? Diese Frage stellten sich wohl viele in dieser Stunde. Wir wußten, auch wenn dieses Treffen sich zunächst noch nicht auf das Geschehen der Weltpolitik auswirkt, so sind wir doch eines Tages diejenigen, die die Geschicke dieser Erde mitbestimmen werden. Und wenn wir schon von klein auf lernen, den Anderen zu achten, in ihm nur den Menschen, nicht den Franzosen, Engländer oder Russen zu sehen, können wir eine weltumspannende, friedliche Zusammenarbeit der Menschheit in die Tat umsetzen, einen dauerhaften und gerechten Frieden schaffen.

THILDE UND WILLY SCHANZ

Die »Junge Mannschaft«

(Bearbeitetes Interview)

F: Sie kommen beide aus München. Sie, Willy, stammen aus einer sozialdemokratisch geprägten Familie?

W.S.: Man kann wohl sagen, daß ich in einem politischen Elternhaus aufgewachsen bin. In unserem Hause sind auch Menschen verkehrt aus der verbotenen Sozialdemokratischen Partei. Da waren einmal Leute da, die eine Weile in Dachau gewesen sind. Und ich spürte eben damals schon – da war ich ja noch ein Bub –, wie das so war. Wie diese Leute geschwiegen haben. Aus Angst. Und wie sie dennoch meinem Vater klar gemacht haben, was sie da erlebt hatten. Es war der Eindruck meiner Jugend dieser Jahre.

F: Und Sie sind 1945 auch gleich nach München zurückgekommen? Oder waren Sie in Gefangenschaft?

W.S.: Der Krieg ging für mich in Nordbayern zu Ende. Da kam ich in amerikanische Gefangenschaft. Die ersten vier Monate waren sehr bitter in Bad Kreuznach. Das war damals eines der größten Gefangenenlager, mit einer Million deutscher Gefangener. Dort habe ich den Sommer 1945 zubringen müssen. Ein großer Teil wurde dann von den Amerikanern noch entlassen, ein kleiner Teil nicht mehr, da war ich auch dabei. Als die Franzosen das Lager übernommen haben, gab es überhaupt keine Entlassungen mehr. Die Franzosen hatten zu Recht einen Haß auf uns, denn wir haben ja ihr Land besetzt und arm gemacht. Die haben uns dann zum Arbeiten in ihr Land geschickt. Ich mußte in einer Kaserne Kartoffeln schälen.

Ich bin im November 1945 geflüchtet, mit noch zwei anderen zusammen, und kam auch gut nach Hause zurück. Damit war meine Odyssee, die am 1. April 1939 mit einem halben Jahr Arbeitsdienst und dann dem Militär begonnen hatte, zu Ende. Und damit sechs gestohlene Jahre meines Lebens! Das muß man auch sehen. Das hat mich auch später immer begleitet, daß die Zeit einfach weg ist.

F: Sie und Ihre Frau hatten sich vor Kriegsbeginn schon kennengelernt?

W.S.: Wir hatten uns kurz vor Kriegsbeginn kennengelernt – 1939, kurz bevor ich von München wegging. Die Beziehung ging durch den ganzen Krieg hindurch. Als ich wieder nach Hause kam, habe ich anfangen können beim städtischen Gesundheitsamt.

Nachdem eine gewisse Stabilität eingekehrt war in unserem privaten Leben, haben wir beide gleichermaßen das Bedürfnis gespürt, daß wir mit anderen in Kontakt treten möchten. Mit Menschen wieder zusammen sein. Das ist für uns deutlich geworden, auch wenn wir es damals noch nicht so genannt haben. Es war eine Neugierde in uns. Wir erkannten, daß uns einiges etwas angeht.

Zu Beginn der Nachkriegszeit gab es viel menschliches Strandgut, z.B. viele Menschen, die auf der Flucht von irgendwoher nach München kamen. Der Bahnhof war noch zerstört, und da gab's dann von den Kirchen, von der Caritas aus, die sogenannte Bahnhofsmission. Hierfür wurden Leute gesucht.

THILDE SCHANZ
1916 in München geboren, Ausbildung als Buchhalterin; Prägung durch die katholische Jugendbewegung. 1943 Heirat, drei Kinder.

WILLY SCHANZ
1919 in München geboren, Realschule, seit 1936 bei der Stadtverwaltung München. 1939 Arbeitsdienst und Militär, Ende 1945 Flucht aus französischer Gefangenschaft. Ab 1946 in diversen Personalabteilungen, u. a. im Gesundheitsamt und in mehreren Krankenhäusern; Pensionierung 1980. Engagiert in der Friedensbewegung.

Wir waren damals ganz jung in die katholische »Junge Mannschaft« eingetreten. Diese Gruppe hat sich bereiterklärt, dort zu helfen. Also hat man einen Nachtdienst am Hauptbahnhof organisiert.

Die »Junge Mannschaft« hatte seinerzeit ein soziales Büro in München in der Mathildenstraße aufgemacht. Dort hat man Arbeitsplätze vermittelt oder Übernachtungsmöglichkeiten. Man hat auch Menschen unterstützt, die psychisch völlig am Ende waren und nicht mehr wußten, wie es weitergehen soll.

Unsere Mitglieder, auch wir, haben sich jedenfalls reihum Tag für Tag engagiert.

Vieles hat die »Junge Mannschaft« organisiert. Sie hat zum Beispiel – zusammen mit anderen – die KNA, die Katholische Nachrichten-Agentur, ins Leben gerufen. Sie hat den Grund dafür gelegt, daß es in München eine Theatergemeinde gibt, die den Anspruch an sich stellt, daß sie mehr als nur Karten vermittelt, sondern auch eine Kulturaufgabe erfüllt.

In diesen Dingen also – kulturell, sozial und kirchlich – haben sich Leute der »Jungen Mannschaft« engagiert.

T.S.: Dann hat die Stadt Anfang der 50er Jahre das Haus in der Pilgersheimer Straße aufgebaut – ein Männerwohnheim für die Obdachlosen. Das Problem war damals ein ganz anderes als heute. Da gab es Leute, die aus dem Krieg nach Hause kamen. Die Ehen waren in die Brüche gegangen, weil die Männer lange in Gefangenschaft bleiben mußten; die Frau hat oft gar nicht mehr gewußt, daß der Mann noch lebt, und dann ist er doch nach Hause gekommen. Lauter solche Geschichten.

Die Dienste in diesem Haus hat die »Junge Mannschaft« zum großen Teil übernommen. Die Frauen haben abgespült, und die Männer waren im Keller unten. Das war sehr gut gemacht. Es war alles eingeteilt, jede Woche oder alle vierzehn Tage war man mit dem Dienst dran.

W.S.: In der Arbeit der »Jungen Mannschaft« gab es verschiedene Ebenen. Im Herbst 1946 hatten Leute aus Bayern – aus verschiedenen Städten – eine erste gemeinsame Tagung. Dieses erste große Treffen programmatischer Art war damals in Passau. Die Gruppierung bezog ihr Selbstverständnis aus dem »Davongekommensein« im Krieg und aus der Notwendigkeit, ganz grundsätzlich neue Ansätze durchzusetzen – neue Ansätze in der Kirche, z.B. einmal im Bereich der Liturgie, dann im Verständnis des Evangeliums, das heißt in einer neu zu konzipierenden Bibelarbeit, und drittens im Verständnis von Liebe und Geschlecht oder von Ehe, also in den Beziehungen der Partner zueinander. Das ist jetzt sehr vereinfacht, aber das alles gehörte zum Gesamtprogramm der Gruppe. Wir versuchten die Beziehungen zwischen Mann und Frau neu zu definieren, wir suchten nach einem ganz neuen Verständnis der Botschaft Jesu und wollten deswegen auch eine andere Form des Gottesdienstes. Dies ist damals in Passau programmatisch verkündet worden. Und dann hat man gefragt, wie kann man so etwas praktisch umsetzen? Dafür muß man ja Strukturen haben. Diese Strukturen sollten die Pfarrgemeinden in München vorgeben. Also haben sich im Laufe der Jahre 1946 bis 1948 in einer Reihe von Münchner Pfarrgemeinden Gruppen gebildet, die sich »Pfarrgruppe Katholische Junge Mannschaft« nannten.

Es wurde ein reges Gruppenleben aufgebaut. Mit vierwöchentlichem Zusammensein, mit gelegentlichen Gottesdiensten, mit Andachten, auch einmal mit einem gemeinsamen Wallfahrtsweg. Außerdem wurden zu verschiedenen Themen politischer wie kirchlicher Art, über die Arbeit der Pfarrgruppen hinaus, gemeinsame Seminare veranstaltet.

Die Gruppe hat sich jedoch in ihrer Arbeit mehr und mehr von der Kirche wegbewegt. Später waren wir dann die »Linkskatholiken«. Wir haben z.B. erlebt, daß unsere Amtskirche verboten hat, daß ein katholischer Priester bei uns eine Funktion übernimmt.

Im Verlauf der 50er Jahre, als sich auch in der Kirche immer deutlicher die konservativen Strukturen bemerkbar gemacht haben, ist die

Gruppe von ihrem Selbstverständnis her mehr und mehr an den Rand der Kirche gelangt. Da kam natürlich die Frage auf: Wie soll es weitergehen?

Die Mehrheit in München hat gesagt, wir versuchen, irgendwo auf dem Mittelweg zu bleiben. Wir brechen nicht total mit der Kirche, sondern bleiben innerhalb der Kirche – aber mit dem Anspruch auf eigenes Denken und eigene Aussagen. Die »Junge Mannschaft« war damals die einzige bundesweit existierende katholische Organisation, die die Wiederbewaffnung ablehnte. Sie wollte aber nicht nur bei der Negativbewertung dieser Frage bleiben, sondern hat für ihre Mitglieder beschlossen, jeden Monat einen Friedensgottesdienst abzuhalten, um auf geistliche Weise oder auf spirituelle Art gegen die Wiederbewaffnung zu protestieren.

In etwa 20 Jahren ist so aus der katholischen »Jungen Mannschaft« die »Gruppe München« geworden – mit den gleichen Mitgliedern, wie wir seinerzeit begonnen haben. 1963 waren es noch zweihundertfünfzig bis dreihundert Personen, wenn man die jeweiligen Ehepartner dazunimmt. Immerhin – für eine Gruppe mit diesem Anspruch bedeutete das ein gewisses Gewicht.

Wenn man fragt, was diese Gruppe bewirkt hat, dann kann man sagen: Sie hat die Kirche nicht verändert, sie hat die politische Gesellschaft nicht verändert. Aber zunächst einmal hat sie erreicht, daß ihre Mitglieder ihr Bewußtsein verändert haben. Es gibt aus dieser Gruppe kaum jemanden unter den Söhnen unserer Familien, der beispielsweise nicht den Kriegsdienst verweigert hätte. Das sagt etwas über das Bewußtsein aus. Darüber hinaus schafft es ein Umfeld. Jeder Mensch gibt etwas von seinem eigenen Denken weiter. Das halten wir uns auch zugute in der Gruppe. Jeder Einzelne hat in ein anderes Umfeld hineingewirkt.

Otto Hundsdorfer

Demokratie lernen

Erfahrungen eines Junglehrers nach dem Krieg

1945

Viel wurde von einem Fragebogen gesprochen, den alle Deutschen ausfüllen müßten, wenn sie wieder arbeiten wollten. Da ich ein begeisterter Fähnleinführer in der Zeit bis zum Krieg und bei Kriegsanfang gewesen bin, hatte ich nur ganz wenig Hoffnung, jemals wieder als Lehrer arbeiten zu können, war ich doch irgendwie ein Gewinner des Nationalsozialismus und des Krieges. Ich verdankte meine Ausbildung dem NS-Regime. Deswegen fühlte ich mich dem Nationalsozialismus auch immer noch verpflichtet. Dies war umso erstaunlicher, weil ich in Rußland gesehen hatte, welch großes Leid wir über die Bevölkerung und besonders über die Juden gebracht haben. Aber man war etwas gewesen: Zuerst Jungzugführer, dann Fähnleinführer, man konnte immerhin 200 Jungen antreten, marschieren und exerzieren lassen. Jetzt war das alles nichts mehr wert.

Ich ging mit ziemlich schlechtem Gewissen zur Schule an der Herrnstraße, denn die Frauenschule, an der ich früher gearbeitet hatte, war ausgebombt. Ich fand einen neuen Rektor vor, Herrn Nicklas. Er war vor dem Krieg als ziemlich strenger Lehrer bekannt gewesen. Er war sichtlich erfreut, als ich mich aus dem Krieg zurückmeldete. Noch mehr freute er sich, als er hörte, daß ich ein Fahrrad besäße. »Da habe ich gleich eine Aufgabe für Sie«, meinte er. »Unser früherer Schulrat, Herr Fischer, war wie viele Parteigenosse. Jetzt ist er entlassen worden. Wir Lehrer, die nicht in der Partei waren, sammeln Unterschriften für Herrn Fischer. Das könnten Sie doch machen.«

Er gab mir die Unterschriftenliste und eine Liste von Lehrern, die nicht in der Partei waren.

Dann gab er mir noch eine Bestätigungskarte, daß ich als Lehrer arbeite, und damit bekam ich Lebensmittelkarten.

Ich radelte an die Schulen in der Amalienstraße, der Türkenstraße, der Simmernstraße, der Fröttmaninger Straße und der Freisinger Landstraße. Letztere gefiel mir gleich recht gut. Sie hatte etwas Ländliches. Ich suchte einen Herrn Hohlweg und ein Fräulein Denkl. Herrn Hohlweg fand ich im Schulhaus, er konnte aber nicht unterschreiben, weil er selbst auch in der Partei Mitglied gewesen war. Er sagte mir aber, wo ich Fräulein Denkl finden könnte. Sie unterschrieb sofort, und ich radelte wieder heim.

Inzwischen hatte ich auch den berühmten Fragebogen mit 131 Fragen bekommen. Ich füllte ihn aus, aber schwindelte bei manchen Antworten. Nach einiger Zeit mußte ich zur Überprüfung ins Rathaus. Dort war ein Major Jordan zuständig, der bekannt und auch gefürchtet war. Ich betrat mit ziemlichem Herzklopfen das Zimmer. Der Major sprach mich in tadellosem Deutsch an und bat mich freundlich, Platz zu nehmen. Dann fragte er mich: » Sie waren Jungzugführer? Jetzt erzählen Sie bitte einmal, was Sie da alles gemacht haben!«

Ich berichtete ihm, daß wir wöchentlich einmal angetreten sind, viel Fuß- und Handball gespielt haben, Heimatabende abgehalten und Geländespiele gemacht haben. Als ich alles berichtet hatte, fragte er mich: »Jetzt sagen Sie einmal ehrlich, würden Sie das noch einmal machen?« Darauf fragte ich zurück: »Mit meiner heutigen Erfahrung oder als junger Mensch?« – »Beides«,

---

Otto Hundsdorfer
1921 in München geboren, ab 1936 Lehre als Versicherungskaufmann, 1940 als Schulhelfer an einer Münchner Volksschule. 1941 zum Wehrdienst, Soldat in Rußland. Seit 1945 Volksschullehrer, 1963 Heimleiter des städtischen Tagesheims an der Hochstraße, an der dortigen Volksschule seit 1969 Rektor bis zur Pensionierung 1982. Preisträger des Geschichtswettbewerbs 1995/96.

sagte er nur. Da meinte ich: »Heute würde ich auf keinen Fall mehr so mitmachen, wie damals! Aber ohne meine Erfahrung im Krieg würde ich bestimmt wieder genauso mitmachen.« Daraufhin dankte er mir und sagte: »Jetzt gehen Sie hinauf zu Herrn Dr. Fingerle, der wird Ihnen alles weitere sagen. Ich stieg eine Treppe höher und klopfte bei Herrn Dr. Fingerle an. Nach seinem »Herein« trat ich ein, schon stand er auf, ging ein paar Schritte auf mich zu, streckte die Hand aus und sagte lachend zu mir: »Ich gratuliere Ihnen, Herr Entlasteter.« Da war ich wirklich erleichtert und auch froh. Ich ging gleich an meine Schule zu Rektor Nicklas, berichtete ihm von der Entlastung und bedankte mich auch für sein positives Gutachten.

Portopflichtige Dienstsache

Der öffentliche Kläger
bei der Spruchkammer
I

A-2343

Auf Grund der Angaben in Ihrem Meldebogen sind Sie von dem Gesetz zur Befreiung von Nationalsozialismus und Militarismus vom 5. März 1946 nicht betroffen.

Mü den 4.12.47
(Datum)

Der öffentliche Kläger:

Urgent / German

Herrn / ~~Frau / Frl.~~

Otto Hundsdorfer

geb. 12.4.21

München

Adelgundenstr. 4/III

Otto Hundsdorfer fällt unter die Jugendamnestie

Nun hörte ich zu dieser Zeit, daß in Bad Aibling und im Oberland schon einige Schulen mit dem Unterrichten begonnen hatten, während ich in München untätig bleiben mußte. Deshalb schrieb ich einen Brief an das Stadtschulamt. In diesem Brief bat ich um Versetzung auf das Land, weil in der Stadt keine Möglichkeit zu arbeiten sei.

Als ich zu Rektor Nicklas kam, begrüßte der mich mit den Worten: »Na gratuliere, Herr Freimanner Lehrer!« Als ich ihn ziemlich verdutzt ansah, meinte er lachend: »Es stimmt schon! Gehn's nur hinunter zu Herrn Dr. Mahier! Der sagt es Ihnen dann schon.« »Sie sind ab Montag an die Volksschule an der Freisinger Landstraße versetzt. Dort arbeitet ein Herr Rektor Simon, bei dem melden Sie sich. Ich wünsche Ihnen einen guten Anfang!« – so Herr Dr. Mahier. Damit war ich Lehrer in Freimann geworden.

Am Montag war es ein ausnehmend warmer Oktobertag, und ich kam ganz schön verschwitzt in Freimann an. Ich suchte das Rektorat, klopfte, aber nichts rührte sich. Da hörte ich aus dem nebenliegenden Klassenzimmer Stimmen. Nun klopfte ich hier, und nach kurzer Zeit öffnete mir ein großer, freundlich blickender Mann. Ich stellte mich vor. Er lachte mich an und sagte: »Das ist schön, daß Sie kommen. Auf Sie warten drei Klassen hier. Ich arbeite gerade mit meiner 8. Klasse, und wenn Sie Lust haben, können Sie ein bißchen zusehen und zuhören.« Ich wollte und war nicht wenig erstaunt über diesen Herrn Simon. Wie freundlich er mit den Schülern sprach und wie gut er alles erklärte. Die Schüler arbeiteten mustergültig mit. Nach der Stunde meinte er: »Ihre drei Klassen kommen erst morgen. Sie bekommen die 5., die 6. und die 7. Klasse.« Ich fragte ihn, ob ich die restlichen Stunden noch zusehen dürfte. »Aber gerne«, antwortete er mir. Nach dem Unterricht radelten wir beide nach Hause. Er erzählte mir, daß er immer ein Gegner des Nationalsozialismus gewesen sei. Das war etwas Neues für mich – einen Gegner des NS-Regimes kennenzulernen. Ich selbst war zu dieser Zeit nicht ganz frei von NS-Gedanken. Damals dachte ich wie sehr viele Deutsche: »Alles war doch nicht schlecht gewesen...«. Bei diesem Hintergrund war die Erziehung zur Demokratie für Lehrkräfte und Schüler nicht leicht. Viele Kinder waren zudem ohne Vater aufgewachsen, und die Mütter waren froh, wenn in der Schule ein Mann Lehrer ihrer Kinder war. Allerdings erwarteten sie Strenge von den männlichen Lehrern. Die Forderung nach unbedingtem Gehorsam kam der deutschen Mentalität sehr entgegen. Schläge und besonders Ohrfeigen waren an der Tagesordnung.

Herr Simon praktizierte das absolute Gegenteil! Er sprach ruhig und gemessen mit den Schülern; ich habe ihn nie schimpfend oder wütend erlebt. Er respektierte die Schüler und ging auf ihre Fragen immer sehr genau ein. Seine Schüler achteten ihn sehr. Herr Simon erzählte mir, daß es eine seiner ersten Taten war, die Tatzenstöcke wegzuwerfen. Auch erfuhr ich von ihm, daß er als junger Lehrer sehr viele Schwierigkeiten gehabt hatte. Besonders ein Schüler hat ihm große Probleme bereitet. Deshalb hat er bei seinem Freund, Kurt Seelmann, Rat gesucht. Der nahm ihn mit in einen Arbeitskreis, in dem nach Alfred Adler gearbeitet wurde. Über die Auseinandersetzung mit Alfred Adler lernte er wesentlich besser mit den Kindern umzugehen. Dieses »Andersumgehen« praktizierte er täglich im Unterricht und im Umgang mit den Kollegen. So hörte er ruhig zu, wenn ich z.B. am Nationalsozialismus nicht alles verkehrt fand. Hinterher widerlegte er mich ruhig und mit sachlichen Argumenten. Damals ging ich meistens zwei Stunden zu ihm in den Unterricht, um zu lernen. Anschließend unterrichtete ich die 7., 6. und 5. Klasse – jeweils zwei Stunden.

Das Unterrichten war damals nicht allzu schwierig. Es waren von den Amerikanern nur folgende Fächer erlaubt: Rechnen, Deutsch und Erdkunde. Auch Sport war genehmigt. Im Rechnen mußte man vor allem die Grundrechnungsarten üben und das kleine und große Einmaleins. Sehr viel wurde mündlich gerechnet, denn Papier war rar oder besser gesagt eine Kostbarkeit. Wenn wir Papier zur Verfügung hatten, dann benützten wir dies zum Aufsatzschreiben.

In Erdkunde durfte man nur über Bayern unterrichten. Alle Landkarten, auf denen die alten Reichsgrenzen aufgezeichnet waren, waren verboten. Herr Simon und ich stellten diese alten Karten und alle Bücher, die aus der NS-Zeit stammten, in den Speicher. Die Bücher kamen in einen großen Schrank; wir klebten ihn zu. Ich malte ein Plakat mit einem Totenkopf und schrieb drauf: »Gift!«

Als junger Lehrer hatte ich es schwer, Vertrauen bei den Eltern zu gewinnen. Mit den Schülern kam ich leichter ins Gespräch, und sie akzeptierten meine für sie neue, demokratische Unterrichtsführung. Auch für mich selbst war der neue Stil schwer, war ich doch erzogen worden zu gehorchen. Zwölf Jahre hatte ich eigentlich nur Befehl und Gehorsam gekannt.

1946

Im März oder April 1946, auf jeden Fall am ersten Schultag nach den Osterferien, klopfte es an meine Schultüre und Herr Schulrat Ungemach stand mit meinem Rektor vor der Türe. Der Schulrat begann mit dem Satz: »Bitte, Herr Hundsdorfer, geben Sie Ihren Schülern eine Stillbeschäftigung, wir haben etwas mit Ihnen zu besprechen!« Da eröffnete mir der Schulrat, daß ich leider die 8. Klasse von Herrn Simon übernehmen müsse, weil dieser an das Kultusministerium versetzt worden sei. Ich hatte schon einige Bedenken, konnte ich doch den ausgezeichneten Unterricht von Herrn Simon immer wieder miterleben. Diese gut geführte Klasse sollte jetzt ich übernehmen! Beide wischten meine Bedenken fort, und Herr Simon meinte: »Sie wissen ja, wo ich wohne, und wenn es Schwierigkeiten gibt, so können Sie jederzeit bei mir vorbeikommen.« Ich erteilte ab diesem Tag der 8. Klasse jeden Tag vier Stunden, der 6. und 7. Klasse jeweils jeden zweiten Tag drei Stunden Unterricht. Mein neuer Rektor wurde Kurt Seelmann.

Er führte an unserer Schule den monatlichen Schulelternabend ein. Dabei sprach er immer bestimmte Erziehungsthemen und Elternfragen an. Ich erinnere mich noch, daß über Hausaufgaben, sexuelle Aufklärung, Benotung, demokratische Erziehung oder Fleißaufgaben geredet wurde. Von den etwa 1000 Eltern kamen regelmäßig 150 bis 200 zu den Elternabenden. Vorwiegend waren es die Mütter, die kamen. Herr Seelmann stand anfangs nicht allzu hoch im Kurs. Viele Eltern erwarteten von einem Mann einen strengen Erziehungsstil. Da er grundsätzlich gegen jede Art von Züchtigung war, galt er als weich und neumodisch amerikanisch. Viele Erwachsene waren damals der Meinung: »Ich bin auch geschlagen worden, und es hat mir nicht geschadet! Im Gegenteil! Ich bin doch auch etwas Rechtes geworden.« Worauf Herr Seelmann jedes Mal

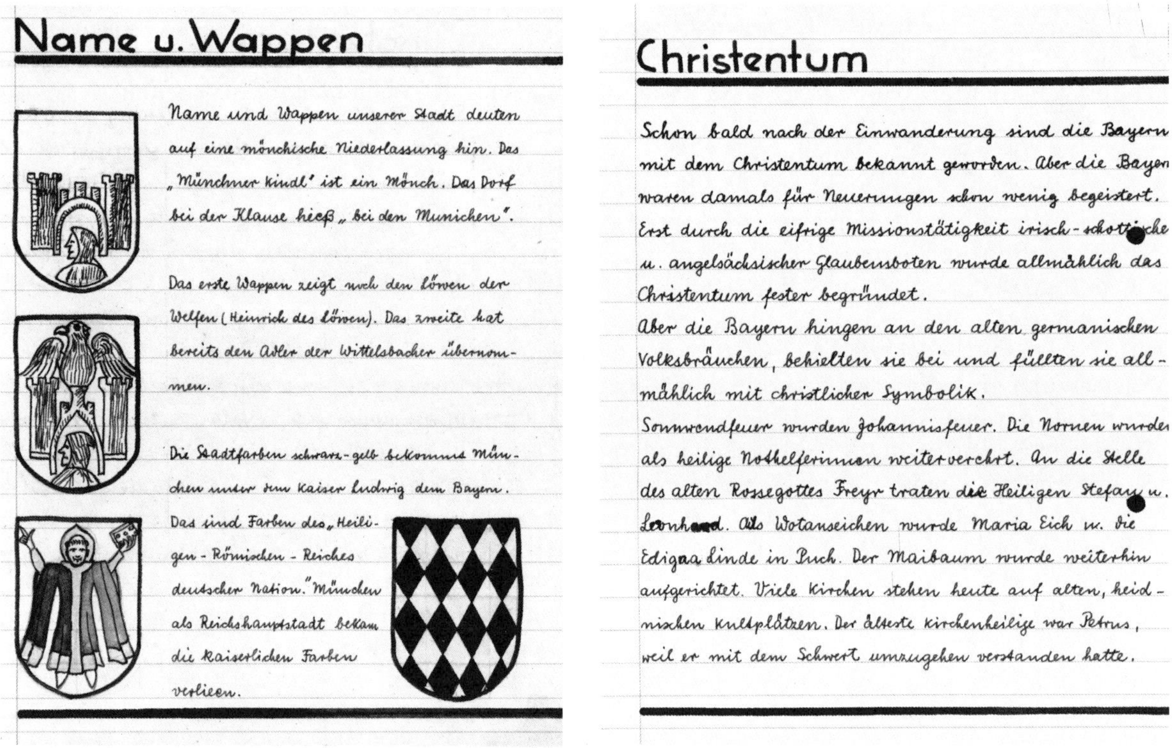

Name u. Wappen

Name und Wappen unserer Stadt deuten auf eine mönchische Niederlassung hin. Das „Münchner Kindl" ist ein Mönch. Das Dorf bei der Klause hieß „bei den Munichen".

Das erste Wappen zeigt noch den Löwen der Welfen (Heinrich des Löwen). Das zweite hat bereits den Adler der Wittelsbacher übernommen.

Die Stadtfarben schwarz-gelb bekommt München unter dem Kaiser Ludwig dem Bayern. Das sind Farben des „Heiligen-Römischen-Reiches deutscher Nation." München als Reichshauptstadt bekam die kaiserlichen Farben verlieen.

Christentum

Schon bald nach der Einwanderung sind die Bayern mit dem Christentum bekannt geworden. Aber die Bayern waren damals für Neuerungen schon wenig begeistert. Erst durch die eifrige Missionstätigkeit irisch-schottische u. angelsächsischer Glaubensboten wurde allmählich das Christentum fester begründet.
Aber die Bayern hingen an den alten germanischen Volksbräuchen, behielten sie bei und füllten sie allmählich mit christlicher Symbolik.
Sonnwendfeuer wurden Johannisfeuer. Die Nornen wurden als heilige Nothelferinnen weiterverehrt. An die Stelle des alten Rossegottes Freyr traten die Heiligen Stefan u. Leonhard. Als Wotanseichen wurde Maria Eich u. die Edigna Linde in Puch. Der Maibaum wurde weiterhin aufgerichtet. Viele Kirchen stehen heute auf alten, heidnischen Kultplätzen. Der älteste Kirchenheilige war Petrus, weil er mit dem Schwert umzugehen verstanden hatte.

Auszug aus einem Schülerheft der ersten Nachkriegsjahre

nachhakte: »Und was meinen Sie, ein wieviel besserer und tüchtigerer Mensch Sie ohne Ohrfeigen und Prügel geworden wären?«

Ich selbst dachte zunächst auch noch: »Na, eine Ohrfeige wäre hier und da schon angebracht.« Doch Herr Seelmann war strikt dagegen. Er selbst hielt damals einen Kurs über Erziehungsfragen an der Volkshochschule ab, den ich besuchte. Da viele junge Lehrerinnen und Lehrer etliche Schwierigkeiten mit den Kindern, dem Unterrichten und der Erziehung hatten, richteten Herr Seelmann, Herr Simon und ein weiterer Lehrbeauftragter, Herr Lechleitner, eine freiwillige Fortbildung ein. Diese freiwillige Fortbildung fand an jedem ersten Samstag im Monat bei uns an der Schule statt. Es kamen damals bis zu 300 und teilweise noch mehr Lehrkräfte aus ganz Bayern zu uns nach Freimann. Dort wurde dann von jedem der drei Herrn jeweils ein Vortrag gehalten, der anschließend ausgiebig diskutiert wurde. Auch Unterrichtsbeispiele wurden vorgeführt. Ferner probierten wir auch Gruppenarbeit aus.

Inzwischen waren schon mehrere Unterrichtsfächer genehmigt worden: Naturkunde, Erdkunde, Sport, Rechnen, Deutsch, Schrift, Handarbeit, Werken, Physik, (Naturlehre) und Religion waren nun erlaubt und wurden auch benotet.

1947

Geschichtsunterricht war nach wie vor verboten.

Da hatte unser Rektor eine kluge Idee. Er stellte eine Kulturgeschichte Münchens zusammen. Sie begann mit den Fundstücken aus vorgeschichtlicher Zeit und führte bis ins Mittelalter. Nun galt es, das nötige Papier zu beschaffen. Ich erfuhr von einem Gautinger Kollegen, daß die dortige Papierfabrik immer wieder einige tausend Papierbögen auch an Deutsche verkaufen würde. Also radelte ich hinaus nach Gauting und

Der Handel.
in der mittelalterlichen Stadt.

München wurde durch den Handel und den Fleiß seiner Handwerker reich und überholte rasch viel ältere Städte in Bayern, wie z. B. Regensburg u. Passau.

Im Jahre 1490 passierten täglich 279 Fuhrwerke die Stadttore ungefähr 30 Salzfuhrwerke mit „reichem“ Salz 6 Plachenwagen mit „armen“ 27 schwere Lastwagen mit Waren ausländischer Kaufleute, 216 schwere Bauernfuhrwerke. Wir wissen das von den Zollabrechnungen. Die Fahrzeuge der Münchner Kaufleute sind nicht eingerechnet, weil die keinen Zoll in ihrem Vaterstadt zahlen brauchten. Auch die Saumpferde sind nicht gezählt.

Haupteinnahmen warf der Salzhandel ab. Die Münchner hatten das Salzmonopol. Alles Salz durfte nur bei München über die Isar übergesetzt werden. Alles Salz muß in München gestapelt werden und wird erst in München weiterverkauft. Es waren auch fast lauter Münchener Kaufleute, die das Salz von Reichenhall nach München verfrachteten. Das brachte viel Geld nach München

Aus den Steuerrechnungen kann man auch sehen wie die Vermögen in München verteilt waren: 10 einfache Leute mit keinem oder kleinen

Auszug aus einem Schülerheft, 1947

erzählte von unserem Geschichtsprojekt. Und siehe da, sie verkauften mir als erstes 40 000 Blatt Papier. Damit konnten wir beginnen. Ich bin dann noch zweimal nach Gauting geradelt und habe jedesmal wieder Papier gekauft. Auf diese Weise konnten wir unser Geschichtsheft gestalten.

1946 war das Amerika-Haus in der Sophienstraße eröffnet worden. Für uns junge Lehrer war es eine Selbstverständlichkeit, dorthin zu gehen, um Vorträge zu hören, Filme zu sehen, Diskussionen mitzuerleben. Wir lernten viel über Amerikas Schulwesen. Ganz besonders interessant war für uns, daß in Amerika ganz anders mit den Schülern umgegangen wurde. So war für mich z. B. beeindruckend, daß es dort eine Schule gab, in der Lehrer während des Unterrichts nicht stehen durften, weil sie damit automatisch ihre Autorität erhöhten.

Wir sahen uns viele Filme über praktizierte Demokratie im Amerika-Haus an, z. B. wie in kleinen Gemeinden einzelne Lehrer um Verbesserung der Schulverhältnisse kämpften und sich mit dem Gemeinderat auseinandersetzten. Das Amerika-Haus war eine wichtige Einrichtung. Über die Leiter und Referenten lernte ich die Amerikaner besser kennen und verstehen und konnte sie bald auch besser leiden.

In der Öffentlichkeit standen die »Amis« nicht sehr hoch im Kurs. Man konnte oft hören, sie seien ohne Kultur! Wer so über sie sprach, hatte wahrscheinlich die Verluste des Krieges nicht richtig verarbeitet und kompensierte es dadurch, daß er die Amerikaner schlecht machte. Für mich war eine der ersten Erfahrungen, daß die Amerikaner aufgeschlossen waren und uns Deutsche zu Demokraten zu erziehen versuchten.

Einen Kultusminister hatten wir inzwischen auch: der ultrakonservative Katholik Dr. Dr. Alois Hundhammer. Er verkörperte geradezu die Restauration. Eine seiner ersten Maßnahmen war, daß er das Verbot der körperlichen Züchtigung aufhob. Das brachte uns Bayern im übrigen Deutschland viel Spott ein. Über jede körperliche Strafe mußte Buch geführt werden. Erlaubt war sie nur bei Buben. Die Höchststrafe waren sechs Schläge auf das Gesäß. Auch die Maße des Rohrstockes waren in dem Erlaß genau angegeben. Norddeutsche Kollegen nannten uns damals die »bayerischen Steißtrommler«. Einige beneideten uns um diese rückschrittliche Züchtigungsart.

Dann wurden wieder sehr viele Lehrer eingestellt, die wegen Mitgliedschaft in der NSDAP von den Amerikanern entlassen worden waren. Damit kehrte ein völlig neuer Geist in die Schulen ein. Auch wir in unserer Freimanner Schule bekamen damals zwei neue »Entnazifizierte«. Eine jüngere Frau und Herrn B.. Die jüngere Frau war sehr ehrgeizig und überprüfte sofort das Wissen der Schülerinnen ihrer 7. Klasse. Sie bemängelte viele Rückstände und große Wissenslücken. So fand sie es geradezu fürchterlich, daß die Mädchen in Erdkunde nicht alle europäischen Länder durchgenommen hatten. Das wäre nicht schlimm gewesen, wenn sie nicht mit den Proben zu unserem Schulrat gerannt wäre und ihm alles unterbreitet hätte. Sicher tat sie es nur aus Angst, sie könnte für die Mängel belangt werden.

Herr B. war ein großer, kräftiger Mann, der sich mit seiner Entlassung aus dem Schuldienst nach dem Krieg lange nicht hatte abfinden können. Er kritisierte fortwährend unseren Rektor, fand alles Moderne einen »Schmarrn«: Er vertrat – im wahrsten Sinn des Wortes – die alte Schule. Mit uns jungen Lehrern versuchte er zu diskutieren und uns zu überzeugen, daß wir mit unserer »Seelmann-Art« auf dem falschen Weg seien. Er war sehr für Zucht und Ordnung und schlug auch kräftig zu. Ich übernahm einmal eine von ihm geführte 6. Klasse. Da erzählten mir die Schüler, er hätte einen Schüler grundlos mit dem Kopf an die Tafel geschlagen, daß diese einen Sprung bekommen hätte. Ich konnte dies einfach nicht glauben, aber die ganze Klasse behauptete dies immer und immer wieder. Wir jungen Kollegen kamen mit unserer menschlichen Art, mit den Kindern umzugehen, in einen echten Konkurrenzkampf mit besagtem Herrn B., der bei den Eltern einfach behauptete, nur bei ihm lernten die Kinder etwas.

Einen weiteren Gegner bekam Herr Seelmann in Herrn W. – ein ehemaliger Hauptmann und erst 1947 aus der Kriegsgefangenschaft zurückgekehrt. Er fand die »Seelmannsche Erziehung« zu weich, weibisch und überhaupt unmöglich.

Besonders in den monatlichen Konferenzen, die Herr Seelmann eingeführt hatte, kam es von da an zu heftigen Auseinandersetzungen, die aber »unser Seele« meist mit Bravour bestand.

1947 waren uns drei 5. Klassen genehmigt worden. Drei junge Kollegen, darunter ich, sollten sie übernehmen. Wir drei besprachen jede Woche die Unterrichtsthemen und stellten gemeinsame Wochenpläne auf. Wenn es bei einem nicht so gut lief, dann berieten wir und beratschlagten, wie wir es besser hinbringen könnten.

Damals hatten die Kinder in Bänken zu sitzen, die eher Marterstühlen als einem normalen Sitzmöbel glichen. In jedem Klassenzimmer waren drei eiserne Winkelschienen, an denen diese »Marterbänke« mit einem Scharnier festgeschraubt waren.

Nun hatten wir jungen Lehrer im Amerika-Haus in Filmen gesehen, daß in Amerika die Kinder in der Schule auf normalen Stühlen saßen. Und Herr Simon berichtete von einem partnerschaftlichen Unterricht. Das hieß damals, daß die Kinder miteinander sprechen und diskutieren lernen sollten.

Ich entdeckte in einer Ecke des Schulhofes einige normale Tische und Bänke, die von einem Kindergarten ausrangiert worden waren. In den Osterferien montierten unser Offiziant und ich alle Bänke ab, und wir stellten die Tische und Bänke in unser Schulzimmer. Ich weiß nicht mehr, woher ich die Farbe bekam, auf jeden Fall war es eine wunderschöne himmelblaue Farbe, mit der ich Tische und Bänke anstrich. Meine beiden Kollegen hatten ebenfalls Tische und Stühle aufgetrieben, und wir führten Herrn Seelmann unsere neue Möblierung vor. Der fand alles in Ordnung. Nur die Putzfrau war damals nicht einverstanden, hatte sie doch große Zweifel, ob diese Möbel ihr nicht viel mehr Arbeit machen würden. Zu ihrer Beruhigung führten wir in den Klassen einen Kehrdienst ein, der wochenweise wechselte. Die neuen Bänke kamen bei unseren Schülern gut an.

1948

Im April war Schuleinschreibung. Unsere Schule war in eine katholische und eine evangelische Bekenntnisschule getrennt worden. Eine dritte Schulart, die Gemeinschaftsschule, gab es in Freimann nicht, weil sich keine 50 Eltern zusammengefunden hatten, die diese Schulart beantragt hätten. Bei der Einschreibung kam es nun darauf an, wie viele Eltern sich für die Gemeinschaftsschule eintragen würden. Ein junger Kollege machte mich darauf aufmerksam, daß wir Junglehrer uns zur Einschreibung melden müßten und die Eltern objektiv beraten sollten. Gleichzeitig lud er mich ein, zu einer Sitzung der Freimanner SPD-Sektion – so hießen damals die Ortsvereine – zu kommen. Hier lernte ich den Sektionsvorsitzenden Hans-Jochen Vogel kennen. Er stellte uns beide vor und beriet mit den Mitgliedern, wie wir 50 Unterschriften für eine Gemeinschaftsschulklasse bekommen könnten. Eine Reihe alter Genossen meinte, daß dies gar nicht so einfach sei, da die katholischen Eltern wahrscheinlich nie und nimmer ihr Kind in einer Gemeinschaftsschule anmelden würden. Andere dagegen wiesen darauf hin, daß nach Freimann einige Flüchtlinge zugezogen seien. Am Schluß waren sich alle einig, daß es einen Versuch wert sei.

Die erste Überraschung am Einschreibetag war, daß viele Eltern nicht zu uns jungen, unbekannten Lehrern kamen. Die meisten drängten zu den älteren, ihnen aus ihrer eigenen Schulzeit bekannten Lehrerinnen und Lehrern. Nur Flüchtlingseltern gingen zu uns Jüngeren. Wir berieten sie objektiv und hatten damit auch Erfolg.

Am Ende der Einschreibung zählten wir 52 Anmeldungen für eine Gemeinschaftsschulklasse. In gehobener Stimmung rief ich Herrn Dr. Vogel an und teilte ihm das recht gute Ergebnis mit. Auch er war erfreut über das Resultat. Doch leider hatten wir die Rechnung ohne den Wirt – oder besser gesagt ohne den evangelischen Rektor – gemacht. Der ging am Abend zu einigen evangelischen Eltern mit einem neuen Formular und siehe da – am nächsten Tag hatten wir nur mehr 48 Anmeldungen für eine Gemeinschaftsschule. Damit war die Sache gelaufen.

1948 hatten wir jungen Freimanner Lehrer beschlossen, einmal in der Woche nach dem Unterricht in der Schule zu bleiben und am Nachmittag den Kindern Spiel- und Arbeitsgruppen anzubieten. Das ging von einem Rechtschreib-Hilfekurs bis zu einem Sportkurs. Wir hatten etwa 12 bis 14 Gruppen, die wir in einem Jugendbund unter dem Namen »Die Freimanner« beim Kreisjugendring der Stadt München anmeldeten. Dies hatte später den Vorteil, daß wir z.B. bei Ferienfahrten kostenlos Zelte ausleihen konnten und wir bei Ferienaufenthalten pro Tag und Kind 1 DM Zuschuß bekamen.

Wir jungen Lehrer fuhren meistens gemeinsam mit dem Fahrrad nach unserem »freiwilligen Jugendnachmittag« zu einem Standl in der Leopoldstraße und aßen noch eine Rindsbratwurst und tranken eine Cola dazu. Während des Essens und noch nachher wurde eifrig diskutiert. Fast immer waren es pädagogische Fragen; aber auch politische und menschliche Themen besprachen wir. Danach fuhren wir erst nach Hause. Zu unserem Diskussionskreis gehörten damals Helga Bauernfeind, Franz Eisele, Elisabeth Schweißgut, Karl Zeller, Olga Lamhofer, Wolfgang Schilling, Elisabeth Scherer und ich. Wir waren eine Gruppe, auf die Herr Seelmann zählen konnte. Dabei suchten wir absolut nicht Streit mit den älteren Kolleginnen und Kollegen. Doch immer wieder kam es zu Auseinandersetzungen in Fragen der Erziehung.

Im Occamkino hatte ich einen französischen Film gesehen, in dem ein Lehrer mittels einer Schulzeitung einen äußerst schwierigen Schüler zum Lernen gebracht hat. In dem Film wurden sehr gut die alten, strengen Erziehungsmethoden dem modernen, menschlicheren Stil gegenübergestellt. Nach dem Film überlegte ich mir, wie wir eine Schülerzeitung herstellen könnten.

Im Lehrerverein stand in der Bücherei ein Vervielfältigungsgerät. Im Amerika-Haus bettelte ich um Papier, und so hatten wir die wichtigsten Grundlagen. Aber es war noch lange nicht so weit.

Zunächst wollten wir einmal einen Ausflug in die Jugendherberge nach Josefstal machen. An einem Abend während des Aufenthalts erzählte ich von meinem Plan, eine Schülerzeitung zu drucken. Es waren alle Buben sofort ziemlich angetan. Sie alle wollten wissen, wie das ginge, wie wir sie drucken und ob wir sie verkaufen. Ich erklärte ihnen das Vervielfältigungsverfahren und wo wir drucken könnten.

Der Schlafsaal war ein großer Raum unter dem Dach, und bevor alle einschliefen, erzählten die Schüler Geschichten aus ihrem Leben, aus der Schule oder von Freimann. Alois, der ein wenig stotterte, berichtete, daß er auf keinen Fall mehr Herrn B. von seiner Schulspeisung versuchen lassen wollte. »Da ging ich neulich in der Pause in den Schulhof und hatte einen Schulspeisungs-Schnecken in der Hand. Da kommt der Dübax (Spitzname des Lehrers B.) daher und fragt mich: »Was gibts denn heit?« Ich zeigte ihm meinen Schnecken, und er daraufhin: »Laß' mal beißen!« Ich hielt ihm nichtsahnend meinen Schnecken, und er biß mehr als die Hälfte ab. Ich hatte nur mehr ein kleines Stückchen von meinem Schnecken in der Hand.« Wir alle lachten herzlich und vergaßen die Geschichte. Als wir aber die erste Nummer der »Freimanner Schülerpost« zusammenbastelten, da wollten wir auch etwas Witziges bringen. Und da fiel uns die Geschichte mit dem Alois und seinem Schnecken wieder ein. Der Kranawetsvogel war ein guter Zeichner und zeichnete die Geschichte.

Dann war endlich die erste Nummer fertig, und wir verkauften sie für 5 oder 10 Pfennige in der Schule und auf der Straße. Am nächsten Tag ging die Schultür auf und Herr B. trat ohne Gruß und mit grimmigem Gesicht ein. Er schaute sich kurz im Klassenzimmer um und als er den Alois erblickte, trat er auf ihn zu, drückte ihm drei Äpfel in die Hand und sagte: »Daß Du aber ja nicht mehr nachsagst, ein Lehrer frißt Dir Dei Brotzeit weg!« Sagte es und ging ebenso grußlos aus dem Raum. Wir hatten damit, ohne es zu wollen, einen Feind der »Freimanner Schülerpost« erhalten. Mit ihm waren fast alle älteren Kollegen auch gegen die Schülerzeitung.

Durch den Vorfall lernten wir alle und beschlossen, vor der Veröffentlichung eines solch persönlichen Scherzes immer mit dem Betroffenen zu sprechen.

Zubehör für die Herstellung der »Freimanner Schülerpost«

Eines Tages sah ich in der Rumfordstraße in einer »Greiffiliale« ein Vervielfältigungsgerät im Schaufenster stehen. Ich ging hinein und ließ mir das Gerät erklären. Ich hörte, daß man 150 bis 200 Drucke von einer Matrize machen könnte. Der Preis war für meine Verhältnisse ziemlich hoch: 48 DM. Am nächsten Tag erzählte ich meinen Schülern von dem Gerät, und wir malten uns aus, wie schön es wäre, wenn wir zum Drucken unserer »Freimanner Schülerpost« nicht mehr ins Amerika-Haus radeln müßten. Ich sagte meinen Schülern ehrlich, daß ich höchstens 25 DM beisteuern könnte. Da kam einer auf den Gedanken, wenn einige 20 oder 50 Pfennige geben würden, dann könnten wir das Gerät kaufen. Ein anderer meinte, die Geldgeber könnten ihr Geld wieder zurückbekommen, wenn wir genügend Schülerzeitungen verkaufen würden. Am nächsten Tag hatten wir 30 DM beisammen, und ich kaufte das Vervielfältigungsgerät. Am schulfreien Nachmittag besprach ich mit den Buben die Drucktechnik, ließ jeden Einzelnen seine Unterschrift auf eine Matrize schreiben. Danach druckten wir 32 Unterschriften 32 mal ab. Alle waren begeistert von diesem Gerät und alle wollten gleich eine neue Nummer der »Freimanner Schülerpost« drucken. Wir verteilten die Aufgaben: Kurznachrichten zusammenstellen, Artikel schreiben, Zeichnungen zu den Artikeln anfertigen, Witze sammeln und zeichnen, Kreuzworträtsel und andere Rätsel erfinden, Werbeartikel zeichnen, zu den Freimanner Firmen gehen und um Inserate bitten, Auflage und Kosten berechnen, Papier, Matrizen und Farbe kaufen ... Wir benutzten das neue Druckgerät auch für den Unterricht.

Die »Freimanner Schülerpost« wurde zu einer festen Einrichtung über viele Jahre hinweg. Besonders gut ging es der Zeitung in den 50er Jahren, als im Amerika-Haus der Club »Junge Presse« gegründet wurde. Ein Gymnasiast, Walter von La Roche, hatte den Club der »Jungen Presse« ins Leben gerufen. Jeden Donnerstag trafen sich die Buben und Mädchen, die die Zeitung herstellten. Sie arbeiteten mindestens zwei Stunden an der neuen Nummer. Sie erschien damals monatlich.

An unserer Freimanner Schule herrschten 1948 zwei Erziehungsstile. Die alten Lehrerinnen und Lehrer achteten sehr auf Disziplin, die sie hie und da auch mit Gewalt durchsetzten. Wir Jungen waren mehr von unserem Rektor Seelmann angetan und versuchten, den Schülern zu erklären, warum Ordnung nötig sei, gingen auf die Fragen der Schüler ein und leiteten sie zu partnerschaftlichem und gemeinschaftlichem Verhalten an. So versuchte ich immer, Diktate mit 100 Wörtern zu fertigen. Unter dieses Diktat schrieb ich dann nicht die Anzahl der Fehler, sondern der richtigen Wörter. Für den schlechtesten Rechtschreiber war es viel weniger entmutigend, wenn er lesen konnte: »Von den 100 Wörtern hast Du 83 Wörter richtig.« Wenn dagegen darunter: »17 Fehler« steht, wirkt dies wie ein Keulenschlag.

Übrigens hat Herr B. später, als er selbst Rektor in München wurde, vieles von Herrn Seelmann übernommen.

1949

In den Weihnachtsferien war es ruhig, und ich bereitete mich auf meine zweite Lehramtsprüfung vor. Ich las oder besser gesagt: ich fraß damals Bücher. Vor allem las ich Pädagogikwerke, aber auch Vorschriften und Amtsblätter. Vieles kam mir lächerlich vor. Ich hatte damals eine geradezu idealistische Vorstellung von meinem Beruf.

Damals wurden weder die Prüfung noch ein Schulratsbesuch vorher angekündigt. Man mußte jeden Tag vorbereitet sein! Endlich sagte mir ein Bub aus der 8. Klasse, den mir netterweise Herr Seelmann geschickt hatte: »Die Prüfungskommission ist da.«

Nun begann ich mit dem Unterricht. Anfangs war ich ziemlich nervös. Aber als ich sah und merkte, wie bemüht die Klasse war, mir zu helfen und wie gut sie mitarbeitete, wurde ich ruhiger und gelassener. Als ich die Unterrichtsstunden gehalten hatte, durfte ich die Klasse nach Hause schicken. Im Hinausgehen sagte einer meiner Schüler: »Des werd a Oanser!«

Ich erhielt die Note 2.

Nun galt es, sich für das schriftliche und mündliche Examen in den großen Ferien vorzubereiten. Ich überlegte mir sehr, ob ich auch an der Religionsprüfung teilnehmen sollte. Herr Seelmann riet mir zu, weil ich sonst an der Freimanner Schule, die ja eine Bekenntnisschule war, nicht mehr hätte unterrichten dürfen. So ging ich hin. Vor Beginn der Prüfung trat Herr Prälat Zinkl vor uns katholische Kandidatinnen und Kandidaten und sagte zu uns mit feiner und salbungsvoller Stimme: »Meine Damen Kandidatinnen und Herrn Kandidaten! Niemand braucht die Lehrbefugnis für katholische Religionslehre zu erwerben, aber ich mache darauf aufmerksam, daß laut bayerischem Konkordat kein Lehrer in Bayern angestellt wird, wenn er die Missio nicht erworben hat.«

Das erschien mir als Gipfel der Scheinheiligkeit! Aber hier war man eben machtlos, und ich erwarb die Missio.

In meiner 7. Klasse stellte ich mich auch jeden Monat einmal einer Überprüfung durch die

Otto Hundsdorfer in seiner Klasse, 1952

Schüler. So ließ ich sie folgende Fragen beantworten: 1. War ich im letzten Monat im allgemeinen gerecht? 2. War ich im letzten Monat gegen jemand in der Klasse ungerecht? 3. Habe ich ein »Herzibopperl«? 4. Habe ich in der Klasse jemanden »dick«? 5. Stört Dich etwas an mir besonders? Dabei brauchten die Schüler bloß ein Kreuz für ja oder ein Minuszeichen für nein einzuzeichnen.

Als ich einmal mehrere Kreuze neben der Frage 5 fand, fragte ich die Klasse: »Können oder sollen wir über das Störende sprechen?« Die meisten bejahten. Nun bohrte ich weiter: »Kann jemand das Störende erzählen oder nennen?« Zunächst war allgemeines Schweigen. Dann meldete sich ein Schüler. Er meinte: »Herr Hundsdorfer, seien Sie mir nicht böse, aber immer wenn Sie mir eine Seite zerreißen, da könnte ich Sie umbringen.« Ich hatte die blöde Angewohnheit, eine Seite zu zerreißen, wenn mehr als drei Fehler enthalten waren. Von da an zerriß ich keine Seite mehr. So lernte ich noch oft von den Schülern. Eigentlich lernte ich von ihnen mehr als sie von mir.

Im Frühjahr 1949 wurde uns vom Schulamt mitgeteilt, daß meine 7. Klasse mit ihren 64 Schülern im Schuljahr 1949/1950 geteilt werden würde in zwei Klassen mit je 32 Schülern. Nun war guter Rat teuer! Unter den 64 Schülern waren 24 »Spengelhöfler[1]«, die mußten zusammenbleiben. Außer ihnen waren noch elf evangelische Buben in der Klasse. Nun waren aber alle Schüler schon sieben Jahre lang in einer Klasse gewesen, und es waren viele Freundschaften entstanden. Ich ging zu allen Eltern und besprach mit ihnen alle Möglichkeiten, wie die Freunde beieinander bleiben könnten. Es gab nur eine Chance: Die Eltern mußten sich entscheiden, ihr Kind in eine Gemeinschaftsschulklasse einzuschreiben. Dies

[1] Der Spengelhof war ein evangelisches Knabenheim in Freimann

fiel einigen gläubigen Katholiken sehr schwer. Nach etlichen Abendgesprächen hatte ich 32 Eltern überzeugt. Acht katholische Eltern konnten nicht über ihren Schatten springen. Deren Kinder blieben bei den »Spengelhöflern«.

Ein großer Nachteil war mit der Teilung verbunden: Wir hatten wieder Schichtunterricht! Jede Woche wurde gewechselt.

1950

Im Frühjahr 1950 erhielt unsere Schule einen neuen Schulrat. Er wurde uns Lehrern in der Herrnschule vorgestellt. Herr K. war in der Nazizeit ausgestellt worden, weil er den Fehler begangen hatte, einen Brief an seinen Freund, in dem er kräftig gegen die Nazis geschimpft hatte, mit einer Meldung an die Regierung zu vertauschen. Mit Herrn K. änderte sich einiges für mich und damit auch für die Schule. Herr K.war kleinlich, rigide und sehr sehr konservativ. So wollte er beispielsweise einmal eine Kleiderordnung herausgeben. Sie schrieb vor, wie züchtige Lehrerinnen gekleidet sein sollten. Der Ausschnitt des Kleides oder der Bluse durfte nur einen Daumenlang von der Halsgrube nach unten reichen. Die Ärmel des Kleides mußten eine Handbreit über der Ellenbeuge, und der Rocksaum hatte eine Handbreit über das Knie hinunterzureichen.

Zum Glück erfuhr der Vorgesetzte von Herrn K. von dieser Verfügung und ließ sie im Papierkorb landen.

Unseren Jugendbund »Die Freimanner« fand Herr K. unmöglich, da er konfessionell gemischt war. Wörtlich sagte er uns: »Die katholischen Kinder gehören in eine katholische Jugendgruppe oder in die Pfarrjugend.« Auf Dauer war eine Zusammenarbeit mit ihm nicht mehr möglich. Solange Herr Seelmann unser Rektor gewesen war, hielt ich es noch aus an unserer Schule, aber als dieser dann 1958 oder 1959 neue Aufgaben erhielt, da ging es nicht mehr. Es war kein erfreuliches Arbeiten mehr unter diesem Schulrat. Man fühlte sich stets bedroht oder überwacht.

Hubert Fritz

Der Bar-Musiker

»Es kann nur noch Tage dauern. Die ›Amis‹ stehen schon kurz vor München«, sagte der Direktor des Lehrlingsheims, sagten die Meister der Siemens-Lehrwerkstätte und die Verantwortlichen der Berufsschule. Es war Mitte April 1945. Unser Lehrlingsheim in der Berlepschstraße ragte, wenn auch schon heftig angeschlagen, wie eine Trutzburg aus der Umgebung der Ruinenstadt heraus. 250 Lehrlinge, der Direktor mit vier Präfekten, 23 Niederbronner Schwestern und zeitweise etwa 60 ausgebombte Menschen – so wohnten wir beengt in dieser letzten Schutzbehausung.

»Packt Eure Sachen und fahrt so schnell wie möglich nach Hause«, sagte der Direktor zu uns. Etwa die Hälfte der Buben hatte ihr Zuhause zum Teil weit außerhalb Münchens – wie ich, in Übersee am Chiemsee. Für mich gab es nur noch eine Bahnstrecke, um – von letzten Nazi-Kontrolleuren unbehelligt – aus München herauszukommen: Mit der Bahn bis Mühldorf, dann ging es zu Fuß bis zur Autobahn Salzburg und weiter mit einem Traktoren-Fuhrwerk bis zur Ausfahrt Feldwies/Übersee. Die Heimreise erschöpfte mich jedoch so sehr, daß ich auf dem Fuhrwerk einschlief und von Traunstein zu Fuß nach Übersee zurücklaufen mußte. Nach insgesamt drei Tagen stand ich nachts um 0.30 Uhr vor Mutters Haustüre. Als Gepäck hatte ich mein Akkordeon dabei, das mich überallhin begleitete, und einen Rucksack, prall gefüllt mit Lehrbüchern, einem Karton mit Zeichengeräten, Kleidung und Proviant – einer Liebesgabe der Küchenschwestern.

Hubert Fritz
1928 in einem musikalischen Elternhaus geboren. Ab 1943 Werkzeugmacher, Stipendium zur Wahrnehmung diverser Weiterbildungslehrgänge. Heirat 1952. 1965 Ingenieur, zwischen 1973 und 1986 Dozent an der Fachhochschule München. Ab 1988 in Ruhestand. Größte Leidenschaft: Akkordeonspielen.

Es war seltsam: Alle schlimmen Erlebnisse – die Bombenangriffe, das Verschüttetsein, die Operation wegen Bombensplitter, der nächtliche Luftschutzdienst und der dauernde Hunger – nichts konnte mich erschüttern. Meine Lebensfreude blieb ungebrochen.

In Übersee gab es gleich ein großes Hallo. »Hast Du Dein Akkordeon dabei?«, fragte mich mein Freund, mit dem ich wenig später zusammen in Gaststätten gegen Vollverpflegung musizierte. Wir spielten zu zweit, freilich vor einem sehr »ausgedünnten« Restpublikum, als wäre die ganze Welt heil. Tagsüber konstruierte ich Getriebe und Motoren.

So vergingen einige Tage. Mutter wurde immer unruhiger. »Die Amerikaner stehen vor der Tür, und Du sitzt hier und zeichnest«, sagte sie zu mir. »Na und? Die werden uns schon finden.« Nachts darauf vernahmen wir tatsächlich dröhnende und donnernde Geräusche. In der Früh' um 6.00 Uhr rasselten bereits Panzer, Jeeps und uns völlig unbekannte Spezialfahrzeuge über die unbefestigte Landstraße vor unserem Haus vorüber. Wir hatten noch nie zuvor »Schwarze« gesehen. Sie hockten mit weiß-leuchtenden Zähnen, winkend und oft lächelnd auf ihren Fahrzeugen – eigentlich wie Freunde. Es hieß: Der Krieg ist zu Ende!

Im Nu lief im Radio ein anderes Programm: tolle Schlager- und Jazzmusik. Die »Amis« wußten eigenartigerweise, daß mein Freund und ich Akkordeon spielten. Jeden Abend holte man uns mit Autos zum Musizieren ab, ins Dorfgasthaus oder ins Rasthaus am Chiemsee. Danach fuhr man uns, reichlich mit Lebensmitteln und Süßwaren beschenkt, wieder nach Hause, oftmals erst um 2.00 Uhr morgens. Es war ein tolles Leben. Die Besatzer waren lauter nette, oft gut deutsch sprechende Kerle.

Dann kam Post aus München von der Siemens-Lehrwerkstätte. Nach zweieinhalb Wochen eines

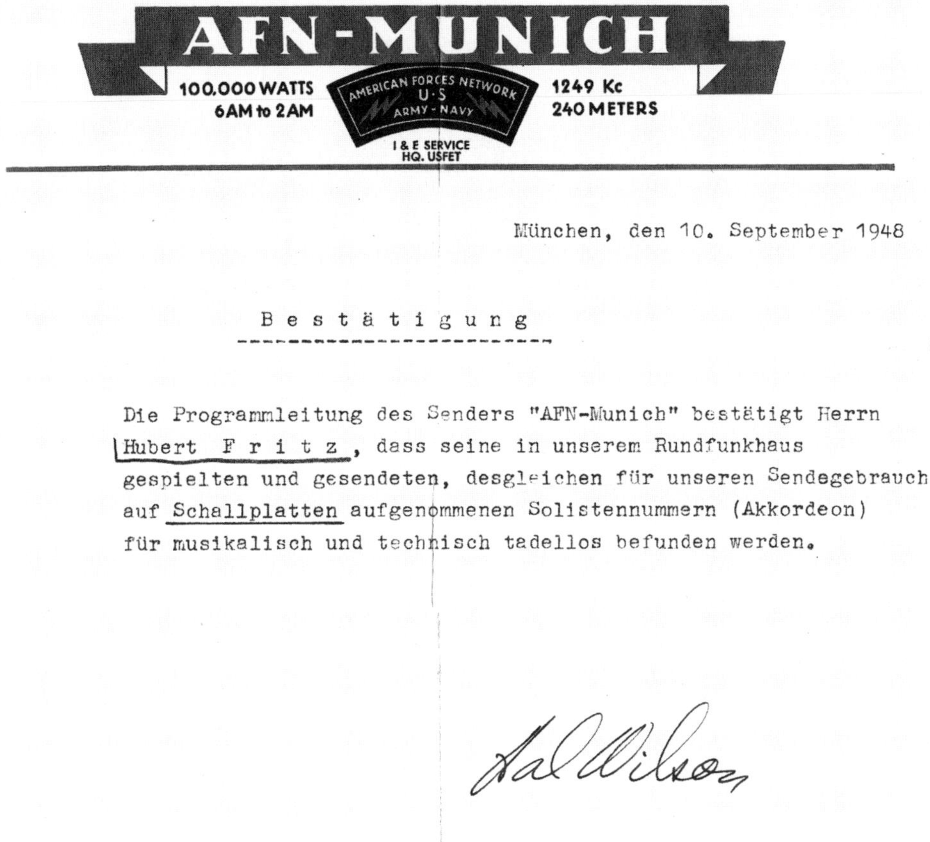

AFN-MUNICH

100.000 WATTS
6AM to 2AM

AMERICAN FORCES NETWORK
U·S
ARMY-NAVY

1249 Kc
240 METERS

I & E SERVICE
HQ. USFET

München, den 10. September 1948

B e s t ä t i g u n g

Die Programmleitung des Senders "AFN-Munich" bestätigt Herrn Hubert F r i t z , dass seine in unserem Rundfunkhaus gespielten und gesendeten, desgleichen für unseren Sendegebrauch auf Schallplatten aufgenommenen Solistennummern (Akkordeon) für musikalisch und technisch tadellos befunden werden.

Hal Wilson

Brief von AFN vom 10. September 1948

herrlichen, schwungvollen Lebens, in denen ich reichlich mit amerikanischem Musikgut versorgt worden war, begann erneut der Alltagsernst. Zurück in den unbeschreiblichen Trümmerhaufen Münchens, in mein leidlich zusammengeflicktes Zimmer im Lehrlingswohnheim! Bei Siemens bauten wir Lehrlinge unsere schwer angeschlagene Lehrwerkstatt wieder auf. Im Heim glänzte ich mit amerikanischer Tanzmusik und wurde Haus-Akkordeonist im Tanzorchester eines Präfekten. Es war nicht zu glauben: Ab und zu tanzte sogar der Heim-Direktor, ein Pfarrer, mit den Niederbronner Schwestern!

Ich war gerade 17 Jahre alt geworden. In meinem Zimmer stand ein selbstgebautes Radio, mit dem ich Lang- und Mittelwelle empfangen konnte. Einmal riß es mich förmlich an den Lautsprecher: Das »Bar-Trio« von Cubi Crecmar – mit Akkordeon, Piano und Jazz-Gitarre – spielte flotte, beschwingte Tanzmusik. Ich fühlte mich im Vergleich zu ihnen als Anfänger! »Da kannst Du noch etwas lernen«, dachte ich. Ich rief bei »Radio München« an und erkundigte mich, wo man die Gruppe sehen und Kontakt zu ihr bekommen könnte. Ich erhielt auch prompt die Auskunft, daß Herr Crecmar im Tal 54 wohne und im Dachauer »Ludwig Thoma« spiele. Ich suchte ihn in seiner Wohnung auf. Trotz vieler Arbeit nahm ich sogar jeweils am Sonntag Vormittag Unterricht bei ihm, um zu lernen, wie man jazziger spielt.

Im Heim erzählte ich ahnungslos einem Freund von meinen Akkordeon-Stunden. Er sagte: »Ich könnte Gitarre spielen, aber ich habe kein Instrument – im Bombenangriff verloren.« Eine Schwester half uns aus und brachte ihre wunderschöne Gitarre mit. Als er die Seiten akribisch stimmte und schwierigste Akkorde griff, fragte ich ihn, woher er das könne. »Ich war ja schon auf dem Konservatorium und wollte Musiker werden«, entgegnete er. Aber alles war durch den Krieg anders gekommen. Fortan übten und musizierten wir gemeinsam.

Ich fuhr auch wieder nach Übersee zurück und überraschte meinen dortigen Musiker-Freund mit neuartigem Spiel. Unsere amerikanischen Freunde verschleppten uns immer wieder in das Rasthaus. Unser Ruf wuchs. Ein renommiertes Café in Grassau engagierte uns. Mein Freund holte noch zwei weitere Musiker dazu, die erst aus dem Krieg heimgekehrt waren. Ich wechselte zwischen Piano und Akkordeon, mein Freund zwischen Akkordeon und Zither, die beiden anderen spielten Baß, Gitarre, Klarinette und Saxophon. Wir spielten abwechselnd Jazz und Schrammel-Musik. Das Café wurde von amerikanischen Soldaten und sympathisierenden Deutschen besucht und war immer voll. Fast wäre ich bei der Tanzmusik geblieben, doch fand ich die Gegensätze reizvoller. Also pendelte ich ständig zwischen München und Übersee. Ich stellte dem »Bar-Trio« im »Ludwig Thoma« in Dachau nach.

Vier Wochen später, als es sein Gastspiel dort beendet hatte, trat ich mit meinem eigenen Trio die Nachfolge an. Mein Gitarrist hatte nämlich noch einen Bekannten aus der Konservatoriumszeit mitgebracht, der Piano spielte. Wir harmonierten zusammen, als hätten wir jahrelang gemeinsam geübt. Es gelang uns tatsächlich, die gleiche Stimmung in das Café zu bringen wie Crecmar mit seiner Band.

Ich spielte mit meinem Trio in verschiedenen Besetzungen in Kellerbars, doch nutzte ich auch jede Gelegenheit, um mich zum Ingenieur weiterzubilden. Ich ging auf die Abendschule und in Siemens-Tageskurse. Ich saß bereits im Konstruktions-Büro.

Zahlreiche Musiker kreuzten meinen Weg, darunter auch der Sohn eines Fabrikanten. Er war ein Genie auf dem Piano. Er improvisierte zu unseren an sich bekannten Themen und nutzte dabei in geradezu artistischer Weise den Klavierhocker. Das Publikum raste!

Eines Tages setzte sich ein amerikanischer Offizier zu uns: »Sie spielen künftig im AFN, in München! Befehl der amerikanischen Militär-Regierung!« Dabei schaute er uns mit ungeheurer Strenge an. Unser Klavier-Genie sprang vom Hocker, salutierte und schrie in tadellosem Englisch: »Zu Befehl, Herr General – oder was Sie sind!« Der Offizier und wir fielen in schallendes Lachen. Es sollte sich später herausstellen, daß er Programmdirektor des AFN war.

Eine Woche darauf nahm ich mir nachmittags frei, um mit meinem Akkordeon zum AFN zu gehen. Nachdem ich dem Programmdirektor drei Stücke vorgespielt hatte, winkte er ab: »Prima! Wir bitten Sie, erst Solo-Nummern in unseren Sendungen zu spielen. Später kommen Sie bitte mit Ihrer Band.« So geschah es. Wir spielten jahrelang, oftmals wöchentlich, live im AFN. Zwar bekamen wir keine Gage, dafür aber alle erdenklichen Sachleistungen, wie beispielsweise mit dem Auto gefahren werden. Es war eine helle Freude!

Das »Bar-Trio« unter Crecmar löste sich auf, er spielte nur noch im engeren Bekanntenkreis und in Weinstuben. In kleinen, persönlichen Gesellschaften musizierte ich dann mit ihm und mit meinem Gitarristen. Später sendete auch »Radio München« Aufnahmen von mir, doch herrschte dort eine sehr steife Stimmung.

Pro Abend verdiente ich nach der Währungsreform zwischen 25 und 100 DM, und das bis zu acht Mal im Monat. Wirklich, ich hatte keine Zeit für »Trümmerhaufen-Wehmut«. Alles war für mich irgendwie interessant.

Der Autor mit seinem selbst umgebauten Instrument, ca. 1949

Aus dem Heim war ich längst ausgezogen, die Jüngeren strömten ja nach. Siemens schickte mich in subventionierten Unterricht und spendierte mir Tages-Stunden. Zudem gab es noch Werkunterricht für Nachwuchs-Ingenieure.

Vater verzieh mir nie ganz den Einstieg in die Bar-Musiker-Karriere. Bei allem Erfolg bewunderte er lieber mein Vorankommen bei Siemens. Ich wurde später Ingenieur und arbeitete 13 Jahre als Dozent an der Fachhochschule in München.

INGE HÜGENELL

Ein Leben für die Gewerkschaft

(Bearbeitetes Interview)

Inge Hügenell wurde am 10. März 1927 in München geboren. Ihre Eltern hatten 1918 ihre Heimat, das Baltikum, verlassen müssen und kamen nach Aufenthalten in mehreren Flüchtlingslagern 1924 nach München. Da Inge Hügenells Vater als engagierter Sozialdemokrat bekannt war und keines der Familienmitglieder einer Nazi-Organisation angehörte, war ihr während des »Dritten Reichs« der Besuch einer weiterführenden Schule verwehrt. Sie begann daher nach der Schulzeit und dem Pflichtjahr 1941 eine kaufmännische Ausbildung bei der Firma Siemens. Als sich nach dem Krieg die Gewerkschaft in Bayern rekonstituierte, wurde Inge Hügenell Mitglied in der IG-Metall und arbeitete seit Dezember 1946 mit bei den Vorbereitungen zur Gründung des Bayerischen Gewerkschaftsbundes.

Ich habe ab 1946 beim Kollegen Scheller in der Organisationsabteilung am Aufbau des Bayerischen Gewerkschaftsbundes mitgearbeitet. Meine erste Erinnerung an meinen Arbeitsbeginn führt in die Landwehrstraße. Es gab nur Parterre und den ersten Stock, oben war alles kaputt. Ich begegnete dort auf dem Gang dem Gustl Schiefer, den ich kannte. Er hat mich sehr laut angeredet: »So, Du bist die Neue! Kannst Du auch etwas?«

Zu essen gab es nichts und kalt war es auch. Wir saßen da an Schreibmaschinen, die von den Amerikanern gekommen waren, riesige, uralte Dinger – im Mantel und mit Handschuhen, deren Finger wir abgeschnitten hatten.

Unsere Haupttätigkeit bestand darin, Briefe zu schreiben. Wir haben in ganz Bayern geschaut, in welchen Betrieben sich Gewerkschaftsgruppen gebildet haben. Wir haben natürlich Karteien angelegt. Und wir haben auch, aber das war schon nach der Gründung des Bayerischen Gewerkschaftsbundes im März 1947, eine Zeitung gedruckt.

Gründungskongreß des Bayerischen Gewerkschaftsbundes, Juni 1946; v.l.n.r.: Lorenz Hagen, Gustav Schiefer, Georg Reuter

Wir hatten zunächst in München keine Druckerei. Ich habe zum Beispiel das Protokoll vom Gründungskongreß des Bayerischen Gewerkschaftsbundes gemacht, und das wurde in Kallmünz gedruckt. Dort war ich dann 14 Tage und hab' das Protokoll Korrektur gelesen.

Man mußte damals alles, was man geschrieben hat, in Deutsch und Englisch schreiben. Briefe an Behörden, an Städte usw. Das mußte immer alles von den Amerikanern genehmigt werden. Ich bin also öfter in der Woche zu den zuständigen amerikanischen Behörden gegangen. Da bin ich mit

---

INGE HÜGENELL
Geboren 1927 in München; kaufmännische Lehre. Ab 1946 Mitarbeiterin beim Bayerischen, später Deutschen Gewerkschaftsbund. 1972–1996 im Münchner Stadtrat, 1994–1997 Vorsitzende des Seniorenbeirates, lange Jahre als (Jugend-)Schöffin tätig. Witwe, drei Kinder.

Gründungskongreß des Bayerischen Gewerkschaftsbundes, Anmeldung der Delegierten; rechts außen die Autorin

den Schriftstücken oder den Entwürfen für die Zeitung hin. Dort wurde es angeschaut und genehmigt, und dann konnte man es weitergeben.

Wir haben überhaupt sehr viel mit den Amerikanern zu tun gehabt. Da ging es uns verhältnismäßig gut, weil die immer etwas mitgebracht haben: eine Tafel Schokolade, ein paar Zigaretten, Kaugummi. Dann kam ja auch die Zeit, wo es die Care-Pakete gab und diese Hilfssendungen aus der Schweiz, die dann über die Gewerkschaften verteilt worden sind an bedürftige Familien, auch an Gewerkschaftskollegen, von denen man wußte, daß sie überhaupt nichts haben.

Nachdem der Bayerische Gewerkschaftsbund gegründet war, hat dann Ernst Grünzner die Organisationsabteilung übernommen. Ich war seine Mitarbeiterin. Dann haben wir angefangen, in Bayern herumzufahren und die Ortsvereine zu gründen. Da bin ich überall herumgekommen. Das war eine sehr interessante Zeit.

Wir haben auch von den Amerikanern Volkswagen, »Käfer«, bekommen für die Arbeit. Wir hatten dann sogar einen Chauffeur. Wir sind herumgefahren und haben Gewerkschaftsversammlungen abgehalten, neue Ortsvereine gegründet, waren in Betrieben und haben die Organisation aufgebaut bis zur Gründung des Deutschen Gewerkschafts-Bundes 1949.

In der SPD bin ich offiziell seit 1948, weil ich in diesem Jahr 21 Jahre wurde. Aber ich habe seit

Gründungskongreß des Bayerischen Gewerkschaftsbundes; rechts außen: Ernst Grünzner

1946, seit es die SPD wieder gab, in der Partei mitgearbeitet. Ich war auch Schriftführerin. Der Albert Beierle war unser Sektionsvorsitzender, und der sagte: »Du kannst ruhig Schriftführerin machen, auch wenn Du noch nicht in der Partei bist.«

Von der ersten Wahl an war ich Wahlhelferin. Die Wahlkämpfe damals sind nicht in Papier erstickt wie heute. Es gab Veranstaltungen und Versammlungen. Es gab aber weder Informationsstände noch viel Wahlmaterial. Man mußte keine Überzeugungsarbeit wie heute leisten. Aber ich weiß von anderen, die in den Betrieben waren, daß dort natürlich sehr viel gearbeitet worden ist; es wurde halt einfach mit Kolleginnen und Kollegen geredet.

Unser Parteileben hat sich im »Storcheneck« abgespielt. Das war unser Sektionslokal. Da waren die ganzen Genossen, zum Teil noch welche von vor 1933 – auch Jüngere, die zur SPD gestoßen sind, zum Teil sind sie über die Eltern dazugekommen. Wir haben versucht, aufzubauen und zu helfen. Da waren ja viele Leute, ältere Menschen, die nach dem Krieg ziemlich hilflos waren. Man versuchte, ihnen zu raten und auch materiell zu helfen, wenn es nötig war.

Zu den großen Ereignissen gehörte die erste Maikundgebung auf der Theresienwiese 1946. Ich weiß noch, ich war oben bei der Ruhmeshalle auf der Balustrade gesessen und habe mir das von oben angesehen. Es waren sehr viele Leute da. Der Gustl Schiefer hat die Mairede gehalten. Eine große Begeisterung und Befreiung war das. Das war für mich sehr beeindruckend, daß so viele Leute da waren. Und man hat das Gefühl gehabt, daß jeder froh ist, daß es jetzt wieder anders ist.

Herbert Hess

Eine Zeitung entsteht

(Bearbeitetes Interview)

Die Amerikaner hatten sich für die neue demokratische Presseentwicklung in Westdeutschland schon 1942 ein genaues Konzept zurecht gelegt und eine eigene Abteilung eingerichtet, die streng militärisch organisiert war. Neben den Presseoffizieren waren auch Zivilisten, meist Emigranten aus Pressekreisen, eingebunden. In dieser Abteilung wurde der Aufbau des Zeitungswesens in Deutschland geplant. Die amerikanische Politik war dabei zweigleisig: Auf der einen Seite waren amerikanische Blätter für die Deutschen geplant, andererseits aber auch von Deutschen für Deutsche gemachte Zeitungen.

Ich selbst habe diese Zeit des Neubeginns im Münchner Pressewesen unmittelbar nach dem Krieg als ganz junger Journalist miterlebt. 1929 geboren, war ich kurz nach der Lizensierung der ersten Münchner Zeitung, der »Süddeutschen Zeitung«, in den Verlag eingetreten, und bin fast 50 Jahre, bis zu meiner Pensionierung, dort beschäftigt gewesen. Meist war ich für die Dokumentation zuständig, habe aber natürlich auch in der politischen Redaktion mitgeschrieben. Anfangs war ich Volontär in der Nachrichtenredaktion Innen- und Außenpolitik, in der Wirtschaft, im Lokalen. Das ist die klassische Ausbildung, die man als Volontär gemacht hat. Dann war ich viele Jahre Nachrichtenredakteur und bin später verantwortlicher Redakteur für Dokumentation geworden.

Nach strengen Kriterien wurden nach dem Krieg von der amerikanischen Besatzungsmacht Lizenzen vergeben, wobei man versuchte, alle demokratischen Richtungen zur Geltung zu bringen: Eine Lizenz wurde nur an eine Gruppe von Personen vergeben, wobei man möglichst immer einen von den Konservativen, einen Sozialdemokraten, einen Liberalen und einen Kommunisten in die Führung der Zeitung einzubinden suchte, damit es ein breites Spektrum gab. Die erste Lizenz, die die »Süddeutsche Zeitung« bekam, wurde an vier Lizenzträger vergeben.

Amerikanische Pressepolitik verlangte eine ganz strikte Trennung von Nachrichten und Kommentar im Blatt, was man in den damals entstandenen Zeitungen im wesentlichen bis heute noch so antrifft. Im Gegensatz zur britischen Besatzungszone wurden in der amerikanischen Zone keine Parteizeitungen zugelassen. Außerdem durften nach einer Weisung der Amerikaner natürlich keine antidemokratischen Artikel geschrieben werden, nationalistische oder militaristische Töne waren nicht erlaubt, und die Besatzungsmächte durften nicht kritisiert werden. Das waren die wesentlichen Richtlinien, an die wir uns zu halten hatten. In der Renatastraße saßen fünf amerikanische Presseoffiziere, die die Lizenzen vergaben.

Die Amerikaner hatten bei Kriegsende schon Personen im Kopf, an die im künftigen neuen Deutschland bzw. in der amerikanischen Besatzungszone Zeitungslizenzen vergeben werden sollten. In München dachten sie an Wilhelm Hausenstein und Wilhelm Hoegner. Hausenstein stand für eine liberale und Hoegner für eine linke Politik. Beide lehnten ab. Hoegner wollte in die Politik und Hausenstein fühlte sich gesundheitlich dazu nicht in der Lage. So suchte man weiter. August Schwingenstein z.B. hatte schon vor der NS-Zeit im Allgäu eine kleine Zeitung herausgegeben, hatte Auseinandersetzungen mit der NSDAP im Landtag gehabt und war natürlich sofort nach 1933 mit einem Berufsverbot belegt worden. Er erfüllte also die beruflichen und poli-

---

Herbert Hess
Geboren 1929. Seit 1946 journalistisch tätig, ab 1947 bis 1994 in der Redaktion der »Süddeutschen Zeitung«; Verfasser der Dokumentation »50 Jahre Süddeutsche Zeitung«.

Zerstörtes Verlagsgebäude in der Sendlinger Straße nach Kriegsende

tischen Bedingungen der Amerikaner. Vor allem wurde er als lizenzwürdig angesehen, weil er gleich nach dem Einmarsch der Amerikaner ein Memorandum verfaßt hatte, das er einfach bei der Militärregierung im Rathaus abgegeben hatte, und in welchem er Vorschläge machte, was seiner Meinung nach getan werden müßte, damit in Bayern wieder eine unabhängige Presse entstehen könne.

Schwingenstein wollte eigentlich keine Lizenz und schlug dafür zwei oder drei Leute vor. Auf Drängen der Amerikaner gab er dann aber doch seine Zusage. Wilhelm Hoegner schlug den Sozialdemokraten Edmund Goldschagg vor, der politischer Redakteur der »Münchener Post« gewesen war. Goldschagg lebte in Freiburg in der französischen Besatzungszone. Es war ein schwieriges Unterfangen, ihn nach München zu holen. Franz Josef Schöningh wurde von Hausenstein vorgeschlagen; somit hatte man drei Lizenzträger, die die SZ übernehmen sollten. Erst ein gutes halbes Jahr später, im Frühjahr 1946, hat dann Werner Friedmann die vierte Lizenz erhalten.

Der Anfang war natürlich mühsam. Zwar waren die Münchner so kurz nach dem Krieg geradezu gierig auf Nachrichten, wollten endlich wissen, was in der Welt geschieht, wie der Krieg – vor allem gegen Japan – weitergegangen ist, und sie waren natürlich zu jener Zeit noch mehr daran interessiert, was in der unmittelbaren Umgebung geschah. Einige Monate herrschte ein generelles Verbot deutscher Zeitungen. Bald wurde dieses Verbot jedoch aufgehoben. Die Amerikaner sahen ein, daß Deutsche viel leichter etwas von Deutschen annehmen würden als von einer Besatzungsmacht.

Bisher waren in München gleich nach dem Krieg nur amerikanische Militärblätter in deutscher Sprache erschienen. Schon im Mai 1945 wurde die »Bayerische Landeszeitung« herausgebracht und im Juni dann die »Münchener Zeitung«. Das waren zunächst reine Verlautbarungen der Amerikaner für die bayerische Bevölkerung. Man erhielt Informationen darüber, wo es Lebensmittelmarken gab, bei welcher Behörde man sich für welche Angelegenheit melden mußte, wie die Ausgangsbeschränkungen zum aktuellen Zeitpunkt waren und ähnliches. Die ersten, noch von den Amerikanern herausgegebenen Zeitungen hat Hans Habe gemacht, und der hat sich einen Deut darum gekümmert, was der oberste Presseoffizier angeordnet hatte. In seiner Zeitung, die er unter amerikanischer Herausgeberschaft für die Deutschen gemacht hat, beschäftigte er Deutsche, zum Beispiel auch Erich Kästner. Eigentlich sollten diese Zeitungen ein Bekanntmachungsjournal sein; nur Hans Habe hat sich nicht daran gehalten und hat eine richtige Zeitung daraus gemacht – mit Schlagzeilen, mit Feuilleton, mit Lokalteil und Politik.

Nachdem man nun die Lizenzträger hatte, galt es eine Druckerei zu finden. Am besten in Schuß

Die Druckplatten von Hitlers »Mein Kampf« werden eingeschmolzen. Aus ihnen entsteht der Bleisatz für die erste Nummer der SZ, die hier verteilt wird, 6. Oktober 1945

war die ehemalige Druckerei des »Völkischen Beobachters« in der Schellingstraße. Das Haus wollten die Amerikaner aber nicht herausrücken. So stand Schwingenstein vor der Wahl, was er nehmen sollte. »Nehmen« bedeutete dabei nur, daß dort die Zeitung gedruckt werden durfte; die Druckereien selbst waren anfangs nicht im Besitz der Lizenzträger. Diese konnten sich nur in eine Druckerei einmieten.

Eigentlich war es der Druckereileiter in der Druckerei Knorr & Hirth, Edmund Nistl, der Schwingenstein damals in der Entscheidungsphase überredet hat, die geplante Zeitung in der Sendlinger Straße und nirgendwo sonst herauszugeben. Seine Argumente, die Lage in der Stadtmitte und die Nähe zur Militärregierung im Rathaus, konnten die neuen Lizenzträger überzeugen, und so begann man mit zwei Setzmaschinen und einer alten Rotation. Alles war auf ein Minimum beschränkt. Man hatte nur das zur Verfügung, was nicht bei Luftangriffen zerstört worden war. Es war in der Tat ein Anfang bei Null, als am 6. Oktober 1945 die erste »Süddeutsche Zeitung« gedruckt wurde.

Wegen der Rationierungen stand nur ganz wenig Papier zur Verfügung.

Journalistisch war das nicht einfach: Um auf den vorgeschriebenen Umfang zu kommen, um möglichst viel hineinzubringen, mußte gekürzt, gekürzt, gekürzt werden. Es gab zweimal in der Woche eine Zeitung, einmal mit sechs Seiten (Dienstag) und einmal mit acht Seiten (Freitag). Und war aus irgendwelchen Gründen wieder einmal die Papierlieferung sehr gering oder ist sogar ganz gestoppt worden, dann ist die Zeitung nur einmal in der Woche und nur als einfaches Blatt erschienen. Es war genau festgelegt, daß die Zahl der Anzeigen bei sechs Seiten nicht größer sein durfte als eine halbe Seite. Man hat ganz komprimiert geschrieben und versucht, die Sätze so knapp wie möglich zu fassen, damit man viel Nachricht unterbringen konnte. Ich war zu der Zeit ein junger Reporter und kann mich gut an die Aufgabe erinnern, häufig aus einer dreistündigen Landtagsdebatte einen Bericht von 15 Zeilen machen zu müssen. Es ging nicht anders, es gab nicht mehr Platz.

Die tägliche Arbeit war mit der heutigen überhaupt nicht zu vergleichen. Mit dem Fahrrad, auf einem Lastwagen oder mit dem, was es langsam wieder an öffentlichen Verkehrsmitteln gab, ist man z.B. zu einem Ministerium gefahren, dabei gab es keine Telefone, um sich zu informieren. Die gesamte Redaktion hatte am Anfang nur zwei Telefone.

Allmählich verbesserte sich die Situation, und zwar bei uns sicher schneller als anderswo, denn die Zeitung wurde bevorzugt ausgestattet.

Natürlich wurde unsere Zeitung wie alles, was damals erschien, zensiert. Im Gegensatz zur sowjetischen und zur französischen Besatzungszone waren in der britischen und in der amerikanischen Zone sehr liberale, fast lässige Zensurkriterien. Während die Engländer eine Art Vorzensur praktizierten, bei der alles vorher abgegeben werden mußte, führten die Lektoren in der amerikanischen Zone nur eine Art Nachzensur durch. Das lief ungefähr folgendermaßen ab: Noch in der Nacht, wenn die Zeitungen gedruckt waren, mußten zwei Exemplare zur Zensurstelle der Militärregierung in die Tegernseer Landstraße geliefert werden. Dort wurden sie von drei amerikanischen Presseoffizieren gelesen. Als ob ein Oberlehrer in der Schule den Aufsatz korrigiert, so wurden manchmal am Rand Stricherl hingemacht. Manchmal wurde die Zeitung auch gelobt, weil ein Journalist in den Augen der Amerikaner irgendetwas besonders geschickt gemacht hatte. Viel häufiger wurde natürlich kritisiert: Entweder hatte sich angeblich eine NS-Wendung in der deutschen Sprache eingeschlichen, oder sie hätten gern ein Bild irgendwo gehabt; an anderer Stelle wurde festgestellt, daß z.B. weltpolitische Nachrichten nur ein Achtel des Gesamtumfangs ausmachen würden usw. Darauf paßten die Amerikaner besonders auf: Das lokale Geschehen durfte nicht überbewertet werden.

Meines Wissens hat es eigentlich nur zwei Fälle gegeben, in denen die Amerikaner Zensurstrafen ausgesprochen haben. Am Jahrestag der Bombardierung Darmstadts durch amerikanische Flugzeuge hat die »Darmstädter Zeitung« einen großen Artikel gebracht über den Angriff und über die Zerstörung der Stadt. Das hat der Zensurstelle nicht gepaßt. Die Zeitung wurde verwarnt, Papier wurde entzogen. Sie durfte anschließend nur noch in viel kleinerem Umfange erscheinen. Die Rüge wurde damit begründet, daß in diesem Artikel nirgendwo erwähnt worden war, daß die Bombardierung der Amerikaner eine Folge des von Hitler angezettelten Krieges war. Das mußte man damals immer und ganz ganz ausführlich dazuschreiben. Diese Zensurstrafe drang jedoch nicht an die Öffentlichkeit.

Die einzige Zensurstrafe, die offiziell verkündet wurde, traf die SZ. Sie war eine Reaktion auf einen Artikel über die Vertreibungen der Deutschen aus den Ostgebieten. Als die Masse der Heimatvertriebenen nach Deutschland kam, hat die Zeitung einen Bericht über die Ausweisungen gebracht und über das Hin- und Herschieben dieser Leute in Bayern. Werner Friedmann hat zu dem Bericht einen Kommentar verfaßt mit dem Titel: »Wer den Haß sät...« Dabei hat er sogar vorschriftsmäßig erwähnt, daß die Vertreibung die Folge eines Krieges ist, den Hitler begonnen hat. Weil er aber geschrieben hat, daß diese Massenvertreibung dennoch gegen jedes Menschenrecht verstößt, und weil er in einem Nebensatz eine Verbindung mit der SS hergestellt hat, er-

Faksimile-Nachdruck der ersten SZ-Ausgabe

Preis 20 Pfg.

Süddeutsche Zeitung

MÜNCHNER NACHRICHTEN AUS POLITIK · KULTUR · WIRTSCHAFT UND SPORT

1. Jahrgang / Nummer 1 — Lizenz Nr. 1 der Nachrichtenkontrolle der Militärregierung Ost — Samstag, 6. Oktober 1945

Zum Geleit

Zum ersten Male seit dem Zusammenbruch der braunen Schreckensherrschaft erscheint in München eine von Deutschen geleitete Zeitung. Sie ist von den politischen Notwendigkeiten der Gegenwart begrenzt, aber durch keine Zensur gefesselt, durch keinen Gewissenszwang geknebelt.

Die „Süddeutsche Zeitung" ist nicht das Organ einer Regierung oder einer bestimmten Partei, sondern ein Sprachrohr für alle Deutschen, die einig sind in der Liebe zur Freiheit, im Haß gegen den totalen Staat, im Abscheu gegen alles, was nationalsozialistisch ist. Die Leiter der Zeitung, verschiedenen Parteien entstammend, glauben, daß nach zwölf Jahren schmachvoller Gewissensknechtung und anbefohlener Lüge der gemeinsame Wille zu politischer Mündigkeit und Sauberkeit, zu Verantwortungsbewußtsein und Wahrhaftigkeit eine genügend starke Grundlage für eine fruchtbare Zusammenarbeit bildet. Sie wollen beweisen, daß noch echte demokratische Gesinnung in Deutschland lebt, die sich nicht in Parteihader verliert, sondern in den innerpolitischen Spannungen eine Quelle der Kraft für das gemeinsame Ganze erblickt. Alle leitenden Kräfte der Zeitung fühlen sich im Anblick einer schrecklichen sozialen Not als Anwälte derer, die arm sind und ohne Schuld leiden müssen.

Die „Süddeutsche Zeitung" wird. durch ihren Erscheinungsort München verpflichtet, aus dem süddeutschen, insbesondere bayerischen Geschichtsbewußtsein leben und in Ablehnung eines öden, undeutschen Zentralismus einen kräftigen, den besten Ueberlieferungen verbundenen Föderalismus vertreten. Alle preußisch-militaristischen Tendenzen bekämpfend, wird sie jene religiösen und kulturellen Kräfte pflegen, die gerade auch in Bayern beheimatet sind und denen Deutschland einstmals Ansehen und Sympathie in der Welt verdankte. Sie wird als Stimme einer freiheitlichen Gegenwart allen jenen jungen Kräften offen stehen, die an der geistigen und kulturellen Umgestaltung Europas mitwirken wollen.

Wir beginnen auf schmaler Plattform mit geringen Mitteln und spiegeln damit die allgemeine Lage. Wir glauben, daß wir in nicht allzu ferner Zeit auch den allmählichen Aufstieg spiegeln werden.

Schriftleitung und Verlag

Neue Regierung Bayerns unter Dr. Högner

Der frühere sozialdemokratische Reichstagsabgeordnete von München-Oberbayern und Münchner Staatsanwalt Dr. Wilhelm Högner ist von der amerikanischen Militärregierung mit der Bildung einer neuen Regierung für Bayern beauftragt worden, nachdem der bisherige bayerische Ministerpräsident Dr. Schäffer zurückgetreten war.

Der Rücktritt Dr. Schäffers wurde bereits 24 Stunden nach einer Besprechung General Pattons mit General Eisenhower bekanntgegeben, bei der General Patton seinen ersten persönlichen Bericht über die Lage in Bayern erstattete. Mit Ministerpräsident Dr. Schäffer sind sämtliche Minister des bayerischen Ministeriums zurückgetreten mit Ausnahme von Arbeitsminister Roßhaupter.

Dr. Högners Programm

Ueber Radio München gab der neuernannte bayerische Ministerpräsident Dr. Högner am Montag abend seine politischen Grundsätze bekannt, nach denen er die neue bayerische Regierung zu bilden beabsichtigt. Seine Regierung soll ein Kabinett der entschlossenen Abkehr vom Nationalsozialismus sein und sich dementsprechend aus entschiedenen Gegnern des Nazi-Regimes zusammensetzen. Die Männer seiner Regierung will Dr. Högner der Sozialdemokratischen Partei (der er selbst angehört), der Kommunistischen Partei und der Christlichsozialen Union (früher Bayerische Volkspartei) entnehmen.

Der Sozialdemokrat Roßhaupter wird voraussichtlich das Arbeitsministerium beibehalten, während Dr. Högner neben dem Amt

Dr. Högner, der neue Ministerpräsident

des Ministerpräsidenten das Justizministerium beibehalten wird, dessen Leiter er bisher schon war; sonst sind alle Ministerien neu zu besetzen. Um die Verbindung mit dem Volk schon jetzt, ehe ein Parlament gewählt worden ist, möglichst eng zu gestalten, beabsichtigt Dr. Högner neben dem Ministerrat noch einen Vertrauensrat zu bilden, der sich aus Vertretern aller Volkskreise zusammensetzen soll; er wird das Kabinett zusätzlich beraten.

Dr. Högner sprach schon jetzt klar aus, daß er die Auskehr der Nazi aus den Aemtern energisch durchführen werde; an einflußreichen Stellen dürften nur Leute sitzen, die niemals Nazis waren, auch nicht nach 1937. Eine große Zahl von Nazis, die sich krimineller Vergehen schuldig gemacht haben und dafür im Dritten Reich nie bestraft worden sind, würden in der nächsten Zeit vor Gericht gebracht werden. Dr. Högner erachte es ferner, wie er versicherte, als seine Ehrenpflicht, allen Opfern der Hitler-Herrschaft zu helfen.

Schließlich äußerte sich Dr. Högner auch zu dem Problem Schule und Konfession. Er habe nichts dagegen einzuwenden, daß in konfessionell nicht gemischten Gebieten Lehrer und Schüler in der Regel dem gleichen Bekenntnis angehören. Es wäre ein Unding, in eine bayerische katholische Landschule einen norddeutschen protestantischen Lehrer zu entsenden. Aber wenn man die konfessionelle Betonung so weit treibe, daß man sage, der gesamte Unterricht müßte vom konfessionellen Geiste ausgehen, dann möchte er starke Bedenken erheben, ob das den allgemeinen Wünschen der Bevölkerung Rechnung trägt. Im übrigen sei er im Schulunterricht für eine geistig-sittliche Erneuerung der Jugend, für eine Besinnung auf ethischem Gebiete. Ihm persönlich schwebe ein sozialistisches Humanitätsideal vor.

Einleitend hatte Dr. Högner erklärt, daß ihm der Rücktritt der Regierung Dr. Schäffer und seine Ernennung zum Ministerpräsidenten durch die Militärregierung vollkommen überraschend gekommen sei.

Kein Wahlrecht für Nazis

Wie Dr. Högner erklärte, sollen im nächsten Frühjahr in Bayern Gemeindewahlen durchgeführt werden. Doch werden alle früheren Mitglieder der Nazipartei nicht wahlberechtigt sein. Diese hätten eine mehrjährige Bewährung abzulegen, bis sie demokratisch denken gelernt haben.

General Patton scheidet aus Bayern

Frankfurt, 3. Okt. (Radio)

General Eisenhower hat General Patton, den bisherigen Oberbefehlshaber der 3. amerikanischen Armee, die als Besatzungstruppe in Bayern steht, durch General Lucien K. Truscott ersetzt. General Truscott führte früher den Oberbefehl über die 5. amerikanische Armee in Italien als Nachfolger von General MacClark, dessen Armee er im Dezember 1944 übernahm. General Patton erhielt den Oberbefehl über die 15. amerikanische Armee, die jedoch keine Besatzungsaufgabe wahrzunehmen hat. Gleichzeitig wurde Patton beauftragt, einen Bericht über die Tätigkeit der Alliierten während des Krieges auszuarbeiten und Vorschläge für die Zukunft vorzubereiten. Der neue Befehlshaber in Bayern wird sein Amt am 25. Oktober antreten.

*

Vor einer Woche hatte General Eisenhower den General Patton zu sich befohlen, um sich von ihm einen persönlichen Bericht über die politische Lage in Bayern erstatten zu lassen. Die Folge einer zweistündigen Aussprache war die Enthebung Dr. Schäffers von seinem Amte als bayerischer Ministerpräsident und die Berufung Dr. Högners zu seinem Nachfolger. Die weitere Folge ist jetzt das Scheiden General Pattons aus Bayern. Zwischen beiden Vorgängen besteht offensichtlich ein enger politischer Zusammenhang. Beim amerikanischen Oberkommandierenden in Frankfurt sowohl als auch in der öffentlichen Meinung der Vereinigten Staaten scheint eine immer größere Mißstimmung darüber entstanden zu sein, daß es in Bayern mit der Säuberung der öffentlichen Aemter bis hinauf in die Ministerien nicht so vorwärtsgegangen war, wie es nach dem Zusammenbruch des verbrecherischen Hitlerregimes unbedingtes Erfordernis ist. Konnte doch der neuernannte Ministerpräsident Dr. Högner mitteilen, daß sich in Bayern rund 170 000 Nazis in Amtsstellen befinden, von denen erst etwa 50 000 entfernt worden sind. Viele Gefolgschaftsmänner Hitlers, die unter der braunen Herrschaft an maßgebender Stelle tätig waren und die die Schandpolitik des Dritten Reiches nicht nur gedeckt und geduldet haben, sondern auch federführend sich zu Handlangern der Gewaltpolitik der Nazis auf allen Gebieten bereitwillig bereitgefunden hatten, saßen bis jetzt noch in ihren Aemtern. Das hat nicht nur in weiten Kreisen Bayerns, sondern auch in den Vereinigten Staaten einen immer größeren Mißmut erregt. Dazu kam, daß General Patton vor einiger Zeit einem amerikanischen Journalisten eine Erklärung abgegeben hat, die dahin gedeutet werden konnte, als ob er einen Schlußstrich ziehen wolle unter die Säuberung der öffentlichen Aemter und der privaten Wirtschaft von Anhängern der Nazipartei. Demgegenüber hat General Eisenhower, wie er dieser Tage bekannt gegeben hat, sich folgende Ziele gesetzt:

1. Vollständige Ausmerzung der Nationalsozialisten aus der deutschen Verwaltung und Politik, aus dem Erziehungs- und Finanzwesen sowie aus dem Geschäftsleben; 2. größtmögliche Hilfe für die nach Deutschland verschleppten Ausländer; 3. Wiederherstellung normaler Lebensbedingungen für die deutsche Zivilbevölkerung auf einen Lebensstandard, der den anderer Nationen in Europa nicht übersteigt; 4. Beseitigung der deutschen Schwerindustrie; 5. Vollendung des Entmilitarisierungsprogramms.

General Smith, der Stabschef General Eisenhowers, erklärte zu diesen fünf Punkten, daß die Ausmerzung der Nazis in Bayern ohne Rücksicht auf bisher entstandene Uebergangsschwierigkeiten restlos durchgeführt werden würde. Er betonte weiter, daß die Aussichten für den Aufbau eines nazifreien und entmilitarisierten Lebens trotz gewisser reaktionärer Tendenzen in Bayern besser seien als irgendwo anders. Bayern besitze zahlreiche Heimindustrien. Die Erzeugnisse jener kleinen Industrien würden zum Export und zur Abgeltung von Reparationen verwendet, ohne dabei den Handel der Vereinigten Staaten oder anderer vereinter Nationen zu gefährden. Dadurch würde die bayerische Wirtschaft wieder ohne allzu große Schwierigkeiten in Gang kommen. -ss

Eisenhower greift ein

Nach der Unterredung General Eisenhowers mit General Patton haben sich, wie von seiten der amerikanischen Militärregierung erklärt wird, die Zustände in den Lagern für verschleppte Personen in Bayern bedeutend gebessert. In Feldafing am Starnberger See waren z. B. 500 Juden in einem Lager der amerikanischen Armee: 400 von ihnen wurden jetzt in Wohnungen in der Umgebung einquartiert, die die Deutschen für diesen Zweck räumen mußten.

*

Bisher sind in der amerikanischen Zone Deutschlands 120 000 Nazis aus dem Behördendienst entlassen worden. Diese Ziffer, die vom amerikanischen Hauptquartier in Frankfurt bekanntgegeben wurde, stellt einen Zuwachs von 50 000 seit August dar. Diese Zahl schließt jene 80 000 nicht ein, die in Haft genommen wurden.

Um für die Ausschaltung der Nazis aus dem öffentlichen Leben Bayerns die erforderlichen einwandfreien Unterlagen zu gewinnen, waren nach einem Bericht der Militärregierung allein bis Ende August über 200 000 Fragebögen verteilt. Ihre Prüfung hatte folgendes Ergebnis: 2704 Personen dürfen nicht angestellt werden; 9029 Personen sollen nach Möglichkeit nicht angestellt werden und 18 629 können ohne jede Einschränkung beschäftigt werden. 685 Einzelfälle wurden den zuständigen Gerichten überwiesen. In einer einzigen Septemberwoche wurden 30 Fälle falscher Eintragungen festgestellt. Bekannte Nazis werden sich deshalb vor dem Militärgericht zu verantworten haben.

Ein Brief Roosevelts

Spanien außerhalb der Gemeinschaft der Nationen

London, 3. Okt. (Radio)

In den Vereinigten Staaten ist vor einigen Tagen ein bisher unveröffentlichter Brief des verstorbenen Präsidenten Roosevelt bekanntgegeben worden, in dem die gegenwärtige amerikanische Politik gegen Franco-Spanien erörtert wird. Roosevelt erklärte in dem Brief, der im vergangenen März an den amerikanischen Gesandten in Spanien gerichtet wurde, in der Gemeinschaft der Nationen sei für eine faschistische Regierung kein Platz. Es seien keine Schritte unternommen worden, um Spanien wirtschaftlich zu unterstützen, da die Mehrheit des amerikanischen Volkes gegen die Aufrechterhaltung von Beziehungen mit einem totalitären Staat sei. Die gegenwärtige Regierung in Spanien, die ihre Machtstellung der Unterstützung des faschistischen Italien und des nationalsozialistischen Deutschland verdanke, werde ganz natürlich von sehr vielen Amerikanern mit Mißtrauen angesehen. Das amerikanische Volk werde es nicht vergessen, daß Spanien den Achsenmächten Vorschub geleistet habe als die Lage der Alliierten schwierig gewesen sei.

Keine Einigung der Außenminister

Ausführlicher Bericht Bevins im Unterhaus am nächsten Dienstag

London, 4. Okt. (Radio)

Die Außenminister der Vereinigten Staaten, Rußlands und Frankreichs haben am Mittwoch abend London verlassen, nachdem am Dienstag die erste Tagung des Rates der Außenminister abgeschlossen wurde. Ueber die Hauptschwierigkeiten wurde keine Einigung erzielt, auch über das Schlußprotokoll wurde keine Einigung erreicht. Außenminister Bevin wird im Unterhaus einen ausführlichen Bericht über die Tagung geben. Das Unterhaus tritt am nächsten Dienstag zusammen.

Vor ihrer Abreise gaben der amerikanische und der russische Außenminister Erklärungen vor Pressevertretern ab. Der amerikanische Außenminister erklärte: Es haben sachliche Meinungsverschiedenheiten über die Geschäftsordnung des Rates bestanden. Man hat ihnen ins Auge gesehen und war bemüht, sie auszugleichen. Meinungsverschiedenheiten entstanden durch die Verschiedenheit der Auslegung der Potsdamer Vereinbarung. Bei genauer Auslegung bestimmt das Potsdamer Abkommen, daß Staaten am Entwurf der Friedensverträge nur dann teilnehmen können, wenn sie die Kapitulationsbedingungen mitunterzeichnet haben. Aber am ersten Tage der Ratstagung wurde beschlossen, daß alle fünf Großmächte an allen Erörterungen teilnehmen sollten. Am 22. September erklärte jedoch Molotow, er glaube, er habe einen Fehler gemacht, als er diesem Beschluß zustimmte und habe den Wunsch, seine Zustimmung zu widerrufen.

In der Hoffnung, eine Verständigung herbeizuführen, fuhr Byrnes fort, hätten die Vereinigten Staaten vorgeschlagen, daß das Recht zum Entwurf der Friedensverträge auf die drei Großmächte beschränkt werden solle. Damit habe sich Molotow grundsätzlich einverstanden erklärt. Er sagte jedoch, er müsse sich erst mit seiner Regierung ins Einvernehmen setzen. Deshalb sei den Außenministern nichts anderes übrig geblieben, als die Ratssitzungen während dieser Besprechung zu vertagen.

Molotow betonte, daß der Rat der Außenminister auf den Entscheidungen der Potsdamer Konferenz beruhe und an diese Vereinbarung gebunden sei. Er gab seinem Vertrauen in die Zukunft Ausdruck und der Hoffnung auf eine enge Zusammenarbeit zur Sicherung des Weltfriedens.

Ueber eine Anzahl von Fragen wurde zwischen allen fünf Ministern ein Einverständnis erzielt, z. B. über die Wiedergutmachung, über den wirtschaftlichen Status Oesterreichs und über gewisse Fragen, die mit den Friedensverträgen mit Italien, Rumänien, Bulgarien, Ungarn und Finnland zusammenhängen.

Weltgewerkschaftsbund tagte

Erste Sitzung in Paris abgehalten

Paris, 4. Okt. (Radio)

Der neue Weltgewerkschaftsbund ist in Paris zu seiner ersten Sitzung zusammengetreten. Die Statuten des neuen Weltgewerkschaftsbundes, in dem die Gewerkschaftsverbände von 65 Ländern vertreten sind, wurden durch einstimmigen Beschluß angenommen. Der neue Weltgewerkschaftsbund ist die erste internationale Organisation, in der die Vertreter der Vereinten Nationen, der neutralen Länder sowie der ehemaligen Vasallenstaaten der Achse vereinigt sind. Der Sonderausschuß erzielte volle Einigung. Die innerhalb der Weltgewerkschaftsorganisation entstandenen Meinungsverschiedenheiten wurden überbrückt.

Linksruck in Frankreich

Paris, 2. Oktober (Radio)

Am Sonntag wurde in Frankreich der zweite Wahlgang zu den Generalräten, den Parlamenten der Departements, durchgeführt. Die Wahlen zeigen einen starken Ruck nach links. Zum ersten Male in der Geschichte Frankreichs wurden auch Frauen gewählt.

Die bisher vorliegenden Wahlergebnisse (über 90%) zeigen folgendes Bild:

Sozialisten 879 Sitze gegen 434 im Jahre 1939, Kommunisten 349 Sitze gegen 272, Sozialradikale (bürgerliche Linke) 565 Sitze, um 413 weniger, Zentrum 193 Sitze, um 356 weniger, Rechtsparteien 440 Sitze, um 267 weniger. Außerdem hat eine neue Partei, die General de Gaulle unterstützt, 198 Sitze errungen.

*

Nach der französischen Verfassung von 1875, die einstweilen noch Geltung hat, haben diese Wahlen der Generalräte dadurch ihre besondere Bedeutung, daß von den zum Generalrat gewählten Vertretern bisher der Senat gewählt worden ist. Am 21. Oktober soll eine Volksabstimmung entscheiden, ob neben der aus allgemeinen Volkswahlen hervorgehenden Kammer der Senat überhaupt noch beibehalten werden soll. Die Linksparteien lehnen den Senat ab und wollen nur ein Einkammersystem.

Das Wahlergebnis zeigt eindeutig, daß das französische Volk sich für die Führung der Politik durch die Sozialisten ausgesprochen hat. Der erwartete sprunghafte Aufstieg der Kommunisten ist ausgeblieben. Zum erstenmal in Erscheinung getreten ist eine Republikanische Volkspartei, die den Sozialisten nahesteht, wie diese General de Gaulle unterstützt und bei diesem Wahlgang gleich rund 200 Sitze errungen hat. Dagegen hat die seit Jahrzehnten in Frankreich führende Partei, die Radikalsozialisten, eine empfindliche Einbuße erlitten. Diese Partei ist allerdings weder sozialistisch noch radikal, sondern eine bürgerliche Fortschrittspartei, die für die Politik der vergangenen Jahre die Verantwortung trägt. Ihr Führer, der langjährige Präsident der französischen Kammer und Bürgermeister von Lyon, Herriot, hat nach seiner Rückkehr aus deutschen Konzentrationslagern in seiner Heimat persönlich einen überwältigenden Sieg errungen, was seiner Partei allerdings wenig nützt.

Die Rechtsparteien haben starke Einbußen an Stimmen zu verzeichnen; auch das ist bezeichnend für die politische Einstellung des französischen Volkes. -ss

Sitz der Vereinten Nationen in Amerika

London, 5. Okt. (Dana)

Das vorbereitende Komitee des Vollzugsausschusses der Vereinten Nationen beschloß mit neun gegen drei Stimmen (bei Stimmenthaltung der Delegierten der Vereinigten Staaten und Kanadas), den ständigen Sitz der Weltfriedensorganisation in den Vereinigten Staaten zu errichten. England, Frankreich und die Niederlande stimmten für die Schweiz.

Abkehr – Einkehr

Von Edmund Goldschagg

Zum zweiten Male innerhalb eines Menschenalters hat das deutsche Staatswesen, Deutsches „Reich" genannt, als Abschluß eines Weltkrieges, den seine Führung bewußt und mutwillig vom Zaune gebrochen hat, einen völligen Zusammenbruch erlebt. Gewiß besteht ein gewaltiger Unterschied zwischen dem Zusammenbruch des Zweiten Reiches im November 1918 und dem jetzigen Untergang des Dritten Reiches. Das „Tausendjährige Reich" Adolf Hitlers ist nicht nur politisch versunken, sondern in des Wortes wörtlichster Bedeutung in Schutt und Trümmer verfallen. Die „Errungenschaften" der Kriegstechnik haben es mit sich gebracht, daß die deutschen Städte und Industrieanlagen unter der Wirkung des Luftkrieges nur noch als Trümmerhaufen übrig geblieben sind. Was die alliierte Ueberlegenheit nicht zerstört hat, das hat die eigene „geniale" Führung in den letzten Wochen des aussichtslosen Ringens in geradezu verbrecherischer Weise in Trümmer verwandelt. Der Vormarsch des Gegners konnte dadurch nicht aufgehalten, kaum verzögert werden; aber dem deutschen Volke wurden unersetzliche Werte vernichtet und der Aufbau auf Jahre, wenn nicht Jahrzehnte verzögert.

Der Widerstand der letzten Wochen, in einem Zeitpunkt, wo jeder Laie, der sich sein eigenes Denken noch bewahrt hatte, schon längst zur Einsicht gekommen war, daß der Krieg verloren und an einen Sieg nicht mehr zu denken ist, ging ja auch nicht mehr um militärische Ziele. Deutschland wurde von seinem Führer und dessen untergeordneten Führern bewußt in Schutt und Asche gelegt, weil diese Prediger des Gemeinnutzes nur noch an ihren Kopf und Kragen dachten. Denn daß mit dem Verlust des Krieges auch ihr eigener Kopf verspielt war, darüber waren sich die braunen Häuptlinge klar angesichts der Verbrechen, die sie in der zwölfjährigen Herrschaft ihres tausendjährigen Reiches am deutschen Volke und der europäischen Menschheit begangen hatten. Aber da es den Hitler, Himmler, Göring und Pgs. klar war, daß sie nicht nur als Politiker, sondern auch als Mensch ausgespielt hatten, so sollte bewußt das deutsche Volk physisch und materiell mit ihnen zugrunde gehen. Nur so ist auch der Widersinn des Schlußkampfes um Berlin zu verstehen, zu dem sich Hitler persönlich an die Kampffront begeben hatte, die für ihn allerdings im sichersten Bunker unter der Reichskanzlei lag. Von einer Führung hat man zwar nichts mehr gehört, doch mit Entsetzen vernimmt man, daß die letzten 12 Kampftage die bisherige Hauptstadt des Reiches mehr in Trümmer gelegt haben, als alle vorangehenden Fliegerangriffe der Amerikaner, Engländer und Russen zusammen. Diese völlige Zertrümmerung der Reichshauptstadt als Abschluß des Machtkampfes des Dritten Reiches — in großem Ausmaß durch die Waffen der eigenen Truppen — ist zugleich Symbol für den Zusammenbruch der Naziherrschaft. Und unter den Trümmern verschüttet liegt der „geniale Staatsmann und Feldherr" Adolf Hitler selbst begraben.

Wenn das deutsche Volk heute in Apathie und

Faksimile-Nachdruck der SZ vom 6. Oktober 1945

folgte eine sehr deutliche schriftliche Kritik an diesem Kommentar mit dem Tenor, daß hier verbotenerweise eine verbündete Besatzungsmacht kritisiert würde. Das Ganze war auch noch zu einem Zeitpunkt passiert, nachdem ein anderer Artikel erschienen war, in dem ein Reporter seine Erfahrungen auf der Reise zu seiner ersten Leipziger Messe nach dem Krieg schilderte. Er berichtete, daß die Russen die Eisenbahnschienen in Ostdeutschland abrissen und überall die Gleise zum Abtransport in den Osten herumlagen. Die Russen waren also wegen dieses Artikels sowieso schon verärgert und haben die Amerikaner offenbar gedrängt, ein Exempel zu statuieren. Die Amerikaner haben ein ungewöhnlich starkes Geschütz aufgefahren, die Zeitung verurteilt und mit Verbot gedroht. Die SZ durfte vier Wochen lang einmal in der Woche nur mit einem Blatt und einmal in der Woche mit sechs Seiten erscheinen.

Die Zeitung hat sich damals sehr elegant aus der Affäre gezogen, indem sie dazu überhaupt keine Stellung bezogen, sondern statt des »Streiflichts« nur den Brief der Militärregierung abgedruckt hat. Man muß sich klar sein, daß dann schon sehr bald der Kalte Krieg und damit auch eine grundsätzliche Änderung der amerikanischen Politik begann. Plötzlich hatten die Amerikaner dann von sich aus nichts mehr dagegen, wenn man die Sowjetunion kritisierte.

Im November 1946, also fast ein Jahr später, kam in München eine zweite Zeitung heraus, der »Münchner Mittag«. Diese Zeitung wurde in der Bayerstraße gedruckt. Chefredakteur war Peter Stern. Er hat eine sehr flotte Zeitung gemacht, fast ein wenig im Boulevardstil. Die Zeitung erschien mittags. Ab Januar 1948 änderte der »Münchner Mittag » seinen Namen und hieß von da ab »Münchner Merkur«. Wie alle anderen Zeitungen kam er nun auch am frühen Vormittag heraus.

Dann kam die »Abendzeitung«. 1948 gab es in München eine Presseausstellung, von den Amerikanern initiiert und von den damaligen Münchner Medien getragen. Es entstand die Idee, auf der Messe für die Besucherinnen und Besucher eine Zeitung entstehen zu lassen. Der Druckereileiter der SZ hatte in Traunstein eine kleine Rotationsmaschine aufgetrieben. Gemacht wurde die Zeitung von Redakteuren und Reportern der »Süddeutschen Zeitung«, des »Münchner Mittag« und des Bayerischen Rundfunks. Man sah den Leuten direkt bei der Arbeit zu. Diese Messezeitung erschien ungefähr im selben Format wie heutzutage die »Abendzeitung«. Sie hieß schlicht und einfach die »Tageszeitung«. Ironischerweise war das die erste Zeitung in München, die wirklich täglich erschien. Sie war eigentlich nur für zwei Wochen geplant – solange eben die Messe lief.

Gegen Ende der Presseausstellung hat Friedmann den Amerikanern mit einigen Schwierigkeiten klargemacht, daß man diese Zeitung unbedingt weiterbestehen lassen müsse. Nach langem Hin und Her konnte die Zeitung bleiben und war, noch bevor »Süddeutsche« und »Merkur« täglich erschienen, als Tageszeitung auf dem Markt.

Zunächst wurde sie von den Redakteuren der SZ mitgemacht und war eine echte Abendzeitung, d.h. sie wurde in der Früh' um zehn Uhr angedruckt und war gegen Mittag auf der Straße zum Verkauf.

Für uns Mitarbeiter war der Dienstplan kompliziert. Wenn wir z.B. Spätdienst, also Nachtredaktion gemacht haben, war die letzte Ausgabe in der SZ so gegen Mitternacht. Dann sind wir nicht wie sonst nach Hause gegangen, sondern haben uns unten in einen dieser Sessel, die noch aus der Zeit der »Münchner Neuesten Nachrichten« stammten, hingelegt und dort im Sitzen bis ca. 4.30 Uhr geschlafen. Zu diesem Zeitpunkt mußten die einlaufenden Nachrichten vom Fernschreiber geholt, durchgeschaut und aussortiert werden. Dann ging die Arbeit weiter. Erst nach und nach entstand eine »Abendzeitung«-Redaktion.

Wenn ich heute auf die damalige Zeit zurückschaue, so kann ich sagen, daß bei uns jungen Leuten ein großer Idealismus vorhanden war, auch so etwas wie Aufbruchstimmung. Wir waren alle noch im »Dritten Reich« aufgewachsen, und diese neue Bekanntschaft mit der Demokra-

Die Lokalredaktion der SZ in ihren noch zerbombten Arbeitsräumen, 1946

tie, das war eine Herausforderung. Die älteren Kollegen waren da viel abgeklärter. Man wollte es als junger Mensch jetzt wirklich anders, besser machen. Diesen Idealismus haben wir allerdings auch gebraucht bei den Unwirtlichkeiten, die damals bestanden: schlechte Ernährung, Arbeiten in kalten Zimmern, die schlimmen Wohnverhältnisse, keine Verkehrsverbindungen. Dieser Idealismus hat sich aber im Laufe der Zeit etwas abgeschliffen. Viele haben einfach wieder da angeknüpft, wo sie aufgehört hatten.

Im großen und ganzen ist das wichtigste Ziel der Lizensierung, die Deutschen an die Demokratie heranzuführen, natürlich erreicht worden. Da hat die Presse sicher zu einem guten Teil daran mitgewirkt, vielleicht sogar mehr als die Parteien.

Ich glaube, daß das, was uns die Amerikaner vermitteln wollten, gut war: z. B. die strikte Trennung zwischen Nachricht und Kommentar, die exakten Quellenangaben, den Stellenwert der weltpolitischen Nachrichten – alles Dinge, die uns alten Journalisten in Fleisch und Blut übergegangen sind. Vor allem aber war es zum damaligen Zeitpunkt einfach unabdingbar, daß sie streng darauf geachtet haben, daß keine militaristischen oder nationalistischen Töne angeschlagen wurden.

Hans Lindenauer

Wieder daheim

Sechs Jahre Krieg als Soldat lagen hinter mir, als unsere Einheit am 10. Mai 1945 südlich der Drau in der Nähe der Stadt Warasdin gegen jugoslawische Partisanenverbände kämpfte. Vom Nordufer ertönte aus Lautsprechern der russischen Einheiten die Nachricht: »Deutschland hat vor zwei Tagen bereits bedingungslos kapituliert. Der Krieg ist zu Ende!«

Nachdem uns unsere Führung die Meldung bestätigte, hieß nun die Parole: So schnell wie möglich heimwärts! Tagelang marschierten wir. Die Russen versuchten uns mit Lautsprecherdurchsagen in die Städte zu locken. Man versprach uns die umgehende Rückführung ins Deutsche Reich, aber die Verlogenheit dieser Propaganda war uns längst bekannt. Wie sich später erwies, führten die Transporte für viele Jahre in sowjetische Lager.

So blieben wir südlich der Drau und wagten erst am 20. Mai in Bleiburg, wo bereits englische Einheiten kampierten, den Übergang über den Fluß. Hier zerstörten wir unsere Waffen. Die Engländer empfingen uns zu unserer großen Überraschung herzlich und versorgten uns mit Essen und Trinken. Sie erklärten uns für »entwaffnete Deutsche«, nicht für Kriegsgefangene, da wir sie zehn Tage nach Kriegsende erreichten. Mit Jeeps und Trucks transportierten sie uns noch am gleichen Tag in ihr Hauptquartier nach Klagenfurt. Dort standen im ehemaligen Verpflegungsamt schon Heu und Stroh für die vielen zurückkehrenden deutschen Soldaten der Südost-Armee bereit. Wir durften uns drei Tage ausruhen und schliefen, schliefen, schliefen… Nach drei Wochen, die wir unbewacht in Bauernhöfen bei Mariasaal verbracht haben, wurden wir in alte deutsche Viehwaggons verladen, die in Richtung Mallnitz fuhren. Hier versorgten uns die »Tommies« nochmals reichlich mit Essen und Bohnenkaffee. Sie gaben uns über Lautsprecher bekannt, daß wir am Morgen des 16. Juni vor dem Tauerntunnel den Amerikanern übergeben werden. Die Engländer sagten uns immer wieder, wir sollten Uhren und Wertsachen gut verstecken, denn die »Amis« würden uns sonst drüben alles wegnehmen. Von diesem Zwiespalt zwischen den Alliierten waren wir alle ziemlich überrascht.

Morgens um 4 Uhr setzte sich unser Transport durch den Tauerntunnel nach Böckstein und Badgastein in Bewegung. Verängstigt verriegelten wir unsere Schiebetüren, doch die Neugier ließ uns doch hin und wieder einen Blick durch die Türe wagen. Bullenkerle von »Amis«, meist »Neger«, waren unser Wachpersonal. Doch anscheinend hatten sie vor uns genauso viel Respekt wie wir vor ihnen. Unbehelligt ging die Fahrt über Wörgl und Kufstein der deutschen Grenze entgegen. Im Inntal hatten wir einen längeren Aufenthalt, und alle Soldaten aus Bayern waren überglücklich, wieder daheim zu sein. Im Zug wurde uns von den Amerikanern mitgeteilt, daß unser Fahrtziel Aalen in Württemberg sei, wo sich ein amerikanisches Entlassungslager befand. Die Reise mußte also über München, *mein* München, gehen. In mir erhob sich die quälende

---

Hans Lindenauer
1921 in München geboren, im Westend aufgewachsen, 1935 Lehre in einer Tuchgroßhandlung. 1939 zum Wehrdienst eingezogen, als Soldat in Frankreich, Rußland und auf dem Balkan. Nach Kriegsende als Angestellter in einer Bank tätig, 1984 Pensionierung.

Heimkehrer aus der Gefangenschaft

Frage, ob ich bei einem eventuellen kurzen Stop die Flucht nach Hause ohne amtlichen Entlassungsschein riskieren oder aber die Fahrt weiter bis nach Aalen mitmachen sollte?

Unser Transport hielt abends in München-Laim. Ich riß die schwere Schiebetür auf, und drei junge Mädchen, die den Soldaten Brot und Wurst reichten, standen vor mir. Sie hatten das Essen im ehemaligen Wehrmachts-Verpflegungslager »besorgt«. Meine Freude war so groß, daß ich spontan ausrief: »Endlich wieder drei Münchner Madl!« Dadurch wurden sie auf mich aufmerksam und riefen: »Da ist ja ein Münchner dabei!« Sie gaben uns zu essen, doch die Zeit drängte, denn ab 21.00 Uhr galt die Ausgangssperre für Deutsche.

Obwohl mir die drei Mädchen völlig unbekannt waren, gab ich ihnen meine Armbanduhr und einen goldenen Ring. In aller Eile bat ich sie, meine Eltern im Westend aufzusuchen und ihnen mitzuteilen, daß ich gesund aus dem Krieg zurückgekehrt sei. Zwei der Mädchen fuhren tatsächlich am nächsten Tag mit dem Fahrrad zu meinen Eltern und brachten ihnen die frohe Botschaft. Zum Dank schenkte meine Mutter jedem Mädchen drei Eier, was zu dieser Zeit eine Kostbarkeit war. Leider war ihnen in der Zwischenzeit ihr Fahrrad gestohlen worden, doch der Besitz der drei Eier war fast ein vollwertiger Ersatz.

Unser Transportzug hatte inzwischen am 17. Juni Aalen erreicht. Dort warteten bereits Tausende deutscher Soldaten auf ihre amtliche Entlassung. Wir kampierten im Freien, und nach drei Tagen war auch ich an der Reihe zum sogenannten Spießrutenlaufen. Die Prüfer waren überwie-

Rotkreuzplatz, Ecke Leonrodstraße

gend amerikanische Juden, die uns nach unserem ehemaligen Truppenteil, dem Kriegseinsatzgebiet in Europa und vielem mehr befragten. Vor allem wollten sie wissen, ob man bei der Waffen-SS gewesen war. Diejenigen Soldaten, die am linken Oberarm (innen) die SS-Tätowierung hatten, wurden von uns getrennt. Die Prüfung dauerte ein bis zwei Stunden, dann erhielt auch ich den begehrten amtlichen Wehrmachts-Entlassungsschein, zusammen mit 40 RM Entlassungsgeld.

Im Hof standen viele amerikanische Trucks, die die entlassenen Soldaten zurück in ihre Heimatstädte brachten. Ich selbst bestieg am Abend des 20. Juni den Truck nach München, der von einem bärenstarken schwarzen GI gefahren wurde. Wir standen während dieser »Höllenfahrt« eine enorme Angst aus!

Gegen Mitternacht kamen wir am Rotkreuzplatz an. Die ehemaligen Soldaten verabschiedeten sich voneinander und teilten sich in kleine Gruppen auf; jeder hatte ein anderes Ziel. Unsere Gruppe brach in Richtung Schwanthaler Höhe auf. Wir trabten in der Straßenmitte, denn es galt ja längst das Ausgangsverbot. In der Donnersberger Straße schaute noch ein Ehepaar aus dem Fenster und rief uns ein herzliches Willkommen zu. Sie brachten uns Wasser und begrüßten uns: »Herzlich Willkommen daheim in München, aber Eure Freundinnen gehen alle mit den Amerikanern und den ›Negern‹!« Das war der erste große Dämpfer für uns.

Als wir den Gollierplatz passiert hatten, wurden unsere Schritte immer schneller, denn jeder wollte wissen, ob sein Wohnhaus noch stand oder etwa doch den zahlreichen Fliegerangriffen zum Opfer gefallen war. Seit Monaten hatten wir ja keine Nachricht mehr von zu Hause erhalten. Wie groß war meine Freude, als ich schon von weitem das Eck-Türmchen meines Elternhauses sah. Nachts gegen 2.00 Uhr läutete ich sie aus dem Schlaf, und es gab ein tränenreiches Wiedersehen.

Die nächsten Monate vergingen. Es war eine trostlose und armselige Zeit, in der wir sehnlichst auf ein Lebenszeichen meines neunzehnjährigen Bruders Walter warteten. Am 1. April 1946 erreichte uns dann die Nachricht, daß er bei den letzten Kämpfen am 25. April 1945 in Güntersberge/ Harz gefallen und auf dem dortigen Friedhof in einem Massengrab bestattet worden war.

Als ich nach der Wiedervereinigung das Grab besuchen wollte, erfuhr ich, daß in der ehemaligen DDR Ende der 80er Jahre Soldatengräber eingeebnet worden waren. Erneut kam mir zu Bewußtsein, wie sinn- und nutzlos letztlich doch jeder Krieg ist.

Gudrun Ewell

Weihnachtsgrüße nach Ägypten

Briefe in die Kriegsgefangenschaft

Allach, den 5. Dezember 1946

Lieber Harro!

Nun ist schon bald Weihnachten, morgen kommt der Nikolaus. Es hat zwar noch gar nicht geschneit, aber wir beide, Ursel und ich, basteln schon eifrig und helfen dem Christkind. Schade, daß wir Dir kein Päckchen schicken können, aber eine kleine Überraschung sollst Du doch haben. Sag', wie schau' ich auf dem Bild aus? Immer noch die alte Gudrun. Ursel macht gerade einen schönen Weihnachtskalender, den bringt morgen der Nikolaus.

Feiert Ihr auch Weihnachten? Tannenbäume wird es wohl dort nicht geben. Wie ich im Radio gehört habe, soll Kairo von den englischen Truppen geräumt werden. Ist es wirklich so? Ich glaube, es wäre schöner, wenn Du jetzt in Kairo bleiben könntest.

Heute backen Ursel und ich. Ich freue mich schon, wenn es auch nicht viel ist, was man hat. Aber ein bisserl 'was wird es doch. Uns in der amerikanischen Zone geht es überhaupt noch am besten. Vor kurzem bekamen wir Kinder pro Kopf zwei Rippen »Ami-Schokolade«, stell' Dir vor, und Erdnüsse, Erdnußbutter und noch mehr so gute Sachen sollen wir bekommen!

Wir hoffen, daß Du nächstes Weihnachten bei uns sein kannst. Unsere Gedanken wandern oft zu Dir nach Ägypten, und wir möchten dann wissen, was Du gerade machst und wie es Dir geht. Nun hast Du schon viele Länder gesehen und bist schon viel herum gekommen, aber ich glaube, daß es doch daheim am schönsten ist, gell?

Ich möchte immer so gern ins Gebirge fahren, aber leider sind die Zeiten noch zu schlecht. Erstens das Geld, und zweitens kommt man sehr schwer unter, weil alles von Flüchtlingen und Ausgebombten besetzt ist. Zwei Mal war ich schon zu Weihnachten im Gebirge – Winter in den Bergen ist einfach wunderschön, viel feierlicher und stiller als sonst irgendwo. In so einer kleinen Skihütte, da müßt' es doch schön sein!

Nochmals alles Gute und ein frohes Weihnachtsfest, wenn man so sagen kann. Wir alle sind Weihnachten mit unseren Gedanken bei Dir

Deine Gudrun.

Allach, den 8. Dezember 1945

Mein lieber Harro!

Endlich erhielten wir am 27. November den ersten Kartengruß von Dir. Als ich gerade von München nach Hause kam, hieß es: »Mutter, rate, von wem Post da ist?« Ich sagte gleich: »Vom Harro!« Da staunten sie, daß ich es auf Anhieb erraten hatte. Am nächsten Tag kam Dein Brief vom 30. April 1945. Das war ein großer Freudentag! Nun wissen wir endlich, daß Du lebst, was wir ja stets noch hofften.

Es geht uns allen gut, da wir ja nie vom Leben verwöhnt wurden. Papa arbeitet seit August in der »Diamalt« als Korbmacher, wo er 35 Mark die Woche verdient. Es ist nicht viel, aber heute geht es den Arbeitern überall so. Papa ist zwar manchmal recht verbittert, doch man gewöhnt sich daran. Unser Vater hat halt zuviel Arbeit nach Geschäftsschluß. Er muß für Holz und Kohlen sorgen, im Garten hatten wir heuer auch viel Gemüse. Zudem muß er stets die Schuhe flicken – da wird seine Laune auch nicht besser. Aber er war so froh, als endlich Post von Dir da war! Er sorgte sich doch recht um Dich. Alle fragen nach Dir.

Gudrun Ewell
1930 in Thüringen auf einem Bauernhof geboren, 1936 nach München. 1954 Heirat mit einem Amerikaner, Umzug nach den USA/South Carolina; zwei Kinder. Seit 1978 wieder zurück in München.

Rolf ist nun auch wieder zu Hause. Ende Oktober ging ich bei Lichtenberg mit drei Soldaten über die grüne Grenze, schwarz natürlich. Ein Russki hielt uns zwar unterwegs an, aber er ließ uns weiterziehen. Alles staunte, als ich in Krölpa ankam, am meisten Rolf. Er strahlte und ging gern wieder mit heim, obwohl er es wirklich gut hatte. Groß ist er geworden und fleißig, ein richtiger Bauer.

Neulich brachte er einen Amerikaner mit heim. Er kam zehn Tage, jeden Nachmittag von zwei bis fünf Uhr, und spielte Schach mit Gudrun. Dabei lernten sie gegenseitig deutsch und englisch. Am Abend spielte Papa mit ihm Schach, doch um 22.13 Uhr mußte er stets zu Hause sein. Allachs neues Schulgebäude ist mit Amerikanern belegt, aber nur als Durchgangsstation, denn sie werden von dort meistens in ihre Heimat entlassen. So kam auch Gordon vorigen Sonntag heim, er hoffte, bis Weihnachten zu Hause zu sein. Drei Weihnachten war er schon fort. Bei Dir wird es das vierte Weihnachtsfest. Wo wirst Du sein? – Aber das ist eigentlich gleich, wenn es Dir nur gut geht.

Hier in unserem Deutschland versäumt man nicht viel, trotz allem ist es in Bayern bestimmt noch am besten. In Thüringen und Sachsen ist es schlimm. Der Russe hat kein Interesse an den Deutschen. Sie können verhungern, wenn sie wollen. Ich habe in den 14 Tagen, als ich in Thüringen war, genug gesehen. Als ich wieder in unserem Bayernland war, atmete ich richtig auf. Über eines sind wir froh: Daß wir die Amis als Besatzung haben.

So, Harro, jetzt habe ich Dir alles geschrieben. Es schneit seit drei Tagen. Es weihnachtet, aber heuer gibt es gleich zweimal nichts, denn es ist alles sündhaft teuer. Trotzdem sind wir zufrieden bei dem vielen Flüchtlingselend. Wir haben ja noch unser Häuslein, also Du hast noch Dein Daheim. Heimat, Harro, ist das nicht eine ganze Welt für sich?

Die Ursel und die Gudrun haben ein Körbchen, da hieß es immer: »Das heben wir für den Harro auf«, selbst als wir noch gar nichts von Dir wußten. Oft am Sonntag, wenn es Knödel gibt, sagen wir: »Jetzt müßte der Harro kommen!« Du siehst, unsere Gedanken sind jeden Tag bei Dir im Irgendwoland.

Bleibe gesund und ein gesegnetes Weihnachtsfest wünschen Dir von Herzen

Mutter, Papa, Gudrun, Ursula,
Bernd, Hexlein und Rolf

Ernst Josef Liegl

Ein Familienschicksal

Die Auszüge aus dem Briefwechsel Karl Reisers mit seiner Frau Anni und seiner Tochter Charlotte schildern das Schicksal einer Familie in den Nachkriegsjahren, die durch die Kriegsgefangenschaft und anschließende Haft des Vaters in Frankreich schweren Prüfungen ausgesetzt war.

Charlotte Anna Reiser wurde am 6. Januar 1934 in München geboren. Ihr Vater Karl Reiser, Polizist von Beruf, war während des Kriegs bei der Grenzpolizei im Elsaß stationiert. Ende April 1945 kam er in französische Kriegsgefangenschaft in St. Etienne. Infolge von Wassersucht, Unterernährung und schwerem Gelenkrheumatismus wurde er im März 1946 nach Deutschland entlassen. Nach seiner Rückkehr bewarb er sich wieder bei der Kriminalpolizei, mußte sich jedoch zuvor der Entnazifizierung unterziehen. Bei einer Vernehmung durch die Amerikaner wurde er von der Besatzungsmacht einbehalten, angeblich um für Zeugenaussagen gegen seine Dienstvorgesetzten im Elsaß zur Verfügung zu stehen. Eine offizielle Nachricht seiner Verhaftung erhielten seine Angehörigen erst am 22. April 1947 aus dem Lager Dachau. Am 2. Juni wurde er ohne nähere Angaben nach Reutlingen verlegt, im Juli 1947 nach Straßburg und im August desselben Jahres nach Metz. Dort war er bis März 1950 in Untersuchungshaft. Von da ab riß der Kontakt zu seiner Familie ab. Von einem Kriegskameraden erfuhr seine Tochter Charlotte, daß ihr Vater am 20. Oktober 1950 an den Folgen einer Magenoperation verstorben war.

Ihre Mutter, Anna Reiser, war bereits am 6. Dezember 1949 einem Krebsleiden erlegen. Charlotte Reiser wurde mit 16 Jahren Vollwaise.

St. Etienne, 20. 5. 45

Liebe Anni! Liebe Lotte!

Erster Brief aus meiner Gefangenschaft. Drei Karten gingen voraus. Wie bereits mitgeteilt, war ich seit Monaten als Stabsfeldwebel beim Grend. Rgt. 11 Oberrhein und wurde mit meiner Einheit am 23.4. in Weizen im Schwarzwald gefangen. Hab' schwere Tage hinter mir, doch meine größte Sorge ist, ob Ihr noch alle am Leben seid. Und die ganzen Opfer um ein Nichts, nur für die barbarisch-zwangsvolle Hitlerregierung. Ich bin wohlauf. Unterstützen kann ich Euch während meiner Gefangenschaft nicht. Schau' Dir um eine kleine Wohnung um, mach' Näharbeiten und verfüge über das ganze Geld, sofern es noch einen Wert hat. (...) Mit der Ernährung werdet Ihr auch Sorgen haben. Trotzdem möchte ich mitteilen, daß ich im Monat vier Pakete je 5 kg erhalten darf. Vielleicht kannst Du mit Fany und Mutter ein Paket fertigbringen, und zwar mit folgenden Sachen: einfache Plätzchen, Zwieback oder Knäckebrot, Marmelade, Maggi flüssig oder Würfel, Suppenwürfel, haltbarer Käse, 1 Stück Seife, etwas Reis oder Gries, Kaffeersatz oder Naturtee, 1 Bleistift und wenn möglich etwas Rauch. Allerhand Wünsche, was? Und nun auf ein baldiges gesundes Wiedersehen in der Heimat.

22. 7. 45

Alle meine Lieben!

(...) Von Euch hab ich seit November keine Nachricht mehr. Wer ist noch alles am Leben – wie geht es Euch? Sind unsere Spargroschen futsch? Wie ist die Ernährung? Wer besetzt München? Hast Du unsere restlichen Sachen im Luft-

---

Ernst Josef Liegl
1933 in Duisburg geboren, 1942 Umzug nach München, 1947–1949 Lehre als Betriebsschlosser, 1958 Meisterprüfung für Maschinenbau, danach bis 1964 als Monteur im Außendienst. Anschließend bis zur Pensionierung 1993 bei verschiedenen Firmen als Geschäftsführer und Fachberater tätig. Verheiratet, ein Sohn.

schutzkeller noch retten können? Geht die Lotte in die Schule? Dies alles möchte ich wissen – nur nichts mehr von Politik. Nimm Dir eine kleine Wohnung und arbeite für Dich und Lotte – ich kann Dir vorerst nicht helfen. Schreibe mir bald und viel.

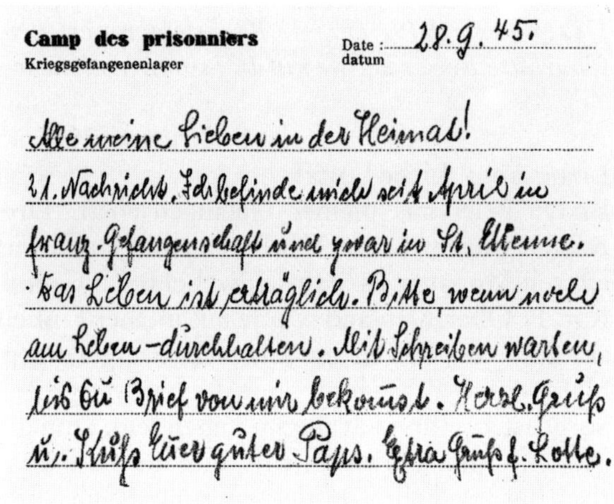

Camp des prisonniers Date : 28. 9. 45.
Kriegsgefangenenlager datum

Alle meine Lieben in der Heimat!
31. Nachricht. Ich befinde mich seit April in franz. Gefangenschaft und zwar in St. Etienne. Das Leben ist erträglich. Bitte, wenn noch am Leben – durchhalten. Mit Schreiben warten, bis ein Brief von mir bekommt. Herzl. Grüße u. Küsse Euer guter Papa. Extra Gruß f. Lotte.

6. 12. 45

Liebe Frau und Lotte!
Mit klopfendem Herzen nahm ich am 4. 12. 45 die erste Heimatpost in Empfang. Deine Antwort war für mich ein wahres Geschenk. Endlich weiß ich nun ungefähr Bescheid. Ich hab' die Karte schier 100 Mal gelesen und den Inhalt studiert. Liebe Anni, halte durch mit Lotte, auch ich werde das Gleiche tun. (...)

11. 3. 46

Meine Lieben!
32. Nachricht an die Heimat. Nachdem es uns nach einem Jahr endlich gelungen ist, unsere Verbindung herzustellen, kann ich Euch allen die freudige Mitteilung machen, daß ich am 11. 3. 46 mit einem Kranken-Rückführungstransport in die Heimat fahre. Lottes Traum ist somit in Erfüllung gegangen. (...) Und nun weiterhin Glück und ein baldiges Wiedersehen.

Dachau, 22. 4. 47

Liebe Frau, Lotte! (2. Post)
Seid bitte wegen mir außer Sorge, es wird in jeder Hinsicht gesorgt, auch für das Essen. Bin wohlauf und muß mich mit dem Schicksal abfinden. Seid tapfer und bleibt gesund, ich komme auch wieder.

Straßburg, 14. 7. 47

Alle meine Lieben!
Es wird einen großen Kampf kosten, bis unsere Verbindung einigermaßen hergestellt ist. Am Leben bin ich noch, und wo ich bin, das wißt Ihr auch. Dies genügt vorläufig. Ich habe kein französisches Geld und bin also auf die Gratismarke des Geistlichen beschränkt, und zwar so lange, bis ich Hilfe erhalte. Meine Hauptsorge ist halt immer die Familie. Ich denke immer, ohne mich geht es nicht, und doch geht es. Seid nur tapfer und Kopf hoch.

Nachdem das Gericht nach Metz verlegt wurde, nehme ich an, daß alles dorthin kommt. Ob es allerdings der Wahrheit entspricht, weiß ich nicht. (...)

Metz, 4. 8. 47

Liebe Anni – Lotte!
Was ist nun los mit Euch allen? Seid Ihr alle tot? Ab Reutlingen bin ich ohne Post von Euch. Inzwischen wurde ich schon zwei Mal verschubt – Straßburg und Metz. (...) Mich haut es schwer herum, komme mir vor wie ein hilfloses Kind. Kein französisches Geld, keine französischen Briefmarken, nichts zu rauchen, Hunger wie ein Bär. Nichts als Kummer und Sorge. Und trotzdem wird auch all dies Leid vorüber gehen. Verhört bin ich noch nicht. (...)

Es gibt nur die eine Möglichkeit, Päckchen bis 1 kg als Kriegsgefangenenpost nach Frankreich zu senden. Versuch' also, alle 10–14 Tage ein Päckchen mit 1000 g gut geröstetem Brot und ein wenig Rauch an mich zu schicken. Diese zwei Sachen sind mir am wichtigsten und auch haltbar.

Am 2. 8. erhielt ich unverhofft den Brief vom 25. 7. von Lotte aus Straßburg nachgeschickt. Er brachte mir viel Erleichterung. Jetzt warte ich aber noch mit Sehnsucht auf Mamis Brief und das Päckchen. Ja, liebe Lotte, soweit bin ich noch gesund, aber wann ich wieder unter Euch sein kann, das weiß ich nicht. Meine einzige Freude ist, wenn ich weiß, daß es Dir gutgeht.

26. 10. 47

Liebe Lotte!
Nur der Gerechte, der muß leiden. Mit diesem Wahlspruch mußt Du Dich, meine vielgeliebte Tochter, abfinden. Das Schicksal ist nun einmal hart gegen mich und läßt mich nicht mehr los. Doch eines Tages muß und wird die Erlösung kommen – aber dann frage nicht! Dann versuchen wir das Versäumte nachzuholen. Bis dahin bleib' brav, fleißig und gesund. Sei lustig und mach Dir wegen mir keine Sorgen. Du bist noch jung, und Dein Herzchen soll kein Schatten trüben. Halte fest zur Mami, unterstütze sie und tröste sie in trüben Stunden. Dies ist mein Wunsch zu meinem heutigen Geburtstag.

27. 10. 47

Liebe Anni!
(...) Am 23. drang nun die Nachricht durch, daß im Kriegsgefangenendepot fünf Waggon Kriegsgefangenenpakete für insgesamt 1000 Mann eingetroffen sind. (...) Am 24. wurden 475 verteilt, am 25. kam dann endlich mein Name zum Aufruf, vier Mal ertönte er. Der ganze September ist nun eingetroffen.

Paket vom 4. 9. prima. Die 200 Francs wurden auf mein Konto gebucht. Nun kann ich wieder drauf los schreiben, zehn Mal, und noch 50 Zigaretten bestellen. Paket vom 9. 9., pfundig – Plätzchen, Käse und Süßigkeiten ein Gedicht. Päckchen vom 15. 9. lieblich – mit Leberwurst und Rauch. Paket vom 27. 9. – der Höhepunkt der Leistung. Allen Mitspendern meinen wärmsten Dank. Die Wurst war grün angelaufen. Hab' sie gewaschen und ist tadellos. Sacharin eine fabelhafte Angelegenheit. Plätzchen – Keks – Zwieback – Haferflocken – Bonbons – Schoko – Trockenmilch – Amitabak – Stumpen – Zigaretten usw. alles hervorragend und eine Meisterleistung der Auftreibung und Zusammenstellung des Pakets.

Nun ging es los. Alles raschelte, alles richtete, alles verstaute, Säckchen füllten sich, alles kaute – einige fraßen – Schimmelbrot wurde gewaschen und gebürstet, Obst ausgeschnitten. Stimmung natürlich gut. Geraucht wurde wie in einer Fabrik. Nur schade, daß man alles in Decke oder Sack verwahren muß, wie Kraut und Rüben. Man bekommt ja nicht einmal Papier, geschweige denn einen Karton, Glas oder Büchse. Nur gut, daß ich mir ein großes Handtuch zu einem Sack genäht habe, und dieser baumelt über mir an der Felsenwand – somit auch rattensicher. Jetzt heißt es willensstark sein und einteilen. Und das werde ich auch tun. Mein Brotsack ist gefüllt und hält mindestens 14 Tage. Diese Sendung kam besonders lange nicht, zwischen vier und acht Wochen. Laß' Dich durch nichts beirren. Schick' nur so weiter, wie Du es entbehren und auftreiben kannst.

22. 12. 47

Alle meine Lieben in der Heimat!
Eigentlich wollte ich zum Ausklang dieses Jahres keine sorgenvolle Botschaft mehr bringen. Aber was sollte ich sonst schreiben, wenn um mich nur Kummer und Sorge lauert. Es ist nun ein Tag vor Weihnachten, und die Aussichten auf zufriedene Feiertage sind die äußerst schlechtesten. Mein Proviant ist vollständig aufgebraucht und Nachschub ist keiner eingetroffen. (...) Am Essen ist seit der Übernahme keine Änderung eingetreten. Alles geht durcheinander, heute so, morgen so. Gerücht um Gerücht taucht auf, und keiner weiß etwas Positives. Fest steht aber, daß ich seit 21. November keine Nachricht mehr von Euch habe. Einen Trost finde ich nur darin, daß es mir nicht allein so geht, sondern allgemein aus dem Reich keine Briefpost ankommt. Mit den Paketen ist noch ein viel größeres Unheil eingetreten. Viele Pakete wurden im Reich nicht mehr angenommen, da keine Depotnummer verzeichnet war, viele gingen daher wieder zurück oder waren verschollen. (...) Ihr könnt Euch also meine Stimmung ausmalen. Ich vermute, es wird mein trau-

Metz- 13.10.47.

Liebe Lotte!
Einen Münchner kann dies nicht
erschüttern.
Die herzlichsten Grüße sendet Dir
Dein Paps.

Der Löwe in der Wüste brüllt!
Dem Löwen in der Zelle quillt
aus allen Löchern, salzig, heiß,
was blieb, vom Morgen-Negerschweiß?
Wenn er – ein durstgeplagter Bayer –
vom Auge wischt den Schlummerschleier
und gramerfüllt bedacht –
das facit jeder Nacht –
Statt Radi, Bretzen, Maß und Banzen,
die er im Traume lüstern fasste
spürt er den Floh im Hemde tanzen
der nacht's das Reiserblut verprasste.
So folgt dem Sturz vom Isar Himmel
fast täglich das Appellgebimmel!
Verschwunden: Bayern-Helden-Dampf,
der Raditraum: ein blöder Krampf.
Realität: Ein Fenstergitter!
Verflucht, der Morgentrunk schmeckt bitter!

Paps.

rigstes [Weihnachtsfest, Anm. d. R.] seit 1940 sein. Kriegsweihnacht und Weihnacht in Gefangenschaft war schlimm, aber das heurige hinter Kerkermauern ist mir doch das schlimmste. Alles wäre leichter zu ertragen, wenn man sich einer Schuld bewußt wäre und alles seinen geordneten Weg gehen würde. Aber so! Wegen der rechtmäßigen Ausübung seines Dienstes im Krieg nach dreijährigem Kriegsende sich jahrelang hinter Gefängnismauern zu halten ist ein Hohn! Hilflos dem grauenhaften Schicksal überlassen, so stehe ich nun da, einen Tag vor dem Heiligen Abend mit der letzten Hoffnung, daß doch noch etwas eintreffen möge. Wenn nicht, so heißt es eben auf die Zähne beißen. Es geht auch dieses Leid zu Ende.

22. 4. 48

Liebe Anni!
Mit dem heutigen Brief beginnt ein neues Leidensjahr. Der 17. April war der verfluchteste Tag des vergangenen Jahres. Denkst Du noch an die schwere Trennung? Beide standen wir uns mit nassen Augen gegenüber. Du gingst dem Licht und ich der grausamen Dunkelheit entgegen. Unvergeßlich wird mir diese Stunde bleiben. Heute

waren meine Gedanken bei Dir, und wie ein Film lief all das Grauenhafte vor mir ab. (…)

Gesundheitlich noch keine Besserung. Kopfschmerzen dieselben. Ein Zittern der Nerven, wie ein von Mücken gequälter Kuhschwanz, und das in meinem Korpus befindliche Augustiner Bierherz schlägt wie ein Dampfhammer. Bis jetzt hab' ich noch immer etwas Humor, wenn auch nur stundenweise. Aber wenn dies Leben noch lange dauert, so verfalle ich dem Stumpfsinn.

Der 26. April ist ebenfalls wieder ein schicksalsschwerer Tag für mich. An diesem Tag 1945 geriet ich für ein Jahr in Kriegsgefangenschaft. Also lauter schöne Erinnerungen. (…) Es wird immer von der Freiheit der Menschen gepredigt. Wo ist sie denn? Wir waren noch nie frei – sind nicht frei und werden auch nie frei werden.

20. 5. 48

Liebe Anni und Lotte!
(…) Das alltägliche martervolle und stumpfsinnige Leben ohne Ziel treibt mich allmählich immer mehr an den Rand der Verzweiflung, an die Waage des Lebens. Zwei Wünsche habe ich mir zum Ziel gesetzt und diese heißen: ein baldiges Entweder-Oder!

Mein Vorrat ist aufgebraucht, und der Nachschub läßt auf sich warten. Bräuchte ihn dringend, denn mein Magen kann noch nicht alles aufnehmen, was gerade daherkommt.

Die Verbindung mit dem Elsaß wird immer weniger. Seit Wochen warte ich auf das etwas Geld, damit ich wenigstens Dir noch schreiben kann. Denn so bin ich eingehüllt in Elend rings um mich. Ein ewiges Gejammer. Aber was soll ich schreiben, wenn mir lauter Unglück im Genick sitzt. Ich möchte Euch schreiben und kann nicht. Auch sind meine Gedanken zu zerstreut und meine Nerven zu verbraucht. Seid mir nicht böse und bleibt geduldig bis zur nächsten Nachricht, die vielleicht wieder besser ist.

11. 7. 48

Liebe Anni und Lotte!
(…) Die verflixte Währung ist auch bei uns Deutschen zur Zeit das Hauptthema. Wie sollst Du nun alles bestreiten können, wenn Du keinen Verdienst noch Unterstützung hast? Die paar Mark, die Du Dir umwechseln kannst, werden bald alle sein, und was dann? Ich weiß zwar noch nichts Offizielles über den Verlauf, und trotzdem sehe ich da für Dich schwarz.(…)

Mit Lotte ihrer Versorgung bin ich zufrieden. Wenn Lotte sich diesen Beruf ausgewählt hat und ein weiteres Lernen satt hat, so finde ich den Platz, den Du ihr besorgt hast, gar nicht schlecht. Auch in finanzieller Hinsicht dürfte dies für Dich eine Erleichterung sein, jetzt mit der neuen Währung überhaupt. Liebe Frau, Du und Lotte habt Euch in diesem Punkte genügend aussprechen können und seid zu diesem Entscheid gekommen. Meine Einwilligung habt Ihr auch, und so wird Lotte wie auch wir beide uns darüber nie Vorhalt zu machen brauchen.

18. 7. 48

Liebe Anni und Lotte!
(…) Die Nervosität, die neuerdings in mir auftritt, schädigt mich wieder an Gesundheit und Schlaf. Die blöden Träumereien beginnen wieder, und der Magen krümmt sich wie ein böser Kettenhund. Der Nachschub will diesmal halt gar nicht kommen. Das zu erwartende Paket ist nun die 6. Woche auf Fahrt. Drei Wochen bin ich schon ohne Rauch, keine Kippe, vollständig abgebrannt, und da soll man seine Ruhe bewahren? Den einen Trost habe ich halt, wenn nun was kommt, dann kommt alles auf einmal. Dies ist aber falsch für meine Einteilung.

17. 9. 48

Liebe Anni und Lotte! Alle meine Lieben!
Kein Lichtstrahl! Furchtbar ist die Seelenqual. Alles was man sich erhoffte, scheint im Sande zu verlaufen. Das Herz blutet, Feuer lodert auf, aber es wird im Keime erstickt. Man weiß nicht, soll man weinen, lachen oder in sich vergehen. Und aus all diesen Kalamitäten bildet sich allmählich der Galgenhumor, ein sogenanntes Wurstigkeitsgefühl. Nimm das Leben hin, so wie es kommt, so spricht mein Inneres. Ein Gehen und Kommen. Ein Kampf und Ringen ohne Ende. (…)

Eine große Freude macht mir, daß Lotte einen Unterschlupf gefunden hat und ihr der Lehrplatz entspricht. So vergeht die Zeit, und aus Kindern werden Leute, ohne an all diesen Familienfreuden teilnehmen zu dürfen. Das gleiche ist bei mir. Einst war ich für Lotte ein junger und schöner Paps, und heute bin ich für sie ein alter Grandelhuber. Aber das Herz schlägt noch denselben Rhythmus.

Hospital, den 26. 11. 48

Sonderbrief I
Alle meine Lieben! Liebe Anni!
Es hat keinen Sinn, wenn ich Dich anlüge. Ich muß mich kurz fassen, da ich zu schwach bin. Mich hat der Tod erfaßt. Zwei Mal stand er schon vor meinem Bett, aber er ging wieder allein. Am 16. 11. um 18 Uhr erlitt ich einen Kolikanfall. Vier Stunden mußte ich diese Schmerzen ertragen. Dann brachte man mich im Hemd im Feuerwehrauto zum Hospital, und sofort der Bauch aufgeschnitten, das war eins. Magengeschwür am Magenausgang wurde festgestellt, das Geschwür wurde etwas gereinigt und alles wieder zugenäht. Nun lieg ich auf Leben und Tod. Am 25. 11. erklärte mir der Arzt, daß eine weitere große Operation unvermeidlich sei, daß das Geschwür dann entfernt werden müsse, (...) ehe es zu spät sein wird. (...) Wann werde ich abgerufen werden – heute – morgen – in Wochen, hier – oder zu Hause unter Euch, oder gibt es eine Gnadenfrist? (...)

Laß Lotte noch nichts anmerken. Quält mich nicht mit Fragen. Deine Post genügt. Ich bin zu schwach.

Hospital, 30. 12. 48

Sonderbrief 7
Alle meine Lieben!
Weihnachten mit all seinen Freuden ist vorüber. Für mich war aber Leid und Sorge größer als das Erstere. Warum und weshalb könnt Ihr Euch denken. Schweigen und vergessen ist besser. Hoffentlich habt Ihr das Fest in angenehmer Weise verlebt. Meine Gedanken waren viel bei Euch und ich wünschte immer, daß das Christkindl reichliche Einkehr halte, besonders für Lotte. Mein Ruf heißt nur Gesundheit, Freiheit, Glück. (...)

Wie meine Behandlung weitergeht, ist mir selbst nicht bekannt. So viel ich herausgebracht habe, zeigt die Röntgenaufnahme das Geschwür an. Man will mich nun erst mal 14 Tage medizinisch behandeln, um die Arbeitsweise des Magens zu kontrollieren, und dann vielleicht operieren zum 2. Mal. Also Dunkelheit überall. Hoffen wir, daß das Neue Jahr ein Jahr des Lichts wird.

Hospital, den 3. 4. 49

Nr. 19.
Liebe Frau! Und alle meine Lieben!
(...) Meine zweite Operation war nun angeblich zwecklos und die ausgestandenen Schmerzen umsonst. Nach Abheilung der Wunde will man vermutlich an mir einen zweiten Versuch machen. Ob ich dagegen Einspruch erheben werde, sofern ich kann, bin ich mir noch nicht im klaren. Mein Bauch ist schließlich keine Flickschneiderei.

17. 7. 49

Liebe Anni!
Wer dachte, daß sich das Unheil mit einer solchen Verbissenheit auf Dich stürzen würde! Was hab' ich die letzten acht Tage um Dich gelitten, um mein Höchstes, was ich noch besitze! Tag und Nacht war ich bei Dir und stellte mich dazwischen, zwischen Diesseits und Jenseits. Und siehe da, im vereinten Einsatz (...) konnte das kaum Überwindbare überwunden werden. (...) Nun wie gesagt, das Operationstelegramm brachte mich in arge Not, doch war es notwendig. Auf das daraufhin von mir Veranlaßte wurde keinerlei Notiz genommen. Jede Hilfe wurde mir versagt. Ich konnte also nichts tun, als in der Tasche eine Faust machen und mich auf das Schwerste vorzubereiten. Inzwischen erhielt ich zwei Eilbriefe, und die letzte Nachricht besagte mir, daß sich Dein Leid zum Guten gewendet hat. Dies war für mich eine Erlösung. Über alles Weitere wollen wir beide uns im Laufe der folgenden Briefe aussprechen. Hautsache ist nun, daß Du gesund wirst und zwar vollständig, und

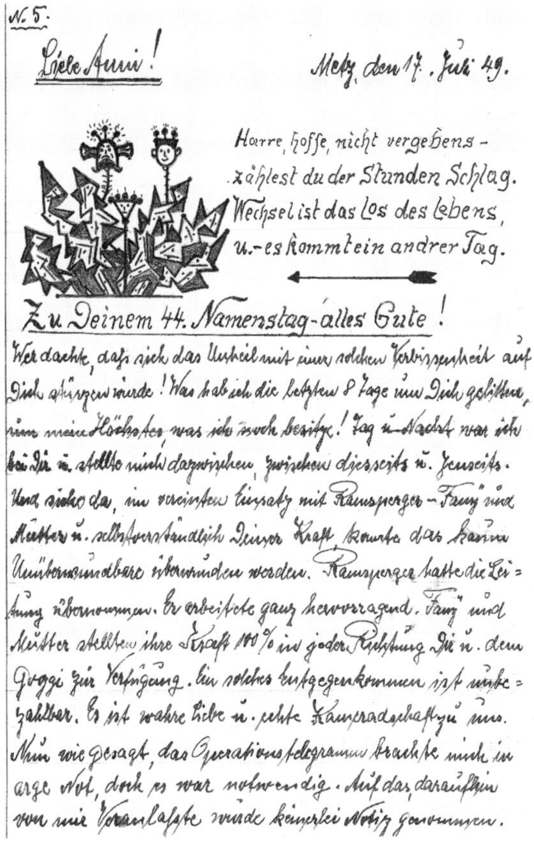
N. 5.

Liebe Anni! Metz, den 17. Juli 49.

Harre, hoffe, nicht vergebens –
zählest du der Stunden Schlag.
Wechsel ist das Los des Lebens,
u. – es kommt ein andrer Tag.

Zu Deinem 44. Namenstag – alles Gute!

Wer dachte, daß sich das Urteil mit einer solchen Verbissenheit auf Dich stürzen würde! Was hab ich die letzten 8 Tage um Dich gelitten, um mein Höchstes, was ich noch besitze! Tag u. Nacht war ich bei Dir u. stellte mich dazwischen, zwischen diesseits u. Jenseits. Und siehe da, im vereinten Einsatz mit Ramsperger – Fany und Mutter u. selbstverständlich Deiner Kraft, konnte das kaum Unüberwindbare überwunden werden. Ramsperger hatte die Leitung übernommen. Er arbeitete ganz hervorragend. Fany und Mutter stellten ihre Kraft 100% in jeder Richtung Dir u. dem Goggi zur Verfügung. Ein solches Entgegenkommen ist unbezahlbar. Es ist wahre Liebe u. echte Kameradschaft zu uns. Nun wie gesagt, das Operationstelegramm brachte mich in arge Not, doch es war notwendig. Auf das daraufhin von mir Veranlaßte wurde keinerlei Notiz genommen.

für Deine Gesundheit und Zukunft besser bedacht bist. (…)

Sammle neue Kraft und Ausdauer. Glaub' meinen Worten und finde Dich damit ab, daß der Franzose bitter bösen Haß auf alles, was deutsch ist, ausübt. Unsere zweimonatliche Frist ist bereits wieder abgelaufen, und als neuer Termin Oktober angesetzt. Also zum 9. Mal seit März vorigen Jahres vertröstet. Kaum zu glauben, aber wahr.

28. 11. 49

Geliebte Anni!
Bahn frei!
Auf zur Fahrt ins Ungewisse,
Umsteigen nicht gestattet.
Schlafe gut und träume glücklich!
Dein Karl ist bei Dir –
immer und ewig.

5. 12. 49

Liebe Lotte!
Du hast nun schwere Tage zu überwinden, bist Dir in vielen Sachen selbst überlassen und sollst im Geschäft Deinen Kopf beisammen haben. Deine Freuden für das in Bälde kommende Weihnachtsfest werden auch nicht groß sein, nachdem Mama und Paps vom Schicksal so malträtiert werden. Doch Kopf hoch, mein Liebling. Laß' Dich nicht unterkriegen. Laß' den Kopf nicht hängen. Mach' Dir ein kleines Bäumchen und vertraue darauf, daß dieses Weihnachten, so wie es heuer bei uns sein wird, nur einmal sein kann. (…) Bete für Mama und hoffe mit Zuversicht, daß Paps auch bald kommen darf. Also nochmals wie bereits gesagt, liebe Lotte, Kopf hoch und nicht zermürben lassen.

Liebe Frau!
Fern der Heimat, aus einem mit Haß erfüllten Land, hinter dicken Gemäuern, aus denen keine Bitte der Nächstenliebe erhört wird, sende ich Dir die 27. Nachricht, die zwar nur kurz ist, aber um so mehr von Herzen kommt. Fany und Goggi wechseln sich nun ab, um mich über alles auf dem Laufenden zu halten, was mit Dir vorgeht. Oft könnte ich weinen vor Schmerz über den Schmerz, den Du allein tragen mußt, und dann wieder könnte ich weinen vor Wut, weil ich Dir nicht helfen kann. Fest steht auf jeden Fall, daß wir zwei zur Zeit ganz traurige Gestalten sind (…). Deine Zuversicht jedoch auf baldige Genesung ist riesengroß, und so wünsche ich Dir im »Endkampf« als Siegerin hervorzugehen, sowie auch ich in meiner Situation alles versuchen werde.

Anni, ich weiß, Dein Leid ist groß, aber andererseits weiß ich auch, daß alles, was sich um Dich bewegt, Dir gut zugetan ist, und diese Liebe gibt mir wieder die Kraft, um nicht zu verzagen. (…) Zum Schluß noch, nimm' das Leben, wie es kommt. Verzweifle nicht, ruhe und gedeihe. Schone Dich und ziehe keine Stirnfalten. Deine Lieben sind bei Dir.

16. 12. 49

Liebe Lotte!
Mit dem Dahinscheiden unserer Mama, die wir sehr lieb gehabt haben, ging uns viel verloren. Dennoch wollen wir froh sein, daß sie von ihrem Schmerz erlöst wurde, denn Ihr Leid war riesengroß und mit einer Wiedergenesung nicht mehr zu rechnen. So wollen wir zwei nun tüchtig zusammenhalten und darauf bedacht sein, daß wir beide uns bald vereinen dürfen. Bis dahin mußt Du tapfer bleiben und Dich häuslich so zurechtfinden, wie es Dir von Tante Fany und Deinen Erziehungseltern bestimmt wird. (...)

Lorquin, den 22. 10. 1950

Sehr verehrtes Frl. Reiser!
Ich fühle mich verpflichtet, als deutscher Kamerad ihres Vaters, Ihnen die traurige Mitteilung zu machen, daß Ihr Vater Karl Reiser am Freitag, den 20. Oktober morgens um 5.50 Uhr gestorben ist. Ich möchte ihnen wie Ihren Verwandten mein tiefstes Beileid zum Ausdruck bringen. Ihr Vater kam am 6. Juni dieses Jahres hier her vom Gefängnis Metz. Am gestrigen Tage, den 21. Oktober, wurde er hier auf dem Friedhof des Hospitals beerdigt vom katholischen Pfarrer der Anstalt. Ich kann Ihnen versichern, daß Ihr Vater und mein Kamerad, mit dem ich schon drei Jahre dasselbe Los teile, sehr schwer krank war. (...)

Ich weiß, daß es für Sie, Frl. Reiser, sehr schmerzlich ist, da Sie vor kaum einem Jahr Ihre liebe Mutter verloren haben. (...)

Nochmals mein tiefstes Mitgefühl

Ihr

Josef Bucher
Hospital Lorquin

Alfred Hiemer

Zurück aus der Kriegsgefangenschaft

(Bearbeitetes Interview)

An einem Sonntag Vormittag um 11 Uhr bin ich in München angekommen, das weiß ich noch genau. Alles war mir fremd: Der Hauptbahnhof war zerstört, da konnte man nicht mal durchgehen. Mit meinem kleinen Rucksack und den Wehrmachtsklamotten hat man mich natürlich sofort als Entlassenen erkannt. Schon am Bahnhof bin ich angesprochen worden: Wo ich herkomme, ob ich den oder jenen kenne. Jeder hat Vermißte gesucht und sich auf jeden Entlassenen gestürzt, um vielleicht ein Lebenszeichen von einem Angehörigen zu erhalten. Am Bahnhof, in der Straßenbahn, überall wurde man angesprochen.

Ich fuhr mit der Straßenbahn nach Neuhausen. Ich hatte ein beklemmendes Gefühl. Ich wußte seit 1944, seit meinem letzten Aufenthalt zu Hause, überhaupt nichts mehr von meiner Familie, und sie wahrscheinlich auch nichts von mir. Ich hatte Angst vor dem, was mich erwartete. Schließlich war inzwischen schon Dezember 1948! Mit jeder Station, die mich näher an mein Zuhause brachte, schnürte sich meine Kehle mehr und mehr zu. Im nächsten Augenblick konnte meine ganze, über Jahre gehegte Hoffnung zunichte sein. Ich wagte nicht zu hoffen, es könnte ein Zuhause sein wie vor sehr langen Jahren, als ich weggehen mußte.

Ich war ein Schüler von 18 Jahren, mit dem Notabitur des Rupprecht-Gymnasiums in der Tasche, als ich 1943 aus meiner Heimatstadt München an die russische Front geschickt wurde.

Gleich beim Empfang, haben mir die, denen ich zugeteilt wurde, gesagt: »Du bist ein viel zu junger Kerl, lebst nicht lang.« Für viele junge Soldaten war die Unerfahrenheit tödlich; oft waren sie binnen ein paar Tagen weg. Die 23er und 24er Jahrgänge sind fast ganz ausgerottet worden. Wenn sich meiner nicht jemand angenommen hätte im Schützengraben, wär's mir auch so ergangen.

Eine Mine, bzw. die Splitter, haben mir das Bein zerfetzt, und ich bin ins Lazarett gekommen, in eine Herrschaftsvilla in Oberschlesien. Mein Bein ist öfters aufgemacht worden, immer wieder sind ohne Narkose die Splitter mit einer Zange rausgeholt worden, aber das Versteifen ließ sich nicht mehr aufhalten. Schließlich kam ich in den Schwarzwald in eine Genesungskompanie und wurde in kurzer Zeit auf ziemlich brutale Art wieder »frontfähig« gemacht.

Vorher durfte ich noch einmal für zwei Wochen nach München und habe im Juli 1944 den großen Angriff miterlebt. Ich verbrachte zwei Wochen bei meinen Eltern in der Dom-Pedro-Straße. An meinem 20. Geburtstag wurde ich wieder »kriegsverwendungsfähig« geschrieben und mußte noch am gleichen Tag an die Westfront in die Vogesen. Wieder war ich Auffüllmaterial für die anderen, und dann auch noch mit einem steifen Haxen! Über Weihnachten lag ich mit Ruhr im Lazarett, sonst ging es, wie im Osten, von einem Schützengraben zum anderen, immer auf dem Rückzug. Man hat sich eigentlich über alles wenig Gedanken gemacht. Von früh' bis spät hat man nur gedacht: »Wie überstehst Du heil diesen Tag. Hoffentlich ist dieser Scheißkrieg bald aus.«

Nach der Entlassung erhielt ich Marschbefehl zur Truppe, fand sie aber nicht. Ich mußte mich alle 24 Stunden melden, um einen Stempel zu erhalten. Irgendwann einmal habe ich den Stempel

---

Alfred Hiemer
1924 in München geboren. 1943 Notabitur, Fronteinsatz in Rußland, zweimal schwer verwundet. 1945–48 Kriegsgefangenschaft in Frankreich. Ab 1949 Elektro-Studium am Polytechnikum, 1952 Diplomingenieur, Angestellter in einem Elektrokonzern bis zum Ruhestand 1986. Verheiratet, zwei Kinder. Hobbies: Bergsteigen, Skifahren, Malen.

nicht rechtzeitig bekommen. Ich galt als Deserteur. »24 Stunden unerlaubte Entfernung von der Truppe« stand in meinem Wehrpaß. Ehe ich mich versah, hatten mich die »Kettenhunde« erwischt und in die Todeszelle in Wiesbaden gesperrt. Durch einen Fliegerangriff ist das Gefängnis zerstört worden, und ich konnte fliehen. Da sie mir aber das Soldbuch abgenommen hatten, war ich Freiwild. Dies war im März 1945.

Man mußte schauen, daß man die letzten paar Tage noch mit heiler Haut durchkommt. In Frankfurt habe ich mich in einem Keller versteckt, bis eines Tages die Amerikaner einmarschiert sind und ich mit erhobenen Händen rauskommen mußte. Naja, das war das Ende – oder der Anfang, wie man's nimmt. Zumindest der Anfang einer endlosen Gefangenschaft.

Aber das alles lag hinter mir. Ich war zurück. In Neuhausen stieg ich aus. Ich hatte mir immer vorgestellt, wie ich nach Hause rennen würde vor Ungeduld, aber eher zögernd ging ich die Ruffinistraße hinunter zur Dom-Pedro-Straße, wo ich gewohnt habe. Es war ein sehr kalter, regnerischer Tag im Dezember, das weiß ich noch.

Ich wußte ja nicht einmal, ob meine Eltern noch leben; ich wußte nicht, ob unser Haus steht, gar nichts. Ich war total isoliert gewesen in der Gefangenschaft, wie in einer anderen Welt. Irgendwie erlebt man eine solche Situation eher als unwirklich. Als ich näher kam, konnte ich von weitem unsere Kirche sehen, die große Karmeliterkirche nebenan, der fehlte nichts. Dann habe ich ganz vorsichtig um die Ecke geschaut und habe gesehen, daß unser Haus noch steht, Gott sei Dank! Aber gegenüber die Häuserzeile war ziemlich kaputt, das übernächste Haus, alles kaputt. Ja und dann... Dann kam der Moment, als ich meine Eltern, die Schwester wiedergesehen habe. Das war ein Erlebnis! Das kann man nicht beschreiben.

Ich habe geläutet. Meine Mutter schaute aus dem Fenster, wie früher. »Wer ist denn da?«, hat sie gerufen. Es war 11 Uhr, sie hatte gerade das Essen zubereitet; und plötzlich stand ich da, nach vier Jahren. Es waren alle da, mein Vater und meine Schwester. Das Essen haben wir total vergessen. Meine Mutter hat mich gleich untersucht, ob mir etwas fehlt. Ich war natürlich schwach, sehr schwach und abgemagert. Am Anfang haben wir nichts geredet, wir sind bloß dagesessen. Wir waren froh, daß wir zusammen waren, daß alles vorbei ist, daß alles hinter einem liegt. Ich hatte nur einen Wunsch: Ich wollte schlafen. Ich habe mich hingelegt und auch noch den ganzen nächsten Tag geschlafen, geschlafen, geschlafen. Was für andere vor Jahren vorüber war, für mich war es jetzt endgültig auch vorbei!

Ich hätte auch vor einer Ruine stehen können, erfahren können, daß meine Eltern tot sind. Aber ich habe alles so vorgefunden, wie ich es verlassen habe. In der Wohnung selbst hatte sich gar nichts verändert. Natürlich gab es Bombenschäden. Doch ich war in der glücklichen Lage, daß ich überhaupt noch irgendwohin konnte. Viele andere Kriegsgefangene wußten schon im Lager, daß sie kein Zuhause mehr hatten. Sie wußten nicht, wohin sie gehen sollten.

Nach und nach hat man, so gut es eben ging, etwas von dem erzählt, was man in dieser Zeit erlebt hatte. Es ist nicht gesprudelt, es war schwer. Es ist alles sehr schleppend gegangen.

Damals im April 1945 haben uns die Amerikaner im südlichen Teil von Frankfurt auf einem großen Sportplatz zusammengetrieben, Tausende von Gefangenen, Stacheldraht um uns. Drei, vier Tage haben wir im Freien gelegen, ohne Verpflegung. Dennoch waren wir froh, daß alles vorbei war. Jeder war sich sicher, daß die Gefangenschaft nicht lange dauern würde. »Die Amerikaner marschieren weiter, sie werden bald den Russen die Hände geben«, so dachten wir. Wir waren teilweise richtig euphorisch. Doch eines Tages sind Lkw gekommen. Wir wurden alle aufgeladen und in Richtung Alzey in der Pfalz gefahren, wo wir in ein von den Amerikanern errichtetes Lager kamen. Dort lagen wir einige Wochen; man war zum Nichtstun verurteilt. Von Alzey aus sind wir nach Chartres bei Paris verlegt worden – in ein Hauptlager mit ca. 30000 Gefangenen. Nach der Kapitulation übernahmen die Franzosen das Lager. Es bestand bis zum Ende des Jahres 1948.

Der Hauptbahnhof, die Endstation für viele heimkehrende ehemalige Soldaten, 1945

Wir Soldaten haben monatelang in einem Steinbruch für den Straßenbau gearbeitet, sämtliche Kriegsschäden, z.B. Bombentrichter in Äckern, beseitigt, und – was das Schwerste war – Flakstellungen und Bunker abgebaut, mit Spitzhacke und Schaufel. Der Kontakt zu den Franzosen war denkbar schlecht. Oft waren die französischen Bauern Partisanen gewesen; sie haben uns teilweise gehaßt. Die einen hatten im Krieg schlechte Erfahrungen mit den Deutschen gemacht. Die anderen wieder haben gesagt: »Die können nichts dafür, die mußten auch zum Militär wie unsere eigenen Buben.« Und wieder andere haben weggeschaut. Wenn jemand gemerkt hat, daß ich französisch sprechen kann, waren sie zum Teil sehr offen und freundlich. Eine Französin hat uns einmal eingeladen, obwohl das streng verboten war.

Im Lager wußte unter uns Soldaten eigentlich niemand, wer bei der Partei gewesen war und wer nicht. Nur bei der Aufnahme wollten sie wissen, ob man bei der SS war. Man mußte seinen Arm zeigen. Ich war nicht bei der Partei gewesen. Beim »Jungvolk« mußte ich mich allerdings damals aufnehmen lassen, sonst hätte ich keine Schulgeldermäßigung mehr bekommen. Das Geld brauchten wir, auch wenn es nur vier Reichsmark waren. Im Gefangenenlager hat keiner gefragt, welche Beziehung man zur Partei gehabt hatte. Bei den Gesprächen mit den Kameraden merkte man, daß sich viele Gedanken machten über die Hitler-Zeit, daß sie enttäuscht waren, daß sie allem auf den Leim gegangen waren. Mein Vater dagegen hatte mich immer gewarnt vor Hitler. Ein Onkel von mir war im KZ Dachau gewesen.

Im Frühjahr 1947 sind wir plötzlich in ein Lager im Norden von Frankreich verlegt worden, in das französische Ruhrgebiet sozusagen. Dort mußten wir unter Tage arbeiten – eineinhalb Jahre (als billige Arbeitskraft) im Bergwerk.

Im Oktober 1948 ist ein Transport zusammengestellt worden. Ich habe gedacht, daß uns die Franzosen wieder in ein anderes Lager verfrachten. Dann ging das Gerücht um, daß das ganze Lager zu Weihnachten geräumt würde. Ich war jedenfalls beim vorletzten Transport mit ungefähr 500 Kriegsgefangenen dabei. Ende November kamen wir erst in ein Durchgangslager und dann sind wir tagelang in Richtung Deutschland gefahren, nach Emmendingen ins Entlassungslager. Ich hatte mir im Lager aus einer amerikanischen Decke ein Sakko geschneidert. Eine Hose und eine Tasche hatte ich mir aus Segeltuch genäht. Alles hatte ich schwarz gefärbt.

Diese Sachen hatte ich an, als ich nach Haus kam. Ich habe sie noch lange danach getragen, weil es das Einzige war, was ich gehabt habe. Man hat ja damals keine Unterstützung oder Eingliederungshilfe von der Stadt oder von anderen Stellen erhalten. Nur vom Versorgungsamt habe ich sehr viel später eine Kriegsversehrtenrente von 30 DM im Monat bekommen. Darum habe ich lange kämpfen müssen. Sie wurde jedoch nach einigen Jahren wieder entzogen.

Nachdem ich ein paar Wochen zu Hause war, stellte sich ein ganz starkes Gefühl der Angst ein – Angst, jetzt auf eigenen Füßen stehen zu müssen. Die sechs Jahre im Krieg und in Gefangenschaft hatten mich irgendwie unselbständig gemacht. Ich mußte mich nun um meine Existenz und mein Weiterkommen selber kümmern, bisher hatten das immer andere für mich getan: die Familie, die Lehrer, die militärischen Vorgesetzten, aber auch die Franzosen im Kriegsgefangenenlager. Das ging alles nahtlos, ich habe immer irgendwo gewohnt, immer mein Essen und meinen Schlafplatz bekommen. Ich hatte nie gelernt, mich um das, was morgen sein wird, zu kümmern.

Das erste Mal auf eigenen Beinen! Das war eine gewaltige, eine ganz gewaltige Umstellung. »Schaffst Du es, kannst Du das nach diesen Jahren?« – diese Gedanken waren vorherrschend.

Ich hatte zwar mein Abitur gemacht, aber davon konnte man nicht leben, schon gar nicht in einer solchen Zeit. Ein paar Tage gab ich mir noch Gnadenfrist. Ich hab' mich beruhigt. Ich mußte mich ja erholen. Nach Weihnachten ging es los mit den Behördengängen. Mit dem Entlassungsschein mußte ich mich melden bei einer

Suchtafeln des Roten Kreuzes am Bahnhof mit Anzeigen vermißter Männer, Juli 1949

Stelle, die ehemalige Kriegsgefangene registriert hat. Ich mußte auch einen Fragebogen ausfüllen. Nach Wochen kam dann eine Karte. Da stand drauf, daß ich entnazifiziert bin. Fertig. Das war alles. Das war eine wichtige Bescheinigung, die man später immer wieder bei Behörden vorlegen mußte. Und der Entlassungsschein war natürlich ebenfalls Grundlage für alle möglichen Dinge. Ich brauchte ihn häufig.

Am Anfang war für mich natürlich alles ziemlich fremd, auch die Menschen hatten sich verändert. Meine Freunde waren alle gefallen. Ich lebte eigentlich sehr, sehr zurückgezogen und war einsam. Ich mußte mit mir selber erst ins Reine kommen. Selbst den Verwandten, die wissen wollten, wie es in der Gefangenschaft war, habe ich wenig erzählt.

Als ich im Oktober 1949 anfing, Hochfrequenztechnik zu studieren, hatten alle anderen schon vier oder fünf Semester hinter sich. Da merkte ich erst, was ich alles versäumt hatte. Ich habe mich im Hintertreffen gefühlt. Das waren alles junge Kerle zwischen 18 bis 20, und ich war ja schon 25 Jahre alt. Die Jahre waren einfach weg. Manchmal bin ich auch dumm angeredet worden: Ich sei selbst schuld wegen der langen Gefangenschaft, da müsse schon ein Grund vorhanden sein, und ähnliches.

Schwierig war es vor allem, denen zu begegnen, die aus der NS-Zeit auch noch Vorteile gezogen haben. Ein ehemaliger Mitschüler zum Beispiel, ein sogenannter Fähnleinführer, war schon zu Beginn des Krieges völlig fanatisch gewesen. Der war überhaupt nicht im Krieg; er hat sich gedrückt! Ich bin heimgekommen aus der Gefangenschaft, da hatte der schon ein riesiges Lebensmittelgeschäft. Er hat vier Jahre Zeit gehabt, das aufzubauen. Für mich war das bitter.

Aber auch einige andere, die im Krieg gewesen waren, hatten sich schon längst wieder einen Kreis aufgebaut. Sie waren schon wieder wer. Wenn von denen überhaupt jemand in Gefangenschaft war, dann höchstens ein halbes oder ein Jahr. Die haben es irgendwie geschafft, waren alle längst zu Hause, nur ich war der Blöde. Den einen erwischt es halt, den anderen nicht. Ich habe immer versucht, das, was ich versäumt hatte, irgendwie wettzumachen durch mehr Anstrengung, durch mehr Leistung. Gott sei Dank ist das ja dann auch geglückt. Ich habe mich zwar sehr anstrengen müssen, auch in finanzieller Hinsicht, denn meine Eltern konnten mich nicht unterstützen. Ich habe schon vor dem Studium und dann in den Semesterferien bei Siemens gearbeitet und bei den chemischen Werken in Höllriegelskreuth, Tag- und Nachtschicht. Das war eine gefährliche Arbeit mit Säuren und Staub. Ich mußte aber dringend Geld verdienen und habe alle Gefahrenzulagen mitgenommen, die ich bekommen konnte, nur damit ich das Geld zusammensammeln konnte für mein Studium.

Geprägt hat mich diese Zeit sicher in dem Sinne, daß ich selbständiger geworden bin. Das findet man oft bei Jugendlichen oder bei Kindern, die schon sehr früh auf eigenen Beinen stehen müssen. Sie werden irgendwie im Leben sicherer. Man mußte eben sehen, wie man durchkam; nie nachgeben, immer wieder Mut fassen. Das prägt einen natürlich. Irgendwie hat sich das sicher auch in der Erziehung unserer Kinder niedergeschlagen.

Eines ist allerdings schwierig geblieben: Ich konnte mich in den vielen Jahren danach eigentlich nie mit jemandem unterhalten, der dieselben Erfahrungen hatte. Es war gut, daß ich damals sehr jung war. In Gefangenschaft haben die Älteren oft ganz ruhig in einer Ecke gesessen. Die haben noch mehr Probleme gehabt als ich, haben an die Frau, die Familie, an die Kinder gedacht. War die Frau überhaupt noch da oder hatte sie längst einen anderen? Sie wußten, daß ihre Kinder sie gar nicht mehr kennen werden, sollten sie nach Hause kommen. Irgendwie würde sich daheim mit der Zeit alles ohne sie einspielen. Das war hart für viele.

Aber fast noch schlimmer war, das Erlebte hinterher zu verarbeiten. Der eine schafft die Vergangenheitsbewältigung besser, der andere weniger gut. Ich habe die Gelegenheiten, darüber zu sprechen, eigentlich nicht gesucht. Vielleicht bin ich ihnen sogar unbewußt aus dem Weg gegangen. Es ist noch gar nicht so lange her, da habe ich zum ersten Mal mit meinem Schwager über seine Kriegserlebnisse, über seine Zeit in russischer Gefangenschaft, geredet. Nicht einmal ich habe bisher etwas davon gewußt. Andere haben also auch nicht darüber sprechen können.

Meine Kriegs- und Lagerzeit habe ich nie ganz verarbeitet. Ich habe möglichst viel verdrängt, vor allem in der ersten Zeit. Nur nicht daran erinnert werden! Es hat lange gedauert, bis ich innerlich ruhiger geworden bin. Ich habe nachts auch Alpträume gehabt und habe sie heute noch. Ich komme manchmal in Situationen, daß ich nachts hochschrecke ohne konkreten Anlaß. Zum Beispiel träume ich öfters, daß ich verfolgt werde. Immer ist mir jemand auf den Fersen; das muß aus dieser Zeit stammen. Ich habe einmal mit einem Psychologen darüber gesprochen. Der hat mir bestätigt, daß durch das lange Eingesperrtsein das Gefühl entsteht, daß man immer, wenn man sich entfernen will, sofort zurückgehalten wird. Oft bin ich schweißgebadet aufgewacht, weil etwas hinter mir ist, das immer näher kommt und mich fassen will, mich aber nicht erwischt. Das ist alles ein Überbleibsel aus dieser Zeit. In den ersten Jahren war es ganz schlimm. Aber es passiert auch heute noch, obwohl alles mehr als 50 Jahre vorbei ist. Da sind wohl Sachen im Unterbewußtsein vorhanden und sehr tief unter die Haut gegangen. Man hat es verdrängt, aber so etwas kommt irgendwie immer wieder einmal hoch.

Annemarie Fischer

Der Isarkiesel

Von Vater gab es seit vielen Wochen kein Lebenszeichen. Mutter lief immer wieder zu allen Stellen, die Auskunft über noch nicht heimgekehrte Kriegsgefangene geben konnten. Sie stand bei jedem angekündigten Transport hoffend und betend auf dem Bahnsteig: »Lieber Gott, laß' meinen Otto diesmal dabei sein.« Sie hatte, wie viele Frauen, den Namen und die letzte Feldpostnummer ihres Mannes mit seinem Bild auf einen Karton geklebt und mit großen, weithin sichtbaren Druckbuchstaben hochgehoben. Mutter fragte jeden Heimkehrer, den sie erreichen konnte: »Kennen Sie meinen Mann?« Mancher blieb stehen, schaute die Tafel an, schüttelte aber den Kopf: »Kenne ich nicht.«

Viele Wochen später kam Vater völlig überraschend heim. Es war ein verregneter Sonntag, als jemand heftig mit der Faust an die Tür klopfte. Claudia öffnete und rief: »Mutti, da ist ein fremder Mann. Er kommt herein!« Mutter lief aus der Küche, auch sie erkannte ihren Mann nicht gleich. Erst als er sich umdrehte, schrie sie: »Otto, Otto!«, und fiel ihm um den Hals. Claudia stand verschüchtert daneben. Sie konnte nicht begreifen, daß dieser Mann, der wie ein Bettler oder die Invaliden an den Ruinen aussah, ihr Vater sein sollte. Er schaute dem Bild auf Mutters Nachttisch gar nicht ähnlich.

Der Krieg und die Gefangenschaft hatten den Vater verändert, sie hatten aus ihm einen stillen Menschen gemacht. Er redete kaum, erzählte auch nichts. Er war wie ein Vogel, dem die Flügel gestutzt worden waren. Mutter versuchte immer wieder, ihn zu erheitern, ihm neuen Lebensmut zu geben. Er war wie ein Fremder. Es ging ihm auch gesundheitlich schlecht. Sein Magen revoltierte. Im Oberkiefer hatte er fast alle Zähne verloren, konnte daher nicht richtig essen. Seine Beine waren dick geschwollen und schmerzten Der Arzt stellte Hungerödeme fest. Trotzdem hielt Vater nach einer Woche nichts mehr daheim. Er stand früh auf, schlich sich aus der Wohnung und kam oft erst am späten Nachmittag nach Hause. Wenn Mutter ihn fragte: *»Otto, wo gehst Du hin? Wo warst Du den ganzen Tag?«*, antwortete er: *»Ich schau' mir die Stadt an, die Leute, die Häuser, die Straßen. Alles ist zerstört, München ist ein Trümmerhaufen. Wie soll es weitergehen? Wie kann man hier noch leben? Alles ist verändert. Wer soll die Stadt aufbauen, woher soll das Geld kommen? Am besten haben es die Kameraden, die draußen geblieben sind«*, klagte er immer wieder.

Mutter war oft selbst niedergeschlagen und mutlos. Sie konnte ihren Mann, der neben ihr und ihrer Tochter Claudia lebte, nicht verstehen. Sie überlegte Tag und Nacht, wie sie ihn aus seiner tiefen Depression reißen könnte. Da dachte sie an ihr Spitzennachthemd und zog es vor dem Schlafengehen vor dem Spiegel an. Sie zupfte daran herum und warf immer wieder einen kurzen Blick auf ihren Mann, der sie aber überhaupt nicht beachtete. Da löschte sie das Licht und legte sich beschämt ins Bett. Sie nahm sich vor, das Nachthemd am nächsten Morgen auf dem Schwarzmarkt für Fett einzutauschen. Und so geschah es. Sie tauschte in einer finsteren Hausruine das Hemd für ein Kilo Schweineschmalz ein und machte sich aus Furcht vor Polizeikontrollen hastig auf den Nachhauseweg. Erst daheim sah sie den Betrug: Sie hatte für ihr Spitzennachthemd einen kiloschweren Isarkiesel, rund herum mit Schweineschmalz eingestrichen, gekauft. Sie weinte vor Zorn über den Betrug,

---

Annemarie Fischer
1916 in Höhenrain geboren, lebt seit ihrer Kindheit in München, überwiegend in Schwabing. Verwitwet, eine Tochter. 1994 Umzug nach Sindelfingen, aber häufige Besuche in München.

Heimkehrende Soldaten am St.-Jakobs-Platz, Juni 1945

weinte über den voreiligen Verkauf des Hemds, über die Gleichgültigkeit ihres Mannes und daß es ihr nicht gelungen war, mit ihm zu reden, ihm zu sagen: »Otto, Du bist jetzt bei Claudia und mir. Das Leben geht weiter, der Krieg ist aus!« Sie weinte, kratzte sorgfältig das kostbare Fett vom Stein und legte ihn in die heiße Kartoffelsuppe, die so ein paar Fettaugen bekam.

Jugendliche in den Ruinenjahren

FRIEDL VOM PROBST

Tagebuchaufzeichnungen einer Schülerin

April bis Oktober 1945 – dieser Zeitraum wird hier in Auszügen aus der Sicht der 14jährigen Schülerin Elfriede Rose Standhardinger (verh. Probst) anhand ihrer originalen Tagebuch-Aufzeichnungen geschildert. Die Bombardierung der Städte hatte zugenommen. Seit September 1943 war die Oberschule München-West auf's Land verlegt worden. Kinderlandverschickung hieß das; für manche Kinder waren es mit Heimweh, schlechtem Essen und engen Unterkünften belastete Jahre. Für Elfriede Rose war es trotz des Krieges eine glückliche Zeit, erfüllt von Liedern, Spielen, Naturerlebnissen und fröhlicher Gemeinschaft.

Die Nachkriegszeit im Hause Standhardinger war für alle eine Herausforderung an die Fantasie und Erfindergabe. Der Teenager Elfriede Rose gewann daraus Sicherheit fürs ganze Leben.

Ja und ...
eckig oder rund
schief oder krumm
schlau oder dumm
rauh oder glatt
feist oder platt
gelb oder weiß
laut oder leis
blaß oder rot
lebendig, nicht tot.

FRIEDL VOM PROBST
1931 in München geboren, Ausbildung als Kindergärtnerin. 1958 Heirat, ein Sohn. Bis 1976 im Metzgerladen des Mannes tätig.

Die Tagebuchschreiberin, 1944

29. 4. 1945, Abwinkl am Tegernsee,
im Schustermannhof

Ich kann kein Kriegstagebuch schreiben und will es auch nicht. Aber etliches muß ich doch aufschreiben. Ich weiß, daß ich rasend schmiere, aber das macht nichts.

Deutschland ist hin. Es ist in Friedensverhandlungen eingetreten. In München war eine kleine Revolution, die jedoch niedergeschlagen wurde.

Haus »Schustermann« im Winter 1944

Seit heute 3 Uhr nachmittags geht der Münchner Sender nicht mehr. Die Leute sagen, »sie« sind schon in München, Panzerspitzen wären auf Wiessee gemeldet und noch mehr Dinge, die nicht unbedingt wahr sind. Widerstand gibt es kaum noch. Um Berlin wird gekämpft. In Peißen – oder Parsberg sind die Amerikaner. Russen werden ja nicht zu uns kommen.

Wir müssen unser sämtliches HJ-mäßiges Zeug verbrennen und alle anderen parteiischen Sachen. Unsere polnischen Arbeiter feixen. Da würde ich ja auch feixen. Es schneit und ist hundskalt.

Am Samstag war schulfrei. Hoffentlich morgen auch. Wir brauchen Jahrzehnte, ja vielleicht Jahrhunderte, bis wir uns wieder Deutschland nennen dürfen und können. Ein solches Ende habe ich nicht erwartet. Oder es kommt ein Wunder.

Es schneit, schneit, schneit. Alles ist weiß. Schrecklich.

30. 4.
Sie sind bei Tölz. München ist von drei Seiten umzingelt und wird beschossen. Wir hören es immerzu krachen. Wir müssen Luftschutzgepäck fertig machen und bekommen als eiserne Ration drei Schachteln Knäcke, eine Tüte Zwieback, Bonbons und eine Büchse Konserven. Mutti kommt während eines Feindalarms zu mir ins »Schustermann«. Wir erwarten heute Nacht den Feind. Hoffentlich wird nicht geschossen. Vielleicht, ja wahrscheinlich kommt es ganz anders, als wir denken. Der Mensch denkt, Gott lenkt.

Es sind alle Mädchen vom obern Stock zu uns herunter gezogen. Sie schlafen aber nur bei uns. Nun sind wir also glücklich zu sechst im Zimmer. Was wird morgen früh sein?

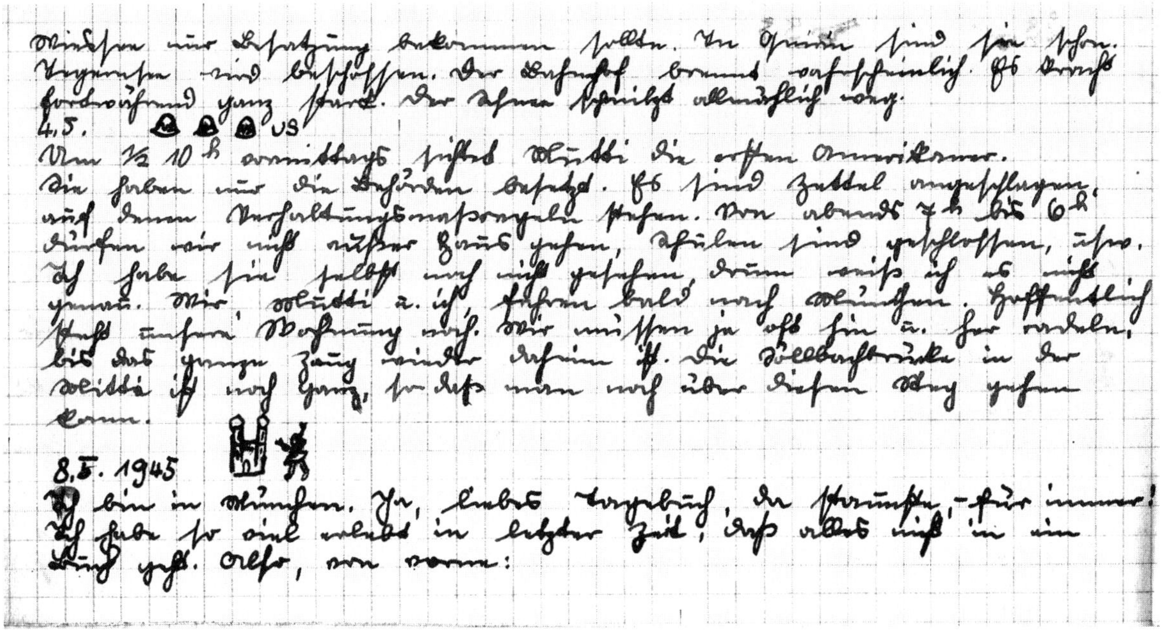

1. 5.
Sie sind noch nicht da. In Tölz wird gekämpft. Im »Schustermann« ist Soldateneinquartierung. Wir sind nur noch in zwei Zimmern. Nur eine Stunde Schule. Es stehen rasend viele Rotkreuz-Autos herum. Im »Schustermanngarten« sind auch eine Menge.

2. 4.
Ich schreibe vor der Haustür'. Es schießt immerzu. Wir müssen in den Keller. Die Leute sagen alle etwas anderes, wo »sie« sind.

4. 5.
Um ½10 vormittags sichtet Mutti die ersten Amerikaner. Sie haben nur die Behörden besetzt. Es sind Zettel angeschlagen, auf denen Verhaltensmaßregeln stehen. Von abends 7 Uhr bis morgens 6 Uhr dürfen wir nicht außer Haus gehen, Schulen sind geschlossen usw. Ich habe sie selbst noch nicht gesehen, drum weiß ich es nicht genau. Wir, Mutti und ich, fahren bald nach München. Hoffentlich steht unsere Wohnung noch. Wir müssen ja oft hin und her radeln, bis unsere Habseligkeiten wieder daheim sind.

8. 5., München-Nymphenburg
Ich bin in München. Ja liebes Tagebuch, da staunste – für immer! Ich habe so viel erlebt in letzter Zeit, daß alles nicht in ein Buch geht. Also von vorne:

Am Montag hetzte uns Frau Meier[1] auf, doch nach München zu fahren und Papas Rad für Karla zu geben. Wir willigten ein und starteten, von vielen Ermahnungen und Schwarzsehereien begleitet. Wir kamen trotz vieler »Amis«, Berge und viel, sehr viel Gepäck sehr gut bis Holzkirchen. Dort wurden wir kontrolliert, aber nicht scharf, und wir fuhren weiter. Frau Meier hatten wir samt Tochter verloren. Karla schmiß ja unser Rad dauernd um, weil sie so schlecht aufgepackt hatte. Nach einiger Zeit machten wir Rast und bekamen von einem »Ami« ein Täfelchen Schokolade, nachdem ich ein bißchen mit ihm geschwatzt hatte. An der Fürstenrieder Straße stand ein »Ami« und nahm uns alle Räder ab. Es lag schon ein ganzer Haufen dort. Wir hatten Wut und waren dann ziemlich verzweifelt, als wir an allen möglichen und unmöglichen Stellen

[1] Die Mutter der Mitschülerin Karla

nichts erreichten. So nahmen wir das Gepäck ab, und ich holte unser Kofferwägelchen von daheim. Unsere Wohnung ist noch ganz, und – dieses wunderbare Geschenk – Vati ist da!

Ich könnte noch so viel schreiben und würde doch nicht zu Ende kommen. Vor allem Francis käme darin immer wieder vor, ein »Ami«, der mich wegen des Radlverlusts mit den Worten tröstete: »That is the war!«

Übrigens ist Waffenstillstand, Deutschland hat kapituliert.

10. 5.
Ich sitze im Bett und lasse es mir gut gehen. Gestern haben wir die Wohnung wieder ganz eingeräumt. Ich führe jetzt ein Münchner Tagebuch.

Ja, jetzt bin ich wieder ganz im lieben, kaputten München, und wir sind wieder beisammen, und unsere Wohnung ist wieder wie früher, und sogar die Schwälbchen nisten wieder an unserem Balkon. Es ist wunderbar!

Lieber Gott, ich danke Dir! – Wir haben unsere Räder wieder! Nachdem wir den ganzen Tag an allen möglichen und unmöglichen Stellen waren, haben wir sie unter Aufregung und Hetze endlich bekommen! Juhuu!

20. 5.
So, heute ist also Pfingsten. Morgens ist das Wetter nicht besonders. Wir haben nur noch für eine Woche Kartoffeln und auch sonst ist das Essen sehr knapp. Papa ißt eben schon unheimlich viel und legt sich, ohne zu denken, die Brote ganz dick auf. Ich halte mich gehörig zurück. Es war in letzter Zeit immer herrliches Wetter. Ich bin nur mit Luftanzug herumgelaufen, so heiß war es, 28 Grad.

Die Militärregierung sagt im Radio hundert Mal das Gleiche und macht Propaganda und hetzt schrecklich.

Wir bekommen nächste Woche nur noch 150 g Brot am Tag, ich bekomme 200 g. Auch die anderen Rationen sind gekürzt. – Wenn es wieder etwas gibt, möchte ich ein blaues Seidenkleid wie meine frühere Bluse.

Am Sonntag, den 27. Mai, sind Mutti und ich nach Tegernsee gefahren[2]. Vati fuhr nach Wasserburg. Er mußte sich sehr durchbetteln und viel schieben. Dagegen sind wir ohne eine einzige Kontrolle durchgekommen. Wir haben noch nicht alle Sachen von Wiessee heimgebracht, aber wir waren hoch und höchst aufgeladen. Im Lager sind nur noch Ewis, Ingrid und die Lehrkräfte.

Auf der Autobahn fuhren wir wieder zurück mit dem Rad. Es war recht unterhaltsam. Vati kam am Dienstag. Er hatte rechte Strapazen gehabt.

17. 6.
Unsere Räder haben sie beschlagnahmt! Wir kamen von Degerndorf heim, am Ausläufer der Autobahn wurden wir geschnappt. Grund: Wir fuhren Militärstraße. Wir sahen kein Schild, weil wir mit dem Lastwagen ankamen. Aber nach drei Tagen dürfen wir die Räder wieder holen.

19. 6.
Wir haben die Räder wieder!

11. 7.
Ich bin nun wieder ein Schulmädl. Zu den Englischen Fräulein gehe ich. Es ist dort sehr schön, wir haben drei Mal in der Woche Schule, und zwar Rechnen, Deutsch, Englisch und Latein. Wir lernen in Englisch sehr viel. Es sind viele vom KLV-Lager dabei, und wir sind etwa 28 Mädel und Buben. Wir sind in einer Holzbaracke, wo es zum Bersten heiß ist. Schon seit Anfang Mai ist es fast jeden Tag strahlend schön und drückend heiß. Oft hatten wir 30 Grad.

14. 7.
Wir (Vati, Mutti und ich) fahren nach Tegernsee ins ehemalige KLV-Lager. Viele Sachen von mir sind schon mit dem Auto nach München gefahren worden, und so können wir jetzt alles heimnehmen, bis auf die Skier. Es ist unheimlich heiß. Wir pflücken eine Unmenge Himbeeren und bekommen kalten Bohnenkaffee zu trinken.

[2] In das ehemalige KLV-Lager.

15. 7.
Wir gehen zu Schwinks. Es ist Franzl, sein Sohn da. Wir reden mit ihm. Ja, ich habe noch gar nicht geschrieben, was da passiert ist. Frau Schwink und Ruth wurden in der Jachenau von der SS erschossen. Mehr will ich hier nicht schreiben. Es tut mir und Mutti sehr, sehr leid, weil wir sie so gern mochten.[3]

17. 7.
Wir bekommen ein Pfund neue Kartoffeln zugewiesen. Das ist viel! Mutti wiegt nur noch 96 Pfund. Das ist einfach schrecklich.

23. 7.
Wieder neue Kartoffeln, sie sind herrlich.
Mutti rast nach Weilheim in $3^1/_2$ Stunden.

24. 7.
Nun ist Mutsch wieder da, sie fuhr per Rad, zurück ebenfalls in $3^1/_2$ Stunden. Sie bringt sehr viel Gemüse heim, und von Tante Anni Apfelkompott, »Ami-Kaffee« und Brotmarken.

25. 7.
Mutti ist am Schwarzen Markt am Viktualienmarkt. Wir müssen jetzt öfter dort hin, weil wir vor allem Saccharin brauchen. Früher war der Schwarze Markt am Sendlinger-Tor-Platz, aber dort wurde er aufgelöst. Das Sach' ist sehr teuer, z.B.: 100 g Bohnenkaffee: 100 RM, 1 Pfund Zucker: 100 RM, 1 Pfund Brot: 10 RM (früher 50 RM!), 1 Pfund Kakao: 300 RM, 1 Paket Tee: 65 – 100 RM, 65 bis 100 Stück Saccharin : 25 – 35 RM, 1 m Gummi: 5 RM, 1 große Rolle Garn oder Faden: 5 RM, Halbschuhe: 500 – 600 RM, 1 Paar Seidenstrümpfe: 150 RM, Damastplumeau: 300 RM, 4 m Kleiderstoff: 400 RM.

Seit 20. 7. ist keine Schule mehr, alle Kurse sind verboten.

22. 8 – 23. 8.
Ich bin noch im Bett und faulenze, da höre ich Stimmen, und Trudi kommt herein! Sie ist überraschend mit dem Zug nach München gefahren. Das sind schöne Tage! Wir gehen in den Botanischen, spielen und spinnen; am nächsten Tag um 3 Uhr hat sich Trudi mit noch zwei anderen zusammenbestellt. Da es aber schönes Wetter ist, müssen Mutti und ich um ein Uhr ins Holz. Es ist mir ein wenig unangenehm, weil Trudi doch unser Gast war, aber ich bin doch wieder froh. Wir fahren in den Forstenrieder Park und finden viel festes Föhrenholz.

30. 8.
Von nun an muß ich Vati und Mutti mein Tagebuch verbieten, denn es stehen Weihnachts- und Geburtstagsgeheimnisse drin. Vati habe ich bis jetzt eine Briefmappe und noch ein kleines Behältnis gebastelt. Seinen Lampenschirm will ich auch noch bemalen. Aber ssst – nicht plaudern, Tagebuch!

31. 8.
Pat besucht mich, er bringt Trauben, und ich mache ihm eine Glückwunschkarte. Unsere Schwälbchen sind zum Busseln. Als es nachmittags schön wird, fliegen sie gleich aus und finden sich erst spät abends wieder ein. Jetzt sitzen sie auf dem Stangerl. Ach, wie lieb hab' ich sie!

2. 9. Sonntag
Es heißt daß es nächste Periode mehr Mehl gäbe (es gibt bis jetzt $^1/_2$ Pfund weißes) und übernächste Periode überhaupt mehr Essen.

Hoffen wir es! Die Gerüchte sind elend. Aber die Welt ist schön!

[3] Nach meinem subjektiven, lückenhaften Wissen: Dr. Schwink, einflußreicher Mann bei der Organisation Todt, jüdische Ehefrau, Tochter Ruth – meine engste Schulfreundin –, waren bei Kriegsende in der Jachenau/Oberbayern. Um den vorrückenden Amerikanen die kampflose Übergabe dieses Landstrichs anzukündigen, ging ihnen Frau Schwink, die fließend englisch sprach, mit ihrer Tochter Ruth und der Tochter des Bürgermeisters Pfund entgegen. Dabei geriet sie bei Sachenbach zwischen die Fronten, und alle drei wurden von einer Maschinengewehrsalve der SS getroffen. Die Tochter des Bürgermeisters überlebte. Frau Schwink hat aus eigenem Antrieb diese pazifistische Tat durchgeführt. Ein Marterl erinnerte lange Zeit an das schreckliche Geschehen.

18. 9., Weilheim/Oderding
Wir übernachten bei Wanningers. Nun müssen wir auf ein Auto nach München warten. Wir warten in Polling, wir warten in Weilheim, wir warten 1½ Stunden. Da redet eine Frau und sagt, am Bahnhof stehe ein Kohlezug nach München mit einigen Personenwagen, und man könne mitfahren. Im Eiltempo rasen wir zum Bahnhof, bekommen Karten und sitzen im Gepäckwagen bei den Rädern. Wir sind schon um 12 Uhr in Laim! Das hat Gott wunderbar gemacht!

Als wir daheim sind, lehnt ein Säcklein Mehl (25 Pfund) in der Diwanecke; es ist von Papa! Ha, sind wir überrascht! Man bekommt zwar jetzt im Monat 22 Semmeln und 1½ Pfund Mehl, aber trotzdem ist es doch sehr erwünscht.

12. 10.
Ich gehe zu Herrn Schwink. Ich darf mir von Ruth Bücher behalten, wir reden von nichts anderem als von Ruth. Er ist sehr freundlich, ich darf mir auch Kleider holen, sagt er.

25. 10.
Die Schule geht los! Heute ist Einschreibung, es sind eine Menge Lehrer da; einen Professor kriegen wir wahrscheinlich in Deutsch und Latein, hoffentlich ist er nicht blöd. Am 12. November geht es los, *hoffentlich!*

Ernst Gärtner

Jetzt san's do!

Weil sich am Nachmittag des 30. April nichts tat, was auf eine baldige Ankunft der Amerikaner aus Freimann schließen ließ, zerlegte ich auf dem Küchentisch einen ausgebrannten Staubsauger, einen Fund aus dem Rückgebäude. Zu mir in die Küche mit der geschlossenen Balkontür zum Hof drang kein Laut. Die Amerikaner hatte ich vergessen. Gegen drei Uhr hörte ich meine Mutter rufen: »Ernsti, Ernsti, kimm, schnell!« – Ich ließ mir Zeit: »Wos is denn scho wieda?« – Was sie nie tat: Meine Mutter schaute aus dem Fenster, hatte sich weit hinausgebeugt: »Kimm ... da ... schau!«

Motorenlärm ließ Fensterscheiben klirren und den Fußboden beben. Ich sah hinunter auf ein Ungetüm von Panzer. Er kam vom Isartorplatz, anfahrend, haltend, anfahrend – stop and go. Der Kommandant hielt seinen Kopf schräg und schaute unter seinem Helm zu uns herauf. Vor dem Panzer hielt ein kleiner viersitziger Wagen ohne Türen, das Stoffdach zurückgelegt, das an ein Gestell geschraubte Maschinengewehr zum Himmel gerichtet. Vor dem robusten Kleinwagen schob sich ein Panzer, die Spitze des Angriffs, langsam zur Liebherrstraße vor. Die Antennen an Panzern und Fahrzeugen reichten bis zur Fahrleitung der Straßenbahn hinauf. Das Hepfinger-Haus und der Verein für Feuerbestattung gegenüber hatten weiß beflaggt.

Stimmengekrächz drang laut aus dem Panzer zu uns herauf. Kommandant und Fahrer zogen die Köpfe ein, der Fahrer klappte seine Luke zu, der Motor heulte auf, er fuhr an. Das Maschinengewehr neben der Fahrerluke spuckte rote Pünktchen. – »Mama ... schau ... Mündungsfeuer!« – In den Kriegsheften für die deutsche Jugend war oft vom Mündungsfeuer die Rede gewesen. Wir sahen und hörten jetzt eines aus nächster Nähe. War das laut! – Inzwischen war der Panzer an der Spitze zum Franz-Eher-Verlag (Thierschstraße 11) gerollt, wo die Nazis den »Völkischen Beobachter«, ihre Tageszeitung, drucken ließen. Ich war überzeugt, ich werde jetzt Zeitzeuge werden von der Eroberung des Verlages für nationalsozialistische Volksverdummung. Der Grund, warum die Amerikaner die Thierschstraße hinunterfuhren, konnte nur der »Völkische Beobachter« sein.

Es tat einen ohrenzerreißenden Schlag, der uns in das Zimmer drückte. Die Volksgenossen von gegenüber drängten mit gedämpftem Aufschrei in die Hausgänge und nebenan sagte die Frau-Kurzwaren-Oberst: »Komm', Emmi, wir gehen in den Keller!« Über dem Panzer an der Spitze kräuselte blauer Dunst hinauf zu den weißen Fahnen, der hatte geschossen. Ich bekam eine Vorstellung, wie leicht einem beim Kanonenschießen das Hören verginge. Nach der Lautstärke hätte an einem der Häuser ein Loch von der Größe eines mittleren Lastwagens entstehen müssen. Statt dessen splitterten am Haus Thierschstraße 26 die Dachziegel und spritzte der Mörtel, eine Folge des Feuerstoßes aus dem Maschinengewehr mit dem »Mündungsfeuer«.

Infanterie auf Gummisohlen – die Karabiner schräg vor dem Bauch zum Himmel gerichtet – rückte entlang den Häusern vor. – »Jetzt san's do!«

Es hielt uns nicht mehr hinter dem Fenster. Wir gingen vor zum Isartorplatz. Zwei Panzer standen auf dem Gehsteig neben dem Trambahnhäusl mit dem ausgebrannten Blumengeschäft. Mädchen aus der Nachbarschaft lehnten an den Pan-

Ernst Gärtner
1929 im München geboren, aufgewachsen im Lehel, Studium an der Technischen Hochschule, Abschluß Diplomingenieur. Berufstätig bei der bayerischen Staatsbauverwaltung in Regensburg, Passau und München, zuletzt als Leitender Baudirektor.
Preisträger des Geschichtswettbewerbs 1995/96.

Aufnahme von der Ankunft der ersten amerikanischen Soldaten vor dem Rathaus in München am Nachmittag des 30. April 1945. Der Marienplatz ist voller Menschen.

zertürmen, Zigaretten rauchend, Kaugummi kauend, davor Soldaten mit Kameras, Erinnerungsfotos: »Come on, baby, smile!« – Tatsächlich, sie »smilten«. Am breiten Grinsen in den eingestaubten Gesichtern erkannte ich, daß die Angehörigen der »occupation army« umgänglich, gut aufgelegt waren.

Gegen fünf Uhr kamen wir zum Marienplatz. Vor dem Rathaus: Schaulustige Münchner, ungläubig vom Kriegsende Kenntnis nehmend, Amerikaner auf ihren Fahrzeugen, geschäftiges Kommen und Gehen unter den Torbogen des Rathauses.

Daß die Ankömmlinge auch anders konnten, merkte ich an der Baaderstraße. Sie hatten die Polizisten aus der Polizeiinspektion, alte Männer, zur Rumfordstraße vorgetrieben. Die Grünuniformierten standen in einer Reihe vor dem »Traphöner« – der radfahrende Münchner der dreißiger Jahre weiß, was das für ein Geschäft war: ein Fahrradladen. Die deutschen Ordnungshüter waren entwaffnet, die Kopfbedeckungen zu ihren Füßen, die Achselklappen abgerissen, die Mäntel offen, das Straßenpflaster mit Ausweisen und Schriftstücken übersät, umstellt von Amerikanern, das Gewehr im Anschlag. Ihre Bewacher schrien in einer mir unbekannten Sprache, weit entfernt von einem Englisch. Ich merkte mir die wiederholt benutzten Ausdrücke wie das Kleinkind, wenn es zu sprechen beginnt: schallnachahmend. Aus heutiger Sicht würde ich die einseitig geführte Konversation der amerikanischen Fäkalsprache zuordnen. In meinem Lexikon kamen die Worte nicht vor.

Wieder zu Hause, klopfte es. Ein Amerikaner stand in der Tür. Wortlos ging er an uns vorbei, schaute in die Zimmer. In den hinteren, nicht benutzten Räumen, voll verstaubter Tische, Stühle, Schränke, Kommoden, eingerollter Teppiche und Vorhänge aus dem Besitz des Schneiders, hielt er sich einige Zeit auf. Er suchte Sachen, die es dort nicht gab. Kaum war er draußen, läutete es. Die nationalsozialistisch völlig unbeleckte Frau Malermeister stand in ihrer verblichenen Funktion als Hauswart in der Tür: »Frau Gärtner! ... Der Ernstl kon' doch Englisch? Is' a do? Er soll kommen! D'Amerikaner san in der Friedrich Wohnung herob'n!« Nach meinem bescheidenen Schulenglisch wurde gefragt, das war schmeichelhaft! – Ich stieg hinauf in die Wohnung über der unseren, sie war seit einiger Zeit nicht bewohnt.

Am Küchentisch saßen zwei Amerikaner, GIs. Unbeeindruckt vom tatsächlichen Stand meiner englischen Sprachkenntnisse, beherzt und vernehmlich, sagte ich: »Good afternoon! I speak English a little bit!« – Die Gäste aus Übersee: »Hello, wonderful! How are you?« – Ich flötete ein »Thank you, not so bad!« – Mir wurde klar, daß, wenn es zu einem Verstehen käme, sie mich wohl eher verstehen würden als ich sie. Unser Englischlehrer sprach ein »deutsches« Englisch, die hier ein »amerikanisches«, das mit einem Englisch vielleicht die Buchstaben, aber nicht die Aussprache gemein hatte.

Der stehende GI, zu dem sie »sergeant« sagten, deutete auf mich: »Come on, show me the house!« – Wir gingen das Stiegenhaus hinab zur Hofdurchfahrt. Dort stand wieder so ein Kleinwagen. Auf dem einachsigen Anhänger, von einer Plane halb verdeckt, lag ein Maschinengewehr. Er griff durch das Lenkrad und brachte eine Stablampe hervor. Er wollte prüfen, ob das Haus zum Übernachten sicher ist. Wir stiegen in den Keller hinunter. Er leuchtete in die Verschläge. Als er eine Kiste mit Kartoffeln im Lichtkegel hatte, fragte er: »What's that?« – Argwöhnte er Handgranaten? Ich konnte ihn beruhigen, das Wort »potatoes« hatte ich bei mir.

Er verlangte, in die Wohnungen geführt zu werden. »Soldiers, weapons?« Meine Beteuerungen: »No – none – not!« schienen ihm glaubhaft. Ich drückte die Klingelknöpfe. Den Frauen in den geöffneten Wohnungstüren und den an ihnen vorbeilugenden Angehörigen war anzusehen, daß sie niemals Umgang mit Waffen hatten. Männer im wehrfähigen oder Großväter im Volkssturm-Alter gab es nicht, demnach war das Haus sicher. – Er frage mich nicht: »Where are the husbands?« Die Worte »gefallen«, »getötet« hätte ich übersetzen können. Die Übersetzung des Wortes »Volkssturm« ins Englische wäre mir nicht gelungen. – Meine Anwesenheit nahm dem Sergeant viel von seiner Wirkung auf die verängstigten Bewohner. Im Speicher, in dem es an einigen Stellen gebrannt hatte, blickte er nachdenklich auf Sandkisten, Feuerpatscher, Kübel und Wasserspritzen. Wir gingen nochmals zur Hofdurchfahrt hinunter. Er schlug die Plane auf dem Anhänger zurück, schob das Maschinengewehr zur Seite und hob einen Stahlhelm voller Eier heraus.

Wir kamen zurück. Die fragenden Blicke seiner Kameraden beantwortete er mit einem »okay«. – Der Küchentisch erstrahlte in der Pracht außerirdischer Genüsse: »Corned beef«, »salted butter«, »chewing gum«, »chocolate«; das Kastenbrot von einem Weiß, das nicht einmal unser Schnee hatte. Der Sergeant gab der Frau Hauswart den Stahlhelm mit den Eiern: »Please, boil it!« Sie verstand seine Bitte ohne meine Mithilfe. Er setzte sich an den Tisch, häufte Butter und Beef in zentimeterdicken Lagen zwischen zwei Weißbrotscheiben. Sein »sandwich« hätte mir den Unterkiefer ausgehängt. Er schob mir Brot, Butter und Beef her. Daß meine Abschnitte bei weitem nicht die Abmessungen der seinen erreichten, quittierte er mit einem breiten Lächeln. Ob er wußte, daß wir die Salami so dünn schneiden konnten, daß ein Wurstradl fast nur eine Seite hatte?

Sie fragten mich nach meinem Alter. Ich sagte: »Fifteen!« – Anerkennendes Kopfnicken. »How many miles to Salzburg?« – Ich meinte: »160 kilometers!« – Sie rechneten: »160 divided by one point six equals ... 100 miles ... okay, two hours!« – Ich fragte sie: »Where are you coming from?« – »Omaha, Nebraska!« – Ich: »Aha, I see!« – Ich nahm mir vor, in meinem Diercke-Schulatlas nachzuschlagen, wo dieses Omaha und das Nebraska liegen.

Die Frau Hauswart fragte: »Ernstl, müssen wir heut' verdunkeln?« – Wir entschieden, das erübrige sich. Der Feind, vor dem wir fünfeinhalb Jahre lang die Fenster verdunkelten, sei hinter den Fenstern angekommen.

Im sich erwärmenden Ofen rauschte das gut ziehende Feuer, anheimelnde Wärme senkte sich auf unsere Köpfe, kroch mir hinunter ins Kreuz. Ich zog den Hals ein und wetzte meine Schultern am Hemd. Der Duft schwarzen Tees aus – bis dato – feindlichen Armeebeständen, eingeschenkt aus der Teekanne der Frau Hauswart in geblümte Kaffeetassen, erfüllte den Raum. Die GIs am Tisch, das Gesicht gebräunt bis über die Augen, die Stirn weiß bis zum Haaransatz, hängten ihre Achseln über die Stuhllehnen zu Stahlhelm und Karabiner, stapelten ihre Stiefel samt Füße blutentstauend auf Hocker und Stuhl. Ein Bild von Feierabend und getaner Arbeit.

Es klopfte weich. – »Come in!« – Im Türspalt erschien meine Mutter: »Ernstl? Ah, do bist! Wia geht's da?« – »Geht scho'!« – Sie vergewisserte sich, daß ihre Sorge unbegründet sei: Die amerikanische Armee sah keine Verwendung für mich als Dolmetscher bei der Eroberung der sagenumwobenen NS-Alpenfestung.

Wieder unten, vernichtete ich meinen »Jungvolk«-Ausweis, der mich als Hordenführer auswies, nicht meinen Wehrpaß mit dem Entscheid: »Zeitlich untauglich. Zurückgestellt bis 30. September 1945«. Des »Führers« und Reichskanzlers Adolf Hitler »Mein Kampf« hing im Abort. Es gab sonst kein Papier.

Soweit ich es mitbekam, verlief die Besetzung der Altstadt friedlich. An den Bewohnern der Häuser Nr. 8 in der Thierschstraße und in der Christophstraße rächten sich weder befreite Kriegsgefangene, Zwangsarbeiter oder Häftlinge aus den Konzentrationslagern noch machten die siegreichen Militärs Jagd auf unsere Mütter. Vielleicht gebrach es unseren Müttern am »sex appeal«, Mädchen im entsprechenden Alter gab es nicht. Über den sittlichen Verfall, wie er alsbald in einem Hirtenbrief beklagt wurde, fanden sich in unserem Bekanntenkreis keine Hinweise. Niemand oblag der »Schokoladenprostitution« oder war gezwungen, »Leib und Gesundheit für Zigaretten oder Kaffee zu verkaufen«.

Gemessen am Leid der Opfer der NS-Diktatur, an den Verfolgten, Vertriebenen und Verschleppten war unser Leben im ausgebombten München zwar durch Mängel erschwert, aber auszuhalten. Die Mama beschaffte das zum Leben Nötige für uns zwei zwar nicht mühelos, sie hatte es aber leichter im Vergleich zu den Frauen mit kleinen Kindern. Wir waren hier angestammt, mußten nicht im Strom der Vertriebenen über die Straßen ziehen, in einer fremden Umgebung ein neues Zuhause suchen. Wir lebten verarmt, aber nicht als verarmte Fremde unter einer notleidenden Bevölkerung. Über das Kommende machten wir uns keine Gedanken. Bangigkeit hätte an der Tatsache, daß uns eine ungewisse Zukunft erwartete, nichts geändert.

Meine Eltern hatten um den Nationalsozialismus einen Bogen gemacht, hatten weder Funktionen noch Positionen in Partei oder Staat gehabt, waren weder Hitlerbildaufhänger noch Hitlergrußgrüßer gewesen. – Im Entnazifizierungs-Fragebogen setzte meine Mutter zu den 131 Fragen waagerechte Striche. Sie wurde als »Entlastete« eingestuft. Sie war – wie so viele alleinstehende Frauen – eine Geschädigte der Hitlerdiktatur. Dennoch war sie glimpflich davongekommen: Der Betriebsunfall des »Dritten Reiches« kostete ihr nicht die Gesundheit, nur die Wohnung mit einem Teil des Hausrats und die Ersparnisse. Andere hatten den Gatten, Kinder, Angehörige, die Heimat verloren.

Die Trambahn fuhr wieder und war überfüllt. Die Dummen stellten sich zwischen die Wagen auf Kupplungen oder Rahmen und hielten sich an den Druckluftschläuchen fest mit der Aussicht, bei einem Sturz auf die Schienen vom Anhänger überrollt zu werden. Mancher verlor ein Bein, wenn nicht mehr.

Die Trittbrettfahrer machten die Wagen breiter. Die Triebwagenführer mußten aufpassen, daß ihre Außenfahrgäste nicht abgestreift wur-

Überfüllte Straßenbahn, 1947/48

den, wenn sie Strecken befuhren, in denen der lichte Raum eingeengt war. – Unlängst kam ich mit einem Trambahnwagenfahrer ins Gespräch. Sein Vater fuhr Ende der vierziger Jahre den »Sechsa« vom Harras nach Schwabing. Gab es Trittbrettfahrer, hielt sein Vater vor dem Siegestor. Er und die Schaffnerinnen forderten die Trittbrettler auf abzusteigen, andernfalls würde das Absteigen vom Siegestor besorgt. Im Siegestor kam das Mauerwerk den rechten Wagenseiten so nahe, daß die Trittbrettfahrer zwischen Tram und Mauer wie Fingernudeln gerollt worden wären. Die Abgestiegenen ließ sein Vater nicht mehr aufsteigen. Nach dem Siegestor fuhr er ohne Halt davon. Unter den Fahrgästen sprach sich herum, daß das Trittbrettfahren auf dem »Sechsa« nur bis zum Siegestor möglich ist.

Von Fliegeralarmen ungestört, konnte ich jetzt die Ruinen der Altstadt nach Brauchbarem durchstöbern. An der Theatinerstraße sah ich über der durchgebrochenen Kellerdecke hinunter in einen Heizungskeller. Neben dem Heizkessel lag ein Haufen Koks. Daß die Wände bis ins vierte Stockwerk aufragten, störte mich nicht. Ich erläuterte meiner Mutter, daß Koks genau der Stoff sei, der uns eine warme Stube verschaffen würde. Wir rückten mit einem Kartoffelsack an, füllten ihn mit Koks und schafften den Heimweg durch die Briennerstraße, über den Odeonsplatz bis zum Beginn der Ausgangssperre. – An einem der nächsten Tage wollte ich die Möglichkeiten für einen weiteren Kokstransport erkunden. Ich fand den Heizungskeller nicht mehr. Die Wände waren eingestürzt, der Keller verschüttet.

Die Ruinenlandschaft Münchens – ein Ort für Streifzüge; Blick vom Turm der Frauenkirche nach Nordwesten, 1946

Links von der Theatiner Kirche, gegenüber der Feldherrhalle, überragte den Schutt einsam ein WC, dem eine Wand fehlte. Die Schüssel mit beweglicher Brille war unversehrt. An unserem WC gab es keine hochklappbare Brille. Ich beschrieb meiner Mutter die Möglichkeit, mit der Abortschüssel von der Theatiner Kirche künftig die Vorzüge eines WCs mit beweglicher Brille zu genießen. Anfangs weigerte sie sich, »mit so 'was« über den Odeonsplatz zu gehen. Meine Argumente überzeugten sie schließlich, und sie ging mit. An einem lauen Maienabend wechselten wir uns im Tragen ab und schleppten den Gegenstand an Feldherrnhalle und Residenz vorbei durch die Hofgartenstraße nach Hause. Zu meiner Enttäuschung hatte unser Becken den Anschluß an der Seite, das angeschleppte den Anschluß unten. Mit der beweglichen Brille war es nichts.

Meine Streifzüge durch die Ruinen und die zum Abtransport ausgewählten Objekte wurden meiner Mutter unheimlich. Sie sann auf Abhilfe. Der Schreinermeister in der Frühlingstraße, heute Eduard-Schmid-Straße, kam ihr gelegen. An einem Abend sagte sie: »Ernsti, Du, ich hab' heut' Medizinen in eine große Schreinerei 'bracht. Du, der Herr Huber ist ganz allein! Was meinst, tät es Dir gefallen, bei ihm anzufangen?« – Sie sagte nie: »Du mußt, Du sollst, ich verlange, ich möchte, ich wünsche...!« – Sie kleidete ihre Anliegen in die Form der Frage, der überlegenswerten Anregung, leitete sie ein oder beendete sie mit: »Ernsti! – Was meinst...?« – und konnte sicher sein, daß ihre Anliegen die angestrebte Billigung fanden.

Mit Holz umzugehen, hat mir immer gefallen. Ich meinte, sie könne den Huber ja fragen, ob er einen Schreiner bräuchte. Aufgrund meiner Fertigkeiten im Basteln von Flugmodellen betrachtete ich mich weitgehend als Schreiner.

Ende Mai 1945 standen die Mama und ich vor ihm in der Werkstatt. Er setzte einen brusthohen Karteischrank mit vielen Schüben für einen Begräbnisverein zusammen. Er meinte: »Der Ernst kann gleich dableiben!« – Ich ging davon aus, daß ich ihm bei dem Karteischrank helfen werde. Er führte mich zu einer Hobelbank, gab mir zwei halbzöllige Bretter, ließ mich ein Brett einspannen und zeigte mir, wie man mit Doppelhobel und Rauhbank, dem längsten Hobel, einen langen, gleich breiten Span, rechtwinklig zum Brett, von der Kante herunterholt.

Am Montag kam der Hans, ein der Handelskammer gemeldeter Lehrling. Ich merkte, daß ich weniger war als ein Lehrbub. Der Hans erläuterte mir, daß Werkstattaufräumen und Brotzeitholen die eigentlichen Arbeitsgebiete des Lehrlings im ersten Lehrjahr seien. Beide waren wir Alleinzuerziehende, lebten ohne Väter bei unseren Müttern. Der Hans war ein lediges Kind. Ich glaube, er war ärmer dran als ich. Seine Mutter ließ sich nie sehen. Hin und wieder kam ein Mann in die Werkstatt und ließ dem Hans Geld oder Eßsachen da, sein Vater.

Meine Mutter hätte mit dem Erreichten zufrieden sein können: »Jetzt is' a weg von der Straß'!« – Sie erfuhr, daß der Kaplan Kastner von St. Georg in Bogenhausen versprengte Oberschüler und arbeitslose Lehrer um sich sammelte, um die einen vor Wissensverlusten zu bewahren und die anderen zu beschäftigen, bis es wieder einen geordneten Schulbetrieb gäbe. Das Schulgeld betrage monatlich 20 RM. Zweimal in der Woche sei Unterricht in einer leidlich intakten Villa an der Maria-Theresia-Straße und im Haus Höchlstraße 4, neben der Diesel-Villa. »Du, Ernsti? – Was meinst? Tät'st Du da hi'geh'?« – Ich ging zum Pater Kastner in den Pfarrhof von St. Georg, trug mich in die Liste ein, lief am Dienstag und Donnerstag in die Maria-Theresia- und in die Höchlstraße; montags, mittwochs, freitags und samstags war ich beim Huber.

Das Nebeneinander von Repetitorium und Schreinerei hätte ich nicht lange ausgehalten. Latein- und Englisch-Kapitel übersetzen, Grammatik und Vokabeln lernen, über Mathematikaufgaben brüten, Aufsätze schreiben ist ohne Schreinerei schon eine Plage. Beides zusammen war zu viel. Ich war nur noch müd'. – Hilfe kam von den Militärbehörden. Sie bekamen Kenntnis von der kirchlichen Privatschule St. Georg und verboten sie. Der Huber hatte nichts dagegen, daß ich – nach einem vierzehntägigen Aufenthalt in der Oberpfalz – meine Freizeit wieder ganz seiner Werkstatt widmete: Fünf Werktage und einen halben Samstag.

Im November 1945 begannen die Stromabschaltungen bei uns in der Frühlingstraße: am Donnerstag, Freitag und Samstag von 14.00 bis 17.00 Uhr. – Kroch um halb vier Uhr die Dämmerung durch die Werkstattfenster, verschwand der Huber in seine Wohnung über der Werkstatt. Wir legten uns auf die Hobelbänke und den Kopf auf unsere zu Polstern gekneulten Schürzen.

Die Werkstatt war immer warm. Dafür sorgte der Knochenleim, der nur heiß seine Bindewirkung entfaltete und ein heißes Wasserbad benötigte. Das zu verleimende Holz mußte warm sein, damit der Leim flüssig blieb, bis ihn der Druck der Zwingen aus den Leimfugen trieb.

In der Werkstatt stand ein Ofen zum Verbrennen der Hobelspäne und des Sägemehls, geeignet für das Anwärmen von großen Holzflächen, aber auch als Liege für ein Nickerchen, falls es auf der Hobelbank doch zu kalt wurde.

Am Morgen ließ der Hans oder ich – je nachdem, wen es traf und wie kalt es war – einen oder zwei Ofeneinsätze von den vier – sie hatten die Form von Aschentonnen, etwa halb so hoch – durch die Luke neben der Hobelmaschine in den Spänekeller fallen, stieg auf der Leiter nach, steckte in das Loch im Boden der Tonne einen armdicken blechernen Zylinder und trat um ihn herum die Späne ein. An zwei eisernen Stangen mit Haken zogen wir den Ofeneinsatz herauf. Der Blechzylinder wurde gezogen, in das Loch ein brennendes Furnier gesteckt und der Einsatz in die Kommode geschoben. Zur Brotzeit um 9 Uhr summselte das Wasserbad, dessen Aufgabe es war, nicht nur den Leim warm zu halten, sondern auch Übriggebliebenes aus den Mahlzeiten des Herrn Huber für den endgültigen Verzehr.

Nach einem Funkenregen verabschiedete sich der Motor der Hobelmaschine in den Ruhestand. Unsere Heizmaterialversorgungskette war gebrochen: Elektromotor – Hobelmaschine – zu hobelnde Bretter – Hobelspäne – warme Werkstatt. Unser Spänevorrat war aufgebraucht, der Winter stellte sich vor die Werkstatt. Wir bezweifelten, daß wir so schnell zittern könnten, wie wir in Bälde frören.

Die Brand- und Sprengbomben hatten den stattlichen Vorrat des Herrn Huber an Nutzhölzern nicht gefunden. Vor der Werkstatt lagerten im Hof: Eiche, Buche, Rüster, Nußbaum, Erle, Hickory, Mahagoni. Sein hölzernes Kapital zu verbrennen, mit diesem Gedanken mochte sich der Huber nicht anfreunden. Da kam uns die Brennholzaktion in den Wäldern um München zu Hilfe. Der Huber bekam eineinhalb Ster Brennholz zugeteilt, selbstabholbar in der Großmarkthalle.

An einem trüben Dezembernachmittag zogen der Hans und ich unseren Wagen auf das Gelände der Großmarkthalle. Man wies auf entastete Fichtenstämme, zwei Meter lang, 25 bis 30 cm dick, jeder einen bis eineinhalb Zentner schwer. Wir entschlossen uns, das Brennholz in zwei Fuhren zu transportieren und entschieden uns für sechs Bäume, ungefähr acht Zentner. Der Verkäufer hatte Mitleid mit »dene zwoa Büabal« und half uns aufladen.

Als wir mit unserer Fracht über das abschüssige Kopfsteinpflaster zur Isartalstraße hinauspolterten, fing es an zu schneien. Ein Schreinerlieferwagen, wie der unsere, ein Deichselwagen, hatte oben eine große, ebene Fläche, darunter die Räder. Die Bäume hatten Platz, wir aber nicht genügend Gewicht, um auf dem Schneematsch und auf den Steigungen die benötigte Reibungszugkraft unter unseren Stiefeln zu entwickeln. Auf der Rampe hinauf zur Wittelsbacherbrücke rutschten unsere Sohlen durch wie die Räder einer Lokomotive, der man einen zu schweren Zug angehängt hatte. Passanten sahen unsere Mühsal und schoben an. In der Wittelsbacherstraße, beim Turnverein 1860, in der Ebene, wieder Sohlenrutschen mit der Gefahr des Hineingleitens – bäuchlings – in den Schneematsch.

Ich schaute um. Eine junge Frau half uns wohl schon einige Zeit schieben. Für die Steigung zur Reichenbachbrücke hinauf reichten die vereinten Zug- und Schubkräfte nicht mehr. Zum Hans sagte ich, er solle warten, ich würde den Huber holen, und ließ ihn im Schneegestöber mit den sechs Bäumen zurück. Die Vorübergehenden meinten, der Hans sei allein zu Wege, schoben an und hängten sich an die Deichsel. Als ich mit dem Huber erschien, kam uns Hans mit fünf Helfern entgegen.

Warum ich das aufschreibe? Mich beeindruckte die Hilfsbereitschaft der Menschen. Ob es die Spezies noch gibt? In den fünfzig Jahren seither hatte ich keine Gelegenheit, Fußgänger auf diese Eigenschaft nochmals zu prüfen.

An einem Sonntagvormittag im Oktober 1945 hatten wir auf dem St.-Anna-Platz den Lateinlehrer aus Kinderlandverschickungstagen getroffen, jenen, der mich in die schullose Zeit entlassen hatte. Wir fragten ihn, wie es mit der Schule weitergehe. »Diese Frage ist heikel«, sagte er und meinte damit, es sei fraglich, ob die Luitpold-Oberschule weiter Bestand haben werde. Ihr Gebäude an der Alexandrastraße sei ausgebrannt, fehlten ihr die Schüler, wäre ihr Schicksal besiegelt. Die Behörden überlegten, die »Luitpold« zu schließen. In der Reitmorstraße 30, gegenüber der Schackgalerie, betreibe der Konrektor Walz in seinem Wohnzimmer das Schulsekretariat. Dort liege eine Liste auf. Nur wenige Schüler hätten sich bisher zurückgemeldet. Ich könnte ja einmal hingehen.

Das mütterliche: »Ernsti, was meinst …?« war unnötig. Mutter und Sohn entschieden sich für das Hingehen, für die Fortsetzung der Lernerei als Alternative zum ungebundenen Dasein eines Schreinerlehrlings und späteren Gehilfen. Ohne die »Luitpold« hätte es die Mama leichter gehabt. Als Angehöriger des Schreinerhandwerks hätte ich zu Wohnung und Essen dazugezahlt. Mit den von der »Luitpold« vermittelten Kenntnissen

Das Wilhelmsgymnasium, 1950

und Fertigkeiten konnte man es nur bis zum berufslosen Abiturienten bringen.

Dem Oberstudiendirektor Dr. Huther und seinem Konrektor Walz gelang es unter tatkräftiger Mitwirkung der Schulsekretärin, Frau Vogt, die Behörden zu überzeugen, daß es eine Vielzahl versprengter Luitpold-Lämmer gäbe, die es zu hüten gelte, wenn auch das Mutterhaus in Schutt und Asche läge. – Im Dezember 1945 lag im Briefkasten die Mitteilung, daß die Luitpold-Oberschule für Jungen als Luitpold-Oberrealschule fortbestehen und daß ab Januar 1946 mit einem Schichtunterricht im Wilhelmsgymnasium begonnen werde. Der Huber hatte mein befristetes Gastspiel in seiner Schreinerei geahnt und wünschte mir Glück. Aus dem gemusterten, zum Wehrdienst zeitlich untauglichen Oberschüler des Kriegswinters 1944/45 mit Wehrpaß war der Oberrealschüler des Nachkriegsjahres 1946 mit Schreinerei-Erfahrung geworden.

Im Gebäude des Wilhelmsgymnasiums am Max II.-Denkmal waren das Wilhelmsgymnasium, die Luitpold-Oberrealsschule und ausgebombte Behörden untergebracht. Bald hatten das »Willi-Pennal« und die »Luitpold« das Schulgebäude für sich allein. Schichtunterricht für die LOR: am Montag, Dienstag, Mittwoch: 8.15 bis 13.00 Uhr; Donnerstag, Freitag: ab 13.00 Uhr, manchmal bis 19.00 Uhr, samstags: ab 11.00 Uhr.

Vom Schuljahr 1944/45 fehlten mir vier Monate Unterricht (April mit Juli 1945), vom Schuljahr 1945/46 ebenso viele. Die fehlende Schulzeit wurde durch das vorgeschriebene Wiederholungsjahr 1946/47 ausgeglichen, das alle zu machen hatten. Ich wiederholte die fünfte, nach heutiger Zählung die neunte Klasse. – Verglichen mit den Jahrgängen vor uns, den Verwundeten, Behinderten, den Notabiturienten, die das Abitur wiederholen mußten, den Mitschülern, die zur Schule nicht mehr zurückfanden, hatte mich das »Großdeutsche Reich« nur ein Schuljahr gekostet. Glück gehabt!

Im Lauf des Jahres 1946 erhielten die Schulkinder Schulspeisung, eine kostenlose Mahlzeit, die mit ausländischen Sach- und Geldspenden, hauptsächlich aus den USA, durchgeführt wurde. Für viele war es die einzige warme Mahlzeit am Tag. Die angespannte Versorgungslage führte dazu, daß die Schulspeisung mehrmals eingeschränkt oder unterbrochen wurde.

Im Wilhelmsgymnasium teilte der Hausmeister Windenmeiser und der Martin, sein Gehilfe, die Schulspeisung aus. Dem Martin oblag auch die Pflege der Kachelöfen. Das »Willi-Pennal« hatte keine Zentralheizung. An den Winternachmittagen räumte der Martin die Öfen aus und richtete sie für das Anzünden am Morgen her. Für das Austeilen der Schulspeisung unterbrach er das Ofenausräumen, schwang mit seinen Kohlenbrenner-Händen den Schöpflöffel über den blauen Warmhalte-Behältern und schöpfte einen tüchtigen Schlag in das bereitgehaltene Geschirr. Mit seinem unter der Nase durchgeschobenen Handrücken machte er Jagd auf seine Nasentröpferl, die auf ihren Absturz in den Behälter lauerten. Seine Abstreifversuche gingen ins Leere, wenn er die zum Behälterboden gesunkenen Speisungsbestandteile aufrührte, was seine volle Aufmerksamkeit beanspruchte.

Unsere »excursion« zum Königssee dürfte der Peteler mit seinen beneidenswerten Verbindungen zur »US-Army« organisiert haben, die Schule nicht, sonst wäre ein Lehrer mitgefahren. Im Frühjahr 1946 starteten wir – d. h. mehr als 20 Knaben – also Richtung Königssee. Der Truck röhrte mit uns samt Campingausrüstung den Rosenheimer Berg hinauf. Die Salzburger Autobahn war autoleer, nicht ein Fahrzeug kam uns entgegen oder überholte uns. Der Überholer hätte bei unserer Reisegeschwindigkeit einen spurtstarken Wagen benötigt – für den Fahrer eines »Holzgasers«, dem privilegierten zivilen Transportmittel der Nazi-Endzeit mit dem Schwelgenerator und den Holzschnitzelsäcken auf der Ladefläche ein aussichtsloses Unterfangen.

Wir stellten uns hinten auf die Bordwand, schoben die Köpfe vorsichtig über die Plane in den Fahrtwind und schnupperten in den milden Frühlingstag. Daß wir am Wallberg, Wendelstein, Hochfelln und an der Kampenwand entlangdonnerten, fand ich später heraus. Übermütig surrte der Motor aus Übersee unter seiner Haube, er genoß – wie wir – die Voralpenluft. Zum ersten Mal in meinem Leben kam ich durch Reichenhall, Berchtesgaden, sah Jenner, Watzmann, Hohen Göll. Wir schleppten Zelte und Ausrüstung über die Königssee-Achen hinüber zum »Bad«, liefen zum Malerwinkel und verbrachten zwei kühle Zeltnächte an den Gestaden eines wahrhaft königlichen Sees.

Im Rahmen der GYA versuchte die Besatzungsmacht, die Kinder auf die Demokratie einzustimmen. Anders als in den NS-Jugendgliederungen, die mit ihrer Einteilung in »Führer« und »Geführte« auf das »Allen das Gleiche« und auf das »Wenigen das Meiste und Beste« vorbereiteten, sprachen die Amerikaner in den Clubs über das »Jedem das Seine«, über Demokratie, was sie ist, was sie vermag, machten aufmerksam auf die sie bedrohenden Gefahren. – Im Hofbräukeller am Wienerplatz wurde im August 1946 der erste GYA-Club eröffnet, ihm folgten – über die Stadt verteilt – eine Vielzahl weiterer solcher »Tschi-Wai-Ai-Klabs«.

Nach den Pfingst-Ferien 1947 setzte sich der Peteler nach dem Unterricht am Nachmittag hinter das Katheder und bat um Aufmerksamkeit. Er sei vom »508th Military Police Battalion« beauftragt, Mitglieder für einen GYA-Club zu werben. Als Clubhaus sei eine Villa in Bogenhausen in Aussicht genommen. Wer sich für die Mitgliedschaft interessiere, möge sich in einer Woche um die gleiche Zeit hier wieder einfinden, dann wären die Mädchen auch da! – »Wer?! – »Ja, die Mädchen!« – Er denke da an die Städtische St.Anna-Oberrealsschule für Mädchen. Die Rektorate seien verständigt und hätten keine Bedenken gegen den Damenbesuch im »Willi-Pennal« geäußert.

Vereine, Verbindungen, Clubs pflegen Gemeinsames, kultivieren Zusammengehörigkeit, benötigen Übereinkunft und Ordnung zum Erreichen der Ziele. Vom Gruppengeist und Gruppendruck hatte ich genug. Die NS-Jugendgliederungen, soweit ich mit ihnen Bekanntschaft gemacht hatte, und ihre Hackordnungen hingen mir bedrückend im Gedächtnis. Einem Club mit nur männlichen Mitgliedern wäre ich nicht beigetreten. Aber mit Mädchen? – Insgeheim machte ich meinen Clubbeitritt von der Damenbeteiligung abhängig. Keiner hätte darauf gewettet, daß Mädchen den Weg zu uns ins Wilhelmsgymnasium fänden. – Sie fanden!

Am besagten Nachmittag hielten wir auf Geheiß des Peteler die sechs Schulbänke vor den Fenstern frei. Zur vereinbarten Zeit klopfte es. »Herein!« – Die Tür ging auf: Mädchen auf Mädchen erschien. Die Fensterbänke reichten nicht. Es mußte auf das Platzangebot in den Mittelbänken ausgewichen werden, vornehmlich dort, wo mit den Bankinhabern bereits ein gewisser Bekanntheitsgrad gegeben war.

Ich behaupte, das Wilhelmsgymnasium hatte seit seinem Bestehen nie solche und soviel weibliche Anmut in seinen Mauern gehabt. Wir beantragten en bloc unseren Clubbeitritt, vereinbarten einen Nachmittag für das erste Gespräch mit den Amerikanern, bildeten eine vorläufige Mitgliedervertretung und beauftragten diese, in den Schulen der Umgebung auf die bevorstehende Gründung unseres Clubs aufmerksam zu machen und um Mitglieder zu werben. Als Treffpunkt für das erste »meeting« war die Villa in der Röntgenstraße 2 in Bogenhausen vorgesehen.

Dort erwartete uns der Joe mit seiner Freundin, von uns später mit »d' Fanny vo' Rosenheim« bezeichnet. Im größten Raum waren vor einem Rednerpult mit Mikrophon und Lautsprecher viele Stühle gereiht. Der Joe hielt ein Privatissimum über Sinn und Aufgabe der »German Youth Activity«. Von seinem Monolog verstanden wir wenig. Eine Diskussion kam zu seinem heftigen Bedauern nicht zustande. – 30 Jahre danach, in den Gesprächen mit den Bekannten meines Studienfreundes Jim in Florida, wurde mir bewußt, daß der Joe das breite, singende Amerikanisch der Südstaatler gesprochen hatte.

Die herrschaftliche Villa, Possartstraße 31, wurde unser Clubhaus. Die Amerikaner bestimmten ein Gründungspräsidium, bestehend aus Präsident, Vizepräsident und – heute würde man sagen – einer Frauenbeauftragten für die Mädchen und einen Männerbeauftragten für die Buben. Frauenbeauftragte und Männerbeauftragter entstammten der Generation unserer Eltern. Es waren Heimatvertriebene, die froh waren, bei den Amerikanern Brot und Arbeit gefunden zu haben. Das Gründungspräsidium mit den Beauftragten überprüfte in einem »hearing« mit dem »club-officer« die Bewerber auf Eignung nach äußerer Erscheinung, Auftreten, geistiger Beweglichkeit und auf Englischkenntnisse. Eine Art Einstellungsprüfung. Wer als Clubmitglied für würdig befunden wurde, dessen Name erschien auf einer Liste am schwarzen Brett, an unserem »bulletin board«.

Der Larry Grabowsky löste den Joe ab. Er sorgte mit seinem Vertreter, dem »Dime«, dafür, daß am Samstagabend eine Jazzband lautstark zu Boogie-Woogie, Bebop und Jitterbug aufspielte. Wochentags kam der Plattenspieler nicht zur Ruhe. Der Jazz, die Musik der Freiheit, durchbebte die Villa mit seinen Prachtstücken. Aber auch die Sachen für das Gefühl, für »Body and Soul« erfreuten sich uneingeschränkter Wertschätzung und sind mir unverwelkt in Erinnerung.

Welch ein Kontrast zu den hausbackenen, spießig-biederen Songs der Nazi-Musik-Unterhaltung, zu unseren »Blut und Boden«-Gesängen, Lagerzirkusliedern, zu »Schwarzbraun ist die Haselnuß«, »Das kann doch einen Seemann nicht erschüttern«, zum »Westerwald«, zu den »Wildgänse rauschen durch die Nacht«! – Benötigten die Gegner »fünf Wochen für den Sieg über die deutsche Frau«, genügten für uns fünf Minuten, und wir waren bedingungslos zu Glenn Miller, Benny Goodman, Duke Ellington, Louis Armstrong, Lionel Hampton, Harry James, Count Basie, Bix Beiderbecke, George Gershwin, Irving Berlin, Cole Porter, Richard Rogers u.v.a. übergelaufen.

Trotz oder gerade wegen des »hot-jazz« ließen wir uns die Pflege der klassischen Musik angelegen sein, soweit sie sich auf den Schallplatten befand. Zur Gründung eines Club-Orchesters für klassische Musik kam es nicht, aber zur Gründung eines Chores. Gänzlich Unmusikalische entdeckten zu ihrer nicht geringen Überraschung eine – bisher verschüttete – stimmliche Begabung für den gemischten, mehrstimmigen Chorgesang.

Der Musiklehrer der St.Anna-Oberrealsschule für Mädchen kam in den Club und studierte mit uns Lieder ein. Bald hatten wir ein Repertoire an englischen und deutschen Volks- und Weihnachtsliedern für unsere »afternoons with parents«, für unsere Nikolausbesuche in Krankenhäusern und für unsere »Xmas-parties« im Club. Im Advent 1947 sangen wir vor den Behinderten im Heim an der Harlachinger Straße Weihnachtslieder und verteilten die Geschenke unseres Sponsors.

Der Vater der Lydia, ein Tanzlehrer, gab einmal in der Woche zu den Tönen des mitgebrachten Grammophons Tanzunterricht. Die Tanzstunden bezahlte der Club. Wir veranstalteten Elternnachmittage mit Chorgesang, Tanz und Getränken, um aufkeimende Bedenken bei den Müttern über die sich häufende Abwesenheit der Töchter zu zerstreuen.

Zu den Club-Parties erschienen wir mit dem Besten, was Schrank und Kommode zu geben vermochten. Der Gewandung sah man vielfach die Herkunft aus dem elterlichen Kleiderschrank an. Zur Christmas-Party 1947 trug ich meinen neuen, dunklen Maßanzug. Als Sohn eines Schneiders war ich seit Kindesbeinen an Maßkleidung gewöhnt. Regelmäßig mit Beginn des Winters hatte mein Vater die Mama gefragt: »Marie, Du, da' Frühling kimmt bald. Wos brauchst Du? Wos braucht da Bua'? – War das Frühjahr da, trugen Mama und Sohn die neuesten Kreationen aus der Hand des Gatten und Vaters in die Isaranlagen zur fotografischen Bestandsaufnahme.

Weder der Krieg mit Kleiderkarte und Spinnstoffbezugsschein noch die Nachkriegszeit oder mein Körperwachstum verursachten nennenswerte Verluste in meinem Bestand an Maßkleidung. Wir hatten immer in nächster Nähe zu den Ausübenden des Schneiderhandwerks gewohnt: bei Kriegsende in der verlassenen Schneiderwohnung. Nach dem Krieg war das Schneiderehepaar Kick unser Wohnungsnachbar. Herr Michael Kick nähte für den vornehmen Herrenausstatter L. Kielleuthner in der Maximilianstraße in Heimarbeit die Maßsakkos. Er baute mir für ein lächerliches Entgelt einen »Einreiher«, dem man die kielleuthnersche Herkunft anfühlte. Lediglich das Signet war nicht eingenäht. Der Stoff entstammte dem Nachlaß meines Vaters. -

Solange der gerettete väterliche Vorrat an erstklassigen Anzugsstoffen mit den Zutaten (Futterstoff, Steifleinen, Schneiderwatte, Faden, Knöpfe u.a.) reichte – er reichte bis weit in die fünfziger Jahre –, trug ich Maßanzüge, Design Kielleuthner. 1956, als ich mir aus den Unterhaltszuschüssen des Freistaates Bayern für seine Baureferendare den ersten Konfektionsanzug, einen »Anzug von der Stange«, zusammengespart hatte, war die Zeit meiner Maßanzüge unwiederbringlich dahin.

Das »508th Military Police Battalion« spendete das Geld und verwendete viel Mühe darauf, uns zu zeigen, wie in den USA stilgerecht Weihnachten begangen wird. Ohne einen »turkey« – in unserem Falle einigen »turkies« – ginge da gar nichts. Zweimal, 1947 und 1948 fand im Club eine Weihnachtsfeier, eine »Xmas-party«, statt. Bis zu den Ostertagen wurde von diesen Höhepunkten des Clublebens erzählt und geschwärmt. Die Club-Leitung lud die Festgäste schriftlich ein zum gemeinsamen »dinner«, an weißgedeckter Tafel mit Tischkarten. Neben dem Gedeck befand sich die Menü-Karte, ein an beiden Seiten zur Mitte gefalteter weißer Karton, bunt bedruckt mit der Krippe und dem heiligen Paar unter dem Stern von Bethlehem. Um zu der Speisenfolge vorzudringen, mußte die heilige Familie auseinandergeklappt werden.

Die Amerikaner beschenkten uns überschwenglich. Die sagenhaften Inhalte einer ansehnlichen Zahl von »Care«-Paketen mußte abgezweigt worden sein, und die Küche des Police-Battalions hatte für unser Bankett wohl tagelang gekocht. – Die Festgäste beschenkten sich gegenseitig. Die Schenkenden waren durch das Los bestimmt worden. Findige Verehrer gelangten in den Besitz des Loses mit dem Namen der Umschwärmten. Der männliche Teil verschenkte kleine Vasen und der weibliche dünne Bücher.

Das wichtigste Kommunikationsmittel zwischen den Geschlechtern, das Tanzen, fand an den Club-Weihnachten regen Zuspruch, ganz im Gegensatz zu der mit der deutschen Weihnacht einhergehenden Innerlichkeit. Nach den Truthähnen baute eine Jazz-Band ihr gehörschädigendes Inventar auf. Die Durchgangszimmer zum Garten wurden ausgeräumt, heiße Rhythmen durchtobten die Villa und versetzten die Festgäste in ein Gliederschmeißen, das eher einem Faschingsball als einer Weihnachtsgesellschaft gut angestanden hätte.

Unseren Elternveranstaltungen blieb meine Mutter fern: »Wennst Du scho' dreimal in da' Woch' do hi'laffa muaßt, dann brauch i' net a' no' dabei sei'!« – Sie erahnte die sich anbahnende Abnabelung von mütterlicher Sorge, die ihr eines Tages den Ernstl nehmen würde, wenngleich es bis dahin noch lange dauern sollte. Ihre Besorgnis war nicht unbegründet.

Im Frühjahr 1949 war die Jugend über die menschenverachtenden Segnungen des Nationalsozialismus hinreichend aufgeklärt, demokratiegefestigt und auf ein Leben in Frieden und Freiheit vorbereitet, so daß es der Nachhilfe durch die »German Youth Activity« nicht mehr bedurfte. Eine gewisse Clubmüdigkeit stellte sich ein. Der Clubbesuch stagnierte, unbekannte Gesichter erschienen. Die Neuen waren nach Herkunft und Auftreten anders als wir. Die Gründungsmitglieder waren nicht mehr unter sich, sie waren wohl auch zu alt geworden. »Ergraute« Mitglieder traten zum anderen Geschlecht in gefestigte Bindungen, eine Nebenwirkung, die uns in dieser Folgerichtigkeit anfangs gar nicht so bewußt geworden war. Der Club an der Possartstraße 31 schloß seine Pforte.

An einem Abend im Juni 1949 stand ich vor dem verschlossenen Club. Vom Prinzregentenplatz kam ein Mädchen die Possartstraße heruntergegangen – die Eva. Sie kam auf mich zu, ich ging ihr entgegen: »Der Club ...?« – »Ja«, sagte ich, »geschlossen!« – Als Ersatz für den Abend im Club schlug ich ihr Nachhausebegleiten mit Umweg vor. Sie hatte keine Einwände.

Es folgten viele Nachhause-Begleitungen, nicht vom Club, sondern vom Müllerschen Volksbad nach ihren Schwimmabenden im Damenschwimmverein München e.V. Aus den Heimbegleitungen entwickelten sich Kaffee-mit-Kuchenbesuche bei Eltern und Bruder, Samstag-Spaziergänge, Radlausflüge und später sonntägliche Rundfahrten mit Mama, Oma und den Rauhhaardackeln Hexi und Moni in dem vom Papa chauffierten Opel P-4. Wir fanden unsere Jugendliebe. Nach unserem langen Warten auf meinen Einstand in Beruf, Amt und Würden heirateten wir.

Das wäre aber jetzt eine andere Geschichte.

MARIA SCHÄTZ

Trotz alledem

Nun war er also aus, der Krieg. Die Leute waren skeptisch – wie würde es weitergehen? Schließlich hatten wir den Krieg verloren. »Gott sei Dank«, sagten viele, andere schwiegen. Ich begriff gar nichts, hörte nur zu und beobachtete die Lage. Es konnte nichts schiefgehen, denn Pappi war zuversichtlich und er wußte ja Bescheid. »Wir haben Glück«, sagte er, »zu uns nach Bayern kommen die ›Amis‹«.

Dann sind sie tatsächlich gekommen. Hoch oben auf ihren Panzern sind sie lachend angerattert, und von überall her kamen ihnen die Leute entgegengelaufen. Die »Amis« haben Bonbons und Kaugummi verteilt, aber ich habe nichts erwischt, weil ich wieder einmal zu schüchtern war.

Jedenfalls blieben die Amerikaner da, und wir alle waren damit zufrieden. Man konnte wieder über alles reden und jeden Sender hören, soweit er im alten, rauschenden »Volksempfänger« hörbar war. Viel mehr habe ich von all den Vorgängen nicht kapiert. Ich war zwar schon neun Jahre alt, aber wohl ziemlich zurückgeblieben.

Alles hätte so schön sein können. Wir lebten mit unseren Eltern im Obergeschoß des Hauses von Frau Pölmann. Wir hatten dort zwar nur zwei Zimmer und Küche, aber einen großen Balkon. Außerdem waren wir immer draußen. Damals gab es in Freimann und vor allem in der Siedlung Alte Heide noch viel freies Feld, Wiesen bis zum Englischen Garten, Bäume, auf die man klettern durfte und Straßen, auf denen keine Autos fuhren, sondern nur Kinder spielten. Dann aber schlug das Schicksal zu.

MARIA SCHÄTZ
Geboren 1936 in München. Nach Besuch der Mittelschule Ausbildung in einer Kinderpflegeschule und entsprechende Tätigkeit bis 1986, dann Pflege der Eltern, die 1995 starben.

Der Vater mit seinen drei Kindern auf dem Starnberger See

Wieder einmal fuhren unsere Eltern zum Hamstern auf's Land. Wir drei Kinder spielten inzwischen voll Begeisterung Indianer. Walter, der Karl May-Bücher verschlang, war der »Regisseur« und spielte natürlich Old Shatterhand oder Winnetou. Fritz und ich waren die Krieger. Keiner von uns vermißte Mammi und Pappi, bis uns ein aufgeregtes Rufen erschreckte: »Walter, Walter, komm' schnell!« Eine Nachbarin brachte Fritz und mich in die Wohnung, und bald kam der verstörte Walter mit den anderen Nachbarn zurück. Voll Angst hörten wir die schreckliche Nachricht.

Unsere Eltern waren mit vollgepackten Rucksäcken auf den Rädern zurückgekommen und wollten schnell heim. Fast vor der Haustür, in der Heimstättenstraße, wurden sie überfallen. Pappi wollte sich natürlich die hart erkämpften Schätze nicht rauben lassen – da wurden beide erschossen. Als die Nachbarn herbeieilten, waren die Verbrecher mit den Rädern und Rucksäcken verschwunden.

Die Geschwister Walter und Maria nach dem Krieg

Das erste Weihnachten bei den neuen Eltern

Eine Nachbarin blieb bei uns und hat uns getröstet, bis wir endlich einschliefen. Irgendwann in der Nacht ist sie wohl abgelöst worden. Jedenfalls war am Morgen eine andere da, und so wechselten sie sich gegenseitig ab, bis Schwester Thekla von der »Hl. Familie« zu uns kam. Sie blieb bei uns, bis Adoptiveltern für uns gefunden waren. Bald kamen immer öfter fremde Ehepaare, um uns zu besichtigen. Darunter waren auch Herr Karl Schätz mit seiner Ehefrau Emy und das Ehepaar Franz und Hanna Höllerer. Sie bekamen uns, und nachdem alle Formalitäten erledigt waren, holten sie uns ab. Walter und ich lebten in Bogenhausen in der Mauerkircherstraße 32 und Fritz bei den Höllerers in Sendling. Frau Höllerer war die Schwester von Herrn Schätz, so konnten wir immer wieder zusammenkommen. Wir hatten Glück gehabt. Unsere neuen Eltern waren sehr lieb und sorgten dafür, daß aus uns etwas wurde. Walter kam auf's Wilhelmsgymnasium und machte das Abitur mit 1,0 Notendurchschnitt. Er wurde Maximilianer und durfte ein Jahr in Amerika an der San Francisco Berkeley-Universität studieren, bevor er in München seinen Doktortitel machte. Meine schulischen Leistungen waren viel weniger spektakulär. Die Oberschule war mir zu hoch, in der Mittelschule ging es schon besser. Die Kinderpflegerinnen-Schule gefiel mir prima, ebenso das Kindergarten-Seminar im folgenden Jahr. Aber am schönsten war die praktische Arbeit mit den Kindern.

Wir bekamen nicht nur eine gute Ausbildung, sondern durften auch in die Oper und reisten mit unseren Eltern in den Ferien nach Italien, Spanien, Holland, Belgien, Frankreich und Jugoslawien. Ja, wir hatten wirklich Glück gehabt.

Anneliese Yiengst

Zwischen Telefonhörer und Nähmaschine

So viel ist schon über die Nachkriegsjahre in München geschrieben worden. Wir hatten Gottlob den schrecklichen Bombenkrieg überlebt, und jetzt war Friede! Jedoch brach nun eine ungeheuer turbulente Friedenszeit an! Ich war beim Fernamt als Telefonistin Ende 1944 bei der Post in das Verstärkeramt Obermenzing versetzt worden, und die Amerikaner besuchten uns dort sofort nach ihrem Einmarsch. So war mein Dienst beendet; die Telefonleitungen waren sowieso alle von den Amerikanern beschlagnahmt worden. Mein Ziel, Modezeichnerin zu werden, war im »Totalen Krieg« ein Ding der Unmöglichkeit gewesen.

Eine ostpreußische Flüchtlingsfrau, die ich kannte, war Schneiderin und hatte eine holländische Kundin. Für diese Dame entwarf ich die Modelle, und die Schneiderin nähte die Kleidung. Aus unseren geretteten Wohnzimmervorhängen machte ich für meine Mutter ein Sommerkleid. Ich setzte andersfarbige Stoffbahnen in meine alten Kleider, was manchmal recht hübsche Kombinationen ergab. Wie gut, daß ich ein bißchen nähen konnte! Leider fehlte es uns an Betttüchern, aus denen man die modernen »Buschjacken« herstellen konnte. Ab 29. Oktober 1945 war der Postverkehr innerhalb sämtlicher Besatzungszonen wieder erlaubt. Ich erhielt sogar mein Gehalt von der Post, wofür wir aber – auf Marken – nicht viel zu essen bekamen. Es war unsere schlimmste Hungerzeit. Aber Arbeit hatte man noch nicht für uns. Irgendwann wurden wir zum Zählen von Einzahlungszetteln in das Postscheckamt beordert. Wir erhielten hohe Strohschuhe, denn die Heizung funktionierte nicht gut. Wir waren eine nette, kleine Gruppe und hatten trotz der widrigen Umstände unseren Spaß. Der Optimismus der Jugend siegte.

1947 fragte das Fernsprechamt München an, ob ich wieder bei ihnen arbeiten könnte. Man hatte mittlerweile die Schäden größtenteils behoben, die Fernleitungen waren freigegeben worden. Ich sagte also zu, denn die Vorortzüge nach Obermenzing, wo ich mit meiner Mutter und zwei Tanten seit 1944 in einer hübschen Villa einquartiert war, fuhren wieder, wenn auch nicht allzu zahlreich. Ich erinnere mich an die Ofenheizung und an die mit Brettern vernagelten Fenster im Amt – es war kein Hochgenuß, unter diesen Verhältnissen Schicht-Dienst zu tun. So ergriff ich nur zu gern die Gelegenheit, die sich einem Teil der Angestellten mit Englischkenntnissen bot: Wir wurden an die amerikanische Militärregierung in der Tegernseer Landstraße »verliehen«. Geboten wurde uns ein modernes, unbeschädigtes Gebäude mit Zentralheizung und – was für ein Glück – eine warme Mittagsmahlzeit aus US-Beständen. Wir bedienten die Telefonzentrale, eine moderne Anlage mit Handhörern und Drucktasten. Und ich lernte die amerikanische Sprache besser kennen, die mit dem Englisch der Schuljahre nicht viel Ähnlichkeit hatte, besonders die Aussprache nicht.

Am 23. Dezember 1947 war die erste deutsch-amerikanische Weihnachtsfeier im »Gasthaus Gartenstadt« in Harlaching; wir Telefonistinnen waren eingeladen. Es wurde zwar keine rauschende Party, aber es gab zu essen, und das war viel wert. Zu diesem Zeitpunkt hatte ich bereits ein kleines Kämmerchen in der Eschenbachstraße gemietet. Von Obermenzing in die Tegernseer Landstraße wäre es ja eine Tagesfahrt gewesen. Die Kammer, die ich bewohnte, war nicht

---

Anneliese Yiengst
Geboren 1926 in München. 1942 dienstverpflichtet ans Fernsprechamt München, nach dem Krieg bei der Militärregierung als Telefonistin. 1952 Heirat mit einem GI, Übersiedelung nach Kalifornien, später Florida; 1965 Umzug nach New Hampshire; Arbeit als Sprachlehrerin für Deutsch am College. Hobby: Aquarellmalerei.

Gruppenausflug des »German-American Girls Club« an die Isar, 1947

beheizbar und daher im Winter nicht ideal, aber ich konnte zu Fuß zum Dienst gehen.

Unsere amerikanische Aufsichtsperson (eine Sergeantin in Uniform) erzählte mir, daß im »American Way Service Club« in der Stadt ein »German-American Girls Club« bestehe und empfahl mir, dort Mitglied zu werden. Dieser Club diente der Freizeitgestaltung der Soldaten. Es gab ein Fotolabor, Singgruppen, Busfahrten in die Umgebung, Theatergruppen und Tanz an manchen Abenden. Zur Weihnachtszeit übten wir deutsche und amerikanische Weihnachtslieder ein. Ich habe im »American Way« sehr nette Stunden erlebt, und es war völlig harmlos, auch wenn Außenstehende das Gegenteil dachten, z.B. wurde in einem »Service Club« nie Alkohol ausgeschenkt. Die Soldaten wußten, daß sie dort anständige deutsche Mädchen als Gesprächspartnerinnen hatten. Mir war es schon immer ein Bedürfnis gewesen, meine geliebte Heimatstadt München herzuzeigen. Ich war stolz, die jungen Soldaten aus den Staaten mit bayrischer Kultur und bayrischem Brauchtum bekannt zu machen, und ich führte so manchen Amerikaner durch München, auch wenn es noch viele Ruinen zu sehen gab. Andererseits hatte ich viele Fragen über Amerika. Ich las darüber alles, was ich nur bekommen konnte. Und das hat mir dann später in den USA sehr geholfen.

Wir hatten ja so vieles nachzuholen. So vieles, was uns während des »Dritten Reichs« vorenthalten wurde, war für uns neu. Im Amerika-Haus in der Arcisstraße konnte man auf Schallplatten amerikanische Musik hören. Hier machte ich die Bekanntschaft mit Gershwins »Rhapsody in Blue« und mit »Ein Amerikaner in Paris«. Später gab es auch Konzerte verschiedener Art, in denen die Werke moderner Komponisten zu hören waren. Die Tanzmusik der Big Bands, die aus den offenen Türen der amerikanischen Clubs drang, ging uns in die Beine. Diese Musik bekam ich auch zu hören, als ich eine GYA-Gruppe kennenlernte, wo sich junge Deutsche – männliche und weibliche Twens – mit ganz verschiedenen Interessen trafen. Leider war es für mich zu weit entfernt, so daß ich nicht öfter hingehen konnte.

Am 1. Oktober 1948 erfüllte sich ein Traum meiner Kindheit. Ich meldete mich in der Meisterschule für Mode für das Wintersemester an. Leicht ließ sich die Schule mit meinen Dienststunden nicht vereinbaren, ich mußte die Klassen ständig mit meiner Arbeit abstimmen. In der Klasse lernte ich eine junge Ungarin kennen, und wir waren einander gleich sympathisch. Wir zogen zusammen in ein großes Zimmer in der Voßstraße und genossen unser »single life«. Als die Faschingszeit 1949 mit den Kostümbällen im »Haus der Kunst« und im »Regina Hotel« in den »Thermen« anbrach, entwarfen wir in der Klasse ausgefallene Kostüme. Sie mußten aber auch praktisch sein, da wir uns noch immer kaum Stoffe leisten konnten. Leider konnte ich 1949 nicht mehr regelmäßig die Meisterschule für Mode besuchen, denn im Sommer des Jahres wurde die Telefonvermittlung aufgelöst und der Selbstwahlbetrieb eingeführt. Ich suchte mittels

Weihnachtsfeier des »German-American Girls Club«, 1950

des Arbeitsamts eine neue Stellung, und man schickte mich in die Warner-Kaserne nach Freimann, wo die IRO untergebracht war. Erst war keine Stelle in der Telefonzentrale frei, so wurde ich »clerk interviewer«, mußte also die Personalien der Emigranten aufnehmen. Es gab sehr viele Ausländer, die gemäß den festgelegten DP- und Fremdarbeiter-Quoten in die USA, nach Australien oder Neuseeland auswanderten. Ich lernte dort eine Unmenge von verschiedenen Nationalitäten kennen und erfuhr viel Neues. Bald nach meiner Einstellung benötigte die Telefonzentrale eine Kraft, so ließ ich mich dorthin versetzen. Ich blieb aber nicht lange, denn ich hatte durch die Vermittlung meiner Tante eine Stelle bei der »Winterthur Versicherung« an der Leopoldstraße gefunden. Ich arbeitete dort bis zum Sommer 1951. Im Februar desselben Jahres hatte ich meinen späteren Ehemann George kennengelernt, mit dem ich im April 1952 dann nach Amerika reiste. Leicht ist es mir nicht gefallen, München zu verlassen.

Im Rückblick gesehen, bestimmten verschiedenste Gefühle meine persönlichen Erfahrungen nach dem Krieg: Anfangs, gleich nach Kriegsende, überwogen in mir noch die heftigen Gefühle des Zorns, der Ohnmacht und der Wut auf die Sieger. Aber auch Gedanken wie: »Mensch, wie wurden wir während der zwölf Jahre von ›denen da oben‹ manipuliert« kamen in mir auf. Im Lauf der Zeit verblaßten diese Gedanken erheblich, und die Lebenslust, das Gefühl: »Der Krieg ist aus, und ich lebe! Ich bin jung, ich möchte das Leben jetzt kennenlernen und genießen!« gewannen die Oberhand, wie bei so vielen jungen Leuten.

Meine Nachkriegsjahre waren geprägt durch Chaos rings um mich und zwiespältige Gefühle im Inneren. Ein geordnetes Familienleben hätte mir viel bedeutet und genützt, aber es war durch die Kriegseinwirkungen leider nicht mehr existent. Heute nach 44 Ehejahren bin ich dem Schicksal sehr dankbar, daß mein George aus Oklahoma meinen Lebensweg gekreuzt hat. Mit seiner Zustimmung habe ich in den USA ein Stückerl Bayern geschaffen und kehre, so oft ich nur kann, zu Besuch in mein geliebtes München zurück.

LILO MAYR

»Jeden Tag stürmte Neues auf uns ein«

Zu Beginn des Jahres 1945 bin ich dreizehn Jahre alt. Fünf Jahre und vier Monate meines Lebens ist Krieg gewesen. Mit meiner Schulklasse lebe ich im Kinderlandverschickungslager in Bad Reichenhall. Dort erreicht mich die Nachricht, daß das Münchner Mietshaus, in dem mein Zuhause gewesen war, beim Fliegerangriff vom 17. Dezember vollständig abgebrannt ist. Meine Eltern und meine Großmutter sind am Leben. Ich soll mir das Heimweh abgewöhnen, sagt die BDM-Führerin, die sich außerhalb der Schule um uns kümmert.

»Wir harren aus und glauben an den Endsieg«, diktiert sie uns noch im März in die wöchentlichen Briefe. Meine Mutter teilt diesen Optimismus nicht. Sie kommt und holt mich ab.

Wir quetschen uns in den überfüllten Zug nach Freilassing, steigen dort um in die Waggons nach München. Meine Mutter schleppt zwei Koffer, ich trage die Schultasche, einen Rucksack und mein zusammengebundenes Federbett. Einige Male donnern feindliche Flugzeuge über uns hinweg und beschießen gezielt den Zug. Ich fürchte mich sehr. Kurz vor dem Ostbahnhof heulen die Sirenen. Der Zug bleibt augenblicklich stehen. Wir flüchten mit all unserem Gepäck in einen tiefen Bombenkrater neben der Bahnstrecke. Wir hocken uns hin und rutschen hinunter. Das ist mein erster Fliegerangriff unter freiem Himmel. Zitternd vor Angst und Kälte kauern wir im Dreck und verstecken uns unter dem Federbett. Wir ducken uns, wenn es pfeift, wir zucken, wenn es kracht. Aufatmend registrieren wir endlich die Entwarnung, krabbeln nach oben und steigen wieder in den Zug. Aber der kann nicht mehr fahren. Die Gleise zum Hauptbahnhof sind getroffen worden. Also machen wir uns zu Fuß auf nach Neuhausen. Quer durch das zerbombte München schleppen wir unser Gepäck. Am Stiglmaierplatz steigen wir in den »Rasenden Gauleiter«, einen ausrangierten Eisenbahnwaggon, der auf den Trambahnschienen zum Rotkreuzplatz fährt. Wir wohnen jetzt in der Nymphenburger Straße. Meine Mutter hat mit einem Dutzend anderer Ausgebombter in der leerstehenden Vierzimmer-Wohnung eines Parteigenossen Unterschlupf gefunden. Mit mir zusammen sind wir jetzt dreizehn.

Mein Vater ist als Feldwebel in der Winthirschule stationiert. Sie dient als Durchgangslager für Frontsoldaten. Er verteilt dort Kommißbrot und frische Socken und stempelt Soldbücher. Wenn er es einrichten kann, kommt er in die Nymphenburger Straße. »Nach Hause« kann keiner von uns sagen. Lange nicht.

Im Radio meldet sich die »Freiheitsaktion Bayern« zu Wort. Geschützdonner ist vom Stadtrand zu hören. Wir sind auf das Schlimmste gefaßt. Was würden sie mit uns anstellen, die Amerikaner, die so viele Bomben auf die Stadt geworfen haben, die »Neger«, von denen Greuelgeschichten erzählt werden? Würden sie uns alle vergewaltigen, totschießen, aufhängen? Und plötzlich, wie ein Lauffeuer: »Sie kommen!«

Vom Fenster im ersten Stock können wir in die Nymphenburger Straße hinunterschauen. Sie fahren mit ihren offenen Fahrzeugen stadteinwärts, langsam, so daß ich die Gesichter der Männer sehen kann. Rasierte Gesichter, nicht verdreckt und hohlwangig wie die unserer Soldaten, und immer in Bewegung wie wiederkäuende Rinder. Ich weiß noch nicht, daß es Kaugummi

---

LILO MAYR
1931 in München geboren, Besuch der Ober- und Handelsschule. Mitglied der Münchner Eisrevue, in den 50er Jahren auf Tournee mit der Garmischer Eis-Schau, später mit »Holiday on Ice«, davon zwei Jahre in den USA. Ab 1959 Arbeit in einem Möbelfachgeschäft; Heirat, zwei Kinder. 1974 Wiedereintritt ins Berufsleben bis zur Pensionierung 1996.

Einmarsch der US-Truppen in München, 1. Mai 1945, Rosenheimer Straße

gibt. Mandelbäumchen blühen in Vorgärten zwischen den Trümmern. Junge Frauen brechen Zweige ab und werfen sie den Amerikanern zu. Die sitzen lässig auf ihren Jeeps und lachen und winken.

Kein Schuß fällt. Es ist ein Wunder. Ich bin dreizehn Jahre alt. Der Krieg ist zu Ende, und niemand hat mir etwas getan.

Meine Mutter trennt die Schulterstücke von der Uniformjacke meines Vaters. Er hat wie so viele nichts anderes anzuziehen. Er muß sich Entlassungspapiere besorgen, bleibt tagelang fort. Ohne Papiere gibt es keine Lebensmittelkarten. Wir haben Angst um ihn, denn viele Männer kommen noch in Gefangenschaft. Er hat Glück. Er ist 48 Jahre alt, war in zwei Weltkriegen zusammen fast zehn Jahre Soldat. Jetzt hat er eine Bescheinigung als »total fliegergeschädigter Haushaltungsvorstand mit Anspruch auf Wohnraum für vier Personen.«

Der Sommer 1945 ist ein heißer Sommer. Schule gibt es nicht. Zum Glück ist das Dantebad geöffnet. Wir spielen Ball auf der Wiese und Eckfangsterl im Wasser und vergessen manchmal dabei, auf die Uhr zu schauen. Wenn es schon spät ist, müssen wir den ganzen Weg nach Hause rennen, denn es herrscht Ausgangssperre.

In diesem heißen Sommer gibt es noch kein Bier. Molke wird angeboten, abzuholen in der Wirtschaft, offen, im Milchkübel. »Der Moltke geht schon für'n Durscht«, sagen die Männer, »aber schmecka duad er halt gar net.« (Helmuth von Moltke war Chef des preußischen Generalstabs. Dieser Name ist dieser Generation vertrauter als die Bezeichnung für das ungeliebte Käsewasser).

Im Herbst sind dann Plakate angeschlagen, auf denen steht, wohin die Schüler ausgebombter Schulen sich wenden sollen. Für mich finden wir die Fröttmaninger Schule heraus, sieben Kilometer entfernt. Mit wenig Unterricht in der zweiten und nur einem halben Jahr in der dritten Klasse müssen wir jetzt mit der vierten Klasse Oberschule beginnen. Natürlich gibt es Schichtunterricht. Wenn keine Trambahn fährt, müssen wir zu Fuß gehen. Meine Füße sind gewachsen, und ich habe keine passenden Schuhe mehr. Sie geben mir die schwarzen Halbschuhe meiner Großmutter, die während meiner Schulstunden zu Hause bleiben muß. Die Schuhe sehen natürlich peinlich aus, zumal ich jetzt vergleichen kann, weil wir in der Klasse amerikanische Magazine mit eleganten Frauen zu sehen bekommen. Eine Mitschülerin bringt sie mit, ihre Mutter ist mit einem amerikanischen Offizier befreundet. Zum ersten Mal sehen wir Fotos von Rita Hayworth, die als schönste Frau des zwanzigsten Jahrhunderts gefeiert wird. Die Hefte sind schwarz-weiß, das Papier ist fest und glänzend, es unterscheidet sich gewaltig von dem Papier, auf das bei uns gedruckt wird. Wir versuchen, uns Ritas üppiges Haar, ihr ausführlich beschriebenes trägerloses Goldlamé-Kleid in Farbe vorzustellen. Und rätseln, wie es oben bleibt. Das ist halt ganz was anderes als Zarah Leander und Marika Rökk. Ritas zweiten Film mit Fred Astaire »You were never lovelier« hab' ich mir immer wieder angesehen, während mein Freund mehr für »Goldrausch« mit Charlie Chaplin schwärmt. In Ermangelung anderer Angebote sehen wir uns immer wieder diese beiden Filme an.

Hat man uns in den Kriegsjahren noch eingetrichtert, recht fleißig englische Vokabeln zu lernen, denn »den Feind besiegen, heißt seine Sprache verstehen«, so lernen wir jetzt freiwillig und begierig, auch um die Texte der Schlagersendung »Die Zehn der Woche« verstehen zu können. Songs wie »You are my sunshine«, »Sentimental Journey« oder »Don't fence me in«, gesungen von Bing Crosby, begeistern uns. Mein Vater findet das Gedudel unerträglich, aber meine Mutter sagt: »Laß' sie doch, die halbe Stunde, sie braucht das für den Englisch-Unterricht.« Das alte Radiogerät steht in der Küche, die Küche ist der einzige geheizte Raum, mein Vater hat also gar keine Ausweichmöglichkeit. Englisch-Unterricht steht im Vordergrund, alle versuchen, die Sprache zu lernen, ohne Englisch ist man verloren in der amerikanischen Zone.

1946 darf ich dann am Abend noch einen Dolmetscherkurs besuchen, den Unterricht hält ein in Shanghai geborener Deutscher, der ein englisches Kindermädchen hatte. Das ist schon etwas anderes als unsere biedere Englischlehrerin, Fräulein von P., die ich mit meinem neuerworbenen Wissen gern in die Enge treibe, sehr zum Vergnügen der Klasse.

Ich finde heraus, daß in der Arcisstraße das Amerika-Haus eröffnet hat und halte mich bald ganze Nachmittage dort auf, um die angebotenen Magazine gründlich zu studieren. Am meisten wundere ich mich über die vielen Werbeanzeigen. Kann sich denn nicht jeder glücklich schätzen, all diese wunderbaren Sachen überhaupt in den Geschäften vorzufinden? Wozu sie noch anpreisen? Ein Heft hat es mir besonders angetan, es heißt »Seventeen«. Während meine Mutter aus zwei alten Kleidern eines fabriziert, den Wehrmachtsdeckenmantel mit einer dünnen Tischdecke abfüttert, alte weiße Zuckersäcke wieder und wieder wäscht, um das Heereswappen herauszubleichen und letztendlich daraus eine Bluse zu nähen, werden die amerikanischen Teenager geradezu überschüttet mit Vorschlägen, was sie in die Schule, auf Reisen und zum Samstagabendball anziehen könnten. Mir fällt es immer schwer, mich von der Lektüre dort zu trennen. So viele Wünsche bleiben offen. Unvorstellbar, daß wir bei uns hier einmal solche Sachen in den Auslagen sehen würden. Immer habe ich mein dickes Lexikon dabei, das mein Vater auf der Dult für mich gekauft hat, und fertige Listen mit neuen

Mit der Mutter vor dem Amerika-Haus, 1947

englischen Wörtern an. Mein Ziel ist Amerika, und ich will dafür gut vorbereitet sein.

Die Fröttmaninger Schule ist zur Hälfte durch Bomben zerstört. Bestimmte Türen dürfen nicht geöffnet werden, es geht da mehrere Stockwerke weit in die Tiefe. Nach einem Jahr wechseln wir in die Wilhelm-Schule. Dorthin sind es nur noch vier Kilometer, und bald fährt auch zu bestimmten Zeiten die Trambahn wieder. In jedem Klassenzimmer steht ein dicker hoher Eisenofen, aber es gibt kein Heizmaterial. Wir sitzen in Mänteln und schreiben mit Handschuhen. Richtiger Unterricht findet eigentlich nicht statt. Wir erhalten Hausaufgaben und liefern die vom Vortag ab.

Der Direktor der Schule unterrichtet Latein. Er hat im Ersten Weltkrieg eine schwere Kopfverwundung erlitten und trägt eine Metallplatte in der Stirn. Es sieht furchterregend aus, besonders, wenn er sich aufregt und rot anläuft. Das passiert immer, wenn wir nicht gut vorbereitet sind. Dann zieht er sein Taschenmesser heraus, öffnet es genüßlich und wirft es auf die Bank der Schülerin, die er auszufragen gedenkt. Das Messer steckt dann vor einem in der Schulbank und zittert. Wie wir. Niemand hätte gewagt, sich höheren Ortes zu beschweren. Aber wir hassen ihn – und Latein.

Neben der Schule gibt es vielfältige zusätzliche Aufgaben für mich. Ich muß oft anstehen für Lebensmittel, damit meine Mutter, wenn sie später kommt, schon einen guten Platz vorfindet, bei dem auch noch die Chance auf Ware besteht. In der Theatinerstraße gibt es den Delikatessenladen Hahn. Dort wird Mischkompott aus einem Kessel verkauft. Ich werde mit dem Milchkübel hingeschickt, sechs Kilometer zu Fuß. Wenn ich zurückkomme, sind die Rohrnudeln fertig. Es kommt auch vor, daß das Mischkompott schon aus ist. Dann ist der Weg umsonst und das Mittagessen trocken. In der Maillingerstraße weiß ich einen Hauseingang, da verkaufen sie manchmal Salzheringe aus einer Tonne. Wenn ich kein Papier zum Einwickeln dabei habe, dann muß ich sie in der Hand tragen, die glitschigen kalten Dinger.

Ständig werde ich zum Holzsuchen geschickt. Die gut zugänglichen Stellen auf den Schutthaufen der eingestürzten Häuser sind schnell abgesucht, also muß ich zu risikoreicheren Plätzen hinaufklettern. Parkettbretter brennen am besten, Fensterrahmen und zersplitterte Wohnungstüren sind auch nicht schlecht. Wenn ich fündig geworden bin, stehen wir alle um den bullernden Küchenherd und wärmen uns die Hände.

Wenn dann abends noch Stromsperre ist, genießen wir zusätzlich die Helligkeit des Feuers, das durch die Ritzen der Herdplatte flackert und Muster an die Decke wirft. Mein Vater erzählt vom Krieg und meine Mutter von Verwandten und Bekannten, todlangweilig. Lesen ist nicht möglich. Wenn wir eine Kerze haben, darf ich wenigstens stricken. Neue Wolle gibt es nicht, nur aufgetrennte Sachen. Einmal bekommen wir Mullbinden geschenkt. In Streifen geschnitten kann man sie mit dicken Nadeln verarbeiten.

Feinkost Hahn, 1945

Winter 1947

Meine Freundin will unbedingt eine Oper sehen. Wir stellen uns also schon vor sieben Uhr früh bei der Vorverkaufsstelle am Kurfürstenplatz an und nehmen in Kauf, zu spät in die Schule zu kommen. Man muß nehmen, was es gibt, und für uns gibt es zwei Karten für »Fidelio«. Helena Braun singt die Leonore. Es gefällt mir überhaupt nicht. Die Gefangenen in Sack und Asche, alles traurig, düster, verzweifelt. Das ist ja wie im richtigen Leben. Ich bin deprimiert und zutiefst enttäuscht und höre mir lange keine Oper mehr an.

Wenn der Nymphenburger Kanal zugefroren ist, können wir am Kessel an der Waisenhausstraße eislaufen. Eine Holzhütte ist aufgestellt, in der man Garderobe und Schuhe abgibt. Die Bewegung macht uns warm. Aus Lautsprechern, die an den Bäumen hängen, kommt Tanzmusik.

Im Winter 1947 erzählt meine Schulfreundin, daß Lydia Veicht, die fünffache deutsche Eislaufmeisterin im Prinzregentenstadion eine Eisrevue zusammenstellt. Die Schule kann wieder nicht geheizt werden, wir haben Kohlenferien, also gehen wir dorthin, um uns das anzuschauen. Jemand fragt uns, was wir suchen. Es stellt sich heraus, daß der Revue noch zwei Mädchen fehlen. Alles geht jetzt blitzschnell. »Ihr könnt mitmachen«, sagt der Leiter, der uns vom Eislaufverein her kennt, und reiht uns einfach der Größe nach ein. Die Eisbahn ist noch nicht geöffnet, zusammen mit zwanzig anderen proben wir Schritte, Musik wird aufgelegt, es ist wie ein Traum. »Also morgen um neun«, heißt es zum Schluß. Zu Hause erzählen wir nichts. Pünktlich erscheinen wir zum täglichen Training, die Hausaufgaben bringen uns die anderen mit. Als es endlich Eis gibt, kann ich natürlich mit den alten braunen Stiefeln meiner Mutter nicht auftreten. Lydia leiht mir ein Paar weiße von sich. Die sind mir sehr knapp, und vom ersten Tag an habe ich Blasen an den Zehen. Den ganzen Winter heilen sie nicht zu. Ich beiße die Zähne zusammen, denn andere Stiefel gibt es nicht für mich. Ein Mädchen schenkt mir eine beigefarbene Wollstrumpfhose, über die ich sehr froh bin, denn schließlich treten wir bei Minusgraden im Freien auf. Eine große Hürde bedeutet noch die Unterschrift unter dem Vertrag, denn ich bin erst 16 Jahre alt und weit von der Volljährigkeit entfernt. Irgendwie haben wir meinen Vater breitgeschlagen. Ich muß hoch und heilig versprechen, alles für die Schule nachzulernen.

Ich erhalte 50 RM pro Abendauftritt und kaufe als erstes für 200 RM auf dem Schwarzmarkt ein halbes Pfund Butter. Ein dickes Butterbrot ist jahrelang ein unerfüllbarer Traum gewesen. Jetzt sitzen wir am Tisch und lassen genüßlich die kalte Butter auf der Zunge zergehen. Das nächste Geld geht für Schokolade drauf. Wir machen Reisen nach Frankfurt, nach Ingolstadt, Füssen, Garmisch und Hamburg. Natürlich ist alles sehr aufregend. Außer unserer Sommerfrische in Oberbayern habe ich mit meinen 16 Jahren noch nichts gesehen. Zwischendurch gehen meine Freundin und ich immer wieder in die Schule.

STADTWERKE MÜNCHEN - VERKEHRSBETRIEBE

H **Dauer-Ausweis für Berufstätige** F

(Nicht übertragbar)

Der/Die Inhaber(in) dieses Ausweises

Vor- und Zuname *) Lilo Rosenhammer

Wohnung *) Mü 2, Nymphenburgerstr. 95

Arbeitsstätte *) Prinzregentenstadion

ist bei dem unterfertigten Arbeitgeber beschäftigt, wohnt **mehr als 1,5 km** von der Arbeitsstätte entfernt und ist berechtigt, die städt. Verkehrsmittel auch in den **Sperrzeiten**, gegen Entrichtung des tarifmäßigen Fahrgeldes, zu benützen.

*) Vom Inhaber einzutragen.

München, den .... 1948. LYDIA VEICHT

(Stempel des Arbeitgebers)

N/0025 1. 48. 430000.

Mit diesem Ausweis konnte die Straßenbahn während der Sperrzeiten benutzt werden

Wir sind die Stars der Klasse, müssen alles ganz ausführlich erzählen. Vor der Schule steht eine Litfaßsäule mit einem Eis-Revue-Plakat. Wir schwärzen unsere Namen, um den Direktor nicht unnötig zu reizen. Zum Ende des Winters nehme ich Nachhilfe in Französisch, die ich vom selbstverdienten Geld bezahle. Jetzt liegt es an mir, das Versprechen einzulösen, das ich meinem Vater gegeben habe.

In der Schule wird uns die Möglichkeit geboten, mit amerikanischen Schülerinnen eine Brieffreundschaft anzufangen. Ich bekomme Dorothy aus Kalifornien zugeteilt und mühe mich redlich, aus meinem Leben zu erzählen, so wie die Englischlehrerin das vorgeschlagen hat. Stundenlang sitze ich mit dem Lexikon da und probiere Formulierungen. Bald kommt die erste Antwort mit Foto. Sie ist in der »high-school«, so alt wie ich. Ihr Vater ist als Kind aus Deutschland nach Amerika gekommen, sie heißt Schultz. Ihre Eltern sind geschieden, ihre Mutter arbeitet als Putzfrau in einem Nachtclub. Amerika erschien mir bisher so traumhaft, ich habe gar nicht gedacht, daß es dort Putzfrauen gibt. Ich habe geglaubt, alle Leute seien reich. Dorothy's Verbindung zum Nachtclub und indirekt zu der Sängerin, die dort auftritt, verdanke ich Pakete mit Kleidung, die die Künstlerin der Putzfrau für das arme deutsche Mädchen schenkt. Alles paßt und ist ganz ungewöhnlich farbig und chic für deutsche Verhältnisse.

Im Mai 1948 beginne ich mit dem Tanzkurs in der Tanzschule Valenci. Stolz führe ich meine Kleider aus und schreibe seitenlange Dankesbriefe nach Kalifornien. Meine Mutter besteht darauf, daß mein Vater mich vom Tanzkurs abholt, obwohl es an den Sommerabenden noch sehr hell ist. Mein Tanzstundenherr, ein Student aus Nürnberg, läßt sich aber nicht abwimmeln. Wir gehen zusammen voraus, mein Vater in einem gewissen Abstand hinterher. Alles ist schrecklich peinlich, doch meine Mutter findet, dieser Herr sollte sehen, daß ich ein behütetes Mädchen bin. Ich weiß heute nicht einmal mehr, wie er geheißen hat. Das Gespräch dreht sich in der Hauptsache um seinen 1. FC Nürnberg und den TSV 1860, mit dem ich dagegen halte. Manchmal sprechen wir auch über den langsamen Walzer und den Tango, den Peps Valenci unnachahmlich zelebriert, und über die Benimm-Regeln, die er chamant, aber unnachgiebig mit uns übt. Ich mag meinen Tanzstundenherrn, weil er weder Schweißhände hat noch mir allzuoft auf die Füße tritt. Verliebt bin ich nicht.

Nach der Mittleren Reife spricht mein Vater ein Machtwort: »Wenn Du nichts studieren willst, dann besuchst Du eine Handelsschule«, entscheidet er. Eislaufen ist für ihn erledigt. Ich muß mich fügen, ich habe keine Wahl, auch keine Unterstützung mehr von meiner Mutter.

Also erwerbe ich Buchhaltungskenntnisse, ziehe Soll- und Habenstriche mit dem Lineal und rechne Prozente im Kopf aus, schreibe blind auf der Maschine und stenographiere im Eiltempo. Von Anfang an weiß ich, das würde ich niemals tun wollen, aber ich darf meinen Vater jetzt nicht enttäuschen. Es wäre unvorstellbar, das jetzt nicht durchzuziehen, zumal er nach der Währungsreform wertvolle DM Schulgeld für mich bezahlt. Im Sommer 1949 fange ich mit einem Gehalt von 180 DM bei einer Export/Import-Firma an, die Wert auf gute Englischkenntnisse und Englisch-Steno legt. Klassenkameradinnen, die zu Banken gehen, bekommen ein Anfangsgehalt von 80 DM im Monat.

Im März 1950 erhalte ich ein Telegramm. Die Garmischer Eis-Schau fragt an, ob ich bereit bin,

Auf dem Weg nach Norden, Mai 1950

auf eine Halbjahres-Tournee nach Schweden mitzukommen. Bin ich bereit? Und ob. Sofort fahre ich mit dem Zug nach Garmisch, wieder habe ich keine Schlittschuhe, wieder gibt man mir irgendwelche alten. Diesmal sind sie zu groß. Extra dicke Socken helfen. Wieder komme ich mit einem Vertrag nach Hause, den ich meinem Vater vorlege. Ich soll tausend Schwedenkronen, das entspricht zu dieser Zeit 800 DM, im Monat verdienen. Mein Vater selbst verdient als stellvertretender Betriebsleiter eines Verlages mit 100 Angestellten nicht annähernd soviel.

»Können wir ihr diese Chance verbauen?«, fragt er meine Mutter, die mich nicht gehen lassen will. Er unterschreibt den Vertrag. Ich verlasse die Export/Import-Firma und meinen Freund mit fliegenden Fahnen. Zum Heiraten ist irgendwann später immer noch Zeit. Ich kann mir ein fremdes Land überhaupt nicht vorstellen. Ein völlig unzerstörtes Land. Wir alle sind riesig gespannt.

An einem Mai-Nachmittag des Jahres 1950 fahren wir vom Münchner Hauptbahnhof ab, jeweils zu sechst in einem Abteil sitzend. Am nächsten Morgen kommen wir in Hamburg, am übernächsten Morgen in Göteborg an. Auf der Fähre von Dänemark nach Schweden werden wir angewiesen, nicht laut zu sprechen. Deutsche sind seit dem Krieg hier immer noch sehr ungern gesehen.

Wir bleiben den Rest des Jahres in Schweden und lernen ein Dutzend Städte kennen, dazu schwedisches Essen und Trinken, die fremde Lebensart allgemein. Anfangs haben wir große Probleme mit dem Linksverkehr und wirken dadurch noch unbeholfener. Schnell gewöhnen wir uns an fremde Scheine und Münzen, lernen die Zahlen. Jeden Tag stürmt Neues auf uns ein. Mein erstes Geld benutze ich, um Kleidung zu kaufen – ich will nicht auf Anhieb als Ausländerin erkannt werden. Als wir im Herbst in Stockholm auftreten, feiere ich meinen 19. Geburtstag.

Weihnachten 1950 bin ich wieder zu Hause bei meinen Eltern in der Nymphenburger Straße. Sechs Jahre sind seit Beginn des letzten Kriegsjahres vergangen.

An der Universität

Renate Jutz

Studienbeginn nach dem Krieg

Im ersten halben Jahr nach Kriegsende blieb das öffentliche Leben noch weitgehend gelähmt. Post und Bahn funktionierten zunächst gar nicht und dann nur unregelmäßig. Wenige Bürger hatten die Möglichkeit telefonischer Kommunikation. Im privaten Leben nahm die Sorge um die Existenz, um Essen, Wohnen, Heizung und Kleidung einen breiten Raum ein. Es vergingen Monate, bis man mit seinen Angehörigen und Freunden wieder Kontakt aufnehmen konnte. In einem Brief an meine Freundin erwähnte ich einen Traum, in dem ich so heftig weinte, daß ich davon aufwachte. »*Manchmal*«, schrieb ich, »*überkommt mich die ganze Trostlosigkeit unserer Lage. Es ist mir dann, als habe man keinen Boden mehr unter den Füßen. Dann wieder fühle ich mich erschreckend gleichgültig gegenüber all dem Elend in unserem Land. Man nimmt es hier auch nur begrenzt wahr, weil man so abgeschnitten, mit so begrenztem Horizont dahinlebt.*« (4.7.1945)

Als evakuierte Münchnerin genoß ich in dem heißen Sommer 1945 das Landleben manchmal wie einen Ferienaufenthalt, half freiwillig bei der Ernte mit oder suchte im Wald Pilze. Doch dann erhielt man die Lebensmittelkarten nur bei Nachweis eines Arbeitseinsatzes für das Gemeinwohl, z.B. in einer Gärtnerei oder im Moor beim Torftrocknen. Den in der Stadt lebenden Menschen ging es mit der Ernährung viel schlechter als denen, die bei den Bauern evakuiert waren. So schrieb mir meine Großmutter im Juli 1945: »*Ich habe halt immer Heißhunger! Heute Abend esse ich junges Weißkraut mit Kartoffeln … leider ganz ohne Fett. Man lebt hier ganz ohne Obst. Also 15–16 Pfund habe ich in diesem Jahr schon abgenommen. – Jetzt will ich versuchen, dem Herrn von neulich den Brief mitzugeben (Post geht noch nicht). Dafür müßte ich schon ein paar Zigaretten haben für ihn, dann springen die Leute, aber ›ohne‹ überlegen sie sich's lange.*« – Wie so viele Bürger versetzte meine Großmutter wertvollen Schmuck, um zusätzliche Nahrungsmittel oder Holz und Kohle einzutauschen.

Vor den Feiertagen ging ich oft in die Dörfer zum Hamstern, obwohl ich vor den Hofhunden Angst hatte. Die Rationierung der Lebensmittel wurde auch 1946 und 1947 nicht besser, im Gegenteil, die Leute gerieten im Frühjahr 1947 in Panik, als eine Rationenverkürzung bevorstand. Noch am 17. Juni 1948 fand eine Hunger-Demonstration der Studenten statt, obwohl damals schon die Brotzuteilungen erhöht worden waren.

Ich hatte im Krieg drei Semester studieren können und brannte wie viele meiner Generation darauf, das Studium möglichst bald fortsetzen zu können, um dann in einem Beruf auf eigenen Füßen zu stehen. Für eine Aufarbeitung der Vergangenheit fehlte uns die Ruhe. Manchmal litt ich unter diesem Zwang des Fertigwerden-Müssens. So schrieb ich an meine Freundin: »*Mich bedrängt das Gefühl, daß ich wie eine Eintagsfliege lebe. Die täglichen Sorgen und Aufgaben nehmen mich ganz in Anspruch; für Erinnerungen habe*

Renate Jutz
1923 in Freiburg/Br. geboren, 1924 Umzug nach München. 1942 Abitur, Studium der Biologie, Geographie und Chemie; Staatsexamen. Lehrerin an Höheren Schulen, unter anderem in England. Ab 1956 Zusatzausbildung zur analytischen Kinder- und Jugendlichen-Psychotherapeutin, danach bis zur Pensionierung an der Münchner kinderpsychiatrischen Heckscher Klinik tätig.

Das Universitätsgebäude nach dem Krieg

ich keine Zeit.« (17.6.1946) Doch die Auseinandersetzung mit der Ideologie der Nationalsozialisten vollzog sich in diesen Nachkriegsjahren unwillkürlich durch die Öffnung des kulturellen Lebens für die internationale Kunst und Literatur. Endlich war die Presse von der Zensur befreit.

Wie ausgehungert verschlangen wir die ersten in Übersetzung erschienenen Werke französischer und amerikanischer Schriftsteller. Es gab heiße Diskussionen über Theateraufführungen wie »Der seidene Schuh« von Paul Claudel. Der plötzliche Einbruch unterschiedlichster moderner Strömungen in Philosophie und Kunst erweiterte zwar nach den Jahren der kulturellen Isolierung unseren Horizont, verursachte aber auch eine gewisse Verunsicherung des eigenen Standpunkts. So gestand mir eine Mitstudentin, daß sie die überkommenen christlichen Maßstäbe in Frage gestellt sähe; sie habe das Gefühl, in der Luft zu hängen oder sich nur blind vorwärtszutasten. Es gab aber auch Orientierungshilfen in diesen Jahren, z.B. die Vorlesungen von Romano Guardini über Ethik oder von Aloys Wenzl über Philosophiegeschichte.

Im Januar 1946 erhielt ich auf mein Gesuch die positive Antwort, daß ich zum Studium an der Universität München zugelassen sei. Doch erst im März genehmigte die Militärregierung den Semesterbeginn für den 1. April 1946. Vorher mußte jeder Studierende bei Aufräumungsarbeiten in den bombengeschädigten Instituten mithelfen. Ich wurde im »Bautrupp« des Zoologischen Instituts an der Luisenstraße eingesetzt. Vier Wochen lang befreiten wir die oberen Stockwerke von Schutt, kehrten das Flachdach und

Der Lichthof der Universität

reinigten die verstaubten Demonstrationspräparate. Da gab es Schlangen, Echsen oder Fische, die in Gläsern mit Alkohol konserviert worden waren, nun aber mangels Alkohol in Formalin-Lösung eingelegt wurden. Von dem stechenden Geruch tränten die Augen, und wenn ich abends nach Hause kam, mußte ich meine stinkenden Kleidungsstücke vor der Tür ablegen.

Nach dieser Arbeit folgte eine angenehmere Tätigkeit, nämlich das Aufräumen im Institutsgarten und das sammeln von Erlen-, Pappel- und Haselnuß-Pollen für die Bienenversuche von Professor von Frisch. Als Vergütung erhielten wir pro Stunde 65 Pfennige und eine 5 g-Fettmarke.

Da das Botanische Institut von Kriegseinwirkungen ganz verschont geblieben war, entschloß ich mich, dort das für mein Hauptfach Biologie vorgeschriebene große Praktikum zu belegen. Heute muß ich zugeben, daß dieses erste Sommersemester eine besonders schöne Zeit für mich war. In der Mittagspause konnte ich im Botanischen Garten spazieren gehen. Es gab in diesem Frühling auch schon kleine Exkursionen in den Englischen Garten oder an den Speichersee, wo wir mit Professor Jacobs die Vogelstimmen oder den Rivalengesang der Feldgrillen kennenlernten. In meinem Praktikum sprachen die 20 Teilnehmer der höheren Semester dauernd vom Staatsexamen. Mir erschien es unmöglich, den Wissensstoff schnell genug in meinen Kopf zu bringen, um Ende Juni die erste Hörgeldprüfung ablegen zu können; doch es gelang zu meiner Erleichterung.

In der Innenstadt waren die Hörsäle schon 30 Minuten vor Vorlesungsbeginn gestopft voll, und es gab ein abstoßendes Gerangel um einen Sitzplatz mit Tischplatte, da jeder mangels Büchern unbedingt mitschreiben wollte. Dazu kamen die langen Anfahrtswege. Die Psychologievorlesung von Professor Lersch war ein besonderer Anziehungspunkt und immer überfüllt. Wir saßen oft auf den Hörsaalstufen und waren in Gefahr, nach den weiten Fußwegen bei leerem Magen in der stickigen Wärme einzunicken.

Beim Nachlesen meiner Kalendernotizen aus den Nachkriegsjahren stelle ich überrascht fest, wie sich die Lebensfreude unter uns Studenten immer wieder durchsetzte, trotz aller Widrigkeiten im täglichen Leben und trotz des düsteren Hintergrunds im politischen Zeitgeschehen, wie die Hinrichtungen in der Folge der Nürnberger Kriegsverbrecher-Prozesse oder der beginnende Ost-West-Konflikt im Kalten Krieg. So feierten wir 1946 den Abschluß unseres Praktikums mit einer abendlichen »Prozession« durch den Botanischen Garten. Alle Teilnehmer steuerten etwas Eß- und Trinkbares bei, z.B. Brot- oder Schinkenzuteilungen, um die dann gewürfelt wurde.

Der Winter 1946/47 brachte wie der vorhergehende bittere Kälte. Im Bauernschlafzimmer meines Bruders froren bei – 8° C die Einmachgläser ein. Die Vorlesungen fanden bis Weihnachten in kalten Räumen statt, ab Januar 1947 wurde die Universität wegen Kohlenferien geschlossen. Die Züge der Bahn blieben ungeheizt. Die häufigen Stromsperren zwangen die Betriebe zu Nachtschichten. Mittags gab es nur kurzzeitig für die Hausfrauen zum Kochen Strom.

Meine Kalendernotizen berichten gerade aus der Zeit dieses Winters von weiten Wanderungen, die mein Bruder und manchmal auch ich mit ihm zusammen in die Dörfer unternahmen, um bei der zünftigen Musik der Blaskapellen das Tanzbein zu schwingen.

Allmählich wirkte sich das Entnazifizierungsgesetz aus; die Säuberungsaktion unter den Dozenten hinterließ vor Beginn des Wintersemesters 1946/47 manche Lücke, die nicht immer von den qualifiziertesten Kräften geschlossen wurde. Mein eigener Spruchkammerbescheid, den ich im April 1947 erhielt, lautete auf »Jugendamnestie«.

Im Oktober 1947 waren die Reparaturen in unserem Münchner Haus soweit gediehen, daß wir wieder in die Stadt ziehen konnten. Meine Mutter hatte vorher noch unsere schöne Standuhr gegen Mehl und Geräuchertes eingetauscht. Brot gab es per Lebensmittelkarte inzwischen zwar genügend (8 bis 10 kg pro Monat), aber Nährmittel (1500 g), Fett (75 g) und Fleisch (400 bis 600 g monatlich) waren stark rationiert. Auf dem Schwarzmarkt kosteten im Januar 1948 500 g Butter 230 RM.

Wir wohnten in der Nähe der St. Benno-Kirche beim Ferdinand-Miller-Platz. Einige der Häuser standen als Ruinen gleichsam wie Skelette da, im Innern der hohlen Fassaden konnte man oft noch den farbigen Ölanstrich des Treppenhauses sehen. Auf dem Schutthaufen, der einmal das von-Millersche Wohnhaus gewesen war, blühten im Frühling goldgelb der Huflattich und im Sommer das purpurne Weidenröschen.

Meine Kalendernotizen aus dem Jahr vor der Währungsreform lassen den Zeitdruck, der auf unserer schon überalterten Studentengeneration lastete, nur wenig erahnen. Meine Studienfächer Biologie, Chemie und Erdkunde erforderten eine Reihe von Kursen und Praktika, die eine gewisse Laboreinrichtung zur Voraussetzung hatten. In den teilweise zerstörten Instituten waren solche Plätze rar. Ich konnte die chemischen Analysen zusammen mit einer Gruppe von Kriegsteilnehmern in einem Behelfslabor durchführen. Unter uns herrschte eine wohltuende Hilfsbereitschaft und Solidarität.

Vor der Währungsreform erfaßte die Bürger eine regelrechte Panik. Viele Geschäfte hatten wegen angeblicher Inventur geschlossen. Als wir im Juli 1948 das Kopfgeld von 40 DM ausbezahlt bekamen, mußten wir lang anstehen. Manche Leute bekamen in der Menschenschlange Weinkrämpfe oder wurden gegenüber den Ordnungshütern so aggressiv, daß es zu Raufereien kam. Anfang September erhielten wir noch 20 DM zusätzliche Kopfquote. Von meinem Sparbuch war nach der Abwertung nur so viel übriggeblieben, daß ich neun Monate lang die genehmigten 25 DM abheben konnte. Voller Groll schrieb ich an meine Freundin: *»Letzte Woche war ich einmal richtig verbittert, wie ich an all den gefüllten Läden vorbeiging in dem Bewußtsein, daß ich nichts kaufen kann …«*. (7. 7. 1948)

Ein väterlicher Freund bot mir an, seinen beiden Kindern Blockflöten-Unterricht für 2,50 DM pro Stunde von mir erteilen zu lassen. Das war hilfreich, doch wie ich über die Runden kam bis zu dem Zeitpunkt, an dem ich einen staatlichen Unterhaltszuschuß als Studienreferendarin erhielt, kann ich mir heute nicht mehr vorstellen. Diese Situation spiegelt sich in einem weiteren Brief an meine Freundin aus der Zeit, in der ich mich für die Lehramtsprüfung vorbereitete: *»Ich sitze hier eben im Amerika-Haus – eine Bleibe, die ich neuerdings für mich entdeckt habe und die äußerst ideal zum Lesen und Schreiben ist: Freier Eintritt und kostenlose Benutzung der Bibliothek, gut geheizt, Ruhe und angenehme, großzügige Räume. – Mit dem Geld ist es z.Zt. noch hoffnungslos, ich bin zu einer schamlosen Bettlerin geworden. – Aber ich hoffe sehr, daß dies im Januar 1950 ein Ende nimmt, wenn ich als Referendarin etwa 50 DM monatlich erhalte, so daß ich wenigstens die Trambahn oder das Duschen im Nordbad bezahlen kann und nicht mehr von der Kakao-Schulspeisung im Seminar zehren muß.«* (30. 12. 1949)

Unseren Kriegsteilnehmer-Jahrgängen wurde vom Kultusministerium die Erleichterung gewährt, das wissenschaftliche Staatsexamen in zwei Etappen abzulegen. Auch wurde unsere Studienseminar-Zeit, nicht gerade zu unserem Vorteil, gekürzt. So konnte ich 1950 den Absprung ins kalte Wasser des Berufslebens wagen. Waren die Nachkriegsjahre damit abgeschlossen? In dem Gymnasium in Niederbayern, in dem ich meine erste Anstellung fand, waren die Kriegsfolgen noch immer spürbar. Wir unterrichteten in Baracken, die die Luftwaffe benutzt hatte. In meiner Klasse saßen 50 Schülerinnen und Schüler, die für meine Fächer überhaupt keine Lehrbücher zur Verfügung hatten. Und ich mußte Fächer lehren, wie z.B. Zeichnen und Gymnastik, in denen ich nicht ausgebildet war. Vielleicht hat uns der Zwang zum Improvisieren flexibel gemacht, vielleicht sind wir durch die erschwerten Umstände abgehärtet worden. Rückblickend möchte ich wünschen, daß zukünftige Studenten-Generationen unter günstigeren Bedingungen studieren können.

Marianne Riegler

»Man muß sich vorstellen, daß man es sich nicht vorstellen kann ...«

(Bearbeitetes Interview)

Ich bin 1926 in Augsburg geboren. Dort ging ich auf das Gymnasium und wurde kurz vor Ende des Krieges zum Kriegseinsatz eingezogen. Es war eine freie Entscheidung des Direktors der Schule, die Abiturklasse »frei zu geben«, obwohl er uns genauso gut hätte behalten können. Meine Klassenkameradinnen wurden tatsächlich alle zum Reichsarbeitsdienst eingezogen, was meine Mutter unter allen Umständen verhindern wollte. Also fuhr sie unter Einsatz ihres Lebens – wegen der ständigen Tieffliegerangriffe – mit dem Zug nach Gessertshausen, denn damals befand sich die Zentrale des Reichsarbeitsdienstes für den Bezirk Schwaben nicht mehr im total ausgebombten Augsburg, sondern in einem Vorort namens Gessertshausen. Tatsächlich erreichte sie mit Hilfe eines ärztlichen Attests, das mir eine Herzneurose bestätigte, daß ich zum Kriegseinsatz in Augsburg und nicht zum Reichsarbeitsdienst eingezogen wurde. Ich kam in eine Eisengroßhandlung, ein rüstungswichtiger Betrieb, in dem ich auch noch nach dem Krieg in der Abteilung Korrespondenz arbeitete.

Als der Krieg vorüber war, als es keine Bomben und keine Luftangriffe mehr gab, stellte sich bei uns Jugendlichen fast ein Gefühl der Langeweile ein. Wir waren jung und empfanden dieses tägliche Risiko, das Leben zu verlieren, ganz anders als ältere Menschen. Bei ihnen lag ja auch die Verantwortung, die Schäden, die durch den Krieg entstanden waren, wieder zu beseitigen. Für uns war es zu Kriegszeiten eine Art von frivolem Spiel gewesen, jeden Abend zur Freundin oder zum Freund zu sagen: »Also bis morgen – oder nicht!«

Es mag für die heutige Generation schwer nachvollziehbar sein, aber als der Krieg plötzlich vorbei war, herrschte irgendwie ein Vakuum in uns. Im Rückblick glaube ich sagen zu können, daß die Jugendlichen in der Phase des Kriegsendes und während der Nachkriegszeit sozusagen ein steinernes Herz bekamen – nicht auf einmal, es hat sich einfach entwickelt. Ich glaube, daß jeder Mensch wie ein Gefäß mit einem bestimmten Fassungsvermögen anzusehen ist. Es geht nur so viel hinein, wie es aufnehmen kann; schüttet man noch mehr hinein an Schrecken, an Leid oder auch an Freude, dann läuft es über. Dieses Maß ist bei jedem bestimmt subjektiv verschieden, aber unser Maß war voll verglichen mit dem, was junge Menschen in diesem Alter sonst erleben. Damals war es möglich, daß ein guter Freund mit 18 oder 19 Jahren eingezogen wurde und nach vier Wochen tot war. Und dieses steinerne Herz war, glaube ich, für uns ein Selbstschutz, der in der Natur des Menschen liegt.

Wenn ich heute an das Kriegsende denke, erinnere ich mich noch an das Gefühl, daß etwas Altes aufgehört hat. Daß etwas Neues beginnen sollte, war für uns zunächst kaum vorstellbar. Vielleicht waren die Erwachsenen dazu eher in der Lage, die bereits vor dem Krieg ein Leben gelebt haben, an das sie wieder anknüpfen wollten. Aber wir waren, wenn es überhaupt noch um menschliche Emotionen gegangen ist, völlig nach innen orientiert.

Das, was um uns herum passierte, all dieser Schrecken, den wir erlebt haben, war für mich grausam, ich war total entsetzt. Wir haben die Bilder von den Ermordeten in den KZs in der Zeitung gesehen; oder Bilder davon, wie die

Marianne Riegler
1926 in Augsburg geboren. Ab 1946 Studium in München (Anglistik, Germanistik, Geschichte), Promotion 1957. An der Universität seit 1955 Dozentin, seit 1961 Direktorin für das »Junior Year in Munich« (Ausbildungsprogramm für amerikanische Studenten); für ihr dortiges Engagement 1994 Verleihung der Ehrenbürgerwürde der Universität. Nach der Pensionierung Beginn eines Studiums der Interkulturellen Kommunikation.

Menschen von Weimar weinend durch Buchenwald geführt worden sind. Bis zur Öffnung der Konzentrationslager konnten sich Menschen wie ich nicht im entferntesten vorstellen, daß es so etwas überhaupt gibt. Ich kann mich nicht genau daran erinnern, ob ich zuvor etwas darüber gehört habe. Zudem wurde damals, wenn irgendwas durchsickerte, behauptet, das seien Gerüchte der feindlichen Greuelpropaganda.

Nach Kriegsende – mit 19 Jahren – ging ich nach München, denn ich wußte, daß ich studieren wollte. Das Problem war zunächst, daß ich kein Abitur vorweisen konnte, doch dafür gab es eine Regelung. Ich bewarb mich für Medizin, wurde dafür auch zugelassen und bekam zugleich eine Aufforderung, an einem sogenannten Förderkurs teilzunehmen. Man mußte dann im Anschluß ein Examen machen in den Fächern Geschichte, Deutsch, Englisch und Physik. In dem Förderkurs, in dem meine Freundin war, fand ich den Deutschlehrer besser, so daß ich zwei Deutschförderkurse besuchte. Es war teilweise schwierig, für die Kurse Lehrer zu gewinnen, die nicht belastet waren.

Ein anderes Problem waren die Transportmöglichkeiten. Um fünf Uhr früh ging der einzige Zug von Augsburg nach München. Wir hingen im Sommer wie im Winter auf dem Trittbrett oder standen auf den Puffern. Jemand mußte mich an der Hand halten, damit ich nicht herunterfiel, denn als ich in der Haunstetter Straße einstieg, war der Zug bereits voll. Er hielt an jeder Ecke; schließlich war er auf dem Dach und überall mit Leuten bedeckt, die nach München mußten. In München mußten wir den ganzen Weg vom Bahnhof zur Universität an den Trümmern vorbeilaufen. Um fünf Uhr abends fuhr derselbe Zug wieder in demselben Zustand zurück. Er brauchte insgesamt drei Stunden. Wir konnten damals darüber lachen, wir fanden das toll, auch wenn man draußen hing. Es war nach den Erfahrungen vor 1945 keine Selbstverständlichkeit, ohne Tieffliegerangriffe drei Stunden lang mit dem Zug fahren zu können.

Im Sommer 1946 fing dann mein Studium an. Die Voraussetzung für die Immatrikulation war ein sogenannter Ehrendienst von 100 Stunden Wiederaufbauarbeit an der Universität. Jeder bekam eine blaue Faltkarte, auf der täglich eingetragen wurde, wie viele Stunden man absolviert hatte. Die normale Tätigkeit bestand darin, aus den Trümmern der Universität die Ziegelsteine, die noch brauchbar waren, abzuklopfen – wie die Trümmerfrauen – und sie zum Wiederaufbau der Universität aufzustapeln. Komischerweise hatte ich aber wieder Glück, denn ich wurde für 100 Stunden ins Telegraphenamt eingeteilt. Und für diese 100 Stunden, die ich im Telegraphenamt absolvierte, hat jemand anderer an den Baustellen gearbeitet. Gestört hat uns diese Aufbauarbeit nicht. Wir waren einerseits so erzogen, daß es überhaupt nicht zur Debatte stand, ob es uns störte, und andererseits haben wir alles, was nach so viel Destruktion nur den Schimmer von Konstruktivität hatte, gern getan.

Der äußere Zustand der Universität war furchtbar, sie hat ausgesehen wie eine Ruine. Der einzige benutzbare Trakt war der Flügel an der Amalienstraße. Die meisten geisteswissenschaftlichen Vorlesungen fanden im Hörsaal 224 statt. Für heutige Begriffe waren die Unterrichtsbedingungen unvorstellbar, z. B. die Heizung. Da standen riesige Tonnen in den Räumen, die oben ein Rohr zum Fenster hinaus hatten. Unten schüttete man Holz hinein. Das Brennmaterial war immer leicht feucht, weil man es aus den Ruinen der Universität herauszog und es dann sofort verfeuerte. Im Grunde erzeugte es keine Wärme, sondern nur Rauch. Wenn ich nach Hause kam, wußten alle, ob ich schon da war oder nicht, denn ich roch wie ein Stück geräucherter Schinken. Wärme war eigentlich während der Vorlesungen gar nicht so wichtig, denn jeder Hörsaal war mindestens um die fünffache Kapazität überfüllt. Wenn man die Tür aufgemacht hätte, wären einem die Studenten entgegengefallen. Teilweise wurden sogar die Türen offen gelassen, damit man auf dem Gang noch etwas hören konnte.

Während der Freistunden konnte ich untertags natürlich nicht nach Hause fahren; der Zug ging nur einmal am Tag hin und zurück. Also suchten wir eine Wärmestube. Ab 1946 tagten der Bayeri-

Universität, Juni 1948

Erste Sitzung des Bayerischen Landtags in der Aula der Universität, 16. 12. 1946; Ansprache von General Walter J. Muller

sche Beratende Landesausschuß, die Verfassunggebende Versammlung und später der Landtag in der Aula der Universität. Die Galerie oben stand für Zuschauer und Studenten offen, dort war es warm und angenehm. Auf die Frage nach der Vorlesung »Wo gehen wir hin?«, kam stets die Antwort: »In den Landtag.« Dort war besonders ein Politiker für uns von größtem Unterhaltungswert, Alfred Loritz von der WAV, der Wirtschaftlichen Aufbauvereinigung. Er mischte den Landtag immer auf, er unterbrach ständig alle Reden. Das sehe ich noch vor mir wie heute: Wenn unten die Tür aufging und der Loritz hereinkam, der noch kein Wort von der Debatte gehört hatte, schrie er sofort an der Tür: »Hört, hört«. Ja, das lernten wir von ihm, das benutzte er immer, wenn irgendjemand etwas sagte. Immer störte er und rief: »Hört, hört«, auch wenn er gar nicht im Bild war. Das war unsere Unterhaltung während der Freistunden. Durch Loritz bekamen wir eine etwas merkwürdige Vorstellung von Demokratie und vom Parlament. Heute würde ich sagen, es war wie im Kabarett.

Angesichts der großen gegenwärtigen Probleme sprachen wir über die Vergangenheit praktisch nicht, auch nicht die Kriegsheimkehrer. Darin lag keine Absicht, man redete einfach nicht darüber. Wahrscheinlich lebten wir sogar mit den Problemen der Vergangenheit, aber es war in unserem Bewußtsein nichts Erstrebenswertes, darüber zu sprechen. Ich weiß ganz genau, daß wir es nicht getan haben. Wir haben nicht mit diesen Männern geredet, die jetzt mit uns studierten. Wir haben nicht gefragt: »Wo wart Ihr, was habt Ihr erlebt?« Kein Wort. Aber nicht, um es beiseite zu schieben oder unter den Teppich zu kehren, sondern es interessierte uns nicht. Manche Fragen, mit denen man sich heute beschäftigt,

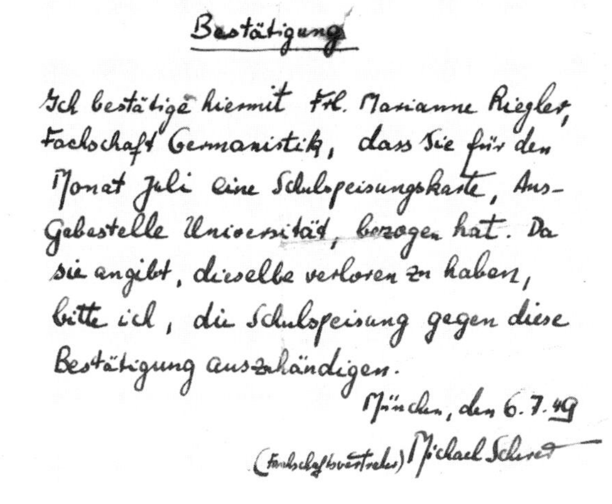

Bestätigung

Ich bestätige hiermit Frl. Marianne Riegler, Fachschaft Germanistik, dass sie für den Monat Juli eine Schulspeisungskarte, Ausgabestelle Universität, bezogen hat. Da sie angibt, dieselbe verloren zu haben, bitte ich, die Schulspeisung gegen diese Bestätigung auszuhändigen.

München, den 6.7.49

(Fachschaftsvertreter) Michael [illegible]

Bestätigung zum Erhalt der »Schulspeisung«

waren damals gar keine Fragen. Wir hatten ganz andere Schwierigkeiten, als uns mit dem Vergangenen auseinanderzusetzen, vor allem den Hunger. Manche Männer fielen in der Vorlesung vor Hunger um wie die Fliegen. Diese Menschen, die aus dem Krieg gekommen waren, wohnten in Ruinen, sie hatten keine Wohnungen, keine Mutter oder irgendjemanden, der sich für sie etwas abgeknappst hätte. Sie hatten keine Beziehungen zum Metzger, der ihnen irgendein Stückchen Wurst oder Fleisch unter der Theke hingeschoben hätte. Mit den offiziell zugeteilten Rationen konnte man kaum leben. Das war zum Leben zu wenig und zum Sterben zu viel. Die Quäker-Schulspeisung half dann vielen zu überleben.

Die älteren Studenten, besonders diejenigen, die aus dem Krieg zurückgekehrt waren, wollten nichts anderes, als ganz schnell ihr Studium beenden und irgendeinen Beruf ergreifen. Sie besaßen keine eigene Kleidung, sondern nur ihre Militärkleidung, von der sie die militärischen Abzeichen und Epauletten abgetrennt hatten. Für mich war die Situation ganz anders, und unsere Vorstellungen waren auch ganz andere. Das kann man zum Beispiel daran sehen, daß ich geisteswissenschaftliche Fächer belegte: Germanistik, Anglistik und Geschichte. Ich hatte durch den Krieg im Prinzip keine Zeit verloren. Ich ging, als ob ich normal Abitur gemacht hätte, 1946 auf die Universität.

Die Autorin (links), ca. 1946

Über die jüngste Geschichte wurde uns im Studium nichts vermittelt, wir sprachen beispielsweise auch nicht über die Geschwister Scholl. Das kam erst viel später. Aber als wir mehr über sie erfuhren, also über Deutsche im Widerstand, war das wie Balsam auf unsere Wunden, auf die Wunden der Kollektivschuld, die man damals empfand. Auch während der Verpflichtungserklärung, zu der ungefähr 6000 Studenten in die Große Aula kommen mußten, um dort mit einem Gelöbnis gegenüber der Universität ein »cives academicus« zu werden, erwähnte Rektor Vossler die Geschwister Scholl nicht. Nachdem zwei Studenten die Verpflichtung vorgelesen hatten und sich im Namen ihrer Kommilitonen und Kommilitoninnen zur Einhaltung verpflichtet hatten, wurde eine Rede des damaligen Rector magnificus erwartet. Doch Vossler, dieser große Mann, wie aus Holz geschnitzt, sagte nur: »Ich glaube, daß wir in der heutigen Zeit alle wissen, was wir zu tun haben.« Im Innersten stimmte ich ihm zu, denn wir brauchten kein gutes Zureden, wir brauchten keine geschwollenen Reden und im Prinzip nicht einmal Verpflichtungen, die kollektiv abgegeben wurden. Jeder von uns wußte, was zu tun ist. Und ich glaube, daß Vossler Recht hatte. Wir wußten alle auf Grund unserer Lebenserfahrung, was an der Vergangenheit falsch war und was für die Zukunft richtig sein würde. Und wir verstanden, daß wir etwas tun konnten und tun mußten, und zwar etwas Gutes, und daß wir etwas lernen mußten. Wir brauchten kein Programm von oben.

Für diese Einsicht war ein Eingreifen der Besatzungsmächte in Form der »re-education« nicht notwendig. Zwar wurden die Lehrer überprüft, die unterrichteten, aber die Amerikaner nahmen, soweit ich das nachvollziehen kann, keinerlei Einfluß auf die Lehr-Inhalte. Die sagten, dieser Mensch ist ein einwandfreier Wissenschaftler und darf unterrichten. Die Einflußnahme fand auf einer Ebene statt, über die wir Studenten damals überhaupt nicht im Bild waren; zum Beispiel als die Besatzungsmacht plötzlich, nachdem die Universität schon ihren Lehrbetrieb aufgenommen hatte, noch einmal eine große Zahl von Professoren einfach wieder entließ.

Wir selbst spürten die Umerziehung nicht am eigenen Leib; es gab sie für uns wirklich nur auf dem Papier. Wir bekamen Bücher, die von den Amerikanern verteilt wurden. Man konnte sie sich auch im Amerika-Haus abholen, und da wir sowieso nicht viele Bücher hatten, nutzten wir die Chance.

Dennoch bin ich eine Demokratin und ein politisch stark interessierter Mensch geworden, was ich auch immer an andere vermittelt habe. Ich war eine der ersten Dozentinnen, die ihre amerikanischen Studenten zu Seminaren an die Humboldt-Universität nach Berlin geführt hat, sieben oder acht Jahre lang. Für meine eigene künftige Arbeit prägten mich natürlich auch, neben meiner Sozialisation in der Familie, die Erfahrungen an der Uni.

Mit meinen damaligen Kommilitonen sprach ich nie über das Thema Holocaust. Das kam dann erst im Jahr 1955, als ich Dozentin im »Junior Year in Munich« und 1961 Direktorin dieses Instituts der Wayne State University in Detroit, Michigan/USA, wurde, das 1967 auf Senatsbeschluß ein Institut an der Universität München wurde. Von diesem Zeitpunkt an war ich, wie ich leider sagen muß, bis zu der Diskussion um Goldhagen ständig mit dem Thema befaßt, vor allem natürlich mit unseren amerikanischen Studenten, die zum Teil der ersten Generation nach dem Holocaust, später der zweiten und dritten entstammten, und die alle, bis in die jüngste Zeit, traumatisiert waren durch die Schicksale ihrer Familien und trotzdem (oder deswegen) ein Jahr in München studiert haben. Ich schöpfte das Thema der Vergangenheit dann mit den Amerikanern und mit meinen Kollegen, die diese Studenten ebenfalls unterrichteten, bis zur Neige aus. Ich setzte mich fast 40 Jahre meines Lebens mit Kollegen und Studenten über dieses Thema auseinander.

Trotz aller äußeren widrigen Umstände waren wir als Studenten glücklich. Wir wußten, daß es Möglichkeiten gibt, die wir noch nicht kannten. Jetzt konnten wir erfahren, was wir zuvor nicht erfahren durften. Wir sogen alles auf wie ein trockener Schwamm, um aufzuholen, was wir verpaßt hatten. Für uns bedeutete das ein großes Glück, weil es wie ein Scheck war, ausgestellt auf die Zukunft. Allein die Vorstellung, etwas tun zu dürfen für eine Zukunft, die wir uns aussuchen konnten, war immens viel wert. Es war etwas Konstruktives, denn alles, was wir zuvor erlebt hatten, war destruktiv. Wir reflektierten nicht viel über unsere Situation und doch hatten wir die Vorstellung, daß jetzt nichts mehr zerstört werden würde. Jetzt ging es aufwärts, und wir waren hundertprozentig davon überzeugt, daß man uns braucht.

Ich glaube, daß wir damals eine wesentlich bessere Ausbildung bekommen haben als die Studierenden heute. Und dies kann ich sagen, weil ich auch jetzt wieder seit vier Semestern eingeschrieben bin. Als ich nach dem Krieg studierte, hätte es kein Professor zugelassen, daß die jungen Studenten seines Faches nicht von ihm selbst in seine Wissenschaft eingeführt werden. Professor Bor-

Universität, Juni 1948

cherdt beispielsweise las jede Arbeit der 120 Studenten, die in seinem Proseminar waren; er kommentierte und zensierte sie eigenhändig. Unsere Unterrichtsmaterialien stellten wir selbst in Form von Skripten her. Studenten schrieben in den Vorlesungen mit und stellten dann die Matrizen her. Das war dann das Lehrmaterial, aber es gab auch schon die Institutsbibliotheken, die zum Teil noch ganz gut bestückt waren.

Bei der Wiedereröffnung der Universität im Jahr 1946 waren die meisten unserer Lehrer alte Professoren aus der Zeit der Weimarer Republik. Unser Verhältnis zu diesen alten Herren war von großer Bewunderung bestimmt. Wir hörten Vorlesungen bei Geheimrat Günter für mittelalterliche Geschichte, Max Förster, Ferdinand Sommer, Carl von Kraus, Friedrich von der Leyen oder dem alten Goetz, dem Herausgeber der Propyläen-Weltgeschichte. Die Professoren waren zwar teilweise schon sehr alt, aber auch jenseits von 65 oder 68 Jahren schufen sie noch große Werke, sozusagen die Ernte ihres wissenschaftlichen Lebens. Viele von ihnen starben während meiner Studienzeit. Diese großen, alten Gelehrten waren universell gebildete Persönlichkeiten und ganz sicher keine »Fachidioten«.

Eine besondere Erinnerung habe ich an Professor Wells, den Lektor für Englisch. Wir hielten ihn alle für einen Engländer und freuten uns darüber, daß er so schnell und früh wieder als Lektor für Englisch da war. An ihm spiegelte sich unsere Haltung nach außen wider, wie wir uns gegenüber einem nicht Mitschuldigen fühlten. Denn daß wir Schuldige waren, wurde uns sehr deutlich vermittelt. Als er in einem bestimmten Zusammenhang über politische Dinge sprach, waren wir fast zu Tränen gerührt, daß er sich als Engländer und damit als Sieger mit uns identifizierte, indem er das Wörtchen »wir« benutzte. Dieses Erlebnis hat uns alle tief beeindruckt. Erst später stellte sich heraus, daß er, obwohl immer bewußt Engländer geblieben, vor Jahren, d.h. vor der Zeit des Nationalsozialismus, die deutsche Staatsbürgerschaft angenommen hatte.

Einmal mußte ich für einen Ordinarius eine Bibliographie erstellen und wies ihn darauf hin, daß in dieser Bücherliste doch vielleicht einige seiner Titel nicht enthalten sein sollten. Ich stapelte also sämtliche Werke des Wissenschaftlers nach Erscheinungsjahren auf und bemerkte zu einigen Titeln, daß wir diese nicht in die Bibliographie aufnehmen könnten. Als er mich ganz verblüfft fragte: »Warum denn nicht?«, sagte ich ihm einfach: »Weil wir sie nicht hinein tun. Punkt.« Das war meine Entscheidung. Er hat einfach nicht verstanden, warum einiges, was er in bester Absicht in den Jahren der NS-Diktatur geschrieben hatte, nicht mehr opportun sein sollte. Anhand dieses Falls könnte man über die Naivität von

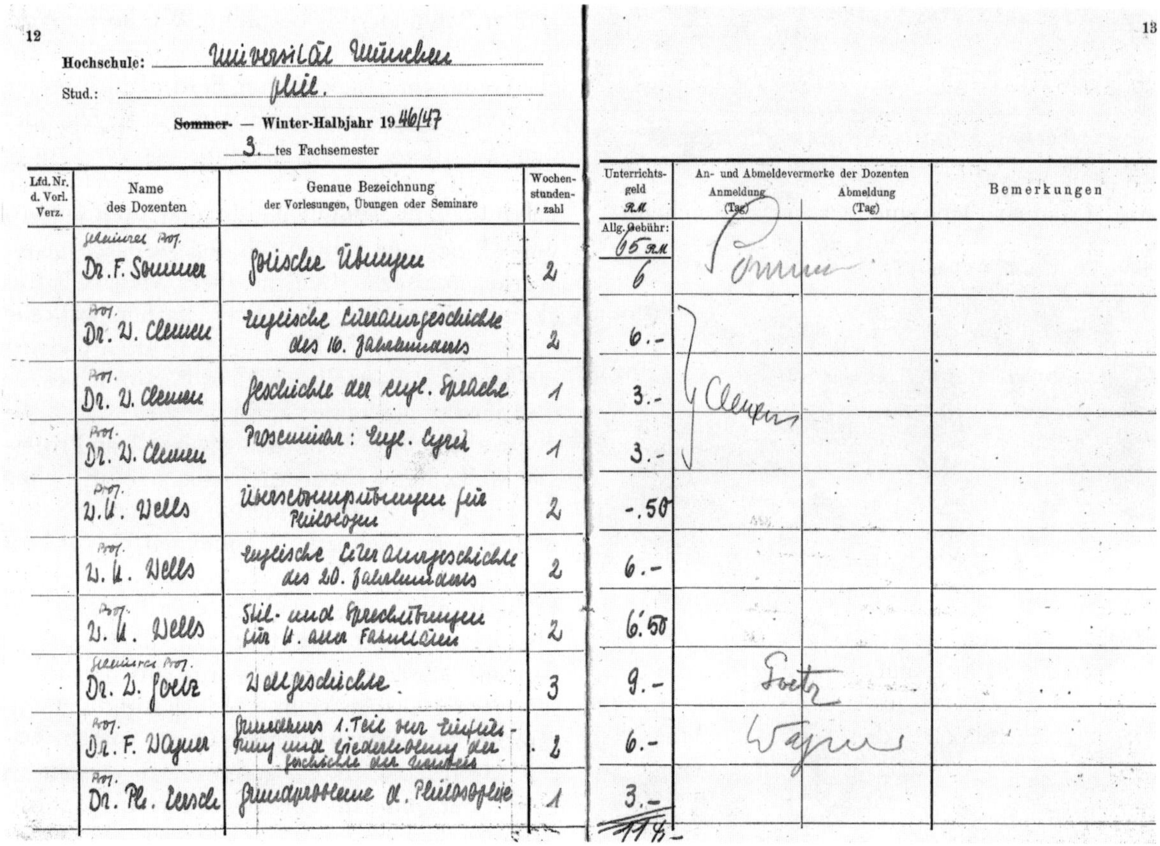

12 13

Hochschule: Universität München

Stud.: phil.

~~Sommer~~- — Winter-Halbjahr 1946/47

3. tes Fachsemester

Lfd. Nr. d. Vorl. Verz.	Name des Dozenten	Genaue Bezeichnung der Vorlesungen, Übungen oder Seminare	Wochen-stunden-zahl	Unterrichts-geld RM	Anmeldung (Tag)	Abmeldung (Tag)	Bemerkungen
	Geheimrat Prof. Dr. F. Sommer	Gotische Übungen	2	Allg. Gebühr: 65 RM 6	Sommer		
	Prof. Dr. W. Clemen	Englische Literaturgeschichte des 16. Jahrhunderts	2	6.-	Clemen		
	Prof. Dr. W. Clemen	Geschichte der engl. Sprache	1	3.-			
	Prof. Dr. W. Clemen	Proseminar: Engl. Lyrik	1	3.-			
	Prof. W. U. Wells	Übersetzungsübungen für Philologen	2	-.50			
	Prof. W. U. Wells	Englische Literaturgeschichte des 20. Jahrhunderts	2	6.-			
	Prof. W. U. Wells	Stil- und Sprechübungen für [illegible]	2	6.50			
	Geheimrat Prof. Dr. W. Goetz	Weltgeschichte	3	9.-	Goetz		
	Prof. Dr. F. Wagner	Grundkurs 1. Teil der Einführung und Wiederholung der Geschichte der Neuzeit	2	6.-	Wagner		
	Prof. Dr. Ph. Lersch	Grundprobleme d. Philosophie	1	3.-			
				114.-			

Eine Seite des Studienbuches

Professoren sprechen. Große Wissenschaftler können sehr naive Menschen sein.

Wenn ich an meine Ausbildung, an meine Studienzeit zurückdenke, ist das ein wunderbares Gefühl. Diese Universität, an der ich damals mit 19 Jahren begann und an der ich bis heute geblieben bin, war mein ganzes Leben lang gut, extrem gut zu mir. Alles was ich gelernt habe, und ich habe viel gelernt, bekam ich von der Universität. Ich erfuhr ungewöhnlich viel freundschaftliche Zuneigung von Professoren und anderen Lehrern, die mich unterrichteten. Meine Studienzeit war eine der glücklichsten Zeiten meines Lebens. Plötzlich wurde unsere Zukunft wieder sinnvoll, wieder konstruktiv.

Wenn man von der heutigen Zeit aus auf die Nachkriegsjahre zurückblickt, muß man sich vorstellen, daß man es sich nicht vorstellen kann. Damit meine ich nicht, daß nachgeborene Menschen kein Recht hätten, Fragen zu stellen – sie müssen diese Fragen sogar stellen. Aber Frager und Befragte müssen sich stets dessen bewußt sein, daß sie jeweils aus ihrer Lebenswelt heraus fragen und antworten. Ich habe oft den Verdacht, daß Assoziationen, die wir mit bestimmten Begriffen verbinden, nicht mit denen jüngerer Menschen übereinstimmen und umgekehrt.

Wenn wir heute über die Nachkriegszeit sprechen, dann können wir alle, Alt und Jung, sie aus der Distanz betrachten. Wir wissen, was gewesen ist, was dabei herausgekommen ist und was nicht. Der Unterschied jedoch für Menschen meiner Generation ist, daß diese Zeit ein fester Bestandteil ihrer Lebenswelt ist. Wir waren mitten drin.

Bruno Rettelbach

Studienjahre 1945 bis 1949

Am 31. Januar 1946 erhielt ich in Bad Reichenhall von der Ludwig-Maximilians-Universität die Zulassung zum Studium bzw. zur Immatrikulation. Am 23. Februar schrieb ich mich in München ein.

Im Wintersemester 1945/46 gab es jedoch noch keine Vorlesungen an der Staatswissenschaftlichen Fakultät, Abteilung Forstwissenschaften. Viele der dort vor oder während des Krieges lehrenden Professoren waren in Gefangenschaft oder gefallen. Einige waren auch relegiert; sie hatten »braune« Flecken auf ihrer wissenschaftlichen Weste. Also kassierte man auf der Universitätsverwaltung lediglich die fälligen Studiengebühren und vertröstete mich auf den möglichen Studienbeginn im Sommersemester 1946. Bis dahin hatte ich ausreichend Zeit, die Zuzugsgenehmigung, eine erträgliche Unterkunft in der zerbombten Stadt und vor allem die existenzwichtigen Lebensmittelkarten zu beschaffen. Für einen Nichtbayern und Auswärtigen gar keine leichte Aufgabe.

Nach mehreren vergeblichen Vorsprachen beim Akademischen Wohnungsamt in der Poschingerstraße wies man mir ein Zimmer in der Wohnung zweier ältlicher Schwestern in der Agnesstraße zu. Das Haus war zwar von Bomben getroffen und die oberen Stockwerke teilweise ausgebrannt, das Parterre jedoch hatte standgehalten. Die Decke meines Zimmers war mit eingezogenen Holzbalken abgestützt. Die fehlenden Fensterscheiben waren mit starkem Pappkarton notdürftig ersetzt.

Bruno Rettelbach
1924 in Ludwigshafen/Rhein geboren; nach dem Abitur 1942 als Freiwilliger zur Wehrmacht, 1945 aus englischer Kriegsgefangenschaft entlassen; Studium der Forstwissenschaften an der Universität München. Ab 1949 an verschiedenen Forstämtern in Bayern und für den Deutschen Pappelverein tätig; ab 1968 bis zur Pensionierung 1989 Leiter eines staatlichen Forstamts in der Oberpfalz.

Ich teilte den ziemlich großen Raum der einst herrschaftlichen Altbauwohnung mit einem älteren Ingenieur der Firma Siemens.

Nach dreieinhalb Jahren Dienst in der deutschen Wehrmacht, Lazarett und Kriegsgefangenschaft stellte man keine übertriebenen Ansprüche an zivilisatorischen Komfort. Die Hauptsache war ein Dach über dem Kopf.

Vor Aufnahme des Studiums hatte ich zunächst zusammen mit anderen Leidensgenossen einen »Studentischen Ehrendienst« zum Wiederaufbau der erheblich zerstörten Universität abzuleisten. Am 24. Juni 1946 meldete ich mich um 7 Uhr beim Polier der mit den Bauarbeiten beauftragten Firma. Zum Dienstantritt hatte sich eine in umgearbeiteten Wehrmachtsuniformen und eingefärbten »Amisachen« buntgekleidete Schar hohlwangiger Studienbeflissener eingefunden.

Auf Geheiß des Vorarbeiters kletterten wir dann auf wackligen Holzleitern auf das Dach. Dort sollten wir gewaltige Brocken von Eisenbeton mit schweren Hämmern zertrümmern und den Stahl herauslösen. Die Betonbrocken wurden sodann mit Holzschubkarren auf schwankenden Brettern an den Rand des Daches gebracht und von dort in die Tiefe gestürzt. Dabei hielt sich die Arbeitsleistung der ausgemergelten Gestalten verständlicherweise in Grenzen. Zu den erhebendsten Augenblicken des Tages gehörte deshalb gegen 11 Uhr der Ruf des Poliers: »Brotzeit ist!« Wir warfen sofort die Hämmer weg und kletterten über die Leitern hinab in die dunkle Aula. Dort waren große Bottiche aufgestellt, aus denen freundliche Helferinnen Milchsuppe oder Reisbrei in die vorgehaltenen, zerbeulten Wehrmachtskochgeschirre schöpften.

Am 20. Juli traf das amtliche Schreiben des Staatskommissars für die Universität München ein. Darin wurde bestätigt, daß ich »auf Grund

DER STAATSKOMMISSAR
FÜR DIE UNIVERSITÄT MÜNCHEN

München, den 20.JUL.1946 1946.

Arbeitsbestätigung

Dem Studierenden Kettelbach Bruno

geb. am 29.3.24 in Ludwigshafen, wird bescheinigt,

daß er auf Grund freiwilliger Meldung vom 24.6. bis 20.7.46

bei Aufräumungs- und Aufbauarbeiten in der Universität München beschäftigt war.

Er hat damit das Recht erworben, seine Studien an der Universität München ungestört fortzusetzen.

Die Übereinstimmung mit dem
Original wird bestätigt:
Neunburg vorm Wald, den 17.11.1981
Forstamt Neunburg v.W.
8462 Neunburg v.W.
Neukirchener Straße 2a
i.A. Gschinfel, Angestellte

Das Foto für das Studienbuch, 1946

freiwilliger Meldung bei Aufräumungs- und Aufbauarbeiten in der Universität München beschäftigt« war und damit das Recht erworben hatte, meine Studien ungestört fortzusetzen.

Diese Studien hatte ich aber nur unzulänglich begonnen. Lediglich der Nestor der Forstmeteorologie, Prof. Dr. Schmauß, und der Finanzwissenschaftler Dr. Terhalle lasen für Forstwirte. In dieser Notlage schlüpften wir bei den Medizinern im zerstörten Klinikviertel an der Nußbaumstraße unter. Dort hörten wir bei der Professorin Beutler allgemeine Zoologie, bei Professor Süßenguth Botanik und in mitreißenden Vorträgen das Kolleg von Nobelpreisträger Professor Wieland in anorganischer Chemie. Erst im Sommersemester – nachdem unsere Fachschaftsvertreter mehrere dringliche Bittbriefe an die Militärregierung gerichtet hatten – besserten sich die Verhältnisse. Mit der Rückkehr demokratisch geläuterter Professoren kamen wir nun auch an der Forstlichen Forschungsanstalt in den Genuß von Vorlesungen.

Die Fortsetzung des Studiums stand jedoch noch vor weiteren bürokratischen Hürden. Jetzt drohte der Flüchtlingskommissar der Stadt München mir als Pfälzer aus Ludwigshafen mit der Rückführung in die französische Besatzungszone. Erst nach mehrmaligen Vorsprachen auf dem Rathaus und eingehender schriftlicher Begründung wurde mir am 10. November »die Befreiung von der Rückführung bis zur Beendigung des Studiums« genehmigt.

Zwischenzeitlich hatte ich den, allen erwachsenen Bürgern in der amerikanischen Zone zugegangenen Fragebogen der amerikanischen Militärregierung gewissenhaft ausgefüllt.

Eine Mitgliedschaft bei der NSDAP war mir, dank der vorausschauenden Umsicht meiner Mutter, erspart geblieben. Sie hatte nämlich den Aufnahmeantrag der Kreisleitung im Frühjahr 1942 – während ich als Soldat zur Ausbildung in Frankreich war – nicht nachgesandt. Sie hatte das Schriftstück einfach stillschweigend zerrissen. Deshalb schrieb mir der öffentliche Kläger bei

Studenten der Forstwissenschaft im 1. Semester – zwischen 20 und 35 Jahre alt – auf dem Weg vom Karolinenplatz zum Königsplatz, Sommer 1947

der »Spruchkammer X München« am 19. November, daß ich vom Gesetz nicht betroffen sei: »Sie haben das Amt als DJ (Deutsches Jungvolk) – Jungzugführer während der Mitgliedschaft vom 1. März 1934 bis 15. April 1942 in nichthauptamtlicher und bestätigter Weise ausgeübt.« Damit fiel ich unter die »Jugendamnestie«; das Verfahren wurde eingestellt.

Meine Wohnverhältnisse hatten sich inzwischen entscheidend verbessert. Durch Vermittlung des Studentenwerks war ich Untermieter in der gut erhaltenen Wohnung eines pensionierten Münchner Polizisten in der Schulstraße geworden. Allein, in einem altdeutsch möblierten Zimmer, fühlte ich mich im Kältewinter 1946/47 bei einem gemütlich bullernden Kachelofen pudelwohl. Wichtig war, daß in den kalten Tagen ein paar, zwischen den Gleisen an der Donnersberger Brücke aufgeklaubte Briketts oder Kohlebrocken zur »Fütterung« vorhanden waren. Herrschte jedoch Ebbe an Brennmaterialien, legte ich mich, eingemummelt in Unterzeug, Nachthemd und Pullover, ins Bett und »oblag meinen Studien«.

Da die wenigen Hörsäle in der Forschungsanstalt nur begrenzten Platz boten und die Zahl der Studierenden durch die Rückkehrer aus der Kriegsgefangenschaft weiter anstieg, mußte man früh aus den Federn. Wecken war jedoch in der Schulstraße kein Problem. Direkt unter meinem Zimmer hatte ein Roßmetzger seinen Laden. Bereits gegen 5 Uhr am Morgen standen Hausfrauen und auch mit großen Taschen ausgesandte Ehemänner in Schlange vor der erst gegen 7 Uhr geöffneten Ladentür. Das einsetzende Stimmengewirr, der Diskurs über Schwarzmarktpreise und Entnazifizierungsprobleme machten mich, trotz des konstant vorhandenen Schlafbedürfnisses, rechtzeitig wach.

Nicht immer erreichte ich nach schweißtreibenden Trambahn-Fahrten rechtzeitig die Universität. Vorlesungsbeginn war meist um 8 Uhr. Aber selbst die zugestandenen 15 Minuten c(um) t(empore) waren unter den geschilderten Umständen nicht einzuhalten.

Die wenigen, provisorisch hergerichteten Hörsäle in der Amalienstraße waren genauso hoffnungslos überfüllt. Außer uns 80 Erstsemestern – Kriegsheimkehrer, Notabiturienten, Flüchtlinge – saßen noch Studenten und Studentinnen der Fachrichtungen Geologie, Biologie und Volkswirtschaften in den forstlichen Vorlesungen. Damals gab es das »Studium Generale«, das viele Studenten für fachübergreifende Vorlesungen nutzten. Auch ich hatte Vorlesungen in Psychologie, Englisch und Geschichte mit Vorträgen im Universitätshauptgebäude belegt.

Hatte ich Glück, dann gelang es mir trotz der Verspätung gerade noch, in den Hörsaal zu schlüpfen. Mißbilligende Blicke des bereits in voller Fahrt dozierenden Professors und das schadenfrohe Grinsen der Kommilitonen waren dabei in Kauf zu nehmen.

Einmal drinnen, saßen wir dicht gedrängt auf Klappsitzen, auf Treppenstufen oder auf dem Boden. Besetzt waren die Fensterbänke; viele mußten auch stehend die forstlichen Erkenntnisse empfangen. Die Sauerstoffzufuhr, vor allem im Winter, war nur begrenzt. Die Fenster der Hörsäle waren wegen fehlender Scheiben vielfach mit Brettern und Pappe abgedichtet. Kanonenöfen verbreiteten mäßige Wärme. Trotzdem wurde es dank der animalischen Enge und der durchnäßten Kleidung rasch »dampfig«.

Man mußte die Vorlesungen besuchen, denn es gab kaum Lehrbücher. Alles, was »ex cathedra« vermittelt wurde, mußte deshalb mitgeschrieben werden. Wohl dem, der da stenografieren konnte! Erst in den Fachsemestern, ab Mitte 1948, konnte man in der Universitätsbücherei Hueber Scripten kaufen. Diese hatten ältere Semester zur Aufbesserung der knappen Finanzen gefertigt. Die hektografierten Auszüge aus den Vorlesungen waren wenigstens auf die individuellen Vorlieben der prüfenden Professoren abgestellt. Sie halfen, die ärgsten Wissenslücken zu schließen. Nach dem Examen wurden diese Scripten wieder an jüngere Semester verhökert.

Die für die angehenden Förster wichtigen Exkursionen in die nähere und weitere Umgebung Münchens wurden, wegen ihrer begrenzten Teilnehmerzulassungen, für die zahlreichen Interessenten zu einem Lotteriespiel. Es war nicht ausschließlich reiner Wissensdurst, der uns antrieb, waldbauliche Besonderheiten des angestrebten zukünftigen Aufgabengebietes kennenzulernen. Die Hintergründe des Andranges zu den Lehrfahrten entsprangen mehr noch ganz akuten Bedürfnissen leiblicher Notdurft. Fast immer warteten nämlich am Exkursionsort eine zünftige Brotzeit oder ein gehaltvolles Mittagessen auf die ausgehungerten Jungakademiker. Dafür hatten schon bei der Vorplanung die ebenfalls hungrigen Professoren und ihre Assistenten gesorgt.

Zwischenzeitlich hatte die Besatzungsmacht den Forstbeamten wieder Jagdmöglichkeiten zugestanden. Deshalb waren Exkursionsziele in den ländlichen Bereichen bei staatlichen Forstämtern und Revieren des Großprivatwaldes besonders beliebt. Trafen die schmalbrüstigen Studenten mit ihren wissenschaftlichen Führern nach langen Bahnfahrten in Ottobeuren, Öttingen, im Spessart oder gar in Niederbayern ein, hatten die örtlichen Verantwortlichen meist bereits schon beträchtliche Mengen von Rot-, Reh-, Gams- oder Schwarzwildbraten bereitgestellt.

Eine besondere Unterbrechung der alltäglichen kalorienarmen Nahrungsaufnahme auf Punkte der Lebensmittelkarten waren auch die auf meiner Studentenbude einmal im Monat von der Zimmerwirtin zelebrierten »Grießbrei-Orgien«. Dazu sammelte sie die pro Person wöchentlich zustehenden ½ Liter-Magermilchmarken und die tägliche karge Zuckerration von 8,5 Gramm. Zusammen mit dem vom Familienverband gestifteten Grieß auf Marken wurden diese Breiessen für mich zu einem unvergeßlichen Festtagsschmaus. Teller und Töpfe wurden immer bis zum letzten Breirest leer gekratzt.

Begierig griffen wir jetzt auf, was uns die in München erscheinende »Neue Zeitung«, die wiederbelebten Theater, das Kabarett, die Kinos oder auch der amerikanische AFN an Neuem zu bieten hatten.

Aufgewühlt verfolgte ich im provisorisch zusammengezimmerten »Theater am Brunnenhof« in der zerbombten Residenz das großartige Spiel von Ernst Deutsch in Lessings »Nathan der Weise«. Dort ging mir auch die Darstellung der Inge Langen in Anouilhs »Antigone« unter die Haut. Die zarte Maria Nicklisch war eindrucksvoll in den Kammerspielen in Jean Giraudoux's »Der Trojanische Krieg wird nicht stattfinden«. Thornton Wilders »Unsere kleine Stadt« gab den Blick auf den unbekannten Alltag in der amerikanischen Provinz frei. Heftig und kontrovers diskutierten wir Kriegsteilnehmer Zuckmayers beeindruckendes Zeitstück »Des Teufels General«.

Unvergeßlich geblieben sind mir auch die Auftritte von Ursula Herking, Erich Kästner, Bum und Hellmuth Krüger in der »Schaubude« in der Reitmorstraße. Es wurden Texte mit Tiefgang gesprochen und gesungen; es wurde großes Kabarett gespielt. Man konnte, wenn auch manchmal nur unter Tränen, wieder lachen.

Im kleinen Kino in der Nähe der Schulstraße war es im Winter 1946/47 und auch im Jahr danach noch üblich, zu den Vorstellungen ein Brikett oder ein Holzscheit mitzubringen. Dann spendete der Eisenofen mit dem langen Zugrohr bis zum Ende des Films die nötige Wärme. Anfangs waren nur Schwarz-Weiß-Filme zu sehen.

Die seit langem befürchtete Währungsreform im Juni 1948 brachte zunächst einen tiefgreifenden Einschnitt in die Lebensumstände eines Münchner Studenten. Der monatliche »Wechsel«, den ich von meinem Vater bis zu diesem Zeitpunkt erhalten hatte, belief sich auf 200 RM.

Die Mieten für preisgünstige Studentenbuden lagen niedrig; ich zahlte zwischen 25 und 35 RM. Diese Adressen wurden als »Geheimtips« wie Schätze gehütet. Allerdings mußten solche Zimmer über die Semesterferien hinweg weiterbezahlt werden. Die väterlichen Zuwendungen sollten aber noch für die obligatorischen Studien- und Semestergebühren reichen. Auch Verpflegung, Tram- und Eisenbahnfahrten und die allmählich zahlreicher werdenden »Lockungen der Großstadt« mußten bestritten werden. Dank der Wochenendfahrten nach Bad Reichenhall, wo Onkel und Tante im ländlichen Umfeld für zusätzliche Verpflegung und Instandhaltung der Wäsche sorgten, kam ich bei sparsamer Haushaltsführung ganz gut über die Runden.

Nach der Währungsreform kürzte mein Vater das monatliche Salär auf 150 DM. Schon deshalb stand ich – mehr noch als zuvor – unter dem heilsamen Zwang, das Studium zum nächstmöglichen Zeitpunkt abzuschließen. Was danach kommen sollte, war zunächst zweitrangig.

Das Vorexamen zur Diplom-Prüfung bestand ich am 15. Dezember 1947, das Zeugnis zum Diplom-Forstwirt wurde mir am 28. Juli 1949 von der Ludwig-Maximilians-Universität ausgehändigt. Beide Examina überstand ich zu meiner eigenen Überraschung ohne Nachprüfungen und mit gutem Erfolg.

Die Rückschau auf die Studienjahre 1945 bis 1949 im Nachkriegs-München umfaßt viele Facetten studentischen Lebens. Ich konnte nicht ahnen, daß mich das Auf und Ab des beruflichen Werdeganges von Ende 1949 bis Dezember 1951 und nochmals von Januar 1954 bis Juli 1963 wiederum in die Isarmetropole führen würde.

Auch wenn in den späteren Jahren München immer mehr »leuchtete«, so entwickelten sich doch die stärksten Bindungen an die Stadt in der Zeit unmittelbar nach der »Stunde Null«. Sie waren geprägt vom Wiederaufbau, durch besonderen menschlichen Zusammenhalt in schwierigen Zeiten und dem unerschütterlichen Glauben an eine bessere Zukunft.

Verfolgte unter der NS-Diktatur; Entnazifizierung

Rita Veras

Die offenen Tore von München[1]

Am 27.10.1945 fuhr Jork N. mit dem Zug in Warschau ab. Er konnte sich kaum noch auf den Beinen halten. Der Gedanke an Mieke und die Kinder hatten ihn am Leben gehalten. Jork N. kam aus Rußland. Charkow hieß seine letzte Station als deutscher Kriegsgefangener. Er hatte Glück gehabt, einen Rabbi zu treffen, der bezeugte, daß Jork Jude sei. Der Eingabe an Stalin folge das Unglaubliche: die Freiheit. Seelische Folterungen, Untergrundleben, der Mord an Verwandten und Freunden, KZ-Haft und russische Kriegsgefangenschaft konnten seine Sehnsucht nicht töten – eine Sehnsucht, die seiner Familie galt, die sich auf der Flucht befand.

Am 29.10.1945 schrieb er auf einen kleinen weißen Zettel »Posen, 36 Stunden unterwegs«. Stationen und Daten notierte Jork sowie Wörter und Zahlen, die für ihn Zukunft bedeuteten. Schreiben verlieh ihm Kraft. Am 2.1.1946 berichtete er seinem Schwager aus Berlin: *»Nach dem, was ich durchgemacht habe, ist es ein Wunder, daß ich überhaupt noch lebe. Aufgrund meiner Eingabe an Marschall Stalin wurde ich entlassen. Ich hätte gar nicht mitgenommen werden dürfen. Die Hauptsache ist, daß ich meine Lieben bald wieder habe, damit wir unserer Mama das danken können, was sie an uns getan hat, nämlich unser Leben zu retten. Jedenfalls werde ich Mieke eine Zukunft schaffen, die sie für die Kämpfe der Vergangenheit entschädigt. Jetzt stehen uns ja wieder alle Tore offen.«*

Jork traf seine Familie in Lippstadt wieder. Die offenen Tore, so entschied Mieke, sollten in München sein. Im Juni 1946 kam die Familie im DP-Lager in München an.

Im August 1946 beantragte Jork N. bei der amerikanischen Militärregierung in München seinen Führerschein. Die persönlichen Angaben der Zugehörigkeit zu NS-Organisationen konnte er alle mit »Nein« beantworten. Unter der Rubrik »Grund und Änderung oder Beendigung des Dienstverhältnisses« schrieb Jork: »Aus rassischen Gründen in KZ zur Vernichtung.«

Noch einmal bäumte er sich gegen körperliche und seelische Leiden auf. Jork N. begann seine Tätigkeit bei der Reichsbahn und wurde innerhalb von drei Monaten befördert.

Die Familie erlebte eine kurze Zeit des Glücks.

Das Ende von Jork's Zukunft begann mit seinem Zusammenbruch und der Einlieferung in das Krankenhaus für Überlebende des Holocaust an der Mühlbaurstraße. Am 10.12.1946 schrieb der Abteilungsarzt: *»Der Patient benötigt strenge Diät, unter anderem muß er stets Obsttage einschalten. Da im Krankenhaus keinerlei frisches Obst vorhanden ist, kann man vielleicht der Überbringerin dieses Schreibens, Frau N., einen Weg zeigen, auf dem sie frisches Obst erhalten kann.«*

Bei Jork wurden keine neu entzündlichen Erkrankungen festgestellt. Seine Krankengeschich-

Rita Veras
1942 in Breslau geboren; christlich-jüdisches Elternhaus. 1946 Flucht mit der Familie nach München. Erlernen des Berufs einer Verlagskauffrau, Arbeit als selbständige Fachkosmetikerin, zudem 20 Jahre lang im KfZ-Betrieb der Familie tätig. 10 Jahre lang aktives Mitglied eines Laienvolktheaters, Engagements unter anderem im »Platzl«. 1989 Umzug nach Hamburg, drei Jahre später nach Essen. Verheiratet, eine Tochter.

[1] Zur Erinnerung an meine Mutter, die am 4.8.1997 verstorben ist.

te begann mit der Zeit des »Dritten Reiches«. In der Nacht vor seinem Tod schrieb er: »Ich sterbe nicht gerne heute Nacht.«

Am 23. 3. 1947 starb Jork N. und liegt in München begraben.

Mieke N. beantragte für sich und die Kinder Rente aus der Sozialversicherung, auf Grund eines Gesetzes über die Behandlung der Verfolgten des Nationalsozialismus.

Vizepräsident M. erließ dazu folgenden Bescheid: *»Die Inhaftierung des Versicherten, deren Dauer und Ursache, konnte durch amtliche Unterlagen nicht nachgewiesen werden. Es ist anzunehmen, daß Jork N. während dieser Zeit in seinem Berufe als Spediteur Verwendung fand und auch entsprechend entlohnt wurde. Der Charakter einer Zwangsarbeit ist somit nicht gegeben.«*

München war für die Familie N. trotzdem eine Zufluchtstätte geworden. In der Stadt wohnten Gleichgesinnte, die Menschen hatten überlebt, und bald nach dem Krieg sah man auch die wunderschöne Umgebung mit ihren Bergen und Seen wieder mit anderen Augen.

Um die Familie zu ernähren, arbeitete Mieke N. im »Control Center« der Luitpold-Kaserne im Büro. An den Wochenenden fuhr sie in umliegende Dörfer und versuchte durch Arbeit auf dem Bauernhof, Nahrung zu bekommen. 1948 erlernte Myriam, die älteste Tochter von Mieke und Jork N., im jüdischen Krankenhaus den Beruf der Säuglingsschwester, der Sohn Ernst begann die Lehre als Automechaniker. Die zwei jüngeren Geschwister, Regina und Hannah, besuchten kurze Zeit die »Hebrew Primary School Munich«, dann wechselten sie zur katholischen Volksschule an der Versailler Straße.

Das Wirtschaftswunder begann für die Familie N. mit der Erfüllung von Wünschen auf Ratenzahlung.

Die 5-Zimmer-Wohnung wurde mit Möbeln eingerichtet, monatlich dafür die Raten bezahlt. Wintermäntel wurden gekauft, natürlich auf Raten. Die Schuhe für 30 DM bezahlte man mit 5 DM wöchentlich ab. Sogar beim Milchmann und bei Frau Stocker aus der Bäckerei J. ließ man anschreiben. Ehrenschulden, die immer pünktlich beglichen wurden. Man hatte keine Zeit mehr, auf Luxus zu warten, alles sollte schnell, möglichst gleich zur Hand sein. Die Gehälter waren schon im voraus verplant. Alle Kinder mußten, sobald sie etwas verdienten, davon zu Hause Geld abgeben. Mieke vermietete ein Zimmer an jüdische Besucher aus den USA und Israel, die jeweils nur einen kurzen Besuch in München machten. Das bescherte der Familie ab und zu die saftigsten Orangen aus Jaffa. Das absolute Wunder aber war der Erwerb eines Renault – durch Ernst. Der Kfz-Fachmann kaufte das Auto gebraucht, billig und – natürlich auf Raten. Das München der Nachkriegsjahre verhieß Aufbau um jeden Preis. Auf einmal gab es wieder etwas zum Verdienen.

Noch verstanden sie alle nicht, was hinter ihnen lag. Aber sie wollten mitschwimmen in dem Strom und nicht mehr entbehren. Man lieh sich Bücher aus der Bücherei an der Ecke, ein Stempel auf der letzten Seite und 30 Pfennige bezahlt, schon konnte man eine Woche lesen. Das Kino gleich nebenan kostete nicht allzuviel. Dafür gab es die herrlichsten Träume.

Mit dem Renault, einer Thermosflasche Kaffee und Margarine-Broten machte Familie N. Rast am Gardasee und fuhr sogar bis an die Adria. Entbehrungen vergessen, Verheißungen glauben und kein Ende der Spirale wahrnehmen wollen, lautete die Devise.

Die Zukunftspläne der Familie N. lagen im weiß-blauen München.

Echte Münchner erlebten das Wirtschaftswunder etwas früher als »Zuagroaste«. Nach dem Jahr 1955 erreichte das Wirtschaftswunder aber auch die Familie N. Es wurden keine Ratenzahlungen mehr getätigt, und auch sonst konnte sie gut leben.

Woher ich das weiß? Jork war mein Vater.

Gertraud Feinstein

»Der Tag, an dem ich meine deutsche Unschuld verlor«

Endlich kam die Straßenbahn in Sicht, keuchte schwerbeladen mit Fahrgästen heran, die Ende Mai 1945 nicht nur jeden Zentimeter des Wageninnern ausfüllten, sondern sogar wie Trauben an den Trittbrettern hingen oder zwischen den Wagen auf Puffern und schwankenden Verbindungsschläuchen saßen. Eine größere Menschenmenge, unter ihnen auch ich, hatte schon seit geraumer Zeit geduldig auf die Straßenbahn der Linie 8 gewartet, die erst seit ein paar Wochen in Betrieb war. Sie verkehrte zwischen Nicolaiplatz und Boschetsrieder Straße und verband die durch Bombenangriffe besonders zerstörten Stadtteile Schwabing und Neuhausen, um anschließend ins weniger betroffene Sendling zu fahren.

Fest hielt ich die alte, abgegriffene Schultasche unter den Arm geklemmt, die die über Monate hinweg gesammelten Zigaretten enthielt. Für unsere Familie waren sie entbehrlich, mich sollte aber ihr hoher Tauschwert einem lang gehegten Traum näher bringen: Einem selbstgestrickten Badeanzug, mit dem ich an heißen Sommertagen in der Isar schwimmen und anschließend am steinigen Ufer in der Sonne liegen wollte. Diese Vorstellung schwebte mir beim Einsteigen in die Tram vor Augen, während ich schob und geschoben wurde. Als sich die Haltestelle Rotkreuzplatz nach dem Klingelzeichen langsam entfernte, durchfuhren wir die Häuserruinen und die sich auftürmenden Schuttberge – ein alltäglicher Anblick in unserem Wohnviertel wie auch in vielen anderen Stadtteilen. Trotzdem empfand ich ein unbeschreibliches Glück, die Bombenangriffe der Jahre 1944 und 1945 und alle anderen Gefahren des Kriegs unbeschadet überstanden zu haben. Meine Eltern und beide Schwestern waren mir erhalten geblieben, nichts hatte sich, was unsere engste Familie betraf, durch den Krieg verändert.

Auf einem der Sitzplätze sah ich einen kahlgeschorenen Mann in einem grünen Buch lesen. »Wie seltsam«, dachte ich, »daß es hier einen Menschen gibt, der sich durch die Unruhe um ihn herum, durch das dauernde ›Bitte einsteigen‹, ›Bitte aussteigen‹, ›Bitte nachrücken‹ und all die Menschen im Wagen nicht von seinem Buch ablenken läßt, nicht einmal von der Zerstörung, die sich bei einem Blick durchs Fenster nach draußen bietet.« Kreisten die Gedanken dieses Mannes nicht, wie bei allen anderen, ausschließlich um die Hauptthemen Essen, Kleidung, Unterkunft? Die Befriedigung dieser lebenswichtigen Grundbedürfnisse ließ bei den meisten Menschen zum jetzigen Zeitpunkt die Beschäftigung mit geistigen Themen in den Hintergrund treten. Während ich das grüne Buch in der Hand seines Lesers unverwandt anstarrte, dachte ich gleichzeitig an meine eigenen Bücher zu Hause und an die vielen aus meines Vaters Bücherschrank, die ich seit früher Kindheit und Jugend gelesen und liebgewonnen hatte. Sie weckten meine Neugierde für fremde Länder und Menschen, sie ließen mich in eine heile Welt eintauchen oder zeigten mir die grausamen Seiten des Lebens auf. Sie waren es, die mich der Realität enthoben und in eine andere Welt entführt hatten, besonders in den Zeiten des Kriegs. Ging es dem Leser des grünen Buchs ähnlich wie mir?

»Bitte nachrücken« ertönte es jetzt erneut nach dem Passieren einer weiteren Haltestelle, und diesmal kam ich nun direkt neben der Sitzbank

Gertraud Feinstein
1926 in München geboren, Abitur, Sprachenschule München (Sprachdiplom in englisch und russisch). Seit 1949 im elterlichen Baugeschäft tätig. 1951 Heirat mit Jakob Ben Zion Feinstein, 1952 Auswanderung nach den USA, 1956 Geburt des Sohnes Elias. 1970 Rückkehr nach Deutschland, Ausbildung als Erzieherin, 1974 bis zur Pensionierung 1991 an der Rudolf-Steiner-Schule tätig. 1986 Tod des Ehemannes.

des Lesenden zu stehen. Ich neigte meinen Kopf schräg und konnte den Titel des Buches erkennen: »Der grüne Heinrich« von Gottfried Keller. Er war es also, der das ungeteilte Interesse des Mannes in abgenutzter, blaugrauer Fliegeruniform fand. Er war wohl ein deutscher Heimkehrer aus irgendeinem Gefangenenlager, ein Mensch auf der Suche nach seiner Familie, nach seinem Haus und nach menschlicher Nähe – so ging es mir durch den Kopf. Kaum hörte ich die an mich gerichteten Worte: »Setzen Sie sich bitte, Fräulein!«, während eine dünne Hand auf den freien Platz neben ihm wies. Als ich zögerte, wiederholte der Mann seine Aufforderung, und diesmal gab ich der Bitte nach und setzte mich. Vorsichtig kam ein Gespräch in Gang, in dessen Verlauf ich auf die mir gestellten Fragen nur mit »ja« oder »nein« antwortete. Es stellte sich bald heraus, daß wir dasselbe Ziel hatten. So standen wir an der Endstation auf dem Gehweg, ein jeder von uns einen Zettel mit einer Adresse in der Hand, unschlüssig, in welche Richtung wir gehen sollten. Wir beschlossen, uns gegenseitig bei der Suche nach der angegebenen Straße und Hausnummer zu helfen. Zuerst sollte ich als gebürtige Münchnerin ihn, den Fremden, zu seinem Ziel führen, worauf er mich zu meiner gewünschten Adresse begleiten wollte.

Nach einigen gemeinsamen Schritten hielt der Mann plötzlich inne, wandte sich mir zu und fragte mich: »Kennen Sie einen Juden, wissen Sie, wie ein Jude aussieht?« Bestürzt und verunsichert durch diese, wie mir schien, absurde und zusammenhanglose Frage antwortete ich zaghaft: »Nein, ich kenne keinen Menschen, der Jude ist, und wüßte auch nicht, woran ich einen solchen erkennen sollte.« Während ich für mich eine Erklärung suchte, warum mir ein Fremder solche unnötigen und beunruhigenden Fragen stellte, stieg in mir eine unerklärliche Angst auf, besonders als der Mann fortfuhr: »Ich bin ein Jude, schauen Sie mich genau an, damit Sie wissen, wie ein Jude aussieht.« Ich starrte ungläubig in das Gesicht des Mannes, während sein durchdringender Blick fragend und zugleich leicht zynisch auf mich gerichtet war.

In mir stieg eine schreckliche Erinnerung aus dem Jahr 1938 auf, als ich an der Hand meiner Mutter vorsichtig über die Scherbenhaufen eingeschlagener Schaufensterscheiben stieg. SA-Männer jagten verängstigte, klagende Menschen und schrien ihnen wüste Beschimpfungen nach: »Drecksjuden, wir werden es Euch schon noch zeigen!«. Aber schon wurde diese Szene durch die Erinnerung an ein kleines, fünfjähriges Mädchen aus der Nachbarschaft weggewischt, die Freundin meiner jüngeren Schwester. Sie spielte gern mit dem blassen, ärmlich gekleideten Kind in unserer elterlichen Wohnung, doch plötzlich kam das Mädchen nicht mehr zu Besuch. Unsere Eltern erzählten, daß die kleine Edith Weinberg mit ihrer Familie weggezogen sei. Und schon stürmte die nächste Erinnerung auf mich ein, als ich an die prahlerischen Reden eines jungen Lümmels dachte, der im politischen Unterricht im Frühjahr 1944 von der Vernichtung und Ausrottung des »Staatsfeindes Nr. 1«, des »Ungeziefers« Jude tönte.

Sollte zwischen diesen, mich damals persönlich nicht betreffenden und daher verdrängten Geschehnissen und diesem Menschen hier, der behauptete, ein Jude zu sein, ein Zusammenhang bestehen? – Ganz bestimmt nicht, so hoffte ich jedenfalls; sah er doch aus wie jeder andere Mensch. Zudem trug er eine ausgemusterte deutsche Uniform und sprach ein fehler- und akzentfreies Deutsch. Was ich jedoch beim Weitergehen von dem Mann erfuhr, schockierte mich zutiefst.

Sein geordnetes und ruhig verlaufendes Leben mit Frau und Kindern, Verwandten und Bekannten in einer Kleinstadt in Litauen nahe der deutschen Grenze war durch den Beginn des Zweiten Weltkriegs jäh unterbrochen worden. Bald wurde er inhaftiert. Zusammen mit anderen Angehörigen der sogenannten gefährlichen Intelligenzia – Rechtsanwälte, Ärzte und Geschäftsmänner – war er ins Gefängnis gekommen, wo Hunger, Prügel und Beschimpfungen die Tage bestimmten. Er berichtete über zwei Jahre Ghettoleben, wo er mit seiner Frau, den Kindern und Schwiegereltern in einem Zimmer zusammengepfercht lebte. Er selbst war täglich unter Lebens-

Familie Feinstein in Litauen, ca. 1910. Jakob Ben Zion neben seiner Mutter, stehend

gefahr unterwegs, um das Nötigste für die Familie zu beschaffen. Tag und Nacht schwebte die Angst vor Aushungerung und Liquidierung über ihnen. Letztere wurde seit 1941 systematisch durchgeführt, wobei vor allem alte, arbeitsunfähige Menschen und Kinder betroffen waren. Er berichtete weiter über den Verlust seiner Frau, seiner Kinder und Schwiegereltern, die er eines Abends, als er von der Arbeit heimkam, nicht mehr vorfand. Sie waren mit vielen anderen Unglücklichen während des Tages zusammengetrieben und in einem nahen Wald erschossen worden.

Der Mann versuchte, seine tiefe Verzweiflung, die grenzenlose Wut und Ohnmacht seinem Schicksal gegenüber in Worte zu fassen. Er erzählte, wie er seinem damaligen Wunsch nach Rache und Tod nachgeben wollte, wie er tagelang getobt und geschrien hatte und schließlich schwer erkrankt ist. Nach seiner Genesung wurde das Ghetto aufgelöst. Mit Hunderten arbeitsfähiger, junger Männer wurde er ins KZ Stutthof bei Danzig verfrachtet, um dort beim Bau von Baracken und Zäunen mitzuarbeiten.

Im August 1944 wurden die noch gesunden Häftlinge des KZ Stutthof in einer dreitägigen Odyssee in verschlossenen Viehwaggons, ohne Verpflegung und nur mit wenig Wasser, nach Süddeutschland gebracht. Keiner von ihnen wußte, wohin die Reise führte, bis sie endlich halbverhungert im KZ Dachau ankamen. Von dort aus wurden sie in verschiedene Außenlager

Unterkunft für die KZ Gefangenen des Außenlagers Utting/Ammersee

Jakob Ben Zion Feinstein mit Familie. Frau und Kinder wurden am 10. September 1941 erschossen.

verteilt, z.B. nach Utting, Kaufering, Landsberg, Allach, Germering. Der Mann kam nach Utting, ein kleines Lager, wo jedoch die gleichen unmenschlichen Bedingungen herrschten wie im KZ Dachau. Er mußte zusammen mit den anderen Häftlingen in einer riesigen Zementfabrik der Firma Leonhard Moll schwere Säcke auf dem Rücken zur Kleinbahn schleppen, Gräben für Elektromasten ausheben, und das alles im Eiltempo, angetrieben von Schlägen und Flüchen, mit leerem Magen, bei Kälte und Schnee und in völlig unzureichender Kleidung. Am Morgen und spät am Abend bei der Rückkehr ins Lager mußten sie endlos auf dem Appellplatz stehen, bevor sie in ihre Erdunterkünfte abtreten durften, um dort die Wassersuppe mit einem Stück Brot hinunter zu schlingen und mit der täglichen gegenseitigen Entlausung zu beginnen.

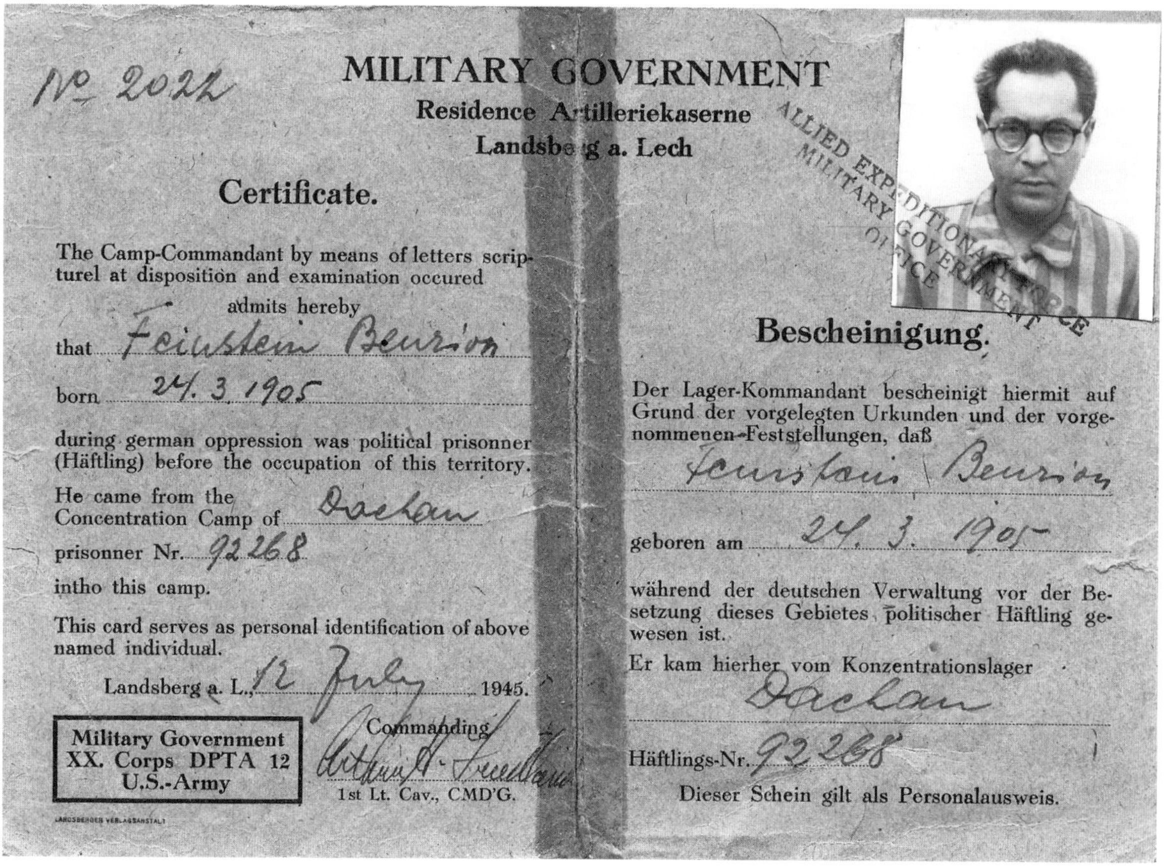
№ 2022

MILITARY GOVERNMENT
Residence Artilleriekaserne
Landsberg a. Lech

Certificate.

The Camp-Commandant by means of letters scriptural at disposition and examination occured admits hereby
that Feinstein Benzion
born 24. 3. 1905
during german oppression was political prisonner (Häftling) before the occupation of this territory.
He came from the Concentration Camp of Dachau
prisonner Nr. 92268
intho this camp.
This card serves as personal identification of above named individual.
Landsberg a. L., 12 July 1945.
Commanding
1st Lt. Cav., CMD'G.

Military Government
XX. Corps DPTA 12
U.S.-Army

ALLIED EXPEDITIONARY FORCE
MILITARY GOVERNMENT
OFFICE

Bescheinigung.

Der Lager-Kommandant bescheinigt hiermit auf Grund der vorgelegten Urkunden und der vorgenommenen Feststellungen, daß
Feinstein Benzion
geboren am 24. 3. 1905
während der deutschen Verwaltung vor der Besetzung dieses Gebietes politischer Häftling gewesen ist.
Er kam hierher vom Konzentrationslager
Dachau
Häftlings-Nr. 92268
Dieser Schein gilt als Personalausweis.

Bestätigung der Militärregierung, daß Jakob Ben Zion Feinstein während der NS-Zeit politischer Häftling in Dachau gewesen war.

Etwa eine Woche vor Kriegsende hörten die Häftlinge mit Zweifel und Hoffnung das Gerücht, daß die Amerikaner nicht mehr allzu fern seien. Das Lager wurde kurz darauf tatsächlich geräumt, die Gefangenen zu Fuß nach Dachau getrieben und von dort, zusammen mit anderen Überlebenden auf den sogenannten Todesmarsch in Richtung Alpen gehetzt. Nach tagelangem Marsch bei Kälte und Regen und nach Nächten in verschneiten Wäldern wurden sie schließlich von den Amerikanern gefunden und befreit.

Das Herz krampfte sich mir bei dieser unfaßbaren Geschichte zusammen. Wahrscheinlich entsprang das alles nur einem kranken Gehirn, oder ich hatte geträumt, aber der Mann hörte nicht auf zu reden. Kurz bevor wir bei seiner Adresse ankamen, verriet er mir das Ziel seiner Fahrt: Er wollte mit Hilfe gesammelter Lebensmittelmarken die verhaßte Fliegeruniform, die aus Beständen der ehemaligen SS-Junker-Schule in Bad Tölz stammte, loswerden und durch einen Zivilanzug mit Hemd und Schuhen ersetzen. Er wollte, wie er sagte, langsam wieder, und sei es auch nur äußerlich, ein Mensch werden.

Auf ein Klingelzeichen öffnete sich zaghaft eine Wohnungstür. Ein schweigsamer älterer Herr führte uns in eine bescheidene Wohnung, und bald erschien seine verhärmte Frau mit verschiedenen Kleidungsstücken ihres gefallenen Sohnes auf dem Arm. Ein kompletter Anzug samt Zubehör wurde gegen einen Packen Lebensmittelkarten ausgetauscht, und eine um ihren Sohn weinende Mutter begleitete uns zur Tür. Auch mein Tauschgeschäft verlief befriedigend, nur kam bei mir nun keine Freude mehr über die Baumwolle in meiner Ledertasche auf. Meine Gedanken waren zu sehr mit dem beschäftigt, was ich von dem Mann – gegen meinen Willen – erfahren hatte. War es wahr? War es nicht wahr? – Ich hoffte von ganzem Herzen, daß es nicht wahr sei, denn ich wollte das Gehörte so schnell wie möglich vergessen und in meine gewohnte, behütete Welt zurückkehren. Alles sollte so bleiben, wie es bisher war, außer den zerstörten Städten und dem permanenten Hunger natürlich.

»Sie schweigen, Sie glauben mir meine Geschichte nicht«, hub der Mann von neuem an. *»Ich kann Ihnen beweisen, daß ich Sie nicht belogen habe, wenn Sie mich nachmittags in der ehemaligen Flakkaserne in Freimann besuchen. Ich erwarte Sie um drei Uhr an der Haltestelle Freimann, denn alleine werden Sie den Weg nicht finden.«*

Kein Wort wurde weiter gesprochen, auch nicht auf der Heimfahrt mit der Tram. Ohne Abschiedsgruß stieg ich aus und eilte nach Hause. Innerlich hatte ich jedoch bereits beschlossen, nach Freimann zu fahren.

Als ich zu der genannten Uhrzeit in Freimann ankam, ahnte ich nicht, daß mit dieser Fahrt mein bisher geführtes Leben endete, und ein neuer, unbekannter Weg an der Seite dieses Mannes beginnen sollte.

Geblendet von der hellen Mittagssonne trat ich in einen völlig dunklen, breiten Gang, in dem ich nur schemenhafte Gestalten, die sich langsam bewegten oder auf dem Boden lagen, erkennen konnte, während mir ein widerlicher Fäulnisgeruch in die Nase stieg. Überlagert wurde die Szene von Schmerzens- und Klagelauten, aber auch Beschimpfungen und Verwünschungen hallten mir entgegen. Ich folgte dem Mann wie unter Hypnose eine Treppe hinauf, deren Stufen von zahlreichen elenden Gestalten besetzt waren.

Ein freundliches: »Kummt herein, Fräulein, setzt sach« (jiddisch: Setzen Sie sich!) der beiden anwesenden Frauen erleichterte mir den Eintritt in den kahlen Raum, in dem es außer vier eisernen Bettgestellen nur noch einen nackten Tisch und vier Stühle gab. Der Mann – längst hatte ich begriffen, daß er mich mit seiner erschütternden Geschichte nicht belogen hatte – stellte sich nun selbst und seine beiden Cousinen namentlich vor. Das bewog mich, auch mich selbst vorzustellen. Sie fragten mich, wo ich die Kriegsjahre verlebt hätte und ob ich wüßte, was im KZ Dachau und in vielen anderen Lagern geschehen sei. Mein »Nein«, obwohl ehrlich, klang ziemlich kläglich. Ein Gefühl des Selbstzweifels begann von mir Besitz zu ergreifen. Wußte ich wirklich nichts? – Eine Erinnerung drang an die Oberfläche meines Bewußtseins. Ich dachte an die fröhlichen, unbeschwerten Radtouren mit meiner älteren Schwester hinaus ins idyllische Dachauer-Land. Nach einem erfrischenden Bad in der Amper erklommen wir den Schloßberg, hielten uns im Park auf und zeichneten das Schloß. Getrübt wurde dieses Vergnügen nur bei der Hin- und Rückfahrt, die entlang eines hohen Stacheldrahtzaunes verlief. Hinter dem Zaun sahen wir zwischen endlosen Barackenreihen Gestalten in gestreifter Sträflingskleidung. Was war an jenem Ort über die Jahre vor sich gegangen? Unsere Eltern, danach befragt, hatten uns eindringlich gebeten, die Nähe des Zauns zu meiden und unter keinen Umständen Kontakt zu einem Häftling aufzunehmen. Wir befolgten dieses Gebot, das uns gewiß vor etwas Schlimmem schützen sollte.

Jetzt beobachteten mich drei traurige, forschende Augenpaare, während ich langsam die mir angebotenen Butterbrote aß – eines nach dem anderen. Ich wollte nie damit aufhören, nicht nur wegen des Hungers, sondern auch um nichts sagen zu müssen. Nämlich daß wir nichts wissen wollten, von dem wir wußten, daß wir es wissen sollten. Daß wir von unseren Eltern, Lehrern und Verwandten genaue Information hätten fordern müssen, daß wir auch entgegen den Verboten die Hetzparolen in den »Stürmer«-Kästen eines Herrn Streicher gegen den »Staatsfeind Nr. 1, die Juden« hätten lesen sollen, um ihre Unwahrheit zu erkennen. Noch kannte ich weder Einzelheiten noch das Ausmaß der Verbrechen, die Deutschland und seiner Ex-Führung zur Last gelegt werden sollten. Der einst vielbewunderte, geliebte, aber auch gehaßte »Führer« hatte Millionen Menschen um ihr Leben betrogen; der »Führer«, dem ich in Kindertagen auf Geheiß der Großmutter auf dem Obersalzberg ein Gedichtchen aufsagte, während er mir liebevoll seine Hand auf den Kopf legte. Das Gedicht lautete:

»Ich bin ein deutsches Mädchen,
Will werden deutsche Frau,
Weil ich auf Adolf Hitler
Und auf sein Werk vertrau'.

Darf grüßen heut' den Führer,
Der Deutschland neu erschuf,
Darf ihm auch Blumen bringen
Und folgen seinem Ruf.

Will jeden Abend beten,
Daß Gott ihn lang' erhält,
Und unser liebes Deutschland,
Über alles in der Welt.«

Nein, seit heute, seit diesem schicksalhaften Tag, stimmte das nicht mehr. Tränen der Wut und der Scham stiegen in mir hoch: Wut, weil ich meines, wie ich geglaubt hatte, ehrenhaften Vaterlands beraubt worden war, Scham vor den Menschen, denen durch mein Vaterland so unbeschreibliches Leid und Unrecht angetan worden war. Es waren Menschen, deren Gast ich trotz aller Geschehnisse sein durfte und die ich bis zu ihrem Lebensende auf einem steinigen Weg begleiten sollte. Denn nach Jahren der Bekanntschaft wurde ich die Frau des Mannes, den ich einst auf einer Straßenbahnfahrt vertieft in seinem Buch »Der grüne Heinrich« lesen sah.

Jakob Ben Zion Feinstein Monate nach der Befreiung neben den Kleinbahngleisen, auf denen die Gefangenen Zement in Kleinwagen für die Firma Moll befördern mußten.

BEA GREEN

Das verlorene Zuhause

(Bearbeitetes Interview)[1]

F: Sie mußten als Kind aus Deutschland emigrieren und sind durch den »Kindertransport« nach England gekommen. Damals waren Sie 14 Jahre alt. Sechs Jahre nach Kriegsende, 1951, haben Sie zum ersten Mal wieder München besucht. Wie ist Ihnen dieser Besuch in Erinnerung geblieben?

A: Ich war 26 Jahre alt und bin mit einer Gruppe von Architekturstudenten gekommen. Ich selbst habe nicht Architektur studiert, sondern Sprachen unterrichtet. Ich war neugierig, wie diese Stadt auf mich wirken würde. Bei unserer Ankunft trafen wir auf einige Journalisten, die mit uns sprechen wollten. Man hat mich interviewt und alle möglichen Sachen gefragt. Ich kann mich noch gut erinnern, was ich damals gesagt habe: Daß es mich sehr beeindrucken würde, wieviel schon wieder gebaut ist. Bei uns in London ist es ein bißchen langsamer gegangen. Die Leute hier haben sich über die schlimmen Zerstörungen beklagt – so lange, bis ich gefragt habe: »Ja, wer hat denn eigentlich angefangen?« Alles hat man in der Reportage über unseren Besuch geschrieben, nur den letzten Satz nicht. Das hat mich damals geärgert. Ich habe auch eine Dame getroffen, die Frau eines Kollegen meines Vaters. Sie meinte: »Ja, siehst Du, am End' hast Du noch Glück gehabt, daß Du weggekommen bist.« Das hat mich schockiert, aber ich habe mich nicht getraut, etwas zu sagen.

BEA GREEN
1925 in München geboren und zur Schule gegangen. 1939 mit einem »Kindertransport« nach England emigriert. Besuch der Universität in London, später Tätigkeit als Lehrerin, ab 1954 in der Filmbranche; mehrjährige Auslandsaufenthalte in Peru und Ceylon. 1960–1986 Dozentin am Polytechnikum in London, zudem in der Stadtverwaltung von 1976–1995. Seit 1956 verheiratet, drei Söhne, zwei Enkel.

Auf der Terrasse am Walchensee; Bea Green geb. Siegel unten sitzend, 1929

Meinen früheren Kinderarzt habe ich getroffen, Dr. Spanier. Er war Arzt in Theresienstadt gewesen und hat den Krieg überlebt. Ich hatte ihn als riesengroßen Menschen und dick in Erinnerung. Jetzt war er auf einmal ganz dünn, nur der Kopf war noch groß. Er hat mich mit offenen Armen begrüßt und fast geweint. Er sagte: »Beate, mein Säugling.« Er hatte mich auf die Welt geholt.

Ja und dann sind wir nach Walchensee gefahren, dem ehemaligen Ferienort unserer Familie. Zehn oder zwanzig Jahre habe ich mich immer nach Walchensee gesehnt. München, das war halt meine Stadt, aber Walchensee, da war ich zu Hause. Ich habe jeden Kieselstein gekannt, weil ich dort sechs Monate in die Schule gegangen bin. Als Kind hatte ich Keuchhusten, und Dr. Spanier meinte, ich müßte deswegen in die Berge. Ich blieb also in Walchensee. Ich bin

[1] F = Frage; A = Antwort.

Das »Häusl« am Walchensee

jeden Tag in die Schule gegangen. Ich war eine der jüngsten. Unser Lehrer, an dessen Namen ich mich nicht mehr erinnere, war ein Nazi – schon vor der »Machtergreifung«. Ich habe mich ein bißchen vor ihm gefürchtet und alles sehr gut gemacht, damit er mich nicht schlägt. Er hat nämlich alle Kinder geschlagen. Wie gesagt, wir sind also 1951 nach Walchensee gefahren. Wir sind über Einsiedl gekommen, fuhren um die Ecke, und dann sah ich den Walchensee. Kurz vorher hatte der Fahrer jemanden in unserem Auto mitgenommen. Das hat mich eigentlich gestört. Ich wollte nämlich ganz allein für mich sein und merken, wie mir das zu Herzen geht. Es ist mir auch zu Herzen gegangen. Aber das habe ich allein mit mir selbst ausmachen müssen. Ich bin überall hingegangen, auch zu dem Häusel, in dem wir gewohnt haben, das nun einem Herrn Dr. K. gehörte. Der hatte es von meinem Vater gekauft, damals als die Gestapo gesagt hat: »Entweder wir brennen es Euch über Eurem Kopf ab oder Ihr verschwindet.« Angeblich sollte Baldur von Schirach einziehen. Mein Vater hat es im letzten Moment billig verkauft. Er hätte es nach dem Krieg zurückbekommen können, aber weil Herr Dr. K. ein anständiger Herr war und seine Frau Jüdin, hat er darauf verzichtet. Das Ehepaar K. war furchtbar nett zu mir. Ich sollte aus dem Haus etwas mitnehmen. Irgendwie konnte ich es nicht. Ich habe gedacht, besser so. Besser es ist abgeschlossen.

F: Hatten Sie denn in München auch Heimatgefühle, so wie in Walchensee?

A: Ich glaube, ich war zwischen Lachen und Weinen. Ich war erstaunt, an wieviel ich mich erinnern konnte. Es war irgendwie heimisch; andererseits war ich eine Ausgewiesene. Ich weiß nicht, ob ich traurig war oder Freude empfunden habe. Ich war ja mit anderen Studenten da. Die sprachen nicht deutsch. Ich war also verantwortlich, mußte mich um sie kümmern. Es war halt mein München, meine Stadt. Als wir am Hauptbahnhof angekommen waren, war ich müde. Irgendwie war es wie eine Erlösung, angekommen zu sein. Es war wieder ein Ankommen. Aber es war keine Heimat mehr; ich war wie zu Hause, aber es war nicht mehr das Zuhause. Aus diesem bin ich auf fast biblische Weise vertrieben worden.
Als ich 1983 einmal mit meinem Mann hier war, sind wir in eine Gaststätte in der Innenstadt gegangen. Es hat so schön gerochen, so wie zu Hause, so wie in der Kindheit. Also den Geruch, den bekommen Sie nie wieder, nirgendwo in der Welt, nicht einmal in anderen Städten Deutschlands. Das ist München, das sind Weißwürste, das ist Sauerkraut und abgebrannter Leberkäs' oder was weiß ich. Und da habe ich Würstel mit Kartoffelsalat gegessen und habe geweint. Mein Mann fragte: »Was ist los?« Ich habe gesagt: »Ich weiß nicht.« Nach fünf Minuten meinte er: »Fertig?« Und ich habe gesagt: »No.« Ich weiß heute noch nicht, habe ich wegen der Weißwürste geweint, habe ich wegen dem verlorenen heimischen Geruch geweint? Das ist so tief in mir. Ich habe es nie entdeckt. Ich habe meiner besten Freundin in London davon erzählt. Sie kommt aus Wales. Sie sagte: »Yes, we have a word for that feeling in Welsh: hiraeth.« Das ist eine Art Heimweh, ein Schmerz über einen nicht mehr rückgängig zu machenden Verlust.

F: Hatten Sie denn Haß- oder Wutgefühle?

Emigration nach England in der Nacht vom 28. auf den 29. Juni 1939, Bea Siegel rechts.

A: Haßgefühle habe ich eigentlich nie gehabt. Wütend war ich und enttäuscht, irgendwie auch traurig. Als ich zum Beispiel die Prinzregentenstraße entlang gegangen bin und zu dem Haus kam, wo meine Freundin Liselotte Schwarzschild früher gewohnt hat – da war kein Name mehr da. Sie war verschollen. Das hat einen traurig gemacht. Es hat aber auch einige äußerst anständige und gute Menschen in München gegeben, die nicht nur keine Nazis waren. Sie konnten halt nichts tun, aus Furcht. Sie haben Angst gehabt.
Ich habe lange Zeit Wut darüber empfunden, daß man mir etwas weggenommen hat. Doch je älter ich wurde, desto mehr imponierte mir München. Ich war später noch mehrmals mit meinem Mann hier, 1983 wurde ich vom Oberbürgermeister eingeladen. 1988 kam ich mit einer Gruppe von Magistraten nach München. Jedes Mal hat mir die Stadt so gut gefallen. Ich dachte mir, hier lebt's sich wirklich gut. So hätte ich leben können. Hier hätte ich vielleicht Anwältin sein können oder irgendetwas anderes. Das hat man mir weggenommen; man hat mich meiner wirklichen Heimat beraubt.
Ich habe damals, 1951, eine Dame getroffen, die meinte, ich sei Engländerin. Sie beklagte sich bei mir über die Behandlung ihres Mannes, der Nazi gewesen war. Man hätte ihn nicht fair behandelt. Was ich davon halten würde? »Nix«, habe ich gesagt. Ich dachte, es geschieht ihm recht. Ich hatte das Gefühl, wenn er wirklich ein Nazi gewesen ist, dann macht's mir nichts aus, wenn er leidet. Da habe ich kein Problem. Vielleicht ist das Haß, ja vielleicht.

F: Wurden Sie bei Ihren Aufenthalten auf Ihre persönliche Lebensgeschichte angesprochen?

A: Die jungen Menschen, die ich getroffen habe, wollten schon etwas wissen. Sie erzählten, daß die Eltern nicht reden wollten. Heute ist das oft auch noch so: Gestern z.B. war ich bei deutschen Freunden in München. Sie sind jünger als ich. Die haben genau gewußt, warum ich dieses Mal in München bin – wegen des Zeitzeugengesprächs. Nicht mal die haben mich gefragt. Ich glaube, die Menschen genieren sich. Die Leute haben entweder Angst vor sich selbst oder vor dem, was sie damals getan oder nicht getan haben. Sie wollen das nicht wieder darlegen. Es ist zu schwer. Ich denke, die Leute haben erst einmal an ihrem Stolz gelitten. Viele haben sich geschämt – wie ein kleines Kind, das man schimpft. Das legt sich hin und versteckt sein Gesicht. Ich glaube, die Menschen haben, indem sie nicht über die Vergangenheit geredet haben, irgendwie ihr Gesicht versteckt. Diejenigen, die reden konnten, haben alles versucht, um ihren Stolz wiederzubekommen: Wir haben einigen Juden doch einmal Brot gegeben, ehe sie weggekommen sind. Doch sie konnten nicht einmal sagen, daß diese Juden in Zügen wegtransportiert worden sind. Das müssen doch viele gewußt, sogar gesehen haben. Damit haben sie sich nicht konfrontieren können; sie haben sich geschämt und deshalb haben sie nicht gesprochen. Und dann haben sie vielleicht Witze gemacht, sie haben manchmal gelächelt darüber: »Ja, das war scho' so a Zeit!« – damit alles nicht so stark an sie herankommt.

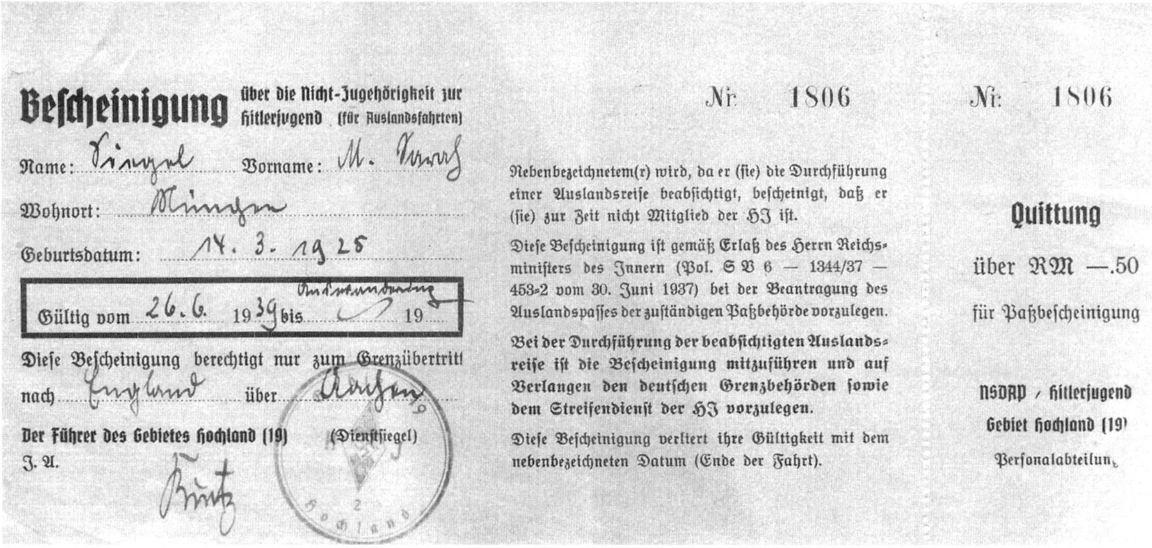

Bescheinigung über die Nicht-Jugehörigkeit zur Hitlerjugend (für Auslandsfahrten)

Name: Siegel Vorname: M.

Wohnort: München

Geburtsdatum: 14. 3. 1928

Gültig vom 26.6. 1939 bis 19

Diese Bescheinigung berechtigt nur zum Grenzübertritt nach England über Aachen

Der Führer des Gebietes Hochland (19) (Dienstsiegel)

J. A.

Nr. 1806

Nebenbezeichnetem(r) wird, da er (sie) die Durchführung einer Auslandsreise beabsichtigt, bescheinigt, daß er (sie) zur Zeit nicht Mitglied der HJ ist.

Diese Bescheinigung ist gemäß Erlaß des Herrn Reichsministers des Innern (Pol. S V 6 — 1344/37 — 453-2 vom 30. Juni 1937) bei der Beantragung des Auslandspasses der zuständigen Paßbehörde vorzulegen.

Bei der Durchführung der beabsichtigten Auslandsreise ist die Bescheinigung mitzuführen und auf Verlangen den deutschen Grenzbehörden sowie dem Streifendienst der HJ vorzulegen.

Diese Bescheinigung verliert ihre Gültigkeit mit dem nebenbezeichneten Datum (Ende der Fahrt).

Nr. 1806

Quittung

über RM —.50

für Paßbescheinigung

NSDAP / Hitlerjugend

Gebiet Hochland (19)

Personalabteilung

F: Warum wollten Sie überhaupt noch einmal nach Deutschland bzw. nach München zurück?

A: Weil ich zu viele gute Bayern kenne. Ich will nicht sagen Deutsche. Ich kenne mich eigentlich nur in Bayern aus. Es gab viele anständige Menschen, Nichtjuden meine ich; z.B. die Waltlbäuerin in Walchensee. Sie hat geweint, als sie mich wieder gesehen hat: »Ja, da lebst noch. Da bin ich aber froh.« Und die Gärtnerin – auch eine alte Frau – hat zu mir gesagt: »Setz' Dich hin.« Sie hat Kuchen und Schlagrahm geholt. »Jetzt bist aber viel rumgereist, gell. Jetzt sag' einmal, überall ist es doch so wie in Walchensee?« Anlügen wollte ich sie nicht. Ich dachte nach: »Die Berge sind nicht überall so hoch wie hier.« Da war sie zufrieden. Sie hat gewußt, daß ich wegmußte, daß ich Gott sei Dank alles überlebt habe, daß ich wieder da bin und daß alles um sie herum doch nicht so anders ist wie anderswo. Sie war eine ganz einfache Frau; aber irgendwie hat sie damit etwas ausgedrückt, was auf andere vielleicht auch paßt.

F: Als Sie nach dem Krieg dann in England lebten, haben Sie sich für das, was hier passierte, interessiert?

A: Wenn es z.B. ein Spiel Bayern-München gegen eine englische Mannschaft gab, habe ich immer Probleme mit der Loyalität gehabt. Ich glaube, das ist ein gutes Beispiel für mein Gefühl.

F: Wer ein bißchen über die Geschichte des Nationalsozialismus in München Bescheid weiß, dem ist Ihr Mädchenname – Siegel – ein Begriff. Viele kennen nämlich das Bild, auf dem Ihr Vater zu sehen ist, wie er mit einem Schild um den Hals von SA-Männern durch die Straße getrieben wird. Drauf steht zu lesen: »Ich werde mich nie mehr bei der Polizei beschweren.« Konnten Sie dies bei Ihrem Nachkriegsaufenthalt vergessen?

A: Nein, für mich war das so: Ehe meine Eltern mit mir ausführlich darüber sprachen, habe ich als Kind eine Riesenwut gehabt. Wie ein Kind von acht Jahre so wütend sein kann! Ich habe Phantasien gehabt, daß ich jedem einzelnen dieser Männer, die meinen Vater gedemütigt haben, langsam die Augen aussteche. Oder daß ich sie aus dem Fenster raushängen lasse, ehe ich sie runterfallen lasse. Also irgendetwas ganz Brutales. Erst als ich mit meinem Vater ausführlich darüber sprach – ich war damals schon 41 Jahre alt –, da hat sich meine Wut verändert. Er sagte, der Nationalsozialismus war ein historischer Fehler, ein Irrweg, ein politischer Irrweg. Er glaubte, daß Deutschland von diesem Irrweg wieder abgekommen war, daß es Deutschland wieder besser macht. Diesen Gedanken habe ich langsam übernommen. So brauchte ich nicht mehr wütend zu sein – auch weil es mein Vater für sich abgeschlossen hatte.

F: Hatten Sie jemals überlegt zurückzukehren?

A: Ich bin in London zu Hause, weil einer meiner Söhne dort lebt. Warum soll ich da weggehen? Prinzipiell – ja, ich könnte es mir vorstellen, in München zu leben. Vor allem gestern abend – da hätte ich es mir vorstellen können. Da hat uns ein Freund in München herumgefahren und uns alles noch einmal gezeigt. Wir sind auch dort vorbeigefahren, wo wir früher gewohnt haben. Ich könnte es – ja –, aber dennoch ist es hier eben nicht mehr mein Leben.

F: Wie ist es für Sie, wenn Sie so wie jetzt über Ihre Vergangenheit gefragt werden?

A: Es greift einen an. Es greift einen wirklich an. Jede Frage bringt ein Stückchen in mein Schicksalspuzzle. Ich habe schon den ganzen Rahmen, es ist ziemlich ausgefüllt. Jedes Mal, wenn mich jemand fragt, wie Sie zum Beispiel, jedes Mal, wenn ich nach einer Antwort suche, ist wieder ein neues Puzzle-Teil da. Das Bild wird immer vollständiger werden. Das macht mich manchmal traurig, weil man merkt, daß einem dieses Stückerl jahrelang gefehlt hat und daß man es erst jetzt wiedergefunden hat. Das Wiederfinden ist nämlich auch traurig, weil man weiß, daß die Stücke über die ganzen Jahrzehnte hinweg verloren waren. Weil man erkennt, daß da vielleicht noch andere Teile sind, die man vielleicht nie mehr finden wird.

F: Für wen ist diese schwere Erinnerungsarbeit – so kann man es doch nennen? – eigentlich gut?

A: Für uns beide. Es berührt mich nämlich, daß Sie oder andere sich dafür interessieren, nachdem ich doch diese Erfahrung nach dem Krieg gemacht habe, wie die Leute alles vergessen wollten. Und auf einmal fragen die Menschen heute: Was war denn eigentlich los, wie ist das gekommen? Ich finde das phantastisch. Auch für mich ist es wichtig.

F: Aber es ist zu spät.

A: Nein, es ist nie zu spät. Niemals.

Samuel Kutschinski

Neuanfang

(Bearbeitetes Interview)[1]

F: Der Geschichtswettbewerb widmet sich zwar dem Thema der Nachkriegsjahre in München, doch ist es zum Verständnis Ihrer Erfahrungen wichtig, etwas über Ihre Kindheit und über Ihr Heranwachsen zu erfahren. Sie wurden 1926 in Lódz geboren und wuchsen in einer sehr behüteten Familie auf. 1940 aber kamen Sie in das Ghetto Lódz.

A: Es muß schon Winter gewesen sein, als wir in das Ghetto Lódz kamen, denn ich erinnere mich, daß ich meinen Schlitten mit allem vollgeladen habe, was man nur aufladen konnte. Ich schleppte ihn von der Wohnung ins Ghetto, das zu diesem Zeitpunkt schon abgezirkelt war. Wir waren damals eine große und intakte Familie. Als das Ghetto praktisch geschlossen war, mußte ich arbeiten gehen, weil man sonst die zugeteilten Rationen nicht bekam. Ich war dort in einer Abteilung, die Filzschuhe für die Wehrmacht genäht hat, für die Soldaten an der russischen Front, hieß es. Damals herrschten zumindest noch Verhältnisse, wo wenigstens ein paar eigene Reserven da waren und meine Familie noch beisammen war. Die Situation im Ghetto verschlimmerte sich, der Hunger nahm ständig zu, Krankheiten verbreiteten sich, die Razzien häuften sich. Es hieß, die Leute würden zur Arbeit geholt, aber die meisten kamen nie mehr zurück. Andere wurden innerhalb des Ghettos in das »Rote Haus« der Gestapo geschleppt, in dem sie auf grausame Weise verhört wurden. Viele von denen, die die Verhöre überlebt haben, gingen später meistens an den Folgen der Mißhandlungen zugrunde. Die Gestapo holte meistens diejenigen Personen, bei denen vermutet wurde, daß sie Vermögen besaßen. Auch mein Großvater, Abraham Feiwisch Fryde, und einer seiner Söhne, Szmuel, wurden verhört, wobei jeder von ihnen vor dem anderen geschlagen wurde. Mein Großvater – er war um die sechzig Jahre alt, also kein Greis – ist dort umgebracht worden. Und mein Onkel überlebte als einziger der großen Familie meiner Mutter den Krieg. Ein Bruder von ihm, also ein anderer Onkel, Leibl Fryde, der in der Stadt Lask, einer kleinen Kreisstadt in Polen, gewohnt hatte, wurde zu einem früheren Zeitpunkt zusammen mit zehn anderen prominenten Bürgern zur Purim-Feier erhängt. Er war der zweite, der unserer Familie entrissen wurde.

Wir Kinder haben gesehen, wie die Nazis die Menschen behandelten. Wir wußten, daß es im Ghetto eine Straße gab, auf deren Trottoir Ghetto-Bewohner nicht gehen durften, weil dort die Gestapo-Leute in Zivil gingen. Ich erinnere mich, daß einer der Ghetto-Bewohner, der mit einem neuen Deportationsschub gekommen war, nicht wissend, auf welcher Straße er sich befindet, eben auf diesem Trottoir ging. Wegen seiner Kleidung haben wir gewußt, daß er ein – wie man sagt – »Jecke« war. Hinter ihm kamen zwei Gestapo-Männer in Zivil und riefen: »Mach' Platz!«. Der mit der Situation im Ghetto nicht Vertraute versuchte

Samuel Kutschinski
1926 im polnischen Lódz geboren, 1940–44 dort im Ghetto, Deportation nach Auschwitz, Ermordung fast der gesamten großen Familie. 1944 KZ Dachau, Außenlager Kaufering. Kurz vor Kriegsende auf dem »Todesmarsch« Verlust eines Beines. 1947 nach München, Studium am Konservatorium. 1955 Abitur, danach Medizinstudium an der LMU München, 1962 Staatsexamen, dann Promotion. Als Arzt vorwiegend am Klinikum rechts der Isar tätig, 1969 Facharzt (Internist). 1970 Wechsel zum Gesundheitsamt, seit 1988 bis zur Pensionierung 1992 dort Leitender Medizinaldirektor.
Preisträger des Geschichtswettbewerbs 1995/96.

[1] F = Frage; A = Antwort.

sich zu entschuldigen. Als die Gestapo-Männer ihn anschrieen, zeigte er ihnen sein Eisernes Kreuz. Da haben sie einander lächelnd angeschaut, ließen ihn vorgehen, einer zog die Pistole und erschoß ihn. Sie gingen ohne jegliche Unterbrechung weiter in das »Rote Haus«; der am Boden Liegende verblutete auf dem Gehsteig.

Ein anderes Mal habe ich folgendes miterlebt: Ein junges Paar ging Arm in Arm. Ein Posten von einem dieser Wachtürme rief dem rothaarigen jungen Mann zu: »Näher, näher!« Der junge Mann mußte dem Befehl Folge leisten und näherte sich dem Zaun. Als er nahe genug dran war, wurde er vom Wachposten erschossen – vor den Augen der jungen Frau. Das geschah aus purer sadistischer Willkür. Das waren für mich die ersten unvergeßlichen Schockerlebnisse. Diese Bilder sind mir bis heute unauslöschlich ins Gedächtnis eingeprägt. Meinen Kindern konnte ich nie etwas über diese Erlebnisse erzählen. Am Anfang machten sie mir Vorwürfe, daß sie von mir nichts erfahren, daß ich gar nichts sage. Später aber, als sie älter wurden, verstanden sie meine psychische Lage und vermieden, meine Vergangenheit zu erfragen.

F: Sie konnten als einziger der sehr großen Familie Ihr blankes Leben über die Zeit des Krieges retten, weil sie mit Ihrem Vater zusammen von Auschwitz aus in ein Arbeitskommando nach Kaufering eingeteilt wurden.

A: Ja. Ende August 1944 kam unsere ganze Familie auf Transport von Lódz nach Auschwitz und wurde dann bei dieser bestialischen Selektion auseinandergerissen. Meine Mutter und meine 10jährige Schwester, auch meine Großmutter, die Tanten, Onkels, Cousins und die vielen kleinen Kinder wurden von uns getrennt. Ich blieb bei meinem Vater, der mich bei der Selektion zu sich gerissen hatte. Obwohl er 1906 geboren wurde, hielten die Wachen ihn für meinen Bruder. Die ganze Zeit über wurden wir als Brüder angesehen. Er war eine jugendliche Erscheinung. Er beschützte mich. Vor allem bei den Arbeitskommandos hätte ich ohne ihn oft nicht das Richtige gemacht.

Nach der Selektion in Auschwitz, die zwei Tage und eine Nacht dauerte, wurden wir mit Viehwaggons, ohne zu wissen wohin, nach Kaufering transportiert. Von einem Abstellgleis aus mußten wir durch Bauernhöfe zu Fuß zum Lager marschieren. Wir wurden in Lager 4 in Erdbunker gesteckt. In der Früh', eigentlich war es noch Nacht, mußten wir zunächst unsere Pritschen nachrücken, denn immer waren über Nacht ein paar Menschen gestorben. Teilweise starben sie wegen des Hungers, der schweren ungewohnten Arbeit unter unsäglichen Bedingungen oder durch Schläge. Später kamen noch die Infektionskrankheiten dazu. Nach dem Aufstehen liefen wir dann zu Fuß bis zu einem Gleis am Bahnhof, wohin auch andere jüdische Häftlinge aus Litauen, Polen und Ungarn kamen. Wir sind dann ungefähr eine halbe Stunde zu den unterirdischen Arbeitskommandos der Firmen Moll und Holzmann gefahren. Am Anfang arbeitete ich noch bei der Gleisschiebung. Das war eine Tortur! Leute, die nie zuvor eine Brechstange in der Hand hatten, mußten Gleise verschieben. Das ging auf Kommando: »Hauruck, Hauruck.« Wenn das Kommando nicht ganz präzise ausgeführt wurde, wurden wir immer mit harten Gegenständen geschlagen. Wir haben schnell erkannt, daß es nicht mehr nur darum ging, Arbeit zu leisten, sondern buchstäblich durch die Arbeit zu krepieren.

Mein Vater gab mir während dieser Zeit sehr viel Kraft. Aber auch den anderen Häftlingen war er ein großer Halt. Durch all die Torturen, die er mitgemacht hat, durch Schläge, starb er dann eines Morgens, vor meinen Augen. Es war am 26. Januar. Er kam in eines dieser Massengräber in Kaufering/Hurlach. Jetzt erst, im November 1996, habe ich die Kraft gefunden und will versuchen, einen Gedenkstein für meinen Vater und seine Leidensgefährten zu setzen. Erst jetzt kann ich diesen Schritt tun, den ich schon mehr als 50 Jahre machen wollte. Jetzt, wo ich herausgefunden habe, in welchem der Massengräber mein Vater liegt, kann ich den Kaddisch konzentriert und bewußt sagen. Anfang 1945 brachen Infektionskrankheiten mit Fieber und Durchfall aus. Es kam zu einem Massensterben im Lager. Ich selbst war zu dieser Zeit beinahe gleichgültig und apathisch. Teilweise konnte oder wollte ich die Kommandos gar nicht mehr hören. Das einzige, was mich aufrecht hielt, war der Gedanke, meinem Vater zuliebe durchzuhalten, sonst wäre ja, so dachte ich, sein Opfer umsonst gewesen. Und dann hielt mich natürlich die vage Hoffnung aufrecht, daß ich vielleicht, wenn das alles zu Ende geht, meine Mutter und meine kleine Schwester wiederfinde und für sie da sein kann. Das war wie eine innere Stimme und zugleich ein Wunschdenken.

F: Kurz vor der Befreiung am 27. 4. 1945 wurden Sie lebensgefährlich durch Schüsse verletzt. Wie kam es dazu?

A: Ja, damals, gegen Kriegsende, herrschte eine fürchterliche Atmosphäre im Lager. Wenn wir draußen vom Appellplatz in die Blocks hinein gingen, haben wir die Flugzeuge und die Flak gehört. In dieser Zeit wünschte ich mir komischerweise nur, daß eine Bombe auf unsere Peiniger und uns fallen möge, damit endlich alles zu Ende sei. Ein Mithäftling erklärte mir aber, daß der Lärm der Flugzeuge und die nachlassende Flakabwehr ein gutes Zeichen wären, und tatsächlich wurde unser Lager in großer Hektik aufgelöst. Wir kamen dann von Kaufering aus auf Transport. Wir erfuhren, daß alle Mithäftlinge, die nicht aus Lager 4 herauslaufen konnten, in den Baracken bei lebendigem Leib verbrannt sind. Die Baracken waren von den Wachmannschaften in Brand gesetzt worden. Es hieß, wir kämen nach Tirol. Während des Transports spielten sich große Dramen ab. Die Wachmannschaften schossen wild herum, was sie sonst nicht gemacht hätten. Es herrschte eine gewaltige Hektik, und das übertrug sich auch auf uns Häftlinge. Plötzlich blieben die Transportzüge stehen. Wir merkten, daß die Wachmannschaften in Deckung gingen, daß sie schossen und von anderen, den Amerikanern, beschossen wurden. Dann sind wir immer wieder schubweise weiter gefahren. Bei einem Stop wurden plötzlich die Türen des Waggons aufgebrochen, und als ich zu der Öffnung des Zuges kam, wurde ich angeschossen. Ich habe gefühlt, daß mir ganz heiß wurde und das Blut zu fließen begann. Es war ein eigenartiges Gefühl der Verletzung, die gar nicht so weh tat. Zunächst registrierte ich gar nicht, daß mein Bein herunterhing. Ich konnte nicht gehen, und so blieb ich auf dem Waggon oben liegen, zusammen mit den Leichen der Erschossenen und der während des Transports Verstorbenen. Ich blutete und hatte deswegen immer wieder Ohnmachtsanfälle. Plötzlich war eine schreckliche Unruhe zu bemerken. Einige Mithäftlinge zogen mich vom Waggon herunter. Ich habe mich dann in das Wäldchen bei den Gleisen in Deckung geschleppt. Die Wachmannschaft war zu diesem Zeitpunkt bereits geflohen. Und ich lag da zwischen Schwerverletzten und Toten. Plötzlich kamen ein paar Leute von den unsrigen mit einem Arzt, Dr. Grünberg (Röntgenologe), dem späteren Chefarzt im

In der Nähe von Schwabhausen, wo Samuel Kutschinski bei Kriegsende schwer verletzt wurde, 1946. Links außen: Samuel Kutschinski, 3. von links Manus Sternlicht

Vor dem Eingang des DP-Hospitals St. Ottilien, Ende 1945. Samuel Kutschinski mit Krücken

DP-Hospital St. Ottilien. Als die Amerikaner kamen, schauten sie nach, wer noch lebte und wer nicht mehr. »He is dead, he is dead«, riefen sie immer wieder. Beinahe hätten sie mich auch unter die Leichen eingereiht. Ich hob schwach die Hand, sie kamen zu mir. Einer fragte mich gleich: »Do you want to smoke...?« Ich konnte kaum atmen. Ein anderer gab mir etwas zu trinken und deckte mich mit einer grünen Militärdecke zu. Mit einem Ochsengespann wurden dann später die Überlebenden nach St. Ottilien transportiert, wo wir ins Krankenhaus kamen. Wir waren praktisch die ersten Exhäftlinge, die dort lagen; am 30. April wurde ich schon operiert. Den Fuß konnte man nicht mehr retten, er hing nur noch an einem Stückchen Haut. Aber das war das wenigste für mich, denn der eigentliche Kampf ging für mich darum, überhaupt am Leben zu bleiben. Mein allgemeiner Zustand war furchtbar, nach dem Blutverlust, der Entkräftung und dem Untergewicht. Damals wog ich noch ganze 37 Kilogramm. Im Lazarett hieß es, daß ich es nicht überleben werde, aber ich selbst kämpfte darum. Es gab natürlich auch Schwankungen, Tage, an denen ich mich fast aufgegeben habe. Doch einer meiner früheren Mithäftlinge, Manus Sternlicht, war mir eine große Hilfe. Wir lagen nebeneinander im Zimmer, wo etwa 15 Personen untergebracht waren. Er war älter als ich und war in einem derart schlechten Zustand, daß sogar ich ihm in St. Ottilien helfen mußte. Als ich schon mit den Krücken hüpfen konnte, war er dazu noch nicht in der Lage – er war viel schlechter als ich dran. Aber als es ihm dann etwas besser ging, stellte sich heraus, daß er ein Mensch war, der mir helfen wollte und auch intuitiv verstand, wie er mir helfen kann. Er unterstützte mich in dieser schweren Phase seelisch, so als suche er eine menschliche Bindung und eine Lebensaufgabe. So konnte einer für den anderen sorgen, jeder trug das Leid des anderen mit. Er war für mich wie ein Ersatzvater. Ich war gespalten zwischen der Hoffnung, daß ich noch jemanden aus meiner Familie finden würde, vor allem meine Mutter und Schwester, und der Verzweiflung und Selbstaufgabe. Ich wußte ja schon sehr genau, was ich bereits verloren hatte. Ich kann bis zum heutigen Tage nicht auf die Frage antworten, ob ich damals bereits den Tod meiner Mutter und Schwester ahnte. Eine unglaubliche, blinde Hoffnung war in mir, und heute stelle ich mir vor, daß es damals eine große Selbsttäuschung war, um einen Grund zu haben, überleben zu wollen. Denn das Problem, warum gerade ich derjenige sein sollte, der das überlebt hat, ist bei mir, wie bei vielen anderen Überlebenden des Holocaust, sehr ausgeprägt. Es tritt auch heute noch bei jedem Jubiläum, bei hohen Feiertagen oder Geburtstagen hervor. Ich habe noch nie einen Geburtstag gefeiert, auch wenn es der 50.

oder 60. war, und das mit vollem Bewußtsein, weil ich sage, daß ich mir nicht das Recht dazu nehme. Viele Bekannte verstehen das nicht, auch meine Frau und die Kinder haben es auch schon fast aufgegeben, mit mir feiern zu können.

F: Konnten Sie und Ihr Freund sich gegenseitig stützen?

A: Als ich 1947 nach München kam, war er derjenige, der mir den Weg zeigte, was ich weiterhin tun sollte. Auf seinen Rat hin schlug ich den Bildungsweg ein. Er hat mich unglaublich motiviert. Selbstverständlich wollte ich auch selbst weiterkommen, aber ich wollte ihn auf keinen Fall enttäuschen.

Zeitweise teilten wir in München seine Wohnung, in der Dachauer Straße 38. Er bot mir günstig ein Zimmer an. Von dort konnte ich praktisch die ersten Schritte unternehmen. Das war zum einen die medizinische Versorgung, insbesondere die Behandlung meines Beines, mit all den komplizierten Nachoperationen, aber auch die ersten Schritte in meiner Ausbildung. Und dann bekam ich über Herrn Sternlicht sehr viel Kontakt zu anderen Menschen; er war ein sehr sportlich interessierter Mensch, so daß ich darüber auch in andere Gesellschaft kam und zu Veranstaltungen mitgenommen wurde.

Damals setzte ich meine Zuteilungen für Nahrungsmittel zunächst einmal in privaten Unterricht um, denn Geld hatten wir ja kaum. Als erstes nahm ich eine Art Elementarunterricht, angefangen bei der deutschen Sprache bis hin zur allgemeinen schulischen Bildung, die man heute als Mittlere Reife bezeichnen würde. Ich konnte auf einer guten schulischen Basis aufbauen, auch im Deutsch-Unterricht, denn ich hatte ja seinerzeit in Polen eine der besten jüdischen Schulen besucht.

In der Anfangszeit in München war ich willig, möglichst viel zu lernen, ich ließ gerne alles auf mich zukommen. Das Wichtigste aber, was ich für mich selbst entdeckte, war die Musik. Sie war sozusagen eine Therapieform für mich. Nur wenn ich Musik hörte, war ich immer auf eine Art geheilt. Schon in St. Ottilien hatte ich die Gelegenheit genutzt, um dem Ärztequartett beim Musizieren zuzuhören. Später machte ich die Entdeckung, daß mich hauptsächlich schwere klassische Musik, vor allem Beethoven, sehr beeinflußt hat.

In München besuchte ich die ersten Konzerte in der Aula der Universität unter Eugen Jochum, dann glaube ich, dirigierte Fritz Rieger und Rafael Kubelik.

Im Rahmen meines Lernen-Wollens habe ich zuerst einmal versucht, auf eigenen Beinen bzw. Krücken zu stehen. Ich fing bei ORT, einer internationalen Organisation für ehemalige jüdische Häftlinge, in einer Fachschule eine Ausbildung in »Technical Chemistry« an. Das war meine erste Qualifikation. Um Geld für meine Ausbildung zu verdienen, arbeitete ich beim ersten israelischen Konsulat in der Maria-Theresia-Straße. Der Botschafter damals war Dr. Liwne, sein Stellvertreter Y. Ben Jakov, den ich noch heute kenne. Im Konsulat bekam ich dann einen sehr »hohen« Posten: Ich durfte u.a. Briefmarken kleben. Ich stempelte Ausweise und Briefmarken in der Poststelle und brachte ab und zu die Post vom Konsulat zum Bayerischen Landtag. Vom Konsulat aus konnte man von den Fenstern des Rückgebäudes zum damaligen Händel-Konservatorium hinübersehen und vor allem -hören. Jede freie Minute, die ich im Konsulat hatte, jede Pause verbrachte ich im Konservatorium. Aber ich habe bald gemerkt, daß ich vor mir selbst weggelaufen bin, daß ich mich in die Phantasie geflüchtet habe, bis jemand zu mir sagte, warum ich denn nicht selbst ein Instrument erlerne. Eines, das man immer braucht, das man mittragen kann und das zu mir paßt. Ich begab mich auf die Suche nach dieser neuen »Geliebten«. Einmal stieß ich zu den Proben der Ouvertüre der »Zauberflöte« und plötzlich wußte ich, es muß ein ausgefallenes Holzblasinstrument sein, denn Blech zum Beispiel war mir zu hart. Mir imponierte das Fagott durch seine Besonderheit, einerseits traurig zu klingen – was mir sehr entsprach – andererseits aber eben auch fröhlich. Beim Fagott ist das Weinen dem Lachen so nahe und umgekehrt. Das kam meinem Wesen entgegen, in diesem Instrument konnte ich mich wiederfinden. Ich konzentrierte mich dann nur noch auf das Fagott, freundete mich mit den Bläsern an. Doch zunächst wußte ich nicht, was ich anfangen sollte, denn ich konnte kein Instrument erwerben. So schrieb ich mich zunächst für theoretische Musik, also Musikgeschichte, ein, die u.a. Dr. Alfred Zehlein unterrichtete. Und schließlich fand ich einen Lehrer, nämlich Fritz Wilhelmi, der erste Fagottist an der Staatsoper. Ich selbst besaß zu diesem Zeitpunkt noch längst kein Fagott, sondern nur ein Mundstück. Der Unterricht fand bei ihm in der Wohnung statt, im 3. Stock, was für mich durch die Beinverletzung eine schwere Aufgabe war. Er lieh mir eines seiner Instrumente. Wilhelmi war ein fanatischer Musiker, aber er gab mir auch viel menschliche Wärme. Er hatte viele Kinder, sozusagen in jedem Alter, und ich merkte, daß ich dort gut aufgenommen wurde. Herr Wilhelmi hat mich sehr gefördert. Immer, wenn ich anfing zu zweifeln, ob ich das Instrument je erlernen würde, und wenn ich unsicher wurde, spielte, ja jubelte er mir vor Beginn des Unterrichts etwas vor, und schon war ich wieder verzaubert.

Eines Tages, ich weiß nicht, wie es ging, betrat ich das Geschäft Hörrman in der Nähe vom Viktualienmarkt. Dort war ein Fagott ausgestellt. Es sei ein Instrument aus Görlitz, noch nie zuvor gespielt, hieß es. Ich erstand es zu einem sehr günstigen Preis, obwohl die 290 Mark ein Problem für mich waren. Der Kauf dieses Fagotts war im übrigen das einzige gute Geschäft, das ich je in meinem Leben gemacht habe.

Jetzt wurde es ernst. Ich habe zwar keinen Abschluß gemacht, aber ich spielte bei Aufführungen, zum Beispiel bei einem Mozartabend oder bei der 5. Symphonie von Beethoven als zweiter oder dritter Fagottist bei der »Wilde Gungel« im Kolpinghaus mit Professor Knappe mit. Später noch, wann immer ich Zeit hatte, spielte ich regelmäßig beim bayerischen Bergwachtorchester mit – bis zu seiner Auflösung. Es war für mich eine große Genugtuung, im Orchester mitmusizieren zu dürfen und mich sozusagen mitzuhören. Wenn ein Solo für das Fagott kam, bekam ich gewaltiges Herzjagen und Schweißausbrüche. Wenn ich eine Sekunde zu spät dran war, entschuldigte ich mich immer tausendmal. Ich habe bald gemerkt, daß man dazu gute Nerven haben muß und daß es als Beruf für mich wohl nicht das Richtige sein würde. Zudem haben in dieser Zeit die Probleme mit meinen Zähnen zugenommen. Schon in St. Ottilien mußten viele Zähne gezogen werden, durch die mangelnde Hygiene und die schlechte Ernährung im Ghetto und im Lager. Die Anerkennung dieses Gesundheitsschadens wurde mir verweigert, weil ich mich nicht fristgerecht angemeldet haben soll. Ich mußte letztlich wegen der Zähne den Beruf als Musiker als Zukunftsperspektive aufgeben. Das Musizieren blieb aber stets eine Therapieform für mich, sie heilte meine depressiven Verstimmungen. Einige ehemalige Häftlinge suchten einen Psychiater auf oder nahmen Medikamente, ich habe mich in der Musik verkrochen und gleichzeitig geborgen gefühlt.

Zu dieser Zeit wanderte auch mein Freund Sternlicht nach Amerika aus. Er hatte eine asthmakranke Frau, eine Apothekerin, kennengelernt, die mit ihrem Sohn zusammen im Untergrund das Warschauer Ghetto überlebt hatte und auf der Flucht nach München gekommen war. Ihr Mann war ermordet worden. Sie wollte keinesfalls hier bleiben, das war ihre Einstellung, und so sind sie alle drei nach Amerika gegangen. Es war für mich sehr hart, den Freund nicht mehr in meiner Nähe zu haben, aber ich hatte zwischenzeitlich andere Leute kennengelernt. Ich durfte die kommenden Jahre nicht vertun, in denen ich mich weiterbilden konnte, sonst hätte ich die ganze Situation in München physisch und psychisch nicht durchgehalten. Mein Geheimplan war es, die externe Matura abzulegen. Keinem einzigen Menschen habe ich gesagt, daß ich das Abitur

Samuel Kutschinski im Kreis seiner Familie, 1986

nachmache. Somit brauchte ich mich nicht zu genieren, wenn es mit dem Abschluß nicht geklappt hätte, denn niemand wußte davon. Auf jeden Fall, so dachte ich mir, konnte ich meinen Wissenshunger stillen.

Als ich mein Ziel dann erreicht hatte und die Ergebnisse bekanntgegeben wurden, waren bei fast allen Externen Familienangehörige oder Freunde da, die gewartet haben. Oder sie sind zum Telefon gelaufen und riefen: »Ich muß anrufen, ich muß anrufen!« Und als jeder weggelaufen war, stand ich ganz alleine da, ich habe mich umgeschaut, und fragte mich selbst: »Wen rufst Du denn an, wem teilst Du Deine Ergebnisse mit?« Zuerst habe ich überlegt und ich glaube, es kamen ein paar Tränen. Dann war mir aber bewußt, daß ich bei meinen Eltern Dank sagen wollte und auch bei meinem guten Freund in Amerika, dem ich ja nichts erzählt hatte. Plötzlich fühlte ich mich nicht mehr alleine. Die anderen sagten: »Komm, wir gehen ein Bier trinken«. Und ich bin mitgekommen. Die anderen tranken ein großes Bier, ich ein kleines. Dann gingen wir auseinander.

Es begann praktisch für mich ein neuer Lebensabschnitt mit neuen Perspektiven und Zielsetzungen. Mit dem bestandenen Abitur nahm ich mir vor, etwas Größeres zu erreichen, etwas, was mir meine Eltern immer vorgelebt haben. Ich wußte, daß ich körperlich nicht arbeiten konnte, auch wenn ich gewollt hätte, und für handwerkliche und kaufmännische Sachen war ich auch nicht geeignet. So war es schon ein bißchen vorprogrammiert, daß ich eine Herausforderung in den Naturwissenschaften suchte. Die organische Chemie und die Anthropologie standen auf meiner Wunschliste. Aber mir war klar, daß ich etwas Praktisches machen mußte, wo ich den Menschen helfen konnte.

Und ich mußte schauen, daß ich selbst durchkam. In dieser Zeit habe ich bereits unterrichtet, z.B. jüdische Religion. Damals gab es nur noch wenige Menschen, die den Talmud kannten und hebräisch sprechen konnten. Auch mein Wissen aus der Naturwissenschaft, der Mathematik und Physik, was ich mir bereits angeeignet hatte, gab ich an andere weiter. Das war ein Nehmen und ein Geben. In der Gesellschaft einer meiner Schülerinnen habe ich meine spätere Ehefrau Franca, geb. Kern, kennengelernt. Durch das eigene Weitergeben habe ich erst entdeckt, was ich alles nicht wußte. Ich vergrub mich durch das immer neue Aneignen von Wissen praktisch in eine eigene Welt. Ich stellte mir selbst immer schwerere Aufgaben. Mit dem Wissen, das ich mir erarbeitete, konnte ich mich mit anderen ein bißchen messen. Ich bewegte mich nicht nur im Kreis von Leidensgenossen, sondern versuchte Bereiche zu entdecken, die mir bislang fremd waren. Ich wollte andere Kulturen, andere Denkweisen und alles, was man in Büchern nicht nachlesen kann, erfahren. Ich wollte wissen, wie die Menschen denken und fühlen. Ich wollte z.B. auch dem Antisemitismus auf den Grund gehen; ich wollte wissen, warum es zum Holocaust gekommen ist. Und ich suchte durch die Kunstgeschichte weitere historische Begebenheiten zu entdecken. All dies konnte ich nur im praktischen Umgang mit anderen Menschen erfahren. Diesen Mitmenschen, die ich gesucht habe, mußte ich Rede und Antwort stehen können, ich mußte mich vorbereiten, um ihnen Paroli bieten zu können. Mit der Zeit entwickelte ich dann die Kraft, gegenüber anderen eine eigene Meinung zu vertreten, ohne zusammenzuzucken. Ich wollte nicht der ewige Jude sein, der sich immer beugt. Ich entdeckte das Wissen als Machtmittel, das mich selbst veränderte. Mir ist die Arbeit immer bekommen, die dauernde Beschäftigung und der sozusagen in mein Leben eingebaute Streß. Nur wenn ich mich bestimmten Aufgaben nicht stellte, ging es mir schlecht. Der Raubbau meiner Kräfte war mir bewußt, aber ich betrachtete ihn als notwendig.

F: Wie gingen Sie mit Ihrer eigenen Vergangenheit um?

A: Ich ließ die Menschen, mit denen ich arbeitete oder von denen ich fühlte, daß sie mir gut gesonnen waren und irgendwie helfen wollten, nie an meinen Schmerzen teilhaben. Ich wollte ihnen nichts vorseufzen, um sie nicht in Verlegenheit zu bringen. Ich habe nie versucht, weder in dieser noch in einer späteren Phase meines Lebens, über die Vergangenheit zu sprechen, außer wenn mir eine direkte Frage gestellt wurde. Ich habe keine Gelegenheit gesucht, irgendwo zu weinen oder mein Leid zu zeigen. Das nahm ich in ein stilles Kämmerlein mit und versuchte, es auf eine andere Weise zu verarbeiten. Wenn mich jemand auf meine Bein-Verletzung ansprach, erzählte ich nur selten die wirkliche Ursache. Meist gab ich eine unverbindliche Antwort, sagte, daß es noch ein Rest von den »guten Zeiten« sei. Gegenüber Menschen, die ich nicht für reif befunden habe, war ich sehr verschlossen. Ich wäre ja verrückt geworden, wenn ich jedem über meine Vergangenheit berichtet hätte. Ich wollte auf gar keinen Fall, daß man mich bemitleidet. Ich habe mein Leben sozusagen gemanagt, ohne die Vergangenheit und mein Leiden miteinzubeziehen.

Wenn manchmal das Gespräch mit Kollegen auf die Vergangenheit kam und sie mir erzählten, daß sie auch einiges in der Gefangenschaft erlitten haben oder ihr Vater wegen politischem Andersdenken für zwei Monate inhaftiert war, reagierte ich allergisch. Ich sagte: »Hör' auf, es bringt nichts Gutes, laß' uns unsere Freundschaft erhalten. Ich sehe, Du hast das immer noch nicht verstanden.« Nach den Kriegsjahren hatte komischerweise jeder eine jüdische Familie als beste Freunde gehabt, jeder war ein guter Mensch. Da fragte ich mich, mein Gott, wo waren all diese Leute zur damaligen Zeit? – In dieser Beziehung bin ich ziemlich hart mit mir und den Mitmenschen. Manchen sagte ich einfach, daß es keinen Sinn hat, mit ihnen über die Zeit vor 1945 zu sprechen, denn sie haben das Problem und auch das Ausmaß des Leids nicht verstanden.

F: Haben Sie darüber nachgedacht, Ihr Leben irgendwo anders aufzubauen oder wollten Sie die Chancen in München wahrnehmen?

A: Zu Beginn war mein Hiersein ein Muß, ich hatte keine Möglichkeit, irgendwo anders Fuß zu fassen, ohne Mittel und ohne Halt. Ich blieb hier, um meine Ausbildung und dann das Studium zu absolvieren. Und später kam das unerwartete Glück in meinem Leben mit meiner Heirat und der großen Lebensaufgabe, drei Kinder aufzuziehen, die allerdings wegen meiner Vergangenheit auch ihren Teil mitzuleiden hatten. Meine eigenen Kinder stellten mir die Frage: »Wie konntest Du hier leben, wie konntest Du hier bleiben?« Aber ich mußte diesen Weg gehen, ich mußte den zweiten Teil meines Lebens, den ich praktisch erst aufgebaut hatte, konsequent durchziehen. Ich hatte keine andere Möglichkeit, weder physisch noch wirtschaftlich, meinen Weg im Ausland zu realisieren. Das ist keine Entschuldigung, für mich ist es der Grund dafür, warum ich geblieben bin. Es lag praktisch in meiner Person verankert. Ich wollte das erreichen, was ich mir als Ziel gesetzt habe. Das war harte Arbeit.

F: Was ist eigentlich Ihre Heimat?

A: Ich habe einerseits das Bedürfnis, das große Haus meiner Großeltern in Lódz, wo ich meine ersten Lebensjahre verbrachte, wiederzusehen. Aber wenn ich an die schöne Kindheit denke, die ich dort erlebt habe, dann kriege ich Alpträume. Der Wunsch ist da, die Kraft ist nicht vorhanden, das zu überwinden und dorthin zu gehen. Hierher, nach München,

Gedenkstein-Einweihung am 26. Januar 1997; am Stehpult Samuel Kutschinski

wurde ich verschleppt. Ich hatte und habe nicht die Kraft, mich von bereits geschlagenen Wurzeln zu befreien – obwohl es keine massiven Wurzeln sind, die mich halten. Ich war noch niemals seit Kriegsende in meiner früheren Heimat und weiß auch nicht, ob ich es jemals schaffen werde. Vor zwei Wochen vermochte ich es zum ersten Mal, das polnische Konsulat, das zu Fuß zehn Minuten von meiner Wohnung entfernt liegt, zu betreten. Ich bat darum, man solle mir Dokumente von mir oder meinen Eltern zuschicken, wenn sie noch vorhanden sind, damit ich etwas in der Hand habe. Ich wollte einmal mit meiner Frau und den Kindern rüberfahren, dort Fotos machen und sagen: »Schaut, da bin ich geboren, das war meine Schule, in diesem Haus haben wir gelebt, die Großeltern haben in diesem großen Haus, das ihnen gehörte, dort gewohnt.« Ich könnte das finden, aber ich habe erst jetzt die Kraft gehabt, im Konsulat nachzufragen. Vielleicht ist das ein Anfang, vielleicht kommt noch einmal der Tag, daß die Kinder von sich aus sagen: »Komm', ich fahre mit Dir nach Polen.« Ich habe schon das Bedürfnis, den Kindern die Verhältnisse zu zeigen, in denen wir lebten, ihnen die große Synagoge zu zeigen, wo wir beteten, wo ich hinging, um die ersten religiösen Dinge zu lernen. Und mit ihnen zu den Gräbern der Großeltern zu gehen, die vom Holocaust verschont blieben. Das wäre meine Aufgabe; bis heute konnte ich mich dazu nicht überwinden. Aber ich habe noch nicht aufgegeben.

F: Haben Sie versucht, Ihre Kinder vor Ihren eigenen Erfahrungen und Erinnerungen zu schützen?

A: Diese Frage bedeutet für mich wirklich eine Erschütterung. Meine Kinder und meine Frau haben sicherlich von meinen Problemen sehr viel mitbekommen und auch darunter gelitten. Ob die Art der Liebe, die ich meinen Angehörigen gebe, verstanden wird, bleibt für mich unklar.
Wie weit ist Kaufering von München entfernt? Zwischen 50 und 55 km. Bis in die letzte Zeit war ich nur sehr sporadisch mit meiner Frau dort. Ich wollte auch mit meinen Kindern nach Kaufering fahren, um ihnen die in die Erde eingegrabenen Baracken, das gesamte Lager und die Gleise zu zeigen, von wo aus wir täglich zu den Arbeitskommandos verfrachtet wurden. Um ihnen zu sagen: »Schaut, in einem dieser Massengräber liegt Euer Großvater.« Aber ich habe es bisher nicht geschafft, mit einem der drei Kinder dorthin zu fahren. Alle diese Sachen – ich habe es bis jetzt nicht geschafft. Jetzt gehe ich mit meiner Frau auf den Weg. Ich habe mir vorgenommen, mehr in die Sache mit Kaufering zu investieren, damit nicht auf so einer traurigen Stätte Gott weiß was für Veranstaltungen abgehalten werden können und nicht die Knochen buchstäblich nackt herausschauen. Es gebührt der Menschenwürde, daß den dort ums Leben Gekommenen und Ermordeten wenigstens ein kleines Zeichen gesetzt wird. Das nehme ich mir jetzt noch vor, mich dafür einzusetzen, und ich hoffe, daß ich dafür die Kraft haben werde. Das ist vielleicht für mich auch eine Vorstufe, eine Vorarbeit für andere Sachen, die ich bis jetzt noch nicht leisten konnte.

F: Wenn Sie jetzt auf Ihre 70 Lebensjahre zurückblicken, ist es für Sie ein verlorenes Leben?

A: Ihre Frage klingt einfach. Dennoch kann ich sie in meinem Fall nicht mit einem Ja oder einem Nein beantworten. Wenn ich beispielsweise an die Jahre zwischen 1940 und 1945, ja eigentlich bis 1947 zurückdenke, fehlt mir diese Zeit in meinem Leben total. Diese Jahre waren für mich nur ein Kampf um das nackte

Zeichnung des Autors: der neu aufkeimende Lebenszweig

Überleben. Es gab natürlich einerseits Zeiten, wo ich mir gesagt habe, es ist alles sinnlos, und ich habe dann gewünscht, daß etwas passiert, was mich auslöscht. Doch dann folgten andere Phasen, in denen ich versucht habe, aus dem ganzen Leben immer die härtesten Brocken herauszusuchen, bei meiner Ausbildung, in meinem Beruf. Das war harte Arbeit. Aber ich wollte auf keinen Fall den einfachen Weg gehen.
Hinsichtlich des neu aufkeimenden Lebenszweigs mit meiner Familie – meiner Frau, meinen Kindern, meinen Enkeln – war es jedenfalls kein verlorenes Leben.
Dennoch – ein Jubiläumsgeburtstag wird weiterhin nicht gefeiert!

Herr Kutschinski fand erst im Jahr 1997 die Kraft und die Möglichkeit, seinem Vater und allen anderen ermordeten Familienangehörigen einen Gedenkstein in Kaufering zu setzen.

Willi Waldhier

Entnazifiziert

Am 30. April 1945 hatten die Amerikaner München besetzt. Am Nachmittag des denkwürdigen Tages rasselten amerikanische Panzer durch unsere Straße in Richtung Innenstadt. Obenauf saßen die Infanteristen in ihren Felduniformen mit schußbereiten Gewehren. Sie musterten mißtrauisch die mit weißen Fahnen geschmückten, noch unbeschädigten Gebäude. Ich war froh, als die Kolonne ohne Zwischenfall außer Sichtweite war. Wir erwarteten nunmehr Hausdurchsuchungen und Verhaftungen. Nichts dergleichen geschah.

Während der ersten Wochen der Besetzung empfand ich keine Euphorie. Der Abstand zu den vergangenen Monaten und Wochen war noch zu kurz, die Zukunft zu ungewiß und der Hunger zu groß, um die neue Freiheit begreifen zu können. Wir befolgten die Anweisungen der Militärregierung, hielten die Sperrstunden ein und verhielten uns so, wie es von uns immer verlangt worden war. Wir Deutsche waren immer Untertanen und niemals Bürger einer freiheitlichen Demokratie gewesen. Die Besatzungsmacht verhielt sich korrekt und human.

Wir freuten uns an den kleinen Dingen des Lebens: Endlich ohne Kleider die Nacht durchschlafen zu können, ohne vom Sirenengeheul aufzuschrecken und mit einem Koffer, einem Rucksack oder einer Mappe hastig den nächsten Luftschutzraum aufsuchen zu müssen, um das nackte Leben zu retten. Das war gottlob vorbei! Frei von Angst und Furcht durften wir nunmehr wieder hoffen, mochte auch die Zukunft noch viele Entbehrungen für uns bereit halten.

Meine Eltern und ich lebten in zwei Räumen unserer Altbauwohnung, die beiden anderen waren untervermietet. Im Herbst 1944 war ich nach längerem Lazarettaufenthalt aus der Wehrmacht entlassen worden und machte wieder Dienst im Finanzamt. Bevor ich erneut eingezogen werden konnte, hatten uns die Amerikaner befreit.

Im Finanzamt im Alten Hof war der Nordostflügel stark beschädigt. Das Büro teilte ich mit mehreren Kollegen. Es lag an der Sparkassenstraße in einem oberen Stockwerk. Wenn es regnete, rückten wir eine alte Zinkwanne, die wir irgendwo im Keller gefunden hatten, in die Mitte des Raumes. Bald hatten wir uns an das sanfte Plätschern gewöhnt. Schreibtische und Stühle gruben wir aus dem Bauschutt eines zum Innenhof gelegenen, nicht mehr benutzbaren Raumes aus. Ein runder Kanonenofen, den wir mit Bauholz heizten, strahlte an regenkalten Tagen etwas Wärme aus. Die Steuerakten suchten wir im Keller zusammen. Sie befanden sich wohlgeordnet, wenn auch stark verschmutzt, neben den leeren Regalen in zwei fensterlosen Kellerräumen. Regale und Akten wurden nach oben gebracht, gesäubert und wieder eingeordnet. Wir waren überrascht, daß der Großteil den Krieg überstanden hatte. Vormittags widmeten wir uns den um Rat suchenden Steuerpflichtigen. Nachmittags veranlagten wir die noch offenen Steuerfälle von 1942/43 und die im März eingegangenen Erklärungen für 1944. Ich war neu im Bezirk, da ich das letzte Vierteljahr in einer Ausweichstelle unseres Amtes in Fürstenfeldbruck gearbeitet hatte.

Das Provisorium im Alten Hof begann sich allmählich zu einer festen Einrichtung zu ent-

---

Willi Waldhier
1919 in München geboren. Nach dem Abitur 1939 Arbeitsdienst, Ausbildung zum Steuer-Inspektor. 1942 Wehrdienst, als Soldat in Rußland, 1944 Entlassung wegen Krankheit. Wieder im Finanzamt tätig; 1945 vom Dienst suspendiert. Wechsel zum katholischen Kirchensteueramt. Entnazifizierung 1948, Rückkehr zum Finanzamt, bis zur Pensionierung 1981 dort in verschiedenen Funktionen tätig. Als Rentner bis 1994 freiberufliche Mitarbeit in einer Steuerkanzlei. Seit 1956 verheiratet, eine Tochter.

Alter Hof, 1947

wickeln, da in absehbarer Zeit mit einer Beseitigung der Kriegsschäden nicht zu rechnen war. Täglich kam nun der eine oder andere Kollege aus der Kriegsgefangenschaft zurück. Alle trugen wir abgetragene Kleidungsstücke und Uniformröcke, die dann später in Trachtenjanker umgeändert wurden.

In der Kantine gab es für eine 5 g-Fettmarke ein Stammgericht, das in der Regel aus einem Teller saurem Kartoffelgemüse bestand. Wer Fleischmarken besaß, hatte natürlich eine bessere Auswahl.

Jetzt begann auch bei uns die Zeit des großen Fragebogens, den alle Bediensteten auszufüllen hatten. Ich beantwortete die 131 Fragen mit reinem Gewissen.

Wenn der Amtsdiener den Raum betrat, wußte man schon, daß der eine oder andere zum Vorsteher gerufen werden würde. Anfang Oktober war ich an der Reihe. Der Chef händigte mir die Entlassungsurkunde des Finanzministeriums im Stehen aus. Darin hieß es kurz und bündig: »*Im Auftrag der Militärregierung enthebe ich Sie von Ihrem Dienst beim Finanzamt München-Süd. Die Oberfinanzkasse München erhält Abschrift dieses Schreibens mit dem Auftrag, die Auszahlung Ihres Gehalts einzustellen. Endgültige Entscheidung bezüglich Ihrer Ruhegehaltsbezüge bleibt vorbehalten.*« Unterschrift und Stempel. Die Angabe des Entlassungsgrundes fehlte. Als ich den Vorsteher daraufhin ansprach, wies er mich auf die Möglichkeit einer schriftlichen Gegendarstellung hin. Ich mußte das Amt unverzüglich verlassen. Ich holte meine Bücher und was mir sonst noch gehörte und räumte meinen bisherigen Arbeitsplatz. Die Kollegen waren bestürzt, meine Mitarbeiterin fassungslos. Für sie war es neu, obwohl wir uns schon lange kannten, daß ich Parteimitglied gewesen war. Ein paar tröstende Worte, ein kurzer Händedruck. Ein Kapitel meines Lebens war damit abgeschlossen. An der Ecke der kleinen Gasse zur Dienerstraße kaufte ich mir einen Stumpen, den ich sofort anzündete. Es war ein wunderschöner Oktobertag, und ich ging nachdenklich nach Hause.

Mein Vater war krank, er hatte erst kürzlich eine schwere Gelbsucht überstanden. Bis ich wieder eine Arbeit fand, waren wir nun auf den kleinen Verdienst meiner Mutter angewiesen. Meine Konten, die nur kleine Beträge aufwiesen, waren sofort gesperrt worden. Ich hatte mich ab jetzt regelmäßig beim Arbeitsamt zu melden, um den für den Erhalt der Lebensmittelkarte erforderlichen Stempel auf der Registrierungskarte zu erhalten. Wegen meines geschwächten körperlichen Zustands konnte man mir keine schwere Arbeit zuweisen. Arbeitslosengeld stand mir nicht zu. Eine Bekannte betraute mich damit, ihre Buchführung für die nächste Steuererklärung in Ordnung zu bringen. Sie entlohnte mich mit Naturalien.

Ich hatte nun genügend Muße, meine Gegendarstellung vorzubereiten. Dazu waren vor allem schriftliche Zeugenaussagen von Leuten beizu-

MILITARY GOVERNMENT OF GERMANY

Fragebogen

WARNING: Bead the ontire Fragebogen carefully before you start to fill it out. The English language will prevail if discrepancies exist between it and the German translation. Answers must be typewritten or printed clearly in block letters. Every question must be answered precisely and conscientiously and no space is to be left blank. If a question is to be answered by either "yes" or "no", print the word "yes" or "no" in the appropriate space. If the question is inapplicable, so indicate by some approriate word or phrase such as "none" or "not applicable". Add supplementary sheets if there is not enough space in the questionaire. Omissions or false or incomplete statements are offenses against Military Government and will result in prosecution and punishment.

WARNUNG: Vor Beantwortung ist der gesamte Fragebogensorgfältig durchzulesen. In Zweifelsfällen ist die englische Fasssung maßgebend. Die Antworten müssen mit der Schreibmaschine oder in klaren Blockbuchstaben geschrieben werden. Jede Frage ist genau und gewissenhaft zu beantworten und keine Frage darf unbeantwortet gelassen werden. Das Wort „ja" oder „nein" ist an der jeweilig vorgesehenen Stelle unbedingt einzusetzen. Falls die Frage durch „Ja" oder „Nein" nicht zu beantworten ist, so ist eine entsprechende Antwort, wie z. B. „keine" oder „nicht betreffend" zu geben. In Ermangelung von ausreichendem Platz in dem Fragebogen können Bogen angeheftet werden. Auslassungen sowie falsche oder unvollständige Angaben stellen Vergehen gegen die Verordnungen der Militärregierung dar und werden dementsprechend geahndet.

A. PERSONAL / A. Persönliche Angaben

1. List position for which you are under consideration (include agency or firm). — 2. Name (Surname). (Fore Names). — 3. Other names which you have used or by which you have been known. — 4. Date of birth. — 5. Place of birth. — 6. Height. — 7. Weight. — 8. Color of hair. — 9. Color of eyes. — 10. Scars, marks or deformities. — 11. Present address (City, street and house number). — 12. Permanent residence (City, street and house number). — 13. Identity card type and Number. — 14. Wehrpass No. — 15. Passport No. — 16. Citizenship. — 17. If a naturalized citizen, give date and place of naturalization. — 18. List any titles of nobility ever held by you or your wife or by the parents or grandparents of either of you. — 19. Religion. — 20. With what church are you affiliated? — 21. Have you ever severed your connection with any church, officially or unofficially? — 22. If so, give particulars and reason. — 23. What religious preference did you give in the census of 1939? — 24. List any crimes of which you have been convicted, giving dates, locations and nature of the crimes. —

1. Für Sie in Frage kommende Stellung: ....

2. Name .... Zu-(Familien-)name .... Vor-(Tauf-)name .... 3. Andere von Ihnen benutzte Namen oder solche, unter welchen Sie bekannt sind. ....

4. Geburtsdatum .... 5. Geburtsort ....

6. Größe .... 7. Gewicht .... 8. Haarfarbe .... 9. Farbe der Augen ....

10. Narben, Geburtsmale oder Entstellungen ....

11. Gegenwärtige Anschrift .... (Stadt, Straße und Hausnummer)

12. Ständiger Wohnsitz .... (Stadt, Straße und Hausnummer)

13. Art der Ausweiskarte .... Nr. .... 14. Wehrpaß-Nr. .... 15. Reisepaß-Nr. ....

16. Staatsangehörigkeit .... 17. Falls naturalisierter Bürger, geben Sie Datum und Einbürgerungsort an. ....

18. Aufzählung aller Ihrerseits oder seitens Ihrer Ehefrau oder Ihrer beiden Großeltern innegehabten Adelstitel. ....

....

19. Religion .... 20. Welcher Kirche gehören Sie an? .... 21. Haben Sie je offiziell oder inoffiziell Ihre Verbindung mit einer Kirche aufgelöst? .... 22. Falls ja, geben Sie Einzelheiten und Gründe an. ....

.... 23. Welche Religionsangehörigkeit haben Sie bei der Volkszählung 1939 angegeben? .... 24. Führen Sie alle Vergehen, Übertretungen oder Verbrechen an, für welche Sie je verurteilt worden sind, mit Angaben des Datums, des Orts und der Art. ....

....

B. SECONDARY AND HIGHER EDUCATION / B. Grundschul- und höhere Bildung

Name & Type of School (If a special Nazi school or military academy, so specify) Name und Art der Schule (Im Fall einer besonderen NS oder Militärakademie geben Sie dies an)	*Location* Ort	*Dates of Attendance* Wann besucht?	*Certificate Diploma or Degree* Zeugnis, Diplom oder akademischer Grad	*Did Abitur permit University matriculation?* Berechtigt Abitur od. Reifezeugnis zur Universitätsimmatrikulation?	*Date* Datum

25. List any German University Student Corps to which you have ever belonged. — 26. List (giving location and dates) any Napola, Adolph Hitler School, Nazi Leaders College or military academy in which you have ever been a teacher. — 27. Have your children ever attended any of such schools? Which ones, where and when? — 28. List (giving location and dates) any school in which you have ever been a Vertrauenslehrer (formerly Jugendwalter).

25. Welchen deutschen Universitäts-Studentenburschenschaften haben Sie je angehört? ....

26. In welchen Napola, Adolf-Hitler-, NS-Führerschulen oder Militärakademien waren Sie Lehrer? Anzugeben mit genauer Orts- und Zeitbestimmung. ....

27. Haben Ihre Kinder eine der obengenannten Schulen besucht? .... Welche, wo und wann? ....

....

28. Führen Sie (mit Orts- und Zeitbestimmung) alle Schulen an, in welchen Sie je Vertrauenslehrer (vormalig Jugendwalter) waren. ....

C. PROFESSIONAL OR TRADE EXAMINATIONS / C. Berufs- oder Handwerksprüfungen

Name of Examination Name der Prüfung	*Place Taken* Ort	*Result* Resultat	*Date* Datum

Auszug aus dem Fragebogen zur Entnazifizierung

bringen, die selbst nicht belastet sein durften. Zusammen mit den Zeugenaussagen reichte ich meine Entgegnung bei meiner früheren Dienststelle ein.

Es war im November, als mich die Sachbearbeiterin des Arbeitsamts zum Katholischen Kirchensteueramt schickte, das Steuerfachkräfte suchte. Das Amt war im Nordflügel des Nymphenburger Schlosses untergebracht. Direktor Lehmann empfing mich in einem Alkoven, wo er sein Büro aufgeschlagen hatte. Außer einem Schreibtisch und zwei Stühlen enthielt der Raum kein weiteres Mobiliar. Er begrüßte mich freundlich, hieß mich Platz zu nehmen und forderte mich auf, über Lebenslauf und beruflichen Werdegang zu sprechen. Selbstverständlich ging ich dabei auch auf meine frühere Parteizugehörigkeit ein. Er hörte mich geduldig an und unterschrieb dann die Meldekarte mit dem Hinweis, er werde von sich hören lassen. Ich machte mir nicht allzugroße Hoffnungen und war deshalb um so überraschter, als ich nach ein paar Tagen die Mitteilung erhielt, ich solle mich am 15. Dezember 1945 zum Dienstantritt einfinden. Es war für mich das schönste Weihnachtsgeschenk, das ich mir vorstellen konnte.

Die ersten Tage vergingen wie im Flug. Eine Kollegin, eine ehemalige Lehrerin, wies mich in meine Tätigkeit ein. Die Materie war mir nicht fremd, und nach kurzer Zeit arbeitete ich selbständig wie all die anderen. Das Betriebsklima war gut. Bald kannte ich alle mit Namen, und das tägliche Beisammensein im großen Saal förderte Vertrauen und Freundschaft.

Unser Direktor Lehmann war – als katholischer Geistlicher – vier Jahre im Konzentrationslager Dachau gewesen. Wegen seiner Lauterkeit und seiner Weltoffenheit wurde er von uns allen verehrt und geachtet. Er hatte für alle ein offenes Ohr und die seltene Gabe der erfolgreichen Menschenführung. Ich fühlte mich wohl in dieser Gemeinschaft.

Bereits im Herbst 1945 hatte das politische und kulturelle Leben in München begonnen. Das Erscheinen der »Neuen Zeitung« und der »Süddeutschen Zeitung« haben mehr zur demokratischen Umerziehung beigetragen als so manche politische Rede. Es war gut so, daß die amerikanische Militärregierung neben ihrem politischen Auftrag auch das brachliegende kulturelle Leben durch den Einsatz von Fachleuten, von Presse- und Theater-Offizieren wieder in Gang brachte. Schon bald zeigten sich erste Erfolge. Die Filmtheater und kleinen Vorstadtkinos durften wieder arbeiten und die von der Filmkontrolle freigegebenen Filme vorführen. Wir waren glücklich, für ein paar Stunden dem grauen und traurigen Alltag entfliehen zu können. Vor dem kleinen Kino in unserer Straße bildete sich schon vor der Kassenöffnung eine Menschenschlange.

Die Filmberichte über die nach der Befreiung von Dachau vorgefundenen Überlebenden und über die zu Hügeln aufgestapelten Leichen der Ermordeten und Verhungerten ließen mich das Ausmaß des Terrors zumindest erahnen. Abscheu, Scham und Trauer waren die Gefühle, die mich angesichts der schrecklichen Bilder bewegten.

Die Volkshochschule wurde 1946 wieder eröffnet. Man kam damit einem vielfach geäußerten Wunsch aus der Bevölkerung nach. Ich schrieb mich für eine Vortragsreihe »Die Grundbegriffe unserer Rechtsordnung« ein. Das kam meiner Absicht entgegen, mich später einmal um die Zulassung als Steuerbevollmächtigter zu bewerben. Meine Generation war in der braunen Diktatur aufgewachsen. Wir wußten damals wenig über Demokratie, Verfassung und Grundrechte. Ich war deshalb so neugierig auf das, was uns der Referent, der Rechtsanwalt Dr. Gritschneder, vortragen würde. Wir waren alle überrascht von der Stoffmenge, die sich hinter der lapidaren Überschrift verbarg, und dem Können und Wissen, mit dem Dr. Gritschneder uns Laien die kompliziertesten Vorschriften verständlich machen konnte. Es war nie langweilig, und wir freuten uns immer schon auf die nächste Stunde. Lehrreich für mich waren besonders der Rückblick auf einzelne Staatsformen und die Informationen darüber, wie die modernen, europäischen Verfassungen entstanden sind. Ein Schlüssel für das Verstehen der jüngeren deutschen Geschichte war für mich das Eingehen auf die Weimarer Verfassung.

Ende Oktober wurde mir die Klageschrift der Spruchkammer zugestellt. Das Schreiben enthielt die Klagegründe, eine Aufzählung von NS-Organisationen und Vereinen, denen ich ehemals angehört hatte. In der Klageschrift wurde ich zu einer Stellungnahme aufgefordert. Unter diesen Umständen hielt ich es für notwendig, einen Rechtsanwalt beizuziehen. Ich wandte mich daher an den mir von der Volkshochschule her bekannten Dr. Gritschneder. In seiner Kanzlei übergab ich ihm die Klageschrift, eine Abschrift meiner im Vorjahr eingereichten Gegendarstellung sowie Kopien der Niederschriften meiner Entlastungszeugen. Ich unterschrieb die Vollmacht, und das Verfahren konnte von uns aus beginnen.

Der Spruchkammerbescheid wurde mir am 15. November 1946 zugestellt. Er lautete: *»Aufgrund der Jugendamnestie muß der Betroffene als vom Gesetz nicht betroffen erklärt werden, demzufolge ist das Verfahren unter Überbürdung der Kosten auf die Staatskasse einzustellen.«*

Am 10. Februar erhielt ich von der Militärregierung die Mitteilung, daß meine Wiedereinstellung als Beamter genehmigt worden sei. Von der Oberfinanzdirektion wurde mir nahegelegt, einen dementsprechenden Antrag einzureichen. Dem wurde entsprochen. Ich kündigte beim Kirchensteueramt, ein Schritt, der mir nicht leicht fiel. Am 1. April trat ich dann dort, wo man mich 1945 entlassen hatte, meinen Dienst wieder an. Man tat so, als wäre in der Zwischenzeit nichts passiert.

Gewiß war ich froh, daß die unangenehme Zeit des Wartens vorbei war, aber es dauerte noch lange, bis ich alles verarbeitet hatte.

Damals lebte man in den Tag und hoffte, daß es bald besser werden würde. Woher diese Zuversicht kam, konnte niemand beantworten. In den langen Kriegsjahren hatte man sich einen gewissen Fatalismus zu eigen gemacht; denn wenn der Tod zum alltäglichen Ereignis wird, flüchtet man sich in das Heute, um nicht an den nächsten Tag denken zu müssen.

An schönen Sonntagen ging ich durch die stillen Straßen der Stadt, Ausschau haltend nach Gebäuden und Straßen, die vom Luftkrieg verschont geblieben waren. Ich erinnerte mich an längst vergangene Kindheitstage, als uns die Welt noch heiter schien. Wir träumten alle von einer besseren Zukunft, nachdem man uns die Jugend gestohlen hatte.

Karl Wieninger

»Ich wollte halt erreichen, daß sie wieder zusammenwachsen, die Nazis und die anderen.«

(Bearbeitetes Interview)

Ich wurde 1905 als Sohn einer traditionsreichen Münchner Porzellanmalerfamilie in Sendling geboren und bin auch dort aufgewachsen. Das Kriegsende habe ich in München im Versteck erlebt, weil ich der Freiheitsaktion Bayern (FAB) angehörte, und nach dem Aufstand der FAB in den letzten Kriegstagen natürlich gesucht wurde. Einige von uns sind auch noch in diesen allerletzten Tagen umgekommen, weil sie sich am Aufstand beteiligt haben. Daß ich unmittelbar nach der Kapitulation von der amerikanischen Besatzungsmacht als Vorsitzender einer Spruchkammer eingesetzt wurde, hängt sicher mit meiner Beteiligung bei der FAB zusammen.

Wir wollten, daß möglichst bald Schluß ist mit diesem Krieg, daß das Ende nicht hinausgezögert und noch mehr zerstört wird. Es ging aber auch darum, daß sich nicht irgendwelche Hitzköpfe als Werwölfe betätigen sollten. Ich wußte von anderen Orten, wo Schulkinder durch ihre Lehrkräfte beauftragt wurden, Sabotage zu betreiben. Der »Erfolg« war jeweils nur, daß sich die Amerikaner zurückzogen, um Flieger kommen zu lassen: Die haben dann den Ort fast dem Erdboden gleich gemacht.

Die FAB unter der Leitung von Hauptmann Gerngroß wollte auf alle Fälle eine Schlacht um München verhindern.

Am 28. April in der Früh um 5 Uhr habe ich Radio gehört. Plötzlich ertönte die Melodie: »Schenkt man sich Rosen in Tirol.« Das war das Erkennungszeichen. Anschließend kam der Aufruf der FAB, den Widerstand gegen die Amerikaner aufzugeben. Unsere Leute hatten also den Rundfunk schon besetzt. Wir sind sofort losgezogen, um die Nazis zu entwaffnen. Als erstes haben wir in einem SA-Heim 30 Gewehre sowie Handgranaten und Panzerfäuste erbeutet. Dann haben wir alle die »Nazibonzen« in Sendling aufgesucht und auch entwaffnet. Das war keine Heldentat. Die haben bereits gezittert. Als wir mit 16 Mann auch noch in einem Lehrlingsheim mit 150 jungen Nazis die Waffen beschlagnahmen wollten, wäre es beinahe schiefgegangen. Der SS-Untersturmführer hat die Herausgabe der Waffen verweigert. Wir waren froh, daß nicht geschossen wurde. Kurz darauf hörten wir, daß der Aufstand fehlgeschlagen ist. Nun wurden wir also gesucht. Ich habe mich unerkannt in die Wohnung einer Angestellten unserer Porzellangroßhandlung geflüchtet und dort einige Tage verbracht, bis der Krieg endgültig zu Ende war.

Unter anderem war es sicher dieser Einsatz bei der FAB gewesen, der mich für die Amerikaner vertrauenswürdig machte, bei der Entnazifizierung mitzuarbeiten. Kurze Zeit nach Kriegsende jedenfalls fuhr plötzlich ein Jeep mit zwei Amerikanern vor, die mir sagten, ich müßte mit ihnen kommen. Ich habe in Bogenhausen in einem beschlagnahmten Gebäude ein Papier in die Hand bekommen – die Todesurteile für einen Dr. Roman Geiger und für mich. Wir sind also beide noch in den letzten Kriegstagen von den Nazis u.a. wegen Landesverrats zum Tode verurteilt worden. Es war ein komisches Gefühl, als ich das gelesen habe.

Zuerst wurde ich mit der Errichtung von Wärmestuben für die Bürger betraut. Die Amerikaner wollten eigentlich dafür mit einem riesigen Aufwand Baracken aufbauen. Das wäre damals

Karl Wieninger
1905 in München geboren, Studium der Kunstgeschichte, ab 1926 als Lektor tätig. 1931 Eintritt ins elterliche Geschäft, Aufbau einer Großhandlung für Glas- und Porzellanwaren. 1933 Heirat, Tod der Ehefrau 1994; 4 Kinder, 13 Enkel, 11 Urenkel. 1946–1952 im Stadtrat für die CSU, 1953–1969 Mitglied des Bundestags. Verfasser mehrerer biographischer und historischer Sachbücher.

gar nicht durchführbar gewesen. Auf meinen Vorschlag hin wurden für den Winter 1945 Wärmestuben in bestehenden Gasthäusern organisiert. Ich habe 140 Gasthäuser in ganz München, von Großhesselohe bis nach Freimann, mit meinem kleinen Dreiradlieferwagen abgegrast. 73 Nebenzimmer sind als öffentliche Wärmestuben ausgewählt worden. Das klappte wunderbar. Es gab zu dieser Zeit nichts Dringenderes für die vielen ausgebombten Menschen in München. Irgendwie war es eine Aufbruchstimmung. Ich habe mir gesagt: »Jetzt hast Du zwölf Jahre nur geschimpft und überlegt. Einige Gestapo-Verfahren und sogar Haft bei der Gestapo hast Du wegen Schmuggels von nazifeindlichen Büchern aushalten müssen. Jetzt, wo es wieder möglich ist, jetzt mußt Du auch was tun, damit es wieder aufwärts gehen kann.«

Schon im Oktober 1945 bin ich Mitglied der CSU gewesen. Ich gehörte zu den Gründungsmitgliedern. Und eines Tages habe ich beim Heimkommen die Mitteilung vorgefunden, daß ich in die Königinstraße kommen soll. An der angegebenen Adresse bin ich in das Büro von Minister Heinrich Schmitt geführt worden, der als Kommunist Leiter im Ministerium für Sonderaufgaben war. Er teilte mir mit, daß ich als Vorsitzender einer Spruchkammer für die anlaufende Entnazifizierung vorgesehen sei. Ich wurde als Vorsitzender einer Spruchkammer im Münchner Süden bestimmt. Diese Arbeit habe ich bis 1952 gemacht. Am Anfang hatten wir nicht einmal Räume, selbst Schreibmaschinen und Möbel fehlten. Wir mußten erst alles selbst organisieren.

An und für sich gab es für die Masse der Mitglieder der NSDAP das schriftliche Verfahren. Vor die Spruchkammer kam, wer nicht in die Kategorie des »Nichtbelasteten« eingestuft war. Jeder bekam eine Karte, auf der er erklären mußte, ob er ein Mitglied in der NSDAP oder einer ihrer Gruppierungen gewesen ist. Man wurde ausdrücklich vor falschen Aussagen gewarnt. Das Münchner Mitgliederverzeichnis der NSDAP und ihrer Gliederungen war gefunden worden, deswegen konnte man die Angaben also einigermaßen nachprüfen. Diese Verzeichnisse hatten die Nazis in den letzten Kriegstagen nicht mehr vernichten können. Wer die Erklärung nicht ausfüllte, konnte keine Lebensmittelkarten beziehen. Viele haben die Fragen trotzdem nicht wahrheitsgemäß beantwortet und wurden dann vor die Amerikaner zitiert. Das Ganze ging auf das »Gesetz zur Befreiung von Nationalsozialismus und Militarismus« zurück, das hier in München im März 1946 unterzeichnet worden ist. Die Fragebögen bestanden aus 131 Fragen zur Beteiligung am NS-System. Danach haben die Amerikaner erst einmal alle, die in der Partei gewesen sind, vor allem die Beamten, entlassen. Höhere Beamte, vom Regierungsrat aufwärts, kamen in den sogenannten automatischen Arrest. Manche wurden gleich in den Lagern festgehalten. Dort gab es eigene Lagerspruchkammern. Angeblich wurde man dort härter beurteilt, weil nicht so viele Entlastungszeugen vorhanden waren wie am Heimatort. Alle fühlten sich ungerecht behandelt; einmal deshalb, weil sie Beamte waren, und zum anderen, weil sie teilweise nicht einmal bei der Partei gewesen waren.

Auf der Basis der Fragebögen hat ein öffentlicher Kläger eine Vorentscheidung getroffen. Diejenigen wurden aussortiert, die angegeben haben, daß sie nirgends dabei waren. Natürlich mußte das nachprüfbar sein. Die anderen wurden nach den Sprengeln der Spruchkammern zusammengestellt. Die hatten dann zu beurteilen, in welchem Maße der Einzelne belastet war. Neben den Beisitzern gab es auch sogenannte Eruierer, also Prüfer, die in der Nachbarschaft, im Kollegen- und Freundeskreis nachgefragt haben. Keine schöne Aufgabe! Die Beisitzer kamen über die Parteien in die Spruchkammern. Die Amerikaner wollten damit eine demokratische Zusammensetzung erreichen. Daher mußte jeweils ein Repräsentant der zugelassenen politischen Parteien beteiligt sein. Es gab häufigen Personalwechsel. Einige Mitglieder sind von den Amerikanern wegen Bestechlichkeit und natürlich auch wegen falscher Angaben auf den eigenen Fragebögen entlassen worden. Auch das gab es.

Wer der NSDAP oder einer Gliederung angehört hatte, der erhielt noch einmal einen detail-

Ein Spruchkammerverfahren, 1949

lierten Fragebogen, den er ausfüllen mußte. Danach hat der öffentliche Kläger vorgeschlagen, welche Sühne der Einzelne zu leisten hatte. Dementsprechend mußten manche zahlen und waren danach entnazifiziert. Wenn jemand aber zum Beispiel Ortsgruppenleiter war, dann wurde eine aufwendige mündliche Verhandlung angesetzt, weil er im Verdacht stand, Aktivist gewesen zu sein.

Man teilte in fünf Kategorien ein: »Hauptschuldige«, dies waren hauptsächlich Leute in führenden Stellungen in Partei und Gesellschaft. »Belastete« (Aktivisten) waren Personen, die besonders brutal vorgegangen waren, schwere Ausschreitungen zu verantworten hatten oder sich bereichert hatten. Hier gab es noch eine Zwischenstufe, den »minderbelasteten Aktivisten«. Er mußte bestimmte abmildernde Merkmale vorweisen können. Wenn jemand z.B. eine führende Position in einer Parteigliederung hatte, aber jeden Sonntag in die Kirche ging, dann war er ein »minderbelasteter Aktivist«. Nach zwei oder drei Jahren galt er als »entlastet«. Die dritte Kategorie waren die »Minderbelasteten«, die vierte Kategorie die »Mitläufer«. Hier wurden – zumindest in der amerikanischen Zone – die meisten eingestuft. Und schließlich gab es die »Entlasteten«.

Einige habe ich als »Belastete« eingestuft. Fast alle waren Mitläufer. Einen habe ich sogar an den Staatsanwalt übergeben, der ihn dann wiederum den Polen ausgeliefert hat. Dieser war Leiter eines Konzentrationslagers gewesen und hat Jüdinnen, ehe er sie weiter nach Majdanek transportieren ließ, sexuell mißbraucht. Andere wiederum wurden zu zehn Jahren Arbeitslager verurteilt, weil ihnen furchtbare Grausamkeiten nachgewiesen werden konnten.

Karl Wieninger in den 50er Jahren

Ich habe mich bei Leuten, die Mitläufer waren, »mild« verhalten. Ich habe beispielsweise gesagt: »Jeder Mensch irrt sich einmal. Wenn Sie jetzt 200 oder 300 RM Sühne zahlen, das bringt Sie doch nicht um. Dann brauchen Sie keine Angst zu haben, daß Sie damit in ihrem Ansehen Schaden leiden.« Ich wollte, daß wir wieder ein einiges Volk werden, daß die Leute, die sich ungerecht behandelt fühlen, nicht einen irreparablen Widerwillen gegen die Demokratie entwickeln. Ich wollte halt erreichen, daß sie wieder zusammenwachsen, die Nazis und die anderen, und daß möglichst bald alle im Volk, die dafür in Frage kamen, befreit sind von dem Odium der Globalschuld.

Das Spruchkammerverfahren ist oft, auch damals schon, kritisiert worden. Zum Beispiel hatte der Beschuldigte die Beweislast. Das wird üblicherweise umgekehrt gehandhabt. Außerdem wurden Sachverhalte verhandelt, die in der Regel zum Zeitpunkt der Tat als nicht strafwürdig galten, wie zum Beispiel die Zugehörigkeit zur Partei. Und dann wurde kritisiert, daß praktisch alle Beteiligten, auch die Vorsitzenden, Laien waren. Als »Entlasteter« konnte man nur nach Hause gehen, wenn man Widerstandshandlungen geleistet hatte. Aus diesen Handlungen mußte ein persönlicher Nachteil entstanden sein. Das war natürlich schwer zu beweisen.

Den Spruchkammern hat man zudem oft den Vorwurf gemacht, daß die »Kleinen« bestraft würden, während man die »Großen« laufen ließe. Das stimmt in gewisser Weise schon, weil die »Kleinen« am Anfang drankamen, als die Amerikaner noch sehr an der Entnazifizierung interessiert waren. Die »Großen« mußten warten und kamen dann teilweise zu milde weg, weil der aufkommende Ost-West-Konflikt alles verschob. Zum Schluß wurde immer mehr amnestiert.

Das ganze System war schon schwierig. Ich habe immer vorgeschlagen, die wirklichen Verbrecher herauszunehmen und den ordentlichen Gerichten zu übergeben. Alle übrigen, die sollten für die Zeit, die sie in der Partei oder einer ihrer

Öffentlichkeitsarbeit für die Entnazifizierung

Gliederungen waren, als Sühne entweder den einfachen oder sogar den doppelten Beitrag zahlen, den sie während der ganzen Zeit als Mitglied den Nazis zugeführt haben. Das wäre keine Strafe, noch nicht mal eine Sühne gewesen, sondern ein Akt der Wiedergutmachung. Sie waren Mitglieder einer Organisation, durch die großer Schaden angerichtet wurde, Verbrechen begangen wurden. Ich konnte mich natürlich nicht durchsetzen.

Ich wollte einige Male auf und davon. Einmal, weil mich die Arbeit zu sehr belastet hat, und dann auch deshalb, weil ich es für überheblich hielt, wenn einer, der nicht bei der Partei war, über den anderen urteilen mußte. Zweimal sollte ich durch die Militärregierung abgesetzt werden. Sie warfen mir vor, zu milde zu urteilen. Aber die amerikanische Militärregierung in Frankfurt bestand darauf, daß ich zu bleiben hatte.

Es ist sehr viel gelogen worden in den Spruchkammern. Ich meine damit die Denunzianten und diejenigen, die das Geschehen geleugnet haben. Für das Denunziantentum habe ich ein Gespür gehabt. Und die »Persilscheine«, die hat so ziemlich jeder gehabt. Es gab eine Flut von Entlastungsschreiben. Die meisten wurden von Pfarrern, Kollegen oder von Personen aus dem privaten Umfeld ausgestellt. Wer eine höhere Stellung innegehabt hatte, der hatte auch hinterher bei der Entnazifizierung meist mehr Möglichkeiten. Da konnte mancher eine Menge Entlastungspapiere beibringen. Die belastenden Papiere dagegen, die waren zum großen Teil am Ende des Krieges vernichtet worden.

Jeder kennt Beispiele aus seiner Umgebung, wo deutlich wird, daß Schuld und Unschuld nicht so einfach zu trennen sind. Und genau darum ging es ja bei den Spruchkammern. Die Gesinnung läßt sich erspüren, aber nicht juristisch beweisen.

Die ganze Entnazifizierung ist vor allem in der amerikanischen Zone und gerade am Anfang sehr konsequent und hart verfolgt worden. Trotz der guten Absichten des Gesetzes war es nahezu unmöglich, politische Gesinnungen oder weltanschaulich geprägte Haltungen juristisch zu beurteilen, und genau das sollten wir damals tun. In diesem Punkt mußte der Ansatz scheitern.

In meiner sechsjährigen Zeit als Münchner Stadtrat und ab 1953, in den sechzehn Jahren als Abgeordneter in Bonn, habe ich mich innerlich immer wieder mit der Frage auseinandersetzen müssen, ob diese Entnazifizierung in der Form, wie sie von den Amerikanern durch die Spruchkammern durchgeführt wurde, wirklich sinnvoll und erfolgreich war.

Albert Lörcher

Ein demokratischer Neuanfang?

Die Arbeit in den Spruchkammern

(Bearbeitetes Interview)

Heimkehr

Ende 1945 kam ich nach abenteuerlicher Fahrt auf dem Kohlenwagen einer Lokomotive in meine Heimatstadt München zurück. Meine Frau hatte in Harlaching in der sogenannten Siedlung der ehemaligen Blutordensträger ein Zimmer für uns bekommen. »Blutordensträger« waren in der Nazizeit Leute, die beim Marsch zur Feldherrnhalle 1923 dabeigewesen waren. Für sie war diese Siedlung ursprünglich gedacht gewesen, und nun hatten die Amerikaner die Wohnungen geräumt und sie unbelasteten Leuten zugewiesen. Ich arbeitete mich also vom Hauptbahnhof durch die zerstörte Stadt bis nach Harlaching durch. Meine Frau ging gerade aus dem Haus, als ich kam. Sie hat mich nicht einmal erkannt, so rußig war ich vom Kohlenwagen.

Innerhalb von drei Tagen mußte ich mich bei der amerikanischen Besatzungsmacht im Münchner Rathaus melden. Das war notwendig, weil ich als amerikanischer Kriegsgefangener in den Vereinigten Staaten eine Art Schulungskurs in Demokratie absolviert hatte, und wie alle anderen Absolventen dieser Kurse in das Umerziehungsprogramm der Militärregierung eingespannt werden sollte. Interessant daran war, daß ich auf diese Weise unmittelbar erfahren konnte, was die Amerikaner theoretisch für ein Konzept zur »re-education« des deutschen Volkes in ihrem Einflußbereich geplant hatten und was sie davon vor Ort, in München, umsetzten. Zu meiner »Demokraten-Ausbildung« im amerikanischen Schulungslager war ich als 30jähriger Soldat auf abenteuerlichem Wege gekommen.

Albert Lörcher und Familie, 1919

Albert »Bertl« Lörcher
Geboren 1913 in München, sozialdemokratisch geprägtes Elternhaus. Kürschnerlehre, engagiert in der Arbeiterjugendbewegung. Nach 1933 mehrere Jahre in verschiedenen Gefängnissen und im KZ Dachau. Ab 1942 mit dem »Bewährungsbataillon 999« nach Afrika, Ferntrauung. Ende 1945 Rückkehr aus amerikanischer Gefangenschaft. Danach Engagement v.a. im DGB, Leiter einer Buchhandlung des gewerkschaftseigenen Bund-Verlags. Ab 1976 in Rente, weiterhin politisch tätig, u.a. im Rahmen historischer Aufklärungsarbeit in Schulen und Erwachsenenbildungseinrichtungen. Am 8. 2. 1997 verstorben.

Demokraten-Ausbildung

Ich war durch meinen Vater, der als Sozialdemokrat ein Verehrer von Kurt Eisner war, politisch ein bißchen vorbelastet und bin schon mit 15 Jahren in die Sozialistische Arbeiterjugend gegangen. Ich bin im Lehel, einem der ältesten Münchner Stadtteile geboren und aufgewachsen, und es stand für mich durch den Einfluß meiner Eltern und Freunde schon früh fest, was die Nazis wollten. Deshalb war ich vom ersten Tag an zum

Widerstand entschlossen und wurde am 10. August 1933 verhaftet. Ich konnte mich aber durch einen Sprung vom Balkon retten und lebte seitdem unter schwierigsten Verhältnissen in der Illegalität, bis sie mich dann endgültig erwischt haben.

Bei der Vernehmung wurde ich so brutal zusammengeschlagen, daß für mich eine Welt zusammenbrach. Ich kam in Untersuchungshaft und dann vor's Sondergericht. Ich wurde wegen Verbreitung illegaler Druckschriften zu elf Monaten Gefängnis in Bayreuth verurteilt. Als ich die Zeit abgesessen hatte, kam ich für 14 Tage frei und dann nach Dachau ins Konzentrationslager, wo ich erst nach neun Monaten wieder entlassen wurde. Von da ab haben mich die Nazis ständig unter Beobachtung gehalten und mich immer wieder verhaftet.

Albert Lörcher in Tunis, 1943

Da deutsche Bürger, die wegen »staatsfeindlicher Betätigung« gerichtlich bestraft worden waren, als »wehrunwürdig« galten, wurde ich zwar bei der Musterung mit Tauglichkeitsstufe eins beurteilt, aber prompt als »wehrunwürdig« eingestuft. Als die Kriegsschauplätze immer zahlreicher und die Männer rarer wurden, bekam ich wie andere dieser Kategorie eines Tages auf Grund eines besonderen Führerbefehls die Einberufung zur »Bewährungseinheit 999«. Das war ein Mitteldling zwischen Konzentrationslager und Militär. Alle paar Tage wurde einer am Schießstand wegen irgendwelcher Kleinigkeiten erschossen. Diese »Bewährungseinheit« wurde in Afrika eingesetzt, wo sie die Stellung bis zum »Endsieg« halten sollte. Wir haben das wohl nicht so heldenhaft getan und kamen vorerst im Mai 1943 in englische Gefangenschaft, wurden aber später den Amerikanern übergeben und mit Liberty-Schiffen nach Amerika transportiert.

Bei unserer Ankunft standen junge amerikanische Soldaten Spalier und begrüßten uns ironisch mit »Heil Hitler«; uns, die wir zum Teil seit jeher Antifaschisten waren und als solche einiges durchgemacht hatten. Ein amerikanischer Offizier stellte uns vor die Wahl, ob wir in ein Antifaschisten-Lager oder in ein normales Kriegsgefangenen-Lager wollten. Ich entschloß mich, dahin zu gehen, wo die normalen Kriegsgefangenen hingingen, weil ich wußte, daß ich danach in Deutschland ja auch wieder mit allen zusammenleben mußte. So kam ich zuerst nach Louisiana, wo ich als Dolmetscher eingesetzt wurde, bis mich eine Offizierskommission vernommen hat. Da ich meine Inhaftierungen unter den Nazis durch den im Futter vom Hosentürl eingenähten Entlassungsschein vom KZ Dachau beweisen konnte, kam ich sehr bald in ein Schulungslager bei Boston für ausgewählte Kriegsgefangene. Auf der Fahrt dorthin mußten wir ungefähr fünfmal einen meterlangen Fragebogen ausfüllen. Wir wurden noch von einem Lügendetektor überprüft, und bei wem der Apparat bei der Frage nach den NS-Organisationen ausschlug, der mußte gleich wieder zurück, meistens nach Frankreich ins Bergwerk. Da gab es nicht viele Alternativen.

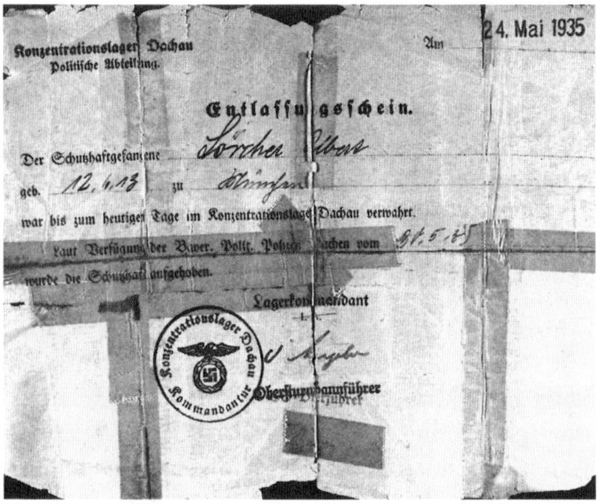
Konzentrationslager Dachau
Politische Abteilung.
Am 24. Mai 1935

Entlassungsschein.

Der Schutzhaftgefangene Lörcher Albert
geb. 12.4.13 zu
war bis zum heutigen Tage im Konzentrationslager Dachau verwahrt.
Laut Verfügung der Bayer. Polit. Polizei München vom 21.5.35
wurde die Schutzhaft aufgehoben.

Lagerkommandant
I. A.
Obersturmbannführer

Entlassungsschein KZ-Dachau, 1935

Aber bei mir ist nichts passiert, ich bin glatt durchgekommen und war dann sechs Wochen auf diesem Demokraten-Lehrgang. Am Beispiel der amerikanischen Geschichte wollte man uns vor allem die Vorzüge der Demokratie beibringen. Ein deutscher Lehrer, ein Offizier, unterrichtete uns in deutscher Rechtspflege. Ich kann mich erinnern, daß in einer der Lehrveranstaltungen ein gewisser Professor Frankfurter, ein Jude, über Rassenfragen referierte, wobei – wie in allen anderen Fächern – immer ein Offizier zur Bewachung dabeisaß, denn wir waren ja Kriegsgefangene. Als uns dieser Professor den Irrsinn der Rassenfrage, des Führerprinzips u.a. erklärt hatte, eröffnete er die Diskussion. Ich erwähnte unvorsichtigerweise, daß die Rassenfrage auch in den Vereinigten Staaten keineswegs gelöst sei. Dann wurde es kritisch. Der Dozent hat natürlich begriffen, was ich meinte, aber der Offizier war hartnäckig. Der Professor hat es letztendlich geschafft, daß ich nicht von der Schule geflogen bin.

Der ganze Lehrgang sollte eine Art Entnazifizierungsschulung für den Einsatz im Nachkriegs-Deutschland sein. Das Ziel war, nichtbelastete Deutsche heranzubilden, die später mit der Militärregierung in Deutschland zusammenarbeiten sollten; Deutsche also, die fähig waren, bei der demokratischen Umerziehung mitzuwirken. Im Grunde war alles sehr schematisch, wie überhaupt die Einstellung der Amerikaner, diese ganze Euphorie der »re-education« und der Entnazifizierung. Das Programm war zu einseitig auf eine Globalschuld aller Deutschen ausgerichtet.

Ich habe festgestellt, daß es damals in Amerika zwar in den großen Städten eine Bildungselite gab, die historische Zusammenhänge beurteilen konnte, aber daß sich die breite Masse der Amerikaner für Zusammenhänge überhaupt nicht interessierte.

Sie haben zwar anerkannt, daß es Leute gab, die Widerstand geleistet haben. Sie haben uns auch nicht vorgeworfen, daß dieser Widerstand nicht erfolgreich war, aber die These von der Kollektivschuld blieb.

Natürlich wurde auf dem Lehrgang auch über die Planung referiert, wie die Demokratie in Deutschland aufgebaut werden sollte. Die Amerikaner wollten, und das war das Deprimierende an ihren Entnazifizierungplänen, tatsächlich in der ganzen Breite, bis zum Straßenkehrer hin, alle Deutschen entnazifizieren. Das habe ich von vornherein für einen Fehler gehalten, weil ich die Situation kannte. Ich wußte doch, daß die breite Masse, auch viele Gewerkschafter, nicht in den Widerstand gegangen ist, aber sie waren doch deshalb keine Nazis!

Mit dieser Einstellung fuhr ich nach meiner Entlassung wieder nach München. Meinen Super-Demokraten-Paß von den Amerikanern hatte ich ja nun in der Tasche.

Nun traf ich also mit diesem Ausweis im Münchner Rathaus ein, legte ihn dem zuständigen Offizier vor, und er begrüßte mich mit den Worten, daß sie solche Leute wie mich dringend bräuchten. Ich könne sofort in der »Special Branch« in der Sophienstraße anfangen. Als ich ihm sagte, daß ich aber gar nicht bei den Amerikanern arbeiten wollte, weil ich lange Jahre »Schutzhaft«, »Bewährungseinheit« und Kriegsgefangenschaft hinter mir hätte und jetzt erst einmal meinen eigenen Weg gehen wolle, wurde er wütend: »Wir haben Sie ausgesucht, wir haben Sie überprüft, wir haben Sie ausgebildet, wir ha-

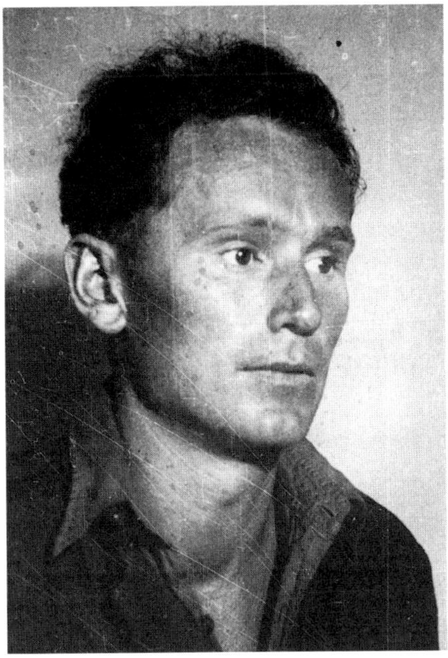

Albert Lörcher nach dem Krieg in den USA

ben Sie bevorzugt entlassen und jetzt wollen Sie nicht!«

Nach ein paar Tagen traf ich einen ehemaligen Mitgefangenen aus Dachau, Max Holy. Ich erzählte ihm, ich sei in Sorge, denn es könnte sein, daß es in der Früh' wieder einmal läutet und dann zwar nicht die Gestapo draußen stehe, sondern die amerikanische Militärpolizei, um mich zu holen. Dieser Bekannte arbeitete im Staatsministerium für Sonderaufgaben und überredete mich, dort anzufangen. So habe ich meine Arbeit im »Sonderministerium« mit der Gehaltsstufe eines Oberregierungsrates aufgenommen und war im wesentlichen für die Einrichtung der Entnazifizierungsgremien in Oberbayern zuständig. Das Ministerium war dem üblichen Verwaltungssystem ähnlich, nur daß es ein Provisorium war. Neben der Spruchkammerabteilung gab es noch andere Abteilungen, die zum Beispiel die großen Betriebe überprüft haben.

Bereits vor meinem Eintritt in dieses Ministerium hatten die Amerikaner Fragebogen an die Bevölkerung ausgegeben, die jeder beantworten mußte. Die Fragebogen derjenigen, die in keiner NS-Organisation gewesen waren, wurden zuerst bearbeitet. Diese Personen haben eine Karte bekommen, daß sie vom Entnazifizierungsgesetz nicht betroffen sind.

Meine Aufgabe im Ministerium war es, geeignete Leute für die Spruchkammern zu gewinnen. Das war sehr schwierig. Zwar bin ich ein geborener Münchner und habe dadurch viele Leute aus dem Widerstand gekannt, die man für diese Aufgabe ansprechen konnte. Man mußte sich mit den Landräten in Verbindung setzen, und die bis dahin bereits zugelassenen politischen Parteien mußten Vorschläge für die Besetzung der Spruchkammern machen. Das war draußen auf dem Lande natürlich nicht einfach, weil sich alle untereinander kannten. Entweder wollte keiner oder sie stellten sich gegenseitig – nach dem Motto: »Eine Hand wäscht die andere« – die tollsten Zeugnisse aus. Keiner wollte den anderen belasten.

Die Entnazifizierung war nicht ganz umsonst, das ist keine Frage. Sie hat auch die abrupte Verhaftungswelle der Amerikaner, die vorausging, etwas gemildert, weil die Leute nun endlich die Chance bekamen, sich zu verteidigen. Aber erst sind einmal alle aus ihren Ämtern entfernt worden. Die Beurteilung der jeweiligen Person war ganz starr – nur auf den Fragebogen bezogen. Der Beschuldigte konnte Berufung einlegen. Die Berufungskammer war mit Juristen besetzt. Im allgemeinen war es jedoch so, daß die »Kleinen« durch die Spruchkammer mußten, weil sie ihre Existenz zu sichern hatten und keinen Rückhalt hatten. Die »Großen« aber haben alle Möglichkeiten genutzt, um ihr Verfahren so lange hinauszuzögern, bis die Entnazifizierungseuphorie nachließ und ihnen nicht mehr viel passiert ist.

Natürlich gab's auch Korruption. Ich mußte einmal einen Sachbearbeiter vertreten. Beschuldigte einer großen Zigarettenfirma waren zum Gespräch bestellt. Wie selbstverständlich legten sie drei Stangen Zigaretten, damals die illegale Währung, auf den Tisch, bevor überhaupt das Gespräch anfing. Auf mein Erstaunen hin sagte einer, das sei bei ihnen bis jetzt so üblich gewesen.

Die Spruchkammern waren alle mit Laien besetzt, d.h. mit Leuten, die kaum Kenntnisse der juristischen Grundlagen hatten. Die meisten haben allmählich ein gewisses Solidaritätsgefühl zu den eigentlichen Drahtziehern der NS-Zeit entwickelt, weil jeder ja auch ein bißchen dazugehört hatte. »Gut, da habt Ihr mal einen Fehler gemacht, jetzt geht es aber weiter. Wir leben in anderen Verhältnissen und wir bauen jetzt wieder auf, etc.« Der Grundgedanke der Entnazifizierung ist dadurch weitgehend zerstört worden. Das ist meines Erachtens eines der Grundübel gewesen.

Die Amerikaner haben uns im Ministerium die Akten übergeben. Auf der Grundlage der Fragebögen hatten sie schon eine Vorauswahl getroffen und einige schon vernommen. Es waren vor allem diejenigen, die unter den Nazis Funktionen in der kommunalen oder der staatlichen Verwaltung hatten. An diesen Unterlagen konnte man sich orientieren. Wir haben also Ermittler ausschwärmen lassen. Sie haben das soziale Umfeld erkundet, haben mit den Beschuldigten gesprochen und haben Unterlagen beigebracht. Diese Ermittler waren auf Anordnung des öffentlichen Klägers tätig, und dieser hat auf Grund dieser Unterlagen Anklage erhoben, worauf der Betroffene vor die Spruchkammer geladen wurde. Am Ende der Verhandlung haben sich die Spruchkammermitglieder zurückgezogen und haben ein Urteil gefällt. Der Betroffene wurde in vorgegebene Kategorien als »Hauptschuldiger«, »Belasteter«, »Minderbelasteter«, »Mitläufer« oder »Entlasteter« eingeteilt. Viele hatten im Verfahren gleich mehrere Entlastungszeugen vorzuweisen. Es war sehr schwer, sich durchzufinden. Diese Entlastungszeugen haben die Beisitzer und die Vorsitzenden der Spruchkammern sehr beeinflußt. Sie hatten ja keine juristische Grundlage, sondern richteten allein nach menschlichem Ermessen und nach moralischen Prinzipien – und teilweise nach ihrem eigenen schlechten Gewissen.

Die »kleinen« Leuten haben sich meistens mit allem abgefunden und die ein bißchen »Findigeren«, die gingen an die Berufungskammern. Bis dort entschieden wurde, ist viel Zeit vergangen. Im Grunde genommen ist den Leuten, die maßgebliche Funktionen bei den Nazis innehatten, nicht allzuviel passiert.

Im Laufe der Tätigkeit der Spruchkammern hat sich bei Menschen, die für die Schaffung einer neuen demokratischen Ordnung eingetreten waren, tiefe Enttäuschung breitgemacht. Viele sind von ihren Funktionen zurückgetreten. Ich auch. Die Amerikaner haben immer wieder Druck gemacht, immer wieder gedroht: Wenn Ihr Deutschen nicht in der Lage seid, dann werden wir die ganze Sache wieder übernehmen. Das wäre noch schlechter gewesen. Die Amerikaner sind ganz schematisch und ohne genaue Kenntnis der Zusammenhänge vorgegangen. Der Vorteil der Spruchkammern bestand ja gerade darin, daß Deutsche urteilten, die die Situation gekannt haben, die in der Nazizeit gelebt haben und denen die Zusammenhänge vertraut waren.

Die Illusion des Neuanfangs

Im großen und ganzen war diese Zeit, in der ich im »Sonderministerium« gearbeitet habe, eigentlich für mich eine Belastung. Ich sah die vorhandenen Schwierigkeiten, die aus der »re-education«-Idee der Amerikaner entstanden, und ich sah die große Masse der Bevölkerung, die die Entnazifizierung eigentlich abgelehnt hat. Ich habe mir immer überlegt, wie man aus dieser Misere rauskommt, wie man einen wirklichen Neuanfang für demokratische Entwicklung in der Gesellschaft schaffen könnte. Das ganze Übel der Nach-Nazizeit kam zum Ausdruck, in der vor allem der Egoismus und der Individualismus gestärkt wurden. Die wirklichen Grundvoraussetzungen für solidarisches Verhalten, für einen gemeinsamen Neuanfang und dafür, aus der Vergangenheit Lehren zu ziehen, waren einfach nicht gegeben. Die Möglichkeiten der Umsetzung in dieser Entnazifizierungseinrichtung waren zu gering, und das hat mich deprimiert. Ich war froh, als ich gekündigt habe. Ich habe nicht genügend Positives gesehen, um weiterzumachen. Wenn ich heute zurückdenke an diese Peri-

Albert Lörcher kurz vor seinem Tod

ode, dann liegt sie mir, um es ganz populär auszudrücken, immer noch im Magen wie saures Kartoffelgemüse. Das war keine positive Zeit.

Natürlich hatten wir alle Illusionen nach dem Zusammenbruch. Doch wir hatten die Nazi-Jahre unterschätzt. Die Masse der Bevölkerung war eben doch sehr eingebunden in das NS-System. Wir hatten große Illusionen, eine bessere Gesellschaft zu erreichen. Das ist uns nicht gelungen. Vielleicht waren wir auch ein bißchen ungeduldig. Man dachte in den Vorstellungen seines kurzen Lebens und wollte Erfolge sehen nach diesen zwölf Jahren der Unterdrückung. Inzwischen habe ich gelernt, daß Geschichte sich in großen Zeiträumen vollzieht. Ich habe nicht mehr die Illusion der jungen Jahre. Die ist verloren gegangen. Ich habe Geduld gelernt und weiß inzwischen, daß man in einem Menschenleben nur ein paar positive Mosaiksteine hinzufügen kann.

Unnütz war die Entnazifizierung aber schon deshalb nicht, weil sie vielen Menschen Anlaß gegeben hat, über das Geschehene nachzudenken. Doch sehr bald begann die Zeit, in der jeder versucht hat zu verdrängen – nach dem Motto: »Reden wir nicht mehr drüber, lassen wir es gut sein, es ist unangenehm, ich fühle mich auch nicht ganz sauber bei der Sache.« Bitter war natürlich auch die Erkenntnis, daß viele der wirklichen Schuldigen, die damals zu milde behandelt worden sind, lange in Amt und Würden geblieben sind, und heute, soweit sie noch leben, ihre gute Rente beziehen. Man hätte den »Kleinen« mehr Chancen geben sollen, hätte sie wieder in die normalen Arbeitsvorgänge eingliedern sollen. Die »Großen« hätte man wirklich fassen müssen. Sie haben in der Mehrzahl ihre Verurteilung hinausgezögert, bis der beginnende Ost-West-Konflikt, der Kalte Krieg, andere Interessen in den Vordergrund stellte.

Es bleibt meines Erachtens nichts anderes übrig, als von der Basis her die Kritikfähigkeit der Menschen in den verschiedenen Parteien, in den Gremien und anderen Bereichen zu wecken. Nur so kann man verhindern, daß menschliche Unzulänglichkeiten zu mächtig werden. Aber das ist ein schwieriger und langer Weg.

Übermächtige Versorgungsprobleme

INGRID HALLAMA

Care-Pakete

Inhalt eines Care-Pakets, 1947

Eine Jugendfreundin meines Vaters schickte uns am 3. 6. 1948 das erste Care-Paket. Sie war eine geborene Münchnerin und lebte seit vielen Jahren in New York.

Was dieses Amerika-Paket für uns bedeutete, kann man gar nicht ausdrücken. Es standen uns allen die Tränen in den Augen, als wir das 20 Pfund schwere Paket öffneten und all' die herrlichen Dinge auspackten. Es war richtig feierlich. Ich durfte die Schnur aufknüpfen, was ich besonders langsam tat, um die Vorfreude noch länger hinauszuziehen. Was kamen da für Köstlichkeiten zum Vorschein: Kaffee, schwarzer Tee, Fett, Trockenmilch, Zigaretten, Schokolade und Süßigkeiten.

Jeden Monat traf nun ein solches Paket bei uns ein. Wir mußten es in der Arnulfstraße am Zollamt abholen. Die Rauchwaren wurden meist, wenn sie gefunden wurden, beschlagnahmt. Unsere Wohltäterin hatte sich aber dafür die tollsten Verstecke ausgedacht. So befanden sich Zigarettenschachteln oftmals zuunterst in einer gefüllten

---

INGRID HALLAMA
1938 in München geboren, aufgewachsen in Sendling. Heirat mit 19 Jahren, drei Kinder. Hobby: Sammeln historischer München-Bücher, Beschäftigung mit der Stadtgeschichte.

Kaffeedose und wurden deswegen von den Zöllnern übersehen.

Ich glaube, am glücklichsten waren meine Eltern über den Bohnenkaffee, ich natürlich über die Süßigkeiten. Meine Eltern bestanden darauf, daß ich immer einen Teil davon meiner in der Straße wohnenden Freundin abgab, deren Familie keine Care-Pakete erhielt.

Auch Strümpfe, Schuhe, Stoff und Kleidung erhielten wir – und die begehrten »Nylons«. Es waren alles völlig neue Sachen, denn unsere Wohltäterin lebte in sehr guten Verhältnissen. Ich bekam Kleider, Röcke, Schuhe. Es waren keine gewöhnlichen Kleider. Sie waren aus wunderschönen Stoffen gefertigt, verziert mit großen Kragen, Rüschen und Spitzen, wunderbar anzusehen.

Zum Kummer meiner Eltern weigerte ich mich mit allen Kräften und mit bitterlichen Tränen, diese anzuziehen.

Die anderen Kinder trugen – wie ich auch – in der damaligen Zeit Kleidungsstücke aus alten Beständen oder aus umgearbeiteten Stoffen. Ich war ein sehr ruhiges und recht schüchternes Mädchen, wollte unter keinen Umständen auffallen. Ich wollte genauso angezogen sein wie meine Freundinnen und Schulkameradinnen.

Das nächste Problem waren die Gummistiefel. Alle Münchner Kinder hatten schwarze Gummistiefel an, wenn sie überhaupt welche besaßen. Meine – aus Amerika – waren jedoch weiß. Wieder gab es Ärger, da ich sie nicht anzog, ebensowenig wie die herrlich glänzenden Lackschuhe.

Das schönste Geschenk für mich war die heiß ersehnte Babypuppe. Sie konnte nicht nur

Bis heute ungeöffnet: die Kaffeedose

»Mamma« schreien, sondern sogar ein Fläschchen trinken und dann naßmachen. Eine zweite Puppe, die etwas später kam, war eine richtige »Dame«. Ich besitze sie noch heute als Andenken.

Bis zum Jahr 1950 trafen insgesamt 23 solcher Pakete ein, die uns sehr halfen, die schweren Jahre besser zu überstehen.

Die im letzten Paket mitgesandte Kaffeedose haben wir nicht mehr geöffnet, sie ist noch heute in unserem Besitz.

Jedesmal, wenn ich sie sehe, denke ich an diese Lichtblicke in einer kummervollen Zeit. Ich werde unsere längst verstorbene Wohltäterin niemals vergessen.

Ingeborg Schluckebier

Das bärtige Christkindl

In der Küche war es eisig kalt. Das gehauchte Guckloch im Eisblumenfenster überzog sich sofort wieder mit Eiskristallen. Nur auf jeder Seite unten hatten die Fenster Glasscheiben, die oberen waren mit Brettern vernagelt. Ein Spiel: Loch hauchen und zuschauen, mit welcher Geschwindigkeit sich neue Äste und Eisbäumchen bilden. Ich wartete auf meine Mutter.

»Heiz' ein, wenn Du heim kommst, und vorher kurz lüften,« hatte Mutter gesagt. Es dauerte lange, bis es warm wurde. Oh, das Lüften hatte ich vergessen. Die gerollte Decke auf dem Fensterbrett war angefroren. Vorsichtig hackte ich sie mit einem Spachtel von der Fensterbank. Auch die Rahmen mußten von einer dicken Eisschicht befreit werden, bevor sie sich öffnen ließen. Es wurde bereits dämmrig an diesem düsteren, kalten Dezembernachmittag. Nur wenige Stunden am Tag gab es Gas und Strom, die übrige Zeit hockte man im Finstern. Und so etwas wie Straßenbeleuchtung kannten wir schon lange nicht mehr.

Wozu auch, von 19.00 bis 6.00 Uhr war Ausgangssperre. Trotzdem ist meine Erinnerung an diese Wochen angenehm. Der Begriff »staade Zeit« ist für mich fest mit diesem Bild verbunden: Wir sitzen da vor dem gemauerten Herd und warten, bis das Licht angeht. In die Stille hinein knackst und knistert das Holz im Ofen. Am Rücken ist es kalt, die Gesichter aber sind heiß, und Papa erzählt von früher. Das Zusammensitzen, die Wärme, das Reden, das alles löste in mir ein ganz intensives Gefühl von Nähe und Geborgenheit aus, so daß ich meist enttäuscht war, wenn es hell wurde.

Erneut hauchte ich ein Loch ins Eis. Auf der Straße waren nur wenige vermummte Gestalten zu sehen. »Das könnte Mama sein!« Gespannt wartete ich, ob sie in den Hof einbog. Nein, wieder nicht. Ich war hungrig, stibitzte einen Löffel Haferflocken, streute sie auf den Herd und ließ sie rösten. »Mmh, schmeckt nach Nüssen. So 'was könnte man im Frieden auch mal essen. Aber wir haben doch Frieden, seit acht Monaten Frieden!« An der Wohnungstür ein Geräusch: »Mama?« – »Kalt ist es hier«, war ihre Begrüßung. »Es sind keine Kohlen mehr oben, allein hab' ich mich nicht in den Keller getraut.« – »Komm«, sagte sie und nahm Kohleneimer und Kerzenleuchter, »wir gehen zusammen.« Später saßen wir vor dem Ofen. Es war still, im Grandl summte das Wasser. Mama hatte einen Eisenring auf der Herdplatte weggeschoben, im Feuerschein leuchtete ihr Gesicht rot. Sie goß Kakaoschalentee auf, dazu gab's Grießplätzchen. 250 g Gries in Wasser gekocht, ein Ei und Rübensirup. Etwas trocken und bröckelig waren die Kekse, aber ganz gut.

»Wenn es Weihnachten schneit, könnte ich Schlitten fahren«, dachte ich laut. Entsetzt unterbrach mich Mama: »Bloß nicht, aus wär's mit der Ruhe und dem Feiern, wir müßten wegen dem Schnee die ganze Nacht mit Eimern und Schüsseln das Wasser auffangen. Du weißt doch, wie durchlöchert das Dach ist«, setzte sie noch hinzu. »Ja, ja«, sagte ich kleinlaut, und um sie auf andere Gedanken zu bringen: »Ob der Papa heut' was mitbringt?« Und sie: »Ja, hoffentlich hat er sich nicht ausschmieren lassen.« Am Tag vorher hatte es deshalb Streit gegeben. Mama wollte mit Silberlöffeln und Handtüchern zum Schwarzmarkt. Sie brauchte Butter, Mehl und Eier für richtige Weihnachtsplätzchen. Wenigstens ein paar Plätz-

---

Ingeborg Schluckebier
1935 in München geboren, in Neuhausen aufgewachsen. Schulbesuch an verschiedenen Evakuierungsorten, kaufmännische Lehre, ab 1961 Sachbearbeiterin bei einer Bundesbehörde. Heirat 1964, zwei Söhne. Beschäftigt sich seit der Pensionierung 1993 vorwiegend mit Familienforschung.

Schwarzer Markt am Isartor, Sommer 1947

chen für den Heiligen Abend, wenn wir sonst schon nichts hatten. Papa meinte, dies sei viel zu gefährlich für sie, bei dem Gesindel, das sich in der Gegend herumtrieb. Er würde hingehen. »Ja, und Du«, sagte Mama, »Du verschenkst das Zeug an einen armseligen Kerl, der Dich anbettelt, oder läßt Dich von einem gerissenen Schwarzhändler reinlegen, und wir schaun am Heiligen Abend mit dem Ofenrohr ins Gebirg'.«

»Was machen wir, wenn Papa bis sieben Uhr nicht kommt«, fragte ich ängstlich. »Gar nichts«, sagte Mama, »er ist dann entweder in eine Razzia oder in die Ausgangssperre geraten, und dann ist sowieso alles futsch.« Es klopfte. »Papa«, rief ich, und war schon am Gang. Es war stockdunkel vor der Wohnungstür. Nur an der Stimme, die mir freudig vorkam, konnte ich ihn erkennen. Mama zündete eine Kerze an. »Wie der Knecht Ruprecht siehst Du aus, Papa, mit dem Sack und den Packerln.« Mama schaute als erstes in seine Mappe. Enttäuscht stellte sie fest: »Du hast ja alles wieder mitgebracht, und außerdem stinkst Du nach Schnaps.« Er beachtete sie nicht, aber zu mir sagte er: »Ich bin dem Christkindl begegnet.« – »Wie hat es ausgesehen?«, fragte ich erwartungsvoll. »Nicht so, wie Du denkst«, lachte Papa, »es hatte einen langen Mantel an, einen großen Hut auf dem Kopf und ein bärtiges Gesicht.«

Und dann erzählte er: Auf dem Schwarzmarkt in der Möhlstraße hatte plötzlich einer seinen Namen geschrien, und ein Kerl mit Bart kam auf ihn zugelaufen, umarmte ihn und küßte ihn auf die Backen. Erst jetzt erkannte ihn mein Vater. Es war Pjoter, einer der russischen Kriegsgefangenen, die ihm unterstellt waren im Kupfer- und Messingwerk Moosach. Er hatte ihm und einigen anderen damals das Leben gerettet, weil er sie bei Fliegerangriffen immer ins Freie gehen ließ, obwohl das verboten war. Eine Mine hatte dann die Werkshalle zerfetzt, in der sie kurz zuvor noch gearbeitet hatten. Und vor ihm stand also Pjoter, lachte, freute sich und war begeistert über das Wiedersehen. Nach einigen: »Und weißt Du noch...« fragte Papa nach Wassil, einem aus Polen stammenden deutschen Juden. Doch Pjoter schüttelte den Kopf. Nein, er hatte nichts von ihm gehört, und nach allem, was er erfahren hat, hat Wassil nicht überlebt. Als Jude hatte er keine Chancen. Pjoter schob Papa ein Glas hin: »Komm', Kamerad, auf Wassil und auf uns.« – »Ja, er war ein Pfundskerl«, nickte Papa. Es wurden mehrere Wodkas. Als sich die erste Aufregung gelegt hatte, wollte Pjoter wissen: »Was brauchst Du, was willst Du haben?« Es stellte sich heraus, daß Pjoter ein bekannter und erfolgreicher Schwarzhändler geworden war. Mein Vater gab ihm die Silberlöffel und die Handtücher. Er aber stopfte alles wieder zurück in die Tasche und sagte: »Warte, hier, Du kriegst, was Du willst.« Und dann kam er mit dem Sack zurück.

Papa legte bedächtig eins nach dem anderen auf den Küchentisch: Mehl, Butter, Zucker, Milchpulver, Hartwurst, Weißbrot, eine Dose Nescafé, Kerzen und extra für meine Mutter Nylonstrümpfe, die ersten in ihrem Leben. »Die sind für die Brotmarken, damals, als wir hungrig waren«, hatte Pjoter gesagt, und bald würde er uns besuchen.

Friedegunde Reisner

Hamsterfahrten

Am 25. April 1945 holten mich meine Eltern aus dem Kinderlandverschickungslager in Bad Tölz ab. Der Einmarsch der Amerikaner stand unmittelbar bevor, und die Eltern wollten, daß wir zusammen sind.

Mein Vater, damals 49 Jahre alt, war wegen starker Kurzsichtigkeit nicht Soldat gewesen. Er und meine Mutter arbeiteten bei der Post. Ich war damals knapp 13 Jahre alt. Zwei Jahre war ich weggewesen und sah nun die Zerstörung der geliebten Innenstadt. Unser Haus war als einziges in der Straße stehengeblieben. Sowohl von Norden als auch von Süden her mußte man über Schutthügel auf einem Trampelpfad in unser Gäßchen vordringen. Es roch nach verkohltem Holz, und lose herabhängendes Blech schepperte bedrohlich im Wind. In der Dämmerung jagten Ratten über die Schuttberge.

Ich war deprimiert und dachte, daß zu meinen Lebzeiten die Stadt nicht wiedererstehen könnte. Wir hofften inständig, daß München nicht verteidigt werden würde, um nicht noch eine Beschießung herauszufordern. Eine weiße Fahne getrauten wir uns nicht aus dem Fenster zu hängen, um nicht Nazis auf uns aufmerksam zu machen.

Als die Amerikaner schließlich auf dem Marienplatz vorfuhren, wagten wir uns doch aus dem Haus, um sie zu begrüßen.

Wir dachten nun nicht an die nähere oder fernere Zukunft, sondern an das naheliegendste Problem, das Essen. Das klebrige, sogar etwas bitter schmeckende Brot – ohne Aufstrich – wollte gar nicht recht munden. Vater schnitt es in hauchdünne Scheiben, die er im Backrohr röstete. Das gedörrte Brot mußte man lange im Mund aufweichen lassen; dadurch schien es ergiebiger zu sein. Vater und ich saßen einander gegenüber auf dem Sofa und lasen. So waren unsere Gedanken beschäftigt und kreisten nicht um das Essen. Mutter dagegen richtete ihr ganzes Denken auf die Nahrungsbeschaffung.

Aussicht vom Elternhaus auf den verschütteten Fischbach

Der Schwarzmarkt kam für uns nicht in Frage, da wir die Preise nicht bezahlen konnten. Mutter wollte auch die glücklich gerettete Wäsche nicht zum Tausch abgeben, sondern sie für mich zur Aussteuer sparen. Es gab nur einen Ausweg – hamstern zu gehen. Ich sträubte mich heftig, aber ich mußte mit. Wegen der Beschränkungen der Militärbehörden kamen nur Dörfer in der Nähe Münchens in Frage. Auf den Bauernhöfen schüchterten mich schon die Hofhunde ein. Die

Friedegunde Reisner
1932 in München geboren, 1951 Abitur; bis 1953 Ausbildung zur Volksschullehrerin, 1958/59 Zusatzausbildung zur Werklehrerin. Danach in verschiedenen Schulen in und um München tätig. Seit 1994 in Pension.

Zeichnung der Autorin: Mutter beim Hamstern

Bäuerinnen fertigten uns bereits an der Tür ab, es seien schon so viele vor uns da gewesen, und sie hätten selbst nichts. Ich drehte mich sofort um, aber Mutter, die selbst vom Land, aus der Oberpfalz, stammte, wußte die Frauen zu nehmen. Das ländliche »Du« ging ihr leicht über die Lippen. Sie bat um ein einziges Ei, das die Bäuerin endlich herausrückte, um uns loszuwerden. Ich schämte mich nicht nur, selbst zu bitten, sondern ich wollte auch nicht, daß meine Mutter wie eine Bettlerin behandelt wurde. Wir waren ja bereit, den normalen Preis zu bezahlen.

Die Beharrlichkeit meiner Mutter, mehr noch ihr geduldiges Zuhören, wenn die Bäuerinnen jammerten, brachten ihr doch allerlei ein. Ich weiß genau, wieviel es war, denn ich fand einen kleinen Block, in dem genau aufgeschrieben war, was wir im Juli 1945 heimgeschleppt haben: 13 Eier, 20 Pfund Mehl, 250 g Fleischmarken, Brotmarken für 10 Pfund, $2^1/_2$ l Milch, 5 Gurken, 10 Pfund Äpfel und 1 Pfund Butterschmalz. Letzteres war natürlich löffelweise zusammengekommen. Die Freude, etwas auf den Tisch bringen zu können, ließ meine Mutter die Mühsal des Erwerbs vergessen.

Ich jedoch war entschlossen, nie wieder mitzugehen, obwohl Mutter sagte, ich bräuchte nur beim Tragen zu helfen und nirgends zu bitten. Auch bei Vater stieß sie auf taube Ohren. Lieber wolle er hungern, äußerte er.

Um wenigstens ein bißchen beizutragen, fertigte er ein Wägelchen, das Mutter mit in den Zug nehmen konnte, damit sie wenigstens nicht so schwer schleppen mußte. Woher er die Räder nahm, weiß ich nicht, aber Eisenstangen und Holz stammten aus den Ruinen. Es hatte sich herausgestellt, daß es den Landbewohnern weder an Wäsche noch an Kleidung oder Schmuck mangelte, sondern an Essig. Den gab es in München. Von nun an ging die ganze Familie reihum die noch vorhandenen Lebensmittelgeschäfte ab und holte Essig. Flaschen besaßen wir, da Vater früher Beerenweine gemacht hatte. Mutter hatte es nun leichter, da sie etwas anbieten konnte, was gebraucht wurde. Außerdem lag es nahe, daß in die geleerten Essigflaschen Milch gefüllt wurde.

Meine Mutter wollte den Bogen nicht überspannen und wechselte zwischen den Ortschaften Hohenlinden, nördlich von Ebersberg, Grüntegernbach und Schwindegg östlich und nördlich von Dorfen ab. Bei aller Not war Mutter aber noch wählerisch. Es gab Höfe, wo es nicht so hygienisch zuging. Dort bat Mutter eher um Eier, als um Schmalz.

Meist reichten die Lebensmittel 14 Tage, dann mußte sie erneut den schweren Rundgang antreten. Die Begrüßung lautete dann: »Bist scho wieda da?« Mutter war nicht beleidigt, sondern entgegnete: »Moanst mit Deine zwoa Oa lang i vier Wocha?«

Vater und ich holten sie immer am Ostbahnhof ab, damit sie die eßbaren Schätze auch gut durch die Stadt brachte. So müde sie auch war, wog sie gewissenhaft alles Mitgebrachte ab, ließ das Fett zusammenlaufen, und ich registrierte, was die Tour eingebracht hatte.

In unserem Haus wohnte ein Ehepaar, das früher einen Stand auf dem Viktualienmarkt gehabt hatte. Für irgendeine Gefälligkeit unsererseits erhielten wir eine große Menge Soda. Wir füllten das Pulver in kleine Portionen ab, und zu Mutters Freude war Soda auf den Dörfern hochwillkommen, so daß sie sogar gelegentlich gefragt wurde: »Wann kummst denn wieda?«

Als es auf Weihnachten zuging, verlegten Vater und ich uns auf's Basteln von Krippenhäuschen.

Hamsterfahrt von München auf's Land

Darin war Vater sehr geschickt und machte es auch gern. Ich übernahm das Bemalen. Da saßen wir dann einträchtig in unserer Dunkelküche, die nur ein Fenster in das Wohnzimmer hatte und in der man stets künstliches Licht brauchte. Da sie keine Außenmauer hatte, war sie leichter zu beheizen. Manchmal fabrizierte ich noch einen Papierengel für den First des Krippenhäuschens. Unsere Bastelarbeiten tauschten wir dann wieder gegen Eßbares ein.

Unsere Hamsterchronik reicht vom Jahr 1945 bis zum 2. Juli 1949. Damals schleppte meine Mutter zum letzten Mal Mehl, Butterschmalz, Butter, Schweineschmalz, Geräuchertes, Eier, Brot und Milch nach Hause.

Gisela Kochs

Der »Lifesaver«[1]

Ich wurde 1943, mitten im Zweiten Weltkrieg, geboren. 1949 wurde ich in der Haimhauser Schule eingeschult. Wir wohnten damals in der Giselastraße in Schwabing, und das größte Vergnügen für uns Kinder war es, in den Ruinen der Häuser zu spielen, von denen es rundum ja jede Menge gab. Vorne an der Leopoldstraße war ein Kiosk in Fliegenpilzform, den ich immer bewunderte, weil er so echt aussah.

Wir mußten zwar keinen Hunger leiden, aber der Küchenzettel war trotz des Phantasiereichtums meiner Mutter recht karg. Süßigkeiten gab es während des ganzen Jahres keine, nur zu Weihnachten Schokoladenersatz.

Eines Tages trödelte ich auf dem Heimweg von der Schule die Mandlstraße entlang und befand mich auf der Höhe des Standesamts, als mein Blick auf etwas Rotes, Rundes mit einem Loch fiel, das auf dem Boden lag. Ein Bonbon! Schnell links und rechts geschaut, den Schatz aufgehoben und in den Mund gesteckt. *Kirschgeschmack*!

In meinem ganzen Leben hatte ich noch nie etwas so Köstliches gegessen. Selig ließ ich das Bonbon im Mund zergehen und habe es bis heute, fast 50 Jahre später, nicht vergessen.

Natürlich stammte mein Fund, ein »Lifesaver«-Bonbon, von unseren amerikanischen Besatzern. Sie kamen mir damals allesamt wie Helden vor, und niemand konnte mir weismachen, daß die bunten Streifen an ihren Uniformen nicht aus Kaugummi bestanden.

Gisela Kochs
Geboren 1943 in Ansbach (Eltern dorthin evakuiert), Rückkehr nach München 1945. 1963 Abitur, danach Pharmazie-Praktikum und Studium, 1968 pharmazeutisches Examen, Arbeit in verschiedenen Apotheken. 1971 Geburt der Tochter, 1972 Studium der Erziehungswissenschaften, 1975 Examen, seither als Lehrerin in Schwabing tätig.

[1] Rettungsring

Zeichnung der Autorin, 1987

Clementine Heupgen

Stilblüten aus Gesuchen an das Wirtschafts- und Wohnungsamt[1]

Ich bitte um die Zuteilung von mehr Kohlen, denn ich werde den Schnupfen nebst meiner Frau nicht los.

Ich habe Rheumatismus und ein Kind von vier Jahren, was auf die Feuchtigkeit zurückzuführen ist.

Ich möchte dringend eine Wohnung zugewiesen haben, da ich einen großen Heiratsdrang verspüre.

In dieser Wohnung kann ich nicht länger bleiben, da ich dauernd der Sittlichkeit ausgesetzt bin.

Ich habe eine Tochter und vier Söhne, und wir sind alle so beschränkt, daß wir nur zwei Betten aufstellen können. In dem einen schlafen die Jungen, und in dem anderen meine Tochter und ich, was schon gegen das Zuchthaus ist.

Ich bin schon seit Monaten verheiratet und habe keine Familienwohnung, meine Frau ist auch schon in anderen Umständen. Muß das sein?

Ich muß Sie bitten, mich innerhalb von acht Tagen zu befriedigen, sonst muß ich mich an die Öffentlichkeit wenden.

Mein Mann braucht für seine Tätigkeit als Musiker eine neue Hose, da er in der alten keine Musik mehr machen kann.

Ich habe bereits vor acht Tagen meinen Antrag auf Schwangerschaft gestellt; mit der Zuteilung wollen Sie bitte noch warten, bis wir mit den kommenden Kindern im klaren sind.

Für meine Tante beantrage ich hiermit eine neue Hose; dieselbe ist 52 Jahre alt und hat ein steifes Bein.

Mein Mann muß notwendig eine neue Hose haben. In der alten habe ich schon mehrmals das Gesäß eingeflickt, dasselbe hält mir mein Mann nun jeden Abend vor.

Mein Mann ist mit dem Schrank und den Nerven zusammengebrochen.

Hiermit stelle ich den Antrag auf ein neues Bett mit Inhalt.

In der Kammer schläft meine Tochter, über ihr die Gasuhr, dieselbe kommt in den nächsten Tagen nieder, ich frage wohin damit.

Frau D. läßt dauernd ihr Wasser mit großem Getöse laufen und ich bitte Sie, einen Mann zur Abhilfe zu schicken.

Der Beamte, der meine Kohlen abgelehnt hat, soll im Winter ’mal bei mir schlafen, damit er sieht, was für ein kaltes Loch ich habe.

Ich bin 72 Jahre alt, meine Frau 68, haben neun Kinder gezeugt und tun unsere Pflicht heute noch, aber bei dem Schnee und der Kälte ist es uns ohne Schuhe nicht mehr möglich.

Mein Mann braucht unbedingt einen neuen Fahrradmantel, denn sein alter Schlauch hängt ihm schon heraus.

... und außerdem hat mein Mann nur eine einzige Unterhose, was allein schon seinem Reinheitsgefühl zuwiderläuft, vor allem im Winter...

... und sollten Sie nicht glauben, daß ich nur noch einen einzigen Schlüpfer habe, so stelle ich Ihnen diesen zur Besichtigung zur Verfügung.

1 Die Mutter von Clementine Heupgen war in den Nachkriegsjahren als Schreibkraft im städtischen Wirtschafts- und Wohnungsamt beschäftigt.
Die Auszüge aus den Briefen der Antragstellerinnen und Antragsteller zeugen – trotz der unfreiwilligen Komik – von der Not dieser Jahre und der Bedürftigkeit der Menschen.

Meinem Antrag auf eine Wolldecke bitte ich sofort nachzukommen, da meine Tochter in anderen Umständen ist, was ich nicht aufhalten konnte, aber ohne Wolldecke kann sie diesen Umstand nicht länger durchhalten.

Bitte um Zuteilung einer Garnitur neuer Bettwäsche für meine Frau. Die alte ist nämlich oben schütter und hat unten mehrere Löcher.

... und sollten Sie meinen Antrag auf eine Sonderzulage erneut ablehnen, dann schicke ich Ihnen meine Frau, damit Sie 'mal kapieren, wie geschwächt ich bereits bin.

In dieser Wohnung kann ich mitsamt meiner Familie nicht mehr länger bleiben wegen zu großer Feuchtigkeit, was sich bereits in vier Kindern und Rheumatismus ausgewirkt hat.

THEA STREHLE

Der »Kavalier«

Meinen 15. Geburtstag hatte ich gerade mit leerem Magen hinter mir. Die Amerikaner waren bereits in der Stadt, bestaunt von uns Kindern wie das siebte Weltwunder. Die Mägen waren leer und knurrten bei Tag und noch schlimmer bei Nacht. Da verbreitete sich wie ein Lauffeuer die Nachricht, daß die Amerikaner die Tore im Bürgerbräukeller geöffnet hätten und daß die Lagerbestände geplündert würden. Meine Mutter, immer noch dienstverpflichtet bei der Post, ermutigte mich, doch etwa Eßbares zu ergattern.

Ich war mit meinem jüngeren Bruder allein. Mitnehmen wollte ich ihn nicht, so bat ich die Nachbarin, ob er nicht einige Stunden bei ihr bleiben könnte. Ich erzählte ihr von meinem Vorhaben. »Sei bloß vorsichtig«, ermahnte sie mich. So machte ich mich auf den Weg.

Das war so eine Sache, auf die ich mich da eingelassen hatte! Diese Menschenmassen, drängend und schiebend, das hatte ich noch nie erlebt. Sehen konnte ich überhaupt nichts. Gestoßen, geschubst, dazwischen luftholend, kam ich in die Kellerlager, in denen die Lebensmittel bis an die Decke gestapelt waren. Bei dem Anblick war es mir ein Rätsel, warum wir alle so hungern mußten.

Die unteren Regale waren schon alle leer, wie Trauben hingen die Menschen an den darüberliegenden Fächern, um Kartons nach unten zu befördern. Die Luft war dick, es stank nach Käse und schwitzenden Menschen. Nirgends ein Fensterloch. Wenn einer umkippte, würde er bestimmt zertrampelt werden. Ich konnte mich un-

Die Geschwister, 1946

möglich aus dem Gewühl befreien und wurde in die nächste Halle geschoben. Dasselbe Bild, nirgends eine Vorrichtung, um nach oben zu kommen. Man mußte an den Regalbrettern hochsteigen; wenn man Glück hatte, wurde man nicht vorher heruntergerissen.

Da alle dasselbe vorhatten, wurde ich endlich an eine Stellwand gedrückt. Das Raufklettern war für mich Leichtgewicht kein Problem, aber

THEA STREHLE
Geboren 1930 in München. Ab 1942 Besuch der Handelsschule mit vorgezogenem Abschluß 1944. Dienstverpflichtung bei der Firma Kali-Chemie, nach dem Krieg Übernahme in die dortige kaufmännische Abteilung. Heirat 1952, drei Kinder, Mitglied der »Münchner Sonntagsmaler«.

Eine von vielen Plünderungen nach dem Einmarsch der Amerikaner in München

die Kartons auf dem obersten Brett unter der Decke waren schwer zu bewegen. Von den unter mir Stehenden bekam ich lautstarke Anleitungen, wie ich die Kartons bewegen sollte. Das war nicht so einfach, denn mit einer Hand mußte ich mich ja festhalten. Doch mit aller Kraft gelang es mir endlich, ein Paket hervorzuziehen und herunterfallen zu lassen. Danach war es leichter, ich konnte hinter die Kartons greifen und einen nach dem anderen nach unten befördern. Da begann der Kampf, das Öffnen der Schachteln. Butterpakete wurden herausgerissen, flogen durch die

Luft auf den Boden, wurden zertrampelt. Der Hunger verdrängte jegliche Vernunft. Die Leute waren wie in Panik, nur um etwas zu ergattern. Von oben gesehen war das für mich wie ein Horrorfilm. Langsam leerte sich das Regal. Jetzt kam der letzte Karton, den wollte ich nun gerne für mich behalten. Doch wie sollte ich das anstellen? Stoße ich ihn herunter, ist er weg. Ein unter mir stehender Mann rief mir zu: »Los, den behalten wir für uns beide!« Ich hatte keine andere Wahl. Also schob ich die letzte Packung vom Regal, und der hilfreiche Mann fing sie auf. Schnell kam ich herunter, und wir beide quetschten uns hintereinander durch die Menschen, immer in der Angst, die wertvolle Beute zu verlieren. Wie sollten wir bloß den Weg zurück durch die immer noch nachdrängenden Massen schaffen? Für mich schien das einfach hoffnungslos. Da, ein Aufschrei! Jemand entdeckte in der hintersten Ecke einen Schacht, wahrscheinlich war es ein Notausstieg. Mit aller Kraft stießen zwei Männer die Abdeckung hoch. Dann kletterten Männer und Frauen auf einer wackeligen Leiter, mehr oder minder beladen, nach oben. Dazwischen brach durch den Riesenandrang immer wieder einmal eine Sprosse ab. Aber da mußte dann die Schulter des Nachkommenden herhalten. Es war schon eine artistische Leistung, überhaupt nach oben zu kommen. Mein freundlicher Helfer sprach sich mit mir ab, denn es war unmöglich, das Paket allein nach oben zu bringen. Er bahnte sich den Weg voraus bis zum Ausstieg. Dann stieg er Tritt für Tritt hoch und hielt mir den Weg zum Aussteigen frei. So schafften wir es Meter für Meter. Er klomm hoch, ich reichte ihm den Karton nach. Endlich waren wir an der Oberkante der Öffnung. Er war schon oben und nahm mir den Karton ab. Ich kletterte das letzte Stück hoch, doch wo war mein hilfreicher Kavalier? Verschwunden in den Menschenmassen, die als helfende Abnehmer bereit standen.

Ich war so erschöpft, daß ich mich nur noch abseits in eine Ecke setzte und losheulte. Die ganze Schinderei für nichts und wieder nichts. Doch wer beachtete damals schon ein heulendes Mädchen? Es war wohl allen zum Heulen zumute.

Verdreckt, mit zerrissener Kleidung kam ich zu Hause an. Meine Mutter wartete schon mit sorgenvoller Miene auf mich, denn ich war wohl den halben Tag unterwegs gewesen. Sie war verärgert, als ich ihr alles erzählte, ermahnte mich jedoch: »Hättest Du aus einer Packung nur ein oder zwei Stück mitgenommen, wäre das vernünftiger gewesen. Verlasse Dich also in Zukunft nicht auf andere, dann bleiben Dir viele Niederlagen erspart.«

Lebensbedingungen für Flüchtlinge und Vertriebene

KARL MÜLLER

Eine gemauerte Wohnung

Nach einer zweijährigen Flucht und Irrfahrt kreuz und quer durch Bayern landete ich am 16.11.1946 in München-Lochhausen im Barackenlager der Süddeutschen Ziegelwerke. Es war ein kalter Wintertag, als wir auf dem offenen Lkw völlig durchfroren vor der Baracke Halt machten. »So«, sagte der Fahrer, »alles aussteigen, wir sind da.« Wir sprangen vom Lkw, der vor der Eingangstüre gehalten hatte und standen gleich im kniehohen Schnee. Unsere Habseligkeiten waren schnell abgeladen. Der Lkw fuhr wieder los, und wir warteten, wie es weitergehen würde. Die zwei kleinen Kinder, die bei uns waren, fingen vor Kälte an zu weinen. Da kam die ersehnte Hilfe angerannt – ein Mann, der sich entschuldigte für seine Verspätung. Ihm gebührt noch heute unser Dank für alles, was er für uns getan hat. Er war im KZ Dachau gewesen und wußte, was Elend, Not, Hunger und Angst sind. Ohne seine Hilfe hätten wir unser Schicksal nicht so gut überstanden. »Kommt doch herein, ich zeige Euch Euer Zimmer,« sagte er. Es war ein Raum mit etwa 17 qm. Am Kamin stand ein neuer Wamsler Kochherd, daneben ein Tisch und zwei Hocker. Das war die ganze Einrichtung. Wo waren unsere Betten? »Holt erst mal Eure Sachen rein, dann gehen wir die Betten holen«. Wir schleppten unsere Habseligkeiten in den Gang, denn im Zimmer war kein Platz. Als wir alles verstaut hatten, gingen wir mit dem Mann ins Werk und standen plötzlich vor einem Scheunentor. Er sperrte auf, da waren Holzbetten aufgestapelt; in einer Ecke lag ein Haufen Stroh, in einem alten Holzregal lagerten Papierstrohsäcke. »So«, sagte der Mann, *»da holt sich jetzt jeder einen Papierstrohsack und füllt ihn mit Stroh auf, dann nehmt Euch ein Holzbett. Ich besorge inzwischen einen Karren, danach fahren wir das Ganze ins Lager.«* Gesagt, getan. Wir stopften die Papiersäcke voll. Wir luden alles auf einen Karren und fuhren es zu unserer Behausung, stellten die drei Betten im Zimmer auf, dann war nicht mehr viel Platz. Wir hatten nur unser Kostbarstes ins Zimmer geholt: Den halben Sack Kartoffeln und den Sack Brennholz hatten wir unter dem Bett verstaut. Wir beheizten den Herd, daß die Kochplatte glühte, und saßen um ihn herum, um die wohlige Wärme zu genießen. Dann legten wir uns in unsere Betten und mußten die erste Zeit wirklich aufpassen, nicht herunterzufallen. Im Herd brannte das Feuer und warf Schattenspiele an die Zimmerdecke, draußen blies der kalte Wind und pfiff durch die Bretterfugen ins Zimmer. Und so schliefen wir die erste Nacht in unserer Behausung. Daß es für Jahre unsere neue Heimat werden sollte, wußte nur der liebe Gott.

Am nächsten Morgen begann unser erster Arbeitstag. Es war eine harte, schwere Arbeit und alles mit leerem Magen. Ich mußte aus der Brennkammer die gebrannten Platten und Mauersteine mit einem zweiten Mann herausfahren. Auf einen Schubkarren paßten 90 Ziegel. Im Ofen herrschte

---

KARL MÜLLER
Im ehemaligen Jugoslawien 1928 geboren, ab 1941 Schmiedelehre im elterlichen Betrieb. Ab 1946 in München, Betriebsschlosser in einem Lochhauser Ziegelwerk. Seit 1963 Feuerwehrmann am Flughafen Riem tätig, zuletzt als stellvertretender Leiter der Flughafen-Feuerwehr. Pensionierung im Jahr 1988. Hobbies: Dichten und schriftstellerische Arbeit.

Kinder im Barackenlager, ca. 1947

eine Hitze von über 90° C, die Platten und Steine waren so heiß, daß man sie mit blanken Händen nicht anfassen konnte.

Um überhaupt die Last mit dem Karren schieben zu können, hatte man ungefähr 15 Zentimeter breite Bleche auf den Boden gelegt, und ohne Geschick und Kraftreserven ließ sich der geladene Karren nicht schieben. Da es ja im Ofen über 90° C hatte, arbeiteten wir nur in einer kurzen Hose, Oberkörper frei. Draußen waren – 20° C. Durch den enormen Temperaturwechsel war die Haut am Körper ganz blau angelaufen. Wie man so etwas durchhalten kann, ist mir heute noch ein Rätsel. Aber es gab für diese Arbeit eine Schwerarbeiterzulage, das war der einzige Trost. Wenn wir die Zuteilung montags bekamen, war sie mittwochs schon verzehrt. Ich war oft mutlos und verzweifelt. Ich war so entkräftet, daß ich dem Heulen nahe war. In der Nacht konnte ich trotz meiner Müdigkeit nicht einschlafen, weil meine Arme so schmerzten. Ich hatte das Gefühl, als hätte man sie mir einen halben Meter gestreckt. Aber nur nicht aufgeben, durchhalten, nur nicht nochmal in das Lager zurück müssen! Wie ich meine sechs Wochen durchgestanden habe, weiß ich heute nicht mehr.

In unserer Wohnbaracke zeigte sich schon ab dem ersten Tag bis zum Frühjahr ein Problem: Beim Aufwachen war die Zimmerdecke eine Eisplatte mit Rauhreif. Wir waren ganz entsetzt, holten gleich einen Bauarbeiter und zeigten es ihm. Er nickte nur und zeigte mit der Hand in den Hof hinaus. »Sehr Ihr dort im Schnee die Platten aufgeschichtet? Die haben sich mit Wasser vollgesaugt, und das gefriert jetzt bei der Nacht, da kann man nichts machen.« Wir heizten den Herd ein, und es kam, was kommen mußte: Es fing an zu regnen. So stellten wir überall, wo

Um die Steinproduktion in zwei Schichten zu ermöglichen, blieben uns die Nacht und die Sonn- und Feiertage, um die Maschinen zu reparieren.

es tropfte, unsere Teller, Tassen, Schüsseln, Eimer auf – alles, was wir hatten, um nicht noch in nassen Betten schlafen zu müssen. Abends, wenn das Feuer im Ofen aus war, hörte es auf zu regnen und es gab wieder die kristallisierte Eisschicht an der Decke. Oft hatten wir ein kaltes Zimmer lieber als ein warmes. Es tropfte bei Kälte nicht mehr, und wir mußten nicht mehr über sämtliche Gefäße steigen.

Unsere Freizeitgestaltung in den ersten Wochen bestand darin, daß wir im Werk alle Putzwolle und Lumpen organisierten, unter unserer Kleidung versteckten und dann abends mit einem Hammer und einem stumpfen Meißel Ritze um Ritze verstopften. Der Erfolg stellte sich bald ein. Es trieb über Nacht keinen Schnee mehr ins Zimmer und es kühlte nicht mehr so schnell ab. Aber wenn es oft in der Nacht unter – 20° C hatte, konnte ich mich in meinem Bett nicht mehr erwärmen, obwohl ich alles anzog, was mir gehörte. So stand ich manchmal mitten in der Nacht auf, stapfte durch den Schnee ins Werk und ging zum Brennofen. Dort waren immer einige, die sich aufwärmten. Der Brennmeister wußte schon, daß es sehr kalt sein mußte wenn wir kamen. Er winkte mir gleich zu. »Komm', setz' Dich auf die Überleitungsrohre.« Das war ein schönes Gefühl, wenn die Wärme durch den Körper strömte; oft bin ich vor Müdigkeit ein wenig eingenickt. Wenn ich mich wieder aufgewärmt hatte, stapfte ich in Schnee und Kälte in die Baracke zu meinem Schlaflager zurück.

Brennmaterial bekamen wir nur zum Kochen, das reichte nicht zum Heizen. So mußten wir uns in der Nacht Brennmaterial organisieren. Im Werk lagen große Haufen Kohle, um die Dampfmaschine zu betreiben und zur Stromversorgung. Aber da war nichts zu holen. Die Kohlenhalden wurden von Männern mit scharfen Schäferhunden bewacht. So mußten wir uns anderweitig Brennmaterial besorgen: Im Wald Bäume fällen, vor allem geräuschlos, dann nach Hause schleppen und in der gleichen Nacht noch zerschneiden und zerhacken, damit niemand etwas merkte.

Die Baracke wurde inzwischen fertig gebaut und war somit voll belegt mit 62 Personen. Probleme gab es auch bei den Toiletten, man hatte in der Eile nur eine gebaut, die für so viele Menschen nicht ausreichte. Man mußte immer anstehen, und das in Schnee und Kälte. Und wenn einer es sich nicht so lange verkneifen konnte, setzte man sich einfach ins Gelände, denn es war ja rundherum freies Land. So hatten wir endlich den langen, schweren Winter überstanden. Um die Arbeiter unterbringen zu können, wurde noch schnell eine zweite Baracke aufgestellt. Wenn man es so betrachet, herrschten unvorstellbare Lebensverhältnisse.

Langsam kam der Frühling, das gab uns wieder neuen Auftrieb. Wir forderten vom Betriebsrat

Baumaterial, so daß wir uns neben der Baracke einen kleinen Schuppen bauen konnten, um unser Nötigstes unterzubringen. *»Ja«*, sagte er, *»da kann ich Euch nicht viel helfen. Die Werksleitung gibt von der Produktion keine Steine ab, denn wir sind mit der Produktion völlig im Verzug. Die Stadt München ist zu 80 Prozent zerstört, da wird jeder Stein und jede Platte gebraucht. Aber ich kann Euch einen Tip geben. Da hinten in der Wiese, neben den Baracken, sieht man einige Hügel. Darunter liegt die erste Ziegelei von Lochhausen, die man schon vor langer Zeit abgerissen und zugeschüttet hat. Da könnt Ihr versuchen zu graben, da sind bestimmt noch die Steine der unteren Schächte vorhanden. Die Steine könnt Ihr gar nicht alle verbrauchen.«* Wir hatten sofort einen festen Arbeitsplan und fingen am nächsten Tag an zu graben, und tatsächlich waren, gar nicht tief unter der Erde, die Fundamente der Brennkammer vorhanden. Nach acht Tagen sah das Gelände ganz rot aus vom Ziegelstaub, und es ging zu wie bei den Goldgräbern. Jeder grub sich einen Schacht und holte so viele Steine heraus, wie er brauchte. Die Steine waren zum Hausbau nicht mehr geeignet, aber für einen Schuppen reichten sie. Bald stapelten sie sich rund um das Barackenlager, und man begann mit dem Bau. Da wir vom Werk keinen Sand oder Zement bekamen, blieb uns nichts anderes übrig, als die Lehmerde mit Wasser anzurühren und mit dem Lehm zu mauern. Da wir keine Maurergeräte hatten, machten wir alles mit den Händen. Der Lehm wurde mit den Füßen getreten, und so standen bald die Mauern für unsere Schuppen. Für das Dach schlugen wir im Wald junge Bäume und holten uns im Werk die Dachlatten, die im Werkshof herumlagen. Die Dachplatten buddelten wir in der Kipphalde aus, und so hatte bald jeder vor seinem Fenster einen kleinen Schuppen stehen. Da das Frühjahr vor der Tür stand, verlangten wir von der Werksleitung, daß sie uns den Acker neben der Straße in Gartenparzellen aufteilte und jeder Familie ein Stück Land zuwies, damit wir uns selbst etwas anbauen könnten. Die Werksleitung war einverstanden, und so entstand aus dem Acker eine blühende Gartenlandschaft. Es wurde alles, was man in der Küche brauchte, angebaut.

Ich arbeitete inzwischen in der Werkstätte, wo ich die Schmiedearbeiten übernahm. Es war auch keine leichte Arbeit, denn es gab für die Reparaturen der Maschinen und Bagger überhaupt keine Ersatzteile, es mußte alles von Hand hergestellt werden, und das meistens in der Nacht, da das Werk in zwei Schichten arbeitete. Die tägliche Arbeitszeit betrug neun Stunden; samstags mußten wir bis 6.00 Uhr abends arbeiten und sonntags von 5.00 Uhr früh bis 12.00 Uhr mittags. Das heißt, wir hatten nur den Sonntag Nachmittag frei, alles andere war Arbeitszeit, und das oft mit leerem Magen. Aber wir standen das alles durch. Wie, ist mir heute noch ein Rätsel. Aber vielleicht ist das eine Antwort auf die Frage: Wie entstand das Wirtschaftswunder?

Oft ging ich in die Stadt und lief mit einem Glücksgefühl durch die zerbombten Straßen. Ich stellte fest, daß durch unserer Hände Arbeit im Ziegelwerk neue Häuser und Gebäude entstanden. Daß die Stadt wieder neu aufgebaut wurde, gab mir das Gefühl, daß unsere Schinderei nicht umsonst war. Denn jetzt könnten bald die Menschen, die ausgebombt waren und alles verloren hatten, in ihre geliebte Stadt München heimkehren.

So langsam zog der Sommer ins Land und damit die nächste Plage. Jetzt kamen in der Hitze die uns schon bekannten Freunde: Die Wanzen krochen aus jeder Fuge der alten Bretter. Sobald es dunkel wurde, kamen sie in Scharen. In lauen Nächten schliefen die meisten draußen vor der Baracke, um den Quälgeistern zu entgehen.

Im Herbst haben wir die Gärten abgeerntet, und da wir alle reichlich Kartoffeln angebaut hatten, vergrößerten wir unsere Schuppen nach hinten mit einem Schweine- und Hühnerstall. Wir kauften uns junge Schweine und Hühner, tauschten bei den Bauern das Futter ein, und plötzlich war aus dem armseligen Barackenlager eine Schweinezucht und eine Hühnerfarm entstanden. Es sah aus wie auf einem großen Bauernhof. Das Geflügel lief frei herum, Hunde und Katzen tollten sich auf dem Misthaufen, der hinter den

Als es 1948 wieder aufwärts ging, wurden Hühner und Schweine gekauft und zu Weihnachten 1949 geschlachtet.

Schuppen lag. Wir waren fast Selbstversorger geworden. Weihnachten wurden dann die Schweine geschlachtet, und es gab wieder alles zu essen, und zwar bis man satt war. Wir hatten die Hungerjahre überstanden! Nur das Elend blieb uns noch, und keiner wußte, wie lange es dauern würde, bis wir hier aus den Baracken herauskommen würden. Wie es aussah, würden wir für immer hierbleiben müssen, denn in die Heimat konnten wir nicht mehr zurück.

So kam das Jahr 1949, ein Glücksjahr, denn wir bekamen vom Roten Kreuz die Nachricht, die wir vor Freude nur mit Tränen in den Augen lesen konnten: Unser Vater lebte und würde bald aus russischer Gefangenschaft entlassen werden. So bekamen wir unser schönstes Weihnachtsgeschenk. Unser Vater stand kurz vor Weihnachten vor der Tür. Es war ein Wiedersehen ohne Worte, denn sprechen konnte keiner. Aber wir waren jetzt wieder durch Gottes Willen beisammen. Wir hatten uns viel, viel zu erzählen. Er war ganz entsetzt, als er von uns erfuhr, was mit den Angehörigen in der Heimat passiert war. Das hatten die Gefangenen ja nicht erfahren. Auch seine Eltern waren im Lager umgekommen. Die Nachricht traf ihn schwer. So hatten alle schwere Schicksalsschläge zu tragen.

Da ich mir gar nicht mehr vorstellen konnte, wie es ist, in einem richtigen Haus zu sein, mit richtigen Mauern, ging ich sonntags nach der Messe in die Gaststube auf ein Bier, saß nur da und betrachtete die schön geweißelten Wände und die weiß verputzte Zimmerdecke. Alles strahlte Stabilität und Sicherheit aus. Ob ich auch jemals wieder in so einem richtigen Haus wohnen würde? Das blieb mein Wunsch. Als Vater

Das erste Haus wurde gebaut. Alle vom Lager – ob jung oder alt – halfen mit. Das ganze Haus ist aus Ausschußsteinen gemauert.

aus der Gefangenschaft kam, schliefen er und Mutter in den Ehebetten. Ich als großer Bruder habe dem kleinen mein Bett abgegeben. Da kein Platz im Zimmer mehr war, wurde die Sitzbank an das Bett geschoben. Ich schlief nun also auf der Bank – und das jahrelang.

So vergingen noch ein paar Jahre, und nach acht Jahren Lager- und Barackenleben war endlich ein Ende in Sicht. Ich lernte in unserem Lager ein Mädchen kenne, die auch Not und Leid wie ich durchgemacht hatte. Wir heirateten und zogen in das Haus meiner Schwiegereltern ein, das wir alle zusammen gebaut hatten. Wir bekamen im ersten Stock die Mansardenwohnung, eine Küche und ein Schlafzimmer. Den ersten

Am 10. Oktober 1950 stand das neue Haus – ein Anlaß, um zu feiern.

Tag nach der Hochzeit standen wir ganz fremd in den Zimmern. Wir hatten eine gemauerte Wohnung, eine Küche und ein Schlafzimmer, und nach acht Jahren endlich ein richtiges Bett. Ich konnte es noch gar nicht fassen. In der Küche stand ein Tisch, zwei Stühle, ein Kühlschrank und das wichtigste, ein neuer Kochherd. Ich ging vom Schlafzimmer in die Küche und betrachtete alles genau. Meine junge Frau beobachtete mich. Ich ging zur Wand und legte beide Hände an die Mauer, fühlte die Kühle, die die Mauer abgab, blieb eine Weile bewegungslos stehen, sah dann meine Frau an, die mich immer noch wortlos beobachtete. Wir setzten uns auf die Stühle an den Tisch, reichten uns wortlos die Hände und sahen uns in die Augen. Wir hatten bestimmt die gleichen Gedanken, denn plötzlich liefen uns die Tränen vor Glück und Freude übers Gesicht. Sollte jetzt für uns endlich ein neues, glückliches Leben beginnen? Sollte wirklich alles Elend und alle Not vorbei sein und unsere Irrfahrten ein Ende haben? Die alte Heimat konnte uns niemand wiedergeben, deshalb waren wir gezwungen, mit aller Kraft uns eine neue zu bauen. So gründeten wir eine Familie. Bis zum Eigenheim war noch ein langer, harter Weg, aber wir schafften es. Nachts in den Träumen waren wir in der alten Heimat. So ist uns nur noch die Erinnerung geblieben.

Horst Wildner

Der Flüchtling

(Bearbeitetes Interview)

Ich wurde am 15. Oktober 1931 in Karlsbad geboren. Die ersten sieben Jahre meiner Kindheit bis zum Einmarsch Hitlers in die sudetendeutschen Gebiete verliefen ruhig, um so chaotischer war die nächste Zeit, bis ich mit 15 Jahren nach einer Vertreibungsodyssee endlich in München gelandet bin.

Meine Mutter hat sich entschieden, von Karlsbad nach Zwickau zu fliehen. Von meinem Vater hatten wir schon länger nichts mehr gehört.

Eines Tages sind wir mit unseren zwei, gegen eine Nähmaschine eingetauschten Handkarren losgezogen. Einen Zentner Kartoffeln haben wir mitgenommen, weil wir wußten, daß in Zwickau gehungert wurde. Ich habe auf dieser Flucht so viel Angst gehabt, das kann ich gar nicht beschreiben. Unterwegs war es für die Flüchtlinge nicht gerade ungefährlich: Als wir auf unserer Flucht nach Schönenlind kamen, erfuhren wir, daß am Tag vorher Tschechen den Flüchtlingen alles abgenommen und zehn Leute erschossen hatten. Niemand, der es nicht selbst erlebt hat, kann sich vorstellen, in welcher Angst wir lebten.

Als wir endlich in Zwickau ankamen, ist die Hungerzeit angebrochen. Was wir alles gegessen haben! Vor allem Suppe aus getrockneten Kartoffelschalen.

Ich bin in Zwickau zwar wieder in die Schule gegangen, aber ich war wegen meines Dialekts ein ziemlicher Außenseiter.

Die Amerikaner sind noch bis November in Zwickau geblieben. Wir waren gerade im Dom,

Mit der Mutter vor dem Oblatengeschäft in Karlsbad, 1936

als wir auf dem Domplatz wieder das Lied hörten, das die Russen bereits beim Einmarsch in Karlsbad gesungen hatten. Die Amerikaner waren noch nicht ganz abgezogen, da waren also die Russen schon da. Es wiederholte sich das, was wir bereits in Karlsbad erlebt hatten.

Ich mußte unzählige Hamsterfahrten mitmachen, damit wir überhaupt überleben konnten.

Horst Wildner
1931 in Karlsbad geboren, 1945 Vertreibung; zuerst Aufenthalt in Zwickau zu Verwandten, 1946 nach München. 1948 Konditorlehre in Regensburg, ab 1952 selbständige Arbeit in München mit einer Lieferkonditorei, später mit einem Ladengeschäft. Heirat 1959, zwei Kinder. Seit 1963 Angestellter in verschiedenen Münchner Betrieben; ab 1996 in Rente.

Flüchtlingstransporte

Das war schlimm für mich. Man brauchte nur den Mund aufzumachen, schon hat jeder gemerkt, daß man Flüchtling ist. Man hat nichts bekommen, vielleicht eine Kartoffel, eine einzelne, das war alles. Die Abneigung gegen die Flüchtlinge war groß. Zu Hause war es aber auch nicht besser, wir lebten dicht gedrängt, mußten beim Nachbarn schlafen und hatten nichts zu essen. Die nach Hause gebrachten Kartoffeln wurden gezählt, ebenso wie die Kohlen. Bei drei Haushalten in einer Wohnung mit einem Herd hat es natürlich oft Zusammenstöße gegeben.

Eines Tages habe ich von meinem Vater, von dem ich seit Karlsbad nichts mehr gehört habe, die Nachricht bekommen, daß er in München ist. Von da an war ich nicht mehr zu halten.

Meine Mutter wollte eigentlich nicht, daß ich nach München zu meinem Vater gehe, aber der ewige Hunger in Zwickau hat sie dann doch umgestimmt. Sie hat geglaubt, in München bekomme ich als ewig hungriger 15jähriger endlich mehr zu essen.

Im russisch besetzten Zwickau war ich auf dem Amt vor den »amerikanischen Gangstern« gewarnt worden. Ich ließ mich nicht abhalten; die nötigen Papiere für München hatte ich in der Tasche.

Zuerst einmal bin ich aber nach Schloß Oelsnitz im Vogtland zur Entlausung in Quarantäne gekommen. Viele Flüchtlinge traf ich hier. Sie alle wollten in die amerikanische Zone. Nach vier Tagen Quarantäne bin ich nach Moschendorf bei Hof gekommen. Das war ein amerikanisches Barackenlager, wo dieselbe Prozedur noch einmal abgelaufen ist. Ich hab' als 15jähriger immer nur gedacht: »Egal wie Du rüberkommst, hoffentlich ist München weit weg von diesem Sowjetstern«.

Mein Vater hatte in München-Solln schon ein möbliertes Zimmer, als ich am 16. Mai 1946 ankam. Er hat natürlich nicht geahnt, was er sich da aufhalste. Die Zuzugsgenehmigung hatte er über einen Geschäftsfreund bekommen. Das ging ja damals nur, wenn man Arbeit und Wohnraum nachweisen konnte. Jedes halbe Jahr mußten wir den »Zuzug« neu beantragen. Selbst die vielen aus München evakuierten Menschen konnten zu diesem Zeitpunkt nicht alle in ihre Heimatstadt zurück.

Das Zimmer gehörte einer Witwe. Mein Vater hat für diese Frau zwei bis drei Mal auf abenteuerlichen Wegen aus unserer Heimat Zucker rübergeschmuggelt, denn sie war im Schwarzhandel tätig und eine bekannte Adresse in Solln. Die Wohnmöglichkeit hatte er vor allem durch diese Gefälligkeit erlangt. Als sie mit der Zeit merkte, daß ich nicht nur auf Besuch da war, sondern daß das eine Dauereinrichtung wurde, hat sie alle Möbel rausgeholt, um uns loszuwerden. So lagen wir monatelang im kahlen Zimmer auf Brettern und konnten uns erst nach und nach aus primitiven Holzlatten so etwas wie Betten bauen. Als mein Vater nichts mehr zum Schwarzhandel beitragen konnte, weil die Grenzen dichter wurden, wurde er für sie uninteressant. Sie wollte uns loswerden und hat alles Mögliche versucht, damit wir ausziehen. Ich könnte der Frau trotzdem nichts Böses nachsagen. Sie hatte ja nur eine Küche, eine Toilette und ein großes Zimmer und wollte sich selbst mit einem Gemischtwarenladen selbständig machen. Die Mädchen, die sie dafür angestellt hatte, die mußten auch dort schlafen.

Mit dem Vater vor dessen Werkstatt in Solln, 1950

Später stieß ihr Freund dazu, der aus der französischen Gefangenschaft zurückkam. Die Wohnung war also ziemlich voll.

Zwar herrschte auch in München Hunger, aber weil mein Vater nebenbei auf abenteuerliche Weise Oblateneisen herstellte, konnten wir einigermaßen leben. Die Oblaten waren ja ideal gleich nach dem Krieg. Man hat nicht viel gebraucht: Wasser, Mehl, ein bißchen Zucker und ein Eisen. Oblaten waren schon in der Heimat eine Delikatesse gewesen, und die Leute haben sich auf alles gestürzt, was ein bißchen besser war als das übliche Brot. Das Material für die Oblateneisen haben wir aus den Ruinen herausgeholt.

Wir lebten ein typisches Flüchtlingsdasein: Sich durchschlagen, Essen organisieren, so etwas wie eine Existenz aufbauen, das alles hat uns voll ausgefüllt.

In Solln gab es einen Schlossermeister, der meinem Vater am Wochenende und nach Feierabend seine Werkstatt überlassen hat. 1949 hat sich mein Vater mit einem Installationsgeschäft in Solln selbständig gemacht. Er hatte immer einen schweren Stand. Man mußte ja vor allem Kunden haben, um den Baukostenzuschuß zu kriegen. Die Leute in Solln ließen nicht jeden ins Haus.

Ich selbst mußte – außer ans Überleben – mit der Zeit auch daran denken, was ich einmal werden wollte. Ich habe eine Elektrolehre angefangen und ein Dreivierteljahr in einer Oblatenbäckerei gearbeitet. Ich habe 25 RM im Monat verdient, in »Zigarettenwährung«: fünf Zigaretten.

Trotz der schlimmen Verhältnisse habe ich mich in München schon viel besser gefühlt als in Zwickau. Auch mit der Aussprache war es in Bayern besser. Von München selbst war ich enttäuscht. Ich hatte geglaubt, gleich bei München würden die Alpen beginnen. Das stimmte nicht. Früher hatte mir mein Vater immer von der blauen Isar vorgeschwärmt. Sie war dann gar nicht blau. Er hatte mich damit gelockt, daß in München die Amerikaner sind und daß ich englisch lernen könnte. Aber ich hab' von den Amerikanern nicht viel gesehen. Auch die einheimischen Münchnerinnen und Münchner kamen mir am Anfang sehr distanziert vor. Flüchtlinge gab's natürlich auch genügend in München. Man traf sich hauptsächlich mit Leuten aus der eigenen Heimat.

Meinem Vater und mir ist das Lagerleben Gott sei Dank erspart geblieben. Die meisten Vertriebenen, die in die Städte kamen, mußten jahrelang in Baracken ihr Leben fristen. Vor allem in Allach waren so viele Lager. Einmal bin ich wieder dorthin gefahren und habe ehemalige Schulfreunde getroffen, die neu angekommen waren. Die haben mir richtige Horrorgeschichten aus unserer Heimat erzählt. In einer Villa in der Nähe unserer Wohnung hätten die Tschechen noch viele Sudetendeutsche erschlagen und mißhandelt.

Ich hatte inzwischen eine Lehre bei einem Konditor-Obermeister aus Karlsbad gemacht. In den Berufen, die mit Essen zu tun hatten, gab es damals die meisten Berufsaussichten. Mein Lehrmeister hatte selbst ganz primitiv angefangen, nachdem er mit fünf Kindern ausgesiedelt worden war. Mit Flaschen haben wir den Teig ausgerollt, weil wir keine Rollhölzer hatten; ein umgebautes Flakrohr hat als Schlagmaschine gedient, und die Treibriemen waren ausgediente Feuerwehrschläuche. So hat man sich mit Erfindungen geholfen, damit man überhaupt arbeiten konnte.

Mit der Zeit fing man an, sich politisch zu interessieren. Die Flüchtlinge haben zuerst keine eigene Partei gehabt. Es standen ja außer der CSU, der SPD, der KPD und der FDP nur noch die WAV, die Wirtschaftliche Aufbauvereinigung, zur Auswahl. Für uns Vertriebene war natürlich später der BHE, der »Block der Heimatvertriebenen und Entrechteten«, interessant.

Bis zu seinem Tod im Jahre 1973 war mein Vater immer nur »der Flüchtling«. Wenn er in die Wirtschaft eingetreten ist, hieß es: »Der Flüchtling kommt.« Diese Bezeichnung ist er nie los geworden. Ich selbst hab' das eigentlich nicht so stark erlebt. Lediglich in der Berufsschule war manchmal die Aversion der Lehrer spürbar.

Meine Mutter hat sich nach meiner Abreise in Zwickau mit Oblaten noch einmal eine Existenz aufgebaut. Zuerst hat sie sich wohlgefühlt, aber als die Repressalien zunahmen, ist sie in den Westen gegangen. Sie wurde zuerst in Berlin-Marienfelde sechs Wochen lang mit Tausenden in Fabrikhallen untergebracht. Später ist sie nach München gekommen. Doch zu dem Zeitpunkt war ich schon selbständig.

1952 hatte ich mich selbständig gemacht. Ich habe eine kleine Lieferkonditorei von einem Vertriebenen übernommen und die Kaufsumme ohne jeglichen Zuschuß abgestottert. Mit meinem Vater habe ich oft gemeinsam die großen sudetendeutschen Feste beliefert. Das habe ich später mit meiner Frau, einer geborenen Münchnerin, weitergeführt.

Ich liebe meine Heimat Karlsbad noch heute. Mein Verhältnis zu den Tschechen ist zwiespältig. Ich fahre seit 1968 jedes Jahr in meine alte Heimat. Irgendwie habe ich Glück gehabt, andere haben mehr mitmachen müssen.

EDELTRAUD HÖRMANN

Ein Schäffler aus dem Sudetenland

»Aus dem Tagewerk einer Fürsorgerin« berichtete die Münchner Katholische Kirchenzeitung in ihrer Ausgabe vom 18. März 1949 in einem Artikel über Flüchtlingsfamilien und zeigte das Foto einer sechsköpfigen Familie: Großeltern, Sohn, Tochter und zwei Enkelkinder, die gemeinsam eine Barackenstube bewohnten. Es ist ein Bild meiner Familie, links oben im Bild ist mein Vater Emil Heinrich zu sehen.

Knapp drei Jahre zuvor, am 3. November 1946, kamen er und seine Familie in einem Güterzug mit anderen Heimatvertriebenen aus dem mährischen Sudetenland in München an. Mein Vater war damals 17 Jahre alt und kurze Zeit zuvor aus tschechischer Internierung freigekommen. Er erinnert sich, daß der Zug etwa in Höhe des ausgebombten Hauptzollamtes auf ein Nebengleis fuhr, um nach kurzem Anhalten wieder in entgegengesetzter Richtung aus München hinauszufahren. Erst einige Zeit danach erreichte er seinen Zielort. Wie die Neuankömmlinge erst viel später erfuhren, war es das ehemalige Konzentrationslager Dachau. Frauen und Kinder wurden in den alten Lagerbaracken untergebracht; eingeritzt in die Holzbalken der Schlafstellen waren noch die Namen der ehemaligen KZ-Häftlinge zu lesen. Die Männer blieben nachts in den Güterwaggons, um das Wenige, was man aus der alten Heimat hatte mitnehmen dürfen – 50 kg pro Person – vor Diebstahl zu schützen.

Der Aufenthalt in Dachau sollte nur wenige Tage dauern, denn beim Wiederaufbau der Stadt

Münchner Katholische Kirchenzeitung vom 18. März 1949

München wurden alle Hände gebraucht, um Trümmerfelder und Kriegsruinen zu beseitigen. Ein Münchner Bauunternehmer, der wie viele andere ins Lager kam, um sich nach Arbeitskräften umzusehen, wurde mit meinem Vater schnell einig. Doch war er anfänglich nur schwer davon zu überzeugen, auch den zunächst als Arbeitskraft unbrauchbaren, weil kranken Großvater in das stark bombengeschädigte Haus an der Bergmannstraße 48 mitzunehmen, das der Familie

EDELTRAUD HÖRMANN
1953 in München geboren, ab 1970 Studium an der Sprachenschule München (englisch, französisch, spanisch), 1975/76 Sekretärin in London. 1977 Heirat, Umzug in die Schweiz, ab 1978 Sachbearbeiterin in Zürich. 1981 Rückkehr nach München, 1985 Geburt der Tochter, seit 1986 bei der Hilfsorganisation »Menschen für Menschen« tätig.

nicht nur als künftige Wohnstatt dienen sollte. Es galt, das Gebäude zuerst vom Schutt zu befreien und dann schrittweise wieder aufzubauen. Als die Arbeiter mit ihren Familien vor dem Haus abgesetzt wurden, gab es ein böses Murren: Das Dach war stark beschädigt, teilweise eingestürzt, die Fenster ohne Glas oder mit Pappe verdeckt, der zugewiesene einzige Wohnraum war bis auf einige Feldbetten, die tagsüber hochgeklappt werden mußten, wenn man sich einigermaßen bewegen wollte, leer. Eine Heizmöglichkeit gab es nicht, dabei stand der Winter vor der Tür. Mein Großvater suchte später nach alten Metallteilen, um notdürftig einen Ofen zum Kochen und Heizen zu bauen; das Brennholz sammelte die Großmutter bei Hamsterfahrten in die nähere Umgebung Münchens in den Wäldern. Die einzige Toilette im Haus befand sich im Erdgeschoß, das Wasser mußte aus dem Keller viele Treppen nach oben getragen werden.

Frau Hofmann, die Wirtin der gegenüberliegenden Gaststätte, hatte kopfschüttelnd die Ankunft der Flüchtlingsfamilien beobachtet. »Aber Sie können doch nicht in diesem Haus wohnen«, rief sie, »es stürzt doch ein!« Vor allem die Kinder der Arbeiter erregten ihr Mitleid. Sie holte sie in ihre Gaststube und servierte ein warmes Essen, ohne dafür Lebensmittelmarken zu verlangen. In den folgenden Wochen sollte diese gute Frau noch mehrfach ihre Hilfe anbieten; sie lieh meiner Großmutter Kochgeschirr und brachte für eine andere Familie Stoffwindeln.

Als mein Vater und seine Schwester kurz nach dem Einzug von einem ersten »Spaziergang« durch München zurückkamen, waren beide sehr still. War es schlimm genug gewesen, ein unzerstörtes Heimatdorf verlassen zu müssen, so war es noch viel schlimmer, einer neuen und ungewissen Zukunft zwischen Schutt und Bombenkratern entgegenzusehen. Doch es war nicht die Zeit, sich groß Gedanken zu machen, denn wer das Glück gehabt hatte, den Krieg zu überleben, dachte jetzt nur ans Weiterleben.

Insgesamt waren es etwa zehn Familien, die in der Bergmannstraße 48 untergekommen waren. Mit den Instandsetzungsarbeiten begann man im Erdgeschoß und im Treppenhaus, zuvor wurde das Dach abgedichtet. Sobald ein Stockwerk fertiggestellt war, mußten die Arbeiterfamilien in die nächsthöhere Etage umziehen, um die Bauarbeiten nicht zu stören. Mein Vater hatte in seiner Heimat den Beruf des Schäfflers erlernt, so taugte ihm die Arbeit auf dem Bau weniger; der Polier machte den Arbeitern das Leben schwer. War Baumaterial aus dem abgesperrten Schuppen im Hof verschwunden, so verdächtigte man zuerst die Flüchtlinge, obwohl allgemein bekannt war, daß der Polier illegale Geschäfte tätigte. Es gab lautstarke Auseinandersetzungen, ehe der Bauunternehmer dahinter kam, wie sich die Dinge wirklich verhielten. Mein Vater suchte sich zu dieser Zeit bereits einen anderen Arbeitgeber. Er wurde bei »Motorpool« vorstellig, dem amerikanischen Wartungs- und Reparaturzentrum für Jeeps und Militärfahrzeuge, das auf dem Gelände der Bayerischen Motorenwerke untergebracht war. Aus den zugigen Werkshallenruinen waren fast alle Maschinen demontiert und von den Siegermächten abtransportiert worden, die Amerikaner selbst waren gut mit Ersatzteilen und Werkzeug ausgestattet.

Seine erste Aufgabe bei »Motorpool« war es, die Jeeps winterfest zu machen und die Fahrzeugtüren mit Holz zu verstärken. Der Stundenlohn betrug 75 Pfennige. Wenn er morgens noch Kantinendienst machte, konnte er sich von den üppigen Resten, die die amerikanischen Soldaten auf ihren Frühstückstabletts liegenließen, selbst satt essen und noch Schokolade oder Erdnüsse mitnehmen. Beim Saubermachen klaubte er die Zigarettenkippen für den Großvater aus den Abfalleimern, halbgefüllte Zigarettenpackungen, die die Amerikaner achtlos auf den Tischen liegengelassen hatten, verkaufte er auf dem Schwarzmarkt. Natürlich war es ihm streng verboten, irgendetwas vom Gelände der »Motorpool« mitzunehmen, und beim Verlassen der Werkräume wurden Taschen und Jacken kontrolliert, so daß er z.B. Lebensmittelreste mit einem Draht an der Innennaht seiner Hose befestigte, um nicht ertappt zu werden. Später arbeitete er im Heizraum, wo Holz und Kohle geschaufelt werden mußten, eine schwere Arbeit, die der untergewichtige 18jährige nur dank üppiger amerikanischer Kantinenkost bewältigte. Wenigstens war es warm.

Bald brachte der Baufortschritt am Haus Bergmannstraße 48 mit sich, daß das gesamte Gebäude wieder für ehemalige Bewohner und neue, zahlende Mieter geräumt werden mußte. Die Arbeiterfamilien wurden im Zentrallager der Baufirma an der Schleißheimer Straße untergebracht, wo mein Vater mit seiner Familie die Baubaracke bezog, in der sie die nächsten vier Jahre leben sollten. Die Barackenstube hatte diesmal zwar eine eigene Kochstelle, doch waren die Sanitäranlagen wiederum nur außerhalb zu finden und mußten mit allen Baulagerbewohnern geteilt werden. Die Duschräume waren im Winter so kalt, daß man es vorzog, in der Stube zu »baden«.

Die Schwester meines Vaters arbeitete nun im Lager der Firma, meine Großmutter paßte auf die beiden kleinen Mädchen auf und putzte die Büros. Auch mein Großvater begann zu dieser Zeit, für die Baufirma zu arbeiten. Ein Schlaganfall hatte ihn noch vor seiner Ausweisung halb erblinden lassen, so daß der gelernte Bäcker nur kleinere Hilfsarbeiten erledigen konnte. Oft wurde er wegen seiner unsicheren Bewegungen gehänselt, gar der Faulheit bezichtigt, dabei hatte er aufgrund seiner Krankheit ohnehin nur noch wenige Jahre zu leben.

Links und rechts der nördlichen Schleißheimer Straße dehnten sich zu dieser Zeit noch weite Wiesen; Milbertshofen war fast noch ein ländlicher Vorort Münchens. Es war ideales Spielgelände für die kleinen Nichten meines Vaters, die sich in den Brombeerbüschen hinter den Baulagerbaracken versteckten und auf die ausrangierten Baufahrzeuge kletterten. Auf der gegenüberliegenden Straßenseite befand sich die Alabama-Kaserne, in der US-Truppen untergebracht waren. Zur Weihnachtszeit wurde eine große Krippe vor dem Hauptportal aufgebaut, die alle Kinder aus dem Lager ehrfürchtig bewunderten. Die Wachen vor dem Tor, oftmals farbige Soldaten, rundeten das Bild ab – sahen sie doch aus wie die drei Könige aus dem Morgenland, auch wenn sie nur ihr Gewehr schulterten und weder Weihrauch noch Myrrhe brachten. Nachts ging es vor dem Kasernentor nicht immer so fromm zu, wenn die Besatzungssoldaten sich mit blonden »Froilleins« in einigen düsteren Kneipen entlang der Straße, die teilweise nur von Militärfahrzeugen befahren werden durfte, den Feierabend versüßten.

Nicht nur, daß die Wohnverhältnisse schlecht waren, auch gute und ausreichende Ernährung war nach wie vor nicht gewährleistet, denn Lebensmittel gab es ja nur auf Marken, und die »Extras«, die mein Vater von »Motorpool« mitbrachte, stellten eine wichtige Ergänzung des Speiseplans dar. Auch die kleinen Nichten meines Vaters, Gitta und Hanni, ernährten sich in der Hauptsache von Kartoffeln. Kurz nach dem Einzug bekam die kleine Hanni in der Baukantine ein Brot, dick mit Butter bestrichen. Sie beäugte es mißtrauisch und rannte dann damit zur Oma, die den »Dreck« wegmachen sollte.

Da mein Vater seit seiner Anstellung bei »Motorpool« als Arbeitskraft für die Baufirma ausfiel, wurde es nicht gerne gesehen, daß er noch im Lager wohnte. Vielleicht war das der Grund, vielleicht war es auch, weil der Schäfflermeister aus seinem alten Heimatort in Schwäbisch Hall eine eigene Werkstatt aufgemacht hatte und seine früheren Angestellten wieder zu sich holen wollte – auf alle Fälle kehrte mein Vater im April 1948 München den Rücken, um im Schwäbischen sein Glück zu versuchen. Flüchtlinge und Vertriebene bekamen in den Nachkriegsjahren von staatlicher Seite Aufbauhilfen, vor allem bei Geschäftsgründungen, doch war es für einen Fremden immer besonders schwer, ein eigenes Gewerbe aufzubauen. Auch in Schwäbisch Hall ließ die einheimische Konkurrenz den ehemaligen Lehrherrn meines Vaters nicht hochkommen, und die Aufträge blieben aus. Mein Vater erinnerte sich auch schmunzelnd, daß die schwäbischen Burschen es nie zuließen, wenn ein Flüchtling ein einheimisches Mädel am Samstag Abend zum Tanz holen wollte; es kam dabei sogar zu Handgreiflichkeiten, die er oft am eigenen Leibe zu spüren bekam.

So kann es ihm also nicht allzu schwer gefallen sein, im Februar 1949 wieder nach München zurückzukehren, nicht nur wegen seiner Familie, sondern vor allem wegen einer jungen Frau, die er vor seinem Weggang bei einem Treffen Heimatvertriebener in der Sendlinger Gaststätte »Tannengarten« kennengelernt hatte, seine spätere Frau und meine Mutter.

Meine Mutter war im Mai 1946 selbst aus dem Sudetenland vertrieben worden und mit ihrer Mutter und der jüngeren Schwester Anna nach einigen Kurzaufenthalten in mittelfränkischen Dörfern, wo sie teilweise in Schulhäusern untergebracht waren, nach München gekommen.

Ihre erste Bleibe in München fand sie zusammen mit Mutter und Schwester durch Einquartierung bei einer alleinstehenden Münchnerin in der Schlörstraße im Stadtteil Neuhausen, eine sicherlich für beide Seiten schwierige Situation, denn Küche und Toilette mußten geteilt werden. Gemütlichkeit oder gar Intimität konnten in dem Durchgangszimmer, das die eigentliche Mieterin durchlaufen mußte, um in ihr Schlafzimmer zu kommen, und das Mutter und Töchtern als Wohnung diente, ohnehin nicht aufkommen. Aber man war ja froh, überhaupt ein Dach über dem Kopf zu haben. Durch die Vermittlung einer Bekannten fand meine Mutter aufgrund ihrer Handelsschulausbildung und früheren Berufstätigkeit im Notariat in Karlsbad bald eine Anstellung als Kontoristin im Staatskommissariat für Wohnungs- und Flüchtlingswesen, wo sie aber nicht nur freundlich aufgenommen wurde: »Was haben Sie denn angestellt, daß man Sie aus ihrer Heimat vertrieben hat«, so fragte sie ein älterer Kollege oft.

Nach der Rückkehr meines Vaters nach München muß das Wiedersehen der beiden sehr stürmisch ausgefallen sein, denn neun Monate später, im November 1949, kam mein Bruder Manfred als erstes »Münchner Kindl« unserer Familie in der Haas-Klinik zur Welt. Im August war noch geheiratet worden, nicht ganz ohne Widerstand der beiden Familien, denn meine Eltern waren ein sehr ungleiches Paar. Mein Vater war erst knapp 20 Jahre alt, seine zukünftige Frau aber sieben

Hochzeit am 27. August 1949

Jahre älter. Doch weil ein Baby unterwegs war, gehörte sich das ganz einfach. Die Hochzeitsfeier fand im engsten Familienkreis statt, die Verköstigung hierfür war noch auf dem Schwarzmarkt eingekauft worden.

Hatte mein Vater in seinen ersten Münchner Jahren zusammen mit seinen Eltern, seiner Schwester und deren Kinder in einer Stube gelebt, so war auch die Steinbaracke im Lager an der Ungererstraße, die er aufgrund seiner Eheschließung über das Flüchtlingskommissariat zugewiesen bekam, keineswegs für das jungvermählte Paar alleine gedacht: Die zwei Räume mußten fortan mit Schwiegermutter und der Schwägerin Anna geteilt werden, die Gemeinschaftstoilette noch mit einer weiteren Familie. Ein Bad gab es nicht, die Möbel waren in der Hauptsache selbst gezimmert. Da das Lager staatlich subventioniert wurde, betrug die Monatsmiete 16 DM. Dabei hatten meine Eltern noch Glück, denn einige der insgesamt etwa zwölf Baracken unterschiedlicher Größe wurden als Massenunterkünfte genutzt, in denen in München eingetroffene Flüchtlingsfamilien aus Ostpreußen nur durch aufgespannte Wolldecken voneinander getrennt lebten.

Ab 1950 ging es langsam, aber stetig bergauf. Die Kriegswunden der Stadt München heilten vielleicht ein bißchen schneller als die Wunden, die der Krieg in die Herzen der Menschen gerissen hatte. Als ich 1953 zur Welt kam, bewohnten meine Eltern, zwar immer noch gemeinsam mit Schwiegermutter und Schwägerin, bereits eine richtige Zwei-Zimmer-Wohnung – diesmal sogar mit Bad – in der Taunusstraße. Mein Vater war inzwischen wieder in seinem Beruf als Schäffler bei der Münchner Faßfabrik Drexler im Westend tätig, der Stundenlohn lag nun schon bei DM 1,15. Er erinnert sich, daß in der ersten Zeit sogar Großlieferungen für die irische Guiness-Brauerei ausgeführt wurden. Er sollte noch so lange und auch gerne in diesem Beruf, der gerade in der Bierstadt München eine alte Tradition hatte, arbeiten, bis der Siegeszug der Aluminiumfässer das Holzfaß verdrängte. Viele Male sollte er beim berühmten Münchner Schäfflertanz mitwirken, und einige Postkarten zeigen ihn mit seinen Kollegen des Fachvereins der Münchner Schäffler. Meine Mutter blieb dem Staatsdienst treu, bis sie ab 1982 ihre Rente bezog.

Oft hat mir mein Vater seine Erlebnisse aus der Münchner Nachkriegszeit erzählt, und ich habe ihm gern dabei zugehört. Dabei fällt mir auf, daß sein Erzählen aus dieser doch harten Zeit ohne Haß und nur selten bitter geschah, was bei den Berichten der Großeltern anders war. Vielleicht liegt es daran, daß er aufgrund seines Alters den Blick nach vorne gerichtet hatte und er in München eine Zukunft aufbauen wollte, ja sogar immer versucht hat, dieser turbulenten Zeit etwas abzugewinnen; denn die Münchner Nachkriegsjahre waren auch seine Jugendjahre. Meine Eltern sind zusammen in München geblieben. Sie leben heute im Stadtteil Englschalking.

Ingrid Hacker-Klier

Wegemarken

»Ich denke oft an den Tag zurück, an dem das Schicksal an meine Tür klopfte. Es war ein heißer Sommertag damals in unserem wunderschönen Sudetenland, und ich erwartete acht Erntearbeiter zum Mittagessen. Den ganzen Vormittag hindurch hatte ich riesige Mengen von kleinen Kirschknödeln geformt; nun stand ich mit hochrotem Kopf am Herd und legte sie vorsichtig in kochendes Wasser. Wie gern habt auch Ihr Kinder immer im Sommer Kirschknödel gegessen, mit Zucker und ›Reibequark‹ bestreut, in zerlassener Butter schwimmend. Auch die Erntearbeiter hatten sich Kirschknödel zum Mittagessen gewünscht und mir damit eine Menge Arbeit bereitet.

Da klopfte es plötzlich – ein alter Mann stand vor der Tür und erbat ›nur eine kalte Kartoffel‹ für seinen Hunger. ›Ich habe keine kalte Kartoffel‹, antwortete ich gereizt – und das stimmte ja auch tatsächlich. Als geradezu unverschämt und im höchsten Maße unpassend erschien es mir, daß der zerlumpte Mann am großen Tag der Kirschknödel eine kalte Kartoffel forderte. Dabei wußten er und ich insgeheim sehr wohl, daß er auf diese Weise seinen Wunsch nach etwas Eßbarem auf den kleinsten und bescheidensten Nenner gebracht hatte – doch ich tat, als hätte ich nichts von seiner Demutshaltung begriffen.

›Ich habe keine kalte Kartoffel‹, wiederholte ich barsch. Ohne Wegzehrung ließ ich ihn gehen. Noch heute sehe ich die hängenden Schultern, den schlurfenden Gang des Enttäuschten vor mir. Im Hinausgehen wandte er sich der kleinen Flora zu: ›Du hast eine harte Frau, eine sehr harte Frau. Vielleicht wird Gott sie auch einmal spüren lassen, was es heißt, heimatlos und hungrig auf der Straße herumzuirren. Vielleicht wird sie einmal an mich denken.‹

Ich zuckte nur die Achseln. Was sollte das? Heimatlos wurden bekanntlich nur untüchtige, faule Menschen oder Alkoholiker. Und ich ging wieder an meine Arbeit.

Man schrieb das Jahr 1926.

Zwanzig Jahre später zog nicht nur ich heimatlos, verzweifelt und hungrig über die Straßen, sondern auch meine Töchter und Enkel, die mit

Kirschknödel-Essen auf der Terrasse des Forsthauses von Kundratitz, ca. 1935

Ingrid Hacker-Klier
1935 im Sudetenland geboren, 1946 Vertreibung, dann Leben im Flüchtlingslager in München. Nach dem Abitur 1954 Englandaufenthalt und Ausbildung zur Dolmetscherin in München. 1958 Heirat, Auswanderung nach Peru, Sekretärin bei der deutschen Botschaft in Lima. 1966 Rückkehr nach Deutschland, ab 1970 Studium in München (Romanistik, Anglistik, Philosophie), seit 1977 als freie Übersetzerin tätig.

den ersten unorganisierten Vertreibungstransporten aus dem Sudetenland einfach in Viehwaggons über die deutsche Grenze geschoben und dort wie Unrat auf die Straße gekippt wurden und bei den sächsischen und thüringischen Bauern betteln gehen mußten. Den später Ausgesiedelten ging es nicht viel besser, sie mußten monate- und jahrelang hinter Stacheldraht in tschechischen Lagern verbringen, bevor sie abgeschoben wurden. Und heute sitzen wir alle im Flüchtlingslager in München an der Ungererstraße und sind froh, mit dem Leben davongekommen zu sein, ein Dach über dem Kopf zu haben und etwas zu essen zu bekommen. Wie hat sich doch der Spruch des Bettlers erfüllt! Ich muß oft an ihn denken. Vergeßt das nie – das war der Weg Gottes mit meiner Seele!«

Die Großmutter in Kundratitz, 1916

Es war Weihnachten 1949, als uns meine Großmutter diese Geschichte erzählte – in einer Baracke des Flüchtlingslagers in der Ungererstraße, in dem sie nach vielen Irrwegen mit ihren beiden ältesten Töchtern und deren Kindern schließlich Zuflucht und Aufnahme gefunden hatte. Wir Kinder erschauerten. Gott hatte zur Großmutter gesprochen. Den Sturz von der reichen Tochter eines Fuhrunternehmers über die wohlhabende Försters- und Gutsfrau zur Bettlerin und Flüchtlingsfrau ertrug sie tapfer, den schrecklichen Tod des einzigen Sohnes in Rußland und das Sterben des Ehemannes nahm sie demütig hin. Eine nie zuvor gekannte Milde und Güte schien sie wie eine Aura zu umgeben, ohne daß sie dabei ihre gewohnt zupackende Art verloren hätte. Mit ihren nunmehr 60 Jahren krempelte sie die Ärmel hoch und verdingte sich bei den Amerikanern als Putzfrau und Köchin in Grünwald.

Das war eine große Wende zum Besseren, zur Normalität und zur Menschenwürde, nach der ja jedermann damals strebte. Sie wurde gut behandelt, »hatte immer satt zu essen«, und die amerikanischen Offiziere und ihre Frauen lauschten fasziniert den Episoden aus ihrer Lebensgeschichte – einer Lebensgeschichte, die einer großen Saga glich. Aber meine Großmutter wollte kein Mitleid, wenngleich die Stunden nicht ausblieben, in denen auch sie in abgrundtiefe Traurigkeit versank.

Zupacken, das war es, was sie vor allen Dingen wollte, denn sie war von einem großen Ziel beseelt, das ihr neue Lebenskraft schenkte: Dem Ziel, ihren Töchtern zu helfen, die mit ihren Kindern bis 1952 im Flüchtlingslager an der Ungererstraße lebten.

Nach der Vertreibung ging es um Essen und Kleidung, es ging darum, die Reste der Familie über Wasser zu halten. Es ging um einen neuen Anfang. Und dies alles geschah in einem Geist, der sich um Mitgefühl, Demut und Verständnis erweitert hatte – Eigenschaften, die meiner Großmutter bisher recht fremd gewesen waren. Sie hatte verstanden.

Wer hat wohl in diesen Jahren nicht die verschlungensten Wege gehen müssen. Meine Mutter und mich führten diese Wege und Umwege 1949/50 in das Flüchtlingslager an der Ungererstraße in München. Auch hier lebten wir nun in einem Barackenlager, ganz wie in den Jahren der Vertreibung, aber welches Gefühl der Freiheit

Das Forsthaus in Kundratitz im Jahr 1914 mit den damals jung verheirateten Großeltern

empfand ich damals. Wir waren arm, hatten Heimat und Besitz verloren, fühlten uns jedoch endlich frei zu denken, zu sprechen, zu gehen und zu kommen, wie es uns gefiel, konnten alle Möglichkeiten des Lernens und Arbeitens ausschöpfen.

München lag damals noch weitgehend in Trümmern. In der Innenstadt reihte sich Ruine an Ruine. An jeder Straßenecke hingen Plakate, die vor dem Hintergrund einer Ruinenlandschaft einen beinamputierten Kriegsverwundeten zeigten, der sich jämmerlich auf seinen Krücken dahinschleppte. Unter diesem Plakat sprang einem in riesigen Lettern der Satz ins Auge: »Nie wieder Krieg!« Dieser Satz und das Bild haben mich tief geprägt. Ganz fest war ich davon überzeugt, daß wir alle es nie mehr zu einem Krieg kommen lassen würden. Und ich nahm mir damals vor, immer aufrecht zu bleiben und gegen jedes Unrecht meine Stimme zu erheben. Die Ruinen um mich herum bestätigten mich in meiner Meinung.

Auch meine Schule, das Realgymnasium an der Wilhelmstraße war halb zerstört, so daß es ständig an Klassenzimmern fehlte und wir Schichtunterricht hatten. Dazu gab es immer wieder einmal im Winter »kohlefrei«, um Heizung zu sparen. Welche Lust zum Lernen hatten wir doch alle! Wie aufnahmefähig waren die Köpfe! Welch ein Glücksgefühl durchströmte mich, als uns die Deutschlehrerin zum ersten Mal »Die Kraniche des Ibykus« vorlas und die Sprachmelodie und der Sinn dieser Worte in mich einsanken und in mir schwangen!

Ich war glücklich und ich fühlte mich frei. München leuchtete für mich. Zu diesem Gefühl von Freiheit und Glück trug ganz wesentlich mein kostbarster Besitz bei: ein Fahrrad – in je-

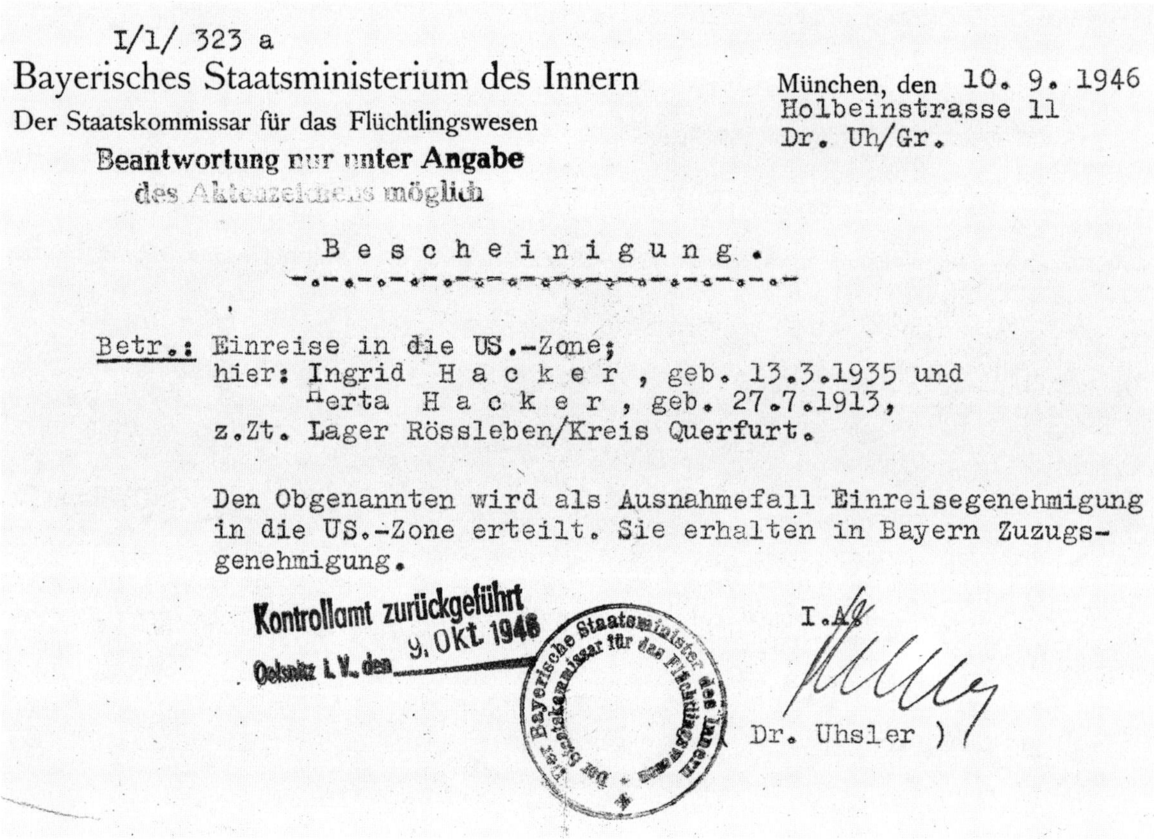

I/1/ 323 a

Bayerisches Staatsministerium des Innern

Der Staatskommissar für das Flüchtlingswesen

Beantwortung nur unter Angabe des Aktenzeichens möglich

München, den 10. 9. 1946
Holbeinstrasse 11
Dr. Uh/Gr.

B e s c h e i n i g u n g .

Betr.: Einreise in die US.-Zone;
hier: Ingrid H a c k e r , geb. 13.3.1935 und
Herta H a c k e r , geb. 27.7.1913,
z.Zt. Lager Rössleben/Kreis Querfurt.

Den Obgenannten wird als Ausnahmefall Einreisegenehmigung in die US.-Zone erteilt. Sie erhalten in Bayern Zuzugsgenehmigung.

Kontrollamt zurückgeführt
Oelsnitz i. V., den 9. Okt. 1946

Der Bayerische Staatsminister des Innern
Der Staatskommissar für das Flüchtlingswesen

I.A.
(Dr. Uhsler)

»Unsere Baracke« im Lager an der Ungererstraße, 1950

ner Zeit durchaus keine Selbstverständlichkeit. Es war ein Geschenk meines Vaters, bevor sich meine Eltern trennten. Die zerbrochene Ehe war wohl eine jener damals so häufigen Spätfolgen von Krieg, Vertreibung und Kriegsgefangenschaft.

Meine Mutter hatte 1949 endlich Arbeit gefunden. Das Wohnen im Flüchtlingslager, das anfänglich samt einem bescheidenen Essen frei gewesen war, kostete nur wenig. Im Lager lebten wir nun nicht mehr zusammen mit 20 oder 30 Menschen in einem Raum und mit sorgfältig durch Vorhänge abgeteilten Bettnischen. Da schon viele Lagerinsassen um diese Zeit Arbeit und Brot gefunden hatten und ausgezogen waren, gab es mehr Raum, und man verwandelte die Baracken durch Trennwände in kleine Zimmerchen. Auch meine Mutter und ich hatten solch ein Zimmerchen mit einem kleinen Kohleherd,

Das Flüchtlingslager an der Ungererstraße, 1950.

Die Autorin mit 11 Jahren, 1946

und so konnte ich jetzt meine Schularbeiten in Ruhe machen. Toilette und Dusche befanden sich in der übernächsten Baracke.

Es herrschte eine schöne Atmosphäre im Lager, all diese vom Schicksal gezeichneten Menschen hatten nur ein Bestreben: Sich möglichst rasch eine Existenz zu schaffen, sich einzuordnen, was ja nach und nach auch praktisch allen gelungen ist. Und wir alle hingen unverbrüchlich an unseren alten Wertvorstellungen fest: Ehrlichkeit, Fleiß, Höflichkeit, Zuverlässigkeit und Vorwärtsstreben, das waren unsere Ideale. Immer wieder hieß es: »Lerne, lerne, denn was Du im Kopf hast, kann Dir keiner nehmen!« Der Verlust von Heimat und Besitz, von allem, was man sich aufgebaut hatte, wirkte lange nach – lebenslang.

Als 16jährige Gymnasiastin habe ich an der Tanzstunde meiner Klasse teilgenommen, die

Die Autorin (2. Reihe, vierte v.l.) und ihre Abiturklasse, 1954

beim hochvornehmen Tanzlehrer Peps Valenci stattfand. Darum mußte ich meine Mutter mit ihrem mageren Einkommen gar nicht lange bitten, denn für sie war es selbstverständlich, daß wir möglichst bald an unsere alte bürgerliche Existenz wieder anknüpfen würden. Meine Freundinnen und ich lernten die schönen Standardtänze, aber auch Benimmreglen, die wie aus einer fernen, einst gekannten Welt herüberschienen. Und wir lernten die Schüler aus dem Max-Gymnasium kennen, was unerhört aufregend war, denn Kontakte mit jungen Männern waren damals keine Selbstverständlichkeit – besonders nicht für Menschen, die alle sozialen Bindungen verloren hatten. Ich wage zu bezweifeln, ob die jungen Menschen heute je ein größeres Glücksgefühl, eine größere Gehobenheit und Erregung erleben können als wir jungen Menschen damals allein durch die Tatsache, daß wir arbeiteten, strebten, jung waren. Das Leben war stark, offen und hielt für uns alle Überraschungen der Welt bereit.

Beim großen Tanzstunden-Abschlußball im Hotel Regina fehlten die Tanzstundenherren jedoch zu unserer tiefen Enttäuschung fast alle. Erst später erfuhren wir, daß gerade die jungen Burschen damals einfach kein Geld hatten für den obligatorischen dunklen Anzug und all die übrigen anfallenden Unkosten. Wir Mädchen hatten es da leichter gehabt. Alle Kleider waren von unseren Müttern selbst genäht worden, nach Vorlagen aus der Mode-Zeitschrift »Film und Frau«. Ich trug ein gelbes Taftkleid mit lila Veilchen am Ausschnitt. Es wurde also keine rauschende, sondern eine eher etwas traurige Ballnacht. Als Trost hat der Vater meiner Freundin dem ganzen Tisch einen herrlichen Eisbecher spendiert. Und so blicken wir Tanzstundendamen von damals noch heute mit einem lachenden und einem weinenden Auge auf unseren großen Tanzstunden-Abschlußball von 1950 zurück.

Auf die Tanzstunden folgten die Münchner Faschingsbälle. Bei diesen Bällen wurde spürbar, daß die Last der Nachkriegszeit sich ein wenig hob, leichter wurde. Überall herrschte ein herzlicher, gemütvoller Ton.

An der letzten Ecke vor dem Lager an der Ungererstraße verabschiedete ich mich stets von meinen Tanzpartnern. Sie sollten nicht wissen, daß ich aus dem Lager kam. Denn wir Lagerinsassen empfanden, daß uns ein gewisses Stigma anhaftete. Daß ich von meinen Schulkameradinnen fast nie eingeladen wurde, wunderte mich zwar, aber ich konnte ja auch niemanden einladen. Fast alle Lagerinsassen schämten sich ihrer Lage und suchten als ganz normale Menschen aufzutreten und sich in der neuen Heimat als gute Bürger zu integrieren – gute Bürger, die sie ja stets gewesen waren. Von einer gezielten Ausgrenzung der Flüchtlinge seitens der Einheimischen habe ich als junges Mädchen eigentlich nichts bemerkt, wenngleich mir Münchner Freunde viele Jahre später erzählten, es habe großen Sozialneid gegeben, als wir Lagerinsassen ab 1952 bevorzugt Sozialwohnungen zugeteilt bekamen.

Hans-Jürgen Schulz

Die Luitpold-Kaserne

Ghetto und Idylle nach 1945

Nur einen Katzensprung vom Zentrum der Stadt entfernt, am Rande Schwabings gelegen, läßt sich auch heute noch, fünfzig Jahre nach Kriegsende, ein städtebauliches Kuriosum entdecken. In einem nur ein paar Hektar großen Areal, im Stadtplan als Luitpold-Kaserne[1] ausgewiesen, scheint die Zeit stehengeblieben zu sein.

Selbst für viele »echte« Münchner wird es sich bei dem Viertel, in das ich mich mit Ihnen begeben möchte, um terra incognita handeln. Um Ihnen dieses Stückchen der Münchner Stadt zunächst in seiner Abgrenzung ein wenig näherzubringen, begleiten Sie mich am besten auf einer kleinen Tour mit dem Fahrrad. Beginnen wir unsere Fahrt an der Ecke Loth- und Heßstraße. Wir radeln auf letzterer in nördlicher Richtung, vorbei an den Liegenschaften des Geologischen Landesamtes. Nach kaum hundert Metern hört die Straße auf, und wir schlängeln uns entlang eines überwucherten Pfades inmitten einer breiten Schneise, die an ihrem westlichen Rand von den Mauern des Straßenbahndepots und des städtischen E-Werks begrenzt wird. Gegenüber bilden die Unterkünfte und Stallungen bzw. deren Ruinen die Abgrenzung der Straße Richtung Osten. Die auffälligen roten Ziegelgebäude, die wir auf unserem halben Weg gegen Norden passieren, beherbergen heute die Telekom. Auch dem mit der Gegend Unvertrauten ist spätestens an dieser Stelle klar geworden, daß wir uns auf dem Boden einer ehemaligen Kaserne befinden.

Wir haben das letzte Stück der Heßstraße hinter uns gebracht und biegen am Ende in die Schwere-Reiter-Straße ein. Auf dieser geht es weiter entlang einem Gebäude-Komplex, der auch heutzutage militärisch genutzt wird. Dieser Teil der alten Kaserne diente in den ersten Jahren nach dem Krieg zunächst der amerikanischen Armee. Nur für kurze Zeit waren hier vorher Auswanderungswillige aus osteuropäischen Ländern untergebracht. Später, bald nach Gründung der Bundeswehr, richtete diese hier die Sanitätsakademie ein.

Wir haben auf unserem weiteren Weg schnell die wenigen hundert Meter auf der Schwere-Reiter-Straße zurückgelegt und radeln auf dem Radweg der Infanteriestraße zurück in Richtung unseres Ausgangspunktes. Nach nur einer Minute gelangen wir zu einem Tor, an dem es sich lohnt, ein wenig zu verweilen, denn an dieser Stelle öffnet sich uns ein Blick auf ein verstecktes Kleinod, ein Kirchlein, das der Heiligen Barbara gewidmet ist. Die St. Barbara Kirche, eine ehemalige Militärpfarrkirche, gehört heute zur Gemeinde St. Bonifaz.

Wir müssen uns aber von diesem kleinen irdischen Paradies losreißen. Weiter geht es, vorbei an der Haupteinfahrt der Deutschen Telekom und am Landesamt für Umweltschutz zur Infanteriestraße 7a. Hier haben wir die Luitpold-Kaserne etwa zu dreiviertel umrundet. Wir begeben uns jetzt mitten hinein in die ehemalige Kaserne,

Hans-Jürgen Schulz
1935 in Niederschlesien geboren, auf der Flucht 1945 nach München verschlagen. 1951 Ausbildung als Molkereifachmann, 1958 sechs Jahre zur Bundeswehr als Zeitsoldat (Fluglotse), Studium an der Verwaltungs- und Wirtschaftsakademie, Verwaltungsdiplom. Ab 1972 in der Verwaltung der Max-Planck-Gesellschaft München und Rom; seit 1992 Tätigkeit am Orient-Institut in Beirut und Istanbul. Verheiratet, drei Kinder.

[1] Vom Bayerischen Hauptstaatsarchiv (Kriegsarchiv) erhielt ich auf Anfrage einige Pläne und Informationen über die Luitpold-Kaserne. Die Kaserne wurde Ende des 19. Jahrhunderts ursprünglich für die Münchner Luftschiffer gebaut. In einem Plan aus dem »Standortatlas Wehrkreis VI« von 1927 ist das Areal als »Oberwiesenfeldkaserne« und »Heeresbekleidungsamt München« ausgewiesen. Die »Reithalle« war zu der Zeit noch ein »Exerzierhaus«.

Luitpold-Kaserne, DP-Lager

die unserer Familie und einigen Dutzend anderer Menschen zur Zuflucht nach dem Zweiten Weltkrieg wurde.

Ein gutes halbes Jahrhundert liegt es nun zurück, daß meine Eltern mit uns vier Kindern – dies waren mein zwei Jahre älterer zwölfjähriger Bruder und die beiden jüngeren Schwestern – Anfang 1946 in eines der Kasernengebäude eingezogen. Als wir die Räume der ehemaligen Heeresschneiderei in Besitz nahmen, gammelten in den heruntergekommenen Räumen meterhoch die Uniformreste und Wehrmachtsstoffe. Durch die Fenster ohne Scheiben und das schadhafte Dach war das Zeug allen Unbilden der Witterung ausgesetzt, vermodert und verschimmelt; zu gebrauchen war kaum noch etwas.

Unsere neue Wohnung war meinem Vater von seinem Arbeitgeber, den »Amis«, zugewiesen worden. Er hatte den in der damaligen Zeit viel beneideten Arbeitsplatz durch einen Glücksfall gefunden: Der frühere Chef einer Wehrmachts-Kfz-Truppe, Herbert Grunwald, war mit seiner kompletten Transportstaffel von den Amerikanern für die »Münchner Holzaktion« verpflichtet worden. Mein Vater hatte während des Krieges mit dieser Einheit nichts zu tun gehabt, wurde aber von ihr ein paar Monate nach Kriegsende rekrutiert, da Grunwald meinen Vater aus der niederschlesischen Heimat gut kannte. Die Holzaktion, sicher noch einigen älteren Stadtbewohnern gut in Erinnerung, bewahrte die Münchner davor, in den Wintern 1945 bis 1947 zu erfrieren. Hunderte von Lkw transportierten tagtäglich Holz aus dem Ebersberger Forst und aus anderen Wäldern rund um München zur Theresienwiese, wo es zur Verteilung an die Bevölkerung kam. Die Staffel hatte ihren Standort in einem anderen ehemaligen Kasernengelände an der Ecke Dachauer- und Leonrod-Straße.

Für das eigene Überleben in der zerbombten Stadt mit ihrer größtenteils darbenden Bevölkerung war eine Anstellung bei den »Amis« ein wahres Geschenk. Unter der Führung eines Colonels und der Aufsicht von gewieften Mastersergeants, die selbst die Chance zur Förderung des persönlichen Vorteils zu nutzen wußten, fiel auch für die »Krauts« so manche Stange Lucky Strike oder Chesterfield ab. Die eigentliche Quelle des relativen Wohlergehens war aber der »organisierte« Sprit, der für die Transportaufgaben zur Verfügung stand. Das flüssige Gold muß offenbar ohne allzu strenge Kontrollen aus den Zapfsäulen so reichlich geflossen sein, daß sich damit die lukrativsten Schwarzmarkt-Geschäfte abwickeln ließen. Vielleicht hatten die Amerikaner aber auch keine Ahnung, daß ein Opel Blitz der Wehrmacht allenfalls halb so viel Benzin fraß wie ein amerikanischer Truck.

Noch heute ist mir der Geschmack des roten »Ami-Benzins« in Erinnerung. Wir Jungs waren nämlich darauf trainiert, schnell mit Schlauch und Kanister zur Stelle zu sein, sobald wir die uns vertrauten Geräusche des Lkw des Vaters oder eines Kompagnons hörten, die den versteckten Platz hinter unserem Haus ansteuerten. Der Schlauch zum Abzapfen hatte aus Gründen der stets notwendigen Eile einen großen Querschnitt. Einmal angesaugt, war ein Zwanzig-Liter-Kanister dadurch im Nu abgefüllt. Ein kräftiger Schluck, der oftmals bis hinunter in den Rachenraum gelangte, war jedoch die regelmäßige Begleiterscheinung, was uns damals aber nicht besonders störte.

Nicht nur materielle Vorteile brachte die Beschäftigung bei den amerikanischen Militärs, sie öffnete so manche Behördentür problemloser, und ein wichtiger Stempel auf irgendeinem Papier war einfacher und schneller zu erlangen.

Die gesamte ehemalige Luitpold-Kaserne war von den Amerikanern für ihre eigenen Bedürfnisse requiriert worden; nur ein kleinerer Teil war mit Stacheldraht abgetrennt. Hinter diesem Zaun waren in den hohen Gebäuden Soldaten der ehemaligen Waffen-SS interniert. In unserem Sprachgebrauch behielten die Gebäude deshalb bis heute die Bezeichnung »SS-Häuser«.

Einen freien Teil der Kaserne – dazu gehörte neben drei oder vier anderen Gebäuden unser Haus – stellten die amerikanischen Arbeitgeber damals ihren deutschen Arbeitern und deren Familien zur Verfügung. Auf diese Weise waren auch wir zu unserer Wohnung gelangt. Durch Eigenleistung entstand aus der ehemaligen Schneiderei eine Dreieinhalb-Zimmer-Wohnung, die für meine Eltern und uns vier Kindern zum neuen Zuhause wurde. Aber nicht alle, die ein Dach über dem Kopf suchten, konnten in einem der Gebäude unterkommen. Hinter unserem Haus hatte ein halbes Dutzend Familien nur in alten Wehrmachtsbussen oder ehemaligen Funkanhängern ihre primitive Bleibe gefunden.

Die ersten Jahre in der Fremde sahen die meisten der älteren Generation der Flüchtlinge und Vertriebenen als etwas Provisorisches, Vorübergehendes an. Sie machten sich noch für einige Jahre Illusionen und glaubten an eine Rückkehr in die alte Heimat. Schon aus diesem Grund gab es zunächst bei manchen keine ernsthaften Anstrengungen, sich der neuen Heimat anzupassen, sich in ihre Gesellschaft zu integrieren.

Für die Heimatvertriebenen, die sich in der Enklave innerhalb der Luitpold-Kaserne einrichten konnten, galt das rückblickend in besonderer Weise. Die relativ lukrative Anstellung bei den Amerikanern und unser Leben wie in einem Ghetto waren Gründe, die dazu beitrugen, uns in den ersten Jahren von der Stadt und ihren Bewohnern abzukapseln. Im späteren Rückblick entstand bei mir die Überzeugung, daß so mancher der Männer diese Zeit genossen hat; sie waren eigentlich nie wirklich entmilitarisiert worden, »spielten« in friedlicher Zeit weiter Soldat und verklärten die dunkle Vergangenheit. Das Singen von Soldaten- und Naziliedern begleitete so manches kollektive Besäufnis. Nur die Familie und die Kinder, welche die meisten der ehemaligen Landser bis dahin nur von den seltenen Fronturlauben kannten, waren eine Beeinträchtigung dieser Männerwelt. Die Erziehung der Kinder und die Lösung vieler Alltagsprobleme überließ man weiterhin den Frauen, die ja in den Kriegsjahren bewiesen hatten, daß sie damit allein zurecht kamen.

Unsere damaligen Nachbarn hießen Lukascheck, Puritscha, Mrosik, Tickwe oder hörten auf andere oberschlesische bzw. ostpreußische Namen. Sprachliche Verständigung war für manch einen nur innerhalb unseres Viertels möglich.

Das gleichgelagerte Flüchtlingsschicksal, das Gefühl, von der selbst notleidenden Münchner Bevölkerung nicht gerade erwünscht zu sein, bereitete den psychologischen Hintergrund für eine Art Trotzhaltung, nicht selten auch verbunden mit einer gewissen »preußischen« Überheblichkeit. Daß es vielen Flüchtlingen in unserer Kaserne in den ersten Jahren materiell sogar besser ging als manchen Einheimischen, schrieb man schnell der eigenen Cleverness zu.

Unsere »splendid isolation« gegenüber dem Leben außerhalb der Kaserne änderte sich zu Beginn des Jahres 1947 sehr rasch, als die Holzaktion auslief und damit für die Männer die Suche nach neuen Arbeitsstellen begann.

Wir Kinder und Jugendliche waren naturgemäß unbekümmerter, mußten uns aber außerhalb unseres Viertels mit der generellen Ablehnung alles Nichtbayrischen auseinandersetzen. Ein Beispiel, wie es einem als »Preußen« ergehen konnte, mag folgende Begebenheit demonstrieren: Bei einer meiner ersten Trambahnfahrten in München entgegnete der Schaffner auf meinen auf norddeutsch vorgebrachten Wunsch »einmal geradeaus«: »So jung und scho a Preiß.« Alles lachte in der vollen Tram. Ich allerdings wäre vor Scham am liebsten im Boden versunken; als ohnehin unsicherer Zwölfjähriger war mir damals jedenfalls überhaupt nicht zum Lachen zumute. Später konnten wir »Preußen« auch über manch derbe Frotzelei nur noch lächeln oder sogar ein wenig Verständnis aufbringen.

Unter uns Jugendlichen kam es in den ersten Jahren zu häufigen aggressiven Auseinandersetzungen. Die »Preußen« auf der einen und die Bayern auf der anderen Seite bildeten regelrechte Banden, die sich gegenseitig bekriegten. Diese »Kriege« wurden nicht als bloße, gewöhnliche Raufereien ausgetragen, wie sie in dem Alter überall vorkommen. Vielmehr führten wir in unseren Schultaschen Schlagringe und Lederriemen mit uns, um jederzeit gewappnet zu sein. Daß es bei unseren Schlägereien nach meiner Erinnerung zu nichts Schlimmerem als »nur« zu Platzwunden und blutenden Nasen gekommen war, zeigt wohl, daß beide Seiten vor der Ausübung wirklicher Brutalität letztendlich zurückschreckten. Übel konnte es einem aber ergehen, wenn man allein von den anderen erwischt wurde. Zwei Episoden, die mich selbst betrafen und fürchterlich empörten, habe ich in besonderer Erinnerung. Das eine Mal war ich unterwegs, um von einem Laden am Maßmannbergerl Senf zu kaufen, den es dort laut der damals üblichen Mundpropaganda geben sollte. Ich war erfolgreich gewesen und marschierte stolz mit dem gefüllten Haferl voll Senf auf der Abkürzung durch den Turngarten heim zur Heßstraße. Fatalerweise lief ich auf dem Weg einer der »feindlichen Banden« in die Hände. Nachdem man mich an einen Baum gebunden hatte, wurde mein gesamter Senf von Kopf bis Zeh' über mich fein säuberlich verteilt. Ein anderes Mal fuhr ein Bursche, den ich nur vom Sehen kannte, an mir vorbei, rülpste aus tiefer Seele ein herzhaftes »Saupreiß« hervor und spuckte mir gleichzeitig voll ins Gesicht.

Trotz dieser Erfahrungen oder vielleicht auch gerade deswegen wollte ich nichts lieber, als von »den anderen«, denen, die außerhalb unseres Viertels lebten, anerkannt werden. Stolz war ich, als ich in der ab Ostern 1946 begonnenen Oberschulzeit sehr bald einige bayrische Freunde gewinnen konnte und bei einem sogar nach Hause eingeladen wurde.

Kaum zur leichteren Integration beigetragen haben dürfte das erste bayrische »Gwand«, das unsere Eltern uns in sicher bester Absicht hatten schneidern lassen. In dem aus feldgrauem Stoff hergestellten Janker, der mit Kragenspiegeln und Knöpfen aus Hirschhorn besetzt war, fühlten mein Bruder und ich uns nie besonders wohl. Die

»Tarnjäckchen« nahm uns eh keiner ab, und zum »Saupreiß« kam der Spott dazu. Erst Jahre später, mit der selbstersparten hirschledernen Bundhose und der passablen Beherrschung des bayrischen Idioms, fing ich an, mich als Einheimischer zu fühlen, auch wenn mir das bis heute kein wirklicher Bayer abnimmt.

Die ehemalige Kaserne bot geradezu unbegrenzte Möglichkeiten, unsere gewohnten kindlich-jugendlichen Abenteuer von HJ-Geländespielen und Lagerfeuererlebnissen, die Zeiten von Flucht, Russeneinmarsch sowie die über Monate sich erstreckende Zeit der Wanderschaft nach der Kapitulation, mit all den für uns Jugendliche aufregenden und spannenden Begleiterscheinungen, in anderer Weise fortzusetzen. Wir hatten in unserem Viertel alles, was Knabenherzen begehrten: Patronen, Granaten, Panzerfäuste, Stahlhelme und Gasmasken. Es fehlte an nichts. Wir richteten versteckte Bunker und Depots ein, um das Kriegsspielzeug vor den Erwachsenen zu verbergen. Wir konnten damals unserer Passion des Zündelns mit Gewehrmunition oder mit hochexplosiven Granaten und Panzerfäusten nahezu ungestört frönen.

Einen ersten Dämpfer, der jedoch nicht lange anhielt, erhielten wir durch ein Ereignis, das ich selbst verursacht hatte. Eines Morgens waren wir in einer Gruppe von fünf oder sechs Schuljungen unterwegs zur Gabelsberger-Volksschule, die ich bis Ostern 1946 in München besuchte. Wir liefen entlang der Bahngleise, die parallel zur Heßstraße vom ehemaligen Wehrmachtsdepot an der Dachauer Straße bis zur ehemaligen Heeresmühle Ecke Loth- und Heßstraße verliefen. Neben den Gleisen lagen teilweise meterhoch Stroh und Müll, vermischt mit Mengen von Gewehr-, MG-Munition und Granaten. Von irgendwoher hatte ich an diesem Tag ein Heftchen »matches« dabei, und ich mußte den anderen vormachen, wie diese amerikanische Art von Zündhölzern funktionierte. Ohne nachzudenken warf ich das Streichholz weg. Einige Zeit später konnten wir das Ergebnis dieser Unbedachtheit von unserem Klassenzimmer aus nicht nur sehen, sondern auch hören: Wir bemerken während des Unterrichts am Horizont dunkle Rauchwolken aufsteigen und dazwischen immer wieder ein Knattern von explodierender Munition und das dumpfe »Wumpf« von größeren Kalibern, die in die Luft flogen. Mir wurde schwindelig vor Angst, war es doch allen sogleich klar geworden, daß ich der Missetäter war. Nach der Schule machte ich mich mit den anderen mit Bangen auf den Heimweg. Die Heßstraße war unpassierbar. Noch nicht ganz zu Hause angekommen, hörte ich, daß es »dem Kutscher sein Pferd« erwischt hatte. Es war von einem Granatsplitter schwer verletzt worden. Nach tagelanger Angst und Sorge, daß etwas rauskommt, sah ich das Pferd, einen Schimmel, zwar mit einem Verband um den Leib, aber wieder munter fressend im Stall stehen. Alle hatten wie durch ein Wunder dicht gehalten. Das Feuer ging nach ein paar Tagen von allein aus. Die zunächst angerückte Feuerwehr war aus Gründen der Selbstgefährdung bald wieder unverrichteter Dinge abgezogen.

Nicht so glimpflich verlief einige Monate danach ein anderes Spiel mit Kriegsmaterial ab. Einer aus meiner Klasse, Iwan genannt, warf eine Gewehrgranate vor uns hin; wir waren mehrere, die von der Schule heimkamen. Die Granate fiel auf das betonierte Fundament einer abgerissenen Baracke, die entlang der Bahngleise gestanden hatte. Sie explodierte sofort. Die Folgen waren schrecklich. Iwan und zwei andere wurden lebensgefährlich verletzt. Ich selbst war durch Splitter am Knöchel und am Hintern mit leichten Blessuren davongekommen. Dank der noch kriegserfahrenen Ärzte der Poliklinik in der Nußbaumstraße kamen auch die mit den schwersten Verwundungen durch. Einer, der eigentlich nicht zu uns gehörte, sondern nur an diesem Tag Iwans Angeberei nicht hatte widerstehen können, behielt zeitlebens einen steifen Fuß. Dieses Ereignis war ein solcher Schock, daß für die meisten von uns diese Art von »Spielen« von da an beendet war. Nur Iwan, kaum daß er genesen war, glaubte noch einige Monate länger, den großen Helden spielen zu müssen.

Aber auch andere Unternehmungen, an denen sich sowohl die Erwachsenen als auch wir Jugendlichen beteiligten, waren gefährlich für Leib und Leben. Das Heeresdepot hatten die Amerikaner in das »Indiana Depot« zur Versorgung ihrer Truppen umgewandelt. Der Nachschub kam hauptsächlich über die Bahn, deren Gleise durch unser Viertel bis zur ehemaligen Heeresmühle an der Ecke Lothstraße verliefen. Zu Rangierzwecken benutzen die Eisenbahner häufig auch diese, außerhalb des »Indiana-Depots«, gelegenen Gleise. Ob tagsüber oder nachts, sobald wir Rangiergeräusche hörten, waren wir blitzschnell mit vielen anderen zur Stelle. Das erste Kreischen von Weichen ließ uns hochfahren und mit den bereitgelegten Säcken oder Kopfkissenbezügen loseilen. Noch während der Fahrt enterten wir die Güterzüge. Klar, daß wir Jungs uns dabei hervortun konnten. Die Wagen waren zwar im Prinzip entladen, bevor es erlaubt wurde, sie außerhalb der Umzäunung des Verpflegungsdepots zu rangieren. Oft waren aber auf dem Waggonboden Berge von Mehl, Zucker und Hülsenfrüchten aus geplatzten Säcken verteilt, wobei hierbei, wie wir wußten, häufig nachgeholfen worden war. Daß dabei Lokführer, Heizer und Rangierer ihre eigenen Pläne hatten, lag auf der Hand. Es galt deshalb, schneller zu sein und »die Bahner« sowie die von ihnen rechtzeitig über das Vorhaben unterrichteten Angehörigen auszutricksen. Auch wenn sie sich bemühten, in möglichst großem Tempo zu rangieren, wir Jungs ließen uns nicht abschütteln und schoben auch bei rasender Fahrt die schweren Waggontüren auf. Wunderbares weißes »Ami-Mehl« oder andere Segnungen waren unser Lohn. Bald hatten wir auch ein Gespür dafür entwickelt, wo hinter den Doppelwänden der Kühlwagen Verstecke waren für die Dosen mit Fruchtcocktail oder Milchpulver. Ganz scharf waren freilich die Erwachsenen auf die grünen ungebrannten Kaffeebohnen. Außer zum eigenen Genuß dienten Kaffee und Zigaretten als begehrte Naturalwährung auf dem Schwarzmarkt. Wenn wir von einem Beutezug mit Kaffeebohnen zurückkehrten, konnten wir bei den Eltern mit uneingeschränktem Lob rechnen.

Eines Tages gelang uns aber ein besonderer Coup. Mein Bruder Werner, sein Freund Hans

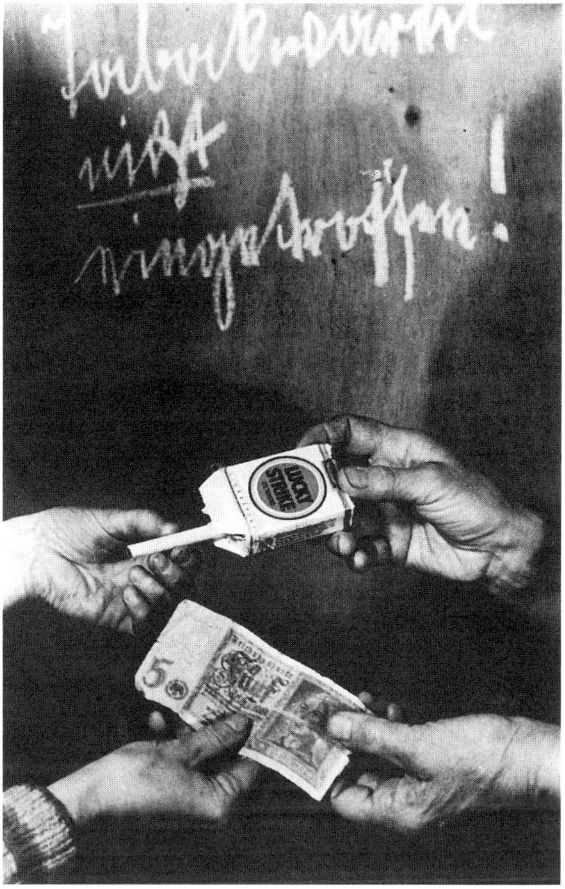

Die »Zigaretten-Währung« nach dem Krieg

und ich hatten beobachtet, daß die Rangierer einen uns verdächtigen Waggon auf einem Gleis abgekoppelt hatten, wo er eigentlich nichts zu suchen hatte. Als wir dann noch feststellten, daß sie in der Ruine am Ende unseres Hauses einen der Rangierer zurückließen, der uns bei Annäherung an den Waggon verscheuchen wollte, war klar, daß hier etwas nicht stimmte. Wir drei berichteten unseren Vätern über diese Beobachtungen. Nachdem die Erwachsenen dem zitternden »Bahner« ein paar Glas Schnaps zur Beruhigung eingeflößt hatten, erfuhren sie, daß sich hier eine große Sache anbahnte. »Die Bahner« hatten einen ganzen Waggon mit Pflanzenfett aus dem »Ami-Depot« herausgeschmuggelt. Nachts sollte der Waggon entladen und die Beute abtransportiert werden. Von da ab waren wir mit von der Partie. Als es schließlich soweit war, bekamen schnell noch mehr Leute aus unserer Gegend spitz, daß etwas Außergewöhnliches im Gange war. Es kam zu chaotischem Gedränge und Geschubse. Wir, mit dem Vater zu dritt, hatten aber einen guten Vorsprung, und es gelang uns, zwölf von den begehrten Behältern mit jeweils fünfundzwanzig Kilo Inhalt abzuschleppen und in Sicherheit zu bringen. Noch nachts versteckten wir einen Teil der Büchsen unter den Dielen des Dachbodens, einen anderen Teil vergruben wir im Garten hinterm Haus. Am nächsten Tag war im Viertel die Hölle los. Militärpolizei hatte alles abgesperrt und durchsuchte die Wohnungen. Weshalb sie bei uns im Gegensatz zu manch anderen nicht fündig wurden, erscheint mir heute noch rätselhaft. Wir waren geradezu über Nacht nach damaligen Wertmaßstäben reich geworden. Ein paar Büchsen tauschten meine Eltern für ein neues Schlafzimmer ein. Daß es fortan bei uns öfters mal nach Schmalzgebackenem roch, war ungefährdet nur deshalb möglich, weil wir die Nachbarn, soweit sie leer ausgegangen waren, an dem Schmalzsegen teilnehmen ließen. Mit Altruismus oder Nächstenliebe hatten diese Zuwendungen sicher weniger zu tun. Auch an so etwas wie Unrechtsbewußtsein bei irgendeinem der Beteiligten kann ich mich nicht erinnern. Solche Aktionen, die ja zweifelsfrei auch damals den Straftatbestand des schweren Diebstahls erfüllten, wurden als »Organisieren« ausgelegt und wohl auch von einer breiten Mehrheit als legitim angesehen.

Die wirklich schlechte Zeit begann für uns mit der Währungsreform. Das Einkommen des Vaters als Kraftfahrer reichte nicht aus, um eine sechsköpfige Familie satt zu kriegen. Mit dem Schwarzhandel war es vorbei. Es war aber geradezu selbstverständlich, daß wir Jungs nach anderen Wegen suchten, um etwas von dem wunderbaren neuen Geld zu erlangen. Das »Sammeln« von Alteisen und Buntmetallen stand im Mittelpunkt unseres Denkens und Tuns, und wir fanden es interessanter als die Rupprecht-Oberrealschule, »Rupfa« genannt. Unser Tagesablauf war außerdem von einer Fülle häuslicher Pflichten bestimmt. Zum Haus gehörte ein Garten mit Stallhasen, Hühnern, Enten und manchmal auch Gänsen. Futter besorgen, das Viehzeug füttern und die Ställe ausmisten, all das mußte neben der Schule besorgt werden. Da die Mutter zur Aufbesserung des Haushaltsgeldes häufig unterwegs war, um mancher Bäuerin in Oberbayern ein Korsett oder einen stattlichen Büstenhalter zu verkaufen, mußten wir älteren uns auch um die jüngeren Schwestern Sabine und Barbara kümmern, die uns – neben den lästigen Schulpflichten – aufhielten, wenn wir auf die von uns bevorzugte Jagd nach Altmaterial gehen wollten. Nur anfangs konnte man solches finden. Sehr bald wurde aus diesen Unternehmungen, nach Überschreiten der Grenzen einer rechtlichen Grauzone, Unrecht. Erst waren es nur die Dachrinnen und Kupferleitungen aus Ruinen innerhalb und außerhalb der Kaserne, die wir, bei halsbrecherischen Unternehmungen auf Mauerresten turnend, abmontierten, um sie zu »versilbern«. Später, als auch diese »Funde« erschöpft waren, wurden wir dreister und klauten Kupferkabel aus dem Lager des städtischen E-Werks. Meterlange Kupferkabel schleppten wir ab, um sie aufzuspleißen und durch Abbrennen von der Isolierung zu lösen. Ausrangierte Hydrantenhauben aus dem Gelände des Wasserwerks zertrümmerten wir mit Vorschlaghämmern zu handelsfähigen Bruchstücken, deren Herkunft von den Altmaterialhändlern nicht mehr zu erkennen war. Mit Beginn des Koreakrieges 1950 stiegen die Preise für Buntmetalle auch noch astronomisch an. Alles war wie wild hinter Blei, Kupfer, Messing oder Zink her. Die inzwischen wieder funktionierende Exekutive hatte den Händlern verboten, von Jugendlichen Ankäufe ohne Vollmachten der Erziehungsberechtigten zu tätigen. Mein älterer Bruder Werner, der in all diesen Dingen um einiges gerissener und skrupelloser war als ich, konnte mit dem ihm eigenen Charme immer wieder solche Vollmachten bei den Eltern erschleichen, indem er irgendwelche »Funde« glaubhaft machte. Eine Zäsur in diesen Aktivitäten trat für mich ein, als wir, mein Bruder, sein

Freund Hans und ich, gemeinsam durch die unter Trümmern liegenden Keller des zwischen der Loth- und Lazarettstraße liegenden Krankenhauses strolchten. Einer der beiden älteren hatte eine Axt dabei, mit der er ein dickes, lose herumhängendes Kabel durchtrennen wollte. Eine riesige Stichflamme, die uns vor Schreck zu Boden gehen ließ, war das Ergebnis. Uns war nichts Ernsthaftes passiert, wir flüchteten aber in Panik. Seit diesem Tag hatte ich genug von dieser Art Abenteuer.

Wir versuchten danach noch eine Zeitlang, Ziegelsteine aus Ruinen zu brechen und zu putzen. Eine harte und gefährliche Arbeit, die wir aber auch bald wieder aufgaben, weil uns ein Abnehmer um den Lohn von monatelanger Schinderei brachte.

Neben all diesen Aktivitäten, die uns etwas Taschengeld verschaffen sollten, und den häuslichen Pflichten kam die Schule nolens volens zu kurz.

Obwohl es im Schulalltag keine wirkliche Anfeindung gab, bekamen wir den Unterschied zu manchem Mitschüler aus besser situierter Bürgerschicht zu spüren. Es gab einige Gleichaltrige, aber auch Lehrer, die auf uns herabblickten und uns das Gefühl gaben, ausgeschlossen zu sein, einer anderen, unerwünschten Schicht anzugehören. Vor diesem Hintergrund ist vielleicht ein Ereignis zu verstehen, das für mich in traumatischer Erinnerung ist: Meine Eltern versuchten sich zur Aufbesserung der Haushaltskasse eine Zeitlang nebenbei auch als Eisverkäufer. Das Eis stellte der im Nebeneingang unseres Hauses tätige Kantinier, der Großmann Toni, her. Wir hofften einmal auf das große Geschäft, als wir die Erlaubnis erhielten, anläßlich eines Sportfestes unser Eis feilzubieten. Der Andrang an unserem zum Eisstand umfunktionierten Tisch war jedoch nicht so, wie wir es erhofft hatten. Die Leute hatten halt nicht die zwanzig Pfennig übrig, die zwei Kugeln kosten sollten. Meine Eltern kamen daraufhin auf die Idee, mich mit ein paar Bechern Eis auf einem Tablett auf die Ränge zu schicken, um dort Käufer zu animieren. Ich lief dabei einigen Mitschülern in die Arme, die mich fragten, wo es denn dieses Eis gäbe. Ich wies vage in Richtung Eingangstor und beendete verstört und gedemütigt meine Tour.

In unserer Familie waren 1949/50 die wirtschaftlichen Nöte schließlich so groß, daß wir glaubten, den Eltern nicht mehr länger auf der Tasche liegen zu dürfen. Schulmittel, manches Mal auch das Schulgeld, mußten wir nicht selten selbst aufbringen oder vorstrecken. So kam es schließlich, daß mein Bruder und ich schwere und ungeliebte Berufe ergreifen mußten. Er lernte das Metzgerhandwerk, und ich begann eine Lehre als Molkereifachmann. Abgesehen davon, daß es kaum andere, interessantere Lehrstellen gab, war diese Wahl der Eltern in gewisser Weise verständlich und konsequent, da wir zu Hause kaum noch satt zu kriegen waren. Mit dem Beginn unserer Lehren waren zwei hungrige Mäuler weniger zu stopfen.

Mitte der fünfziger Jahre ging es mit der Familie aufwärts. Ein neues Leben begann. Meine Mutter, die zunächst als Verkäuferin gearbeitet hatte, bekam an der Ecke Schleißheimer- und Heßstraße eine eigene Filiale einer Landmetzgerei. Sie war hier in ihrem Element und brachte durch ihren unermüdlichen Einsatz in einem Zwölfstunden-Arbeitstag sowohl das Geschäft hoch als auch der Familie ein gediegenes Auskommen.

Zum Guten entwickelte sich in dieser Zeit auch unser privates und gesellschaftliches Leben. Freundschaften wurden geschlossen, die Illusionen über eine Rückkehr in die Heimat verblaßten. Ich selbst fühlte mich zu dieser Zeit ohnehin längst als Münchner und Bayer. In einer seltsamen, aber durchaus vertrauten Reaktion des »Konvertierten« durchlief ich dabei sogar – wie manch andere »Neubayern« – eine Phase der Überanpassung, in der es en vogue war, sich über andere »Preußen« lustig zu machen. Wir waren damit ohne jeden Zweifel endlich in der neuen Heimat angelangt.

Unser Garten hinterm Haus war eine Idylle, ein Ort für manche Feiern in der Familie und mit Freunden. Am Wochenende war es in unserem Viertel so ruhig wie in einem Kurort. Natürlich, es war nicht gerade die erste Adresse in der Stadt, und gelegentlich hatte ich Hemmungen, einen Freund oder eine neue Freundin das erste Mal in das Viertel mitzunehmen. Wir aber hatten hier unsere geliebte Nische in der alten Kaserne gefunden und fühlten uns wohl.

Meine Mutter lebte nach dem Tod meines Vaters im Jahre 1973 noch weitere zwei Jahre in dem Viertel. Wir Kinder waren alle schon vorher in alle Winde zerstreut worden. Heute zieht es uns nostalgisch immer wieder einmal dorthin, an den Ort der Erinnerungen an eine besondere Zeit.

Arbeitsalltag – man arrangiert sich

LUDWIG WOLF

»Verschreims Eana net so oft!«

Ein Tag in der AOK in München

Am 14. Juli 1945 rollten in einer mondhellen Nacht mehrere amerikanische Trucks auf der Salzbuger Autobahn in Richtung München. Ihre Ladung bestand aus entlassenen deutschen Kriegsgefangenen, nichts besonderes in dieser Zeit. Bekleidet mit einer verdreckten und verlausten Uniform war ich auf einem der Lastkraftwagen verstaut, das Autobahnende ungeduldig erwartend. Links und rechts huschten Dörfer vorüber, deren Namen nicht mit -evo oder -vac, sondern mit -ing, -kam, -stetten oder -hausen endeten. Bayern, Heimatland!

Mitte August bin ich bereits wieder an meinem Schreibtisch in der AOK gesessen. Wie sehr hatte ich mich doch im Krieg nach dieser Stunde gesehnt! Es ist faszinierend gewesen, wieder Zivilist sein zu dürfen! Daß ich mir für mein monatliches Salär von 98 RM gerade noch ein Päckchen »Ami-Zigaretten« auf dem Schwarzmarkt hätte kaufen können, blieb zunächst zweitrangig. Das nach einem schweren Luftangriff am 18. Dezember 1944 fast völlig zerstört gewesene Verwaltungsgebäude war behelfsmäßig wieder soweit hergestellt, daß der Dienstbetrieb einigermaßen reibungslos lief. Die Büste Adolf Hitlers vor den Räumen der Geschäftsführung war längst verschwunden. Nicht mehr zu sehen waren auch die braunen Büromäntel. Man trug jetzt ein zeitgemäßes Grau.

LUDWIG WOLF
1926 in München geboren, 1943–1945 Soldat. Nach Kriegsende Angestellter bei der AOK bis zur Pensionierung.

Der Geschäftsbericht der AOK schreibt über die katastrophalen Zustände nach Beendigung der Kriegshandlungen:

»Ein fast völlig zerstörtes Verwaltungsgebäude, gemietete unzulängliche Räume in verschiedenen Stadtteilen und Vororten von München, tausende von unbezahlten Rechnungen, hunderttausende von nicht bearbeiteten An- und Abmeldungen, Beitragsrückstände, die länger als ein halbes Jahr zurücklagen: Das war die Situation, in der sich die Kasse nach dem Zusammenbruch befand. Dazu kommt noch eine weitere außerordentlich schwerwiegende, vom Nationalsozialismus hinterlassene Erbschaft, nämlich die eines gesundheitlich schwer angeschlagenen Mitgliederkreises. Der Raubbau an der Arbeitskraft der Mitglieder aller Altersklassen im totalen Kriegs- und Arbeitseinsatz, an der Front und in der Heimat, ohne Rücksicht auf die körperliche Leistungsfähigkeit, die massenhaften Schockwirkungen und deren Folgen aus den Jahren der Fliegerangriffe, das Wohnungselend mit den gesundheitlichen Gefahren und Schädigungen, die Hungerjahre, das Flüchtlingselend, die Kriegsverletzungen, ganz zu schweigen von den Gesundheitsschäden der Heimkehrer aus Kriegsgefangenschaft, haben beim überwiegenden Teil der Versicherten eine Krankheitsbereitschaft hinterlassen, die an die finanzielle Leistungsfähigkeit der Kasse erschreckende Anforderungen stellte.«

Zum Bezug der Lebensmittelmarken mußte ein Arbeitsnachweis geführt werden. Eine vorgedruckte Karte wurde allmonatlich mit dem Stempel der AOK versehen. Dies oblag einem schon etwas älteren Kollegen des gehobenen Dienstes, der daneben für die Ausgabe des raren Schreibzubehörs zuständig war. Und hierbei konnte er manchmal recht »zwider« werden. Hatte ein Bleistift noch eine Länge von drei Zentimetern, war es nahezu eine Frechheit, von ihm einen neuen Stift zu verlangen. Im günstigsten Falle erhielt man einen Verlängerungshalter. Eine neue Schreibfeder – Kugelschreiber kannte man noch nicht – rückte er erst dann heraus, nachdem er sich gründlich und langwierig von der Unbrauchbarkeit der bisher verwendeten Feder überzeugt hatte. Bei der Ausgabe eines Radiergummis raunzte er mit Sicherheit: »Verschreims Eana net so oft!« Ein Schreibmaschinenfarbband ist eine Kostbarkeit gewesen, und nur gegen die Rückgabe des alten Bandes erhielt man ein neues. Brannte einmal die Glühbirne aus, mußte man mindestens zwei Wochen auf den Ersatz warten. Neue Stempelkissen waren überhaupt nicht zu kriegen. Die ausgetrockneten Kissen mußten deshalb in der Materialverwaltung mit Stempelfarbe aufgefrischt werden. Bürokratisch verwalteter Mangel beherrschte die Szene.

Eine Kantine gab es in der AOK noch nicht wieder. Für Lebensmittelmarken (5g Fett) ließ ich mir deshalb im stets überfüllten Paulaner-Thomasbräustüberl, Ecke Kapuziner-/Maistraße tagtäglich Kartoffelpüree mit Soß' schmecken. Alle waren wir zufrieden – symptomatisch für die damalige Hungerzeit! Lebensmittelzulagekarten für Schwerarbeiter, wie sie u.a. auch die Landtagsabgeordneten erhielten, bekam ich leider nicht. Nicht wenige Kolleginnen und Kollegen brachten sich ihr Essen im Kochgeschirr von zu Hause mit, das sie zum Warmhalten in einem Heißwasserbehälter abstellen konnten. Ich erinnere mich an einen Kollegen, dessen Geschirr offensichtlich schon einige Feldzüge mitgemacht haben mußte, denn es befand sich zur Mittagszeit mehr heißes Wasser als Essen darin. Ihm war zum Weinen, manche Kollegen fanden es zum Lachen.

Die Entnazifizierung ließ leider manchmal das alte Sprichwort wieder Wahrheit werden: »Die Kleinen hängt man, die Großen läßt man laufen.« In der AOK erhielten, meist kommentarlos, 116 Mitarbeiter das Entlassungsschreiben. Um dem zwangsläufigen Fachkräftemangel entgegenzuwirken, hat das Bayerische Arbeitsministerium mit Erlaß vom 23. November 1946 eine Prüfung für den Mittleren Dienst bei den Trägern der gesetzlichen Krankenversicherung ausgeschrieben. Unter den weitaus mehr als 1000 Teilnehmern war auch ich zu finden, schloß mit der Note 1,5 ab und wurde als Verwaltungs-Assistent angestellt. Meine Bezüge erhöhten sich um den Schwarzmarktpreis für ein halbes Pfund Butter! Im Laufe des Jahres 1948 konnten fast alle Suspendierten, zumeist Mitläufer, mit Genehmigung der Militärregierung wieder eingestellt werden. Vorübergehend erfolgte die Entlohnung um eine Besoldungsgruppe niedriger als zuvor.

Nachdem bereits im Dezember 1946 tagelang eine strenge Kälte mit Temperaturen bis zu – 20 Grad geherrscht hatte, brach am 7. Januar 1947 eine zweite Kältewelle über München herein. Es wurden Temperaturen bis – 26 Grad gemessen. Die meisten Schulen wurden geschlossen, öffentliche Gebäude nicht mehr beheizt; die Straßenbahnen verkehrten nur unregelmäßig und mit großen Verspätungen, die Betriebe verzeichneten Krankenstände bis zu 35 %, und bei der Stromversorgung wurde ein dritter Abschalttag eingeführt. Wir bekamen die Katastrophe auch in der AOK zu spüren. Die Angestellten saßen, eingehüllt in Wintermäntel und Schals – wohl dem, der dies besaß – frierend an ihren Schreibtischen in der riesigen Schalterhalle. Manche trugen über ihrem normalen Schuhwerk klobige Strohschuhe, wie sie manchmal noch heute im Winter von den Marktfrauen verwendet werden. An den elektrischen Kochplatten, die manche Kollegen installiert hatten, konnte man wegen der Stromabschaltungen nur zeitweise die Hände aufwärmen. Die Tinte war oft eingefroren; man schrieb mit Kopier(Tinten-)stift. Erleichterung brachte erst die Einführung des Schichtdiensts. Soweit es die Wohnverhältnisse zuließen, hat eine Anzahl von Kolleginnen und Kollegen im Interesse der vielen Kranken in München zu Hause vor- oder nachgearbeitet. Solidarität wurde damals groß geschrieben!

Oftmals konnte man nicht einmal die zugeteilten Lebensmittelrationen beim Einzelhändler bekommen, weil die Zulieferungen nach München ausgeblieben waren. Nicht nur Lebensmittel waren knapp; an allen Ecken und Enden fehlte das Notwendigste. Glücklich derjenige, der einen Landwirt zum Onkel hatte und noch genügend goldene Uhren oder eine Leica zu Tauschzwecken besaß. Ich spielte manchmal mit dem Gedanken, professionell in den Schwarzhandel einzusteigen, was mir ein Leben in Saus und Braus – oder eine Gefängnisstrafe – garantiert hätte. Meine Arbeitsstelle wollte ich an den berühmten Nagel hängen, den es übrigens auch nur auf dem Schwarzmarkt gegeben hat. Doch da bin ich bei meiner Mama an die Richtige gekommen; sie hat mir ob meiner Überlegungen den Kopf gewaschen. Ich mußte mir stundenlange Vorträge über die Vorteile einer Lebensstellung im Öffentlichen Dienst anhören, und: »Überhaupt, de Schwarzhändler-Bazi wern se no amoi oschaung, wenns wieder a guads Geld gibt!« Sie behielt recht und die AOK München mich als Bediensteten.

Elisabeth Kahmann

Im Dienst für die Amerikaner

März 1945: Es war ein sonniger und trotzdem kühler Monat, wie man ihn in München oft erleben kann. Ich arbeitete seit 1941 in Mittersendling im Luitpoldwerk und wohnte damals schon in Waldtrudering. Das bedeutete jeden Tag 16 km hin zur Arbeit und ebenso viele zurück. Ich legte die Strecke mit dem Fahrrad zurück, denn die öffentlichen Verkehrsmittel waren durch die vielen Luftangriffe so angeschlagen, daß man nie wußte, wie und ob man damit heimkommen konnte. Abends hörte ich den Soldatensender West, um zu erfahren, wie weit die US-Armee noch von München entfernt war und wann mit ihrem Einmarsch zu rechnen sei. Ende April wurde die Situation sehr kritisch. Es war abzusehen, daß die Amerikaner kurz vor dem Einmarsch in München standen, aber man konnte nicht wissen, ob das ohne erneutes Blutvergießen geschehen würde. Ich hatte die Nacht im Luitpoldwerk verbracht, als am nächsten Morgen der Hausmeister kam und mir mitteilte: »Die Amerikaner sind in der Stadt.« Die Straßen waren wie ausgestorben, als ich mit dem Rad nach Waldtrudering zurückfuhr. Auch dort war die Nacht ruhig verlaufen. Meine Untermieterin, unser Faktotum, die Marie, und ich kuschelten uns in der Küche um den Herd. So saßen wir beisammen, jeder hing seinen eigenen Gedanken nach. Mir wurde plötzlich klar, daß ich jetzt eine ganz normale Deutsche war, keine »Halbjüdin« mehr. Es war ein seltsames Gefühl, nach all den Jahren. Vor dem Krieg – während eines sechsmonatigen Aufenthalts in England – hatte ich schon bewußt erlebt, wie es war, seine Meinung auch in politischen Fragen einfach zu sagen, egal ob im Omnibus oder auf der Straße. Man mußte nun nicht mehr darauf achten, ob jemand zuhörte, ob man vielleicht etwas sagte, was gefährlich werden könnte, wenn es weitergetragen werden würde. Es war fast so, als stünde man auf einem hohen Berg und könnte ganz frei atmen. Ich hatte mich all die Jahre während des Kriegs eigentlich mit niemandem unterhalten, der in der gleichen Lage wie ich gewesen war. Meine Familie mütterlicherseits war im Ausland; und ich kannte keine anderen »Halbjuden«, da ich nicht wie die meisten anderen kriegsdienstverpflichtet war.

Man konnte nicht lange seinen Gedanken nachhängen. Die nächste Zeit war ich damit beschäftigt, für das Dringendste zu sorgen. Es ging uns ja viel besser als vielen Menschen in der Stadt. Wir hatten einen großen Garten mit viel Gemüse und ganz vielen Kartoffeln, und Marie hatte viel eingekocht. Wir hatten auch drei Hühner – eineinhalb Hühner pro Person durfte man halten, ohne Eier abgeben zu müssen. Nach etwa zwei Wochen mußte ich daran denken, was ich in Zukunft tun wollte. Wichtig war mir, nicht nur Geld zu verdienen, sondern auch etwas zu essen zu bekommen. Da gab es eigentlich nur eine Möglichkeit, nämlich für die Amerikaner zu dolmetschen. Ich setzte mich auf mein Fahrrad und fuhr zur Militärregierung am Marienplatz. Vor dem Eingang am Rathaus war ein Seil gespannt, da mußte man warten, bis ein Offizier einen fragte, was man wolle. Ich hatte schon gemerkt, daß der Offizier kein Deutsch verstand, sondern nur Französisch. Neben mir waren einige Jugoslawinnen, die versuchten, französisch zu sprechen. Doch diese Versuche waren nur für einen Deutschen verständlich, da sie so viele deutsche Aus-

Elisabeth Kahmann
1920 in München geboren, christlich-jüdisches Elternhaus; nach Besuch der Oberschule 1937 Ausbildung als chemotechnische Assistentin. Ab 1939 an der Technischen Hochschule im Labor, ab 1940 im Luitpoldwerk tätig. 1945-48 Dolmetscherin für die amerikanische Besatzungsmacht. 1955 Geburt der Tochter; Arbeit ab 1960 bis zur Pensionierung als Verkäuferin in einem Münchner Kaufhaus.

drücke verwendeten. Ich übersetzte es in verständliches Französisch, worauf mich der Offizier fragte: »Vous êtes française«, und ich antwortete: »No, I am German.« Er packte mich am Arm, zog mich hinter das Seil und rief: »That's what I need!« Und so wurde ich also Dolmetscherin. Er ging mit mir ins Rathaus, und am nächsten Tag konnte ich anfangen. Das war ein Sonntag, auch sonntags wurde gearbeitet.

Als ich mich am nächsten Morgen meldete, sagte mir mein neuer Chef, ich solle mich neben seinen Schreibtisch setzen und zuhören, wie er mit den Leuten verhandelt. Es kamen alle Leute, die vom Offizier auf dem Marienplatz durchgelassen wurden, zu uns ins Büro und mußten von dort in die richtige Abteilung weitergeschickt oder endgültig abgewimmelt werden. Für die Amerikaner war es zuerst einmal die dringendste Aufgabe, den Schutt von den Straßen wegzubekommen und wieder ein halbwegs funktionierendes Transportsystem einzurichten. Da mußte erst einmal vieles zurückstehen.

Ich hatte schnell heraus, was ich den Leuten zu antworten hatte.

Dann hieß es eines Morgens, ich hätte ein neues Büro im zweiten Stock. Ich ging hinauf und fand dort einen Soldaten vor, der dank seiner deutschen Sprachkenntnisse in diese Abteilung geschickt worden war. Der arme Kerl aber hatte keine Ahnung von seiner Aufgabe und davon, was er seinen »Kunden« antworten sollte. Er war für die Amerikaner in der Stadt zuständig, die etwas wissen wollten und ich für die Deutschen. Was wollten die Amerikaner: »Wo ist die Rundfunkstation? Wo kann man einen deutschen Schäferhund kaufen? Wo kann man ein Dirndl kaufen?« Die erste Zeit hat er mich immer gefragt. Er hat sehr schnell gelernt und meist richtig geantwortet. Ich saß mit dem Rücken zu ihm, und wenn alles stimmte, habe ich mich nicht gerührt, wenn er aber etwas Falsches sagte, habe ich mich wie beiläufig umgeschaut.

Schwieriger waren meine Fälle: Flüchtlinge, die ihre Angehörigen auf der Flucht verloren hatten; Leute aus dem KZ, die Bestätigungen brauchten, die aber vor allem reden wollten, die davon erzählen wollten, was sie erlebt hatten. Da erst habe ich wirklich erfahren, wie es in Dachau und in anderen KZs zugegangen ist.

Ich hatte mich sehr gut eingelebt in meiner Arbeit, ich bekam ein gutes Mittagessen, und mein Bürokollege versorgte mich mit Süßigkeiten. Durch die Übersetzung eines Schriftstückes kam ich per Zufall an eine Stelle in Haar bei der Konstruktionsabteilung für den Wiederaufbau des Flughafens Riem. Der Herr, der uns den Text gebracht hatte, war ganz begeistert, als er hörte, daß ich ihn übersetzt hatte. Er redete mir zu, möglichst schnell nach Haar zu kommen, da eine deutsch-englische Dolmetscherin dringend gebraucht würde.

Meine neue Arbeitsstelle war für mich von Waldtrudering aus sehr viel günstiger gelegen. Mein erster »Kunde« war mein Grundstücksnachbar, ein Baumaterialienhändler. Als er mich sah, wäre er mir fast um den Hals gefallen. Er sprach bei dieser Stelle nicht das erste Mal vor, aber er hatte sich nie verständigen können. Nach und nach lernte ich die Leiter der Münchner Bauindustrie kennen. Sie kamen mindestens einmal im Monat, immer dann, wenn sie eine neue Fahrgenehmigung oder Benzin brauchten.

In meinem Büro saß ich an einem strategisch günstigen Platz, nämlich am Eingang zum PX, wo sich die Soldaten Zigaretten, Schokoladenriegel, Bier etc. kaufen konnten. Ich bekam so viele Süßigkeiten, daß ich während der Monate in Haar nicht nur an Alter und vielleicht an Verstand zunahm, sondern vor allem an Gewicht – eine Seltenheit in den Nachkriegsjahren.

In dieser Zeit bildete ich mir auch ein, unbedingt den Führerschein machen zu wollen, was wegen der Benzinknappheit ein schwieriges Unternehmen war. Bei einer Fahrschule mußte man mindestens zwei Stunden nehmen, dazu aber mit dem eigenen Wagen erscheinen. Ein Mann, der den Amerikanern mit dem eigenen Auto zur Verfügung stand, wofür er mit Benzin versorgt wurde, gab mir Unterricht. Außerdem bettelte ich die Herren der Baufirmen an, die Benzin und Fahrerlaubnis von uns brauchten, mich auf dem Rollfeld üben zu lassen. Eine Schafherde, die auf dem Flugfeld weidete, und die Bombenkrater waren die einzigen Hindernisse, die ich bei meinen Fahrversuchen beachten mußte.

Einige Zeit später wurde ich sogar für den Gegenwert von sieben Stangen (eine Stange = 10 Päckchen) Zigaretten stolze Besitzerin eines rot gestrichenen »Wanderer«, der zuvor als Beutefahrzeug einem unserer Leutnants »gehört« hatte. Da ein Privatfahrzeug damals Seltenheitswert hatte, war ich bald ortsbekannt. Daß der Wagen 20 l Benzin für 100 km brauchte, störte mich nicht, so lange ich nur zur Tankstelle unserer »Einheit« fahren mußte. Mein Auto brauchte ich nicht nur für die Arbeit auf dem Flughafen, auch zu Hause hat es uns viel geholfen. Wir konnten am Wochenende Heizmaterial sammeln. Tannenzapfen und Äste gab es im Wald um Waldtruderring schon lange nicht mehr, es lag absolut nichts Brennbares mehr herum. Man mußte schon in Richtung Ebersberg fahren, wo wir im Nu unser Auto mit Säcken voller Zapfen und Ästen beladen hatten. Den dringend benötigten Dünger für die Gemüsebeete in unserem Garten konnten wir bei unseren Fahrten in Form von Pferdeäpfeln auf der Straße einsammeln – damals waren Pferdefuhrwerke noch eine Selbstverständlichkeit.

Inzwischen ging der Bau in Riem immer weiter. Ganz interessant war damals die Zusammensetzung der Arbeiter auf dem Flughafen. Außer den diversen deutschen Firmen arbeiteten deutsche Kriegsgefangene, die amerikanische Trucks fuhren, auf der Baustelle mit, daneben auch zwei russische Baufirmen, in der ehemalige russische Gefangene tätig waren, die nicht mehr zurück wollten. Dann gab es noch eine Gruppe aus Jugoslawien, offenbar Familien, die in einem Lager in Richtung Erding wohnten, und Ungarn, die arbeiteten, bis sie zurück nach Hause fahren konnten. Das ganze Unternehmen wurde immer größer, und die Arbeit, die ich ursprünglich alleine gemacht hatte, wurde nun an verschiedene Einzelpersonen delegiert. Mein Chef, Major Wright, war in die USA zurückgegangen, seine Nachfolger hatten amerikanische Sekretärinnen, die zwar nicht deutsch konnten, aber eifersüchtig wurden, wenn sich die Offiziere direkt an uns Deutsche wandten.

Mit der Zeit wurde das Arbeitsklima ziemlich schlecht. Auch hatte ich kaum noch Gelegenheit, Auto zu fahren. Für Major Wright war ich nämlich nicht nur Dolmetscherin gewesen, sondern auch Chauffeuse mit eigenem Auto. Es war ganz selbstverständlich, daß ich ihm auch am Wochenende zur Verfügung stand, wenn er bei Deutschen eingeladen war, die nicht englisch sprachen. Da aber nun meine Arbeit nur noch Bürotätigkeit war, gab es keinen Grund mehr, mich weiterhin so großzügig mit Benzin zu versorgen. Ich hatte zwar noch die Fahrerlaubnis, aber das Benzin war so knapp, daß ich kaum noch fahren konnte.

Als dann die Amerikaner 1948 den weiteren Aufbau des Flughafens den Deutschen überließen, beschloß ich, meine Stelle aufzugeben.

Helmut Dittmann

Erinnerungen eines ehemaligen Militärarztes

Die Amerikaner standen vor der Stadt; in Dachau, hieß es, würde gekämpft. Es hielt mich einfach nicht mehr im Lazarett. Ich wollte sehen, wie der letzte Tag vor dem Einmarsch der amerikanischen Truppen in München verlaufen würde. Die Straßen waren leergefegt, nur auf der Ausfallstraße nach Süden drängten sich versprengte Militär-Kolonnen und Staatskarossen. Alle Autos waren mit Gepäck beladen und alle befanden sich in großer Hast. Ich ging in die Innenstadt und hörte Musik aus einem Kino dringen. Und wirklich, da lief noch ein Film. Staunend sah ich die letzte Wochenschau: Deutsche Infanterie und deutsche Pioniere stürmten nach vorn.

Der nächste Tag begann schon recht früh. Amerikanische Sanitätsfahrzeuge und deutsche Wagen, über und über mit Rot-Kreuz-Fahnen behängt, brachten SS-Angehörige mit Pistolenschüssen im Bauch in die Klinik; sie kamen von Dachau. Dann wurden verwundete Leute in SS-Uniform eingeliefert, alte Männer. Es stellte sich heraus, daß es Landesschützen waren, die man in den letzten Tagen in SS-Uniform gesteckt und als Lagerwächter eingeteilt hatte.

Am Kliniktor drängten sich seltsame Gestalten: versprengte Soldaten, die auf der Flucht nicht mehr weiter wußten; Leute in zerlumpten Uniformen und heruntergekommene Angehörige einer Strafkompanie. Alle wollten herein oder wenigstens etwas zu essen. Wir waren ganz froh, als amerikanische Wachen aufzogen. Schon in der Nacht kamen andere Verwundete ins Lazarett, meist wohlgenährte Zivilisten. Wie sich herausstellte, waren es Inhaber von Bäckereien, Metzgereien und Lebensmittelgeschäften, in denen geplündert worden war. Sie hatten sich widersetzt und waren dabei zusammengeschlagen oder angeschossen worden.

Dann fuhren amerikanische Sanitätswagen vor, die 10–14jährige Hitler-Jungen einlieferten, meist mit Beinschüssen. Auf meine Frage, wie es zu diesen Verwundungen gekommen war, erklärte mir ein Sergeant, daß die dummen Jungen sich nicht ergeben und immer wieder zurückgeschossen hätten. Also hatte sie eine amerikanische Kompanie durch die Isar-Auen gejagt. Was für einen blödsinnigen Befehl diese Jungen wohl hatten!

Am nächsten Tag zogen seltsame Gruppen von Menschen grölend durch unsere Straße, alle angetrunken und Laibe von Schweizer Käse vor sich herrollend. In der Nähe war ein Brauerei-Keller entdeckt worden und ein Raum, in dem Käse gelagert war. Magisch zog es auch Leute aus unserer Klinik dorthin; sie kamen mit stattlichen Beutestücken zurück. Unser Oberarzt war ebenfalls plündern gegangen und berichtete, daß sich im Bierkeller der Biersee ausgebreitet habe und die Angetrunkenen bestimmt darin ertrinken würden. In diesen Tagen machte ich die Erfahrung, daß Plündern ansteckend ist. Menschen, die in ihrem bisherigen Leben nie Diebesgut angefaßt hätten, zogen nun auf Raub aus und durchsuchten Kramerläden und die Keller von Geschäften. Die Beute war jedoch manchmal nutzlos. Mir begegnete ein bekannter Münchner Pianist, der ein Paket schleppte. Es war Rasierwasser. Erst bei meiner Frage, was er damit tun wolle, wurde ihm sein Handeln bewußt. Er nahm drei Flaschen, schenkte sie mir und eilte davon.

In den nächsten Tagen war die Klinik mit ehemaligen Lagerinsassen von Dachau überfüllt. Zu-

Helmut Dittmann
1919 in München geboren, nach dem Abitur Arbeitsdienst, als Sanitäter und Unterarzt an der Front auf Kriegsschauplätzen in Afrika und Kreta. Nach Kriegsende Abschluß des Medizinstudiums und Promotion, Übernahme der väterlichen Praxis in Lauingen, 1994 verstorben. (Der Beitrag entstammt dem Nachlaß und wurde von seiner Frau Hildegund Dittmann zum Geschichtswettbewerb eingereicht.)

meist waren es keine kranken Häftlinge, sondern Menschen, die befreit worden waren und nun nicht wußten, wohin sie sollten. Wir verteilten Suppe und schickten sie zur amerikanischen Kommandantur weiter. Unter den Leuten in KZ-Kleidung winkte mich ein Mann beiseite, die Mütze tief ins Gesicht gezogen, und fragte mich nach dem Bahnhof. Ich sagte ihm auf den Kopf zu, daß er von der SS sei. Er wollte in dieser Tarnung flüchten.

Es kamen auch immer wieder Münchner Bürgerinnen und Bürger, Angehörige von Soldaten, denen man gesagt hatte, daß Lazarettzüge bei uns abgeladen würden. Sie suchten ihre Söhne, Verlobten und Männer. Es stimmte: Aus den Lazarett-Zügen, die tagelang vor der Stadt gestanden hatten, hatte man uns Leute gebracht. Die gehfähigen Soldaten waren geflohen, die anderen hatten tagelang ohne Wasser und ärztliche Versorgung in Fieber und Eiter gelegen. Unsere gehfähigen Patienten verschwanden nachts durchs Fenster und versuchten, ihre Heimatorte zu erreichen. Die Bettlägerigen wurden schubweise von amerikanischen Sanitätswagen abgeholt.

Dann erschien in einer amerikanischen Uniformjacke unser ehemaliger Feldarzt, nahm den Militärärzten und Sanitätern die Soldbücher ab und erklärte, daß wir uns bereitzuhalten hätten. Es kursierte das Gerücht, daß wir nach Frankreich abgestellt würden. Da beschloß ich, künftig keinen militärischen Befehlen mehr Folge zu leisten und zog den grauen Rock, den ich lange genug getragen hatte, entschlossen aus. Einen weißen Mantel besaß ich ja, eine weiße Hose besorgte mir eine wohlgesinnte Schwester. Ich versteckte mich im hintersten Teil des teilweise zerbombten Dachbodens. Hinaus konnte ich nicht, denn an allen Klinikausgängen standen amerikanische Wachposten. Am nächsten Tag wurden wirklich die restlichen Militärärzte und -sanitäter aus dem Lazarett abgeholt. Ich aber marschierte im weißen Arztgewand auf der Frauenabteilung der Klinik herum, als ob ich hierher gehörte. Als mich nach einigen Tagen noch niemand suchte, vertraute ich mich dem Chef an, der mir unter der Bedingung, daß er von nichts wisse, erlaubte, auf der Zivilstation zu arbeiten und im Kasino zu essen. Hier lebte ich also mehrere Monate und arbeitete auf der Chirurgie. Ich vermied allerdings das Parterre und die Außentür. Wer in meinem Alter war, wurde von den vielen Militärpolizeistreifen sofort überprüft und mitgenommen. Papiere hatte ich ja nicht.

Als ich später hörte, daß in Dachau eine Aktion laufe, bei der Soldaten ohne Entlassungsschein verhältnismäßig harmlos davonkämen, ging ich dorthin und stellte mich in die langen Reihen. Als ein ehemaliger KZ-Insasse unsere Oberarme prüfte, ob wir das Blutgruppen-Zeichen dort eintätowiert hatten, sah ich mit Entsetzen einen SS-Mann mir gegenüber in der anderen Reihe stehen. Jetzt war es um mich geschehen: Wir hatten während der ersten Nachkriegstage auf Bitten von SS-Angehörigen die verräterischen Zeichen am Arm chirurgisch entfernt. Bei dem Mann, der mir nun gegenüber stand, hatte ich damals schon die größten Bedenken gehabt, denn er war schrecklich dumm. Ich fürchtete, er würde meinen Namen nennen, wenn ihn jemand nach dem Eingriff fragte. Der ehemalige KZ-Insasse kontrollierte den Arm des Mannes; der Mann schaute zu mir herüber, aber es passierte nichts. Die Narbe war gut verheilt.

Eine Klippe hatte ich noch zu überwinden. Ich hörte, daß am Anfang der Reihe Ärzte ausgesondert würden. Was jetzt? Meinen Beruf durfte ich auf keinen Fall verraten. Ich gab also »Volontär-Assistent« an – das konnte alles heißen. Die List gelang. Lediglich ein deutscher Oberstabsarzt knurrte mich an: »Sie Schlaumeier, und wir Armen sitzen hier.«

Meine Zeit als chirurgischer Assistent dauerte nun nicht mehr allzu lange. Zuerst wurde mein Chef von den Amerikanern entlassen, dann ein Assistent nach dem anderen. Ich rückte zwar bis zur Position eines Oberarztes auf, aber ich konnte ja nicht operieren. Ich versuchte es noch auf der Inneren Abteilung, aber der Oberarzt, der mir versprochen hatte, daß ich zu ihm kommen könnte, war ebenfalls entlassen worden. Somit wurde es nichts mit der internistischen Fachausbildung und akademischen Plänen.

Heinrich Jocher

Die Münchner Berufsfeuerwehr

1945 – Kriegsende. Eine chaotische Zeit begann in Deutschland. Auch München bekam die Folgen des großen Wahnsinns schwer zu spüren. Erinnern wir uns: Ganze Straßenzüge lagen unter Schuttmassen begraben, Verkehrsverbindungen waren unterbrochen, Stadtviertel abgeschnitten oder nur zu Fuß erreichbar. Unfälle durch einstürzende Ruinen oder explodierende Blindgänger gehörten zum Alltag. In diesem Durcheinander war es auch für die Feuerwehr der Stadt äußerst schwierig, ja manchmal schier unmöglich, ihre Aufgaben zu erfüllen.

Zuallererst war es neben organisatorischen Maßnahmen nötig, die Einsatzbereitschaft der Feuerwehr in vollem Umfang wieder herzustellen. Erschwert wurde dies jedoch durch materielle wie auch durch personelle Engpässe. Nicht alle der vorerst aus politischen Gründen entlassenen Beamten konnten später ihren Dienst wieder antreten, so daß die offenen Stellen mit neuen Mitarbeitern besetzt werden mußten. Bei Stellenausschreibungen war jedoch der Andrang nicht sehr groß. Dabei mag vielleicht eine Rolle gespielt haben, daß die Bevölkerung allem, was nur im Entferntesten mit Uniform zu tun hatte, sehr skeptisch und ablehnend gegenüberstand. Brandinspektor a. D. Georg H. erinnert sich an drei bis vier Einstellungskurse mit je 15 bis 20 Bewerbern in den Jahren 1945 bis 1950. Die ersten Kursteilnehmer unmittelbar nach Kriegsende absolvierten nur eine vierwöchige Kurzausbildung, um möglichst schnell für Einsatzzwecke zur Verfügung zu stehen; normalerweise dauerte die Grundausbildung drei Monate.

Heinrich Jocher
Geboren 1938 in München. Lehre als Heizungsbauer und Ausübung verschiedener Berufe. Später zweite Lehre als Orgelbauer. Seit 1970 bei der Berufsfeuerwehr München. Sein großes Hobby: Beschäftigung mit der Münchner Stadtgeschichte.

Neben den fehlenden Mitarbeitern taten die Zerstörungen an Feuerwehrhäusern, Fahrzeugen und Geräten ein Übriges dazu, die Arbeit der Feuerwehr wesentlich zu erschweren. Improvisation hieß daher die Devise. Die Feuerwehrmänner waren angesichts des Mangels an Material und Geldmitteln gezwungen, so viel wie möglich selbst zu machen, und so mancher der Männer, der vor dem Eintritt bei der Feuerwehr einen anderen Beruf erlernt hatte, fand sich plötzlich als Maurer, Schreiner oder Automechaniker wieder.

Als erstes versuchten die Feuerwehrmänner, die heruntergekommenen Fahrzeuge wieder instandzusetzen. Die vormals gut gepflegten Wagen hatten sich durch die pausenlosen Kriegseinsätze inzwischen zu Wracks verwandelt, die kaum noch einsatzbereit waren. In der viel zu kleinen Werkstatt der Feuerwehr fehlte es jedoch an Werkzeugen, Ersatzteilen und sonstigem Material. So wurde oft aus zwei oder drei nicht mehr einsatzbereiten Fahrzeugen durch Ummontieren von Teilen wenigstens wieder *eine* funktionsfähige Maschine zusammengebaut. Nur der Erfindungsgabe der Feuerwehrmänner ist so mancher erfolgreiche Einsatz zu verdanken. So erinnert sich beispielsweise Karl B., Brandinspektor i.R.:

»Als gelerntem Schlosser wäre es mir nicht schwer gefallen, aus einigen größeren Blechstücken, die einmal als Abdeckung für einen nun mit Schutt aufgefüllten Schacht gedient hatten, einen Wassertank für ein Fahrzeug zu schweißen. Das Problem waren aber die Schweißelektroden. Es dauerte mehrere Wochen, bis solche Elektroden irgendwo aufgetrieben werden konnten. Selbst dann mußte ich noch ganz sparsam damit umgehen, denn allzuviele waren es nicht.«

Im nächsten Winter, als wegen der großen Schneemassen dringend Schneeketten für die

Rüstwagen, 1947. Das erste neue Fahrzeug nach dem Krieg. Es handelte sich um einen noch während des Krieges konstruierten und ursprünglich für Zwecke der Wehrmacht vorgesehenen Wagen, der als Prototyp nur in diesem einen Exemplar gebaut wurde.

»Ami-Kran« – im Einsatz ab ca. 1947 bis Ende der 50er Jahre. Er wurde der Berufsfeuerwehr München von der Besatzungsmacht überlassen und später umgebaut.

schweren Fahrzeuge benötigt wurden, fertigte Herr B. mehrere Kettensätze aus starkem Eisendraht, der zufällig vorhanden war, an:

»Da haben wir zu dritt tagelang nichts anderes getan, als auf einer eigens zu diesem Zweck gebastelten Vorrichtung ovale Ringe zu biegen, die ich dann Glied für Glied zu Ketten zusammengeschweißt habe.«

Erst nach der Währungsreform konnten – im Rahmen der knappen Geldmittel – die Feuerwehrfahrzeuge systematisch erneuert werden, wie Herr W. berichtet:

»Nach und nach bekamen wir neue Fahrzeuge. Der erste Autokran mit acht Tonnen Hubkraft wurde uns von der Besatzungsmacht überlassen, und wir bauten ihn mit eigenen Kräften für unsere Zwecke um. Wir mußten zunächst lernen, mit so einem Gerät umzugehen. Nach einiger Zeit klappte das ganz gut, und der ›Amikran‹ erleichterte uns so manchen schwierigen Einsatz.«

Neben den Einsatzwagen mußten auch die im Krieg zerstörten Wachgebäude wieder instand gesetzt werden, um den Brandschutz aufrechtzuerhalten. Der Feuerwehrbeamte Hans W. erinnert sich:

»Beim Kriegsende im April/Mai 1945 waren fünf Wachen der Berufsfeuerwehr notdürftig in Betrieb. Das waren die Hauptfeuerwehrwache an der Blumenstraße und die alten Wachen 2, 3, 4 und 5, die heute alle durch Neubauten ersetzt sind. Alle Wachgebäude waren mehr oder weniger beschädigt. In der Hauptwache waren alle Fenster bis auf kleine Öffnungen zugemauert, weil kein Glas und Holz für Fensterstöcke aufzutreiben war. Erst im Sommer 1946 konnten wir beginnen, die Vermauerungen teilweise wieder herauszubrechen und neue Fensterstöcke einzusetzen. Das Holz dazu hatten wir aus den Ruinen anderer städtischer Gebäude geholt.«

Die Unterbringungsmöglichkeiten auf den Wachen waren sehr spartanisch. Herr B. erinnert sich noch heute daran, wie sehr die Feuerwehrmänner auf der alten Wache 5 während der ersten Nachkriegswinter froren, weil die Zentralheizung nicht funktionierte und im ganzen Haus nur ein Ofen, nämlich der Herd in der Küche, der während des Kriegs mit zerfetzten Feuerwehrschläuchen geheizt worden war, zur Verfügung stand.

Als nach einiger Zeit die Zentralheizungsanlagen in den einzelnen Wachen nach und nach in Betrieb genommen wurden, mußten die Feuerwehrleute die Brennstofflieferungen eigenhändig in die dafür vorgesehenen Kohlekeller schaufeln. Herr B. erzählt:

»Da gab es dann jedesmal ein großes Badefest, wenn die hauseigenen Brauseanlagen angeheizt wurden und die verdreckte Mannschaft duschen

konnte. Um zu sparen, bestand außer bei Kokslieferungen sonst nur an Freitagen und Samstagen oder bei besonders rußintensiven Einsätzen eine Bademöglichkeit für die Feuerwehrleute. An den Wochenenden durften allerdings auch die Familienangehörigen derjenigen Feuerwehrleute, die in provisorisch reparierten Ruinen lebten und selbst kein Bad hatten, die Brausen bei uns auf den Wachen mitbenutzen.«

Die Arbeitsbedingungen der Berufsfeuerwehr waren aus verschiedenen Gründen sehr widrig. Neben dem Mangel an einsatzbereiten Fahrzeugen fehlten auch Alarmierungsmöglichkeiten für die Feuerwehr. Bis 1948 war die Polizei die einzige Institution, die über ein funktionierendes Fernsprechnetz verfügte. Straßenfeuermelder und öffentliche Telefonzellen waren noch nicht intakt, da auch das Leitungsnetz noch über weite Strecken zerstört war.

»Es kam öfters vor«, so Herr H., *»daß ein Polizist ganz außer Atem zu Fuß oder mit dem Fahrrad auf der Wache erschien, uns von einem Brand oder einem Unglück Meldung erstattete. Bei unklarer Ortsangabe fuhren wir ihm dann mit unseren Autos nach, wenn er uns mit seinem Radl zur Einsatzstelle führte. Brauchten wir Verstärkung, waren wir häufig auf die Mithilfe und den guten Willen der Bevölkerung angewiesen. Wir schickten jemanden so schnell wie möglich mit dem Auftrag zur Wache, weitere Kräfte zu alarmieren. Funkgeräte, heutzutage in jedem Fahrzeug eine Selbstverständlichkeit, gab es überhaupt nicht. Von den ohnehin schon zu knappen eigenen Leuten an der Einsatzstelle noch jemanden als Kurier loszuschicken, hätten wir uns nicht erlauben können. So unterstützten viele tapfere Münchnerinnen und Münchner unsere Arbeit tatkräftig.«*

Nicht nur den Einsatzwagen fehlte so manches notwendige Stück, sondern auch die Ausrüstung der Feuerwehrmänner war teilweise improvisiert. Die Branddienstkleidung bestand aus schwarzer Hose und blauer Jacke, die zumeist noch aus Beständen der NS-Feuerschutzpolizei stammten. Sie wurden von polizeigrün einfach umgefärbt. Ärmelabzeichen besaßen die Feuerwehrbeamten praktisch keine, da diese von den Amerikanern als begehrte Andenken von den Uniformen abgetrennt worden waren. Neue Zeichen waren nirgends erhältlich, so daß die Feuerwehr ohne Stadtwappen und Dienstgradabzeichen ausrückte. Die Schutzhelme waren schwarz lackiert und stammten aus Wehrmachtsbeständen. Spezielle Feuerwehrstiefel, wie sie später verwendet wurden, gab es kurz nach dem Krieg noch keine. Man trug Knobelbecher mit Ledersohlen, die jedoch nicht wasserdicht waren. Bei Löscheinsätzen hatte dies zur Folge, daß die Einsatzkräfte häufig nasse Füße bekamen, was besonders im Winter sehr unangenehm war.

Selbst das Mittel zur Herstellung des Löschschaums war den knappen damaligen Vorräten angepaßt: *»Es war aus tierischen Abfallprodukten wie Haare, Klauen und Blut hergestellt und stank wie zehn Odelgruben auf einmal,«* erinnert sich Herr W., *»aber in Maßen verwendet, war es ein hervorragender Gemüsedünger in meinem Garten.«*

Auch die Arbeitszeiten der Feuerwehrmänner waren nach dem Krieg nicht leicht. Einem 24stündigen Dienst folgte eine ebenso lange Pause; nach 14 Schichten war ein sogenannter Ausgleichstag fällig, so daß die Männer nur alle vier Wochen zwei zusammenhängende Tage frei hatten.

Eingeteilt war die Mannschaft in eine A- und in eine B-Partie. Während in der einen Gruppe überwiegend die Sportler, meist Mitglieder des nach dem Krieg neu gegründeten Sportvereins der Berufsfeuerwehr München, zusammengefaßt waren, gehörten der anderen Gruppe vornehmlich Mitglieder der bereits vor dem Krieg bestehenden Feuerwehrblaskapelle an, die sich wieder zusammengefunden hatte.

Vor der Währungsreform verdiente man als Feuerwehrmann je nach Dienstalter und -rang etwa 100 bis 300 RM im Monat. Jeweils am Monatsende kam jemand aus dem Rathaus mit einem Kästchen, in dem sich für jeden Beamten der Wache eine kleine numerierte Schublade befand, in der der Gehaltsstreifen und das abgezählte Geld eingelegt waren. Gegen Nennung der Nummer

Wassernotfahrzeug, 1946/47. Auf der Basis eines Wehrmachts-Lkw von der Berufsfeuerwehr in eigener Werkstatt gebaut. Das Verdeck mit den Fenstern bestand aus Segeltuch-Zeltplanen der Wehrmacht.

und nach Leistung der Unterschrift wurde dann ausgezahlt.

In der Nachkriegszeit gehörte neben den »normalen« Einsätzen auch das Einreißen von zerstörten Gebäuden zu den Aufgaben der Feuerwehr. Davon weiß Herr H. zu berichten:

»Das Umwerfen von Mauern geschah auf die primitivste Weise mit Seilen, die per Drehleiter oder durch eine waghalsige Kletterpartie an den Mauern befestigt wurden und an denen dann alle anwesenden Kräfte einfach zogen. Meistens funktionierte das ja problemlos, aber manchmal spannten wir auch herumstehende neugierige Passanten oder Amerikaner mit ein, wenn sich so eine Wand hartnäckig weigerte umzufallen.

Bei größeren Gebäuden, die eingerissen werden mußten, rückte der der Feuerwehr angeschlossene Sprengdienst aus. Seine Aufgabe bestand darin, einsturzgefährdete Häuser zu sprengen und Blindgänger zu entschärfen. Der Sprengdienst der Berufsfeuerwehr München arbeitete bis zum 1. April 1953 und machte in der Zeit seines Bestehens mehrere tausend Bomben und rund 800 Tonnen Munition unschädlich. Der Dienst war nicht ganz ungefährlich und forderte bedauerlicherweise neben einigen Verletzten auch ein Todesopfer. Am 17. Oktober 1945 kam der Feuerwehrmann Max Weiß beim Sprengen von Fundmunition ums Leben.«

Tragisch wurden die Aufräumarbeiten, wenn die Feuerwehrleute sterbliche Überreste von Opfern der Luftangriffe unter dem Schutt fanden. *»Besonders erschütternd war es,«* erzählt Herr W.,*«wenn sich unter den Toten Kinder befanden. Das bedrückte uns, die wir ja zum Großteil selbst Kinder hatten, sehr. Mancher hartgesottene und mit allen Wassern gewaschene Feuerwehrmann konnte da seine innere Bewegung nicht verbergen.«*

Der Alltag während der Nachkriegszeit stellte an die Männer der Berufsfeuerwehr München hohe Anforderungen an ihre Einsatzbereitschaft und Improvisationsgabe. Herr W. faßt seine Erinnerungen zusammen:

»Es war eine total aus den Fugen geratene Welt, in der wir uns bewegten, aber jeder gab sein Bestes. Wir waren doch alle so froh, einigermaßen davongekommen zu sein und das Inferno des Kriegs überlebt zu haben. Was machte es da schon aus, daß wir nur alte, umgebaute Fahrzeuge, mangelhafte Ausrüstung und schlecht beheizbare Wachen zur Verfügung hatten. Wir waren Kameraden, von denen sich der eine auf den anderen ganz verlassen konnte, und gemeinsam schafften wir es mit viel Glück immer wieder, unseren Aufgaben gerecht zu werden. Wir hielten zusammen wie Pech und Schwefel, einer war für den anderen da, und das nicht nur im Dienst. Irgendwie war es trotz des Chaos auch eine schöne Zeit, die ich niemals missen möchte. Wir haben begeistert gelebt!«

Herr B. und Herr H., pensionierte Feuerwehrbeamte, leben in München. Herr W., ebenfalls Feuerwehrbeamter im Ruhestand, verstarb kurze Zeit nach seinen Erzählungen.

Ilse und Maximilian Throll

Das Trümmeraquarell

Wie eine Fata Morgana sah ich an einem wunderschönen Junitag von ferne die vertrauten Umrisse meiner Heimatstadt München. Ich kam aus der Kriegsgefangenschaft. Ein Stück Brot, das mir eine Bäuerin geschenkt hatte, und das ich wie einen Goldschatz bewahrte, hatte ich in der linken Tasche, in der rechten meine Malutensilien mit den Zeichnungen aus Rußland. In einer kleinen Feldkapelle dankte ich für die Gnade, unversehrt das Inferno des Krieges überstanden zu haben. Es waren Momente eines tiefen Gefühls, das ich auch nach 50 Jahren nicht vergessen habe.

Auf meinem weiteren Weg schälte sich jedoch aus der Fata Morgana die grausame Wirklichkeit heraus, das Gerippe der Ruinen, die gespenstisch in den Himmel ragten. Wie immer im Leben wurde ich auf dem Höhepunkt des Glücks und der Freude hart und unerbittlich in die grauenhafte Wirklichkeit dieser Zeit zurückversetzt.

In der Erwartung, in mein Elternhaus heimzukehren, vergaß ich Hunger und Müdigkeit und kam nahezu beschwingt über Freimann in die Stadt zur Leopoldstraße. Plötzlich erfaßte mich Schmerz und Grauen: die Ludwigstraße, meine Akademie lagen in Schutt und Asche. Weiter durch die Nymphenburger Straße: Trümmer über Trümmer, ein Chaos unglaublichen Ausmaßes. Voll düsterer Ahnung ging ich in die Laimer Straße, wo mein Elternhaus stand. Es war zwar beschädigt, aber aus den Fensterhöhlen drang Leben! Mein Vater umarmte mich – DAHEIM!

Nun kam die große Sorge um meine Frau Ilse, die sich in der russisch besetzten Zone befand. Bald bekam ich durch sogenannte Boten die Nachricht, daß sie über die Grüne Grenze käme.

Das Zusammenleben in meinem Elternhaus wurde dann doch sehr beengt, überdies erwarteten wir unser erstes Kind. Noch vor der Geburt unserer Evelyn fanden wir eine feste Bleibe in der Adalbertstraße durch Vermittlung des Kunstvereins. Das neue Heim bestand aus einem riesigen Atelier von 42 qm, einer 3,5 qm großen, nicht heizbaren Kammer für das Baby und einer winzigen Ecke in der Küche, in der auf einem alten, hohen Küchenkasten ein Gasherd stand. Meine Frau mußte auf Zehenspitzen kochen. Den großen Windeltopf wuchteten wir immer gemeinsam auf die Gasflamme.

Das Atelier war zunächst »open air«: Statt des Oberlichts, dessen Scheiben zerbrochen waren, hatten wir den blanken Himmel über uns. Ein guter Geist schenkte uns Aluplatten in verschiedenen Farbschattierungen, mit denen wir das Oberlicht erst einmal abdecken konnten.

Mein erstes Aquarell malte ich vom Speicherfenster dieses Hauses aus, mit dem Blick über das Trümmerfeld bis zur Paulskirche. Wenn mich meine Frau ab und zu in dieser luftigen und kalten Höhe besuchte, schlugen ihr erst einmal die zu Eis gefrorenen Windeln ins Gesicht. So bleibt für uns dieses spontan gemalte Aquarell immer, auch nach über 50 Jahren, eine unvergeßliche Erinnerung.

Damals sah ich viele Widrigkeiten des Lebens – den ständig knurrenden Magen, das eiskalte Zuhause – mit einem fast euphorischen Über-

---

Ilse Throll
1921 in Duisburg geboren, Ausbildung an der Dolmetscherschule. Ab 1940 dienstverpflichtet in Dessau. 1942 Heirat, 1945 Umzug nach München; Hausfrau und Mutter (zwei Töchter). Ab 1965 bis zur Pensionierung 1981 als Sachbearbeiterin und Übersetzerin tätig.
Maximilian Throll
1913 in Offenbach/Main geboren. Nach der Oberrealschule fünf Jahre auf einem Segelschulschiff, danach in München an der Kunstakademie. Dienstverpflichtung nach Dessau, ab 1942 an der Ostfront. 1945 Rückkehr nach München, bis 1948 beim »American Red Cross«, danach freischaffend als Grafikdesigner, u.a. für das Presse- und Informationsamt München.

schwang, mit der typischen Betrachtungsweise des Malers. Den Kampf mit den Schwierigkeiten des damaligen Lebens ertrug ich zunächst noch gelassen. Allein die Tatsache, daß keine Bomben mehr vom Himmel fielen, ließ mich allmählich zur Ruhe kommen. Gespräche und Spaziergänge mit meinem Vater im Nymphenburger Park gaben mir neue Kraft und den Zukunftsglauben zurück. Um aber den grauen Alltag unter den gar nicht malerischen Bedingungen zu schildern, lasse ich meine Frau zu Wort kommen:

Der Alltag für die kleine Familie war hart. Ich selbst war immer »die Preißin«, »die Zuagroaste«, das ließ man mich spüren. Die Hauptmieter zeigten mir sehr deutlich, daß ihnen die Einweisung gar nicht paßte. Die Erteilung einer Zuzugsgenehmigung für mich gründete auch nur auf dem Irrtum des Beamten: Ich nannte als Zuzugsort »Dessau«, der Beamte verstand jedoch »Dachau«. Nur so klappte es, denn der Ehestand als Begründung für einen Zuzug interessierte damals niemanden.

Die Schikanen der Wohnungsinhaber, die einen Lebensmittelkiosk vor dem Nationaltheater besaßen und bestimmt keine leiblichen Sorgen hatten, waren oft nicht zu ertragen. Sie traktierten mich, die ungeliebte Eingewiesene, mit »einstweiligen Verfügungen«, dem Verbot der Badewannenbenutzung und vielem mehr. Aber es gab auch erfreuliche Anlässe, z.B. die Taufe unserer Tochter. Sie fand in der Ludwigskirche im Oktober 1946 statt. Eine Schulfreundin reiste eigens von Eggenfelden nach München. Ihr Mitbringsel: ein mindestens drei Pfund schwerer Schweinsbraten, den wir sogar im Ofenrohr der Hauptmieter zubereiten durften! Der Duft und der Genuß dieser Köstlichkeit im Jahre 1946 sprachen sich in der ganzen Nachbarschaft herum.

Als Künstler war mein erster Weg zum Kunstverein in der Maximilianstraße, um Rat und Hilfe zu suchen. Mir wurde nach der Schilderung meiner Situation geraten, zum »American Red Cross« am Oberwiesenfeld zu gehen. Dort suchte man einen ausgebildeten Graphiker für Zeichnungen von Plänen. Nach einem kurzen Gespräch mit dem Leutnant und einem legeren Schulterklopfen hieß es: »You can begin tomorrow, boy.« Nun ging es erst 'mal in die Küche: »I see, you are thin and very hungry.« Was ich da an »ham and eggs«, Brot und Butter vertilgte, war wohl eine üppige Wochenration.

Ich bekam einen großen, hellen Raum als Atelier. Die ersten Dienststellen orderten ihre Wünsche, und mit Feuereifer ging ich ans Werk. Bald lief alles perfekt und zur Zufriedenheit beider Seiten. Ich lebte und aß mit den »boys« und war fast als einer der ihren integriert. Viel Gutes und Nötiges an Lebensmitteln, die für mich allein viel zu reichlich bemessen waren, kamen meinem Vater und meiner Stiefmutter, später auch meiner eigenen kleinen Familie zugute. Oft brachte ich per Fahrrad eine Flasche Vollmilch, eine Kostbarkeit in dieser Zeit, in die Adalbertstraße. Meine Frau und meine Tochter nahmen es dankend entgegen. Mein gutes Verhältnis zur Bäckerei verhalf mir zudem zu den ersten Tauschgeschäften. So bekam ich anfangs meine Farben, Pinsel, Papier und Stifte von Kollegen.

Leider ging, nach zwei Jahren der Sicherheit, diese Zeit zu Ende, denn das »American Red Cross« wurde aufgelöst. Damit war ich arbeitslos – der harte Existenzkampf begann. Selbst ein Zwanzigmarkschein, für den man ja eigentlich kaum etwas kaufen konnte, mußte ewig reichen. Unser Kind kränkelte durch die schlechten Wohnverhältnisse und das nun wieder erbärmliche Essen ständig. Für die Kleine standen fast immer Wasserkartoffelbrei und Spinat auf dem Speisezettel, selten die kostbaren gelben Rüben.

Immer noch voller Zuversicht begann ich, mich bei Verlagen, Innungen, dem Jugendherbergswerk und Industriebetrieben vorzustellen. Ich fand einen rettenden Engel in Professor Enzensberger, der das Jugendherbergswerk neu aufbaute und dafür auch Plakate, Wanderkarten und Bilder brauchte. Als erste handfeste Hilfe wurden meine Frau und Evelyn für vier Wochen auf die Nattersbergalm geschickt, wo es gute Ziegenmilch gab. Die Wochen bekamen unserer Tochter gut, und bald wurde sie kräftiger. Meine Frau machte sich bei den Herbergseltern als kundige Pilzsammlerin und Beerenpflückerin nützlich.

Das erste Aquarell

Das Kultusministerium und das Jugendherbergswerk kauften je nach finanziellen Möglichkeiten meine Aquarelle und statteten damit die Herbergen aus. Unsere Enkelinnen entdeckten bei Klassenfahrten so manches Gebirgsbild ihres Opas.

Dies alles passierte noch vor der Währungsreform. Wir hatten die Geldentwertung nicht zu fürchten, denn unsere Sparbücher waren, weil wir die »Zone« verlassen hatten, sowieso gesperrt. Der Wehrmachtssold von vier Jahren, das Geschäftsvermögen meines Schwiegervaters, das Sparbuch meiner Frau mit Ersparnissen von fünf Jahren, alles war verloren. Erst Jahre später bekamen wir auf Antrag die Bücher heraus, die dann später 1:10 umgetauscht wurden.

Inzwischen regte sich wieder ganz allmählich und in bescheidenem Rahmen das kulturelle und gesellige Leben. Ich kann mich noch an einige Dichterlesungen im Tukankreis erinnern. Damals gab es schon etliche Kellertheater, man wurde auf »Atelierfeste« eingeladen. Jeder brachte eine bescheidene Kleinigkeit zum Essen oder Trinken mit. Wenn einer der Freunde gar ein Care-Paket erhalten hatte, wurden Plätzchen gebacken. Aus einer Flasche Wein wurden mit sehr viel Tee große Mengen Punsch oder Bowle zubereitet.

Endlich, nach viereinhalb Jahren, hatten wir die 1600 DM zusammengespart, um von einem Makler eine gut ausgestattete Wohnung in Hauptmiete zu bekommen. Der Haken an der

Wohnung war, daß wir einen arbeitslosen, ständig betrunkenen Maurer in der Kammer mit übernehmen mußten. Erst als wir einen Mietvertrag für den Mann in der Tasche hatten, ihm alle Möbel aus der Kammer mitgaben und drei Monate für ihn im Voraus bezahlten, gehörte die Wohnung, unser Kleinod, endlich uns.

Im Rückblick auf diese Zeit möchte ich sagen: Unsere Kinder und Enkelkinder werden sich niemals vorstellen können, wie unendlich schwer die ersten Nachkriegsjahre waren. Wir fingen bei Null an, ohne Stütze eines Elternhauses. Eine 60-Stunden-Woche war, wenn man nicht gerade arbeitslos oder ohne Aufträge war, keine Seltenheit. Der Wiederaufbau war nur durch äußerste Genügsamkeit und Sparsamkeit möglich.

Glossar

AFN (*American Forces Network Europe*):
Rundfunkdienst für die Angehörigen der amerikanischen Streitkräfte und deren Familien in Deutschland. Der AFN wurde 1943 in London gegründet.

CIC (*Counter Intelligence Corps*)
Frühere Organisation des amerikanischen Heeres für militärische Abwehrfragen. Der CIC bestand von 1945-1965, danach wurde er organisatorisch in die Bereiche von Heer, Luftwaffe und Marine aufgespalten.

DPs (*Displaced Persons*)
Personen nichtdeutscher Staatsangehörigkeit, die im Zweiten Weltkrieg von den deutschen Besatzungsbehörden in das Gebiet des Deutschen Reiches verschleppt wurden oder dorthin geflüchtet waren. Am Ende des Kriegs belief sich die Zahl der DPs auf ca. 8,5 Mio. Sie wurden von unterschiedlichen Hilfsorganisationen betreut und entweder in ihr Heimatland zurückgebracht oder in andere Staaten umgesiedelt. Die in der Bundesrepublik verbliebenen DPs hatten, sofern sie nicht die deutsche Staatsbürgerschaft erworben haben, die Rechtsstellung heimatloser Ausländer.

GI (*Government Issue*)
Im wörtlichen Sinn: staatlich gelieferte Ausrüstung für die Soldaten; im übertragenen Sinn: der amerikanische Soldat. *GI* wurde in der Nachkriegszeit als allgemeine Bezeichnung für einen Soldaten der amerikanischen Armee im Besatzungsgebiet verwendet.

GYA *(German Youth Activities)*
Zunächst spontane und auf individuellem Engagement basierende, später organisierte offene Jugendarbeit der amerikanischen Armee im besetzten Gebiet. Das Ziel der GYA war es, durch ihre Aktivitäten zu einer demokratischen Umerziehung der gesamten deutschen Jugend beizutragen und in den Wirren der Nachkriegszeit eine sinnvolle, nicht autoritär geprägte Freizeitgestaltung zu ermöglichen. Zur Umsetzung dieses Ziels wurden kulturelle, berufsqualifizierende u.a. Aktivitäten angeboten, die vielfach in den eigens eingerichteten GYA-Centers stattfanden. Im Mittelpunkt der Programme standen die spielerische Erziehung zu demokratischen Idealen, die Entwicklung unabhängigen Denkens und die Förderung der Ideale des »fair play« und der Toleranz.
Die GYA-Arbeit begann mit dem 1. Jugendprogramm der 7. Armee am 14.9.1945 und endete offiziell am 30.6.1956.

KLV *(Kinderlandverschickung)*
Die Kinderlandverschickung war eine am 27.9.1940 eingeleitete Evakuierung von Kindern und Jugendlichen aus den »Luftnotgebieten«. Anfangs war die Aktion, die von der NSDAP finanziert wurde, für sechs Monate geplant, später wurde sie unbegrenzt erweitert. Besonders Kinder zwischen 10 und 14 Jahren wurden – nach Geschlecht getrennt – mit ihren Lehrkräften in Lagern untergebracht, die sich in entsprechender Entfernung zu den bombardierten Großstädten befanden. Die Partei nutzte die Kasernierung der Kinder und Jugendlichen auch zur Intensivierung der nationalsozialistischen Erziehung.

MP *(Military Police)*
Die amerikanische und englische Militärpolizei.

ORT
Anfangsbuchstaben der russ. Organisation: *Obshchestvo Rasprostraneniya Truda sredi Yevreyev*, der »Gesellschaft für handwerkliche und landwirtschaftliche Arbeit unter Juden«.
Die Gründung von ORT im Jahr 1880 ging auf eine private Initiative, einen Aufruf an die russischen Juden, zurück, durch Spenden eigene berufliche Schulen und landwirtschaftliche Projekte zu unterstützen. Zunächst nur auf Rußland bezogen, weiteten sich 1921 die Aktivitäten international aus (World ORT Union). Die Grundidee und die Hauptziele der Organisation blieben zwischen 1920 und 1950 nahezu unverändert: Durch Erlernen eines Handwerks, durch die Ausbildung zum Facharbeiter oder für andere spezialisierte Berufe sollte jüdischen Menschen die wirtschaftliche Unabhängigkeit ermöglicht werden. ORT richtete dementsprechend Berufsschulen und Ausbildungskurse ein, die in über 30 Ländern wirkten.

Persilschein
In der Umgangssprache nach dem Waschmittel »Persil« benannte schriftliche Bescheinigung im Entnazifizierungsverfahren, das den vor die Spruchkammer Zitierten eine Entlastung bringen sollte. In Bayern wurden etwa 2,5 Millionen »Persilscheine« in den Spruchkammern eingereicht, die vor allem von Geistlichen, ehemals politisch oder rassisch Verfolgten, von Vorgesetzten, Untergebenen oder Geschäftspartnern eingeholt wurden.

re-education *(Umerziehung)*
Die re-education, das Umerziehungsprogramm der Amerikaner in den von ihnen besetzten Gebieten, kann als positives Gegenstück zur Entnazifizierung verstanden werden. Es ging der Besatzungsmacht nicht allein um die

politische »Säuberung« und die Bestrafung aktiver Nationalsozialisten, sondern auch um eine demokratische Erziehung des deutschen Volkes. Zentraler Ansatzpunkt für die re-education war die Jugend; daher sollten insbesondere die Erziehungsinstitutionen wie Kindergärten, Schulen und Universitäten erfaßt werden. Presse, Rundfunk und Film, deren Kontrolle sich die Besatzungsmächte durch Lizenzvergaben vorbehielten, gehörten zu den wichtigsten Instrumenten der Umerziehung und Demokratisierung.

Spruchkammern
Nach dem Erlaß des »Gesetzes zur Befreiung von Nationalsozialismus und Militarismus« am 5.3.1946 in der amerikanischen Besatzungszone wurden in München zehn Spruchkammern und zwei Berufungskammern eingerichtet. Sie wurden mit unbescholtenen Vertretern der demokratischen Parteien besetzt, deren Aufgabe darin bestand, die vom Gesetz betroffenen Personen in die fünf Belastungsstufen: I Hauptschuldiger, II Belasteter (Aktivist, Militarist, Nutznießer), III Minderbelasteter, IV Mitläufer und V Entlasteter einzustufen und die Sühnemaßnahmen festzulegen. Diese reichten von Geldzahlungen zugunsten von Opfern des Nationalsozialismus über den Ausschluß von öffentlichen Ämtern, Entzug des Wahlrechts, Berufsverbot und Eigentumsverlust bis zu Gefängnisstrafe und Arbeitslager.

UNRRA/ IRO *(United Nations Relief and Rehabilitation Administration/ International Refugee Organization)*
Die UNRRA wurde 1943 gegründet. Diese Hilfsorganisation unterstützte Flüchtlinge, Vertriebene und DPs in den von den westlichen Alliierten besetzten Gebieten. 1947 übernahmen die UNICEF und die Internationale Flüchtlingsorganisation (IRO), die Nachfolgeorganisation der UNRRA, ihre Aufgaben.

Währungsreform
Mit Wirkung vom 21.6.1948 löste die Deutsche Mark die Reichsmark ab. Am Währungsstichtag erhielten Privatpersonen im Umtausch gegen Altgeld ein Kopfgeld von DM 60 (DM 40 sofort und DM 20 zu einem späteren Zeitpunkt). Im Zusammenhang mit dem gleichzeitigen Übergang zur Marktwirtschaft erwies sich die Währungsreform als besonders erfolgreich, es begann das sog. Wirtschaftswunder. Für zahlreiche Güter wurden Bewirtschaftung und Preisbindung bereits am 24.6.1948 aufgehoben. Die Nachfrage traf auf ein großes Angebot, da Waren in erheblichem Umfang bis zum Tag der Währungsreform gehortet worden waren.

Zusammengestellt aus:
Brockhaus-Enzyklopädie in vierundzwanzig Bänden, 1986 ff.
Das große Lexikon des Zweiten Weltkriegs, hg. von Christian Zentner/Friedemann Bedürftig, München 1988